沉管隧道设计施工手册

综合篇 I

中国交通建设股份有限公司

科学出版社
北京

内 容 简 介

沉管隧道工程的不同施工阶段对测量工作有不同的要求，科学的测量组织管理在沉管隧道建设方面可发挥巨大的作用。

本书全面系统地介绍了沉管隧道工程各项施工测量的主要关键技术，包括测量前期规划、控制网建立、沉管预制、隧道基础施工、沉管浮运、沉放和水下对接等多道工序内容。本书是在港珠澳大桥沉管隧道理论结合实践的基础上，结合国内外其他沉管隧道工程应用情况编写而成，汇集了港珠澳大桥沉管隧道、韩国釜山—巨济沉管隧道等案例的工程测量的方法、原理、精度要求方面内容。

本书可供从事沉管隧道设计、测量、施工、工程监理等工作的工程技术人员参考。

审图号：GS（2018）5376 号

图书在版编目（CIP）数据

沉管隧道设计施工手册. 综合篇. Ⅰ/ 中国交通建设股份有限公司编. —北京：科学出版社，2019.2

ISBN 978-7-03-059343-6

Ⅰ. ①沉…　Ⅱ. ①中…　Ⅲ. ①沉管隧道-隧道工程-设计-手册 ②沉管隧道-隧道施工-手册　Ⅳ. ①U459.9-62

中国版本图书馆 CIP 数据核字（2018）第 251400 号

责任编辑：郭勇斌　欧晓娟 / 责任校对：杨聪敏
责任印制：张克忠 / 封面设计：黄华斌

科学出版社 出版
北京东黄城根北街 16 号
邮政编码：100717
http：//www.sciencep.com

中国科学院印刷厂 印刷

科学出版社发行　各地新华书店经销

*

2019 年 2 月第　一　版　开本：787×1092　1/16
2019 年 2 月第一次印刷　印张：27　插页：8
字数：631 000

定价：188.00 元

（如有印装质量问题，我社负责调换）

“沉管隧道设计施工手册”
编委会

编辑委员会

《综合篇Ⅰ》编辑组

组　　长　高纪兵　李哈汀　刘可心
　　　　　成益品　马宗豪

成　　员（以姓氏笔画排序）：

于　健　冯颖慧　刘　馨　刘兆权
刘思国　孙阳阳　李　斌　李顺凯
李德辉　杨润来　肖利军　汪华文
宋江伟　张　超　张秀振　张怡戈
陈　虓　赵　辉　胡志远　胥新伟
莫日雄　高　潮　锁旭宏　焦运攀

序　言

沉管隧道工法是水下隧道建设的主要工法之一，其建设关键工序包括基础处理、管节预制、浮运、沉放对接、最终接头等。1910 年建成的穿越美国密歇根州底特律（Detroit）河铁路隧道是世界上第一条沉管隧道，采用钢壳式沉管隧道技术，其后在北美洲陆续建造了几十条这种结构的沉管隧道。直至 1942 年建成的穿越荷兰鹿特丹马斯（Maas）河的公路沉管隧道，揭开了混凝土沉管隧道建设的序幕，也形成了沉管隧道两种主要结构型式，即钢壳式沉管和混凝土沉管隧道。后来，日本在这两种主要结构型式的基础上进行融合，形成了一种新的管节结构，即三明治式沉管结构，并得到了广泛的应用。

通过百年的沉管隧道设计与施工技术积累，沉管技术在深水、复杂水流和复杂地质条件下的设计施工技术不断进步并渐趋成熟，已经能够跨越更深和更宽阔的河口、海峡水道。其中几大标志性沉管隧道工程包括：首座混凝土沉管隧道工程马斯隧道，工厂法预制的厄勒（Øresund）海峡沉管隧道，干坞内移动模架全断面水平浇筑节段的釜山—巨济沉管隧道，目前最深的海底沉管隧道博斯普鲁斯（Bosphorus）海峡沉管隧道，目前世界最长、埋深及体量最大的港珠澳大桥公路沉管隧道。

港珠澳大桥东连香港，西接珠海、澳门，是集桥、岛、隧为一体的超大型跨海通道。由中国交通建设股份有限公司联合体承建的岛隧工程是大桥的控制性工程，是目前世界上综合难度最大的沉管隧道之一。本手册主要由中国交通建设股份有限公司依托港珠澳大桥岛隧工程项目的建设经验，并结合世界上其他沉管隧道的建设经验，在多家设计、施工单位及同行的支持和共同努力下汇编完成。

编者们收集和研究了世界典型沉管隧道相关资料，根据参与港珠澳大桥沉管隧道的规划、调研、选型、建设等全过程的设计施工经验，并对当今世界上的主要沉管隧道设计施工技术进行了系统的梳理、总结与概括，最终编写完成了本手册。由于目前世界上还没有沉管隧道行业系统性的应用手册公开发表，编写过程中汇集了世界各地典型沉管隧道工程的资料，有较多资料并未正式发表，作者姓名不详，在此向为本手册作出指导、提供资料的同行和专家及未知姓名的作者们致以崇高的敬意，感谢他们为沉管隧道设计施工手册的系统性、完整性做出的巨大的贡献。

本手册具体分为设计篇、基础篇、预制（制造）篇、安装篇及综合篇，汇集了国内外类似沉管隧道工程的规划、科研、勘察设计、试验及施工等资料，其目的在于为世界沉管隧道行业梳理一套有关沉管隧道勘察设计、基础、制造、安装及综合系统性的工具书。本手册主要对沉管隧道设计、施工原理及具体工艺方法要点进行了阐述，并列举了大量典型工程案例，以提供思路及借鉴，希望读者能从中得到启发及参考。由于时间紧，作者水平有限，难免有不足、不妥和理解有误之处，敬请专家和读者批评指正。

编　者

2018 年 12 月

目　录

序言
1　绪论……1
1.1　沉管隧道对测量工作的要求……1
1.1.1　控制网建立阶段……1
1.1.2　沉管预制阶段……2
1.1.3　沉管隧道基础施工阶段……2
1.1.4　沉管沉放对接阶段……2
1.1.5　沉管隧道贯通阶段……2
1.2　沉管隧道工程测量的特点与内容……3
1.2.1　平面控制测量……3
1.2.2　高程控制测量……3
1.2.3　参考站系统……4
1.2.4　水下地形测量……4
1.2.5　施工测量……4
1.2.6　测量管理……4
2　平面控制测量……5
2.1　技术设计……5
2.1.1　平面控制网的分类……5
2.1.2　平面控制网的布设原则……6
2.1.3　平面控制网的布设方案……7
2.1.4　专用控制网的特点……8
2.2　测量方法……20
2.2.1　角度观测……20
2.2.2　距离观测……30
2.2.3　方向观测……33
2.2.4　GPS 测量……34
2.3　应用案例……44
2.3.1　港珠澳大桥首级平面控制网……44
2.3.2　港珠澳大桥沉管隧道首级加密平面控制网……55
2.3.3　港珠澳大桥沉管预制专用控制网……60
2.3.4　港珠澳大桥沉管标定专用控制网……66
2.3.5　港珠澳大桥沉管隧道贯通测量控制网……80

3 高程控制测量 …… 111
3.1 技术设计 …… 111
3.1.1 高程控制网的分类 …… 111
3.1.2 高程控制网的布设原则 …… 111
3.1.3 高程控制网的布设方案 …… 113
3.2 测量方法 …… 114
3.2.1 水准测量 …… 114
3.2.2 静力水准测量 …… 125
3.2.3 三角高程测量 …… 127
3.2.4 跨河（海）水准测量 …… 132
3.3 应用案例 …… 151
3.3.1 港珠澳大桥沉管隧道首级高程控制网 …… 151
3.3.2 港珠澳大桥沉管隧道首级加密高程控制网 …… 156
3.3.3 港珠澳大桥沉管隧道长距离跨海高程传递测量 …… 169
4 参考站系统 …… 186
4.1 参考站系统介绍 …… 186
4.1.1 参考站功能 …… 186
4.1.2 参考站的性能指标 …… 187
4.2 GNSS 参考站系统分类 …… 188
4.2.1 临时参考站系统 …… 188
4.2.2 CORS …… 189
4.2.3 CORS 的未来发展和展望 …… 189
4.3 GNSS 参考站系统设计 …… 190
4.3.1 技术依据 …… 190
4.3.2 测量平台基础设施建设 …… 191
4.3.3 设备配置 …… 196
4.4 应用案例 …… 196
4.4.1 港珠澳大桥沉管隧道测量平台稳定性监测 …… 196
4.4.2 港珠澳大桥沉管隧道连续运行参考站建设应用 …… 201
5 水下地形测量 …… 206
5.1 水下地形测绘精度与技术设计 …… 206
5.1.1 精度要求 …… 206
5.1.2 技术设计 …… 206
5.2 水深的测量方法 …… 210
5.2.1 单波束测深 …… 210
5.2.2 多波束测深 …… 211
5.3 应用案例 …… 214

5.3.1 港珠澳大桥沉管隧道基础验收测量……214
5.3.2 港珠澳大桥沉管隧道基础回淤监测……225
6 施工测量……238
6.1 水上定位测量……238
6.1.1 平面位置测量……238
6.1.2 高程测量……243
6.2 水下定位测量……245
6.2.1 平面位置测量……245
6.2.2 高程测量……265
6.3 应用案例……270
6.3.1 港珠澳大桥沉管隧道基础施工测量……270
6.3.2 厄勒海峡沉管隧道先铺基础施工测量……286
6.3.3 港珠澳大桥沉管隧道基床施工测量……292
6.3.4 港珠澳大桥沉管预制测量……313
6.3.5 港珠澳大桥沉管浮运导航定位……331
6.3.6 港珠澳大桥沉管隧道安装定位……335
6.3.7 韩国釜山—巨济沉管隧道安装定位……372
6.3.8 港珠澳大桥沉管隧道贯通测量……391
7 测量管理……404
7.1 概述……404
7.1.1 标准化管理……404
7.1.2 风险管理……406
7.2 应用案例……408
7.2.1 测量标准化流程……409
7.2.2 风险管理……410
参考文献……417
彩图

1 绪　论

1.1　沉管隧道对测量工作的要求

沉管隧道施工涉及预制、基础铺设、浮运、沉放和水下对接等多道工序，测量作业点多且面广，其有着精度要求高、技术难度大、测量周期长和工作量繁重等显著特点。在整个施工过程中，每道工序的测量任务对沉管隧道建设都起着至关重要的作用。沉管隧道自诞生以来，已经在美国、荷兰和日本等国得到广泛应用。随着我国经济建设的快速发展和城市化水平的不断提高，交通系统也得到迅速发展，沉管隧道的建设日益增多，但由于沉管隧道的规模越来越大，其建设条件也变得更加复杂，因而在沉管法隧道建设领域仍有一些需要继续深入探究和改进的测量技术问题。

沉管隧道工程的不同施工阶段对测量工作有不同的要求，现分别说明如下。

1.1.1　控制网建立阶段

沉管隧道工程一般不超过几平方公里，根据工程规模和性质可两级或多级布设控制网，有些工程的次级网可能比首级网的精度还要高。控制网一般分为测图控制网、施工控制网和变形观测控制网。

测图控制网的测量工作包括确定工程的平面坐标系和高程基准，是整个工程最重要的综合基础测量，为各项测量工作提供位置基准，满足工程建设不同阶段对测绘在质量（精度、可靠性）、进度（速度）和费用等方面的要求，也具有控制全局、提供基准和控制测量误差累积的作用。

施工控制网是为工程施工建设服务的测量控制网，受施工干扰大，控制点使用频繁，对控制点的稳定性、使用的方便性及点位在施工期间保存的可能性等有较高的要求。同时施工控制网的布设应作为整个工程施工设计的一部分，必须考虑施工现场的布置情况及施工的程序、方法，点的位置应分布恰当，密度也应较大。为了防止控制点被破坏，所布设的点位应画在施工设计的总平面图上。

变形观测控制网是在运营阶段为了监视工程建筑物安全情况而专门建立的控制网。

对于大型沉管隧道工程而言，在工程前期应该根据控制网建立一个全面规划，合理地选择海中测量平台的位置和分布，以使其在沉管隧道建设时发挥最大的效益。

1.1.2　沉管预制阶段

对于沉管预制阶段的施工测量工作，主要是按照设计的技术要求，建立沉管预制独立施工控制网来控制管节的几何尺寸、线形、顶推轴线、匹配浇筑线形、端钢壳安装精度及舾装件安装等，并进行必要的沉管预制变形监测。

沉管预制并张拉完成后，需对端钢壳（GINA 止水带端及非 GINA 止水带端）进行姿态测量，确定其平整度（竖向偏角、水平偏角），并拟定相应的沉管安装线形控制措施。

1.1.3　沉管隧道基础施工阶段

对于沉管隧道基础施工测量（包括基槽挖泥、抛石夯平、碎石基床整平）阶段，主要是在原来设计勘测的基础上，把设计内容测设（放样）到实地上去。但是，对于大范围基础施工且碎石基床铺设精度要求高的沉管隧道，采用常规的测量方法往往不能满足施工需要。为了达到施工要求，还必须开发专用施工管理测控系统，甚至需要打造专用的大型船机辅助设备。基础控制的精度主要取决于隧道的深度与地质条件。另外，施工前和施工过程中还需定时对测控系统稳定性进行检校。

1.1.4　沉管沉放对接阶段

在沉管预制完成后，进入浅坞区舾装阶段，除了需要测量端钢壳（GINA 止水带端及非 GINA 止水带端）平面度以外，还需要在端钢壳（GINA 止水带端及非 GINA 止水带端）各倒角处布设特征点，以便正确地选择沉管轴线的实际位置。在沉管绞移至深坞区舾装阶段，对于导向托架、导向杆、拉合台座及测量塔的测设，主要是以待安管节的设计位置为基础，可采用浮态同步测量定位的方法，以便详细地测量和设定各部位的位置和尺寸。

对于沉管沉放对接测量（包括沉管浮运、水下对接安装），主要是以待安管节的设计位置为基础，首先通过长距离浮运导航系统指引管节安全到达设计（待安装）概略位置，然后再按照沉管隧道施工的需要，采用各种不同的测量和设定（放样）方法，将管节按照图纸上所设计的内容准确转移到实地。此外，还要进行施工质量控制。

1.1.5　沉管隧道贯通阶段

当前沉管隧道单个管节的长度一般为 120～200 m，沉管隧道由多个管节对接组成，管节的每一次对接安装都存在线形偏差，无论是平面的错边、轴线偏差，还是竖向的管节错台，线形上的偏差会对隧道结构的安全性及后续施工作业带来极为不利影响，若不加以控制，偏差的累加将会对隧道的顺利安装造成难以挽回的损失。

为保证隧道的施工质量，在工程施工前应进行工程测量误差预计，预计中应将允许的竣工误差加以适当分配。一般来说，地面上的测量条件比管内好，故对地面控制测量的精度要求应相应高一些，而将管内测量的精度要求适当降低。在控制网建立阶段，应严格按照先控制后碎部、高级控制低级、对测量成果逐项检核，测量精度必须满足规范要求等原则进行。在隧道建设阶段，两个相向安装的工作面的施工中线往往因测量误差产生贯通误差（分为纵向贯通误差、横向贯通误差和高程贯通误差）。对于隧道而言，纵向贯通误差不会影响隧道的贯通质量，而横向贯通误差和高程贯通误差将会影响隧道的贯通质量，因此应尽量采用先进的测量设备结合多种控制措施，以保证工程质量。地面控制测量应采用全球定位系统（GPS）测量技术进行；平面联系测量应分多时段观测；洞内导线测量应采用高精度全站仪加大导线边长，减少导线点数，为限制测角误差的传递，当导线前进一定距离后应加测陀螺定向边、人孔井投点等。

1.2　沉管隧道工程测量的特点与内容

沉管隧道工程测量与普通工程测量相比，在精度要求、采用的仪器设备和测量方法等方面都存在一定的差别，概括起来，沉管隧道工程测量有以下特点。

①沉管隧道工程测量各施工环节的测量精度普遍要求高。

②沉管隧道工程规模较大、结构复杂、构件多，测量困难多且难度大。

③远离海岸的沉管隧道工程，常规测量手段不能满足测量精度要求。

④气象、水文等海上复杂环境因素对测量精度影响较大。

⑤测量点多面广，新测量技术应用多，多学科融合，对测量仪器设备性能要求较高。

本书全面系统地介绍了沉管隧道工程各项施工测量的内容，汇集了港珠澳大桥沉管隧道、韩国釜山—巨济沉管隧道等工程测量的各种测量方法、原理、精度要求和必要的实例。现将各章测量内容简介如下。

1.2.1　平面控制测量

沉管隧道工程平面控制测量仍遵循从整体到局部、高级到低级的布设原则。其首级控制网等级按照工程大小、规模及位置重要性选择，一般是国家或城市一、二、三、四等网（点），在其基础上布设加密。其布设形式包括：GPS 测量、小三角网、导线、角度和方向交会等。本书重点介绍 GPS 控制测量和全站仪导线测量，而对传统的外业工作只列出作业要求。

1.2.2　高程控制测量

高程控制测量作为高程基准，对工程测量至关重要，因此本书使用较大篇幅对高程控制网测量、平差计算、三角高程、跨（河）海水准测量和 GPS 高程测量结合实例做具体介绍。特别是跨（河）海水准测量在外海沉管隧道工程中占有重要位置，本书着重对这部分内容作了较详细的说明，包括水准测量法、光学测微法、经纬仪倾角法、测距三角高程法和 GPS 高程法等观测方法。

1.2.3 参考站系统

参考站系统具有范围大、精度高和野外单机作业等众多优点，目前在国内各种工程领域建设中已被广泛应用。对于一个超大型外海工程的施工，可能几个独立的参考站才满足要求。本书主要介绍了在外海作业环境条件下，参考站系统规划、建立、维护、监测及使用的技术方法。

1.2.4 水下地形测量

水下地形测量是以图形、数据形式表示水下地物、地貌的测量工作，其成果通常为水下地形图、截面图或以表格、磁性存储器为载体的数据。本书不仅列出了传统的水深测量内业、外业工作的原理、方法、精度要求等内容，还重点介绍了浮泥测量、清淤测量、多波束测深等新技术，其中用了较大篇幅详细介绍了沉管隧道清淤测量的方法和数据处理等。

1.2.5 施工测量

施工测量主要包括：水上定位测量和水下定位测量。这是本书的重点内容之一，本书较全面地介绍了沉管基础施工测量、沉管基床施工测量、沉管预制测量、沉管标定测量、沉管浮运导航、沉管安装定位及隧道贯通等施工测量方法，并列出了各施工测量平面控制网及高程控制网的布设与精度要求。

1.2.6 测量管理

沉管隧道施工测量点多面广，只有建立科学规范的沉管隧道工程施工测量管理体系，才能保质保量地完成测量工作。本书详细介绍了港珠澳大桥沉管隧道的测量管理，以及从标准化和风险防控的角度全面革新日常管理模式，建立了一套健全的测量组织管理体系，并且制定了完善的测量技术规程及相关管理制度，以有效实施施工测量的监控管理。

沉管隧道工程施工测量依据国家及相关行业有关施工测量与控制方面的标准、规范及规程等，结合工程施工质量及验收评定标准，严格依据相关规定实施，保证测量控制质量。

2 平面控制测量

2.1 技术设计

2.1.1 平面控制网的分类

在各种工程建设中，一般工程项目从开始实施到完成大致可分为设计、施工和运营三个阶段。因此，对于为工程建设服务的平面控制网来说，根据工程建设的不同阶段对平面控制网提出的不同要求，平面控制网一般可分为以下三类。

2.1.1.1 测图控制网

测图控制网是在工程设计阶段建立的用于测绘大比例尺地形图的控制网。在这一阶段，技术设计人员将要在大比例尺图上进行建筑物的设计或区域规划，以求得设计所依据的各项数据。因此，作为图根控制依据的测图控制网，必须保证地形图的精度和各幅地形图之间的准确拼接。另外，测图控制网也是地籍测量的基本依据。

2.1.1.2 施工控制网

施工控制网是在工程施工阶段建立的用于测量工程施工放样的控制网。在这一阶段，施工测量的主要任务是将图纸上设计的建筑物放样到实地上。对于不同的工程，施工测量的具体任务也不同。例如，隧道施工测量的主要任务是保证对向开挖的隧道能按照规定的精度贯通，并使各建筑物按照设计修建；放样过程中，标尺所安置的方向、距离都是依据控制网计算出来的。因此，在施工放样以前，应建立具有必要精度的施工控制网。

2.1.1.3 变形观测控制网

变形观测控制网是在工程竣工后的运营阶段，建立的以监测建筑物变形为目的的控制网（因是专门用途又称专用控制网）。由于在工程施工阶段改变了地面的原有状态，加之建筑物的重量将会引起地基及其周围地层的不均匀变化。此外，建筑物本身及其基础也会由于地基的变化而产生变形，这种变形，如果超过了一定的限度，就会影响建筑物的正常使用，严重的还会危及建筑物的安全。在一些大中城市，由于地下水的过度开采，会引起市区大范围的地面沉降。所以，在工程竣工后的运营阶段，需要对相关建筑物或市区进行变形监测，这就需要布设变形观测控制网。由于这种变形的量级一般都很小，为了能精确地测出其变化，要求变形观测控制网具有较高的精度。

2.1.2　平面控制网的布设原则

2.1.2.1　分级布网、逐级控制

对于平面控制网，通常先布设精度要求最高的首级控制网，随后根据测图需要，测区面积的大小再加密若干级较低精度的控制网。用于工程建筑物放样的专用控制网，往往分二级布设。第一级作总体控制，第二级直接为建筑物放样而布设；用于变形观测或其他专门用途的控制网，通常无须分级。

2.1.2.2　要有足够的精度

工程上的平面控制网一般要求最低一级控制网（四等网）的点位中误差能满足大比例尺 1∶500 的测图要求。按图上 0.1 mm 的绘制精度计算，这相当于地面上的点位精度为 0.1×500 = 50 mm。对于国家层面的平面控制网而言，尽管观测精度很高，但由于边长比工程上的平面控制网长得多，待定点与起始点相距较远，因而点位中误差远远大于工程上的平面控制网。

在施工阶段，测量工作的主要任务是直接为施工服务，测量的精度主要体现在相邻点位的相对位置上。目前的水运工程规模比较大，水运工程建筑物离岸比较远，如何正确制定可以保证建筑物定位和放样的精度，是一项极为重要的工作。在施工之前应根据工程需要来进行施工控制网的布设，在选择时，应考虑现场施工的条件，以及建筑物是否必须从控制点直接进行施工放样。虽然有的建筑物的相对精度要求很高，但是在施工放样时，可以利用它们相对精度较高的特点进行直接放样。所以，当考虑施工控制网布设时，可以不考虑对于它们放样精度的需求。

设 M 为工程施工放样后所得的控制网的点位的总误差，m_1 为控制网布设的点误差所引起的误差，m_2 为放样过程中所产生的误差。则有

$$M = \pm\sqrt{m_1^2 + m_2^2} = \pm m_2\sqrt{1+\frac{m_1^2}{m_2^2}} \tag{2-1}$$

有 $m_1 < m_2$，故 $\frac{m_1}{m_2}<1$，将式（2-1）中的二项式展开为泰勒级数，略去高次项，则有

$$M = m_2\left(1+\frac{m_1^2}{2m_2^2}\right) \tag{2-2}$$

假设 $\frac{m_1^2}{2m_2^2}=0.1$，即控制点的点误差只使总误差增加 $\frac{1}{10}$，可知：

$$m_1^2 = 0.2m_2^2 \tag{2-3}$$

把式（2-3）代入式（2-2）推出：

$$m_1 \approx 0.4M \tag{2-4}$$

综上所述，当控制点的点误差为 $m_1 \approx 0.4M$ 时，施工放样的总误差仅增加 0.1 M。

2.1.2.3　要有足够的密度

无论是测图控制网还是专用控制网，都要求在测区内有足够多的控制点。控制点的密度通常是用边长来表示的。《城市测量规范》（CJJ/T 8—2011）中对于城市三角网平均边长的规定列于表 2-1 中。

表 2-1　三角网的主要技术要求

等级	平均边长/km	测角中误差/(″)	起始边边长相对中误差	最弱边边长相对中误差
二等	9.0	≤1.0	≤1/300000	≤1/120000
三等	5.0	≤1.8	≤1/200000（首级） ≤1/120000（加密）	≤1/80000
四等	2.0	≤2.5	≤1/120000（首级） ≤1/80000（加密）	≤1/45000
一级小三角	1.0	≤5.0	≤1/40000	≤1/20000
二级小三角	0.5	≤10.0	≤1/20000	≤1/10000

2.1.2.4　要有统一的规范

为了使不同部门施测的控制网能够互相利用互相协调，应制定统一的规范，如现行的《城市测量规范》（CJJ/T 8—2011）和《工程测量规范》（GB 50026—2007）。

2.1.3　平面控制网的布设方案

以《城市测量规范》（CJJ/T 8—2011）为例，将其中三角网的主要技术要求列于表 2-1，电磁波测距导线的主要技术要求列于表 2-2。从这些表中可以看出，三角网具有如下的特点。

①各等级三角网平均边长较相应等级的国家网边长显著地缩短。

②三角网的等级较多。

③各等级控制网均可作为测区的首级控制。这是因为工程测量服务对象非常广泛，测区面积大的可达几千平方公里（如大城市的控制网），小的只有几公顷（如工厂的建厂测量），根据测区面积的大小，各等级控制网均可作为测区的首级控制。

④三等、四等三角网起算边相对中误差，按首级网和加密网分别对待。对独立的首级

三角网而言，起算边由电磁波测距求得，因此起算边的精度以电磁波测距所能达到的精度来考虑。对加密网而言，则要求上一级网最弱边的精度应能作为下一级网的起算边。这样有利于分级布网、逐级控制，而且也有利于采用测区内已有的国家网或其他单位已建成的控制网作为起算数据。

以上这些特点主要是考虑工程上的平面控制网应满足最大比例尺 1∶500 测图的要求而提出的。

表 2-2 中电磁波测距导线共分 5 个等级，其中的三等、四等导线与三等、四等三角网属于同一个等级。这 5 个等级的导线均可作为某个测区的首级控制。

表 2-2　电磁波测距导线的主要技术要求

等级	闭合环或附合导线长度/km	平均边长/m	测距中误差/mm	测角中误差/(″)	导线全长相对闭合差
三等	≤15.0	3000	≤18	≤1.5	≤1/60000
四等	≤10.0	1600	≤18	≤2.5	≤1/40000
一级	≤3.6	300	≤15	≤5	≤1/14000
二级	≤2.4	200	≤15	≤8	≤1/10000
三级	≤1.5	120	≤15	≤12	≤1/6000

2.1.4　专用控制网的特点

专用控制网是为工程建筑物的施工放样或变形观测等专门用途而建立的。由于专用控制网的用途非常明确，建网时应根据特定的要求进行控制网的技术设计。例如，桥梁三角网对于桥轴线方向的精度要求应高于其他方向的精度，以利于提高桥墩放样的精度；隧道三角网则对垂直于直线隧道轴线方向的横向精度的要求高于其他方向的精度，以利于提高隧道贯通的精度；用于建设环形粒子加速器的专用控制网，其径向精度应高于其他方向的精度，以利于精确安装位于环形轨道上的磁块。

2.1.4.1　精密工程水平控制网

1. 精密工程水平控制网的主要作用

精密工程水平控制网是为精密工程服务的，应在工程勘察设计阶段完成。精密工程水平控制网与常规的控制网相比，具有以下基本特点。

①精密工程水平控制网的大小、形状、点位分布与工程的大小、形状相适应，边长不要求相等或接近，而是根据工程需要进行设计，同时点位布设要考虑工程施工放样和监测的方便。

②投影面的选择应满足“控制点坐标反算的两点间距离与实地两点间的距离尽可能相等”的要求，如隧道施工控制网应投影到隧道贯通平面上。

③坐标系应采用独立的建筑坐标系，其坐标系应平行或垂直于精密工程的主轴线。主轴线通常由工艺流程方向、运输干线或主厂房的轴线所决定。

④不要求精密工程水平控制网的精度绝对均匀，但要保证某一方向或某几个点的相对精度较高。例如，隧道施工控制网的精度要保证隧道横向贯通准确性。

精密工程水平控制网不但可为施工放样服务，还可为某些工程设计提供大比例尺地形图服务，有时还可为工程施工和运行过程提供变形观测服务。精密工程水平控制网设计时应考虑一网多用，避免重复建网，必要时可对精密工程水平控制网进行复测。

精密工程水平控制网的布设方法和步骤与一般控制网一样。首先是收集资料，了解工程和测区环境的具体情况。这项工作进行得好坏，直接影响网形选择、点位确定、观测方案及精密工程水平控制网的实用性和可靠性。需要收集的资料很多，应首先收集工程设计图和各项精度指标，以及工程所在地的大比例尺地形图资料。

对所收集的资料进行初步研究之后，为了进一步判定已有资料的正确性和实用性，必须对工程现场进行详细踏勘，主要是了解工程所在地的地形、地物、水文、地质、道路、交通和居民地等情况。接着，结合现场踏勘的结果和工程要求，初步进行选点和确定控制方案。精密工程水平控制网可根据现场的地形、地物、工程大小和精度要求，以及现有的仪器设备，在确保质量的前提下，选择最优方案。

综上所述，精密工程水平控制测量的基本任务，就是根据工程的特点和要求，布设一定形状和点位适当的控制网，并精密测定其位置，以保证工程的需要。其目的除了为大比例尺的地形图测绘服务外，更重要的是保障工程的精密定位放样、设备安装和变形监测。精密工程水平控制网的作用是控制全局，限制测量误差的传递和积累，保证测量工程的必要精度。

2. 精密工程水平控制网的设计原则

①精密工程水平控制网的精度，是根据精密工程关键部位的竣工位置的容许误差的要求，结合实际情况，综合分析确定。

②精密工程水平控制网的精度，一般是以相邻点相对点位中误差（或相对变化量）作为设计的依据。精密工程水平控制网通常是固定基准下的独立网（监测网有时除外），其等级一般不具有上级网控制下级网的意义，而具有点位配合和精度配合的意义，但也允许逐级发展。

③精密工程水平控制网的图形，主要取决于工程任务和实地条件，一般由基准线、三角形、大地四边形及中点多边形等基本图形构成，根据情况可布设成基准线、三角网、三边网或边角网，也可采用 GPS 通过双频接收机载波相位法建立相对水平控制网。精密工程水平控制网对网形（包括边长和角度）一般不作具体要求。

精密工程水平控制网的等级，以相邻点相对点位中误差作为精度指标，分为一级、二级、三级、四级，具体要求见表 2-3。

表 2-3　精密工程水平控制网的主要技术要求

等级	一级	二级	三级	四级
相邻点相对点位中误差/(″)	0.2	1.0	3.0	5.0

相对点位中误差 M_{ij} 可根据相对点位误差椭圆的长半轴和短半轴或相对坐标增量中误差来计算：

$$M_{ij}=\pm\sqrt{A_{ij}^2+B_{ij}^2} \tag{2-5}$$

或

$$M_{ij}=\pm\sqrt{m_{\Delta x}^2+m_{\Delta y}^2} \tag{2-6}$$

式中，A_{ij}——相对点位误差椭圆的长半轴（mm）；

B_{ij}——相对点位误差椭圆的短半轴（mm）；

$m_{\Delta x}^2$、$m_{\Delta y}^2$——相对坐标增量中误差（mm）。

也可用边长的中误差和方位角中误差按式（2-7）计算：

$$M_{ij}=\pm\sqrt{m_s^2+\left(m_\alpha\times\frac{S}{\rho}\right)^2} \tag{2-7}$$

式中，m_s——边长中误差（mm）；

m_α——方位角中误差（″）；

S——边长（mm）；

ρ——常数，其值为 206265″。

3. 精密工程水平控制网的布设原则

精密工程水平控制网是为工程的勘测设计、施工放样、设备安装和运营中的变形监测服务的。它是工程建设各阶段和各项工作的测量基础，也是工程质量的根本保证。在精密工程水平控制网布设时既要满足工程要求，又要满足进一步布网的需要。精密工程水平控制网的布设受到工程的规模、特点、环境条件和施工方法等因素的影响，应遵循以下原则。

①精密工程水平控制网的大小、图形主要取决于工程的形状、规模和施工方法，以确保工程施工和变形监测的需要。

②精密工程水平控制网是为工程服务的，必须具备必要的精度。其精度是根据工程要求所确定的，精密工程测量点位精度一般为 1～2 mm，甚至为亚毫米级，相对精度高于 10^{-6}。

③投影面的选择应满足“控制点坐标反算的两点间距离应与实地两点间距离尽可能相等”的要求，便于现场施工和检查。

④控制点点位设置稳定可靠，防止工程建设的影响和高压电、强磁场的干扰。

⑤每一个控制点至少能与一个以上的控制点通视，以便工程中进行定向检核。

⑥要建立钢筋混凝土的强制归心盘，既可减少对中误差影响，又便于长期保存和使用。

⑦为了保证精密工程水平控制网的精度，应充分利用高精度的测量仪器，同时应采用现代化的观测技术和先进的数据处理方法。

⑧在进行精密工程水平控制网点位选择时，因为有高精度的测量仪器和观测方法，应重点考虑工程需要和使用方便，而不必考虑网中的边长长短和角度的大小。

4. 精密工程平面控制点的测量标志

精密工程平面测量采用的各种测量标志，是进行各种精密测量的基本依据。由于各种测量标志的作用不同，其结构与特点也不相同，精密工程平面控制点的测量标志分为观测点标志和照准点标志。各种标志的类型和规格应根据观测目的和工程区域内的地质条件来确定。标志的埋设应稳固、耐用，可保证近期和长远的使用方便。外部装饰还应考虑与相应建筑物外观是否协调。

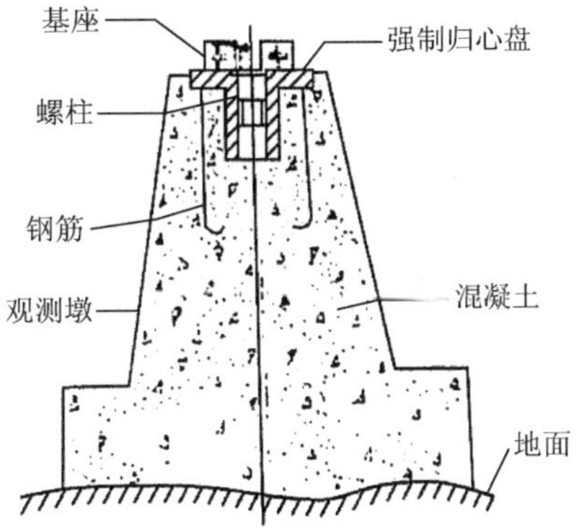

图 2-1　观测墩示意图

（1）观测点标志

观测点标志通常指观测墩，是精密工程的必备条件。为了保证其可长期、稳定使用，减少重复测量对中误差的影响，可在观测墩上安置强制归心盘，如图 2-1 所示。

观测墩采用钢筋混凝土现场浇筑，基础应埋在岩石上或深埋在冻土层以上 0.3 m 处，并在观测墩的基础平台上设置水准点标志。强制归心盘均采用不锈钢或合金材料制作。强制归心盘的形状如图 2-2 所示。其下端焊接了不少于 3 根 20 cm 左右的钢筋，插入钢筋混凝土中用以固定，

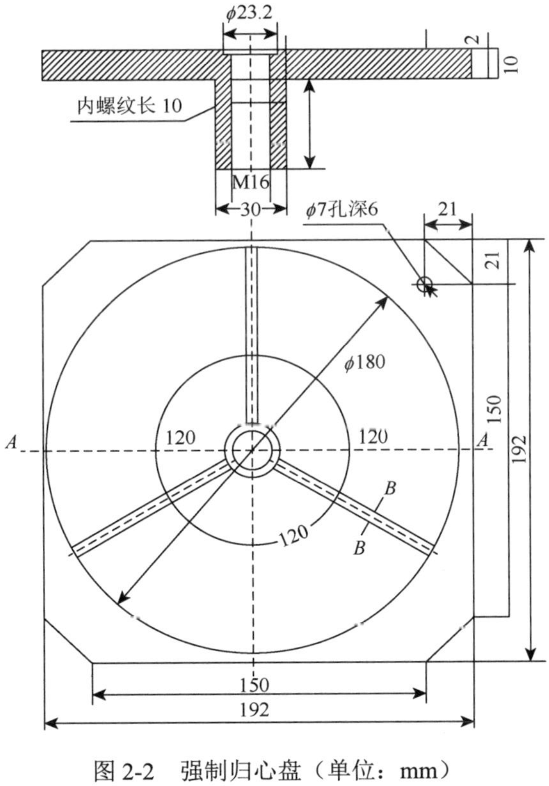

图 2-2　强制归心盘（单位：mm）

并使强制归心盘保持水平。强制归心盘表面要有一定的光洁度，强制归心盘中心螺孔应与表面垂直，螺孔通常采用圆环形。用于连接仪器基座和强制归心盘的连接螺旋，直径应与螺孔相适应，便于使用。连接螺旋上端的螺纹根据目前测量仪器基座螺纹的特点，有公制和英制两种。为了满足各种类型仪器的使用，连接螺旋应配制两种。

（2）照准点标志

照准点标志是测量的必备条件。为了满足观测员眼睛的精确瞄准要求，照准点标志的基本要求是反差大、亮度强、清晰度好，同时无相位差，而且其形状、大小及颜色应有利于照准。照准点标志的形式较多，有标杆、测钎和垂球等，如图 2-3 所示。

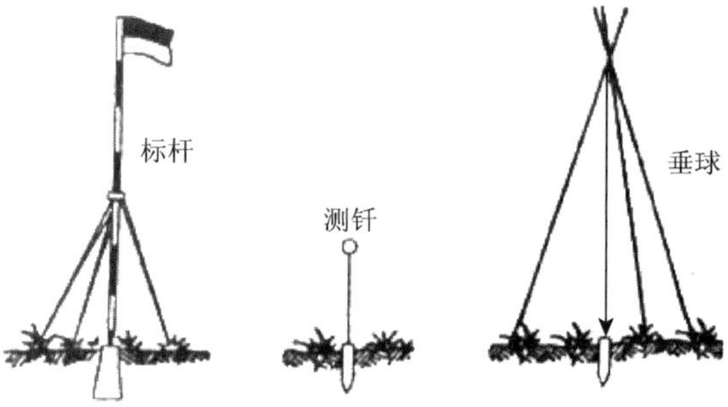

图 2-3　照准点标志

图 2-4　觇牌

除了上述常用的标志外，还有觇牌，觇牌的图案有塔形、条形和楔形标志，如图 2-4 所示。一般觇牌都配有不同的颜色，以便于观测员辨别，提高观测精度。

2.1.4.2　地下工程控制网

一般隧道的横向贯通误差是由地面导线测量、洞内导线测量、竖井或平洞联系测量及洞内施工放样等几种误差引起的。

1. 隧道贯通误差预计

贯通误差预计是在贯通测量工程施工前根据所选定的测量方案、测量精度和测量方法预先估算贯通相遇点的误差。当估算出来的误差大于贯通工程设计所规定的容许偏差时，要对选定的贯通测量方案和精度进行调整，直到估算的贯通误差在设计规定的容许偏差范围内时，才可按最终确定的测量方案、方法和测量精度进行施测，以保证在预定地点准确贯通。

贯通测量方案设计中，主要考虑贯通重要方向，即水平面内垂直于贯通中心线的横向贯通误差在设计规定的容许偏差范围内，以确保贯通质量。因此，贯通误差预计也是针对横向贯通误差进行估算。

（1）地面导线测量误差引起的横向贯通误差

如图 2-5 所示，为测定隧道两个洞口点 A 和 F 的相对位置，沿着隧道延伸的方向，在地面上布设一条支导线。引起隧道横向贯通误差的地面导线测量误差包括导线测角误差、导线量边误差和洞口两端起始边方位角误差，则该横向贯通误差为

$$m_{q上} = \pm\sqrt{m_{y\beta}^2 + m_{yl}^2 + m_{y\alpha}^2}$$
$$= \pm\sqrt{\left(\frac{m_\beta}{\rho}\right)^2 \sum R_x^2 + \left(\frac{m_l}{l}\right)^2 \sum d_y^2 + \left(\frac{m_{\alpha_{01}}}{\rho}\right)^2 R_{01}^2 + \left(\frac{m_{\alpha_{02}}}{\rho}\right)^2 R_{02}^2} \tag{2-8}$$

式中，$m_{y\beta}$、m_{yl}、$m_{y\alpha}$——测角、量边和洞口两端起始边方位角误差所引起的横向贯通误差；

m_β——地面导线的测角中误差；

$\frac{m_l}{l}$——导线边长的相对中误差；

$\sum R_x^2$——各导线点至贯通面的垂直距离的平方和；

$\sum d_y^2$——各导线边在贯通面上投影长度的平方和；

$m_{\alpha_{01}}$、$m_{\alpha_{02}}$——洞口两端起始边方位角误差；

R_{01}、R_{02}——洞口两端点至贯通面的垂直距离；

ρ——常数，其值为 206265″。

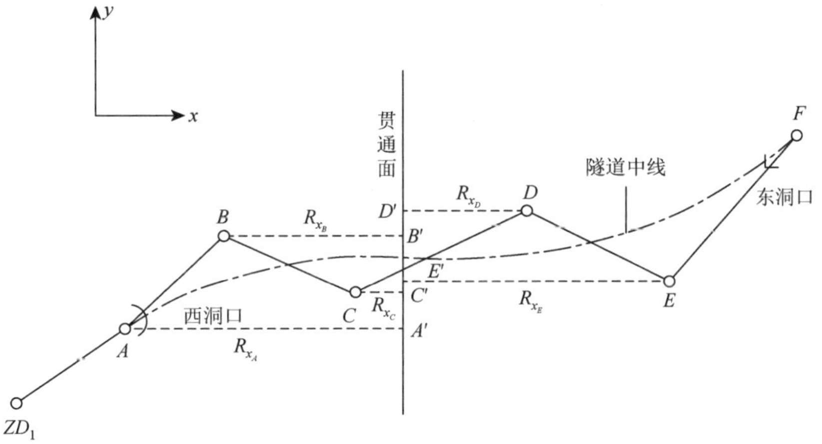

图 2-5　地面贯通导线误差预计图

1）定向边近似估算公式

如图 2-6 所示，横向贯通误差主要由 J、C 点位误差，JA、CB 边长误差，以及 JA、CB 边方位角误差组成。进口端的横向误差可以表示为

$$m = \pm\sqrt{\left(S_y \frac{m_\alpha}{\rho}\right)^2 + m_x^2} \tag{2-9}$$

式中，S_y——J到贯通面的距离；

m_α——JA的方位角误差；

ρ——常数，其值为206265″；

m_x——J点横向点位误差；

m——G_J的横向误差，出口端计算方法相同。

2）严密估算公式（坐标差权函数法）

计算地面导线测量误差对横向贯通误差的影响时，将β_J、β_C、S_{JG}（进口点到贯通点的边长）、S_{CG}（出口点到贯通点的边长）视为不含误差的量，如图2-6所示。横向贯通误差即贯通面上两点G_J、G_C的横坐标差：

$$\begin{aligned}\mathrm{d}(\Delta Y_G) = & a_{JA}\Delta X_{JG}\mathrm{d}x_J + (1 + b_{JA}\Delta X_{JG})\mathrm{d}y_J - a_{JA}\Delta X_{JG}\mathrm{d}x_A - b_{JA}\Delta X_{JG}\mathrm{d}y_A \\ & - a_{CB}\Delta X_{CG}\mathrm{d}x_C + b_{CB}\Delta X_{CG}\mathrm{d}y_B + a_{CB}\Delta X_{CG}\mathrm{d}x_B - (1 + b_{CB}\Delta X_{CG})\mathrm{d}y_C\end{aligned} \quad (2\text{-}10)$$

式中，ΔY_G——分别由进、出口贯通点G_J、G_C的y坐标的差值；

a、b——相应边的方向系数；

ΔX——相应点的坐标差。

再根据贯通点坐标差的协因数阵和互协因数阵，乘以网的验后单位权方差，即可得到贯通点坐标差的方差和协方差，进而得到洞外控制网引起的横向贯通误差。

该公式既适合三角网、边角网，也适合导线和混合网。在GPS网中，将GPS基线向量投影到某一参考椭球面并进一步投影到高斯平面上后，该基线向量实际上是一条观测了长度和方向的边，可以将GPS网看作观测了边长和方向的地面边角网。因此，GPS网测量误差所引起隧道横向贯通误差（简称影响值）也可参照此公式进行计算。

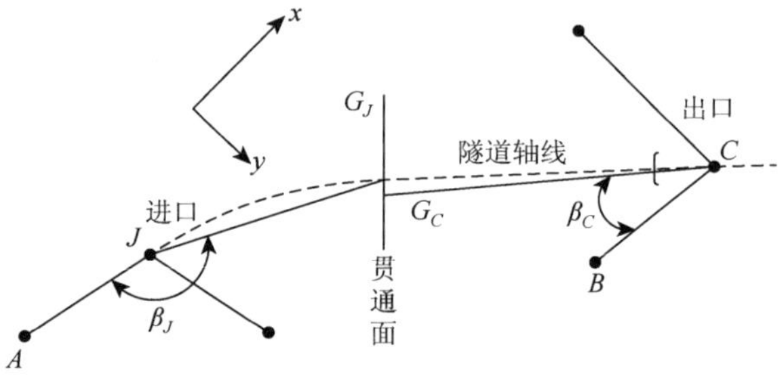

图2-6　三角网（GPS网）误差对贯通误差影响的示意图

严密估算时，还有一种方法，即零点误差椭圆法。见图2-6，将β_J、β_C、S_{JG}、S_{CG}视为不含误差的虚拟观测值，并将G_J、G_C作为控制网的点纳入一起计算，则G_J、G_C两点的相对误差椭圆（因两点应为同一点，其间距为零，故称零点误差椭圆）在贯通面上的投影即为影响值，即

$$m = \sqrt{E^2\cos^2\Psi + F^2\sin^2\Psi} \quad (2\text{-}11)$$

式中，E、F——零点相对误差椭圆的系数；

Ψ——以椭圆长半轴为起始方向时y轴的方向角。

用这种方法计算的影响值综合了所有的测量误差，其影响值是唯一的，其值不同于坐标差权函数法的任一结果，相当于用所有的定向点进行多点定向进洞。

（2）洞内导线测量误差引起的横向贯通误差

1）近似估算

洞内导线网为支导线时，可以按照式（2-12）进行计算，引起的横向贯通误差为

$$m_{q下}=\sqrt{m_{y\beta}^2+m_{yl}^2}=\sqrt{\left(\frac{m_\beta}{\rho}\right)^2\sum R_x^2+\left(\frac{m_l}{l}\right)^2\sum d_y^2} \tag{2-12}$$

式中，$m_{y\beta}$、m_{yl}——测角、量边误差所引起的横向贯通误差；

m_β——导线边长的测角中误差；

$\frac{m_l}{l}$——导线边长的相对中误差；

$\sum R_x^2$——各导线点至贯通面的垂直距离的平方和；

$\sum d_y^2$——各导线边在贯通面上投影长度的平方和；

ρ——常数，其值为206265″。

实际工作中，洞内导线总要布设成环形或网形，通过平差，测角精度、测边精度都会产生增益，故按照式（2-8）、式（2-12）进行横向贯通误差估算将偏于安全。

对于等边直伸的洞内导线来说，导线的测角误差引起横向误差，而量边误差与横向误差无关。洞内导线为支导线时，由测角引起的横向贯通误差可表示为

$$m_{q下}=\sqrt{\frac{n^2S^2m_\beta^2}{\rho^2}\left(\frac{n+1.5}{3}\right)} \tag{2-13}$$

式中，S——导线边长（m）；

ρ——常数，其值为206265″；

m_β——导线边长的测角中误差；

n——导线的边数。

2）严密估算

这种方法就是依照设计的网形和观测精度，模拟观测数据，按间接平差，组成误差方程和法方程，求逆而得到未知参数的协因数阵，计算未知参数及其函数的精度。利用武汉大学研制的科傻（Cosa）地面控制系统数据处理软件，按照设计的网形和上面确定的测角、量边精度，进行模拟计算。对模拟观测数据进行解算的具体过程如下。

首先，计算角度观测值误差。

观测角度L_i，设j、h、k均为待定点，参数为$(\hat{x}_j,\hat{y}_j)$、$(\hat{X}_k,\hat{Y}_k)$、$(\hat{X}_h,\hat{Y}_h)$，并令$\hat{X}=X^0+\hat{x}$，$\hat{Y}=Y^0+\hat{y}$。对于角度L_i，其观测方程为

$$L_i+v_i=\hat{\alpha}_{jk}-\hat{\alpha}_{jh} \tag{2-14}$$

由方位角改正数表示的误差方程为

$$v_i = \delta\alpha_{jk} - \delta\alpha_{jh} - l_i \tag{2-15}$$

将方位角改正数表达为坐标改正数，可得坐标平差的误差方程。

其次，计算距离观测值误差。

待定点间边长 L_i，待定点的坐标平差值 $(\hat{X}_k, \hat{Y}_k)$、$(\hat{X}_j, \hat{Y}_j)$ 为参数，可得测边误差方程为

$$v_i = -\frac{\Delta X_{jk}^0}{S_{jk}^0}\hat{x}_j - \frac{\Delta Y_{jk}^0}{S_{jk}^0}\hat{y}_j + \frac{\Delta X_{jk}^0}{S_{jk}^0}\hat{x}_k + \frac{\Delta Y_{jk}^0}{S_{jk}^0}\hat{y}_k - l_i \tag{2-16}$$

两类观测值的权比及解法方程和观测值改正数：

洞内平面控制测量中，各边长观测、角度观测相互之间都是独立的，设有 n_1 个角度观测 $\beta_1, \beta_2, \cdots, \beta_{n_1}$ 和 n_2 个边长观测 $S_1, S_2, \cdots, S_{n_2}$，$n_1 + n_2 = n$，则权阵为

$$\underset{nn}{P} = \mathrm{diag}(p_{\beta_1}, \cdots, p_{\beta_{n_1}}, p_{s_1}, \cdots, p_{s_{n_2}}) = \begin{bmatrix} \underset{n_1 n_1}{P_\beta} & 0 \\ 0 & \underset{n_2 n_2}{P_s} \end{bmatrix} \tag{2-17}$$

单位权方差 σ_0^2 唯一，可以任意选取，定权公式为

$$p_{\beta_i} = \frac{\sigma_0^2}{\sigma_{\beta_i}^2}, \quad p_{s_i} = \frac{\sigma_0^2}{\sigma_{s_i}^2} \tag{2-18}$$

定权时一般以测角中误差为平差中的单位权中误差。

根据误差方程的系数矩阵 B 和观测值的权阵 P，可得

$$\hat{x} = (B^{\mathrm{T}}PB)^{-1}B^{\mathrm{T}}Pl \tag{2-19}$$

$$V = B\hat{x} - l \tag{2-20}$$

最后，精度评定。

单位权中误差的估值为

$$\hat{\sigma}_0 = \sqrt{\frac{V^{\mathrm{T}}PV}{n-t}} \tag{2-21}$$

根据误差方程系数矩阵 B 和观测值权阵 P，可求得平面网坐标协因数矩阵为

$$Q_{\hat{X}\hat{X}} = (B^{\mathrm{T}}PB)^{-1} \tag{2-22}$$

则平面网中，各坐标参数的中误差为

$$\sigma_{\hat{X}_j} = \hat{\sigma}_0\sqrt{Q_{\hat{X}_j\hat{X}_j}} \tag{2-23}$$

2. 地面和地下控制测量

对于直线隧道，量边误差对横向贯通误差的影响完全可以忽略不计。实际上，两个洞口间的隧道一般都是直线或半径很大的曲线形状，因此，地面、地下导线有条件时应尽量布设成等边直伸形导线，地下导线只要在地下具有长边通视条件，就可在基本导线基础上布设由长边组成的主要控制导线来指示长距离隧道（如 4 km 以上）的掘进施工。长边直

伸形导线的量边误差只对隧道的纵向贯通误差产生影响，而不影响横向贯通误差，同时由于长边导线减少了测站数，也减少了测角误差对横向贯通误差的影响。对地下导线还可采用加测一定数量导线边的陀螺方位角，以限制测角误差的累积，提高导线点位的横向测量精度。

设计贯通测量方案时，可根据隧道的设计长度、走向、线路经过地段的地形和地质水文情况、设计的线路等级和用途、贯通点允许偏差及测量误差预计的结果，参考针对铁路、交通、城市、矿山等制定的相关测量规程（规范、细则），选定所采用的测量等级、精度要求和有关技术指标，必要时还可通过优化设计，最终确定符合工程设计要求、保证贯通质量的贯通测量方案。

（1）地面控制网布设方案

地面控制网的传统布设方案有导线法、三角网、三角网与导线联合布网等形式。

导线法布设灵活、适用性大，是隧道地面控制网布设广泛采用的方案之一。一般精密导线需要布设成导线环或者是闭合导线。为了增加检核条件，导线环的个数要多于 4 个，每个环的边数不宜太多，以 4～6 条为佳。导线边长不能太短，尽量布设成等边直伸形导线，同时适当提高测角测回数，有利于减小测边测角误差对于横向贯通误差影响。

三角网可以采用测角三角锁及边角网、测边网。三角网测量方向精度控制最高，同时对测边要求很高，易受地物地貌影响，平差工作量大。

三角网与导线联合布网适用于特殊地形。如隧道在市区，可以通过在三角网中间布设导线环穿过市区。三角网与导线联合布网在布设时应注意：三角网或导线环尽量选择长边以减小测边测角误差对横向贯通误差影响。洞口附近布设至少三个平面控制点，检验点位稳定性和检核入洞方位。三角网若有一条起始边，则应布于其中间，两条则布设于三角网两边。当三角网中增加基线检核条件时，应将基线设于网段两端。

隧道 GPS 控制网的布网设计，应满足以下条件。

①隧道 GPS 控制网由隧道各开挖口的控制点群组成，洞口应设置至少三个控制点。

②隧道 GPS 控制网由一些独立观测环组成，其边数要少于 12 个。

③隧道 GPS 控制网的边长介于 300 m～30 km；每个控制点应连接至少三条边。

④GPS 定位点之间一般不要求通视，但考虑施工过程加密需要，应当通视；点位空中开阔，确保能够接收到足够多的同步卫星；测站附近不应有对电磁波强烈吸收和反射的金属或其他物体。

⑤为了减弱垂线偏差，每一洞口处的三个 GPS 控制点最好位于同一高程上，在可能的情况下，各洞口控制点之间的高差尽量小一些。

⑥布设的 GPS 控制点应满足良好的接收卫星信号的要求。

⑦隧道 GPS 控制网必须由异步环构成检核条件，以提高控制网的可靠性。

（2）地下控制网布设方案

地下平面控制测量由于受工程条件的限制，使得测量方法较为单一，只能敷设导线。

依据导线测量建立的具有必要精度的地下控制系统可以正确指导隧道的施工。地下导线布设一般采用下列几种形式。

1）单导线

单导线测量比较简单，易于施测。其测点误差椭圆随着掘进长度的变化如图 2-7 所示。单导线适用于比较短（隧道长度小于 1 km）、贯通要求比较低的隧道，因为单导线对方向控制很弱，并且图形强度很弱，容易造成横向摆动。

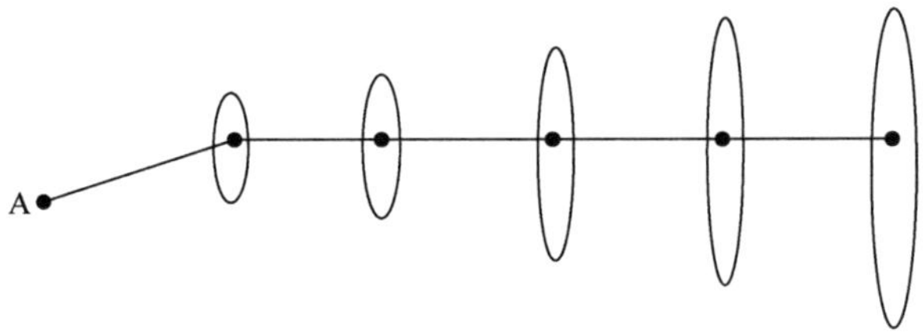

图 2-7　单导线误差椭圆变化

2）导线环

如图 2-8 所示，通过施测可以求出 5 和 5′坐标及两点间距离，然后与实测的 5 和 5′间距离作较差进行检核，可以做到步步有检核。导线环布网方式适用于较短隧道，但其图形强度、检核条件较单导线多；对于长度小于 1 km 的隧道而言，是比较合适的布网方式。

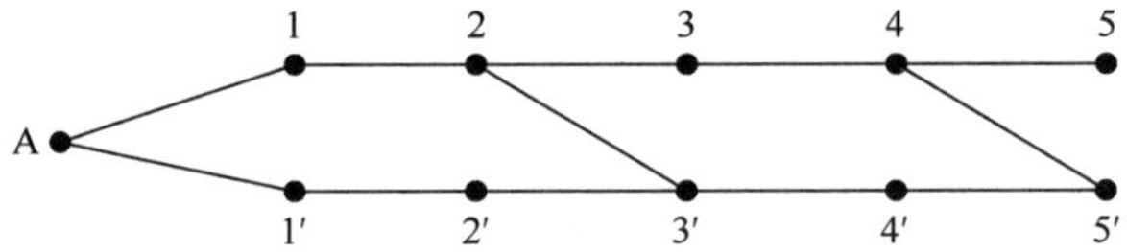

图 2-8　导线环网图

3）主副导线环

如图 2-9 所示，单双线分别表示副导线、主导线。主副导线均要测角，但副导线不测距而主导线需要。实线处闭合环平差后，当虚线处闭合环生成时，可以借助 3 点处平差后角度计算 3 和 4 间的方位角，这样有助于提高贯通面横向误差的精度，同时减少了副导线测边工作量。

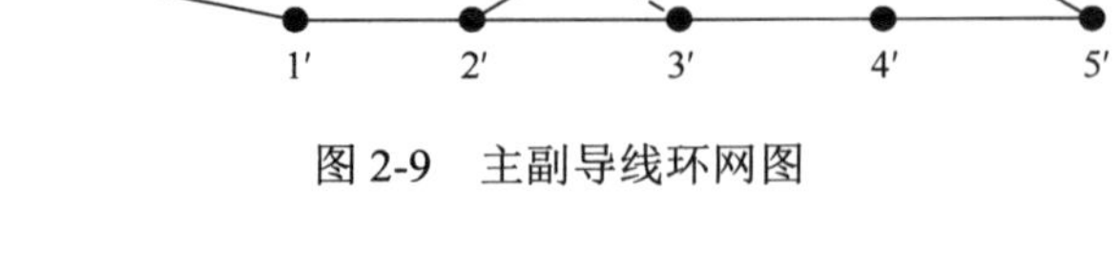

图 2-9　主副导线环网图

对于中长隧道，模拟数据表明，主副导线环是比较适宜的洞内布网方式之一，由于通过平差后，虚线处形成第二闭合环时，能够控制隧道前进方向的方位，从而保证隧道能够按规定精度贯通。缺点是网形强度不高，角度测量误差相对横向贯通误差制约严重，因此不适合于长大隧道布网。

4）全导线网

如图 2-10 和图 2-11 所示，并行导线在两点之间交叉，每一个新点通过两条路线测量得出坐标（如 3 点坐标由 2 和 2′两点得出），与实测 2 和 2′间的距离作较差进行检核。布设全导线网主要目的是让控制网变成“肥网”，网形强度高，对提高横向贯通误差精度增益很大。全导线网基本适用于所有的隧道洞内布网，但对于较短隧道，其测量工作强度较大，容易造成工作量、费用等的不必要浪费，所以要综合考虑取舍。

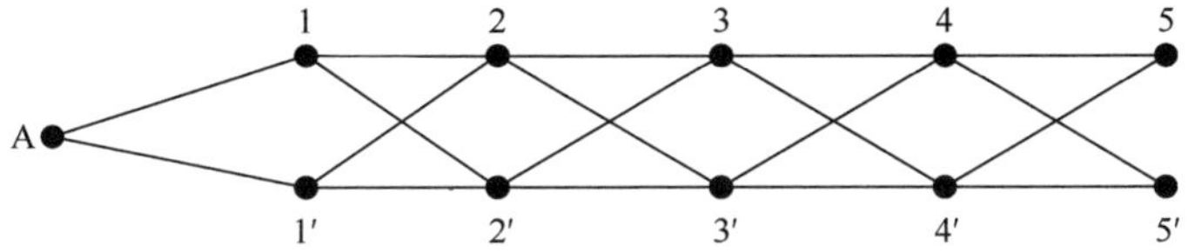

图 2-10 全导线网

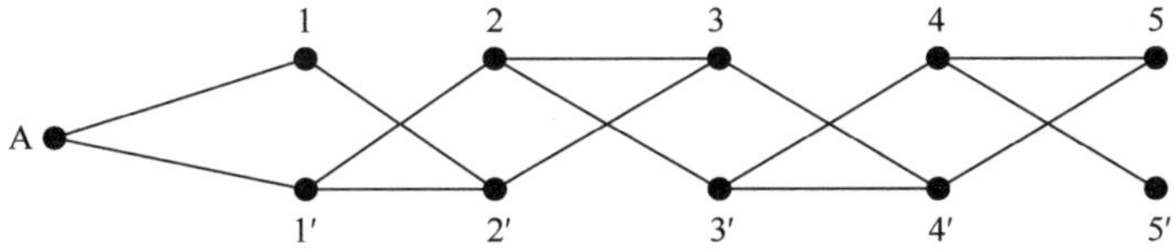

图 2-11 交叉导线网

2.1.4.3 控制网、点坐标系的换算

在施工测量过程中经常会遇到坐标换算工作。

①放样要用到控制点，这些控制点或许已具有国家或城市系统的大地坐标。因施工坐标系与测量坐标系往往不一致，为了放样就必须把待放样点的设计坐标换算成大地坐标或者把控制点的大地坐标换算为建筑坐标。

②施工坐标系是提供建筑物施工放样时使用的直角坐标系，其坐标轴与建筑物的主轴线一致或平行，当二者不平行或不一致时，二者之间需要进行坐标转换。

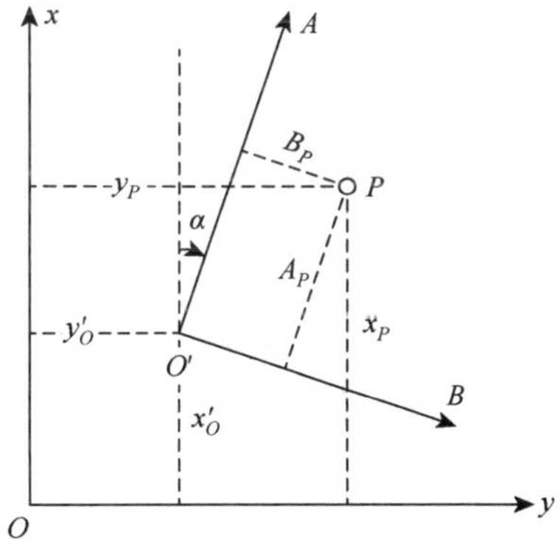

图 2-12 坐标转换图

如图 2-12 所示，设 x_P、y_P 为 P 点在测量坐标系内的坐标；A_P、B_P 为 P 点在施工坐标系内的坐标；$x'_O y'_O$ 为施工坐标系的原点 O'在测量坐标系内的坐标；α 为施工坐标系的坐标纵轴 A 在测量坐标系的坐标方位角。则两个系统的坐标可按式（2-24）、式（2-25）相互变换：

$$\begin{cases} x_P = x'_O + A_P \cos\alpha - B_P \sin\alpha \\ y_P = y'_O + A_P \sin\alpha + B \cos\alpha \end{cases} \tag{2-24}$$

或

$$\begin{cases} A_P = (x_P - x'_O)\cos\alpha + (y_P - y'_O)\sin\alpha \\ B_P = -(x_P - x'_O)\sin\alpha + (y_P - y'_O)\cos\alpha \end{cases} \tag{2-25}$$

式中，x'_O、y'_O 和 α 可在总平面图上查取。有时坐标值的数字较大，应用上述公式计算不便，此时，可用下列公式换算 i、j 两点之坐标差：

$$\begin{cases} \Delta x_{ij} = \Delta A_{ij}\cos\alpha - \Delta B_{ij}\sin\alpha \\ \Delta y_{ij} = \Delta A_{ij}\sin\alpha + \Delta B_{ij}\cos\alpha \end{cases} \tag{2-26}$$

或

$$\begin{cases} \Delta A_{ij} = \Delta x_{ij}\cos\alpha + \Delta B_{ij}\sin\alpha \\ \Delta B_{ij} = -\Delta x_{ij}\sin\alpha + \Delta y_{ij}\cos\alpha \end{cases} \tag{2-27}$$

式中，

$$\begin{aligned} &\Delta x_{ij} = x_j - x_i; \quad \Delta y_{ij} = y_j - y_i; \\ &\Delta A_{ij} = A_j - A_i; \quad \Delta B_{ij} = B_j - B_i; \end{aligned} \tag{2-28}$$

2.2 测量方法

2.2.1 角度观测

2.2.1.1 水平角观测

水平角观测分为方向观测法、分组方向观测法和全组合测角法，一般采用方向观测法。当方向数不多于三个时，可不归零。必要时，亦可采用全组合测角法或其他能满足精度要求的观测方法。若采用测角的方法不能满足精度要求时，亦可采用精密测距的方法，通过边长值，反算出相应的角度值。当方向总数超过 6 个时，可分两组观测。每组至少应包括两个共同方向（其中一个为共同零方向），其两组共同方向角值之差，不应大于相应等级测角中误差的 2 倍，分组观测最后结果，按等权分组观测进行测站平差。

1. 方向观测法

方向观测法是在一个测回中将测站上所有要观测的方向逐一照准进行观测，在水平度盘上读数、得出各方向的方向观测值。由两个方向观测值可以得到相应的水平角度值。如图 2-13 所示，设在测站上有 1, 2, 3, …, n 个方向要观测，首先应选定边长适中、通视良好、成像清晰稳定的方向（如选定方向 1）作为观测的起始方向（又称零方向）。上半测回用盘左位置先照准零方向，然后按顺时针方向转动照准部依次照准方向 2, 3, …, n，再闭合到方向 1，并分别在水平度盘上读数。下半测回用盘右位置，仍然先照准零方向 1，然后按逆时针方向转动照准部依相反的次序照准方向 n, …, 3, 2, 1，并分别在水平度盘上读数。一测回的具体操作如下。

①将仪器照准零方向目标，按 180/n（n 为测回数）的公式进行度盘配置；

②顺时针方向旋转照准部 1～2 周后精确照准零方向目标，进行水平角的读记；

③顺时针方向旋转照准部，精确照准 2 方向目标，按②的方法进行读数；顺时针方向旋转照准部依次进行 3, 4, …, n 方向的观测，最后闭合至零方向（当观测的方向数≤3 时，可不必闭合至零方向）；

④纵转望远镜，逆时针方向旋转照准部 1～2 周后精确照准零方向目标，按②的方法进行读数；

⑤逆时针方向旋转照准部，按上半测回观测的相反次序依次观测至零方向。

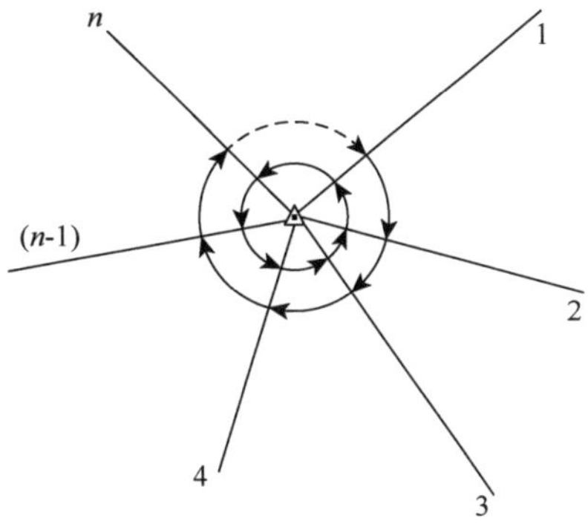

图 2-13 水平角方向观测法观测

除了观测方向数较少[《精密工程测量规范》(GB/T 15314—1994）规定不大于 3］的测站以外，一般都要求每半测回观测闭合到起始方向，以检查观测过程中水平度盘有无方位的变动，此时上、下半测回观测均构成一个闭合圆，因此这种观测方法又称为全圆方向观测法。

为了削减偶然误差对水平角观测的影响，提高测角精度，观测时应有足够的测回数。方向观测法的观测测回数，是根据测角网的等级和所用仪器的类型确定的。

在每半测回观测结束时，应立即计算归零差，即对零方向闭合照准和起始照准时的测微器读数差，以检查其是否超过限差规定，见表 2-4。

表 2-4 方向观测法测回数要求

仪器	二等	三等	四等
	测回数		
J_1	15	9	6
J_2		12	9

按全圆方向观测法用 T3 光学经纬仪观测，当照准每一目标时，如测微器两次接合读数之差符合限差规定，则取其和数作为一个盘位的方向观测值。对于 J_2 型仪器则取两次接合读数的平均数。

当下半测回观测结束时，除应计算下半测回的归零差外，还应计算各方向盘左、盘右的读数差，即计算各方向的 $2c$ 值，以检核一测回中各方向的 $2c$ 互差是否超过限差规定。如各方向的 $2c$ 值互差符合限差规定，则取各方向盘左、盘右读数的平均值，作为这一测回中的方向观测值。

对于零方向，有闭合照准和起始照准两个方向值，一般取其平均值作为零方向在这一测回中的最后方向观测值。将其他方向的方向观测值减去零方向的方向观测值，就得到归零后各方向的方向观测值，此时零方向归零后的方向观测值为 0。

将不同度盘位置的各测回方向观测值都进行归零，然后比较同一方向在不同测回中的方向观测值，它们的互差应小于规定的限差，一般称这种限差为“测回差”。

在某些工程控制网中，同一测站上各水平方向的边长悬殊，若严格执行一测回中不得重新调焦的规定，会产生过大的视差而影响照准精度。此时若使用的仪器经调焦透镜运行正确的检验，证实调焦透镜运行正确，则一测回中可以允许重新调焦。若调焦透镜运行不正确，这时可以考虑改变观测程序：对一个目标调焦后接连进行正倒镜观测，然后对准下一个目标，重新调焦后立即进行正倒镜观测，如此继续观测测站上的所有方向，从而完成全测回的观测工作。为了减弱随时间均匀变化的误差影响，相邻测回照准目标的次序应相反，如第一测回的观测程序按顺时针依次照准方向 1, 2, 3, …, n, 1，第二测回的观测程序应按逆时针依次照准方向 1, n, …, 3, 2, 1，全部测回观测完毕后，应检查各方向在各测回的方向观测值互差是否超过限差的规定。

2. 分组方向观测法

方向观测法的特征是将测站上所有方向一起观测。但在实际作业中，有时测站上要观测的方向较多，各个方向的目标不一定能同时成像稳定和清晰，如果要一起观测，往往要花费较长时间来等待各个方向成像同时稳定清晰；若不如此，勉强将所有方向一起观测，又将有损于观测精度。此外，由于方向多，一起观测使一测回的观测时间过长，受外界因素的影响也将显著增大。因此《精密工程测量规范》（GB/T 15314—1994）规定，当测站上观测方向数多于 6 个时，应考虑分为两组观测。

分组时，一般是将成像情况大致相同的方向分在一组，每组内所包含的方向数大致相等。为了将两组方向观测值划归成以同一零方向为准的一组方向值和进行观测成果的质量检核，观测时两组都要联测两个共同的方向，其中最好有一个是共同的零方向，以便加强两组的联系。

两组中每一组的观测方法、测站的检核项目、作业限差等与前面所述的方向观测法相同，所不同的是，两组共同方向之间的联测角应该做检核，以保证观测质量。

3. 测角误差的影响

（1）外界条件的影响

1）大气层密度的变化对目标成像稳定性的影响

目标成像是否稳定主要取决于视线通过近地大气层（简称大气层）密度的变化情况，如果大气密度是均匀的、不变的，则大气层就保持均衡，目标成像很稳定；如果大气密度剧烈变化，则目标成像就会产生上下左右跳动。实际上大气密度始终存在着不同程度的变化，它的变化程度主要取决于太阳造成的地面辐射的强烈程度及地形、地物和地类等的分布特征。下面以晴天的平原地区为例，对成像情况作具体分析。

早晨太阳升起时，阳光斜射通过大气层使气体分子缓慢而均匀地升温，使夜间的平衡状态开始变化，但各部分大气密度仅有微小的差异，因此没有明显的对流，目标成像也仅有轻微的波动。

日出以后，有一段时间（1～3 h）地面处于吸热过程，此时大气层密度较均匀，大气层基本上保持平衡，成像较稳定。但随着地面吸热达到饱和后，不断将热量再散发出去，使靠近地面的大气升温膨胀，形成上升气流，并到达一定高度后消失。然而，由于地类的不同，其吸热和散热的性能也不尽相同，如岩石、砂砾、干土等吸热较快，很快达到饱和，并开始向外散热；而另一些地类，如湿土、水域、植被等吸热较慢，开始向外散热也要晚一些，这些不同地类的地面上方的大气层之间，就存在温度的差别，从而形成大气的水平对流。也就是说，在整条视线上不仅存在着上下不同密度的大气对流，还存在着左右的大气对流，因此目标成像也必然出现上下和左右的动荡现象。随着太阳的不断升高，地面上的热量也不断增加，上述现象就愈加强烈。这是上午大气层密度结构变化情况，也就是目标成像由轻微波动到稳定，再逐渐向剧烈动荡的过程。

一般在下午当大气温度达到最高点以后，太阳逐渐下降，地面辐射热量减少，大气降温并趋向平衡，目标成像愈来愈稳定。因此，在日落前又有一段成像稳定且有利于观测的时间。

夜间大气层一般是平衡的，但仍有一部分地类，如水域、稻田等，入夜以后仍徐缓放热，靠近这些地类上方的视线也有一段时间的微小波动。

2）大气透明度对目标成像清晰的影响

目标成像是否清晰主要取决于大气的透明度，也就是取决于大气中对光线散射作用的物质（如尘埃、水蒸气等）的多少。尘埃上升到一定高度后，除部分悬浮在大气中，经雨后才消失外，一般均逐渐返回地面。水蒸气升到高空后可能形成云层，也可能逐渐稀释在大气中。因此尘埃和水蒸气对近地大气的透明度起着决定性作用。

地面的尘埃之所以上升，主要是由于风的作用，即强烈的空气水平气流和上升对流的结果，大量水蒸气也是由于水域和植被地段强烈升温产生的，所以大气透明度从本质上说也主要取决于太阳辐射的强烈程度。因此一般来说，上午接近中午时大气密度较差，午后随着辐射减弱，水蒸气越来越少，尘埃也陆续返回地面，所以一般在下午 3 时以后又有一段大气透明度良好的有利观测时间。

从上面的讨论可以看出：为了获得清晰稳定的目标成像，应当在有利于观测的时间段进行观测，一般晴天在日出 1 h 后的 1～2 h 内和下午 3～4 时到日落前 1 h 这段时间最为适宜。夏季的观测时间要适当缩短，冬季可稍加延长，阴天由于太阳的热辐射较小，大气的温度和密度变化也较小，几乎全天都能获得清晰稳定的目标成像，所以全天的任何时间都有利于观测。

3）水平折光的影响

光线通过密度不均匀的空气介质时，经过连续折射后形成一条曲线，并向密度大的一方弯曲，如图 2-14 所示。当来自目标 B 的光线进入望远镜时，望远镜所照准的方向为这条曲线在望远镜 A 处的切线方向，如图中的 AC 方向，这个方向显然不与这条曲线的弦线 AB 相一致（AB 一般成为理想的照准方向），而有一微小的交角 δ，称为微分折光。微分折光可以分解为纵向和水平两个分量，由于大气温度的梯度主要发生在垂直面内，所以微分折光的纵向分量是比较大的，是

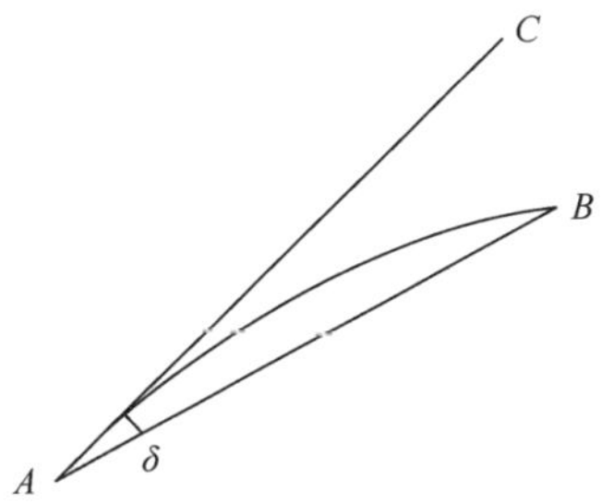

图 2-14　水平折光影响

微分折光的主要部分。微分折光的水平分量影响视线的水平方向，对精密测角的观测成果产生系统性质的误差影响。

水平折光的影响还随着大气温度的变化而变化。如白天在太阳照射下的沙石地面气温上升快，密度小，水面上方气温上升慢，密度大。但是在晚间沙石地面散热快，而水面的空气散热慢。因此，白天和晚间的水平折光正好相反，在白天观测时，视线凹向河流，在晚间观测时，视线凸向河流，所以取白天和晚间观测成果的平均值，可以有效地减弱水平折光的影响。

视线在水平方向靠近某些实体会产生局部性水平折光影响，如视线靠近岩石或在建筑物附近通过时，因岩石等实体比空气吸热快、传热也快，造成岩石等实体附近气温高、密度小，所以也将视线弯曲。在观测时，引起大气密度分布不均匀的地形地物越靠近测站，水平折光就越大。

水平折光的影响是极为复杂的，为了在一定程度上削减其对精密测角的影响，一般应采取必要的措施。在选点时，应避免使视线靠近山坡、大河或与湖泊的岸线平行，并应尽量避免视线通过高大建筑物、烟囱和电杆等实体的侧方。在造标时应使橹柱旁离视线至少10 cm，一般在有微风的时候或在阴天进行观测，可以减弱部分水平折光的影响。

在精密工程测量中水平角观测还受到工程场地的一些局部因素的影响，如工业能源设施向大气排放大量热气、烟尘、沥青，或水泥路面、混凝土及金属构筑物等热量传导性能的改变，水蒸气的蒸发与冷却的瞬变等，这些因素使测区处于瞬变微气候条件下。为了消减微气候条件构成的水平折光影响，应根据测区微气候条件的实际情况，选择最有利于观测的时间，将整个观测工作分配在几个不同的时间段内进行。

4）照准目标的相位差

照准目标如果是圆柱形实体，如木杆、标心柱，则在阳光照射下会有阴影，圆柱上分为明亮和阴暗的两部分。视线较长时往往不易确切地看清圆柱的轮廓线，当背景比较阴暗时，往往十字丝照准明亮部分的中线；当背景比较明亮时，十字丝却照准了阴暗部分的中心。也就是说照准实体目标时，往往不能正确地照准目标的真正中心轴线，从而给观测结果带来误差，这种误差叫相位差。相位差的影响随太阳的方位变化而变化，在上午和下午，当太阳在对称位置时，实体目标的明亮部分与阴暗部分恰恰相反，所以相位差影响的正负号也相反，因此，最好半数测回在上午观测，半数测回在下午观测。

为了减弱这种误差的影响，在三角测量中一般采用微相位照准圆筒。微相位照准圆筒的结构形式可参阅《精密工程测量规范》（GB/T 15314—1994）中的有关章节。

5）温度变化对视准轴的影响

如果在观测时仪器受太阳光的直接照射，则由于仪器的各部分受热不均匀，膨胀也不相同，致使仪器产生变形，各轴线间的正确关系不能保证，从而影响观测的精度，所以在观测时必须撑伞或用测橹覆挡住太阳光对仪器的直接照射。但是尽管仪器不直接接受太阳的照射，周围空气温度的变化也会影响仪器，使其各部分发生微小的相对变形，造成仪器视准轴位置发生微小的变动。

视准轴位置的变动可以从同一测回中照准同一目标的盘左读数、盘右读数的差数中看出，这个差数就是两倍视准轴误差，以 $2c$ 表示。如果没有由于仪器变形而引起的误差，则由每个观测方向所求得的 $2c$ 值与其真值之间只能有偶然性质的差异。但是经验证明，倘若在连续观测几个测回的过程中温度不断变化，则由每个测回所得的 $2c$ 值有着系统性的差异，而且这个系统性的差异与观测过程中温度的变化有着密切的关系。

假定在一个测回的短时间观测过程中，空气温度的变化与时间成比例，那么可以采用按时间对称排列的观测程序来削弱这种误差对观测结果的影响。按时间对称排列的观测程序，是假定在一个测回的较短时间内，气温对仪器的影响是均匀变化的，上半测回依顺时针次序观测各目标，下半测回依逆时针次序观测各目标，并尽量做到观测每一目标的时间间隔较近。这样做，上、下半测回观测每一目标时刻的平均数相近，可以认为各目标是在同一平均时刻观测的，即同一方向上、下半测回观测值的平均值将受到同样的误差影响，从而由方向求角度时可以大大削弱仪器受温度变化影响而引起的误差。

6）外界条件对觇标内架稳定性的影响

在高标上观测时，仪器安放在觇标内架的观测台（仪器台）上，在地面上观测时，通常把仪器安放在三脚架上。当觇标内架或三脚架发生扭转时，仪器基座和固定在基座上的水平度盘就会随之发生变动，给观测结果带来影响。

温度的变化会使觇标内架或三脚架的木构件产生不均匀的胀缩而引起扭转，觇标在阳光的照射下，向阳处温度高，背阴处温度低，由于温度的差异，使觇标内架的不同部分产生不均匀的膨胀，从而引起扭转。

假定在一测回的观测过程中，觇标内架或三脚架的扭转是匀速发生的，因此采用按时间对称排列的观测程序也可以减弱这种误差对水平角的影响。

（2）仪器误差的影响

1）水平度盘位移的影响

当转动照准部时，由于轴面的摩擦力使仪器的基座部分产生弹性的扭曲，与基座固连的水平度盘也随之发生微小的方位变动，这种扭曲主要发生在照准部旋转的开始瞬间。当照准部开始转动之后，在转动照准部的过程中只需克服较小的轴面摩擦力，而在转动停止后，没有任何力再作用于仪器的基座部分，它在弹性作用下就逐渐反向扭曲，企图恢复原来的平衡状态。因此，在观测时当照准部顺时针方向转动时，度盘也随着基座顺转一个微小的角度，使在度盘上的读数偏小；反之，逆转照准部时，使度盘读数偏大，这将给测得的方向值带来系统误差。

根据这种误差的性质，如果在半测回中照准目标时保持照准部向一个方向转动，则可以认为各方向所带误差的正负号相同，由方向组成角度时就可以消减这种误差影响。即使各方向所受误差的大小不同，在组成角度中也只含有残余误差的影响，并且其符号可能为正，也可能为负。

如果在一测回中，上半测回顺转照准部，依次照准各方向，下半测回逆转照准部，依相反的次序照准各方向，则在同一角度的上、下半测回的平均值中就可以很好地消除这种误差影响。

2）照准部旋转不正确的影响

在讨论仪器的垂直轴轴系时可知，如果照准部垂直轴与轴套之间的间隙过小，则照准部转动时会过紧，如果间隙过大，则照准部转动时垂直轴在轴套中会发生歪斜或平移，这种现象叫照准部旋转不正确。照准部旋转不正确会引起照准部的偏心和测微器行差的变化，为了消除这些误差的影响，应采用重合法读数，可在读数中消除照准部偏心影响。在测定测微器行差时应转动照准部位置而不应转动水平度盘位置，这样测定的行差数值将受到照准部旋转不正确的影响，根据这个行差数值来改正测微器读数较为合理。

3）照准部水平微动螺旋作用不正确的影响

当旋进照准部水平微动螺旋时，靠螺杆的压力推动照准部；当旋出照准部水平微动螺旋时，靠反作用弹簧的弹力推动照准部。若因油污阻碍或弹簧老化等原因使弹力减弱，则微动螺旋旋出后，照准部不能及时转动，微动螺杆顶端就会出现微小的空隙，在读数过程中，弹簧才逐渐伸张而消除空隙，这时读数，视准轴已偏离了照准方向，从而引起观测误差。为了避免这种误差的影响，规定观测时应旋进水平微动螺旋（与弹力作用相反的方向）去进行每个观测方向的最后照准，同时要使用水平微动螺旋的中间部分。

4）垂直微动螺旋作用不正确的影响

在仪器整平的情况下，转动垂直微动螺旋，望远镜应在垂直面内俯仰。但是，由于水平轴与其轴套之间有空隙，垂直微动螺旋的运动方向与其反作用弹簧弹力的作用方向不在一直线上，从而产生附加的力矩引起水平轴一端位移，致使视准轴变动，给水平方向的方向观测值带来误差，这就是垂直微动螺旋作用不正确的影响。

若垂直微动螺旋作用不正确，则在水平角观测时，不得使用垂直微动螺旋，直接用手转动望远镜到所需的位置。

（3）照准和读数误差的影响

照准误差受外界因素的影响较大。如目标成像的跳动会使照准误差增大好几倍，又如目标的背景不好，有时也会增大照准误差甚至导致照准错误。因此除了选择有利的观测时间外，作业员认真负责地进行观测，也是提高精度的有效措施。

光学经纬仪按接合法读数时，读数误差主要表现为接合误差，读数精度主要取决于光学测微器的质量，它受外界条件的影响较小。度盘对径分划接合一次中误差$m_{接}$可以由实验的办法测定，对于 J_1 型经纬仪 $m_{接} \leqslant \pm 0.3''$；对于 J_2 型经纬仪 $m_{接} \leqslant \pm 1''$。经验证明，采光的位置不适当，会影响读数显微镜正倒像的照明，使接合误差增大，若测微器的目镜调节不佳也会增大接合误差。

此外，对于具有偶然性质的读数误差和照准误差，还可以用多余观测的办法来削弱其影响，如接合读数两次和多于一个测回的观测，都是提高观测质量的措施。为了提高照准精度，有时对同一目标可以连续照准两次，取两次照准读数的平均数，不仅可以削弱照准误差的影响，还可以削弱接合误差的影响。

必须指出，影响水平角观测精度的因素是错综复杂的，为了讨论问题的方便，把误差来源分为外界条件的影响、仪器误差的影响和读数与照准误差的影响。实际上有些误差是交织在一起的，并不能截然分开，如观测时的照准误差，它既受望远镜的放大倍率和物镜有效孔径等仪器光学性能的影响，又受目标成像质量和旁折光等外界因素的影响。

（4）精密测角的一般原则

精密角度测量是精密三角测量、精密边角测量、精密导线测量和精密定向测量中的主要环节。用三角形闭合差计算的各等级精密角度测量的测角中误差应不超过表 2-5 的规定。

表 2-5　各等级精密测角中误差限差规定

等级	一级	二级	三级	四级
测角中误差/(″)	0.42	0.71	1.41	2.82

根据前面所讨论的各种因素对测角精度的影响规律，为了最大限度地减弱或消除各种误差的影响，在精密测角时应遵循下列原则。

①观测应在目标成像清晰、稳定的有利于观测的时间进行，以提高照准精度和减小旁折光的影响。

②观测前应认真调好焦距，消除视差。在一测回的观测过程中不得重新调焦，以免引起视准轴的变动。

③各测回的起始方向应均匀地分配在水平度盘和测微器的不同位置，以消除或减弱度盘分划线和测微器的分划误差的影响。

④在上、下半测回之间倒转望远镜，以消除或减弱视准轴误差、水平轴倾斜误差等影响，同时可以由盘左、盘右读数之差求得两倍视准误差 $2c$，借以检核观测质量。

⑤上、下半测回照准目标的次序应相反，并使观测每一目标的操作时间大致相同，即在一测回的观测过程中，应按与时间对称排列的观测程序，其目的在于消除或减弱与时间成比例均匀变化的误差影响，如觇标内架或三脚架的扭转等。

⑥为了克服或减弱在操作仪器的过程中带动水平度盘位移的误差，要求每半测回开始观测前，照准部按规定的转动方向先预转 1～2 周。

⑦使用照准部微动螺旋和测微螺旋时，其最后旋转方向均应为旋进。

⑧为了减弱垂直轴倾斜误差的影响，观测过程中应保持照准部水准器气泡居中。当使用 J_1 型和 J_2 型经纬仪时，若气泡偏离水准器中央一格时，应在测回间重新整平仪器，这样做可以使观测过程中垂直轴的倾斜方向和倾斜角的大小具有偶然性，可望在各测回观测结果的平均值中减弱其影响。

4. 观测技术要求

（1）各项观测限差的要求

方向观测法各项限差不应超过表 2-6 的规定。

表 2-6　方向观测法各项限差规定

仪器类型	光学测微器两次重合读数差/(″)	电子经纬仪两次照准读数差/(″)	半测回归零差/(″)	一测回内 $2c$ 互差/(″)	同一方向值各测回互差/(″)
DJ_{05}	—	0.5	4	8	4
DJ_{07}	1	1	5	9	5
DJ_1	1	1	6	9	6
DJ_2	3	3	8	13	9

注：DJ_{05} 为一测回水平方向中误差不超过±0.5″的经纬仪。

全组合测角法各项限差不应超过表 2-7 的规定。

表 2-7　全组合测角法各项限差规定

仪器类型	二次照准目标读数互差/(″)	上、下半测回角值互差/(″)	同一角度各测回角值互差/(″)
DJ_{05}	1.5	2.5	3
DJ_{07}	3	5	4
DJ_1	4	6	5
DJ_2	6	10	8

各等级测角控制网水平角观测技术要求见表 2-8。

表 2-8　各等级测角控制网水平角观测技术要求

等级	方向观测法测回数				全组合测角法方向权阵 P				三角形最大闭合差/(″)
	DJ_{05}	DJ_{07}	DJ_1	DJ_2	DJ_{05}	DJ_{07}	DJ_1	DJ_2	
一	15	20	—	—	30	40	—	—	1.45
二	9	15	18	—	18	30	36	—	2.46
三	6	9	12	15	12	18	24	30	4.88
四	2	3	5	7	4	6	10	14	9.76

注：$P=m\times n$。n 为方向数，m 为测回数。

各等级导线水平角观测技术要求见表 2-9。

表 2-9　各等级导线水平角观测技术要求

等级	测回数				方位角闭合差/(″)
	DJ_{05}	DJ_{07}	DJ_1	DJ_2	
一	20	—	—	—	$0.8\sqrt{n}$
二	15	20	—	—	$1.4\sqrt{n}$
三	6	9	15	20	$2.8\sqrt{n}$
四	—	—	6	9	$5.6\sqrt{n}$

注：n 为转折角个数。

（2）观测成果的重测与取舍

①凡超出规范规定限差的结果，均应进行重测。因超限而重测的完整测回，称为重测。因对错度盘、测错方向、读记错误、碰动仪器、气泡偏离过大及其他原因未完成的测回，重新观测时，不算重测。

②一测回中 $2c$ 互差超限或化归同一起始方向后，同一方向值各测回互差超限时，应重测超限方向并联测零方向。因测回互差超限而重测时，除明显孤值外，原则上应重测观测结果中最大值和最小值的测回。

③零方向的 $2c$ 互差超限或下半测回的归零差超限时，应重测整个测回。

④方向观测法一测回中，重测方向数超过所测方向总数的 1/3 时（包括观测三个方向有一个方向重测），该测回应重测。

⑤采用方向观测法时，每站基本测回重测的方向测回数不应超过全部测回总数的 1/3，否则整体重测。

⑥方向观测法重测数的计算：在基本测回观测结果中，重测一个方向算作一个方向测回，因零方向超限而重测整个测回算作（n–1）个方向测回。每站全部方向测回总数按（n–1）m 计算，n 为该站方向总数，m 为测回数。

⑦三角形闭合差、极条件、基线条件、方位角条件自由项超限而重测时，应整份成果重测。

2.2.1.2 垂直角观测

垂直角的观测方法有中丝法和三丝法两种。

1. 中丝法

中丝法也称单丝法，就是以望远镜十字丝的水平中丝照准目标，构成一个测回的观测，其程序为：在盘左位置，用水平中丝照准目标一次，如图 2-15（a）所示，使指标水准器气泡精密符合，读取垂直度读数，得盘左读数 L。在盘右位置，按盘左时的方法进行照准和读数，得盘右读数 R。照准目标如图 2-15（b）所示。

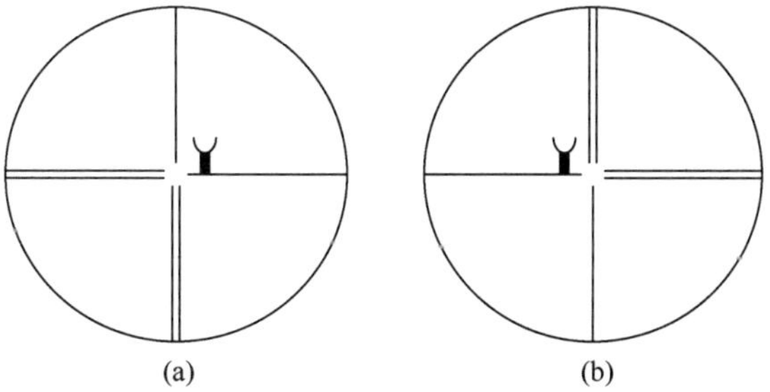

图 2-15　中丝法垂直角观测

2. 三丝法

三丝法就是以上、中、下三条水平横丝依次照准目标，构成一个测回的观测程序如下。

在盘左位置，按上、中、下三条水平横丝依次照准同一目标各一次，如图 2-16（a）所示，使指标水准器气泡精密符合，分别进行垂直度盘读数，得盘左读数 L。

在盘右位置，再按上、中、下三条水平横丝依次照准同一目标各一次，如图 2-16（b）所示，使指标水准器气泡精密符合，分别进行垂直度盘读数，得盘右读数 R。

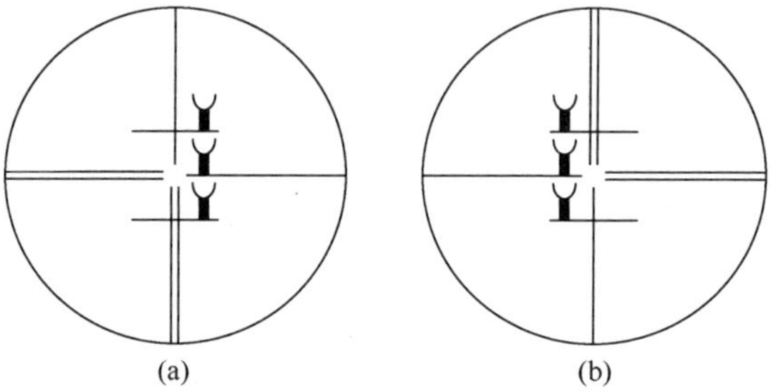

图 2-16　三丝法垂直角观测

在一个测站上观测时，一般将观测方向分成若干组，每组包括 2～4 个方向，分别进行观测。如通视条件不好，也可以分别对每个方向进行连续照准观测。

根据具体情况，在实际作业时可灵活采用上述两种方法，如 T3 光学经纬仪仅有一条水平横丝，在观测时只能采用中丝法。

按垂直度盘读数计算垂直角和指标差的公式列于表 2-10。

表 2-10　按垂直度盘读数计算垂直角和指标差

仪器类型	计算公式		各测回互差限值	
	垂直角	指标差	垂直角/(″)	指标差/(″)
J_1（T3）	$\alpha = L - R$	$i = (L + R) - 180°$	10	15
J_2（T2，010）	$\alpha = \frac{1}{2}[(R - L) - 180°]$	$i = \frac{1}{2}[(R + L) - 360°]$	10	15

2.2.2　距离观测

2.2.2.1　电磁波测距

在工程控制测量中，用于距离测量的电子仪器主要有光电测距仪和全站仪。目前除了特殊距离测量的需要，单一的光电测距仪已经很少采用，主要采用以光波中的红外光和激光作载波源的中程全站仪、短程全站仪。不管是光电测距仪还是全站仪，都是利用某种载波和调制波进行距离测量，这些载波可以统称为电磁波。其测距的方法可以统称为电磁波测距。

1. 仪器及辅助工具的检校

对于新购置的或大修后的测距仪器，应进行全面的检校。测距使用的气象仪表应经常检查，必要时，应送气象部门按有关规定检测。在高海拔地区使用空盒气压表时，应送当地气象台（站）校准。

光电测距仪须进行下列项目的检验。

①发射、接收、照准三轴关系的正确性的检验与调整；

②发光管光相位不均匀的检验；

③幅相误差的检验；

④周期误差的检验；

⑤加常数和乘常数的检验（测前、测后检验）；

⑥棱镜常数的检验；

⑦内部符合精度的检验；

⑧精测频率的检验。

2. 测距边的选择

测距边宜选在地面覆盖物相同或相近的地段，不宜选在散热体的上空。测线应避开电线等障碍物，四等及以上的测线应离开地面或障碍物 1.3 m 以上，测线应避开强电磁场的干扰。测距边的测线倾角不宜过大。

3. 测距作业要求

①一级及以上等级控制网的边长应采用中程全站仪、短程全站仪或光电测距仪，短程为测程 3 km 及以下，中程为测程 3～15 km。

②测站对中误差和反光镜对中误差不大于 2 mm。

③测距应选择气象条件稳定时进行，当测量高精度边长时，宜选在日出后 1 h 或日落前 1 h 的时间段内进行。

④一测回观测是指照准目标一次读数 2～4 次的过程，当观测数据超限时，应重测整个测回。

⑤四等及以上等级控制网的边长测量时，应读取两端点观测始末的气象元素，并取其平均值进行气象改正的计算。采用全站仪测量距离时，应将两端点气象元素的平均值输入到仪器中，以便仪器进行自动的气象改正。

⑥温度计宜选用通风干湿温度计，气压表宜选用高原型空盒气压表。温度计应悬挂在离地面和人体 1.5 m 以外的地方，读数精确到 0.2℃。气压表应置平，指针不应滞阻，读数精确到 50 Pa。

⑦当测距边采用电磁波三角高程测定的高差进行倾斜改正时，垂直角的观测和对向观测的较差要求，可按五等三角高程测量的有关规定放宽一倍执行。

⑧每日观测结束后，应对外业观测记录和计算进行检查，如果使用电子记录，应保存原始观测数据，打印输出现测数据和预先设定的各项限差。

4. 测距技术要求

国家有关规范或行业规范对电磁波测距都有明确的技术要求，《工程测量规范》（GB 50026—2007）对电磁波测距的主要技术要求列于表 2-11。

表 2-11　测距的主要技术要求

平面控制网等级	仪器精度等级	每边测回数		一测回读数较差/mm	单程各测回较差/mm	往返较差/mm
		往	返			
三等	5 mm 级仪器	3	3	≤5	≤7	≤2（$a+bD$）
	10 mm 级仪器	4	4	≤10	≤15	
四等	5 mm 级仪器	2	2	≤5	≤7	
	10 mm 级仪器	3	3	≤10	≤15	
一级	10 mm 级仪器	2	—	≤10	≤15	—
二、三级	10 mm 级仪器	1	—	≤10	≤15	—

电磁波测距是在地球自然表面上进行的，所得距离是仪器中心与反射镜中心之间的光波波道弧长，该弧长中包含着一些仪器系统误差和大气折射误差，经过这些误差的改正后才能得到正确的弧长。将该弧长先归算为仪器中心与反射镜中心之间的斜距，再将斜距归算为两个控制点平均高程面上的水平距离，如果控制网采用国家坐标系统，则还需将平均高程面上的水平距离归算为参考椭球面上的大地线长度，最后再根据高斯投影的投影比计算公式，将参考椭球面上的大地线长度改化为高斯平面上的水平距离，作为控制网平差所需的距离观测值。

2.2.2.2　钢尺量距

1. 量距的工具

钢尺是钢制的带尺，卷放在圆形盒内或金属架上。钢尺的基本分划为厘米，在每米及每分米处有数字注记。一般钢尺在起点处一分米内刻有毫米分划；有的钢尺，整个尺长内都刻有毫米分划。由于尺的零点位置的不同，有端点尺和刻线尺的区别。端点尺是以尺的最外端作为尺的零点，当从建筑物墙边开始丈量时使用很方便。刻线尺是以尺前端的一刻线作为尺的零点。除钢尺外，还有标杆、测钎和垂球。

2. 直线定线

当两个地面点之间的距离较长或地势起伏较大时，为使量距工作方便起见，可分成几段进行丈量。这种把多根标杆标定在已知直线上的工作称为直线定线。一般量距用目视定线。

3. 量距方法

平坦地区的距离丈量前，先将待测距离的两个端点 *A*、*B* 用木桩（桩上钉一小钉）标志出来，然后在端点的外侧各立一标杆。清除直线上的障碍物后，即可开始丈量。丈量工作一般由两人进行。后尺手持尺的零端位于 *A* 点，并在 *A* 点上插一测钎。前尺手持尺的末端并携带一组测钎的其余 5 根（或 10 根），沿 *AB* 方向前进，行至一尺段处停下。后尺手以手势指挥前尺手将钢尺拉在 *AB* 直线方向上；后尺手以尺的零点对准 *B* 点，当两人同时把钢尺拉紧、拉平和拉稳后，前尺手在尺的末端刻线处竖直地插下一测钎，得到点 1，这样便量完了一个尺段。随之后尺手拔起 *A* 点上的测钎与前尺手共同举尺前进，同法量出第二尺段。如此继续丈量下去，直至最后不足一整尺段（*n*–*B*）时，前尺手将尺上某一整数分划线对准 *B* 点，由后尺手对准 *n* 点在尺上读出读数，两数相减，即可求得不足一尺段的余长。

2.2.3 方向观测

陀螺经纬仪是陀螺仪和经纬仪相结合的定向仪器。陀螺仪内悬挂有三向自由旋转的陀螺，利用陀螺的特性定出正北方向，再用经纬仪测出正北方向与直线的水平角，即可确定出直线的真方位角。隧道和矿山等工程的测量常用陀螺经纬仪定向。

2.2.3.1 陀螺仪定向的基本特性

自由陀螺有两项特性：①在没有外力矩作用时，其转轴的空间方位保持不变，即定轴性；②在外力矩（定向力矩）作用下，当力矩作用的旋转轴与陀螺的转轴不在同一铅垂面时，转轴则产生“进动”，沿最短路径向外力矩作用的旋转轴靠拢，直至两轴在同一铅垂面为止，即进动性。陀螺仪就是利用自由陀螺这两项特性来达到寻北的目的。

2.2.3.2 陀螺经纬仪的基本结构

陀螺经纬仪是由悬挂式陀螺仪、经纬仪、陀螺电源三部分组成。悬挂式陀螺仪由以下几部分组成：①灵敏部：包括悬挂带、导流丝、陀螺马达、陀螺房及反光镜等；②光学观测系统（用来观测和跟踪灵敏部的摆动）；③锁紧限幅机构（用于陀螺灵敏部的锁紧和限幅）；④陀螺仪外壳（用于防止外部磁场的干扰）。经纬仪则比普通经纬仪增加了一个定位连接装置。陀螺电源由蓄电池组、充电器、逆变器等组成。

2.2.3.3 真方位角观测

1. 粗略定向

在测站上安置陀螺经纬仪，望远镜在盘左位置，近似指向北方。开动马达至额定转速，放下灵敏部，用手扶照准部跟踪，使目镜视场内的光标像随时与分划板 0 刻线重合。当陀螺运动至逆转点，光标出现短暂停顿时，随即在水平度盘上读数。同法继续向反方向跟踪，到达另一逆转点时，在度盘上读取另一读数。至此可拧动操作手轮，托起灵敏部，制动陀螺，取两读数的平均值，将照准部转到度盘读数为平均值的位置，望远镜则近似地指向北方。

2. 精密定向

在粗略定向的基础上，进行精密定向。将水平微动螺旋置于中程位置，开动马达至额定转速，放下灵敏部，待摆动稳定后开始用微动螺旋跟踪。当到达一个逆转点时，在水平度盘上读数，然后朝相反的方向继续跟踪和读数，通常至少需要连续读 5 个逆转点的读数。每三个连续的读数计算一个中心位置，最后取各中点的平均值。

2.2.4　GPS 测量

与常规测量方法相似，工程 GPS 测量过程也可大致分为三个阶段：技术设计、外业观测及成果处理。但由于 GPS 测量与常规测量有许多不同之处，比如，GPS 测量采用相对定位方法，不要求接收机间（或测站间）通视，但却要求若干台接收机能同时对卫星进行同步观测；GPS 测量是全天候，即白天、夜间或风雨天气都能进行作业；GPS 测量观测时间短、数据量大，并且数据处理速度快，成果精度高等。这些区别必将给上述三个阶段的工作，在布网方案，外业组织与实施方法，多余观测的选取及平差计算等方面带来许多变化。

2.2.4.1　GPS 网技术设计

GPS 网的技术设计是 GPS 测量外业观测前的基础性的工作，它主要是依据国家制定的有关规范（规程）、GPS 网的用途和用户的要求来进行的，其内容主要包括：项目来源、测区概况、工程概况、技术依据、施测方案、作业要求、观测质量控制及数据处理方案等。

1. GPS 定位测量精度指标

GPS 定位测量的精度指标通常以网中相邻点间的距离中误差来表示，其形式为

$$m_d = \pm\sqrt{a^2 + (b \times 10^{-6} d)^2} \tag{2-29}$$

式中，m_d ——测距中误差（mm）；

a ——固定误差（mm）；

b ——比例误差系数；

d——两点间的距离（km）。

国家测绘地理信息局颁布的《全球定位系统（GPS）测量规范》（GB/T 18314—2009）将 GPS 网分为 A、B、C、D、E 五级，各级 GPS 网的精度指标如表 2-12 所示，其中 A、B 两级为国家 GPS 网，C、D、E 三级网是针对局部性 GPS 网规定的，此外各部委根据本

部门 GPS 工作的实际情况也制定了相应的 GPS 规范或细则。GPS 网中相邻点距离要求需符合表 2-13 的规定。

表 2-12 GPS 相对定位的精度指标

级别	固定误差 a/mm	比例误差系数 $b\times10^{-6}$	相邻点距离/km
A	≤5	≤0.1	100～2000
B	≤8	≤1	15～250
C	≤10	≤5	5～40
D	≤10	≤10	2～15
E	≤10	≤20	1～10

表 2-13 GPS 网中相邻点距离

级别 项目	A	B	C	D	E
相邻点最小距离/km	100	15	5	2	1
相邻点最大距离/km	2000	250	40	15	10
相邻点平均距离/km	300	70	10～15	5～10	0.2～5

由于精度指标的大小将直接影响 GPS 网的布设方案与 GPS 作业模式，在设计中应根据工程的实际需要及设备条件慎重确定。GPS 网可分级布设，也可越级布设或布设同级全面网。

2. GPS 网的布网形式

GPS 网的布设灵活，不要求点间通视且不受角度大小的限值，因此网形设计具有极大的灵活性。GPS 网的网形设计主要考虑网的用途、用户的要求，时间、人力及后勤保障条件，同时还要考虑投入使用的接收机类型和数量，等等。

GPS 网是由一个或多个的同步环路构成的。同步环路就是几台 GPS 信号接收机在同一时段内于几个测站上同步观测可视卫星锁构成的几何图形，图 2-17 表示用 3～5 台接收机作同步环路观测锁构成的几何图形。由图可见，同步环路的站间距离总数可用式（2-30）计算：

$$S=n(n-1)/2 \qquad (2\text{-}30)$$

式中，n——GPS 接收机的台数。

在 S 条基线中，只有（n–1）条基线是独立的，其余基线可以由独立基线推算而得，称之为非独立基线。比较直接得到的基线结果和独立基线推算所得的结果，便产生了坐标闭合差条件。当某基线进行了两个以上的时段观测时，就产生了基线复测坐标闭合差条件。由不同时段所测基线构成的闭合环路，称为异步环路，它未作平差处理的环路坐标闭合差，可以用于评价 GPS 网的数据质量优劣。

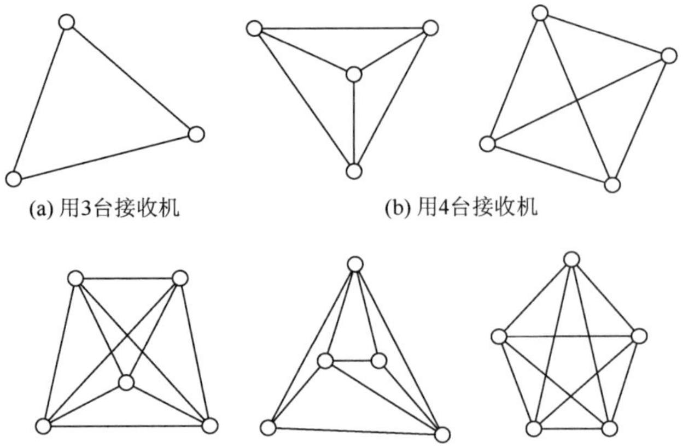

(a) 用3台接收机　　(b) 用4台接收机

(c) 用5台接收机

图 2-17　*n* 种同步环路

GPS 网的设计一般原则如下。

①GPS 网一般应通过独立观测边构成闭合图形，如三角形、多边形或附合线路，以增加检核条件，提高网的可靠性。

②GPS 网点应尽量与原有地面控制网点相重合。重合点一般不应小于三个，不足时应联测，并应在网中分布均匀，以便可靠地确定 GPS 网与原有地面控制网之间的转换参数。

③GPS 网点应考虑与水准点相重合。

④为了便于观测和水准联测，GPS 网点一般应设在视野开阔和容易到达的地方。

⑤为了便于用经典方法联测或扩展，可在网点附近布一通视良好的方位点，以建立联测方向。方位点与观测站的距离，一般应大于 300 m。

根据工程的精度要求和交通状况等采用不同的布网方式，一般的 GPS 网的布网方式有跟踪站式、会战式、多基准站式、同步图形扩展式、星形布网方式等。

（1）跟踪站式

用若干台 GPS 接收机长期固定在测站上，进行长年不间断观测，这种布网方式称为跟踪站式。用这种形式布设的网有很高的精度和框架基准特性，而对普通的 GPS 网一般不采用这种观测时间长、成本高的布网方式。

（2）会站式

一次组织多台 GPS 接收机，集中在不太长的时间内共同作业。在观测时，所有接收机在同一时间里分别在一批测站上观测多天或较长时段，在完成一批测站后所有接收机再迁至下一批测站，把这种方法称为会战式布网。这种网的各基线都进行了较长时间和多时段的观测，具有较高的尺度精度，一般在布设 A、B 级 GPS 网时采用此法。

（3）多基准站式

把几台接收机在一段时间里固定在某几个测站上进行长时间的观测，而另几台接收机流动作业进行同步观测，见图 2-18。这种 GPS 网由于各基准站之间的观测时间较长，有较高的定位精度，可起到控制整个 GPS 网的作用，加上其他流动站之间不但有自身的基线连接，还和基准站也存在同步基线，故这种网有较好的图形强度。

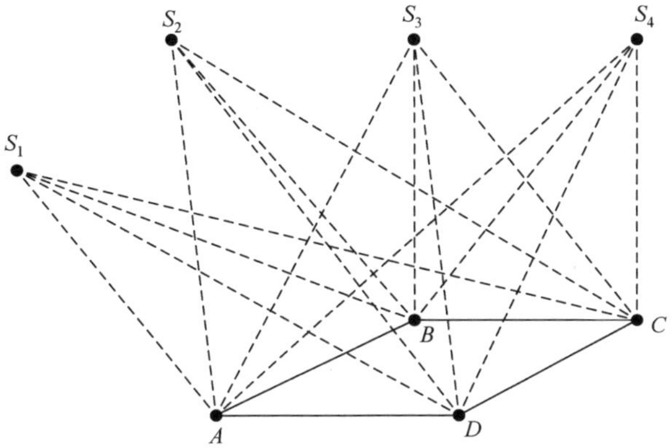

图 2-18　多基准站式 GPS 网

（4）同步图形扩展式

同步图形扩展式是在布设 GPS 网时最常用的方式，就是把多台接收机在不同的测站上进行同步观测，完成一个时段的观测后再把其中的几台接收机搬至下几个测站，在作业时，不同的同步图形之间有一些公共点相连，直至布满全网。这种布网方式作业方法简单，图形强度较高，扩展速度快，便于作业组织，如图 2-19 所示。

同步图形扩展式在实际中得到广泛应用。根据相邻两个同步图形之间公共点的多少，又分为以下几种形式。

①点连式：相邻两个同步图形之间有一个公共点相连，如图 2-20 所示。

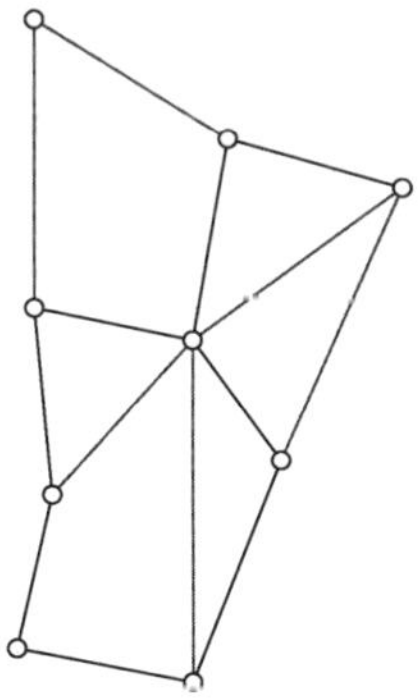

图 2-19　同步图形扩展式

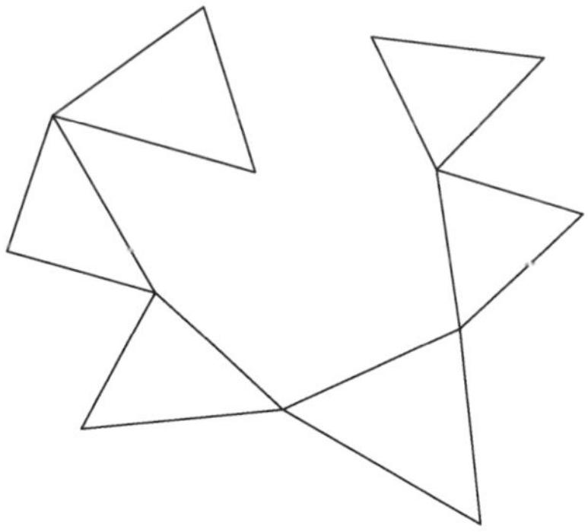

图 2-20　点连式

②边连式：相邻两个同步图形之间有一条边相连，如图 2-21 所示。

③网连式：相邻两个同步图形之间有三个及以上的公共点相连，如图 2-22 所示。

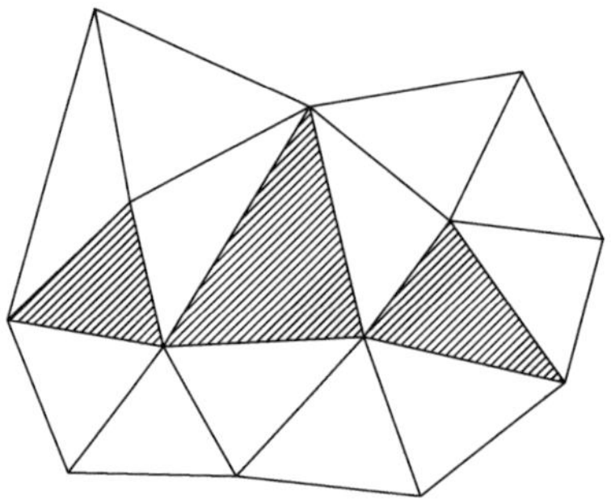

图 2-21 边连式

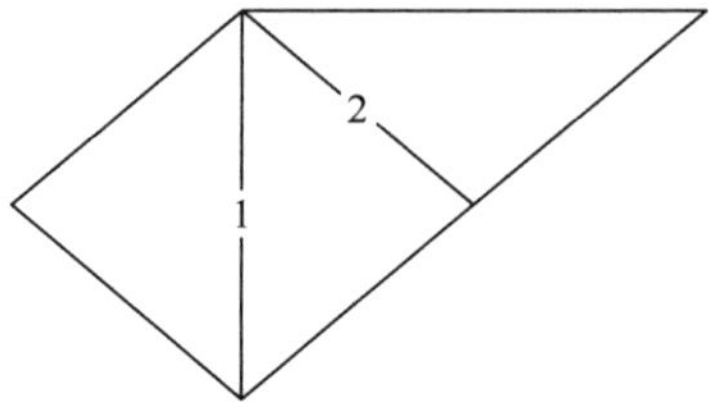

图 2-22 网连式

④混连式：一般来说，单独采用以上哪一种方式都是不可取的，在实际工作中，应根据情况灵活采用这几种方式作业，这就是混连式，如图 2-23 所示。

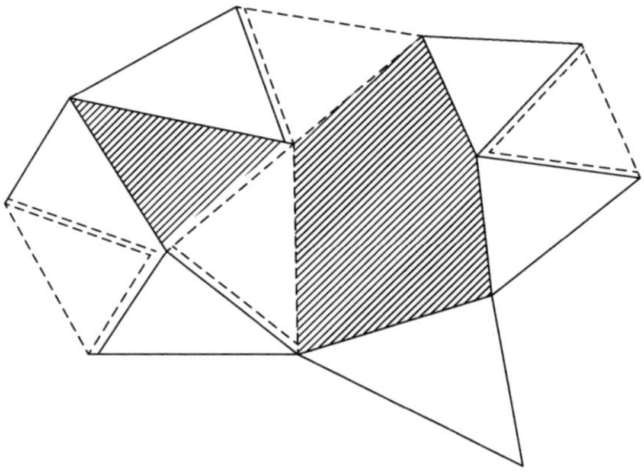

图 2-23 混连式

（5）星形布网方式

星形布网方式是用一台接收机作为基准站，在某个测站上进行连续观测，而其他接收机在基准站周围流动观测，每到一站即开机，结束后即迁站，即不强求流动的接收机之间必须同步观测。这样测得的同步基线就构成了一个以基准站为中心的星形，故称星形布网方式，见图 2-24。这种方式布网效率高，但图形强度弱，可靠性较差。

2.2.4.2 选点和埋设标石

1. 选点

GPS 网的技术设计经主管部门批准后，即可开展选点工作，由于 GPS 测量不要求测站之间相互通视，而且网的网形结构比较灵活，故选点工作比常规的三角网、导线网、测边网简单方便。但 GPS 测量又有自身的特点，所以在选点工作开始之前，应充分收集、了解有关测区的地理情况、原有测量标志点的分布及保存情况，以便确定适宜的观测站位置。

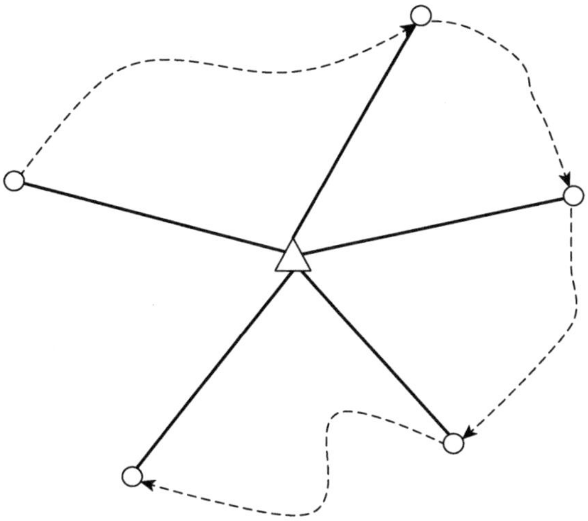

图 2-24 星形布网方式

因此选点时应满足以下要求。

①点位选在交通方便、易于安置仪器的地方，并且便于用其他测量手段联测和扩展。

②点位应有良好的卫星窗口，要求视野开阔，高度角 15°以上，无障碍物。

③点位选择应顾及周围的环境和观测条件，避开或远离大功率无线电发射源，如电视台、微波站、高压输电线等。

④为了防止多路径误差的影响，应尽量避免大面积水域、大金属物体和各种反射体等。

⑤基于基线较长的 GPS 网，还应考虑观测站附近是否具有良好的通信设施和电力供应。

⑥点位选定后，均应按照规定绘制点之记，其主要内容应包括点位及点位略图，点位的交通情况及选点情况等。点之记的格式内容参见表 2-14。

表 2-14 GPS 点之记

网区： 图幅：

<table>
<tr><td>点名</td><td></td><td>类别</td><td></td><td>概略位置</td><td colspan="3">$B=$ $L=$ $H=$</td></tr>
<tr><td>所在地</td><td colspan="3"></td><td>最近住所及距离</td><td colspan="3"></td></tr>
<tr><td>地类</td><td></td><td>土质</td><td></td><td>冻土深度</td><td></td><td>解冻深度</td><td></td></tr>
<tr><td colspan="2">最近通信设施</td><td colspan="2"></td><td>供电情况</td><td colspan="3"></td></tr>
<tr><td colspan="2">最近水源及距离</td><td colspan="2"></td><td>石子来源</td><td></td><td>沙子来源</td><td></td></tr>
<tr><td colspan="2">本点交通情况（至本点道路与最近车站、码头名称及距离）</td><td colspan="2"></td><td>交通线路图</td><td colspan="3"></td></tr>
<tr><td colspan="4">选点情况</td><td colspan="4">点位略图</td></tr>
<tr><td>单位</td><td colspan="3"></td><td colspan="4" rowspan="3"></td></tr>
<tr><td>选点员</td><td></td><td>日期</td><td></td></tr>
<tr><td colspan="3">是否需联测坐标与高程</td><td></td></tr>
</table>

续表

<table>
<tr><td colspan="3">建议联测等级与方法</td><td></td><td colspan="2" rowspan="2"></td></tr>
<tr><td colspan="3">起始水准点及距离</td><td></td></tr>
<tr><td colspan="4">埋设标石情况</td><td>标石截面图</td><td>接收机天线计划位置</td></tr>
<tr><td>单位</td><td colspan="3"></td><td rowspan="6"></td><td rowspan="6"></td></tr>
<tr><td>埋石员</td><td></td><td>日期</td><td></td></tr>
<tr><td colspan="3">利用旧点及情况</td><td></td></tr>
<tr><td colspan="3">保管人</td><td></td></tr>
<tr><td colspan="3">保管人单位及职务</td><td></td></tr>
<tr><td colspan="3">保管人住址</td><td></td></tr>
<tr><td>备注</td><td colspan="5"></td></tr>
</table>

选点工作结束后应提交的技术资料主要包括以下几点。

①点之记及点的环视图；

②GPS 网选点图；

③选点工作技术总结。

2. 埋设标石

点位选定后，按要求埋设标石，绘制点之记。为了保持点位，以便长期利用 GPS 测量结果和进行重复观测，GPS 网点一般应设置具有中心标志的标石，以精确标志点位，点的标石和标志必须稳固、坚固以利于长久保存和利用。国家级重大工程和精密工程，点位应设置观测墩或强制归心盘。

GPS 网点的标石类型及使用范围，如表 2-15 所示。

表 2-15　GPS 的标石类型及适用范围

<table>
<tr><td colspan="2">标石类型</td><td rowspan="2">适用级别</td></tr>
<tr><td>类型</td><td>形式</td></tr>
<tr><td>基岩标石</td><td>基岩天线墩</td><td>A</td></tr>
<tr><td rowspan="5">基本标石</td><td>一般基本标石</td><td rowspan="5">A 或 B</td></tr>
<tr><td>土层天线墩</td></tr>
<tr><td>岩层天线墩</td></tr>
<tr><td>冻土基本标石</td></tr>
<tr><td>沙丘基本标石</td></tr>
<tr><td rowspan="3">普通标石</td><td>一般标石</td><td rowspan="3">B～E</td></tr>
<tr><td>岩层标石</td></tr>
<tr><td>建筑物上标石</td></tr>
</table>

2.2.4.3 外业观测

GPS 网的技术设计完成后，准备好 GPS 接收机和各种必要的设备并进行必要的检查；根据网形的技术设计所确定的作业模式，在接收机或控制器上配置预制参数，参与作业的接收机所配置的预制参数应相同；每天开工之前，必须检查电池容量是否满足作业要求，同时数据存储设备应有足够的存储空间，仪器及其附件必须齐全；根据测区的地理地形条件和交通情况安排好每天的工作计划表和调度命令，就可进行外业观测，观测时应按仪器要求的不同输入如点名、时段号、数据文件名、天线高度等信息，并记录在观测手簿上。在外业观测时，特别要注意仪器的对中整平和天线高度不能量错和记错。

1. 天线安置

天线安置应符合下列要求。

①天线安装在强制对中观测墩上；

②B 级 GPS 测量，天线定向标志线应指向正北，顾及当地磁偏角修正后，其定向误差应不大于±5°，对于定向标志不明显的接收机天线，可预先设置标记，每次按此标记安置仪器；

③雷雨季节架设天线时，要注意防雷击。雷雨过境时，应立即停止观测，并卸下天线。

2. GPS 测量操作要点

①观测组必须严格遵守调度命令，按规定时间同步观测同一组卫星。当没按计划到达点位时，应及时通知其他各组，并经观测计划编制者同意后对观测时段作必要调整，观测组不得擅自更改观测计划。

②经检查，接收机的电源电缆、天线电缆等项连接正确，接收机预置状态和工作状态正常后，方能启动接收机开始测量。

③每个时段观测前后，应各量取天线高度一次，天线墩上天线高度的测定方法：用天线高度量测杆或小钢卷尺从厂家规定的天线高度量测基准面彼此相隔 120°的三个位置分别量取至天线墩中心标志面的垂直距离，互差应小于 2 mm，取平均值为天线高度 h。

④接收机开始记录数据后，应及时将测站名、测站号、时段号、天线高度等信息记录在手簿上。同时注意仪器的警告信息，及时处理各种特殊情况。

⑤一个时段观测过程中严禁进行以下操作：接收机重新启动、进行自测试、改变卫星截止高度角、改变数据采样间隔、改变天线位置及按动关闭文件和删除文件等功能键。

⑥静置和观测期间应防止仪器震动，不得移动仪器，要防止人员或其他物体碰动天线或阻挡信号。

⑦观测期间，不应在天线附近 50 m 以内使用电台，10 m 以内使用对讲机。

⑧经检查，调度命令已执行完毕，所有规定的作业项目已完成并符合要求，记录和资料完整无误，并且将点位标志和觇标恢复原状后方可执行下一个调度命令。

2.2.4.4 成果检核与数据处理

每天的外业观测结束后，应对观测成果进行检核，随即用基线解算软件解出各条基线。外业验算除根据解算基线时软件提供的基线质量指标衡量外，主要从同步环、异步环和重复基线闭合差三个 GPS 外业质量控制指标来掌握。及时进行观测数据的处理和质量分析，检查其是否符合规范和技术设计要求，这是确保外业观测质量和实现预期定位精度的重要环节。成果检核应按《全球定位系统（GPS）测量规范》（GB/T 18134—2009）要求严格检查、分析，以便及时发现不合格成果，并根据实际情况采取重测或补测措施。

成果检核无误后，即可进行内业数据整理。内业数据处理大体分为：预处理、平差计算、坐标系统转换或已有地面网的联合平差。在实际工作中，一般都借助计算机的相关软件完成数据处理工作。

1. 数据预处理

（1）原始文件整理备份

收集整理 GPS 外业观测记录，从接收机中下载流动站观测数据，从服务器获取参考站观测数据，检查原始数据是否完整，做好原始数据文件的备份工作。

（2）RINEX 格式的转换

使用接收机随机软件，将原始数据 T 文件转换为 RINEX 格式文件，按照“点名 + 年积日”的方式给 RINEX 格式文件命名。

（3）观测信息的改正

使用 TEQC 软件对 RINEX 格式文件中的测站名、仪器型号、仪器编号、天线类型、天线高度及量测方式等进行统一改正，并对部分连续观测的观测数据文件进行切割。

2. GPS 网平差

GPS 网平差计算，都有相应的商用平差软件或专用的 GPS 网平差软件，只要在外业中同步环、异步环和重复基线闭合差符合有关限差要求，一般情况下 GPS 网平差计算都容易进行且满足要求。下面以 GPS 网基线处理采用 GAMIT 软件解算进行简单介绍。

GAMIT 软件用于处理双差相位观测。采用双差相位观测的优点是可以完全消除卫星钟差和接收机钟差的影响，同时也可以明显减弱诸如轨道误差、大气折射误差等系统性误差的影响。GAMIT 软件主要功能和特点如下。

①卫星轨道和地球自转参数估计；

②地面测站的相对定位计算；

③用模型改正各种地球物理效应（极移、岁差、章动、潮汐等）；

④对流层天顶延迟参数和大气水平梯度参数估计；

⑤支持接收机天线相位中心的高程（ELEV，随卫星高度角变化）模型改正；
⑥可选观测值等权、反比于基线长度或随高度角定权；
⑦同时提供载波相位整周模糊度分别为实数和整数的约束解及松弛解；
⑧数据编辑可人工干预（CVIEW），也可自动处理（AUTCLN）。

3. 数据质量检核

（1）同步环闭合差检核

解算出每一时段的基线向量边后，再计算出该观测时段同步环坐标分量闭合差，对于四站以上同步观测时段，在处理完各边观测值后，应检查一切可能的三边环闭合差，其差值应符合式（2-31）要求。

$$
\begin{aligned}
W_x &\leqslant \frac{\sqrt{3}}{5}\sigma \\
W_y &\leqslant \frac{\sqrt{3}}{5}\sigma \\
W_z &\leqslant \frac{\sqrt{3}}{5}\sigma \\
W = \sqrt{W_x^2 + W_y^2 + W_z^2} &\leqslant \frac{3}{5}\sigma
\end{aligned}
\tag{2-31}
$$

式中，σ——基线测量中误差（mm），采用外业测量时使用的 GPS 接收机的标称精度。

（2）重复基线闭合差检核

重复基线坐标分量限差按照：

$$
\begin{aligned}
W_x &\leqslant 2\sqrt{2}\sigma \\
W_y &\leqslant 2\sqrt{2}\sigma \\
W_z &\leqslant 2\sqrt{2}\sigma
\end{aligned}
\tag{2-32}
$$

式中，σ——基线测量中误差（mm）。

$$\sigma = \sqrt{a^2 + (bd)^2}$$

式中，d——基线边长（km），$a = 5$ mm，$b = 1$ ppm。

（3）异步环闭合差检核

独立闭合环或附和路线坐标闭合差 V_S 和各坐标分量闭合差（V_x，V_y，V_z）应满足式（2-33）的规定。

$$
\begin{aligned}
V_x &\leqslant 3\sqrt{n}\sigma \\
V_y &\leqslant 3\sqrt{n}\sigma \\
V_z &\leqslant 3\sqrt{n}\sigma
\end{aligned}
\tag{2-33}
$$

$$V_S=\sqrt{V_x^2+V_y^2+V_z^2}\leqslant 3\sqrt{3n}\sigma$$

式中，n——闭合环数边数；

σ——基线测量中误差（mm），采用外业测量时使用的 GPS 接收机的标称精度。

同一边的重复性基线较差应小于 $2\sqrt{2}\sigma$ 。当检查发现观测数据不能满足要求时，应对成果进行全面分析，必要时应补测或重测。

当各项要求符合标准后，进行 GPS 网的无约束平差。基线向量的改正数（$V_{\Delta x}$，$V_{\Delta y}$，$V_{\Delta z}$）绝对值应在规定限差（3σ）之内。

2.3　应用案例

2.3.1　港珠澳大桥首级平面控制网

2.3.1.1　工程概述

港珠澳大桥是特大型跨海桥梁工程，它跨越珠江口伶仃洋海域，是连接香港特别行政区、广东省珠海市、澳门特别行政区的大型跨海通道。大桥起于香港大屿山磡石湾，接香港口岸，经香港水域，沿 23DY 锚地北侧向西，穿（跨）越珠江口铜鼓航道、伶仃西航道、青州航道、九洲航道，止于珠海/澳门口岸人工岛，总长约 35.6 km。港珠澳大桥总平面图见图 2-25。

港珠澳大桥首级控制网建网共布设了 16 个 GPS 平面兼高程控制点，分别按《全球定位系统（GPS）测量规范》（GB/T 18314—2009）中 A 级 GPS 控制网和《国家一、二等水准测量规范》（GB/T 12897—2006）中一、二等水准测量的精度要求进行设计和施测。首级平面控制网平差后的成果精度，达到了技术设计书规定的精度指标，工程坐标系下最弱点的二维点位中误差为±2.9 mm，最弱边的边长相对中误差为 1/31300。首级平面控制网

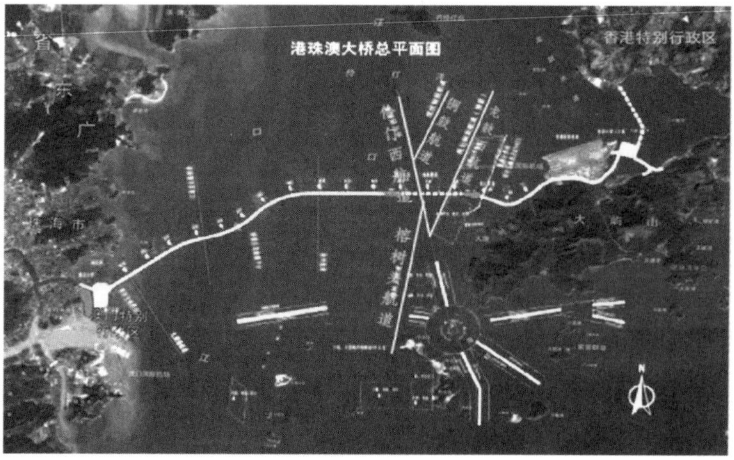

图 2-25　港珠澳大桥总平面图

测量成果分析表明：港珠澳大桥首级平面控制网的测量精度高、成果正确可靠，控制点稳定性良好，均符合相关技术规范的规定，首级平面控制网质量达到港珠澳大桥工程建设期间作为测量控制基准的要求。

2.3.1.2 测量基准

1. 坐标系统

主体工程建设阶段的施工图勘察设计和施工测量必须统一使用工程坐标系：桥梁工程坐标系（BCS2010）和隧道工程坐标系（TCS2010）。具体规定如下。

①主体工程总体设计应统一采用桥梁工程坐标系。

②沉管隧道的施工图设计应采用隧道工程坐标系，其中，东人工岛、西人工岛结合部非通航孔桥梁的施工图设计应同时采用桥梁工程坐标系。

③沉管隧道范围内的勘察应采用隧道工程坐标系。

④沉管隧道中，海底隧道及东人工岛、西人工岛（自东人工岛起点 K6 + 339 至西人工岛终点 K13 + 173）的施工采用隧道工程坐标系；东人工岛、西人工岛结合部非通航孔桥梁的施工采用桥梁工程坐标系，并应同时使用隧道工程坐标系进行施工放样检核。

2. 坐标转换

各坐标系统平面坐标之间的转换参数采用四参数转换模型计算，参数模型包括 4 个原始转换因子，即 2 个平移因子、1 个旋转因子和 1 个尺度因子，模型公式为

$$\begin{bmatrix} x_{新} \\ y_{新} \end{bmatrix} = (1+m)\begin{bmatrix} \cos\alpha & \sin\alpha \\ -\sin\alpha & \cos\alpha \end{bmatrix}\begin{bmatrix} x_{原} \\ y_{原} \end{bmatrix} + \begin{bmatrix} x_0 \\ y_0 \end{bmatrix} \tag{2-34}$$

式中，$[x_{原} \quad y_{原}]^{\mathrm{T}}$ ——原坐标系下的平面坐标；

$[x_{新} \quad y_{新}]^{\mathrm{T}}$ ——转换后新坐标系下的平面坐标；

$[x_0 \quad y_0]^{\mathrm{T}}$ ——平移参数，m 为尺度参数，α 为旋转因子。

1）工程坐标系与 1954 北京坐标系（BJ54）的转换

坐标转换流程见图 2-26。先将 BJ54 平面坐标通过换带计算由 114°中央子午线转换到

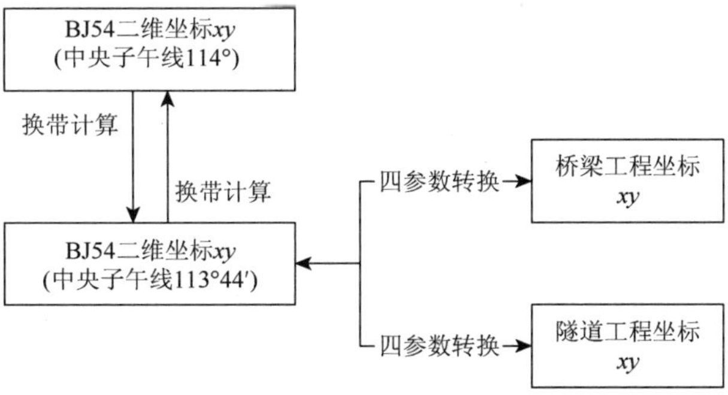

图 2-26 工程坐标系与 1954 北京坐标系转换流程

113°44′中央子午线，然后以此坐标通过四参数与工程坐标系进行相互转换。转换参数见表 2-16。

表 2-16　工程坐标系与 1954 北京坐标系转换参数

坐标系名	转换参数			
	x_0 /m	y_0 /m	α （dms）	m /ppm①
BCS2010→BJ54	231 203 2.378 6	262 830.756 8	0.060 321 901 1	−12.706 600 115 4
BJ54→BCS2010	−231 159 5.338 6	−266 905.078 4	−0.060 321 901 1	12.706 761 572 9
TCS2010→BJ54	211 168 0.023 1	63 181.915 9	0.060 321 893 2	−4.084 562 444 2
BJ54→TCS2010	−211 157 4.114 7	−66 900.620 7	−0.060 321 893 2	4.084 579 125 6

2）桥梁工程坐标系与隧道工程坐标系的转换

转换参数由测区内所有首级控制点及 HZMB-CORS②（港珠澳大桥连续运行参考站系统）共 17 个公共点计算得到，转换精度均为 0.02 cm，转换参数见表 2-17。

表 2-17　桥梁工程坐标系与隧道工程坐标系转换参数

坐标系名	转换参数			
	x_0 /m	y_0 /m	α （dms）	m /ppm
BCS2010→TCS2010	200 001.293 3	200 002.155 5	0.000 000 007 9	−8.622 072 888 5
TCS2010→BCS2010	−200 003.017 6	−200 003.880 0	−0.000 000 007 9	8.622 147 229 5

3）桥梁工程坐标系与香港 1980 坐标系的转换

转换参数由香港境内 4 个参考站（HKMW、HKNP、HKPC、HKSL）及首级控制点（GZA11～GZA16）共 10 个公共点计算得到，转换精度为 0.33 cm。转换时，先将香港 1980 坐标进行换带计算由 114°10′42.8″中央子午线转换为 113°44′中央子午线，然后以此坐标通过四参数与桥梁工程坐标系进行相互转换，转换流程见图 2-27，转换参数见表 2-18。

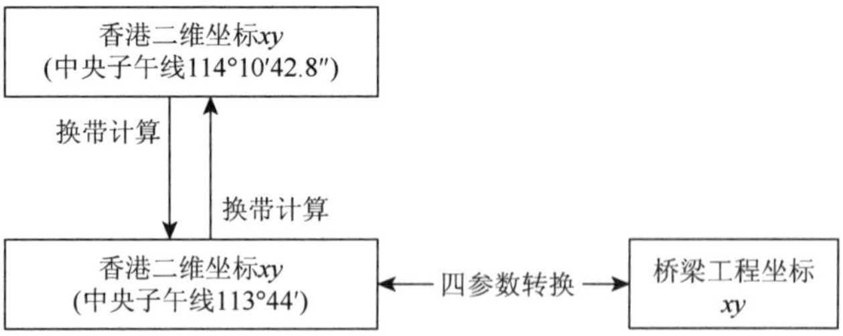

图 2-27　桥梁工程坐标系与香港 1980 坐标系转换

① 1ppm = 1×10^{-6}。

② 连续运行参考站系统，英文全称为 continuously operating reference station，缩写为 CORS。

表 2-18　桥梁工程坐标系与香港 1980 坐标系转换参数

坐标系名	转换参数			
	x_0 /m	y_0 /m	α （dms）	m /ppm
BCS2010 → HK1980	662 841.474 7	599 331.677 1	0.060 579 397 1	−5.064 391 730 3
HK1980 → BCS2010	−661 780.918 1	−600 509.271 1	−0.060 579 397 1	5.064 417 062 4

4）桥梁工程坐标系与澳门坐标系的转换

转换参数由澳门境内 3 个参考站（COAL、DSMG、FOMO）及首级控制点（GZA09、GZA10），珠海境内的 1 个参考站（YNHN）及首级控制点（GZA07）共 7 个公共点计算得到，转换精度为 0.28 cm，转换参数见表 2-19。

表 2-19　桥梁工程坐标系与澳门坐标系转换参数

坐标系名	转换参数			
	x_0 /m	y_0 /m	α （dms）	m /ppm
BCS2010 → 澳门	−125 603.870 5	−196 869.597 9	0.120 035 828 1	−15.979 724 138 5
澳门 → BCS2010	124 917.555 6	197 310.207 8	−0.120 035 828 1	15.979 978 715 8

2.3.1.3　网形设计

首级平面控制网示意图见图 2-28。

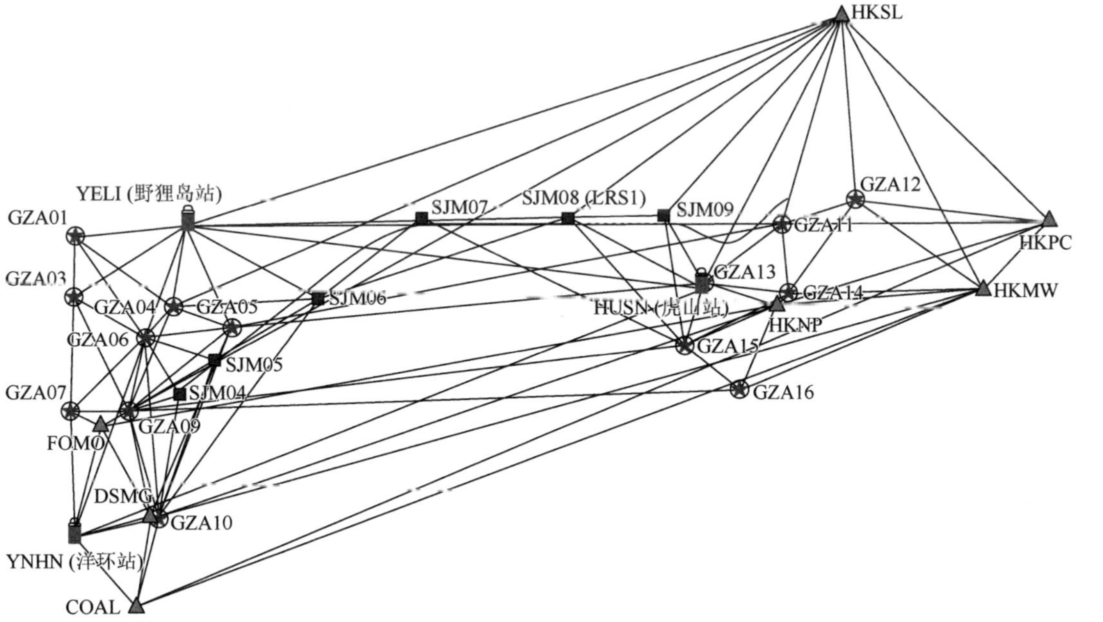

图 2-28　港珠澳大桥首级平面控制网

2.3.1.4　点之记

首级平面控制点见图 2-29。首级控制网点之记分别见图 2-30、图 2-31。

图 2-29　港珠澳大桥首级平面控制点 GPS 观测墩

2.3.1.5　首级平面控制网的检核

为了验证首级平面控制网测量成果的可靠性和测量精度，确保测量成果在网形、精度、质量等方面满足港珠澳大桥沉管隧道建设的基本要求，进行同等精度的检核测量。

1. 检核范围及内容

首级平面控制网检核需联测 4 个港珠澳大桥全球导航卫星系统（global navigation satellite system，GNSS）连续运行参考站点（YELE、YNHN、HKSL、HUSN），选取 5 个首级控制网点（GZA01、GZA03、GZA04、GZA06、GZA07）进行观测。点位平面分布见图 2-32。

2. 检核精度

首级平面控制网按 B 级 GPS 网精度要求进行，具体要求见表 2-20。

<table>
<tr><td>点名</td><td>LRS1、SJM08</td><td>点号</td><td>LRS1、SJM08</td><td>类级</td><td>B级</td><td>网区</td><td>港珠澳大桥</td></tr>
<tr><td>所在图幅</td><td colspan="3"></td><td colspan="4">点位略图</td></tr>
<tr><td>概略位置</td><td>B:22°17′11″</td><td>L:113°47′08″</td><td>$H=10$ m</td><td colspan="4" rowspan="5"></td></tr>
<tr><td>所在地</td><td colspan="3">西人工岛测量平台</td></tr>
<tr><td>最近住所</td><td colspan="3">珠海市唐家镇</td></tr>
<tr><td>供电情况</td><td colspan="3">太阳能</td></tr>
<tr><td>通信情况</td><td colspan="3">手机信号良好</td></tr>
<tr><td>地类</td><td>混凝土</td><td>土质</td><td>混凝土</td><td colspan="4">高观测墩为LRS1,低观测墩为SJM08</td></tr>
<tr><td>冻土深度</td><td>0 m</td><td>解冻深度</td><td>0 m</td><td colspan="4">交通路线图</td></tr>
<tr><td>最近水源</td><td colspan="3">珠海市唐家镇</td><td colspan="4" rowspan="4">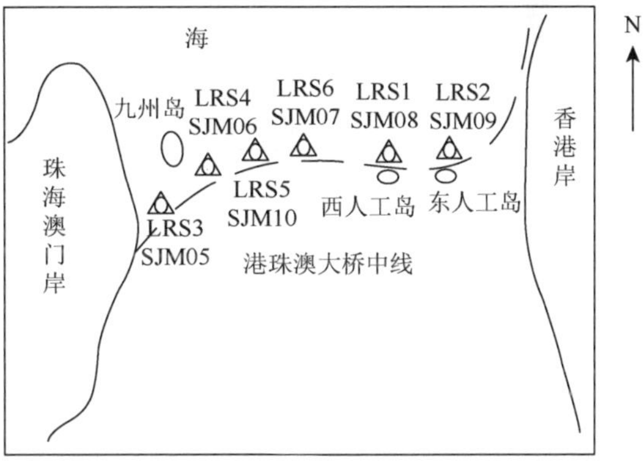
</td></tr>
<tr><td>石子来源</td><td colspan="3">珠海市唐家镇</td></tr>
<tr><td>砂子来源</td><td colspan="3">珠海市唐家镇</td></tr>
<tr><td>交通情况</td><td colspan="3">由唐家镇淇澳大桥总营地
码头坐船到港珠澳大桥区域
西人工岛旁的海上测量平台</td></tr>
<tr><td colspan="4">地质概要、构造背景</td><td colspan="4">地形地质构造图</td></tr>
<tr><td colspan="4">略</td><td colspan="4">略</td></tr>
</table>

图 2-30　港珠澳大桥首级控制网 GPS 点之记（西人工岛）

<table>
<tr><td>点名</td><td>LRS2、SJM09</td><td>点号</td><td>LRS2、SJM09</td><td>类级</td><td>B级</td><td>网区</td><td>港珠澳大桥</td></tr>
<tr><td>所在图幅</td><td colspan="3"></td><td colspan="4">点位略图</td></tr>
<tr><td>概略位置</td><td>B: 22°17′07″</td><td>L:113°50′30″</td><td>H=9 m</td><td colspan="4" rowspan="6">
高观测墩为LRS2，低观测墩为SJM09</td></tr>
<tr><td>所在地</td><td colspan="3">东人工岛测量平台</td></tr>
<tr><td>最近住所</td><td colspan="3">珠海市唐家镇</td></tr>
<tr><td>通电情况</td><td colspan="3">太阳能及海底电缆</td></tr>
<tr><td>通信情况</td><td colspan="3">手机信号良好，偶尔有香港信号</td></tr>
<tr><td>地类</td><td>全钢</td><td>土质</td><td>全钢</td></tr>
<tr><td>冻土深度</td><td>0 m</td><td>解冻深度</td><td>0 m</td><td colspan="4">交通路线图</td></tr>
<tr><td>最近水源</td><td colspan="3">珠海市唐家镇</td><td colspan="4" rowspan="4">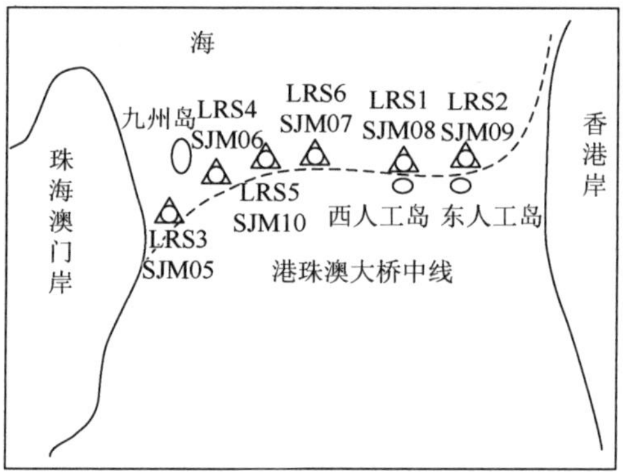
</td></tr>
<tr><td>石子来源</td><td colspan="3">珠海市唐家镇</td></tr>
<tr><td>砂子来源</td><td colspan="3">珠海市唐家镇</td></tr>
<tr><td>交通情况</td><td colspan="3">由唐家镇淇澳大桥总营地码头坐船到港珠澳大桥区域东人工岛的海上测量平台</td></tr>
<tr><td colspan="4">地质概要、构造背景</td><td colspan="4">地形地质构造图</td></tr>
<tr><td colspan="4">略</td><td colspan="4">略</td></tr>
</table>

图 2-31　港珠澳大桥首级控制网 GPS 点之记（东人工岛）

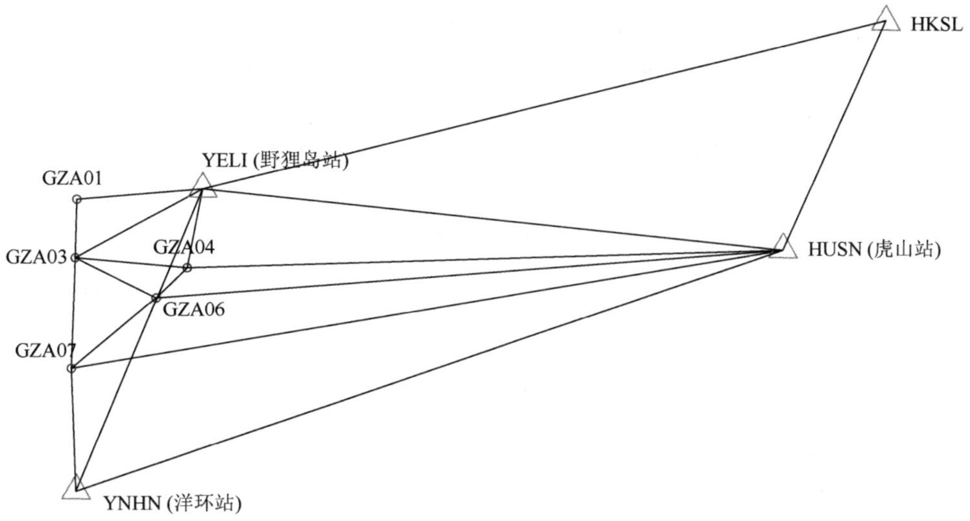

图 2-32 平面检核点位分布图

表 2-20 B 级 GPS 网的精度要求

级别	相邻点基线分量中误差		最弱边相对中误差
	水平分量/mm	垂直分量/mm	
B	5	10	同岸：1/300000 跨海：1/1000000

3. 技术要求

B 级 GPS 网外业观测技术要求见表 2-21。

表 2-21 B 级 GPS 网观测的基本技术要求

项目 级别	卫星截止高度角/(°)	同时观测有效卫星数	有效观测卫星总数	观测时段数	时段长度/h	数据采样间隔/s
B 级	10	≥4	≥20	≥3	≥23	30

4. 测量规程

首级平面控制网复测前首先应进行现场勘查，检查标石的完好性及点位分布情况。采用基于 4 个卫星定位连续运行基准站的点观测模式。

GAMIT 软件所需的数据是 RINEX 格式的，本次解算时采用徕卡（Leica）GPS 接收机采集的原始数据通过徕卡公司的随机软件 LGO 转换成 RINEX 格式，天线高度转换至天线相位中心，并与业主提供的参考站数据（已转换成 RINEX 格式）一起，以每天 23 h 为一个时段，每个时段构成一个组进行数据处理。考虑本控制网所有基线边长均较短，因此对软件参数的设置采用较为简单的方式。观测值定权采用软件推荐的是随高度角定权的方法及相应的缺省设置，卫星截止高度角选用 15°，数据采用 30 s 的采样间隔，对流层改正模型选用目前公认效果较好的 Saastamoinen 对流层模型。

通过解算得到所有时段全部独立基线 60 条。基线解算质量见表 2-22。

表 2-22　基线解算质量统计表

序号	基线	内部可靠性		外部可靠性	
		D_x	D_y	D_x	D_y
1	GZA01-GZA03	0.87	0.87	0.42	0.40
2	GZA01-YELI	0.90	0.91	0.29	0.28
3	GZA01-YNHN	0.95	0.95	0.16	0.15
4	GZA01-GZA06	0.92	0.92	0.25	0.25
5	GZA01-YELI	0.91	0.91	0.29	0.29
6	GZA01-YNHN	0.92	0.92	0.25	0.25
7	GZA01-GZA07	0.90	0.89	0.32	0.34
8	GZA01-GZA06	0.87	0.87	0.42	0.42
9	GZA01-GZA07	0.89	0.89	0.33	0.34
10	GZA01-GZA03	0.87	0.86	0.43	0.44
11	GZA01-YELI	0.90	0.90	0.30	0.30
12	GZA01-YNHN	0.92	0.92	0.23	0.24
13	GZA03-YELI	0.91	0.91	0.29	0.28
14	GZA03-YNHN	0.97	0.97	0.09	0.10
15	GZA03-GZA06	0.87	0.88	0.41	0.39
16	GZA03-YELI	0.90	0.90	0.31	0.31
17	GZA03-GZA07	0.89	0.89	0.33	0.33
18	GZA03-YNHN	0.92	0.91	0.25	0.26
19	GZA03-GZA06	0.87	0.87	0.43	0.43
20	GZA06-YELI	0.90	0.91	0.30	0.28
21	GZA06-YNHN	0.92	0.91	0.25	0.26
22	GZA06-GZA07	0.89	0.89	0.33	0.34
23	GZA06-YELI	0.90	0.90	0.31	0.31
24	GZA06-YNHN	0.98	0.98	0.06	0.06
25	GZA06-GZA07	0.89	0.89	0.33	0.34
26	GZA06-YELI	0.90	0.90	0.31	0.31
27	GZA06-YNHN	0.92	0.92	0.25	0.26
28	GZA06-YELI	0.90	0.90	0.31	0.31
29	GZA06-YNHN	0.91	0.91	0.26	0.27
30	GZA06-GZA07	0.89	0.89	0.36	0.36
31	GZA07-YELI	0.92	0.92	0.25	0.24

续表

序号	基线	内部可靠性		外部可靠性	
		D_x	D_y	D_x	D_y
32	GZA07-YNHN	0.93	0.93	0.22	0.23
33	GZA07-YELI	0.92	0.92	0.24	0.24
34	GZA07-YNHN	0.93	0.93	0.22	0.22
35	GZA07-YELI	0.92	0.92	0.24	0.25
36	GZA07-YNHN	0.93	0.93	0.22	0.22
37	HUSN-YELI	0.93	0.93	0.21	0.20
38	HUSN-YNHN	0.91	0.91	0.29	0.28
39	HUSN-GZA03	0.92	0.93	0.23	0.21
40	HUSN-GZA01	0.93	0.93	0.22	0.21
41	HUSN-GZA06	0.92	0.92	0.24	0.23
42	HUSN-YELI	0.92	0.94	0.24	0.19
43	HUSN-YNHN	0.90	0.90	0.31	0.32
44	HUSN-GZA01	0.92	0.93	0.23	0.22
45	HUSN-GZA07	0.93	0.93	0.21	0.20
46	HUSN-GZA06	0.93	0.92	0.23	0.23
47	HUSN-YELI	0.92	0.93	0.24	0.20
48	HUSN-GZA07	0.93	0.93	0.20	0.20
49	HUSN-YNHN	0.90	0.90	0.31	0.32
50	HUSN-GZA03	0.92	0.92	0.25	0.25
51	HUSN-GZA01	0.92	0.92	0.23	0.24
52	HUSN-YELI	0.92	0.93	0.23	0.22
53	HUSN-YNHN	0.90	0.90	0.31	0.33
54	HUSN-GZA03	0.92	0.92	0.24	0.24
55	HUSN-GZA06	0.92	0.92	0.24	0.24
56	HUSN-GZA07	0.93	0.93	0.20	0.1
57	YELI-YNHN	0.97	0.97	0.08	0.07
58	YELI-YNHN	0.97	0.97	0.08	0.08
59	YELI-YNHN	0.97	0.97	0.08	0.08
60	YELI-YNHN	0.97	0.97	0.08	0.08

注：D_x、D_y为精度指标。

5. 首级平面控制网的平差

平差及数据质量检核采用科傻地面控制系统数据处理软件。

平差计算在首级平面控制网 1954 北京坐标系中进行，采用 2 维约束方法平差，将 3 个参考站网点坐标作为固定约束条件。

6. 数据质量检核

在平差计算时，设置科傻地面控制系统数据处理软件为国家B级GPS网。通过软件对数据质量进行分析，共组成闭合环15个，全部合格。独立环闭合差统计如表2-23形式。重复边检核60组全部合格。

表2-23　独立环闭合差统计表

闭合环号	路线点号	闭合差/mm				预处理限差/mm				是否合格
		D_x	D_y	D_z	S	D_x	D_y	D_z	S	
1	YELI GZA01 GZA03	0.10	−0.20	−0.20	0.30	49.77	49.77	49.77	86.20	是

1）最弱边相对精度

最弱边为GZA01-GZA03，边长为2822.5457 m，边长中误差为0.11 cm，相对中误差为1/2583000。优于设计要求的“同岸：1/300000”的精度要求。基线相对精度见表2-24。

表2-24　基线相对精度统计表

序号	基线	精度
1	GZA01-GZA03	1/2583000
2	GZA01-YELI	1/6383000
3	GZA01-YNHN	1/15572000
4	GZA01-GZA06	1/4991000
5	GZA01-GZA07	1/6638000
6	GZA03-YELI	1/7947000
7	GZA03-YNHN	1/12953000
8	GZA03-GZA06	1/3629000
9	GZA03-GZA07	1/4441000
10	GZA06-YELI	1/6570000
11	GZA06-YNHN	1/11601000
12	GZA06-GZA07	1/4375000
13	GZA07-YELI	1/10657000
14	GZA07-YNHN	1/5744000
15	HUSN-GZA03	1/36658000
16	HUSN-GZA01	1/35093000
17	HUSN-GZA06	1/31855000
18	HUSN-GZA07	1/32147000

2）坐标偏差检核

坐标相对精度见表2-25。

表 2-25 坐标相对精度统计表

序号	点名	M_x/cm	M_y/cm	M_p/cm
1	GZA01	0.09	0.10	0.13
2	GZA03	0.09	0.09	0.13
3	GZA06	0.09	0.09	0.13
4	GZA07	0.10	0.11	0.15

注：$p=\sqrt{x^2+y^2}$ 。

2.3.2 港珠澳大桥沉管隧道首级加密平面控制网

2.3.2.1 工程概述

港珠澳大桥主体工程沉管隧道起于特别行政区界，止于西人工岛结合部非通航孔桥西端，全长约 7440 m。东人工岛东边缘距特别行政区界约 366 m，西人工岛东边缘距伶仃西航道约 2000 m，两岛长度均为 625 m，两岛最近边缘间距约 5584 m。在东人工岛、西人工岛北侧分别建设测量平台各一个，为沉管隧道施工测量中管节安装定位、贯通测量、沉降位移监测和岛上建筑物等各项施工测量提供稳定的测量控制基准。沉管隧道工程截面见图 2-33。

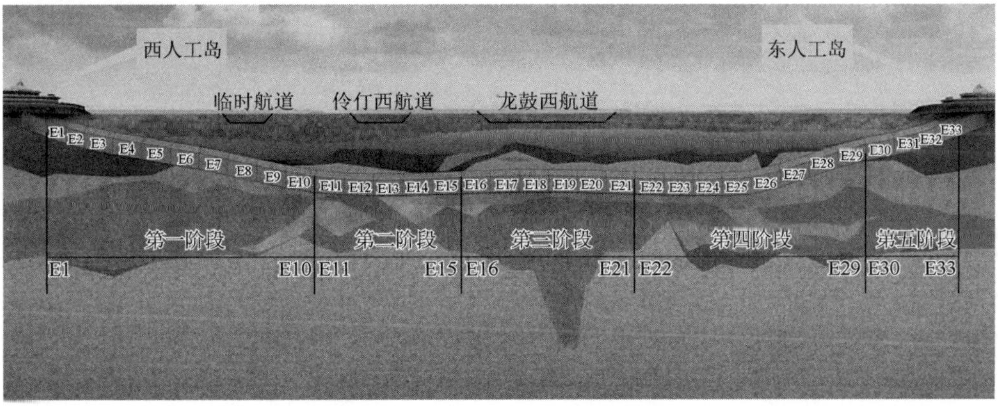

图 2-33 沉管隧道工程截面示意图

2.3.2.2 基准选取与技术指标

沉管隧道施工测量控制遵循“先整体后局部，分级布网，逐级控制”的原则，做到整体工程系统控制，局部分项工程精密测量。

首级加密平面控制网的等级设计为平面二等，适用于高精度的施工测量，参照《公路勘测规范》（JTG C10—2007）中二等 GPS 控制网的标准实施。

首级加密平面控制网执行具体精度要求如下。

①首级加密平面控制网最弱点点位中误差≤±5 mm；
②首级加密平面控制网各相邻点点位中误差≤±5 mm；
③首级加密平面控制网最弱点大地高中误差≤±10 mm；
④长度大于 300 m 的基线最弱边边长相对中误差≤1∶30 万；
⑤长度小于 300 m 的基线最弱边边长相对中误差不作具体要求；
⑥GPS 平面控制网跨海最弱边边长相对中误差≤1∶100 万。

2.3.2.3　首级加密平面控制网点布设

根据现场条件及控制点稳定性要求，在人工岛钢圆筒及副格上焊接观测平台和观测墩，埋设强制对中装置，控制点顶标高设计为 8.0 m 左右。

其中，西人工岛布设了 5 个，东人工岛布设了 6 个，点位概略位置见图 2-34、图 2-35。

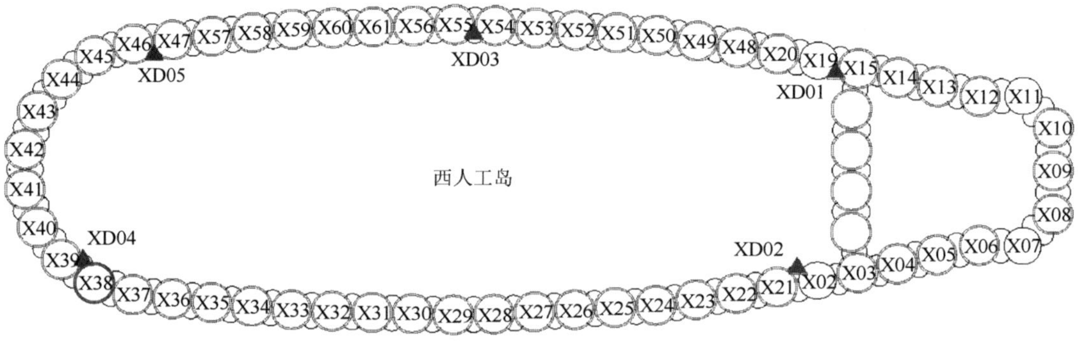

图 2-34　沉管隧道首级加密控制网点位布置示意图（西人工岛）

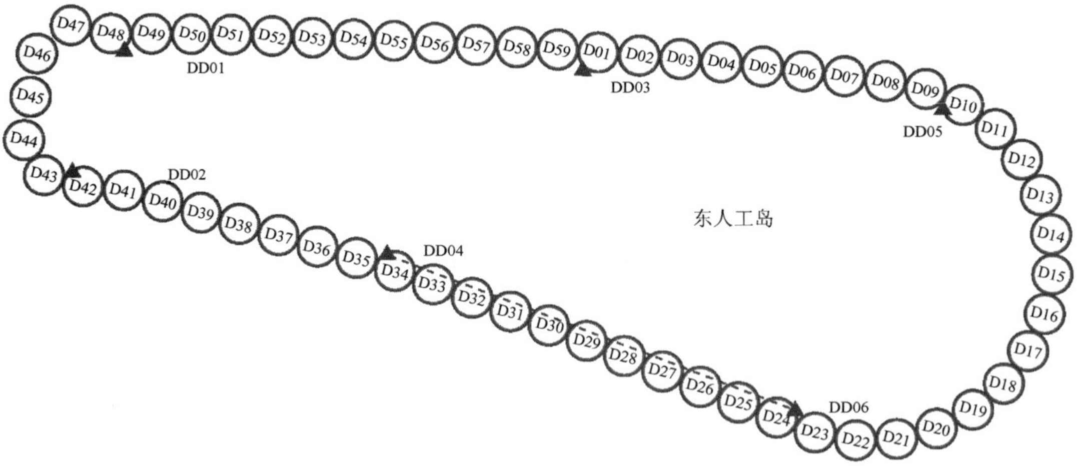

图 2-35　沉管隧道首级加密控制网点位布置示意图（东人工岛）

观测墩墩顶强制对中基座安装效果见图 2-36。

图 2-36　墩顶强制对中基座安装效果示例

首级加密平面控制网点观测平台结构示例见图 2-37、图 2-38。

图 2-37　首级加密平面控制网点观测平台结构示例（东人工岛）

图 2-38　首级加密平面控制网点观测平台结构示例（西人工岛）

2.3.2.4　技术设计

首级加密平面控制网的布设采用卫星定位测量控制网的形式，GPS 观测参考《公路勘测规范》（JTG C10—2007）中公路二等技术要求进行外业观测。具体规定见表 2-26。通过施测精密测距边来检测 GPS 测量的外符合精度。

表 2-26 GPS 观测的主要技术要求

项目 \ 测量等级	二等
卫星高度角/(°)	≥15
时段长度（静态）/min	≥240
同时观测有效卫星数/个	≥4
数据采用率/s	≤30

2.3.2.5 网形设计

沉管隧道首级加密平面控制网点 GPS 平面控制网静态观测联测东人工岛、西人工岛测量平台参考站及测量平台施工控制点、HZMB-CORS 站、香港小冷水 CORS 站等。具体联测点位见表 2-27，网形如图 2-39 所示。

表 2-27 GPS 联测点

点号	备注	点号	备注
YELI	HZMB-CORS 野狸岛参考站	XD03	西人工岛 3 号控制点
YNHN	HZMB-CORS 洋环参考站	XD04	西人工岛 4 号控制点
HUSN	HZMB-CORS 虎山参考站	XD05	西人工岛 5 号控制点
HKSL	香港小冷水 CORS 站	DD01	东人工岛 1 号控制点
LRS1	西人工岛测量平台参考站	DD02	东人工岛 2 号控制点
LRS2	东人工岛测量平台参考站	DD03	东人工岛 3 号控制点
SJM08	西人工岛测量平台全站仪观测墩	DD04	东人工岛 4 号控制点
SJM09	东人工岛测量平台全站仪观测墩	DD05	东人工岛 5 号控制点
XD01	西人工岛 1 号控制点	DD06	东人工岛 6 号控制点
XD02	西人工岛 2 号控制点	—	—

2.3.2.6 数据采集

根据网形的技术设计所确定的作业模式，在接收机或控制器上配置预制参数，经检查，所有规定的作业项目已完成并符合要求，记录和资料完整无误，并且将点位标志和觇标恢复原状。海中测量平台和人工岛控制点外业数据采集见图 2-40、图 2-41。

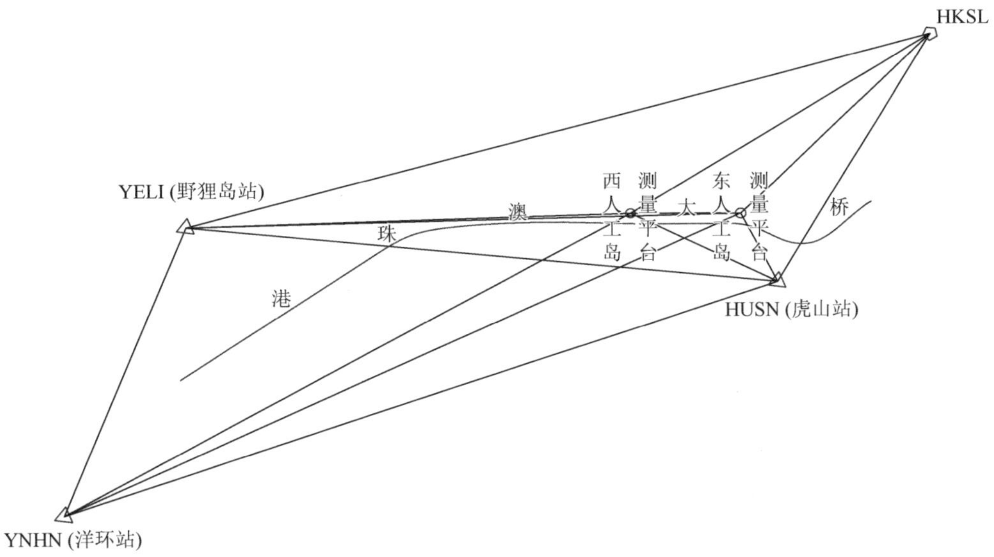

图 2-39 联测构网示意图

图 2-40 海中测量平台控制点 GPS 外业静态测量

图 2-41 人工岛控制点 GPS 外业静态测量

2.3.2.7　数据处理

1. 准备工作

GPS 网基线处理采用 LGO 软件解算。解算策略为：采用 GPS 卫星观测数据、广播星历导航、15 s 采样率和截止高度角 15°。

根据数据质量挑选出 4 个最佳时段进行基线解算及平差计算基线检核。

采用科傻地面控制系统数据处理软件，按照公路二等的要求对解算完毕的基线进行重复基线检核、GPS 环闭合差等的检核。

2. 首级加密平面控制网平差

采用科傻地面控制系统数据处理软件对解算完毕的基线进行平差计算。

1）ITRF2005（国际地球参考框架）坐标系三维平差

约束 LRS1、LRS2 两点的 ITRF2005 坐标系坐标进行三维平差计算。

2）工程坐标系平面二维平差

采用二维约束方法平差，约束 LRS1、LRS2 两点的桥梁工程坐标进行桥梁工程坐标系下的平差计算；约束 LRS1、LRS2 两点的桥梁工程坐标进行隧道工程坐标系下的平差计算。

采用 TBC 软件进行复核计算，检核无误后以科傻地面控制系统数据处理软件平差结果作为最终平差成果。

2.3.3　港珠澳大桥沉管预制专用控制网

2.3.3.1　工程概述

港珠澳大桥沉管预制采用工厂法施工工艺，预制管节总计 33 个，直线段管节 28 个，曲线段管节 5 个，曲率半径 5000 m，总线长度 5.662 km，其中 112.5 m 管节由 5 节长 22.5 m 的节段组成，180 m 管节由 8 节长 22.5 m 的节段组成。曲线段管节的预制工艺，是通过调整组成管节节段的两个侧墙的纵向长度，来拟合匹配成曲率半径 5000 m 的曲线。管节横断面采用两孔一管廊形式，宽 3795 cm，高 1140 cm，底板厚 150 cm，侧腹板及顶板厚 150 cm，中腹板厚 80 cm，管节横断面面积 154.874 m^2，管节横断面示意图如图 2-42 所示。该项工程是迄今为止世界上规模最大的隧道沉管预制工程。

2.3.3.2　沉管预制专用控制网设计

1. 布设原则

根据沉管预制施工特点，沉管预制专用控制网以覆盖两条预制生产线和一次舾装区为基本原则进行整体布设，生产线见图 2-43。

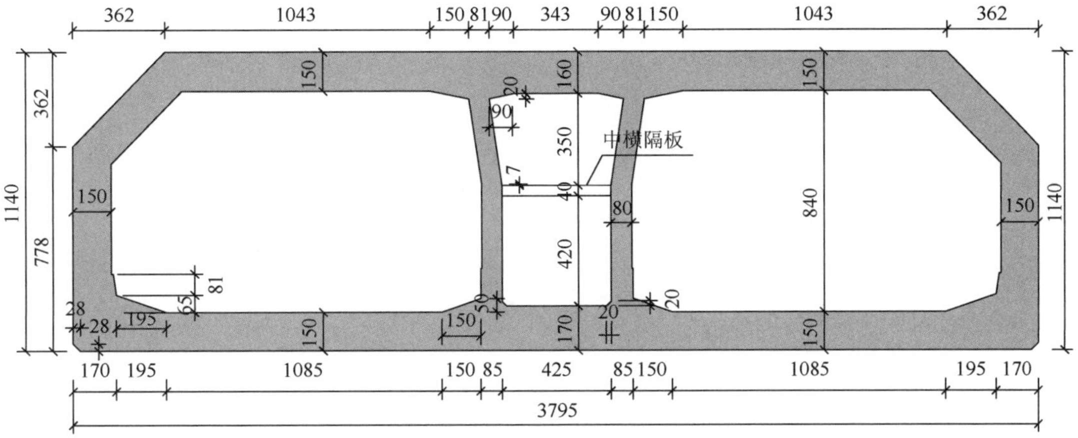

图 2-42　管节横断面示意图（单位：cm）

图 2-43　沉管预制生产线

结合测区地理现状及工程需要，合理布设控制网网形。点位选择应保证各控制点相互通视，避免旁折光的影响。同时，点位选择应便于采用其他测量手段进行加密或扩展。点位应选在基础稳固、便于长期保存的地方，视野要求相对开阔，便于加密、扩展和寻找。平面控制点采用浇筑观测墩、安装强制归心盘方式进行埋设，高程控制点与平面控制点同步埋设。控制点观测墩见图 2-44。

图 2-44　控制点观测墩

2. 沉管预制专用平面控制网布设

沉管预制专用平面控制网布设示意图如图 2-45 所示。

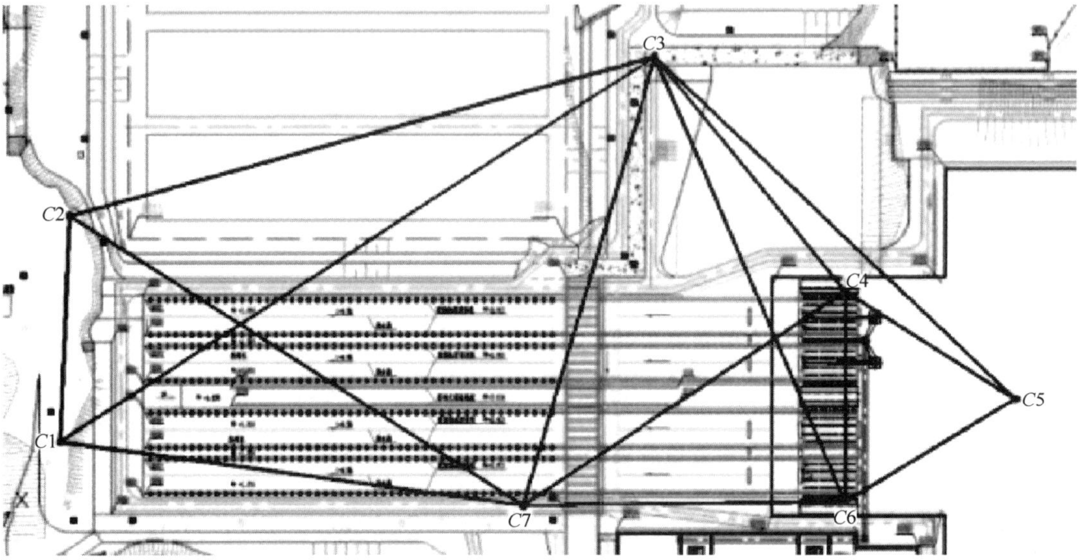

图 2-45　沉管预制专用平面控制网布设示意图

按照二等边角网的精度要求布设控制点 *C*1、*C*2、*C*3、*C*4、*C*5、*C*6、*C*7，各控制点布设的具体功能如下。

控制点 *C*1 布设在顶推滑移轨道端头的山坡上，主要用于顶推轴线、匹配浇筑轴线和一次舾装的测量。

控制点 *C*2 布设在顶推滑移轨道端头的山坡上（系原干坞控制网 *D*3 点），距离控制点 *C*1 约有 100 m，主要用于顶推轴线、匹配浇筑轴线、一次舾装和二次舾装的测量。

控制点 *C*3 布设在浅坞 B 区的拦水坝外墙上，主要起布网过渡的作用，还可用其多次复测成果对拦水坝的变形进行监测。

控制点 *C*4 布设在二号生产线浇筑坑反力墙空隙处的观测墩柱上（该墩柱高出管节顶面约 1 m），主要用于二号生产线模板轴线、角点、特征点放样、预埋件放样及端钢壳安装测量。

控制点 *C*5 布设在钢筋绑扎区与浇筑坑之间的生产线轴线上，主要用于钢筋绑扎、底模的施工放样。

控制点 *C*6 布设在一号生产线浇筑坑反力墙空隙处的观测墩柱上（该墩柱高出管节顶面约 1 m），主要用于一号生产线模板轴线、角点、特征点放样、预埋件放样及端钢壳安装测量。

控制点 *C*7 布设在浅坞 A 区拦水坝外墙上，作用与控制点 *C*2 相同。

所布设的平面控制点之间构成的最长边约为 270 m，最短边约为 80 m，最小水平夹角约为 15°。

二等平面控制网的控制点精度，即平差后的控制点之间的实际误差，从极限情况分析，主要取决于最弱边边长相对中误差和三角形最大闭合差的影响。根据《工程测量规范》（GB 50026—2007）的技术要求，最弱边边长相对中误差为≤1/120000，三角形最大闭合差为3.5″。

3. 数据采集

沉管预制专用平面控制网采用经检定合格，并在有效使用期内的标称测角精度为±1″，测距精度为±（1 mm + 1.5 ppm×D[①]）的全站仪对控制网的边长和角度进行观测。

4. 测角技术要求

根据《工程测量规范》（GB 50026—2007），二等边角测量的技术参数按表2-28规范要求执行。

表2-28　二等边角测量技术参数

等级	测角中误差/(″)	测边相对中误差	最弱边边长相对中误差	测回数	三角形最大闭合差/(″)	超短边绝对精度/mm
二等	1	≤1/250000	≤1/150000	12	3.5	1.3

水平角观测采用全圆方向法进行观测，根据《工程测量规范》（GB 50026—2007），水平角观测技术要求按表2-29要求执行。

表2-29　水平角观测技术要求

等级	仪器精度等级	两次重合读数之差/(″)	半测回归零差/(″)	一测回2c互差/(″)	同一方向值各测回较差/(″)
二等	1″级仪器	1	6	9	6

本次控制网$C1$和$C4$相互观测时，因现场环境复杂，应避免$C1$和$C4$视线之间的旁折光影响，合理分配各测回的观测时段。

5. 测距技术要求

根据《工程测量规范》（GB 50026—2007），二等三角网边长测量技术要求见表2-30。

表2-30　二等三角网边长测量技术要求

平面控制网等级	仪器等级精度	每边测回数		一测回读数较差/mm	单程各测回较差/mm	往返较差/mm
		往	返			
二等	5 mm仪器	3	3	≤5	≤7	≤2（$a+b\times D$）

边长测量时，应特别注意如下两点。

①测量边长所使用仪器和棱镜必须配套。

②测量边长前要对仪器进行温度和气压改正。

---

① D为测量距离，单位为km。

6. 平差计算

外业数据采集合格后，采用正版平差软件进行严密平差。

平差以 *C*1 坐标为起算坐标，*C*1 到 *C*3 的方位角为起算方位角，*C*1、*C*3 之间的边长值为起算边长值，以及各测站点的观测数据（所测边长进行气象改正、加乘常数改正和距离投影改正后参与平差），计算出控制网的测角中误差、测距中误差、点位误差、边长相对中误差及坐标成果等。精度评定若不合格，应分析影响质量的原因，到现场进行有针对性的重测后，再对结果进行平差，直至平差结果达到要求，最终形成沉管预制专用平面控制网成果报告。

2.3.3.3　沉管预制专用平面控制网复测

1. 测量目的

为了检验控制点稳定性，以便更好地服务管节预制的需要，对沉管预制专用平面控制网定期进行复测，以确保沉管预制专用平面控制网满足设计及规范精度要求。

2. 控制网测量

控制测量严格按照国家有关的测量技术标准和测量技术要求完成。

1）仪器检校

仪器均通过正规机构检定且在有效期限内，同时在控制网施测前，对全站仪和数字水准仪进行充分自检，保证仪器正常可靠和测量精度。

2）观测方式

共观测了 7 个测站，分别在 *C*1、*C*2、*C*3、*C*4、*C*6、*C*7、*C*8 上设站，采用全圆方向法或测回法按每站 12 测回实施了外业观测。沉管预制专用平面控制网布设示意图如图 2-46 所示。

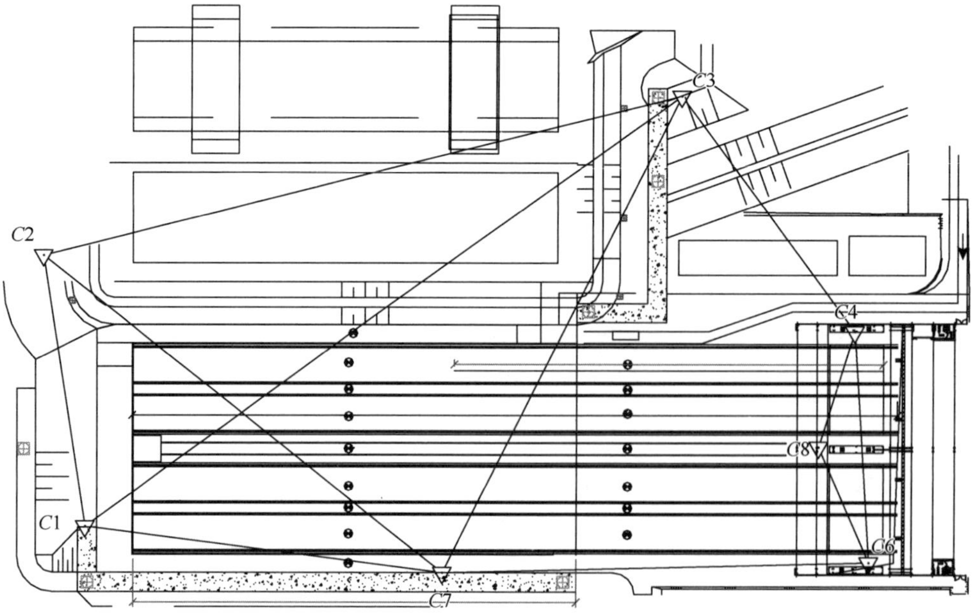

图 2-46　沉管预制专用平面控制网布设示意图

沉管预制专用平面控制网的观测，见图 2-47。

图 2-47 沉管预制专用平面控制网观测

沉管预制专用平面控制网的具体观测方向和边长见表 2-31。

表 2-31 沉管预制专用平面控制网观测方向和边长

测站	方向	边长
C1	C2	C1-C2
	C3	C1-C3
	C7	C1-C7
	C2	—
C2	C3	C2-C3
	C7	C2-C7
	C1	C2-C1
	C3	—
C3	C4	C3-C4
	C7	C3-C7
	C1	C3-C1
	C2	C3-C2
	C4	—
C4	C6	C4-C6
	C8	C4-C8
	C3	C4-C3
	C6	—
C6	C7	C6-C7
	C8	C6-C8
	C4	C6-C4
	C7	—

续表

测站	方向	边长
C7	C3	C7-C3
	C6	C7-C6
	C1	C7-C1
	C2	C7-C2
	C3	—
C8	C6	C8-C6
	C4	C8-C4

3. 测量成果

将测量的1954北京坐标系成果转换为沉管预制一号、二号生产线施工坐标系的成果。

施工坐标系是根据沉管预制生产线来建立，共设2个独立坐标系统；每条生产线的施工坐标系以指向浅坞区方向的预制管节廊道轴线为 x 坐标轴，以左手法则建立 y 坐标轴，坐标原点 o 分别在钢筋加工区内、距浇筑坑钢筋侧端模约100 m处；2个独立坐标系统的 x 轴平行、y 轴重合，1954北京坐标系统与其转换计算的数学模型一致。

设 xoy 为施工坐标系，XOY 为1954北京坐标系。x_P、y_P 分别为 P 点在施工独立坐标系中坐标；X_P、Y_P 分别为 P 点在1954北京坐标系中坐标；a、b 为 xoy 施工独立坐标系原点 o 在1954北京坐标中的坐标；α 为施工独立坐标系 X 轴相对于1954北京坐标系 X 轴的旋转角（顺时针取正，逆时针取负）。则1954北京坐标换算到施工坐标的计算公式为

$$\begin{aligned} x_P &= (X_P - a)\cos\alpha + (Y_P - b)\sin\alpha \\ y_P &= (Y_P - b)\cos\alpha - (X_P - a)\sin\alpha \end{aligned} \tag{2-35}$$

4. 精度评定

布设在大型混凝土坝体上和基岩上的控制点，经复测检验都是稳定可靠的，满足沉管预制的尺寸放样、预埋件安装、端钢壳安装调整的精度要求。平面控制网点 $C4$ 为最弱点，$C6$-$C8$ 为最弱边，放样使用时可以进行多方向检测。

该控制网总边长为1489.407 m，平均边长为148.941 m，最小边长为50.883 m，最大边长为277.925 m；共有1个大地四边形和5条闭合导线，最大角度闭合差为2.23 s，最小角度闭合差为0.07 s；最大点位误差（$C4$）为0.001 6 m，最小点位误差（$C2$、$C7$）为0.000 5 m，平均点位误差为0.001 0 m；最大点间误差为0.002 3 m，往返测距单位权中误差为0.000 1 m；平面网验后单位权中误差为0.43 s，均满足规范要求。

2.3.4　港珠澳大桥沉管标定专用控制网

2.3.4.1　工程概述

最终接头位于E29和E30管节之间，平面处于 $R = 5500$ m 的曲线上，最终接头顶板

长度 12 m，底板长度 9.6 m，端面宽度 37.95 m，截面厚度同标准管节，立面总高度 11.4 m，最终接头重量约 5000 t。最终接头安装位置如图 2-48 所示。

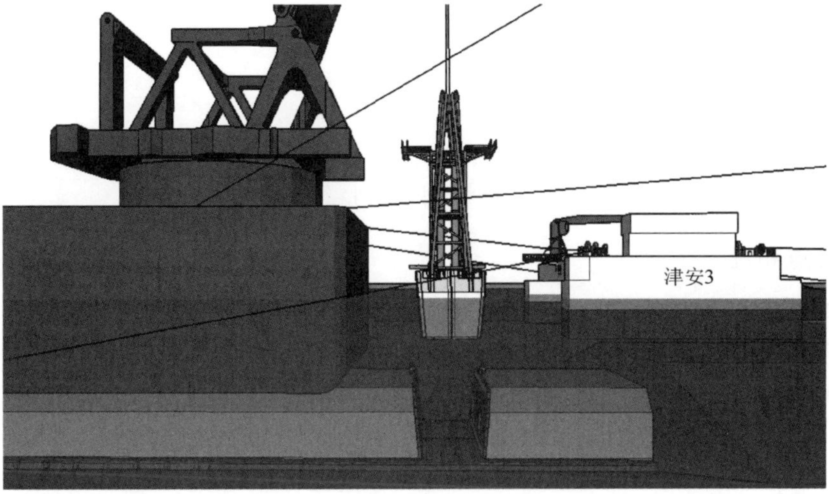

图 2-48　最终接头安装位置示意图

最终接头在轴线位置上布置了测量塔和人孔，测量塔两侧为吊点，导向杆布置在靠近吊点位置，导向杆位置采用单侧“背对背”形式，导向杆中轴距离最终接头轴线位置 7.065 m，测量塔使用外伸支架，增加 GPS 天线间距，外伸支架距离 15 m，最终接头舾装如图 2-49 所示。

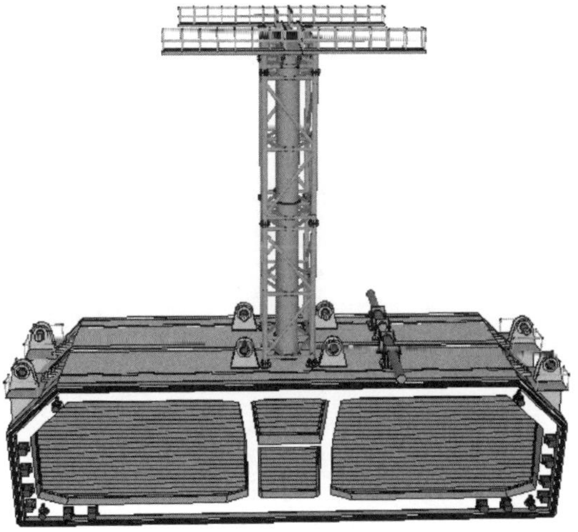

图 2-49　最终接头舾装示意图

2.3.4.2　标定目的

最终接头标定的核心内容是准确标定安装测控系统特征点，为最终接头测控系统提供参数，保障最终接头精确安装。端面特征点标定，确定管节实际轴线，建立管节坐标系；内部贯通点和左右行车道沉降点标定，为贯通测量提供数据依据；顶部平面点及高程点标定，为导向杆标定提供控制基准。

2.3.4.3　特征点布设

最终接头需要布设特征点包括：端面特征点、内部特征点、贯通特征点、左右行车道沉降点、顶部特征点、导向系统特征点和测量塔特征点。

1. 端面特征点布设

在最终接头首、尾端面上距管节底面分别 0.0 m、0.3 m、11.4 m 角点处及 3.5 m 侧墙边沿处使用自贴式反射片布设 8 个端面特征点，最终接头两个端面共布置 16 个端面特征点。点位布设如图 2-50 所示。

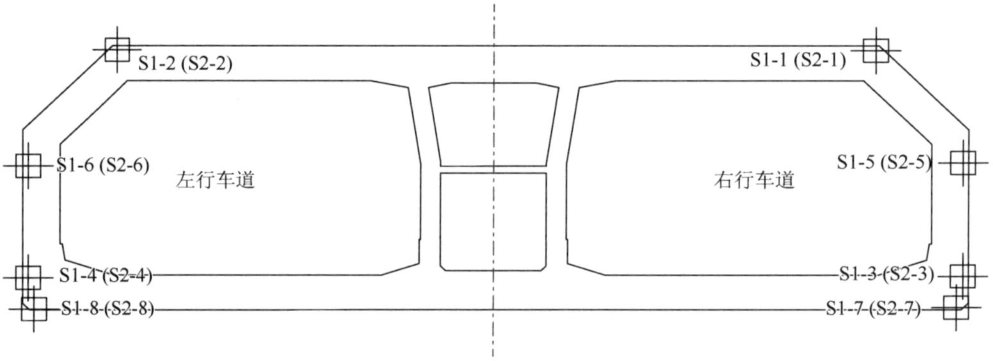

图 2-50　端面特征点布设示意图

2. 内部特征点布设

最终接头内部特征点包括中管廊贯通点和行车道沉降点，在最终接头安装结束，提供贯通比对和倾斜初值。

3. 贯通特征点布设

在最终接头首、尾端各布设 1 个贯通特征点，位置根据安全门及贯通测量墩位置而定，位置如图 2-51 所示。

图 2-51　最终接头贯通特征点布设示意图

4. 左右行车道沉降点布设

在中管廊与行车道通视的车道侧墙上左右各布设一个沉降点，具体布点位置根据管节安全门位置确定。最终接头沉降点布设见图 2-52。

图 2-52　左右行车道沉降点布设

5. 顶部特征点布设

最终接头顶部特征点包括：平面位置观测点和高程观测点。平面位置观测点共 4 个，分别位于首端及尾端管顶角点处向两内侧延伸 1.5 m 处。高程观测点共 2 个，布设在最终接头首、尾端轴线位置。最终接头顶部点位布设（P 为平面点，G 为高程点）如图 2-53 所示。

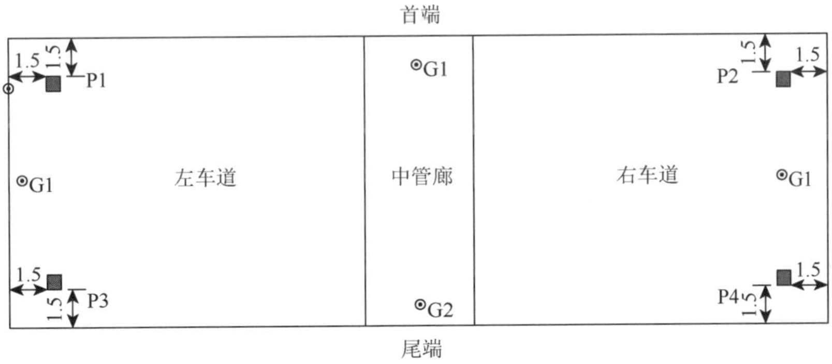

图 2-53　最终接头顶部平面位置观测点、高程特征点布设示意图（单位：m）

6. 导向系统特征点布设

导向系统特征点布设即导向杆点位布设。在导向杆前、后支座及杆首端顶部分别选择一个中点，这三点连线为导向杆实际顶部轴线，点位分布如图 2-54 所示。

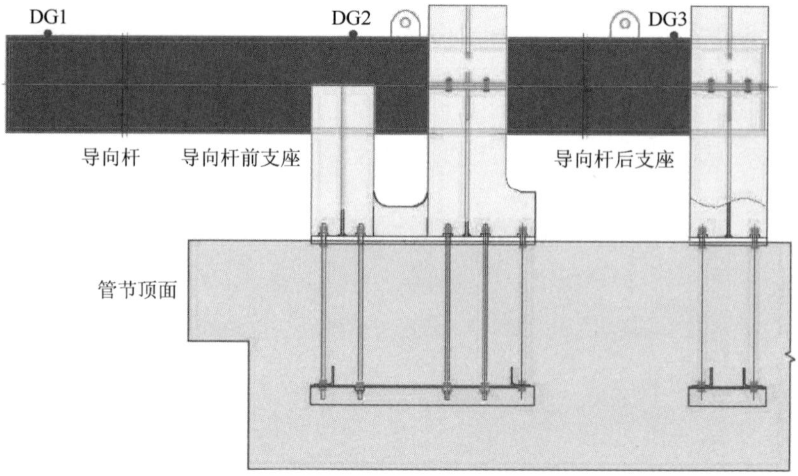

图 2-54　导向系统特征点布设示意图

点位选取方法：使用电子水平卡尺，调平后，对导向杆进行分中，在导向杆的前、中、后部分中选取三个导向杆顶部轴线点，然后，使用全站仪实际测量出这三个点的管节坐标，根据测量数据进行调整。导向杆顶部轴线点的选取见图 2-55。

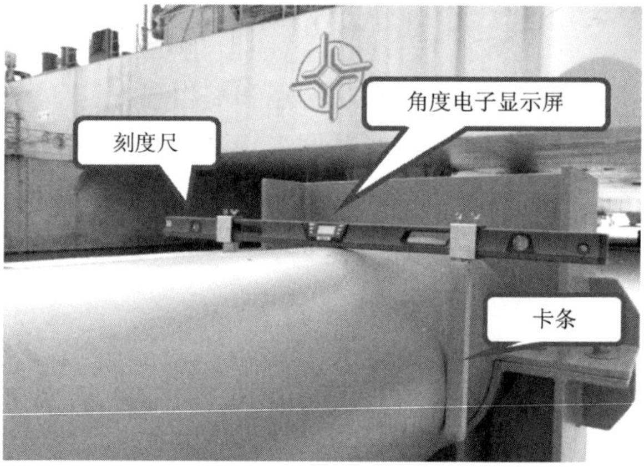

图 2-55　导向杆顶部轴线点的选取实景图

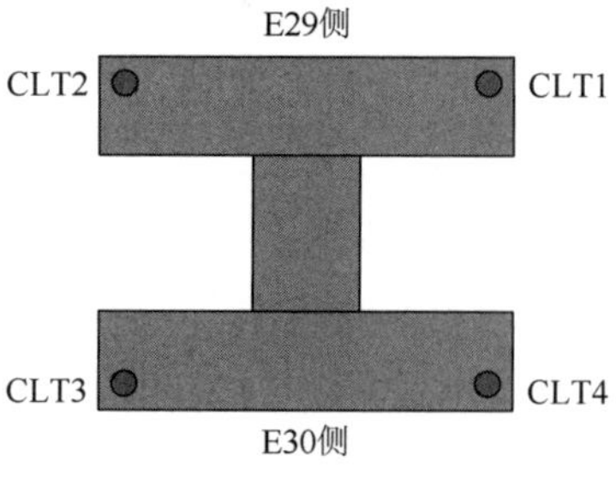

图 2-56　测量塔特征点布设示意图

7. 测量塔特征点布设

最终接头横向轴线位置上布置了测量塔和人孔，在两测量塔沿着管节横向方向外伸支架上布设测量塔标定特征点及定位 GPS 天线，测量塔特征点布设如图 2-56 所示。

布设方法：在测量塔顶部外伸支架处安装 GPS 天线和 360°棱镜的同轴支架，作为标定特征点，特征点见图 2-57。

图 2-57 测量塔特征点实物图

2.3.4.4 最终接头倾斜仪布置与标定

最终接头坞内浮态标定及安装过程需要实时姿态数据。标定前对最终接头姿态进行调整，调整至最终接头大致水平；在最终接头安装过程中需要使用倾斜仪进行实时姿态调整。因此，最终接头倾斜仪准确标定尤为重要。

1. 倾斜仪布置

最终接头内部总共安装 3 台倾斜仪，其中两小节段各安装 1 台，另 1 台安装在专门制作的连接两小节的连接架上，3 台倾斜仪之间进行相互检校。当检校小于限差时，计算最终接头姿态采用 3 台倾斜仪平均值。当检校大于限差时，采用中间连接架上的倾斜仪数据。当 3 台倾斜仪中出现 1 台或 2 台故障时，软件停止检校，系统提示由人工选择采用的倾斜仪。最终接头内部倾斜仪安装见图 2-58。

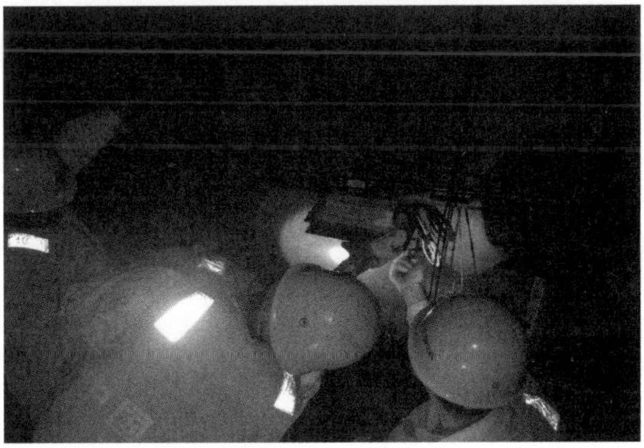

图 2-58 最终接头内部倾斜仪安装

最终接头内部倾斜仪数据通信通过光纤传出。倾斜仪数据通过串口服务器进行数据转换，由串口服务器传入无线路由器，再由路由器使用网线穿出人孔井传到测量塔平台数据控制柜，使用无线数据传输设备将倾斜仪数据传入船上主控端。

2. 倾斜仪标定

倾斜仪标定是通过其他测量方法获取最终接头的实际倾斜值，对实时显示的倾斜仪数据加一常数修正，使得倾斜仪显示的倾斜数据与最终接头实际倾斜值一致。最终接头倾斜仪可以使用 2 种方法的标定，包括：使用常规水准法进行标定；使用实时差分定位（real-time kinematic，RTK）同步高程法进行标定。

使用这 2 种方法对最终接头倾斜仪进行标定，可以以常规水准法作为主标定方法，另 1 种方法作为复核方法，比对及分析差值数据，确保标定数据的准确性。

（1）常规水准法标定

使用常规水准法标定倾斜仪原理：通过对最终接头顶部 4 个角点处布置的特征点进行相对高程测量，计算最终接头姿态数据，对倾斜仪数据加常数修正，使得倾斜仪显示数据与常规水准法计算倾斜值一致。常规水准法标定见图 2-59。

图 2-59　常规水准法标定

标定方法：在最终接头顶部架设水准仪，依次测量最终顶面 4 个角点的相对高程，使用钢尺对 4 个特征点进行距离丈量，进而计算出最终接头的实际倾斜值；水准测量期间同步采集倾斜仪数据，根据最终接头实际倾斜值对倾斜仪平均值进行修正，将倾斜仪数据修正后，再次使用水准仪测量相对高程，验证修正值。

（2）RTK 高程法标定

使用 RTK 高程法标定倾斜仪原理：在固定控制点设置一台参考站，在标定对象顶面对称的四角特征点上架设 4 台 RTK 流动站，选择最终接头处于比较稳定的时间段进行数据采集，计算的最终接头的倾斜值，对倾斜仪数据加常数修正，使得倾斜仪显示数据与RTK高程法计算值一致。

最终接头RTK高程标定有两种方法。

①同步修正法：RTK动态数据采集和倾斜仪数据采样率1 s/次，同步采集5次RTK高程和倾斜仪读数，使用RTK高程数据及特征点之间的距离计算实际最终接头倾斜值，对倾斜仪读数进行修正，修正后同步采集5组数据，进行修正值验证。

②平均修正法：RTK流动站和倾斜仪同步采集15 min数据，使用高程平均值和特征点之间的距离计算最终接头实际倾斜值，使用该平均值对倾斜仪平均倾斜值进行修正。

最终接头RTK高程法标定见图2-60。

图2-60　RTK高程法标定

3. 标定条件

坞内浮态倾斜仪标定条件有如下几点。

①坞门关闭；

②天气良好，海况较好；

③加强缆力，使得最终接头尽可能稳定；

④完成最终接头浇筑，最终接头内部供电，通信畅通。

2.3.4.5　最终接头标定外业测量

最终接头标定工作是在浮态条件下进行的，标定期间，需要提供相对比较稳定的条件，提高最终接头标定精度。

1. 标定坐标系的定义

独立工程控制网使用大地四边形构建网，大地四边形是三角网的一种，由4个控制点组成。最终接头标定位置环境条件较差，采用大地四边形便于形成一个相对独立的局部控制网，保证最终接头标定精度。

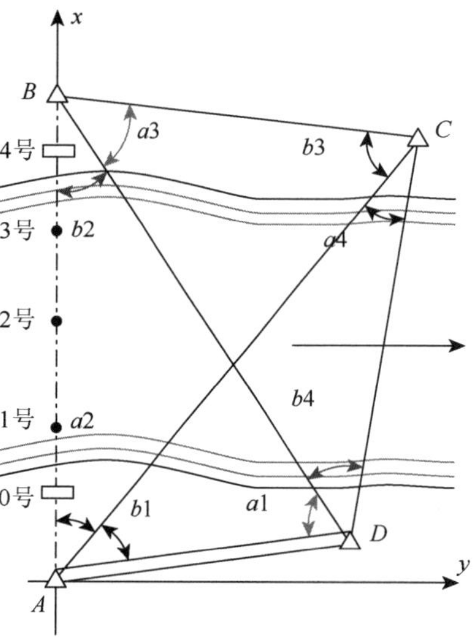

图 2-61　最终接头独立控制网示意图

以最终接头纵向方向为 x 轴，建立独立坐标系，在最终接头两端一共布设 4 个控制点构建控制网，如图 2-61 所示。

利用 1″级全站仪采用边角网的形式进行外业测量；四边形控制点高程测量，假定其中一个角点高程，使用闭合水准测量方法进行高程控制测量，在平面控制网测量阶段使用三角高程的方法进行复核测量，另外，根据现场标定需要，进行控制点加密。

2. 管节坐标系定义

将标定工程独立坐标转换为管节坐标以便于后续标定及测控系统参数提供等相关工作。管节坐标 x 轴是根据管节端面特征点的平面测量结果进行确定，端面特征点点位分布如图 2-62 所示。

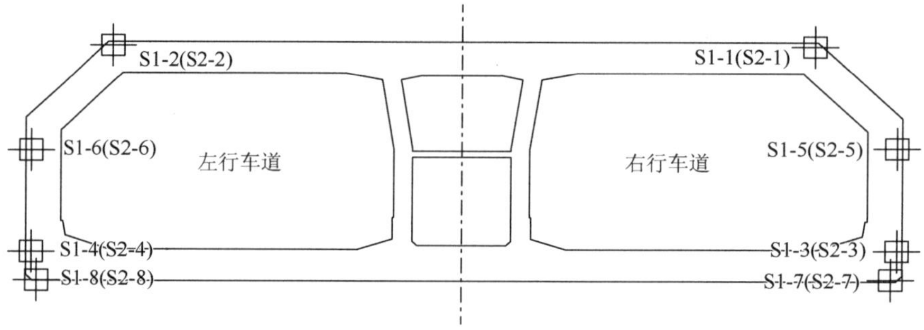

图 2-62　管节端面特征点分布示意图

取 S1 节段端面的特征点 S1-3 和 S1-4 的中点 S1-34，S1-5 和 S1-6 的中点 S1-56，S1-7 和 S1-8 的中点 S1-78，最后取点 S1-34、S1-56 和 S1-78 的中点 S1-M，同理可得点 S2-M，则这两个点的连线为管节坐标 x 轴。管节坐标 x 轴如图 2-63 所示。

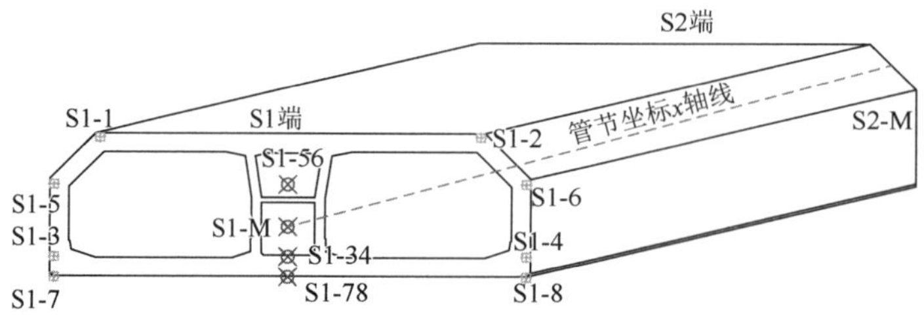

图 2-63　管节坐标 x 轴线示意图

取首、尾端面中心点连线在管节顶面的投影为 x 轴，并以指向 S1 端的方向为 x 轴正方向，x 轴与首端端钢壳上边线交点为原点 o。使用左手法则建立 y 坐标轴，过原点 o 做垂直于 xoy 平面的线为 z 轴，并以向上方向为 z 轴正方向。取管节顶面设计高程为管节坐标系的高程基准，管节坐标系如图 2-64 所示。

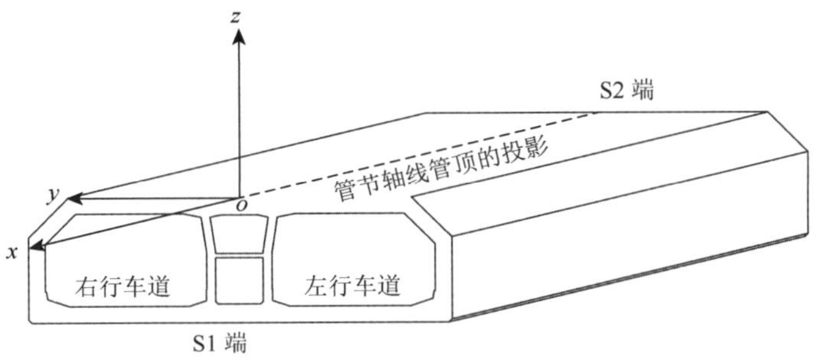

图 2-64 管节坐标系示意图

3. 深坞浇筑区浮态标定

为防止最终接头在吊装、运输及浇筑过程中的变形影响，最终接头标定时机选择在浇筑结束。

最终接头坞内浮态标定在方驳上架设仪器进行。视最终接头和方驳为一体，作为标定对象，对管节端面、顶面、内部、导向系统及测控系统特征点标定。方驳装载最终接头如图 2-65 所示。

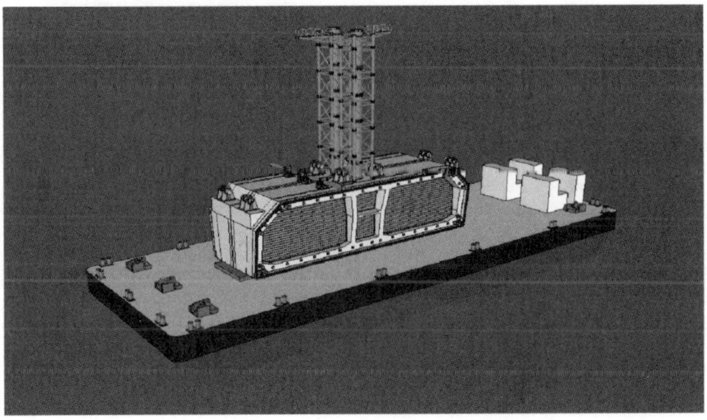

图 2-65 方驳装载最终接头示意图

1）标定条件

①坞门关闭；

②最终接头处于较为稳定状态；

③最终接头调整至尽量水平姿态；

④标定期间天气良好，海况较好。

2）浮态标定方法

振驳28船长82 m，船宽28 m，型深7.6 m，设计吃水5.2 m，最大承重9000 t。振驳28船体见图2-66。

振驳28在装载最终接头之前，需要在振驳28甲板上布设独立控制网，在控制网布设阶段，振驳28需要较为稳定，另外，使用水准法测量船的姿态，将船调整至大致水平（纵横倾在0.05°以内，测距误差在3 mm以内），控制网建立好后，使用钢尺量距的方法，对平面控制网进行复核，确保控制点数据的准确。振驳28装载最终接头见图2-67。

图2-66　振驳28船体

图2-67　振驳28装载最终接头

3）测量基准

①平面基准：船上独立标定坐标系；

②高程基准：假定高程基准。

4. 浮态标定外业测量

1）最终接头端面特征点标定

端面标定分别从首端及尾端的船上控制点架设全站仪进行标定，为了控制测量精度，进行气温改正，每个点需进行盘左、盘右观测，盘左、盘右取平均作为该站的观测数据，同时进行严格的换手测量，两组观测数据差值在允许范围内取平均值作为最终标定值，最终接头端面特征点标定见图 2-68。

图 2-68 最终接头端面特征点标定效果图

2）最终接头内部特征点标定

最终接头内部特征点标定分别从首端及尾端管外船甲板控制点上支点进入标定，两转点位于两端安全门附近，为了减小贯通设计初值的误差，直接将首端、尾端转点作为贯通点，在管内对沉降点平面位置进行标定。另外，为确保测量精度，测量棱镜选择徕卡棱镜对中杆及配套的棱镜，并且要求棱镜对中杆架设者严格按照相同方向架设棱镜的方式进行操作，减弱因架设棱镜带来的误差，需进行盘左、盘右观测，盘左、盘右取平均作为该站的观测数据，同时进行严格的换手测量，两组差值在允许范围内取平均值作为最终标定值。

3）最终接头顶部特征点标定

最终接头顶部特征点标定，在船甲板控制点上架设全站仪直接进行标定。为了保证标定数据质量，选择在两个控制点分别架设全站仪对特征点进行平面位置标定，同时进行严格的换手测量，两组差值在允许范围内取平均值作为最终标定值，最终接头顶部特征点标定见图 2-69。

图 2-69 最终接头顶部特征点标定效果图

4）测量塔特征点标定

测量塔顶部固定安装有 GPS 接收天线和 360°棱镜的同轴支架，标定测量时将全站仪架设在船甲板独立控制网控制点上，对 GPS 接收天线的位置进行标定，测量塔现场标定见图 2-70。

图 2-70　测量塔现场标定实景图

测量塔可使用反标定的方法进行复核，对测量成果进行精度验证。标定方法：在深坞岸区固定控制点上设置一台参考站，在船甲板四角处控制点上架设 4 台 RTK 流动站，与测量塔上 RTK 同步采集隧道工程坐标，由于船甲板 4 台流动站架设位控制点在船上独立控制坐标系下坐标已知，从而就可以解算出测量塔特征点在船上独立控制坐标系下坐标，使用此方法同样可以对最终接头顶部标定特征点进行标定。

5）导向杆/导向托架标定

①平面基准：管节坐标系；

②高程基准：管节高程基准。

在最终接头顶面架设全站仪，使用管顶特征点坐标，设站并后视，检查其余特征点，在允许误差范围内，标定导向杆与导向托架已标记好的特征点，反复调整至设计位置。导向杆标定见图 2-71。导向托架标定见图 2-72。

图 2-71　导向杆标定

图 2-72 导向托架标定

2.3.4.6 浮态标定精度分析

船上及管上最终接头标定误差包括：控制点误差、管节倾斜误差、仪器误差、环境误差及观测误差。

1. 控制点误差

浮态标定使用在船上事先建立好控制点作为起算数据。根据该网的设计，控制点误差为 $m_1 = 1.0$ cm。

2. 管节倾斜误差

管节标定期间存在一定范围倾斜变化，造成标定成果有一定误差，其误差为 $m_2 = 1.5$ cm。

3. 仪器误差

管节标定使用徕卡 TS30 全站仪进行放样测量，由于管节的晃动，仪器轴系与坐标轴线存在一定偏角，其误差为 $m_3 = 0.5$ cm。

4. 环境误差

管节标定期间受外界气温气压等影响，会带来一定误差 $m_4 = 0.2$ cm。

5. 观测误差

由于观测者的视觉原因，在瞄准对象及架设对中杆期间，都会有一定的误差 $m_5 = 0.4$ cm。

综上所述，管节标定平面精度为

$$m_P = \sqrt{{m_1}^2 + {m_2}^2 + {m_3}^2 + {m_4}^2 + {m_5}^2} = 1.9\ \text{cm} \tag{2-36}$$

2.3.4.7　最终接头标定坐标转换计算

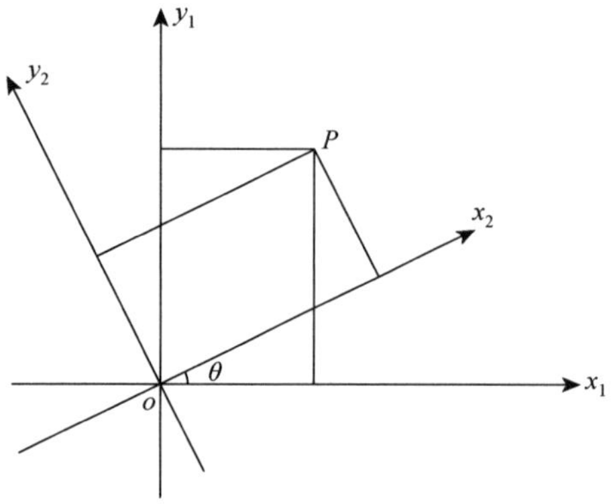

图 2-73　坐标转换示意图

最终接头工程独立坐标下的标定成果要转换到管节坐标系下坐标，为安装测控系统提供参数，并且为贯通测量提供比对初值。具体方法如下。

设 x_1oy_1 为管节坐标系，x_2oy_2 为船上独立工程坐标系，x_{1P}、y_{1P} 为点 P 在管节坐标系中的坐标，x_{2P}、y_{2P} 为点 P 在船上独立工程坐标系中的坐标，a、b 为管节坐标系原点 o 在船上独立坐标系中的坐标，θ 为管节坐标系 x_1 轴相对于船上独立坐标系 x_2 轴的旋转角（顺时针为正，逆时针为负）。坐标转换示意图如图 2-73 所示。

船上独立工程坐标换算到管节坐标系的计算公式为

$$
\begin{aligned}
x_{1P} &= (x_{2P}-a)\cos\theta + (y_{2P}-b)\sin\theta \\
y_{1P} &= (y_{2P}-b)\cos\theta-(x_{2P}-a)\sin\theta
\end{aligned}
\qquad (2\text{-}37)
$$

2.3.5　港珠澳大桥沉管隧道贯通测量控制网

2.3.5.1　工程概述

港珠澳大桥沉管隧道长 5664 m，由 33 个大型预制管节对接安装而成，隧道进口、出口两端均由人工岛组成，隧道东端 1313.362 m 位于半径 5500 m 的圆曲线上，其余部分均为直线。隧道最终接头的贯通面位于 E29 和 E30 之间，距西人工岛隧道外测量控制点约 5.8 km、距东人工岛隧道外测量控制点约 1.2 km。

2.3.5.2　贯通测量的主要特点

1. 沉管隧道长、安装定位精度高

贯通测量网形狭长且不对称，西侧长度 5800 m，东侧长度 1200 m，隧道内通视条件差，测量精度控制难度大；现有隧道测量规范的贯通限差随着隧道长度的增加而变大，港珠澳大桥沉管隧道沉管沉放对接期间贯通限差设计要求高，横向贯通限差要求远高于现有规范要求。

港珠澳大桥沉管隧道贯通测量示意图如图 2-74 所示。

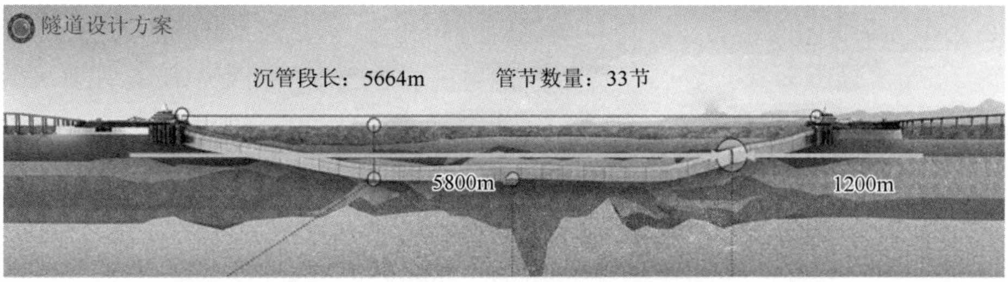

图 2-74 港珠澳大桥沉管隧道贯通测量示意图

港珠澳大桥沉管隧道管节沉放控制标准如表 2-32 所示。

表 2-32 沉管隧道 E1～E28 管节沉放控制指标表

序号	检查项目		规定值或允许偏差/mm	检查方法和频率
1	轴线偏差		±100	管节西端、东端各检查 1 处（E27、E28 另定）
2	管节底高程		+100，−50	检查轴线、侧墙处，管节西端、东端各检查 3 处
3	相邻管节相对偏差	横向	±70	检查轴线处，检查 1 处
		竖向	+70，−50	检查相邻管节轴线、侧墙处，检查 3 处

2. 作业环境差

施工区域全部在外海作业，天气气候复杂多变，洞外测量受潮汐、气象、水文、风浪复杂环境因素影响较大，洞内测量受施工烟雾、粉尘、施工设备影响导致通视条件较差。管内测量环境见图 2-75。

图 2-75 港珠澳大桥沉管隧道管内测量环境

3. 定向点及进洞点布设困难

沉管隧道进口、出口两端均由长约 625 m、宽约 183 m 人工岛组成，受人工岛的地形条件限制，进洞导线定向边布设困难且与进洞方向在同一方向，洞口布设的一对导线点最大间距约 2.5 m，见图 2-76。进洞点受施工影响位置不能永久固定，随着管节沉放作业点离陆地越来越远，贯通测量精度控制难度不断增大。

图 2-76　进洞点布设

4. 控制点不稳定，控制网复测频率高

控制点受人工岛不稳定因素影响较大，增加了施工控制网检测频率。施工控制网布设在人工岛上，沉管沉放对接期间人工岛尚存在沉降和位移，每次沉管安装前需对控制点进行 GPS 静态检测，同时为保证贯通测量的精度，导线需从洞外开始复测。人工岛见图 2-77。

图 2-77　人工岛

5. 行车道与中管廊导线衔接边长偏短

沉管隧道贯通测量在中管廊进行，其控制点成果是通过行车道导线向中管廊测设支导线获取，但受沉管隧道自身结构限制，行车道与中管廊的导线联系边长只有 16 m，如图 2-78 所示，导致测量精度难以提高，虽然支导线长度小于 2 根标准管节长度，但短边带来的影响不能忽略。

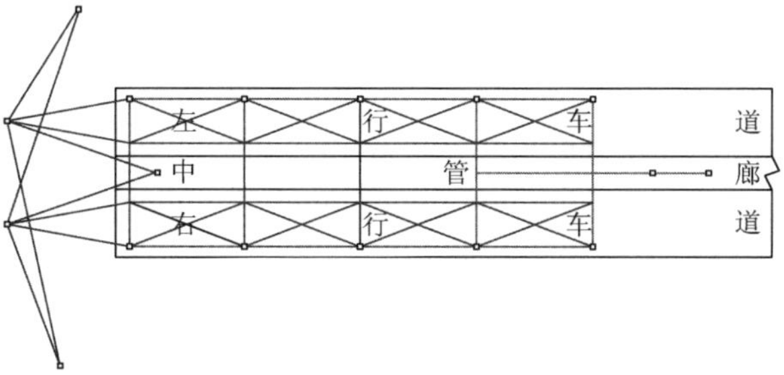

图 2-78　行车道与中管廊导线衔接测量

2.3.5.3　技术要求

沉管隧道贯通测量控制网遵循“从整体到局部，先控制后施工，分期分级加密”的控制原则，首先利用港珠澳大桥首级控制网布设港珠澳大桥加密控制网，利用港珠澳大桥加密控制网在人工岛上布设岛隧工程首级加密控制网，最后在此基础上布设沉管隧道洞内施工控制网。控制网关系图如图 2-79 所示。

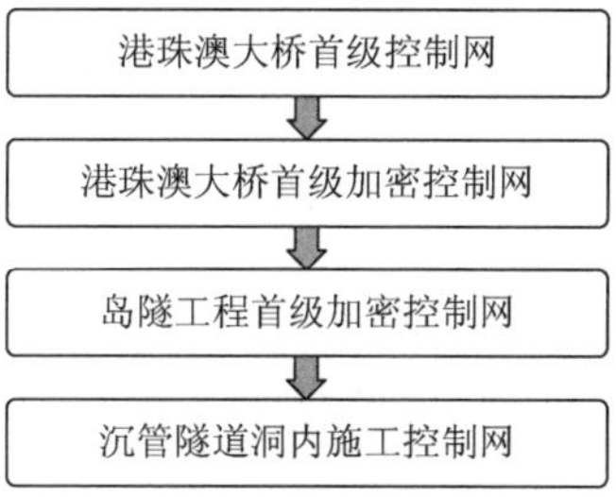

图 2-79　控制网关系图

1. GPS 观测

洞外地面控制点测量利用 Trimble R7 GPS（±3 mm + 0.1 ppm×*D*）接收机按照公路二等测量精度要求进行 GPS 静态观测。公路二等 GPS 测量的外业观测主要技术要求见表 2-33。沉管隧道洞外控制网网形如图 2-80 所示。

表 2-33　公路二等 GPS 测量外业观测主要技术指标

项目	卫星高度角/(°)	观测时段数	时段长度/h	卫星有效数/个	采样时间间隔/s	天线高观测次数/次
限差	＞10	≥3	≥23	≥4	30	3

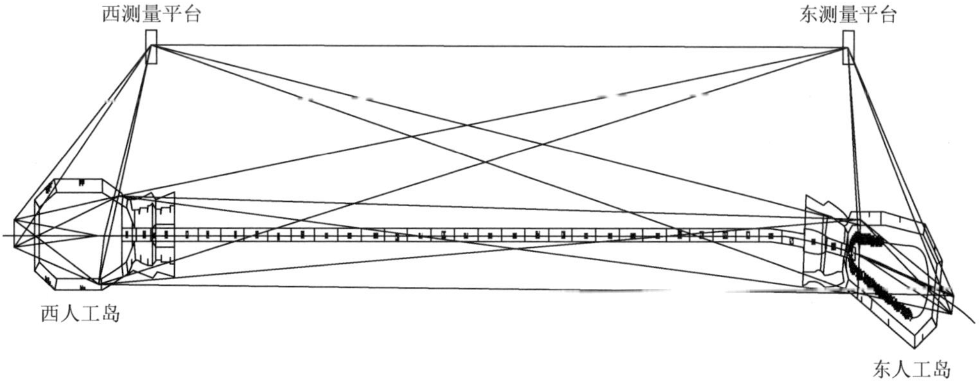

图 2-80　沉管隧道洞外控制网网形

2. 导线观测

根据《公路勘测规范》（JTG C10—2007）和《高速铁路工程测量规范》（TB 10601—2009）中有关规定和要求，结合港珠澳大桥沉管隧道施工的实际情况，隧道洞内控制导线网测量的精度等级及主要技术要求应满足以下标准或规格。

（1）观测仪器

采用徕卡 TS30 全站仪配合机载多测回测角程序（自由设站原理）进行自动测量并记录，全站仪具体标称精度要求如表 2-34 所示。

表 2-34 导线网测量全站仪标称精度要求

仪器型号	测角标称精度/(″)	测距标称精度
TS30	0.5	0.6 mm + 1 ppm×D

（2）导线测量

导线测量技术要求如表 2-35 所示。

表 2-35 导线测量技术要求

等级	测角中误差/(″)	测距相对中误差	方位角闭合差/(″)	导线全长相对闭合差	测回数
					0.5″级仪器
二等	1.0	1/250000	$2\sqrt{n}$	1/100000	12

注：①表中 n 为测站数；
②当边长短于 500 m 时，边长中误差应小于 2.5 mm。

（3）角度观测

水平角观测宜采用全圆方向观测法，并符合表 2-36 的规定。

表 2-36 水平角方向观测法的要求

等级	仪器等级	半测回归零差	一测回内 $2c$ 互差	同一方向值各测回互差
四等以上	0.5″级仪器	4	8	4

注：当观测方向的垂直角超过±3°的范围时，该方向 $2c$ 互差可按相邻测回同方向进行比较，其值应满足表中一测回内 $2c$ 互差的限值。

（4）边长测量

边长测量技术要求应符合表 2-37 的规定。

表 2-37 边长测量技术要求

等级	仪器精度等级	每边测回数	一测回读数较差限值/mm	测回间较差限值/mm	往返观测平距较差限值
二等	I 级	往返测各 4 次	2	3	$2m_D$

注：①一测回是全站仪盘左、盘右各测量一次的过程；

②测距仪精度等级划分如下 I 级 $m_D \leq 2$ mm，m_D 为每千米测距标准偏差；

③$m_D = a + b \times D$。

式中，m_D——仪器测距中误差（mm）；

a——标称精度中的固定误差（mm）；

b——标称精度中的的比例系数（ppm）；

D——测距长度（km）。

（5）气象改正

用于气象改正的温度、气压数据，在每测站应测定一次，并在观测手簿上作好相应记录。气压观测时待气压计、温度计与周围环境一致后测记气象数据，测距边气象改正通过全站仪进行自动改正。气压、气温读数取位应符合表 2-38 的规定。

表 2-38 气压、气温读数取位要求

测量等级	干湿温度表/℃	气压表/Pa
二等	0.2	50

（6）光电三角高程测量

洞内交叉导线平差需要进行边长和高程的改化，导线测量需要同时进行三角高程测量，三角高程的测量指标按照四等精度执行，各项限差如表 2-39 所示。

表 2-39 光电三角高程测量技术要求

等级	仪器等级	观测方式	测距边测回数	测回间垂直角较差/(″)	指标差互差/(″)	往返观测高差较差/mm	边长范围/m
四等	2″级	对向观测	2	7	7	$\pm 40\sqrt{D}$	≤800

2.3.5.4 控制网的设计

沉管安装质量与控制网网形及控制测量精度密切相关，沉管隧道控制网测量是贯通测量的基础，控制网测量的精度将最大限度地决定贯通测量所能达到的精度，结合各阶段沉管隧道施工特点及现场条件先后优化设计四期沉管隧道控制网测量方案。各期方案测量网形及控制管节见表 2-40。

表 2-40　沉管隧道控制网测量方案统计

期数	测量网形	控制管节
第一期	中管廊等边直伸支导线	E1～E10
第二期	左行车道交叉双导线	E11～E14
第三期	左行车道交叉双导线	E15～E18
第四期	双线形联合锁网	E19～E33 及最终接头

1. 第一期

（1）网点布设

沉管隧道洞口开工建设前期，洞口地形复杂、作业面狭窄、控制网点到施工作业面高差大，结合点位通视和稳定情况，洞外定向边采用一点一方向的方法，在岛体中轴线附近距离隧道洞口约 200 m 的沙地上采用打木桩的形式布设临时转点，该方法能够在短期内保持较好的稳定性。在实际测量时，需要挑选周围环境较为稳定的情况下进行测量。转点埋设见图 2-81。

图 2-81　沉管隧道洞口转点埋设

洞内布设导线点时，要考虑今后的发展和使用，以及测量时的旁折光影响，洞内导线点选择在隧道洞口侧壁上，距离地面 1.2 m 高度、侧壁 0.7 m 左右位置钻孔打膨胀螺丝安装固定强制归心盘的托架。侧墙强制归心盘见图 2-82。

在隧道端封门测量人孔前布设新沉管节精确定位贯通测量设站点及备用点，两点满足一测站观测贯通点的通视条件。采用高强度的工业用胶将 8 cm×8 cm 大小，厚 2 mm 的刻有十字丝（十字丝严格居于中央）的 304 不锈钢板作为点位测量标志粘贴于混凝土地面上。地面标志点见图 2-83。布设位置见图 2-84。

图 2-82 侧墙强制归心盘

图 2-83 沉管贯通测量设站点测量标志

图 2-84 安全通道端封门前贯通测量点位布设

沉管隧道贯通测量一期控制网形如图 2-85 所示。

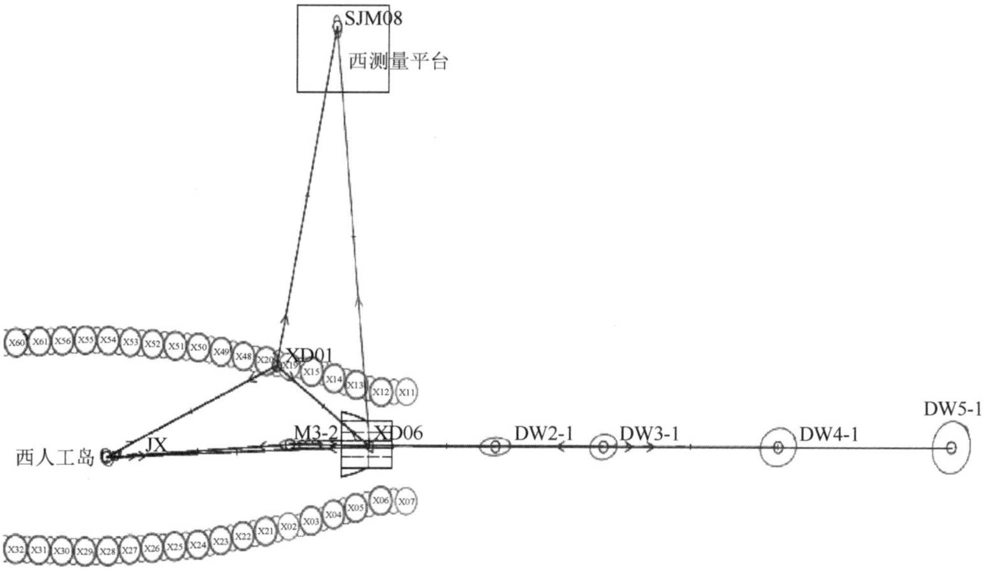

图 2-85　沉管隧道进洞测量控制点位分布示意图

（2）外业观测

1）地面控制测量

利用海中测量平台、人工岛首级加密控制网点，见图 2-86，采用 GPS 静态测量要求建立进洞平面控制网。

2）进洞导线测量

利用海中测量平台与隧道洞口方向点作为进洞测量的起算边，采用三联脚架法，按照支导线的观测方法依次对洞内导线点进行测量，水平角观测按照方向观测法操作，每测站宜观测 12 个测回。进洞导线测量见图 2-87。

图 2-86　海中测量平台定向点 GPS 观测

图 2-87 进洞导线测量

（3）精度评估

通过误差传播理论来分析误差的来源及大小，水平角观测时其误差来源主要有：仪器测站点仪器对中误差、望远镜照准误差、读数照准误差、仪器误差、目标偏心影响和外界影响。

1）水平角观测值误差

①仪器对中误差 m_c：布设支导线进洞控制测量中，采用三联脚架法进行，除临时转点外，其余各点均采用强制归心盘，能大大减弱仪器对中误差，因而仪器对中对测角所产生的一些影响可以减少到忽略程度。

②望远镜照准误差 m_s：望远镜照准误差是一个可变的系统误差，从理论上讲，它与仪器的精度、测量者的眼睛机能、目标的设计及位置（瞄准距离）等诸多因素有关。在观测中以仪器 ATR 自动照准功能（测角精度 1.0″、位置精度±1 mm）为主，手动照准为辅的原则，尽量消除视差，故徕卡 TS30 全站仪的望远镜照准误差为 $m_s = \pm 1''$。

③读数照准误差 m_r：由于全站仪用电子装置自动实时显示角度，读数系统采用液晶显示，当照准目标口可自动重复显示，但多次显示的数值差一般不超过 0.1″，故徕卡 TS30 全站仪的读数误差可取 $m_r = \pm 0.1''$。

④仪器误差 m_i：不能用观测方法消除的仪器误差主要是垂直轴误差，而徕卡 TS30 全站仪属于高精度仪器，结构合理，仪器置平的精度高，由仪器结构产生的测角误差据估算不超过 1.0″，故取 $m_i = \pm 1.0''$。

⑤目标偏心误差 m_t：全线统一使用反射面大、精度高的徕卡 GRP121 精密原装进口棱镜，其性质与仪器对中误差相同，一般情况下可以忽略不计。

⑥外界影响 m_v：外界条件主要是受施工震动、温度变化对视准轴的影响，由于在每测站测量过程会对仪器进行温度、气压改正，且在周围环境较稳定的情况下进行观测，所以外界影响对角度测量的影响范围可以忽略不计。

根据误差传播理论知，半测回方向中误差：

$$m_1 = \pm\sqrt{m_c^2 + m_s^2 + m_r^2 + m_i^2 + m_t^2 + m_v^2} = \pm 1.42'' \tag{2-38}$$

2）支导线末端点的点位中误差

一测回单项观测支导线末端点相对于起算点的点位中误差计算关系为

$$m^2{}_{末} = m^2{}_{角} + m^2{}_{距} = \sum R_i^2 \frac{m_\beta^2}{\rho^2} + a^2 \sum_1^n L_i + L^2 b^2 \tag{2-39}$$

式中，$m_{末}$——支导线末端点相对起算点点位中误差；

$m_{角}$——测角中误差；

$m_{距}$——每边测距中误差；

m_β——导线边长的测角中误差；

R_i——导线各点到导线末端点的连线长度；

L_i——导线的各边长；

a——固定误差系数；

b——比例误差系数；

n——支导线的边数；

L——导线起算点与末端点的连线的长度；

ρ——常数，其值为 206265″。

使用的徕卡 TS30 全站仪的测角精度为 0.5″，测距精度为±（0.6 mm + 1 ppm×D），共计 2 测站，导线平均边长为 200 m，代入公式（2-39），其最弱点中误差不会大于 1 mm。

2. 第二期

（1）网点布设

在第一期进洞导线设计方案及实测经验的基础上，结合沉管隧道施工特点及现场条件，在左行车道内布设交叉双导线，并在导线的末端通过安全通道向中管廊内建立一条支导线定向边，每节沉管安装通过中管廊的支导线定向边向前延伸进行贯通测量。

洞外控制网采用海中测量平台全站仪观测墩和沉管隧道首级加密控制网点作为进洞导线测量的起算点；在左行车道内 360 m 左右布设一对导线点，一对导线点间距 13 m 左右，采用全圆观测法观测；当导线测设至端封门未拆除部分管节时，通过导线末端相邻两测站点向中管廊内引测一条支导线定向边，并与导线末端相邻点形成四边形闭合环，最后利用定向边在中管廊内布设直伸形式的支导线进行新沉管节定位点的测设，用于指导新安管节定位。交叉双导线网网形如图 2-88 所示。

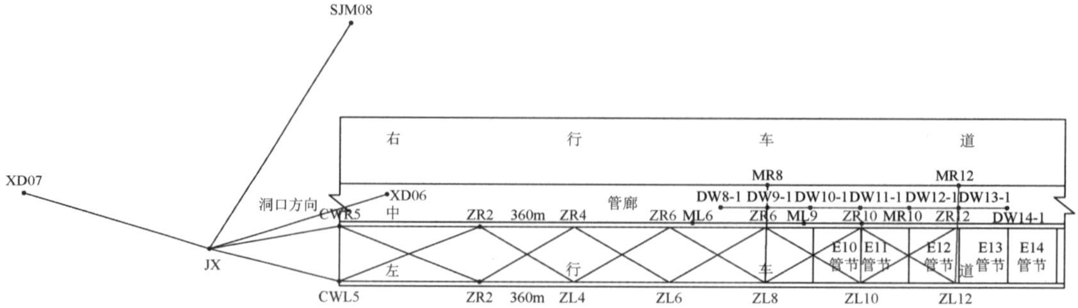

图 2-88　交叉双导线网网形设计

洞外转点采用带混凝土底座平台的强制对中观测墩，见图 2-89。

图 2-89　洞外转点埋设效果图

行车道交叉双导线点采用强制对中观测三脚架，布设在施工干扰小、安全稳固、便于观测和保存的管节倒角上，点间视线都距洞内设施 0.3 m 以上，见图 2-90。

图 2-90　强制对中观测三脚架

中管廊新管节沉放定位点（隧道前端支导线点）采用强制对中观测钢标，见图 2-91。

图 2-91　中管廊强制对中观测钢标

（2）外业观测

沉管隧道进洞口测量采用徕卡 TS30 全站仪人工读记的方法进行。水平角观测按照全圆观测法进行。进洞口转点测量见图 2-92。

图 2-92　沉管隧道进洞口转点测量

洞内导线网在左行车道采用交叉导线的形式进行布设，测量时每站至少观测 3 个方向点，一般观测 4 个方向点。当测设到端封门未切割的管节时，需在中管廊增加定向边点。以安装 E11 管节为例，如图 2-93 所示。

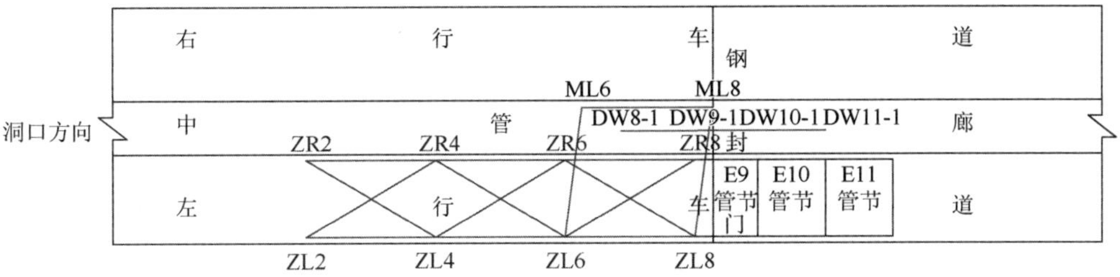

图 2-93　E11 沉管进洞交叉导线测量网形

具体操作步骤如下。

①在 ZR4 设站，分别在 ZL2、ZR2、ZR6、ZL6 点置镜，按照顺时针方向依次照准各目标点进行 6 个测回的角度与边长观测，完成后迁站至对面测站 ZL4，观测方法同上；

②按照上述 ZR4 与 ZL4 测站观测方法迁站至 ZL6 测站时，需在中管廊的定向边点 MR6 置镜，按照顺时针方向依次照准 ZL4、ZR4、MR6、ZR8、ZL8 进行 6 个测回的角度与边长观测；

③最后迁站至 ZL8 测站时，同样需在中管廊的定向边点 MR8 置镜，按照顺时针方向依次照准 ZL6、ZR6、MR8 进行 6 个测回的角度与边长观测；

④当左行车道交叉双导线的所有测站观测完成后，仪器架设至中管廊的 MR8 点，后视 MR6 点，检核 ZL8 点，依次对 E11 管节的贯通测量控制点进行如上方法的观测。

（3）精度评估

1）洞外测量误差估算

沉管隧道贯通测量以沉管隧道首级加密控制网为洞外控制网，采用公路二等 GPS 平面控制网的等级技术要求进行布设，洞外 GPS 测量误差主要包括 GPS 点的点位中误差和定向边的方位角中误差对进洞导线在 E14 管节尾端的横向贯通误差影响为

$$m_{外} = \sqrt{m_o^2 + L^2 \frac{m^2_{\alpha o}}{\rho^2}} \tag{2-40}$$

式中，$m_{外}$——洞外导线测量引起的贯通中误差；

m_o——GPS 点位中误差引起的横向贯通中误差；

L——GPS 近洞点至贯通点的距离；

$m_{\alpha o}$——GPS 基线边方位角中误差；

ρ——常数，其值为 206265″。

洞外 GPS 点对 E14 管节横向贯通误差影响计算见表 2-41。

表 2-41　洞外 GPS 点对 E14 管节横向贯通误差影响计算表

项目	结果
m_o	1.1 mm
L	2 700 m

续表

项目	结果
ρ	206 265″
$m_{\alpha o}$	1.0″
$m_{外}$	13.1 mm

2）洞内导线横向误差估算

根据隧道施工特点，洞内导线的横向误差可按等边直伸导线形式进行估算。在直伸形导线中，测距误差只对导线的纵向误差产生影响，而横向误差主要由测角误差引起。根据误差传播理论知，各折角的测角误差对 E14 管节横向影响中误差为

$$m_{内}=\frac{Lm_\beta}{\rho}\sqrt{\frac{n+1.5}{3}} \tag{2-41}$$

式中，$m_{内}$——洞内导线引起的横向贯通中误差；

L——洞口导线点至贯通面长度；

m_β——导线测角中误差；

ρ——常数，其值为 206265″；

n——导线边数。

洞内导线对 E14 管节横向贯通误差影响计算见表 2-42。

表 2-42　洞内导线对 E14 管节横向贯通误差影响计算表

项目	结果
L	2 700 m
m_β	0.5″
ρ	206 265″
n	18
$m_{内}$	16.6 mm

3）洞外、洞内控制测量误差所引起的总横向贯通中误差

洞外与洞内控制测量对 E14 管节引起的总的横向中误差，按误差传播定律则有

$$m_{总E14}=\sqrt{m_{外}^2+m_{内}^2}=\pm 21.1\,\text{mm} \tag{2-42}$$

根据上述分析，采用在左行车道布设交叉双导线满足沉管安装至 E14 管节设计要求的±50 mm 要求。

3. 第三期

（1）网点布设

洞外控制网采用海中测量平台全站仪观测墩和沉管隧道首级加密控制网点作为进洞导线测量的起算点。

进洞测站点采用强制对中观测平台，把进洞测站点纳入首级加密控制网，以减小洞外导线对贯通面横向贯通误差的影响，提高贯通测量的精度。进洞测站点见图 2-94。

图 2-94　洞外进洞点观测平台图

洞外定向点采用专门加工制作的强制对中三脚架，见图 2-95，钻孔布设在人工岛模袋混凝土防台围堰顶，提高进洞方向定向精度。

图 2-95　洞外定向点强制对中三脚架图

隧道洞口安装防淹门，为降低其对进洞导线测量的影响，在防淹门两侧面板上各设计 400 mm×400 mm 测量孔。防淹门测量孔设计见图 2-96。

图 2-96 防淹门测量孔图

洞内导线网采用交叉双导线形式在左行车道内布设，结合沉管隧道内实地情况，采用 720 m 左右布设一对导线点，一对导线点间距 14 m 左右，点间视线都距洞壁 1.5 m 以上。行车道交叉双导线点采用强制对中观测三脚架。洞内左右行车道交叉双导线点强制对中观测三脚架见图 2-97。

图 2-97 行车道交叉双导线点强制对中观测三脚架

等边直伸导线在中管廊里面进行，导线点间长度在 360 m 左右。控制网网形如图 2-98 所示。

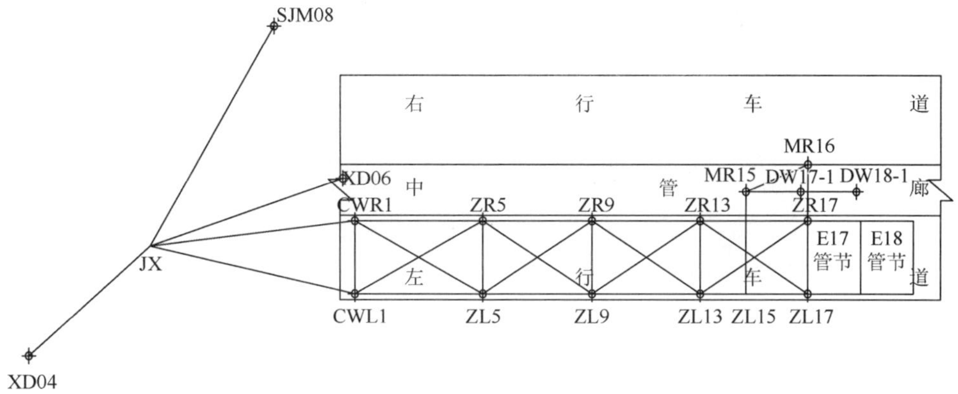

图 2-98　沉管隧道内贯通面西侧控制网网形设计

（2）外业观测

采用徕卡 TS30 全站仪配合机载多测回测角程序（自由设站原理）进行导线的自动测量与记录。联测洞外控制点时，至少需要后视两个方向，并对已知边进行距离复核。洞外控制点测量见图 2-99。

图 2-99　洞外控制点测量

洞内测量时每站至少观测 3 个方向点，一般观测 4 个方向点。当测设至端封门未切割的管节时，利用交叉双导线末端相邻两测站点，采用全站仪坐标测量方法向中管廊内引测一条支导线定向边，然后利用定向边在中管廊内布设直伸形式的支导线进行新沉管节定位点 DWn-1 的测设。洞内导线外业测量见图 2-100。

图 2-100　洞内导线外业测量

（3）精度评估

控制测量前，应估算测量设计的验前横向贯通中误差。主要包括洞外 GPS 测量误差、洞内导线测量误差。洞内导线测量主要包括左行车道交叉双导线与中管廊支导线。

1）洞外 GPS 测量误差对隧道横向贯通误差影响

沉管隧道贯通测量以沉管隧道首级加密控制网为洞外控制网，采用公路二等 GPS 平面控制网的等级技术要求进行布设，洞外 GPS 测量误差主要包括 GPS 点的点位中误差（最弱点点位中误差±5 mm）和定向边的方位角中误差对进洞导线在 E18 管节尾端的横向贯通误差影响为

$$m_{外} = \sqrt{m_x^2 + L^2 \frac{m_{\alpha o}^2}{\rho^2}} \tag{2-43}$$

式中，$m_{外}$——洞外导线测量引起的贯通中误差；

m_x——GPS 点位中误差引起的横向贯通中误差；

L——GPS 近洞点至贯通点的距离；

$m_{\alpha o}$——GPS 基线边方位角中误差；

ρ——常数，其值为 206265″。

洞外 GPS 点对 E18 管节横向贯通误差影响计算见表 2-43。

表 2-43　洞外 GPS 点对 E18 管节横向贯通误差影响计算表

项目	结果
m_x	3.5 mm
L	3 500 m
ρ	206 265″
$m_{\alpha o}$	1.4″
$m_{外}$	23.7 mm

2）洞内交叉双导线横向误差估算

导线测角误差对 E15 管节横向影响中误差为

$$m_{y\beta}=\pm\frac{m_\beta}{\rho}\sqrt{\sum R_x^2} \tag{2-44}$$

式中， $m_{y\beta}$——导线测角中误差，以秒计算；

$\sum R_x^2$——测角的各导线点至贯通面垂直距离的平方和；

ρ——常数，其值为 206265″。

采用徕卡 TS30 全站仪观测，标称测角精度±0.5″，测边精度 0.6 mm + 1 ppm×D。导线测量的误差源包括仪器本身的测量误差和对中误差、目标偏心误差、照准误差。仪器本身的测量误差可取标称精度，每站 12 个测回，测角精度为 $m_{仪}=\pm0.5''/\sqrt{6}=\pm0.140''$。

采用强制对中装置的对中误差为±0.3 mm，引起的测角误差为

$$m_{中}=\pm\frac{\rho e}{\sqrt{2}}\cdot\frac{s_{AB}}{s_1s_2}=\pm0.13'' \tag{2-45}$$

同理，目标棱镜使用相同的对中装置，目标偏心误差对水平角的影响为

$$m_{偏}=\pm\sqrt{m_{偏A}^2+m_{偏B}^2}=\pm\rho\frac{1}{\sqrt{2}}\sqrt{\frac{e_1^2}{s_1^2}+\frac{e_2^2}{s_2^2}}=\pm0.09'' \tag{2-46}$$

施测时选用徕卡 TS30 全站仪自动照准模式，配合标准棱镜，ATR 水平方向精度为±1″，12 个测回水平测角精度：

$$m_{照}=\pm\sqrt{\frac{m_{\mathrm{ATR}}^2}{n}\cdot2}=\pm0.408'' \tag{2-47}$$

最终的测角精度：

$$m_\alpha=\pm\sqrt{m_{仪}^2+m_{中}^2+m_{偏}^2+m_{照}^2}=\pm0.46'' \tag{2-48}$$

测角误差对 E15 管节横向贯通误差影响计算见表 2-44。

表 2-44 测角误差对 E15 管节横向贯通误差影响计算表

项目	结果
R_x^2	4 354 m
m_β	0.46″
ρ	206 265″
$m_{y\beta}$	9.71 mm

导线量边误差引起的横向误差为

$$m_{yL}=\pm\frac{m_L}{L}\sqrt{\sum R_y^2} \tag{2-49}$$

式中， $\frac{m_L}{L}$——导线边长的相对中误差；

$\sum R_y^2$——各导线边在贯通面上投影长度平方和。

由于交叉双导线线路量边方向与贯通面垂直，导线测边误差对横向误差的影响较小，可以忽略不计。

交叉双导线测量 E15 管节的总横向中误差为

$$m_{总} = \sqrt{m_{y\beta}^2 + m_{yL}^2} = 9.71\ \text{mm} \tag{2-50}$$

由于是双导线，最终总横向中误差为

$$m_{双} = \frac{m_{总}}{\sqrt{2}} = 6.9\ \text{mm} \tag{2-51}$$

3）支导线横向误差估算

起始方位角对支导线测角影响中误差为

$$m_{\alpha} = \sqrt{m_{\alpha o}^2 + m_{\beta}^2 n} = 1.7'' \tag{2-52}$$

由于是双导线，最终总测角中误差：

$$m_{双} = \frac{m_{总}}{\sqrt{2}} = 1.2'' \tag{2-53}$$

支导线起始方位角对 E18 管节横向影响中误差为

$$m_{支} = \sqrt{L^2 \frac{m_{\alpha}^2}{\rho^2}} \tag{2-54}$$

方位角误差对 E18 管节横向贯通误差影响计算见表 2-45。

表 2-45　方位角误差对 E18 管节横向贯通误差影响计算表

项目	结果
L	558 m
m_{α}	1.2″
ρ	206 265″
$m_{\alpha o}$	3.2 mm

支导线测角误差对 E18 管节横向影响中误差为

$$m_{y\beta} = \pm \frac{m_{\beta}}{\rho} \sqrt{\sum R_x^2} \tag{2-55}$$

式中，　$m_{y\beta}$——导线测角的中误差，以秒计算；

$\sum R_x^2$——测角的各导线点至贯通面垂直距离的平方和；

ρ——常数，其值为 206265″。

测角误差对 E18 管节横向贯通误差影响计算见表 2-46。

表 2-46 测角误差对 E18 管节横向贯通误差影响计算表

项目	结果
R_x^2	797 m
m_β	0.46″
ρ	206 265″
$m_{y\beta}$	1.8 mm

导线量边误差引起的横向误差为

$$m_{yL}=\pm\frac{m_L}{L}\sqrt{\sum R_y^2} \tag{2-56}$$

式中，$\frac{m_L}{L}$——导线边长的相对中误差；

$\sum R_y^2$——各导线边在贯通面上投影长度平方和。

测边误差对 E18 管节横向贯通误差影响计算见表 2-47。

表 2-47 测边误差对 E18 管节横向贯通误差影响计算表

项目	结果
R_y^2	18 m
m_L/L	1/250000
m_{yL}	0.07 mm

支导线测量 E18 管节的总横向中误差为

$$m_{总}=\sqrt{m_{\alpha o}^2+m_{y\beta}^2+m_{yL}^2}=3.7\text{mm} \tag{2-57}$$

4）洞外、洞内控制测量误差所引起的总横向贯通中误差

洞外与洞内控制测量对 E18 管节引起的总的横向中误差，按误差传播定律则有

$$m_{总E18}=\sqrt{m_{GPS}^2+m_{双}^2+m_{支}^2}=\pm24.9\text{mm} \tag{2-58}$$

根据上述分析，采用上述控制测量方法满足沉管安装至 E18 管节设计要求的±50 mm 要求。

4. 第四期

（1）网点布设

充分结合隧道自身结构，从改善导线网网形、增强图形结构、增加多余观测方面着手，采用布设三条定向边，洞内导线网导线边长度设计 720 m，分别在两个车道布设全导线网，

并通过中间通道将两车道导线网建立联系，形成双线形联合锁网。控制网网形如图 2-101 所示。

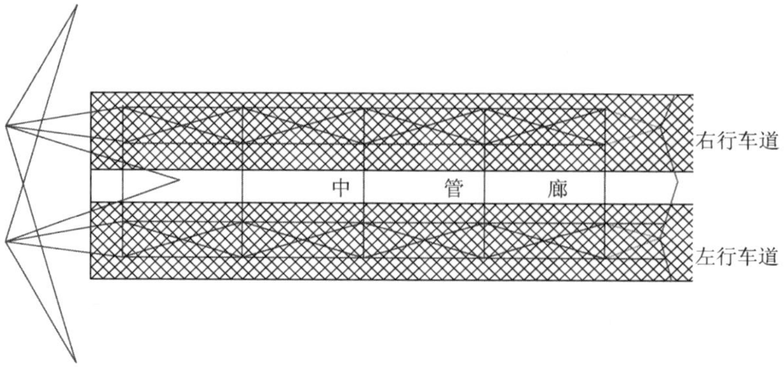

图 2-101　沉管隧道洞内控制网优化网形

人工岛控制点采用不锈钢强制对中观测三脚架，在人工岛挡浪墙上布设，见图 2-102。

图 2-102　人工岛控制点 GPS 测量

进洞测站点采用强制对中观测三脚架，见图 2-103。

图 2-103　人工岛进洞测站控制点 GPS 测量

行车道交叉双导线点全部采用混凝土基础强制对中观测墩，见图 2-104。

图 2-104 左右行车道导线点观测墩

中管廊新管节沉放定位点采用强制对中观测钢标，其顶部均连接强制对中装置，钻孔布设在混凝土地面，见图 2-105。

图 2-105 中管廊强制对中观测钢标

（2）外业观测

采用徕卡 TS30 全站仪配合机载多测回测角程序（自由设站原理）进行导线的自动测量并记录。所有观测点均采用强制对中装置，水平角观测采用全圆方向观测法，每测站至少观测 3 个方向，一般观测 4 个方向，同一行车道一对导线点间的短边只测距而不作方向观测，左右行车道导线网联测通过外侧墙（间距 33 m）导线点进行角度与边长的观测。观测流程如下。

①进洞联系测量，见图 2-106。

图 2-106　进洞测站点观测

②左、右行车道导线及联系测量，见图 2-107。

图 2-107　行车道内导线测量

③左行车道、右行车道与中管廊衔接测量，见图 2-108。

图 2-108　行车道与中管廊衔接测量

④中管廊支导线测量，见图 2-109。

图 2-109 中管廊支导线测量

（3）精度评估

沉管隧道一般只有一个贯通面，不考虑竖井或平洞联系测量误差的影响；沉管隧道是由预制构件对接而成，不考虑洞内施工放样误差的影响，故横向贯通误差是由地面控制测量误差、洞内导线测量误差引起。

对双线形联合锁网进行估算，洞内平面测量为二等全导线网，测角中误差要求不大于 1.0″。本项估算时，测角中误差取 1.0″，测边误差取所用仪器徕卡 TS30 全站仪的标称测距精度 0.6 mm + 1 ppm×D。

1）近似估算

西人工岛端导线网近似为两个边长 720 m 支导线的平均值，6 km 左右引起的横向贯通误差为

$$
\begin{aligned}
m_{西内} &= \sqrt{m_{y\beta下}^2 + m_{yl下}^2}\Big/\sqrt{2} \\
&= \sqrt{\left(\frac{m_{\beta下}}{\rho}\right)^2 \sum R_{x下}^2 + \left(\frac{m_{l下}}{l}\right)^2 \sum d_{y下}^2}\Bigg/\sqrt{2} \qquad (2\text{-}59)\\
&= 35.81\,\text{mm}
\end{aligned}
$$

2）模拟估算

利用科傻地面控制系统数据处理软件，按照设计的网形和测角、量边精度，进行模拟计算，得到西人工岛端导线网引起的横向贯通误差为 30.17 mm。

从两种估算方法得到的结果可以看出，由于模拟估算是完全按照设计网形，估算结果更接近真实情况，比近似估算结果略小。

3）误差分配

港珠澳大桥沉管隧道横向贯通限差为50 mm，限差按2倍中误差计算，横向中误差为25 mm，以此作为港珠澳大桥沉管隧道贯通测量精度设计的依据。

隧道横向贯通误差由隧道外控制测量、隧道内控制测量、斜井或竖井联系测量、隧道内施工测量等引起。港珠澳大桥沉管隧道只有一个贯通面，从东人工岛、西人工岛两端相向施工，没有斜井或竖井联系测量误差的影响，隧道内施工测量误差可以忽略不计，所以横向贯通误差由隧道外控制测量和隧道内控制测量引起。

设隧道外控制测量引起的横向贯通误差为 m_s，西人工岛、东人工岛两端隧道内控制测量引起的横向贯通误差分别为 m_W、m_E，则有 $m_s^2+m_W^2+m_E^2=m^2$，式中 m 是港珠澳大桥沉管隧道横向贯通中误差。若按照等影响原则，即 $m_s^2=m_W^2=m_E^2$，则隧道外控制网和西人工岛、东人工岛两端隧道内控制网引起的横向贯通误差分别为14.43 mm。考虑隧道外控制采用GPS网，隧道内为狭长导线网，测量误差影响值可以分配大一些，按隧道外与隧道内1∶3的比例分配，可确定出地面GPS网和隧道内导线网测量引起的横向贯通误差分别为12.49 mm、15.30 mm和15.30 mm。港珠澳大桥沉管隧道平面示意图如图2-110所示。

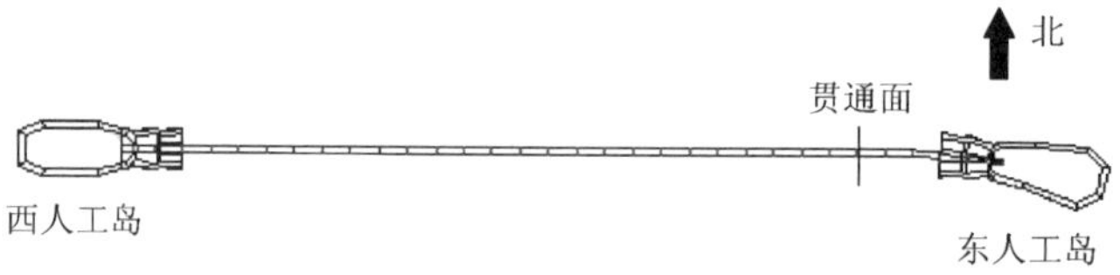

图2-110　港珠澳大桥沉管隧道平面示意图

港珠澳大桥沉管隧道共有33个管节组成，从西往东分别是E1～E33，由于贯通面位于从西端起E29和E30管节之间，如图2-111所示，东人工岛、西人工岛到贯通面的距离并不相等，西人工岛端大于5 km，东人工岛端小于1 km，根据西人工岛端和东人工岛端隧道内导线网的长度，把西人工岛端和东人工岛端的测量误差比例关系定为10∶1，则西人工岛、东人工岛两端隧道内控制测量引起的横向贯通误差 m_W、m_E 分别为20.63 mm和6.52 mm。

由此可确定地面控制测量和隧道内西人工岛、东人工岛端导线测量引起的横向贯通误差分别是12.49 mm、20.63 mm和6.52 mm。

针对本测量方案，通过科傻地面控制系统数据处理软件进行控制网整网的模拟计算（表2-48），分析本网形图2-111所能达到的精度。

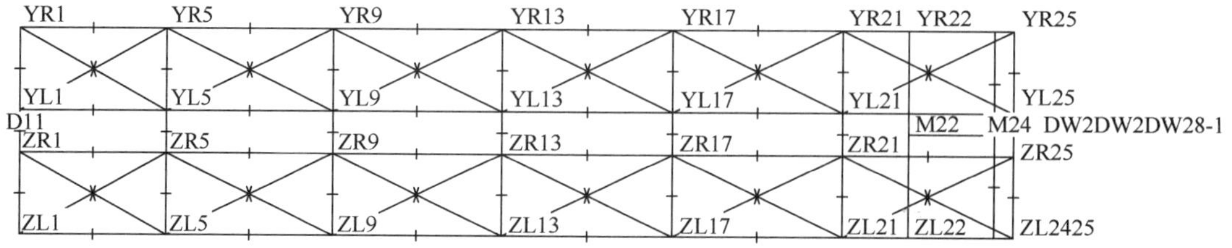

图2-111　洞内网形图

表 2-48 模拟控制网点位 x 坐标精度

点号	起算点引起的中误差/cm	导线测量误差/cm	综合误差/cm
ZR1	0.50	0.23	0.55
ZL1	0.50	0.22	0.55
YL1	0.50	0.23	0.55
YR1	0.50	0.22	0.55
ZR5	0.58	0.46	0.74
ZL5	0.58	0.45	0.73
YL5	0.58	0.46	0.74
YR5	0.58	0.45	0.73
ZR9	0.82	0.77	1.12
ZL9	0.82	0.77	1.12
YL9	0.82	0.77	1.12
YR9	0.82	0.77	1.12
ZR13	1.12	1.13	1.59
ZL13	1.12	1.12	1.58
YL13	1.12	1.13	1.59
YR13	1.12	1.12	1.58
ZR17	1.44	1.51	2.09
ZL17	1.44	1.51	2.09
YL17	1.44	1.51	2.09
YR17	1.44	1.51	2.09
ZR21	1.77	1.92	2.61
ZL21	1.77	1.92	2.61
YL21	1.77	1.92	2.61
YR21	1.77	1.92	2.61
ZR25	2.11	2.36	3.17
ZL25	2.11	2.36	3.17
YL25	2.11	2.36	3.17
YR25	2.11	2.36	3.17
ZL22	1.90	2.09	2.82
YR22	1.90	2.09	2.82
ZL24	2.07	2.31	3.10
YR24	2.07	2.31	3.10
M22	1.90	2.09	2.82
M24	2.07	2.31	3.10
DW26-1	2.17	2.46	3.28
DW27-1	2.26	2.58	3.43
DW28-1	2.34	2.73	3.60

注：起算点按照 x 坐标精度 5 mm，进洞边方位角精度 1″计算；导线网按照测角精度 1″，测距精度 1 mm±1 ppm×D 计算。

根据上述分析，表明采用上述控制测量方法能够满足沉管安装至E28管节的测量要求。

2.3.5.5　数据处理

导线网外业观测和数据质量合格后，利用科傻地面控制系统数据处理软件及时进行导线网的内业数据处理，具体操作如下。

①将导线网的原始观测数据从全站仪CF卡中传输至计算机，并进行备份；

②利用多测回测角软件对每个测站的2c互差、半测回归零差、垂直角指标差互差和测距较差等精度指标进行检查，对超限的测站及时进行补测；对测量的导线边长进行高程改化，将距离改化到隧道工程独立坐标系的投影面上；

③整理成IN2平差文件格式；

④以隧道洞口稳定的GPS平面控制点为约束点，在隧道工程独立坐标系下按严密平差法进行整网的约束平差，平差后的各项精度指标应满足技术要求；

⑤平差时，先通过试算剔除质量差的观测量后再进行平差，尽量使封门前的4个点精度最好。

2.3.5.6　贯通测量

（1）外业实施

沉管隧道贯通点采用不锈钢蘑菇头标志粘贴在地面，其顶面刻十字丝标志。贯通点高程利用徕卡DNA03电子水准仪测量。沉管安装高程贯通测量见图2-112。

图2-112　沉管安装高程贯通测量

平面位置采用徕卡TS30全站仪ATR自动照准功能，对贯通测量点进行正倒镜4个测回的坐标测量，求取平均值作为最终测量结果。沉管安装平面贯通测量见图2-113；沉管安装贯通点测量见图2-114。

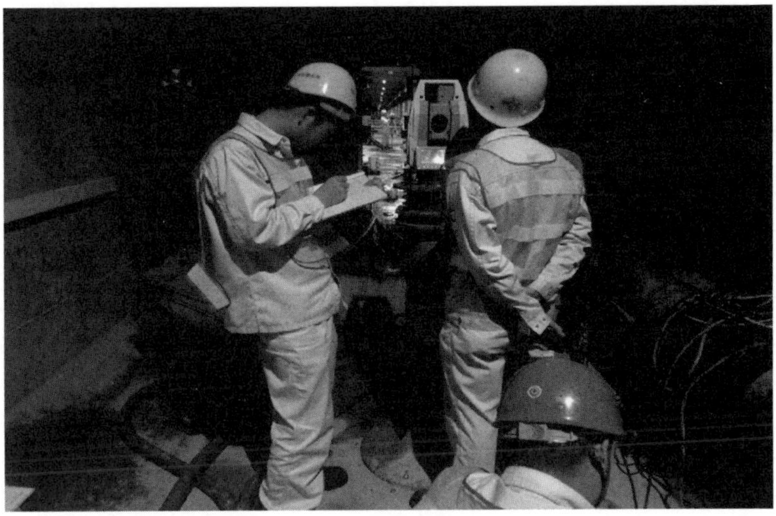

图2-113 沉管安装平面贯通测量

图2-114 沉管安装贯通点测量

（2）内业计算

内业计算采用平行计算复核的方法，确保贯通计算准确无误。采用的计算表格形式见表2-49。

表 2-49 沉管沉放安装对接贯通点偏差记录表

施工单位		监理单位			
工程部位		天气		日期	
仪器型号		气温		气压	

坐标系统	控制点用途	点号	X/m	Y/m	H/m
	设站点				
	后视点				
	检测点				

测点	设计/m			实测/m			偏差/mm		
	X	Y	H	X	Y	H	ΔX	ΔY	ΔH

测量： 计算： 复核：

3 高程控制测量

3.1 技术设计

3.1.1 高程控制网的分类

高程控制网的作用是为工程建设提供工程范围统一的参考框架，为各项测量工作提供位置基准，满足工程建设不同阶段对测绘在质量（精度、可靠性）、进度（速度）和费用等方面的要求。高程控制网也具有控制全局、提供基准和控制测量误差积累的作用。高程控制网与国家控制网既有密切联系，又有很多不同的特点。

3.1.1.1 测图高程控制网

大比例尺测图所需的高程控制网，通常采用水准测量的方法建立。水准测量的等级为一、二、三、四等，各等级的精度指标基本上与国家规范要求一致。用电磁波测距三角高程可代替三、四等水准测量，使用中要注意以下几点。

①视线长度，以斜距不大于 1 km 为宜；

②掌握有力观测时间进行竖直角观测，必须往返观测竖直角，而且往返测的时间间隔应尽量短暂，有条件时应该用两台仪器作对向观测；

③各控制点的高程观测应组成闭合环以增加条件平差；

④竖直角观测、仪器置平及仪器高觇标高量测等作业都应严格按规范进行。

3.1.1.2 施工高程控制网

施工高程控制网通常分为两级布设，即布满整个场地的首级高程控制网与根据各施工阶段放样而布设的加密高程控制网。首级高程控制网通常采用三等水准测量施测。加密高程控制网则用四等水准测量，加密网点一般均为临时水准点，布设在建筑物近旁的不同高度上，如直接在岩石露头上画记号作为临时水准点。这些水准点一开始作为沉陷的观测点使用，当所浇筑的混凝土块的沉陷基本停止以后，即可作为临时水准点使用。

3.1.2 高程控制网的布设原则

高程控制网一般按几何水准测量方法来建立，按以下原则布设高程控制网。

3.1.2.1 从高到低、逐级控制

高程控制网采用从高到低，从整体到局部，逐级控制，逐级加密的方式布设。为了统一水准测量规格，考虑工程建设的特点，工程测量技术规范规定：水准测量依次分为一、二、三、四等 4 个等级。首级高程控制网，一般要求布设成闭合环形，加密时可布设成符合路线和结点网形。各等级水准测量的精度和国家水准测量相应等级的精度要求一致。

3.1.2.2 水准点分布应满足一定的密度

各等级水准路线上，每隔一定距离应埋设稳固的水准标石，以便于长期保存和使用。

3.1.2.3 水准测量达到足够的精度

足够的测量精度才能保证水准测量成果的使用价值。特别是一等水准测量以上的高程控制测量应当使用最先进的仪器、最完善的作业方法和最严格的数据处理，以期达到最可能高的精度。

各等级水准测量的精度，用每公里高差中数的偶然中误差 $M_\varDelta$ 和每公里高差中数的全中误差 M_W 来表示，详见表 3-1。

表 3-1 各等级 $M_\varDelta$ 和 M_W 限值表

水准测量等级	一等/mm	二等/mm	三等/mm	四等/mm
$M_\varDelta$ 的等级	≤±0.45	≤±1.0	≤±3.0	≤±5.0
M_W 的等级	≤±1.0	≤±2.0	≤±6.0	≤±10.0

每完成一条水准路线的测量，需进行往返高差不符值和每公里高差中数的偶然中误差 $M_\varDelta$ 的计算（小于 100 或测段数不足 20 个的路线，可纳入相邻路线一并计算），其公式为

$$M_\varDelta = \pm\sqrt{\left[\frac{\varDelta^2}{R}\right]/(4n)} \tag{3-1}$$

式中，$\varDelta$——测段往返高差不符值（mm）；

R——测段长度（km）；

n——测段数。

每完成一条附和路线或闭合环数的测量，在对观测高差有关改正后，计算出附和或环线闭合差。当构成水准网的水准环数 $N>20$ 时，需计算每公里高差中数的全中误差 M_W，其计算公式为

$$M_W = \pm\sqrt{(W^2/F)/N} \tag{3-2}$$

式中，W——经各项改正后的闭合差（mm）；

F——水准环长度（km）；

N——水准环数。

各等级往返测高差不符值，环线闭合差和检测已测测段高差之差的限差应不超过表 3-2 的规定。

表 3-2 各等级观测限差统计表

水准测量等级	一等	二等	三等	四等
检测已测测段高差之差/mm	$3\sqrt{L}$	$6\sqrt{L}$	$20\sqrt{L}$	$30\sqrt{L}$
附和或环线闭合差，往返测互差/mm	$2\sqrt{R}$	$4\sqrt{R}$	$12\sqrt{R}$	$20\sqrt{R}$

注：表中 L 为已测测段路线长度（km）；计算往返互差时，R 为测段或区段长度（km）。

3.1.3 高程控制网的布设方案

建立高程控制网的主要方法是水准测量。在山区可采用三角高程测量的方法来建立高程控制网，这种方法不受地形起伏的影响，工作速度快，但其精度水准测量低。由于全站仪的出现，在地形复杂地区常采用全站仪高程控制测量或 EDM 高程控制测量来代替二等以下水准测量。

国家水准测量分为一、二、三、四等，逐级布设。一、二等水准测量是用高精度水准仪和精密水准测量方法进行施测，其成果作为全国范围的高程控制之用。三、四等水准测量除用于国家高程控制网的加密外，在小地区用作建立首级高程控制网。在平原地区，可采用 GPS 水准进行四等水准测量，在地形比较复杂的地区，采用 GPS 水准时，需进行高程异常改正。海上高程测量由于控制点和测量点分布受岛屿位置的影响，地面无法实现长距离水准测量，因此，在海上可优先用 GPS 水准测量。

国家高程控制网是用精密水准测量方法建立的，又称国家水准网。国家水准网的布设也是采用从整体到局部，由高级到低级，分级布设逐级控制的原则。一等水准网是沿平缓的交通路线布设成周长约 1500 km 的环形路线。一等水准网是精度最高的高程控制网，它是国家高程控制的骨干，也是地学科研工作的主要依据。二等水准网是布设在一等水准环线内，形成周长为 500～750 km 的环线，它是国家高程控制网的全面基础。三、四等水准网是直接为地形测图或工程建设提供高程控制点。三等水准一般布置成附和在高级点间的附和水准路线，长度不超过 200 km。四等水准均为附和在高级点间的附和水准路线，长度不超过 80 km。

高程控制网是用水准测量方法建立的，按其精度要求，可分为二、三、四、五等水准和图根水准。根据测区的大小，各级水准均可首级控制。首级控制网应布设成环形路线，加密时宜布设成附和路线或结点网。

在丘陵或山区，高程控制量测边可采用三角高程测量。光电测距三角高程测量现已用于（代替）三、四等水准测量。

水准测量主要技术要求见表 3-3。

表 3-3　水准测量的主要技术要求

等级	每千米全中误差/mm	路线长度/km	水准仪型号	水准尺	观测次数		往返较差、附和或环线闭合差/mm	
					与已知点联测	附和或环线	平地	山地
二等	2	—	DS_1	因瓦基线尺	往返各一次	往返各一次	$4\sqrt{L}$	—
三等	6	≤50	DS_1	因瓦基线尺	往返各一次	往一次	$12\sqrt{L}$	$4\sqrt{n}$
			DS_3	双面尺		往返各一次		
四等	10	≤16	DS_3	双面尺	往返各一次	往一次	$20\sqrt{L}$	$6\sqrt{n}$
五等	15	—	DS_3	单面尺	往返各一次	往一次	$30\sqrt{L}$	—

注：①表中 L 为已测测段路线长度（km），R 为附合或环线路线长度（km），计算往返互差时，R 为测段或区段长度（km）；n 为测站数；

②控制网布设成结点网时，结点与结点或起算点间的路线长度，不应大于表中规定值的 0.7 倍；

③作业困难地区的内河航道测量，以四等水准作为测区首级控制时，应进行往返观测，附和路线长度不应大于 50 km。

3.2　测量方法

3.2.1　水准测量

水准测量是测定地面点高程的主要方法之一。水准测量是使用水准仪和水准尺，根据水平视线测定两点之间的高差，从而由已知点的高程推求未知点的高程。

如图 3-1 所示，欲测出 A、B 两点间的高差 h_{AB}，可在 A、B 两点上各竖立一根有刻划的水准尺，再在 A、B 两点间安置一台能提供水平视线的水准仪，通过一定的操作程序，使水准仪能提供一条水平视线，根据水平视线在 A、B 两点的水准尺上分别读得读数 a 和 b，则 A、B 之间的高差为

$$h_{AB} = a - b \tag{3-3}$$

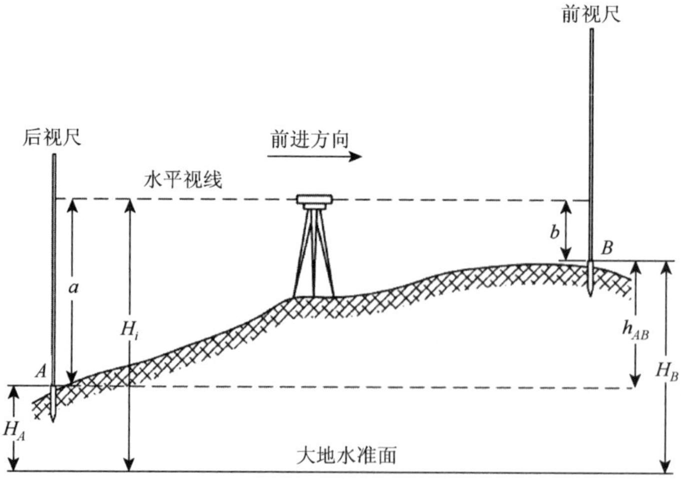

图 3-1　水准测量原理

水准测量的方向是从已知点 A 到待定点 B，则 A 点称为后视点，读数 a 为后视读数；B 为前视点，读数 b 为前视读数，于是高差 h_{AB} 等于后视读数减去前视读数。

高差 h_{AB} 本身可正可负。由式（3-3）可知，当 $a>b$ 时高差为正，说明 B 点高于 A 点；反之，当 $a<b$ 时，高差为负值，说明 B 点低于 A 点。

若已知 A 点的高程 H_A，测得 A、B 两点间的高差 h_{AB}，则 B 点的高程为

$$H_B = H_A + h_{AB} = H_A + (a-b) \tag{3-4}$$

按式（3-4）利用高差计算高程的方法，称为高差法。

从图 3-1 中可以看出，A 点高程 H_A 加上后视读数 a 可得仪器高程（或称视线高），用 H_i 表示。将 H_i 减去前视读数 b，也可求得 B 点的高程。即

$$H_\mathrm{i} = H_A + a$$

$$H_B = H_\mathrm{i} - b \tag{3-5}$$

按式（3-5）利用视线高计算 B 点高程的方法，称为视线高法。利用视线高法可以较方便地在同一测站上测出若干个前视点的高程，常用于施工测量中。

水准测量是当 A、B 两点相距不远且高差不大的情况下，只需要架设一次仪器就可以得到两点间的高差。如果两点间的距离较远或高差较大，仅架设一次仪器不能得到两点间的高差，这时需要在两点间加设若干个临时的立尺点，作为传递高程的过渡点，称为转点。如图 3-2 所示，欲求 A 点到 B 点的高差 h_{AB}，选择一条施测路线，用水准仪依次测出 AC 的高差 h_{AC}，CD 的高差 h_{CD},……直到最后测出 MB 的高差 h_{MB}。每安置一次仪器称为一个测站，而 $C, D, \cdots, M$ 等点即为转点。高差 h_{AB} 由式（3-6）算得。

$$h_{AB} = h_{AC} + h_{CD} + \cdots + h_{MB} \tag{3-6}$$

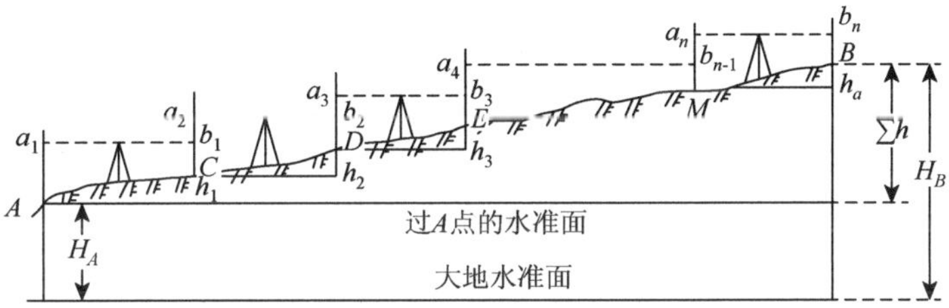

图 3-2　转点与测站

式（3-6）中各测站的高差均为后视读数减去前视读数之值，即

$$h_{AC} = a_1 - b_1$$

$$h_{CD} = a_2 - b_2$$

$$\cdots\cdots$$

$$h_{MB} = a_n - b_n$$

式中，等号右端用下标 1, 2, 3, …, n 表示第一站，第二站,……, 第 n 站的后视读数和前视读数。因此，有

$$h_{AB} = (a_1-b_1)+(a_2-b_2)+\cdots+(a_n-b_n) = [a-b] = [a]-[b] \tag{3-7}$$

在实际作业中可先算出各测站的高差，然后取它们的代数和得 h_{AB}，再用式（3-7）来计算高差 h_{AB}，检核计算是否有错误。

3.2.1.1　光学水准仪

水准仪是用于水准测量的仪器，目前我国水准仪按仪器所能达到的每千米往返测高程中数的偶然中误差这一精度指标划分，共分 4 个等级，见表 3-4。表中“D”和“S”分别为“大地测量”和“水准仪”汉语拼音的第一个字母，下标“05”“1”“3”及“10”表示仪器的精度等级，即每公里往返测得高差中数的偶然中误差，以 mm 记。若能自动补偿，则用“Z”表示。

表 3-4　水准仪系列的分级及主要用途

水准仪系列型号	DS_{05}	DS_1	DS_3	DS_{10}
每千米往返测高差中数偶然中误差	≤0.5 mm	≤1 mm	≤3 mm	≤10 mm
主要用途	国家一等水准测量及地震监测	国家二等水准测量及其他精密水准测量	国家三、四等水准测量及一般工程水准测量	一般工程水准测量

目前使用较多的是 DS_3 自动安平水准仪，下文介绍此种仪器的原理和使用。

1. 自动安平水准仪的原理

用水准仪进行水准测量的特点是，根据水准管的气泡居中而获得水平视线，因此，在水准尺上每次读数都要用微倾螺旋将水准管气泡调至居中位置，这对于提高水准测量的速度是很不利的。为了解决这一问题，人们研制了一种自动安平水准仪，这种水准仪上没有水准管和微倾螺旋，使用时只需用圆水准器进行粗平，然后借助安平补偿器自动地把视准轴置平，读出视线水平时的读数，这不仅大大缩短了水准测量的时间，而且当地面有微小的震动或脚架的不规则下沉等造成视线不水平时，可以由补偿器迅速调整而得到正确的读数，从而提高了水准测量的精度。

如图 3-3 所示，视准轴已倾斜了一个 α 角，为使经过物镜光心的水平视线能通过十字丝交点，可采用以下两个办法。

其一，在光路中装置一个补偿器，使光线偏转一个 β 角而通过十字丝角点 A。由于 α 和 β 值都很小，若

$$f \times \alpha = s \times \beta \tag{3-8}$$

成立，则能达到“补偿”的目的。

其二，若能使十字丝移至位置 B，也可达到“补偿”的目的。

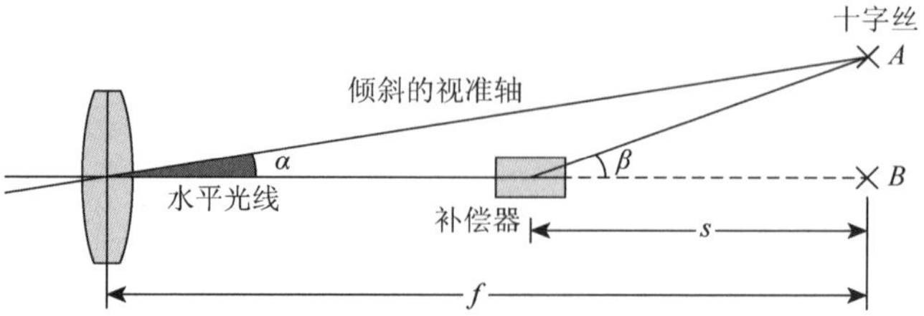

图 3-3　自动安平水准仪原理

2. 自动安平水准仪的特点

使用自动安平水准仪时，只要将水准仪圆水准气泡居中（粗平），即可瞄准水准尺进行读数，一般圆水准仪的分划值为（8′～10′）/2 mm，补偿器作用范围为±10′～±15′，所以只要使圆水准气泡居中并不越出圆水准器中央小黑圆圈范围，补偿器就会产生自动安平的作用，但使用自动安平水准仪仍应认真进行粗平。另外补偿器相当于一个重力摆，其重力摆静止稳定需 2～4 s，故瞄准水准尺约过几秒钟后再读数为好。

某些自动安平水准仪配有一个键或自动安平钮，每次读数前应按一下键，或者按一下自动安平钮才能读数，否则补偿器不会起作用。使用前应仔细阅读仪器使用说明书。

3. 水准尺

水准尺是进行测量时使用的标尺，它是由不易变形的优质木材或玻璃钢制成。常用的水准尺有塔尺和双面尺两种。

塔尺一般长 4～5 m，由四节或五节套接而成，尺上刻有黑（红）、白格相同的刻划，每格宽为 1 cm，其底部为零。米和分米处均有注记，分米上的圆点表示米数。这种水准尺运输方便，但接头处容易损坏，影响尺长的精度，所以塔尺用于等外水准测量和碎部测量。

双面尺多用于三、四等水准测量，其长度有 2 m 和 3 m 两种且两根尺为一对，两面均有刻划，一面是黑白相间称为黑面尺（也称主尺），其刻划称为基本分划；另一面是红白相间称为红面尺，其刻划称为辅助分划。两根尺的黑面刻划都是从 0 开始的；而红面刻划一根从 4687 mm 开始，另一根从 4787 mm 开始。这样做是为了使水准测量过程中在红面上的读数不致与黑面读数近似，以便发现读数错误。如果要使水准尺能更精确地处于竖直位置，可在水准尺侧面装一圆水准器。

4. 尺垫

尺垫又称尺台，如图 3-4 所示，作为转点用的尺垫一般由生铁铸成，中央有一突起的半球状圆顶，以便放置水准尺，下有三个尖角可以插入土中。使用时将尖角踩实地下，然后将尺立于圆球的顶部，以便于防止水准尺下沉和点位移动。

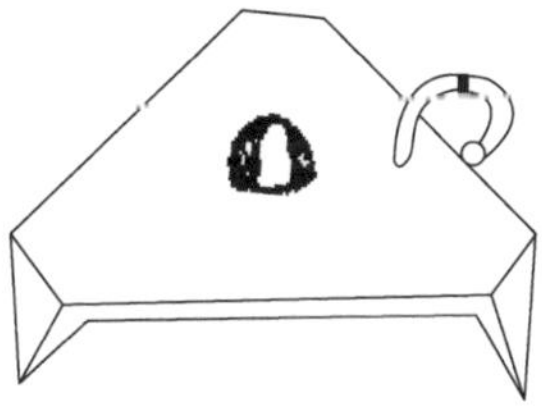

图 3-4　尺垫

5. 水准仪的使用

1）安置仪器

安置水准仪，首先要松开三脚架架腿的蝶形螺旋，根据观测者身高，调节好架腿的长度，再将螺旋拧紧，然后引开三脚架，把水准仪从仪器箱中取出，一手扶仪器，一手将连接螺旋适度拧紧，把水准仪安置于脚架上。检查并旋转各角螺旋，使其置于螺纹的中央部分，用目估法使架头大致水平，以便于粗略整平。最后，将三脚架的三个脚尖踩实，使仪器稳定。

2）整平

整平就是调节脚螺旋使圆水准器的气泡居中，达到视轴粗略水平的目的，其具体做法是：如图 3-5 所示，气泡偏离中心位于 a 处时，可选择一对脚螺旋①、②，用双手同时以相对方向（图中箭头所示）转动角螺旋，使气泡移至两角螺旋连线中间的 b 处，然后再转动角螺旋③，使气泡位于圆分划圈的中央，此时气泡居中。此项工作要反复进行。在整平过程中，气泡移动的方向与左手大拇指转动脚螺旋的方向一致。

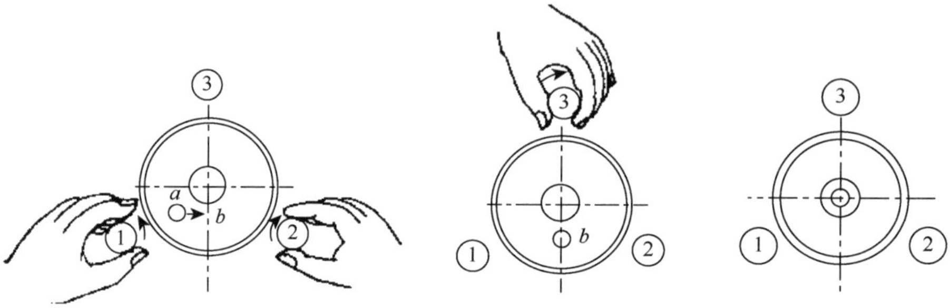

图 3-5　整平

3）瞄准

瞄准就是使望远镜对准水准尺，进行目镜、物镜对光，使尺子成像清晰，以便进行读数，具体步骤如下。

目镜对光：将望远镜对向明亮的背景，例如，对向白色的墙面，转动目镜对光螺旋进行对光，使十字丝的分划线能看得十分清楚。

初步瞄准：松开制动螺旋，转动望远镜，利用镜筒上的准星和照门，瞄准水准尺，并旋紧制动螺旋。

物镜对光和精确瞄准：转动物镜对光螺旋使尺像清晰，再转动微动螺旋使十字丝的竖丝对准水准尺的中间稍微偏一点以便读数。

有时会出现这种情况：当望远镜瞄准目标后，眼睛在目镜处上下左右作少量的移动，发现十字丝和水准尺成像有相互移动的现象，这种现象称为视差。产生视差的原因是水准尺成像没有完全与十字丝分划板重合，如图 3-6 所示。测量时，视差是不允许存在的，因

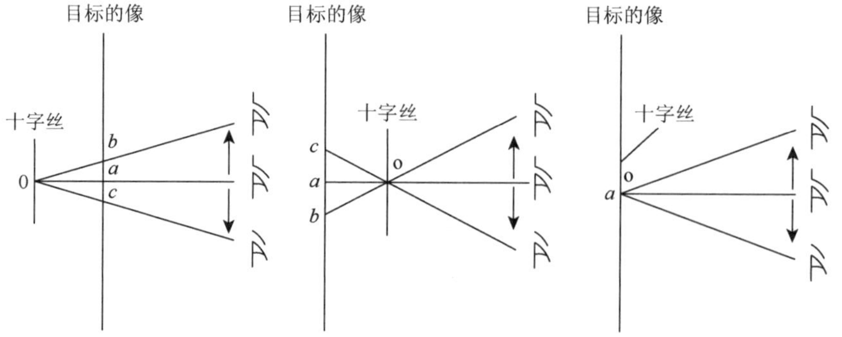

图 3-6　视差

为视差会影响读数的准确性，所以必须加以消除。消除视差的方法是重新仔细地进行物镜对光，直至成像稳定为止。

4）读数

仪器整平后，立即用十字丝在水准尺上读数。读数时，应由小到大进行，依次读出米、分米、厘米、毫米（估读）且以 mm 为单位。

在水准测量实施过程中，要观察气泡变化情况，当气泡不符合要求时应重新整平仪器。只有这样才能准确地读得视准轴水平时的尺上读数。

5）记录

普通水准测量的施测程序如下：将水准尺立于已知高程的水准点上作为后视，水准仪置于施测路线附近合适的位置，在施测路线的前进方向上取仪器至后视大致相等的距离放置尺垫，在尺垫上竖立水准尺作为前视。

如图 3-7 所示，*A* 点是已知点，*B* 点是待求点，如果 *AB* 两点相距很远，或者 *AB* 两点不能通视，那么就需要将 *AB* 分成多段，按水准测量原理，测出各段高差。例如，先测出 *A* 和 TP_1 之间的高差，然后再测出 TP_1 和 TP_2 之间的高差，以此类推，最后将这些高差累加起来就可以得到 *AB* 之间的高差。由 *A* 点的已知高程，即可求得 *B* 点高程。TP_1、TP_2、分段点，起着传递高程的作用，称为转点。转点用 *TP*（turning point）或汉语拼音首字母 *ZD* 表示，在转点上通常放置尺垫，再把水准尺立在尺垫上面。安置仪器的位置称为测站。

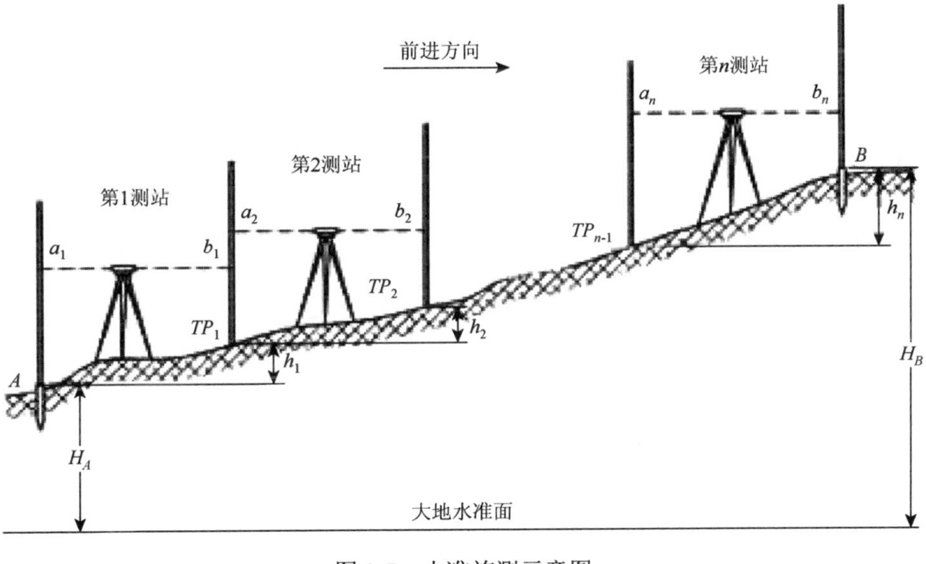

图 3-7 水准施测示意图

第 1 测站结束之后，记录员招呼后标尺员向前转移，并将仪器迁至第 2 测站。此时，第 1 测站的前视点便成为第 2 测站的后视点，依第 1 测站相同的工作程序进行第 2 测站的工作，依次沿水准路线方向施测一直至全部路线观测完为止。

表 3-5 为普通水准测量的手簿记录和有关的高差计算示例。

表 3-5　普通水准测量记录手簿

测站	测点	水准尺读数/mm		高差/m		高程/m	备注
		后视读数（a）	前视读数（b）	+	−		
1	A	1453	—	0.580	—	132.815	
	TP_1	—	0873			—	
2	TP_1	2532	—	0.770	—	—	
	TP_2	—	1762			—	
3	TP_2	1372	—	1.337	—	—	
	TP_3	—	0035			—	—
4	TP_3	0874	—	—	0.929	—	
	TP_4	—	1803			—	
5	TP_4	1020	—	—	0.564	—	
	B	—	1584			134.009	
计算检核	$\sum$	7251	6057	2687	1493	—	
	$\sum a-\sum b=+1.194$			$\sum h=+1.194$		$h_{AB}=H_B-H_A=+1.194$	

表 3-5 记录计算校核中，$[a]-[b]=[h]$可作为计算中的校核，可以检查计算是否正确，但不能检核观测和记录是否有错误。在进行水准测量时，若其中任何一个前视或后视读数有错误，都会影响高差的正确性。对于每一测站而言，为了校核每次水准尺读数是否有差错，可采用变动仪器高法或双面尺法进行测站检核。

①变动仪器高法：即在测得第一次高差后，改变仪器高度（应大于 10 cm）重新安置仪器，再测一次高差，两次所测高差之差不大于 5 mm，则认为符合要求，取其平均值作为该测站的观测高差，否则需要检核原因，如果计算无误，必须重测。

②双面尺法：仪器高度不变，分别以水准尺的黑、红两面各进行读数，测得两次高差进行检核。若同一水准尺黑面读数加常数后与红面读数之差不超过 3 mm，并且红面高差与黑面高差之差小于 5 mm，则取两高差平均值作为该测站的观测高差。否则，应检查原因，重新观测。

3.2.1.2　电子水准仪

1. 概述

电子水准仪具有光学水准仪无可比拟的优点。与光学水准仪相比，它具有速度快、精度高、自动读数、使用方便、能减轻作业的劳动强度、可自动记录存储测量数据、易于实现水准测量内外业一体化等优点。

目前电子水准仪采用的自动电子读数方法有以下三种：相关法，如徕卡公司 DNA03 的电子水准仪；几何法，如蔡司厂的 DiNi10、DiNi20；相位法，如拓普康公司的 DL-101C、DL-102C。

2. 电子水准仪的一般结构

电子水准仪的望远镜光学部分和机械结构与光学水准仪基本相同。图 3-8 为 NA2002 望远镜光学和主要部件的结构略图。图中的部件较自动安平水准仪多了调焦发送器、补偿监视器、分光镜和线阵探测器 4 个部件。

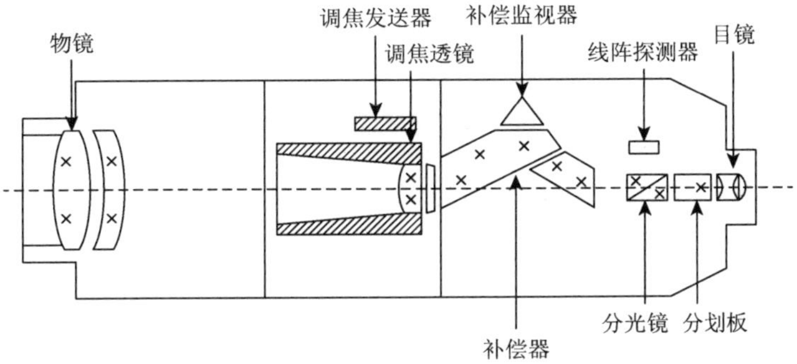

图 3-8 电子水准仪结构略图

3. 条码水准尺

与电子水准仪相配套的条码水准尺，如图 3-9 所示，其条码设计随电子读数的方法不同而不同。目前，采用的条纹编码方式有二进制码条码、几何位置测量条码、相位差法条码。

用于精密水准测量的电子水准仪，其配用的条码标尺有两种：一种是因瓦基线尺；另一种为玻璃钢尺。

4. 电子水准仪的应用

由于电子水准仪的优点显著，目前已经广泛应用于大地测量、工程测量、工业测量等领域。电子水准仪除了用于线路水准测量和面水准测量之外，在施工和变形测量中也有应用。如国外在维修埃格利绍电站时用电子水准仪进行长期的变形观测，两台 NA3000 电子水准仪装上了电机用来进行侧向驱动和调焦，对喷注水泥时墩柱的相对上升量进行了一年多的观测。

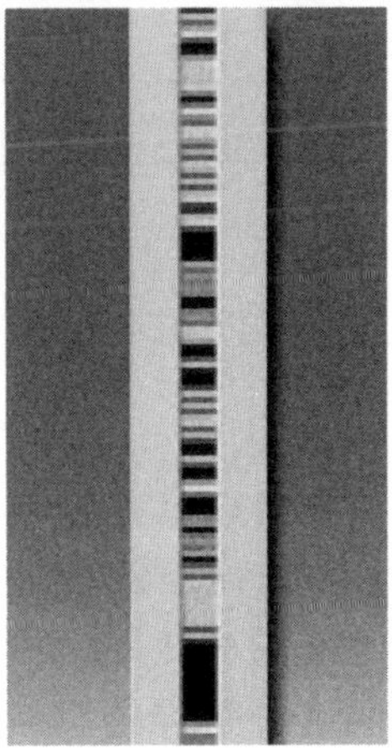

图 3-9 条形编码尺

电子水准仪也逐渐使用在各种高精度的工业测量，如美国的 APS 光源和中国台北的 SRRC 光源都使用了 NA3000 电子水准仪进行高精度高程控制测量。除了像水准测量一样采集垂直方向位移之外，电子水准仪还可以通过光学附件，如五角棱角或回旋系统来采集其他方向上的相对位移。

3.2.1.3 水准测量的实施

各等级水准的观测，应在标尺分划线呈像清晰而稳定时进行。下列情况下，不应进行观测。

①日出后与日落前 30 min 内；

②太阳中天前后各约 2 h 内（可根据地区、季节和气象情况，适当增减，最短间歇时间不少于 2 h）；

③标尺分划线的影像跳动剧烈时；

④风力过大而使标尺和仪器不能稳定时。

各等水准测量的测站视线长度（仪器至标尺距离）、前后视距差、视线高度、水准仪重复测量次数按表 3-6 规定。

表 3-6 各等级观测测站限值表

等级	仪器类型	最大视线长度/m		视线离地面最低高度/m		前后视距差/m		前后视距累计差/m		水准仪重复测量次数
		光学	数字	光学	数字	光学	数字	光学	数字	数字
一	DSZ_{05}，DS_{05}	30	≥4 且≤30	0.5	≤2.80 且≥0.65	0.5	1.0	1.5	3	3 次
二	DSZ_1，DS_1	50	≥3 且≤50	0.3	≤2.80 且≥0.55	1.0	1.5	3.0	6	2 次
三	DS_3	75	—	0.3	—	3	—	6	—	—
四	DS_3	100	—	0.2	—	5	—	10	—	—

测站观测限值不应超过表 3-7 的规定。

表 3-7 各等级测站观测限值表

等级	仪器类型	红黑面读数互差/mm	红黑面高差之差/mm	间歇前后或变动仪器高前后高差之差/mm
一	DSZ_{05}，DS_{05}	0.3	0.4	0.7
二	DSZ_1，DS_1	0.4	0.6	1.0
三	DS_3	2	3	3
四	DS_3	3	4	5

1. 观测方法

①一、二等水准测量采用单路线往返观测。同一区段的往返测，应使用同一类型的仪器和转点尺撑沿同一道路进行。

②同一测段的往测（或返测）与返测（或往测）应分别在上午与下午进行。在日间气温变化不大的阴天和观测条件较好时，若干里程的往返测可同在上午或下午进行。但这种里程的总站数，一等不应超过该区段总站数的 20%，二等不应超过该区段总站数的 30%。

③一、二等水准测量采用光学水准仪观测的测站观测顺序和方法。

往测时，奇数测站照准标尺分划的顺序为：后视标尺的基本分划—前视标尺的基本分划—前视标尺的辅助分划—后视标尺的辅助分划；偶数测站照准标尺分划的顺序为：前视标尺的基本分划—后视标尺的基本分划—后视标尺的辅助分划—前视标尺的辅助分划。返测时，奇、偶测站照准标尺的顺序分别与往测偶、奇测站相同。

④一、二等水准测量采用数字水准仪观测的测站观测顺序和方法。往、返测奇数站照准标尺顺序为：后视标尺—前视标尺—前视标尺—后视标尺；往、返测偶数站照准标尺顺序为：前视标尺—后视标尺—后视标尺—前视标尺。

⑤对三等水准测量中采用中丝读数法，进行往返观测。当使用 DS_1 级仪器和因瓦基线尺进行观测时，可采用光学测微法进行单程双转点观测。两种方法每站观测顺序为后—前—前—后。

⑥对四等水准测量采用中丝读数法，观测顺序为后—后—前—前。当两端点为高等点或自成闭合环时，可只进行单程测量；由已知点起测的四等水准支线，必须进行返测或单程双转点法观测。

⑦三、四等水准观测，采用单程双转点法观测时，在每一测站上按观测顺序，首先完成右路线的观测，而后进行左路线的观测。

⑧工作间歇时，最好能在水准点上结束观测。否则，应选择两个坚稳可靠，光滑突出，便于放置标尺的固定点，作出标记，作为间歇点。间歇后应进行检测，检测结果符合限差要求即可起测。如无稳定的固定点可选择，则间歇前应对最后两测站的转点尺桩做妥善安置，间歇后进行检测，比较任意两尺桩间歇前后所测高差，若合乎限差要求，即可由此起测。否则须从前一水准点起测。

2. 应注意事项

①所采用的仪器标尺应按表 3-6 所列。不得用较低等级的仪器进行高等级的观测。

②观测前 30 min，应将仪器置于露天阴影下，使仪器与外界气温趋于一致；设站时，应用测伞遮蔽阳光；迁站时，应罩以仪器罩。使用数字水准仪前，还应进行预热，预热不少于 20 次单次测量。

③水准测量的转点尺承应采用尺桩或尺台。一、二等水准观测，应根据路段土质选用尺桩（尺桩质量不轻于 15 kg）或尺台（尺台质量不轻于 5 kg）作转点尺承，所用尺桩数，应不少于 4 个。特殊地段可采用大帽钉作为转点尺承。

④在连续的测站上安置水准仪的三脚架时，应使其中两脚与水准路线的方向平行，而第三脚轮换置于路线方向的左侧与右侧。

⑤除路线转弯处外，每一测站上仪器和前后视标尺的三个位置，应尽可能接近于一条直线。

⑥不应为了增加标尺读数，而把尺桩（台）安置在壕坑中。

⑦同一测站观测时，不得两次调焦。转动仪器的倾斜螺旋和测微鼓时，其最后旋转方向，均应为旋进。

⑧每一测段的往测与返测的测站数均应为偶数，否则应加入标尺的零点差改正。

⑨由往测转向返测时，两根标尺必须互换位置，并应重新整置仪器。

3. 成果的重测和取舍

①凡超出表 3-6、3-7 规定的结果均应进行重测；

②因测站观测限差超限，在本站观测时发现，可立即重测，若迁站后才发现，则应从水准点或间歇点（须经检测符合限差）开始重测；

③测段往返测高差不符值超限，应先就可靠性较小的测段进行整测段重测。若重测的结果与同方向原测结果的不符值未超限，并且其中数和反向原测结果亦未超限，则取中数作为该单程的高差结果；若同向超限则取重测结果。若该单程重测后仍超限，则重测另一单程。如果出现同向不超限，但异向超限的分群现象时，要进行具体分析，采取有效措施（如选择有利观测时间、缩短视距等）再进行观测，以达到符合限差要求；

④每千米水准测量的偶然中误差 M_{Δ} 超出限差时，应分析原因，重测有关测段或路线。

4. 水准测量外业计算

①水准标尺长度误差改正。

若在作业期间一对标尺名义长度变化量小于 0.08 mm，则取测前，测后标尺测定的中数进行改正，如若大于 0.08 mm 时，应分别进行改正；当变化量超过 0.15 mm 时，则应分析原因，决定是否重测或如何进行改正。

每米改正系数 f:

$$f = \rho^{-100} \tag{3-9}$$

式中，ρ——一对标尺名义米长测定中数（mm）。

往返测高差的尺长改正数 δ：

$$\delta = f \cdot h \tag{3-10}$$

式中，h——往测或返测高差值（m）。

②正常水准面不平行改正。

测段高差的正常水准面不平行改正数 ε：

$$\varepsilon = -A \cdot H \cdot \Delta\phi \tag{3-11}$$

式中，A——常系数，以测段始、末点纬度平均值为引数，从专用表中查取；

H——测段始、末近似高程平均值（m）；

$\Delta\phi$——测段末点纬度减去始点纬度的差值（′）。

按式（3-1）计算每公里水准测量偶然中误差，若一条线路测段不足 20 时，不单独计算，可几条路线或一个测区合起来计算。

当构成水准网的环数或附和路线超过 20 时，按式（3-2）计算每公里水准测量全中误差。

3.2.2 静力水准测量

液体的静力水准测量是利用静止液面原理来传递高程的方法。利用连通管原理测量各点处容器内液面高差的变化以测定垂直位移的观测方法，可以测出两点或多点间的高差。适用于建筑物基础、混凝土坝基础、廊道和土石坝表面的垂直位移观测。一般将其中一个观测头安置在基准点，其他各观测头放置在目标点上，通过它们之间的差值就可以得出监测点相对基准点的高差。该方法无须点与点之间的通视，容易克服障碍物之间的阻挡，另外还可以将液面的高程变化转化成电感输出，有利于实现监测自动化。

图 3-10 的连通器中为平衡液体，其中 A 处为一与容器壁光滑接触的薄片，分割着两种密度不同的液体。设两者自由表面的压强也不同，以 A 处薄片为研究对象，可列出如下平衡方程：

$$P_1 + \rho_1 g h_1 = P_2 + \rho_2 g h_2 \tag{3-12}$$

式中，P_1、P_2——作用在液面上的大气压；

ρ_1、ρ_2——液体的密度；

g——重力加速度；

h_1、h_2——液面高度，两者具有相同的起算基准。

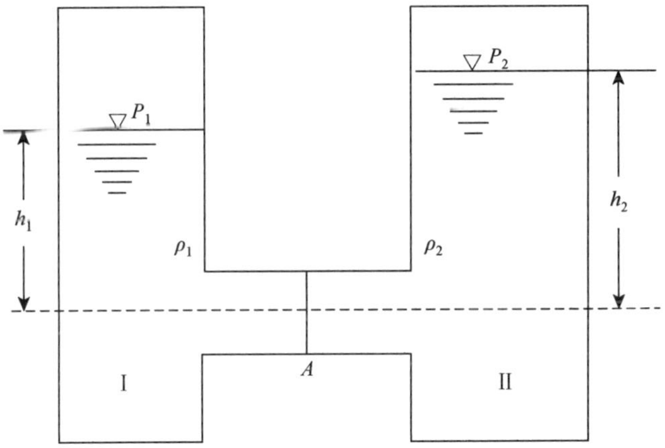

图 3-10　连通器内液体的平衡

将容器安置于 A、B 两点之上，如图 3-11 所示，并在水管连通的容器间再用气管连接。当各容器处于封闭状态时，P 不变；若采用同一种液体，各容器中的 ρ 相等。当各容器液面处于平衡状态时，有

$$\rho g a = \rho g (b + h) \tag{3-13}$$

式中，a、b——两容器中的液面读数；

h——两容器零点间的高差。

显然有

$$h = a - b \tag{3-14}$$

即可通过液面读数实现高差测量。

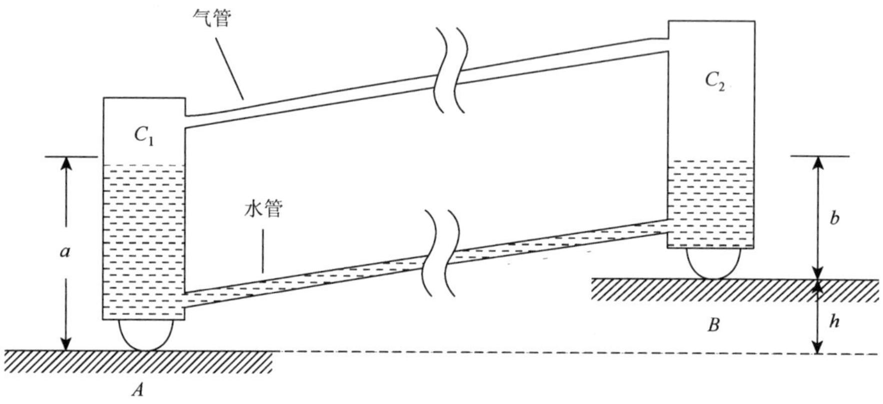

图 3-11　液体静力水准测量原理

因此在液体静力水准测量中，主要是测定液面到标志的高度。目前，测定液面高度的方法主要有两种。

3.2.2.1　目视接触法

可利用转动的测微圆环带动水中的触针上下运动，根据光学折射原理，在观测窗口可以观测到触针尖端的实像和虚像，当两像尖端接触时，在测微圆环上可读出触针接触水面时的高度。

3.2.2.2　电子传感器法

通过电子传感器不仅可以提高静力水准的读数精度，而且可实现测量的自动化。

影响液体静力水准测量的精度的因素主要有：连通管中液体不能残存气泡，否则测量结果将会有粗差；和几何水准测量一样，液体静力水准仪也存在零点差，通过交换两台液体静力水准仪的位置可以消除其影响；测量点的温度差影响；气压差影响；液面到标志高度量测误差；液体蒸发影响；液体弄脏影响；仪器倾斜误差影响及仪器结构变化影响，等等。

3.2.3 三角高程测量

3.2.3.1 三角高程测量的外业工作

1. 三角高程控制网的布设

1）布网原则

三角高程网通常是在平面控制网的基础上布设。因此在做平面控制网的技术设计时，应同时考虑三角高程网的布设方案。综合优化观测方案，以利于观测工作高效、经济、协调地进行。

为控制三角高程测量推算高程的精度，和提供高程的起算数据，须采用四等水准测量的技术要求联测一定数量的水准点。高程起算点宜布设在网的边缘，使网中任一点与最近高程起算点间隔边数不超过表 3-8 的要求。

表 3-8 网中最弱点与最近起算点的间隔边数

边数 \ 平均边长/km 等高距/m	1	2	3	4	5	7	9	平差后平面控制点高程中误差/cm
1	10	4	2	—	—	—	—	±5
2	—	10	7	4	3	—	—	±10
5	—	—	—	—	10	8	5	±25

2）布网原则

从各等水准点开始，用不低于四等水准测量的精度联测高程起算点。起算点间高程传递边的路线长度应小于 16 km，若为支线，支线长度三等不超过 25 km，用四等支线水准采用往返测或单程双转点，单程变动仪器高前后尺各观测二次等观测方法。采用单程双转点或变动仪器高前、后尺观测两次。变动仪器高前后所测高差之差，双转点的两转点高差之差的限差与红、黑面差之差限差相同。

高程起算点较多的地区，可用三个高程起算点单向观测确定。当只有两个起算点时，采用对向观测加测侧方确定；在高程起算点少的地区，可组成三角高程路线确定平面控制点的高程。三角高程路线必须起讫于不低于四等的水准联络点上，路线中各边均应对向观测，边数不应超过表 3-8 的规定。

2. 垂直角的观测

1）垂直度盘的检验与校正

进行垂直角观测之前，必须进行垂直度盘的检验，其检验的方法如下。

架设好仪器，选一 30 m 的目标，盘左中丝照准目标，读数为 L；纵转望远镜，再以盘右中丝照准目标，读数为 R，则垂直角和垂直度盘指标差的计算公式为

$$\alpha = L - R$$

$$i = L + R - 180° \tag{3-15}$$

或

$$\alpha = \frac{1}{2}(R - L - 180°)$$

$$i = \frac{1}{2}(L + R - 360°) \tag{3-16}$$

式（3-15）为 J_{07}、J_1 型经纬仪计算公式；式（3-16）为 J_2 型经纬仪计算公式。

2）垂直角观测

垂直角观测须用垂直度盘读数不低于 1″的仪器，以在中午附近大气折光变化最小的时间观测最为有利。一般地区必须在地方时间 10～16 时目标成像清晰时进行。晴天观测时，应给仪器打伞。垂直角观测有中丝法和三丝法两种。

中丝法是以望远镜十字丝的水平中丝照准目标，测定垂直角。一测回的观测程序如下。

①在盘左位置，用水平中丝照准目标一次，使指标水准气泡精密符合，进行竖盘读数，得盘左读数 L。

②在盘右位置，用上述方法进行照准和读数，得盘右读数 R。盘左、盘右照准目标时，目标成像应分别位于垂直丝左右附近对称位置。中丝法观测与计算格式见表 3-9。

表 3-9　中丝法观测记录、计算

天气：晴　　　　成像：清晰稳定　　　　仪器至标石面高：1.550 m

照准点名	盘左		盘右		指标差	垂直角
	(°) (′) (″)	(″)	(°) (′) (″)	(″)	(″)	(°) (′) (″)
大岭 心柱上沿至标石面高 4.21 m	90 06 27.0 27.0	54.0	89 52 38.6 38.4	77.0	+11.0	+0 13 37.0
	90 06 27.0 27.0	54.0	89 52 38.0 38.0	76.0	+10.0	+0 13 38.0
	90 06 27.0 28.0	55.0	89 52 38.1 38.4	76.5	+11.5	+0 13 38.5
	90 06 27.9 27.6	54.0	89 52 37.2 37.3	74.5	+10.0	+0 13 41.0
	中数					+0 13 38.6

三丝法是上、中、下三条水平横丝依次照准目标，测定垂直角。一测回的观测程序如下。

①在盘左位置，用水平上丝照准目标，使指标水准气泡精密符合，进行竖盘读数，得盘左上丝读数 $L_{上}$。按同样方法依次用中丝、下丝得盘左中丝、下丝读数 $L_{中}$、$L_{下}$。

②在盘右位置，用上述方法依次得到盘右读数 $R_{下}$、$R_{中}$、$R_{上}$。三丝法观测与计算格式见表 3-10。

表 3-10　三丝法观测记录、计算

天气：晴　　　　成像：清晰稳定　　　　仪器至标石面高：1.550 m

照准点名	盘左		盘右		指标差	垂直角
照准部位	(°) (′) (″)	(″)	(°) (′) (″)	(″)	(′) (″)	(°) (′) (″)
大岭 觇标、至标石面高 4.21 m	90 47 16.0 15.0	16.0	269 46 43.0 43.0	43.0	+17 00	−0 30 16.0
	90 30 17.0 18.0	18.0	269 29 48.0 50.0	49.0	+0 04	−0 30 14.0
	90 12 53.0 53.0	53.0	269 12 20.0 20.0	20.0	−17 24	−0 30 16.0
	中数					−0 30 15.0

3）垂直角观测的一般规定

①一般将观测方向分成若干组，每组包括 2～4 个方向。若通视不佳，也可分别对每一方向进行连续观测。

②各方向垂直角观测的照准部位，须按符号记入手簿中。

③观测过程中，当发现指标差的绝对值大于 30″时，应进行校正。已测完的完整测回，其他项符合限差要求时，则可采用。

4）垂直角观测测回数、限差与重测

①垂直角观测的测回数和限差，DJ_2 级中丝法 2 测回、三丝法 1 测回；垂直角互差和指标差互差均为 15″；DJ_6 级中丝法 3 测回，三丝法 2 测回；垂直角互差和指标差互差均为 25″。对向观测高差为 $\pm 60\sqrt{D}$（D 为观测边的水平距离）。

垂直角互差的比较方法：同一方向，由各测回各丝所测得的全部垂直角结果互相比较。

指标差的比较方法：分组观测时，仅在 1 测回内各方向按同一根水平丝计算的结果进行互相比较；单独方向连续观测时，仅在 1 测回内各方向按同一根水平丝所计算的结果互相比较。

②重测规定：若一水平丝所测某一方向的垂直角或指标差互相超限，则此方向须用中丝重测 1 测回。三丝法若同方向 1 测回中有 2 根水平丝所测结果超限，则该方向须用三丝法重测 1 测回，或者中丝法重测 2 测回。

为便于指标差比较，每次观测至少应观测 2 测回。

③仪器高和觇标高度的量取用钢卷尺或对中杆，观测前后各量取一次，量至 0.5 cm，两次互差不大于 1.0 cm。

3.2.3.2　三角高程测量的内业计算

1. 三角高程测量的计算公式

三角高程测量是根据两点间的水平距离或斜距离及竖直角按照三角公式来求出两点间的高差。

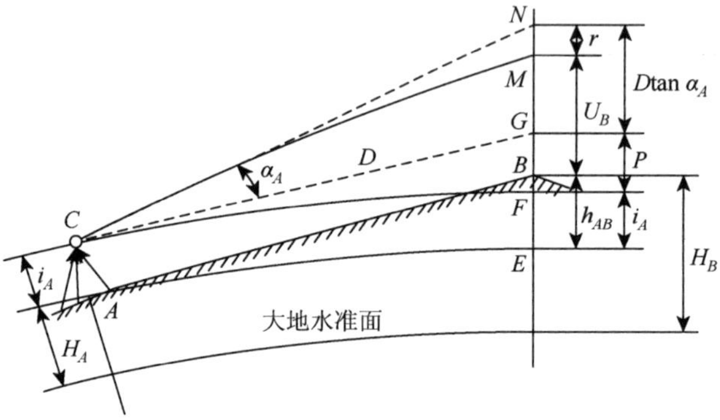

图 3-12　三角高程测量示意

如图 3-12 所示，已知 A 点高程 H_A，欲求 B 点高程 H_B，在 A 点安置经纬仪或测距仪，仪器高为 i_a，在 B 点设置觇标或棱镜，其高度为 v_b，望远镜瞄准觇标或棱镜的竖直角为 α，则 AB 两点的高差为

$$h_{ab} = h' + i_a - v_b \tag{3-17}$$

式中的 h' 计算因观测方法不同而异。利用平面控制已知的边长 D，用经纬仪测量竖角 α 求两点高差，称为经纬仪三角高程测量，$h' = D\tan\alpha$；利用测距仪测定斜距 S 和 α，求算 h_{ba}，称为光电测距三角高程测量，它通常与测距仪导线一道进行，$h'' = S\sin\alpha$。此外，当 AB 距离较长时，式（3-17）还须加上地球曲率和大气折光的合成影响，称为球气差，则有

$$h_{ab} = D\tan\alpha + i_a - v_a + f_a \tag{3-18}$$

$$h_{ba} = S\sin\alpha + i_a - v_a + f_b \tag{3-19}$$

$$f = 0.43\frac{D^2}{R} \tag{3-20}$$

为了消除或削弱球气差的影响，通常三角高程进行对向观测。由 A 向 B 观测得 h_{ab}，由 B 向 A 观测得 h_{ba}，当两高差的校差在容许值内，则取其平均值，得

$$h_{AB} = \frac{1}{2}(h_{ab} - h_{ba}) = \frac{1}{2}\{(h' - h'') + (i_a - i_b) + (v_a - v_b) + (f_a - f_b)\} \tag{3-21}$$

当外界条件相同，$f_a = f_b$。上式的最后一项为零。消除其影响。但在检查高差校差时，计算中仍须加入球气差改正，这一点应引起注意。最后，B 点高程：

$$H_B = H_A + h_{AB} \tag{3-22}$$

上述公式是在把水准面当作水平面、观测视线是直线的条件下导出的，当地面两点间的距离小于 300 m 时是适用的。两点间距离大于 300 m 时就要顾及地球曲率，并加以曲率改正，简称为球差改正。同时，观测视线受大气垂直折光的影响而成为一条向上凸起的弧线，必须加以大气垂直折光差改正，简称为气差改正。以上两项改正合称为球气差改正。如图 3-13 所示，O 为地球中心，R 为地球曲率半径（$R = 6371$ mm），A、B 为地面上两点，D 为 A、B 两点间的水平距离，R'为过仪器高 P 点的水准面曲率半径，PE 和 AF 分别为 P 点和 A 点的水准面。实际观测竖直角 α 时，水平线交于 G 点，GE 就是由于地球曲率而产生的高程误差，即球差，用符号 C 表示。由于大气折光影响，来自目标 N 的光沿弧线 PN 进入望远镜，而望远镜却位于弧线 PN 的切线 PM 上，MN 即为大气垂直折光带来的高程误差，即气差，用符号 γ 表示。

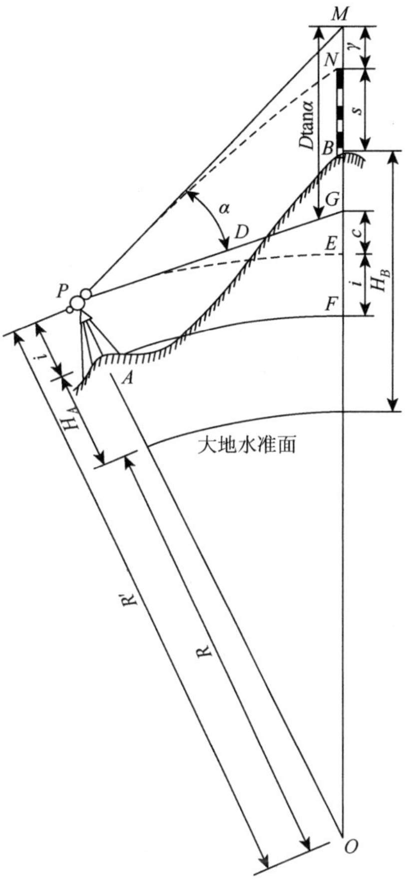

图 3-13 球气差对三角高程的影响

三角高程控制网一般是在平面网的基础上，布设成三角高程网或高程导线。为保证三角高程网的精度，应采用四等水准测量联测一定数量的水准点，作为高程起算数据。三角高程网中任一点到最近高程起算点的边数，当平均边长为 1 km 时，不超过 10 条，平均边长为 2 km 时，不超过 4 条。为减少垂直折光变化的影响，应避免在大风或雨后初晴时观测，也不宜在日出后和日落前 2 h 内观测，在每条边上均应作对向观测。觇标高和仪器高用钢尺丈量两次，读至毫米，其较差对于四等三角高程不应大于 2 mm，对于五等三角高程不大于 4 mm。

2. 光电测距三角高程测量

光电测距三角高程测量的精度较高且可提高工效，故应用较广。高程路线应起闭于高级水准点，高程网或高程导线的边长应不大于 1 km，边数不超过 6 条。竖直角用 DJ_2 级经纬仪，在四等高程测 3 个测回，五等高程测 2 个测回。距离应采用标称精度不低于 5 mm+ $5\times10^{-6}\times D$ 的测距仪，四等高程测往返各一测回，五等高程测一个测回。光电测距三角高程测量的各项技术要求见表 3-11。

表 3-11 三角高程测量主要技术要求

等级	仪器等级	垂直角观测数	指标差互差/(″)	垂直角互差/(″)	对向观测高差互差/mm	附合或环形闭合差/mm
四等	2″级仪器	3	8	8	$\pm40\sqrt{[D]}$	$\pm20\sqrt{[D]}$

续表

等级	仪器等级	垂直角观测数	指标差互差/(″)	垂直角互差/(″)	对向观测高差互差/mm	附合或环形闭合差/mm
图根	2″级仪器	2	15	15	$\pm 60\sqrt{[D]}$	$\pm 40\sqrt{[D]}$
	6″级仪器	3	25	25		

注：①D 为高程传递边的水平距离（km）；
②经纬仪三角高程对向观测高差互差可放宽至 0.1 D（m），当边长大于 2 km 时，其测回数应增加 1 倍；
③边长小于 600 m 时，测回数可减少一测回。

3.2.4　跨河（海）水准测量

当水准路线需要跨越较宽的河流、山谷或海域时，因跨河（海）视线较长，超过了规定的长度，使水准仪 i 角的误差、大气折光和地球曲率误差均增大，并且读尺困难。所以必须采用特殊的观测方法，这就是跨河（海）水准测量方法（表 3-12）。

表 3-12　跨河（海）水准测量方法要求

序号	观测方法	方法概要	最长跨距/m
1	光学测微法	使用一台水准仪，用水平视线照准觇牌标志，并读记测微鼓分划值，求出两岸高差	500
2	倾斜螺旋法	使用两台水准仪对向观测，用倾斜螺旋或气泡移动来测定水平视线上、下两标志的倾角，计算水平视线位置，求出两岸高差	1500
3	经纬仪倾角法	使用两台经纬仪对向观测，用垂直度盘测定水平视线上、下两标志的倾角，计算水平视线位置，求出两岸高差	3500
4	测距三角高程法	使用两台经纬仪对向观测，测定偏离水平视线的标志倾角；用测距仪量测距离，求出两岸高差	3500
5	GPS 测量法	使用 GPS 接收机和水准仪分别测定两岸点位的大地高差和同岸点位的水准高差，求出两岸的高程异常和两岸高差	3500

注：跨河距离超过上表规定时，采用的方法和要求，应根据测区条件进行专项设计。

3.2.4.1　测站选定与布设

①跨河地点选在江河最窄处，应尽可能使跨河视线最短。

②视线不得通过草丛、干丘、沙滩的上方。

③海域两岸仪器的水平视线距离水面的高度应相等，跨河（海）视线离水面 2～3 m 以上。当视线大于 500 m 时，应不低于 $4\cdot\sqrt{S}$ m（S 为跨河视线长度，水位受潮汐影响时，按最高潮位计算），当视线高度不能满足要求时，应埋设牢固的标尺桩，并建造稳固的观测台或标架。

④两岸由仪器至水边的一段距离，应大致相等，其地貌、植被等也应相似，仪器位置应选在开阔、通风之处，不应靠近墙壁及土、石、砖堆等。

⑤跨河（海）视线方向，宜避免正对日照方向，困难时可适当增大视线长度，或采用标灯测光。

⑥布设跨河（海）水准测量场地，应使两岸仪器及标尺点构成如图 3-14 所示的平行四边形、等腰梯形或大地四边形。

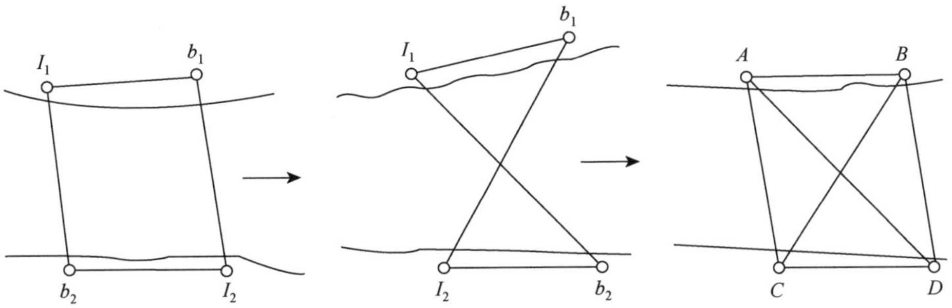

图 3-14　跨河（海）路线布设示意

图中，I_1、I_2 及 b_1、b_2 分别为两岸安置仪器和标尺的位置。I_1b_2、I_2b_1 为跨河视线长度，两者应相等；I_1b_1 与 I_2b_2（AB 与 CD）为两岸近尺视线长度，一般应在 10 m 左右，亦应相等。A、B、C、D 为仪器、标尺交替两用点。两岸仪器与标尺设立位置如图 3-15 所示。

当用一台水准仪观测时，除采用图 3-14 形状外，亦可用图 3-15 所示的“Z”字形布设。I_1b_1 与 I_2b_2 为近尺视线长度，应取 20 m 左右，并且相等，此时 b_1、b_2 为跨河标尺点，I_1、I_2 既是仪器站又是立尺点。两岸取得的标尺点跨河高差，分别为两个测站高差和。

上半测回：$$h_{b_1b_2}=h_{b_1I_2}+h_{I_2b_2} \tag{3-23}$$

下半测回：$$h_{b_2b_1}=h_{b_2I_1}+h_{I_1b_1} \tag{3-24}$$

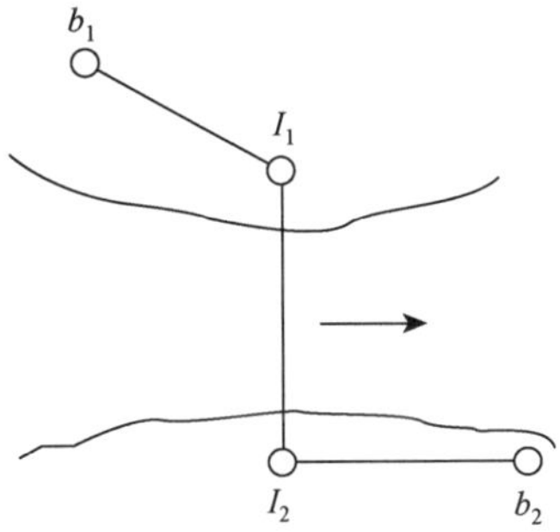

图 3-15　两岸仪器与标尺设立位置示意图

3.2.4.2　基本观测要求

①跨海水准观测宜在风力微和，气温变化较小的阴天进行，当雨后初晴和大气折射变化较大时，均不宜观测。

②观测开始前 30 min，应先将仪器置于露天阴影下，使仪器与外界气温趋于一致，观测时遮蔽阳光。

③晴天观测上午应在日出后 1 h 起至太阳中天前 2 h 止；下午自中天后 2 h 起至日落前 1 h 止。但可根据地区、季节、气候等情况适当变通。阴天只要成像清晰，稳定即可进行观测。有条件也可在夜间进行观测，日落后 1 h 起至日出前 1 h 止。时间段以地方时为零点分界，零点前为初夜，零点后为深夜。

④水准标尺应用尺架撑稳，并经常注意使圆水准器气泡居中。

⑤一测回的观测中，应采取谨慎措施（一般在对远尺调焦后，即用胶布将目镜调焦螺旋及测微器螺旋固定）确保上、下两个半测回对远尺观测的视轴不变。

⑥仪器调岸时，标尺亦应随同调岸。当一对标尺的零点差不大时，亦可待全部测回完成一半时调岸。

⑦一测回的观测完成后，应间歇 15～20 min，再开始下一测回的观测。

⑧两台仪器对向观测时，应使用通信设备，使两岸同一测回的观测，能做到同时开始于结束。

⑨跨海水准测量取用的全部测回数，上午、下午应各占一半。如有夜间观测时，白天与夜间测回数之比应接近 1.3∶1。

⑩跨海观测开始时，应对两岸的普通水准标石与标尺点间，进行一次往返测，作为检测标尺点有无变动的基准。每日工作开始前，均应单程检测一次，并应符合表 3-13 检测限差。如确认标尺点变动，应加固标尺点，重新进行跨海水准观测。

3.2.4.3　测回数及限差

①应观测的时间段数、测回数及组数，按表 3-13 规定执行。

表 3-13　测回数及限差观测要求

跨河视线长度/m	一等			二等		
	最少时间段数	双测回数	半测回中的组数	最少时间段数	双测回数	半测回中的组数
100～300	2	4	2	2	2	2
301～500	4	6	4	2	2	4
501～1000	6	12	6	4	8	6
1001～1500	8	18	8	6	12	8
1501～2000	12	24	8	8	16	8
2000 以上	$6\times S$	$12\times S$	8	$4\times S$	$8\times S$	8

注：S 为跨河视线的长度。

②各测回的互差限差：

$$\mathrm{d}H_{限}=4\cdot M_{\Delta}\sqrt{N\cdot S} \tag{3-25}$$

式中，M_{Δ}——千米水准测量的偶然中误差限值（mm）；

N——双测回的测回数；

S——跨河视线的长度（km）。

③当采用一台水准仪或两台经纬仪进行跨河水准测量不能组成双测回时，测回数为表中数的 2 倍。计算单测回互差的 $\mathrm{d}H_{限}$ 时，N 按单测回数计。

3.2.4.4　觇牌制作

觇牌用铝、镀锌铁皮或有机玻璃等材料制造，背面有夹具，能使觇牌沿标尺滑动和可靠地固定于标尺的任何位置。觇牌中央开一小窗，小窗中央设一水平指标线，以指示觇牌固定的标尺位置。

视线小于 500 m 时采用光学测微法，觇牌构造见图 3-16。

视线大于 500 m 时采用微倾螺旋法，觇牌构造见图 3-17。

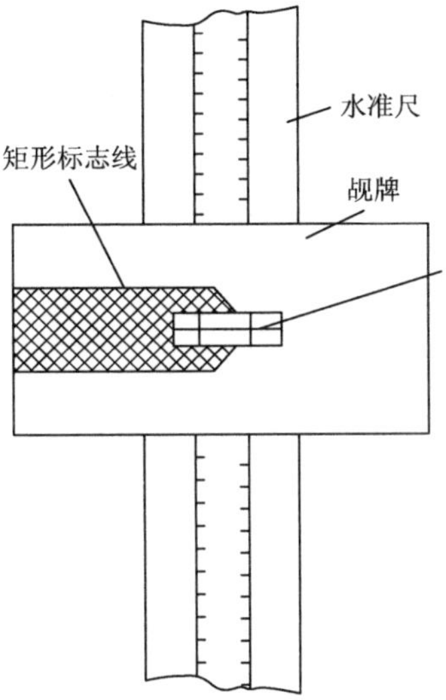

图 3-16　光学测微法特制照准觇牌

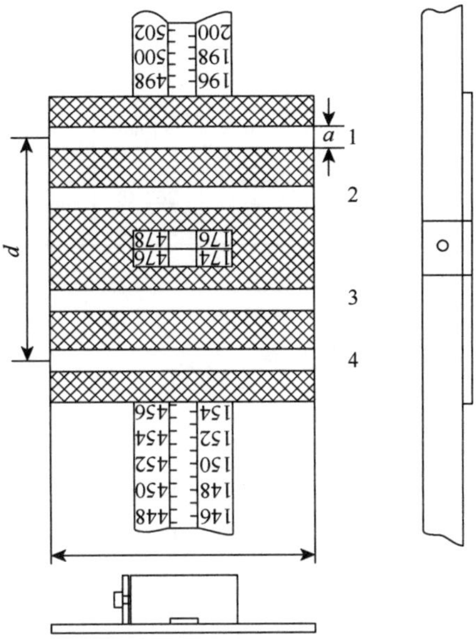

图 3-17　微倾螺旋法特制照准觇牌

当跨海视线较长或对岸能见度较差时，可使用光强可调的标灯代替觇牌，标灯应具有中心位置指示线和专用夹具。

长度在 1500 m 以上时，可用经纬仪解析法测定或用测距仪测定。

《国家一、二等水准测量规范》（GB/T 12897—2006）规定，仪器照准觇牌标志的长度和宽度及标志线的间距，依跨海视线长度而定，见表 3-14。

表 3-14　标志线的大小的计算

使用仪器	标志宽 *a*	标志长 *b*	上、下两标志线的间距 *d*
经纬仪	$S/15$	$S/3$	$\gamma/\rho \times S$

注：*S* 为跨海视线长度（m），*a*、*b* 单位为 mm；γ 为由望远镜至对岸觇牌上两标志线的夹角，以（″）计，它应小于符合气泡在水准管两端刻划之间的移动量，一般取 60″；ρ 为 206265″。

用三等标准金属线纹尺测定指标线至标志线的距离，此项测定在室内进行。将觇牌放平，往测时，先把线纹尺放在标志线的右端，一次读出各标的上、下边缘和指标线读数。再把线纹尺放在标尺左端，依次读出各标志线上、下边缘和指标线读数。然后进行返测，读数顺序见表 3-15。

表 3-15 三等标准金属纹尺观测记录表 （单位：mm）

<table>
<tr><th rowspan="3">觇牌</th><th rowspan="3">检查尺位置</th><th rowspan="3">标志线编号</th><th colspan="3">往测</th><th colspan="3">返测</th><th rowspan="3">差的中数</th><th rowspan="3">与指标线差的最后结果</th></tr>
<tr><th>上边缘</th><th rowspan="2">中数</th><th rowspan="2">与指标线的差</th><th>上边缘</th><th rowspan="2">中数</th><th rowspan="2">与指标线的差</th></tr>
<tr><th>下边缘</th><th>下边缘</th></tr>
<tr><td rowspan="10">Ⅰ岸觇牌</td><td rowspan="5">在标志线的右端</td><td rowspan="2">1</td><td>43.92</td><td rowspan="2">63.93</td><td rowspan="2">110.02</td><td>43.78</td><td rowspan="2">63.78</td><td rowspan="2">110.01</td><td rowspan="2">110.02</td><td rowspan="2">110.21</td></tr>
<tr><td>83.94</td><td>83.78</td></tr>
<tr><td colspan="2">指标线</td><td>173.95</td><td></td><td></td><td>173.79</td><td>—</td><td>—</td><td>—</td></tr>
<tr><td rowspan="2">2</td><td>264.26</td><td rowspan="2">284.19</td><td rowspan="2">110.24</td><td>264.08</td><td rowspan="2">284.01</td><td rowspan="2">110.22</td><td rowspan="2">110.23</td><td rowspan="2">110.30</td></tr>
<tr><td>304.12</td><td>303.94</td></tr>
<tr><td rowspan="5">在标志线的左端</td><td rowspan="2">1</td><td>41.62</td><td rowspan="2">61.64</td><td rowspan="2">110.38</td><td>40.66</td><td rowspan="2">60.69</td><td rowspan="2">110.41</td><td rowspan="2">110.40</td><td rowspan="2">—</td></tr>
<tr><td>81.66</td><td>80.72</td></tr>
<tr><td colspan="2">指标线</td><td>172.02</td><td>—</td><td>—</td><td>171.10</td><td>—</td><td>—</td><td>—</td></tr>
<tr><td rowspan="2">2</td><td>262.38</td><td rowspan="2">282.38</td><td rowspan="2">110.36</td><td>261.46</td><td rowspan="2">281.45</td><td rowspan="2">110.35</td><td rowspan="2">110.36</td><td rowspan="2">—</td></tr>
<tr><td>302.38</td><td>301.44</td></tr>
</table>

3.2.4.5 观测方法

1. 光学测微法

①准备工作，仪器设备检校。

②用水准仪按同等水准往返测定本岸测站点间高差。

③在测站点上整平仪器后，观测本岸近标尺。直接照准标尺分划线，用光学测微器读数两次。

④观测对岸标尺。测站指挥对岸人员将觇牌沿水准尺上下移动，直至觇牌上的矩形标尺线精确对准水准尺上最邻近水平视线的分划线，则根据水准标尺上分划线的注记读数和用光学测微器测定的觇标指标线的平移量，就可以得到水平视线在对岸水准标尺上的精确读数，构成一组观测。然后移动觇牌重新对准标尺分划线，按同样顺序进行第二组观测。

以上③、④两步操作，称一测回的上半测回。

⑤上半测回完成后，立即将仪器迁至对岸，并互换两岸标尺。然后进行下半测回观测。下半测回应先测远尺再测近尺，观测每一标尺的操作与上半测回相同。

由上、下半测回组成一测回。

观测记录，计算表格见表 3-16。

表 3-16 光学测微法观测记录表 （单位：m）

测站：南岸　　第一测回上半测回　　仪器：NO. 430235
日期：　　标尺：（本岸）NO. 50149
观测者：　　记录者：　　（对岸）NO. 50150

<table>
<tr><td rowspan="4">观测条件</td><td rowspan="2">项目</td><td rowspan="2">时间</td><td rowspan="2">天气</td><td rowspan="2">云量</td><td rowspan="2">风力</td><td rowspan="2">风向</td><td rowspan="2">太阳方向</td><td rowspan="2">成像</td><td colspan="3">温度/℃</td></tr>
<tr><td>仪器</td><td>标尺</td><td>水边</td></tr>
<tr><td>始</td><td>7：58</td><td>晴</td><td>0</td><td>0</td><td>无</td><td>右后</td><td>清晰</td><td>−3.2</td><td>−2.7</td><td>−2.8</td></tr>
<tr><td>终</td><td>8：30</td><td>晴</td><td>1</td><td>1</td><td>西北</td><td>右后</td><td>清晰</td><td>−1.0</td><td>−1.6</td><td>−1.0</td></tr>
<tr><td rowspan="3">近标尺读数 b</td><td>摆Ⅰ</td><td colspan="2">391 910</td><td colspan="8" rowspan="3"></td></tr>
<tr><td>摆Ⅱ</td><td colspan="2">392 262</td></tr>
<tr><td>中数</td><td colspan="2">392 886</td></tr>
</table>

续表

观测远尺读数 A				
组数 次数	1		2	
	I	II	I	II
1	335 060	338 620	334 832	338 622
2	335 068	338 618	334 902	338 570
3	335 120	338 470	334 944	338 470
4	335 050	338 548	334 952	338 540
5	335 000	338 680	334 860	338 582
中数	335 060	338 587	334 898	338 557
b A 的中数 $b–A$	392 086 336 776 + 55 310			

2. 微倾螺旋法

①准备工作，仪器设备检校。

②用水准仪按同等水准往返测定本岸测站点间高差。

③在测站点上整平仪器后，观测近标尺，按光学测微法连续照准基本分划二次，并读，记之。

④观测远标尺。转动测微器使平行玻璃板居于垂直位置，在一测回观测过程中，应确保不变。照准员标尺，旋转倾斜螺旋使视线降至最低标志线以下，再从下至上依次用望远镜的楔形丝照准标尺上的两条标志线，然后再以相反的次序由上至下照准各标志线，称为一个往返测。每次照准标志线后，均应对倾斜螺旋分划鼓或符合水准器两端读数，同时在每个往、返测过程中，当视线接近水平时，应按旋进倾斜螺旋方向，使符合水准器精密符合两次，每次均应待气泡稳定后，再对倾斜螺旋分划鼓读数，以上操作组成一观测组。

每一组观测中，照准统一标志线的往、返分划鼓的读数差，不得大于 2″；往、返测中气泡 4 次符合的分划鼓读数差，不得大于 0.8″，超限时立即全组重测。

各组测完后，应比较同一标志线分划鼓的各组读数，用倾斜螺旋分划鼓读数时，还应比较各组气泡符合时的分划鼓读数。若某组读数差异突出而过大，则可根据观测与天气情况进行分析，认为改组观测结果不可靠时，亦应重测。

以上③、④两步操作，组成一测回中的上半测回。两岸仪器同时对测各半测回组成一测回。

⑤上半测回结束后，立即将水准仪及标尺搬运到对岸，进行下半测回的观测。下半测回先观测远标尺，后观测近标尺。观测远、近标尺的操作与上半测回相同。两岸仪器同时对测的上、下各半测回，组成一个双测回。

⑥每次安装觇牌后，应仔细读出觇牌指标线在标尺上的读数，并求出各标志线在标尺上的相应读数。

观测记录，计算表格见表 3-17。

表 3-17 倾斜螺旋法之一——读定符合水准器分划观测记录表 （单位：m）

测站：南岸　　第一测回上半测回　　仪器：No. 430235
日期：　　标尺：（本岸）No. 50149
观测者：　　记录者：　　（对岸）No. 50150

观测条件	项目	时间	天气	云量	风力	风向	太阳方向	成像	温度/℃		
									仪器	标尺	水边
	始	7:58	晴	0	0	无	右后	清晰	−3.2	−2.7	−2.8
	终	8:30	晴	1	1	西北	右后	清晰	−1.0	−1.6	−1.0

近标尺读数 b			对岸		
	第一次	391 910		标志在标尺上的读数	$a' = 2.90040$
	第二次	392 262			$a = 2.67989$
	中数	392 886		两标志间距	$L = 0.22051$

组别	往返测	标志 1 左	标志 1 右	标志 2 左	标志 2 右	备考
						$\tau = 4''.53$（0.8 mm）
						$L = 0.22\ \tau$
1	往	17.9	8.1	8.3	17.5	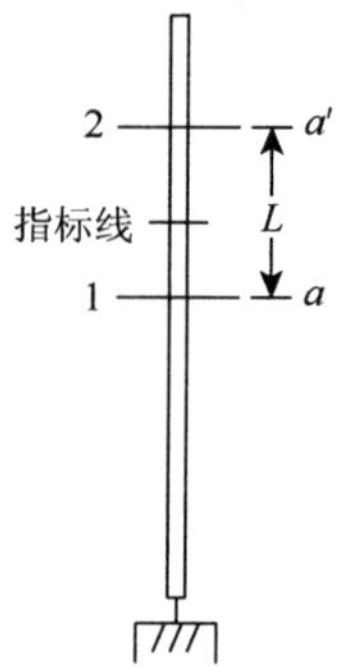
	返	17.8	8.1	8.1	17.7	
2	往	17.8	8.1	8.3	17.5	
	返	17.9	8.0	8.1	17.7	
3	往	17.9	8.0	8.2	17.5	
	返	17.9	8.0	8.2	17.6	
4	往	17.8	8.0	8.2	17.5	
	返	17.6	8.2	8.2	17.5	
5	往	17.6	8.2	8.1	17.6	
	返	17.8	8.0	8.2	17.5	
6	往	18.0	7.8	8.3	17.5	远标尺上读数 $A = a + a'/(\alpha + \beta) + C$
	返	18.0	7.8	8.3	17.4	
中数		17.83	8.02	8.21	17.54	$A = 2.79543$
各标志的倾角 α、β		$\alpha = 4.00''$		$\beta = 4.66''$		$b - A = -1134.35$

3. 经纬仪倾角法

①准备工作，仪器设备检校。

②用水准仪按同等水准往返测定本岸测站点间高差。

③观测近标尺。首先在经纬仪盘左的位置，照准近标尺的基本分划线，读取最后水平视线的标尺厘米分划数 a，再使水平丝分别照准分划线下、上边缘各二次；再纵转望远镜以盘右位置，同时照准该分划线的上、下边缘各二次，使完成了一组观测。每次照准分划线边缘后，应先使垂直度盘指标气泡精密符合，再用光学测微器进行垂直度盘读数，盘左或盘右同一边缘两次照准读数差不大于 3″。

近标尺 b 读数的计算：

$$b = a - \frac{\theta}{\rho} \cdot d \tag{3-26}$$

式中，θ——分划线 a 的倾角（″）；

d——经纬仪至标尺的水平距离，精确至厘米；

ρ——206205″。

④观测远标尺。盘左位置用水平丝依次照准下、上标志线各 4 次，每次照准均应同时使垂直度盘指标气泡精密符合后，再用光学测微器进行垂直度盘读数，统一标志线 4 次照准读数之差不得大于 3″。纵转望远镜以盘右位置，按相反次序照准上、下标志线各 4 次并如前读数。以上操作组成一组观测。依同法完成其他各组观测。各组算出上、下标志线的倾角 α 和 β，α 或 β 其组间互差不应大于 4″。

上述③、④两项操作组成一岸半测回观测，两岸仪器同时对向观测，各完成半测回，组成一个测回。

⑤两台仪器和标尺、可只在上、下午间调岸一次。

⑥每测回观测前，应仔细检查觇牌的指标线是否滑动，并核对指标线在标尺上的读数。

观测记录，计算表格见表 3-18～表 3-21。

表 3-18　经纬仪倾角法观测记录表

测站：北岸	观测者：	仪器：Wild　T3　70483
	记录者：	标尺：（本案）No. 0645
日期：	第一测回	（对岸）No. 0645

观测条件	项目	时间	天气	云量	风力	风向	太阳方向	成像	温度/℃		
									仪器	标尺	水边
	始	8:25	晴	1 级	2～3 级	右	左	清晰	+29.0	+20.5	+20.0
	终	9:02	晴	1 级	3～4 级	右	左	清晰	+29.0	+28.5	+28.0

本岸近标尺的观测 $a = 10.30$ m

照准分划 $a = 1.835$ m　　仪器距标尺距离 $d = 10.30$ m

分划边缘	度盘	垂直度盘读数		和数	垂直角（下） 垂直角（上）	指标差（下） 指标差（上） 垂直角中数
		I	II			
下	左	(°) (′) (″)	(″)	(″)	(″)	(″)
上		89　58　59.7	59.7	119.40		+0.20
下	右	90　00　13.0	13.0	26.00	−1.40	−4.80
上		90　00　00.4	00.4	00.80		
下	左	89　58　44.6	44.6	89.20	+56.80	
上						
下	右					
上						

$$K = \frac{d}{\rho} = 0.00004994$$

近表尺读数 $b = a - K \cdot a = 1.83500 - 0.00138 = 1.83362$

备注	

表 3-19　经纬仪倾角法对岸远标尺观测记录表

2 测站：北岸　　标志线在远标尺的读数

$\alpha = 1.71806$ m　$\alpha' = 1.88302$ m　$l = 0.16496$ m

组别	标志	度盘	垂直度盘读数		中数/(″)	和数/(″)	指标差 垂直角 /(″)	备注
			I	*I*				
			(°) (′) (″)	(″)				
1	1	左	89 58 53.4	53.3	53.35	—	—	
			53.4	53.4	54.40	106.75	—	
		右	90 00 05.6	05.8	05.70	—	−1.65	
			06.1	05.8	05.90	11.60	−24.85	
	2	左	90 00 06.5	06.4	06.45	—	—	—
			06.4	06.2	06.30	12.75	—	
		右	89 58 52.8	52.7	52.75	—	−1.75	
			52.7	52.8	52.75	105.50	+ 27.25	
2	1	左	89 58 53.2	53.3	53.25	—	—	
			53.2	53.1	53.15	106.40	—	
		右	90 00 06.7	06.8	06.75	—	−0.10	
			06.6	06.9	06.75	13.50	−27.10	
	2	左	90 00 06.0	05.8	05.90	—	—	
			06.1	06.1	06.10	12.00	—	
		右	89 58 52.7	52.7	52.70	—	−2.40	
			52.8	53.0	52.90	105.60	+ 26.40	
3	1	左	89 58 52.8	52.7	52.75	—	—	
			52.7	52.5	52.60	105.35	—	
		右	90 00 05.9	05.8	05.85	—	−2.50	
			06.3	06.3	06.30	12.15	−26.80	
	2	左	90 00 06.2	06.0	06.10	—	—	
			05.8	06.0	05.90	12.00	—	
		右	89 58 53.2	53.3	53.25	—	−1.75	
			53.0	53.0	53.00	106.25	+ 25.75	
4	1	左	89 58 52.8	52.8	52.80	—	—	
			52.6	53.0	52.80	105.60	—	
		右	90 00 06.3	06.2	06.25	—	−2.05	
			06.2	06.0	06.10	12.35	−26.75	
	2	左	90 00 05.7	05.7	05.70	—	—	—
			06.0	06.0	06.00	11.70	—	
		右	89 58 53.0	53.0	53.00	—	−2.35	
			53.0	52.9	52.95	105.95	+ 25.75	
5	1	左	89 58 52.8	52.7	52.75	—	—	
			52.7	52.5	52.60	105.35	—	
		右	90 00 05.9	05.8	05.85	—	−2.50	
			06.3	06.3	06.30	12.15	−26.80	
	2	左	90 00 06.2	06.0	06.10	—	—	
			05.8	06.0	05.90	12.00	—	
		右	89 58 53.2	53.3	53.25	—	−1.75	
			53.0	53.0	53.00	106.25	+ 25.75	
6	1	左	89 58 52.8	52.8	52.80	—	—	
			52.6	53.0	52.80	105.60	—	
		右	90 00 06.3	06.2	06.25	—	−2.05	
			06.2	06.0	06.10	12.35	−26.75	
	2	左	90 00 05.7	05.7	05.70	—	—	
			06.0	06.0	06.00	11.70	—	
		右	89 58 53.0	53.0	53.00	—	−2.35	
			53.0	52.9	52.95	105.95	+ 25.75	

垂直角 = 左−右　　　　中数：$\alpha = -26.51''$

指标差 = 左 + 右−180°　　　　$\beta = +26.11''$

表 3-20　跨水准测量远标尺读数 *A* 及（*b*–*A*）的计算

仪器：威特 T3　No. 70483　　　　日期：

测回	观测时间	测站	L/m	α/(″)	β/(″)	$\alpha+\beta$/(″)	$L/(\alpha+\beta)$/[m/(″)]	χ/m	a/m	$A=a+\chi$/m	b/m	$b-A$/m
1	10 日上午	2	0.164 96	26.38	26 29	52.67	0.003 132 0	0.082 62	1.718 06	1.800 68	1.833 62	+ 0.032 94
2	10 日上午	2	0.164 96	26.36	26 51	52.87	0.003 120 1	0.082 25	1.718 06	1.800 31	1.833 58	+ 0.033 27
7	12 日下午	2	0.164 96	25.18	26.59	51.77	0.003 186 4	0.080 23	1.718 06	1.798 29	1.835 36	+ 0.037 07
8	10 日下午	2	0.164 96	26.06	26.94	53.00	0.003 112 5	0.081 11	1.718 06	1.799 17	1.833 32	+ 0.036 15
9	13 日上午	2	0.164 96	25.41	27.64	53.05	0.003 109 5	0.079 01	1.718 06	1.797 07	1.835 15	+ 0.038 08
10	13 日上午	2	0.164 96	25.71	28.18	53.89	0.003 061 1	0.078 70	1.718 06	1.796 76	1.834 76	+ 0.038 00
11	13 日上午	2	0.164 96	25.26	27.50	52.76	0.003 126 6	0.078 98	1.718 06	1.797 04	1.734 81	+ 0.037 77
12	13 日上午	2	0.164 96	25.30	27.71	53.01	0.003 111 9	0.078 73	1.718 06	1.796 79	1.835 07	+ 0.038 28
17	14 日上午	2	0.164 96	26.38	26.29	52.67	0.003 132 0	0.082 62	1.718 06	1.800 68	1.833 62	+ 0.032 94
18	14 日上午	2	0.164 96	26.36	26.51	52.87	0.003 120 1	0.082 25	1.718 06	1.800 31	1.833 58	+ 0.038 27
19	14 日上午	2	0.164 96	26.06	26.94	53.00	0.003 112 5	0.081 11	1.718 06	1.799 17	1.835 32	+ 0.036 15
20	14 日上午	2	0.164 96	25.41	27.61	53.05	0.003 109 5	0.079 01	1.718 06	1.797 07	1.835 15	+ 0.038 08
3	11 日下午	1	0.164 96	26.30	26.85	53.15	0.003 103 7	0.081 63	1.743 06	1.824 69	1.720 05	–0.104 64
4	11 日下午	1										
5	12 日上午	1										
6	12 日下午	1										
13	13 日下午	1										
14	13 日下午	1										
15	13 日下午	1										
16	13 日下午	1										
21	14 日下午	1										
22	14 日下午	1										
23	14 日下午	1										
24	14 日下午	1										
视线长支		2 1	640 m 640 m			中数	0.003 105 0 0.003 104 5	$\chi=aL/(\alpha+\beta)$ $s=\rho L/(\alpha+\beta)$				

以下各测回计算格式相同

表 3-21　跨河水准测量高差与中误差计算

1 测站：南岸　$s_1 = 640$ m　$d_1 = 10.23$ m 1 测站：南岸　$s_2 = 640$ m　$d_2 = 10.30$ m　　（单位：m）

第一位置						第二位置					
测回	仪器 No.58132		仪器 No.70483		$(h_1-h_2)/2$ 一测回高差 h'	测回	仪器 No.58132		仪器 No.70483		$(h_1-h_2)/2$ 一测回高差 h''
	测站	$b-A$ h_1	测站	$b-A$ h_2			测站	$b-A$ h_1	测站	$b-A$ h_2	
1	1	−0.107 36	2	+0.032 94	−0.070 15	3	2	+0.041 91	1	−0.104 64	−0.073 28
2	1	−0.106 61	2	+0.033 27	−0.069 94	4	2	+0.044 62	1	−0.104 63	−0.074 62
7	1	−0.103 44	2	+0.037 07	−0.070 26	5	2	+0.041 54	1	−0.105 33	−0.073 44
8	1	−0.103 93	2	+0.036 15	−0.070 04	6	2	+0.040 04	1	−0.104 77	−0.072 40
9	1	−0.105 22	2	+0.038 08	−0.071 65	13	2	+0.033 47	1	−0.103 71	−0.068 59
10	1	−0.100 61	2	+0.038 00	−0.069 30	14	2	+0.036 62	1	−0.104 80	−0.070 71
11	1	−0.107 28	2	+0.037 77	−0.072 52	15	2	+0.037 67	1	−0.103 59	−0.070 63
12	1	−0.100 87	2	+0.038 28	−0.069 58	16	2	+0.037 73	1	−0.103 38	−0.070 56
17	1	−0.107 36	2	+0.032 94	−0.070 15	21	2	+0.040 04	1	−0.104 77	−0.072 40
18	1	−0.106 61	2	+0.033 27	−0.069 94	22	2	+0.041 54	1	−0.105 33	−0.073 44
19	1	−0.103 93	2	+0.036 15	−0.070 04	23	2	+0.036 62	1	−0.104 80	−0.070 71
20	1	−0.105 22	2	+0.038 08	−0.071 65	24	2	+0.037 67	1	−0.103 59	−0.070 63

h'中数 = −0.07043
第一位置高差中数中误差：
$m_{h'} = \sqrt{(v')^2 / n(n-1)} = \pm 0.28$ mm

$h'' = -0.07178$
第二位置高差中数中误差：
$m_{h''} = \sqrt{(v'')^2 / n(n-1)} = \pm 0.50$ mm

$H = -0.07110$
高差中数中误差：
$m_H = \pm\sqrt{M_{h'}^2 + M_{h''}^2} / 2 = \pm 0.29$ mm

4. 测距三角高程法

1）准备工作

准备工作主要为仪器设备检校。

2）跨海点选择

视线垂直角应小于 1°。

3）高差测定

本岸测站点间高差采用水准仪或经纬仪测定。

4）距离测量

本岸测站点间及跨海测站点间距离测量采用电磁波测距仪测定。测距的准备工作，观测方法和作业要求，气象元素测定，成果记录及重测取舍，气象，加常数，乘常数修正值的计算及边长归算，等等，均按《中、短程光电测距规范》（GB/T 16818—2008）的相应规定执行。具体规定详见表 3-22。

表 3-22 距离测量技术指标

跨河水准等级	测距仪精度等级	观测时间段		一个时间段内测回数	一侧回读数较差/mm	测回中数间较差/mm	往返（或时间段）测距中数的较差/mm
		往	返				
一	II	2	2	4	≤10	≤15	≤2（$a+b \cdot D \cdot 10^{-6}$）
二	II	1	1	6	≤10	≤15	≤2（$a+b \cdot D \cdot 10^{-6}$）

注：a、b 为测距仪标称参数值，D 为所测距离的千米数。

每照准一次，读 4 次数为一测回，当进行对向观测却有困难时，可以单向观测，但总的观测时间段不能减少。

测距仪和反射镜的高度量至毫米，两次量测之差不应大于 3 mm。各次设站高度不必强求一致。

5）垂直角观测

①观测近标尺。在 A，C 点设站，分别在盘左和盘右位置用望远镜中丝精确同步观测本岸近标尺觇牌标尺读数各两次，测定 b_B 和 b_D。

观测远标尺。在盘左位置用望远镜中丝同步精确照准远标尺上觇牌标志或标灯 4 次，4 次照准读数之差不应大于 3″。纵转望远镜，在盘右位置按盘左操作方法同样进行照准和读数，测定 α_{AD} 和 α_{CB}。以上观测为一组垂直角观测。依同法进行其余各组的观测。

②A 点仪器不动，将 C 点仪器迁至 D 点，两岸仪器同步观测对岸远标尺，测定 α_{AC} 和 α_{DB}。

③D 点仪器不动，观测本岸近标尺，测定 b_C，此时将 A 点仪器迁至 B 点，然后两岸仪器同步观测对岸远标尺，测定 α_{BC} 和 α_{DA}。

④B 点仪器不动，观测本岸近标尺，测定 b_A，此时将 D 点仪器重新迁至 C 点，接着两岸仪器同步观测对岸远标尺，测定 α_{BD} 和 α_{CA}。最后 C 点仪器再次观测本岸标尺，测定 b_{DB}。至此第一个仪器位置的观测结束，两台仪器共完成 4 个单测回。依同法进行其余各测回的观测。

当采用上、下觇牌观测时，盘左一次照准上觇牌标志、下觇牌标志，盘右按相反次序照准下舰牌标志、上觇牌标志。照准和读数方法与单觇牌观测相同。同一标志 4 次照准读数差应不大于 3″。上、下标志垂直角分别计算高差。

各组垂直角观测的限差按表 3-23 规定执行。

表 3-23 垂直角观测技术指标

指标差互差/(″)	同一标志垂直角互差/(″)
≤8	≤4

⑤每一条表的垂直角观测完成后，立即按观测程序依次进行其余三条表的垂直角观测。

⑥每组观测前，应重新将觇牌指标中心精确对准标尺分划线中央。每一个仪器位置的观测完成后，观测员、仪器、标尺应相互调岸，也可在测完半数测回后相互调岸，在第二个仪器位置上完成其余测回的观测。两台仪器分别在两岸相同时段对向观测一条边的成果组成一个单测回，总测回数应为表的 2 倍。

6）测回间高差互差

每条边各单测回高差间的互差应符合表规定的限值，其中 N 为总测回数。

由大地四边形组成的三个独立闭合环，用同一时段的各条边高差计算闭合差。各环线的闭合差 W 应不大于按式计算的限值：

$$W = 6 \cdot m_W \sqrt{S} \tag{3-27}$$

式中，m_W——每千米水准测量的全中误差限值（mm）；

S——跨河视线长度（km）。

7）观测成果的重测和取舍

①测回间互差超限，首先用重测孤立值。若无孤立值应重测一大一小。如出现分群现象，应分析是否因为时间段不同而分群，并应计算环线闭合差加以分析，若确属时间不同而产生分群，同时环线闭合差无超限现象，该成果可不重测。如有闭合差超限的测回，此测回应重测。重测后仍分群，有上、下觇牌的，应利用其间距检验垂直角的观测精度，并结合观测条件进行综合分析，而后对成果进行重测和取舍。直到所测成果全部符合要求为止。

②环线闭合差超限，而测回间互差较小，如无其他情况，此成果可以采用。若测回间互差大或超限，该成果应重测。

观测记录，计算表格见表3-24～表3-28。

表3-24　测距三角高程法观测记录表

测站：Ⅰ岸往测　后视标尺点A　　前视标尺点B　　仪器：No. 430235

观测日期：　　标尺：（本岸）No. 50149

观测者：　　记录者：　　（对岸）No. 50150

观测条件	项目	时间	天气	云量	风力	风向	太阳方向	成像	土质	温度/℃ 仪器	温度/℃ 标尺
	始	7:58	晴	0	0	无	右后	清晰	坚实土	−3.2	−2.7
	终	8:30	晴	1	1	西北	右后	清晰	坚实土	−1.0	−1.6

标尺点	后视 A						前视 B				
	照准分划：$a=237$ cm（仪器至标尺距离 $d=11.005$ m）						照准分划：$a=201$ cm（仪器至标尺距离 $d=10.746$ m）				
分化边缘	度盘	垂直度盘读数 I (°)(′)(″)	垂直度盘读数 Ⅱ/(″)	和数/(″)	垂直角（下）/(″) 垂直角（上）/(″)	指标差下 指标差上 垂直角中数/(″)	垂直度盘读数 I (°)(′)(″)	垂直度盘读数 Ⅱ/(″)	和数/(″)	垂直角（下）/(″) 垂直角（上）/(″)	指标差下 指标差上 垂直角中数/(″)
下	左	89 59 52.8	54.0	53.8	−09.8	−2.6	90 00 04.5	04.6	05.1	+7.0	+3.2
上		90 00 10.6	10.2	10.8		−1.5	90 00 18.3	18.4	18.7		+1.2
下	右	89 53 46.8	46.9	47.7	+23.1	—	89 59 42.3	42.2	42.5	+36.2	—
上		90 00 02.7	02.9	03.6		+6.85	89 59 58.0	58.1	58.1		+21.6
下	左	89 59 52.8	52.4	53.2	−09.3	−4.3	90 00 05.0	05.0	05.0	+6.7	+3.3
上		90 00 08.2	08.4	08.6		−2.8	90 00 18.8	18.7	19.5		+2.6
下	右	89 59 48.2	48.4	48.6	+20.0	—	89 59 42.6	42.5	43.1	+36.4	—
上		90 00 02.1	02.4	02.5		+5.35	89 59 57.6	57.7	58.3		+21.55
后尺分划垂直角中数				+00°00′06.00″			前尺分划垂直角中数			+00°00′21.58″	
近标尺读数计算				$b_{后}=a-\frac{d}{\rho}\times a=1.18468$ m				$b_{前}=a-\frac{d}{\rho}\times a=1.00388$ m			
本岸测站点间高差				$h=b_{后}-b_{前}=+0.18080$ m							

表 3-25　测距三角高程法测站仪器高计算

计算者：　　　　　　　　　　　　检查者：　　　　　　　　　　　　（单位：m）

岸别	测回	测站点	本岸近标尺点	本岸近标尺读数 b	测站点至近标尺点高差 h	测站点仪器高	备注
1	13	*A*	*B*	1.529 22	+ 0.180 95	1.710 17	
1	13	*B*	*A*	1.822 79	−0.180 95	1.641 84	
2	13	*C*	*D*	2.837 76	−1.048 35	1.789 41	
2	13	*D*	*C*	0.554 89	+ 1.048 35	1.603 24	
1	14	*A*	*B*	1.438 55	+ 0.180 95	1.619 50	
1	14	*B*	*A*	1.548 98	−0.180 95	1.468 03	
2	14	*C*	*D*	2.846 06	−1.048 35	1.797 71	
2	14	*D*	*C*	0.545 23	+ 1.048 35	1.593 58	

表 3-26　测距三角高程法高差计算

仪器：　　　　　　观测时间：　　　　　　观测者：　　　　　　记录者：　　　　　　（单位：m）

日期时间段	测回	边名		测向	平距 D	垂直角	仪器高	觇标高	$h_{往}$	往返测高差中数
		起	至			(°) (′) (″)			$h_{返}$	
4月15日上午	1	*A*	*C*	往	3 344 920	−2 15 43.09	1.619 5	2.0000	−132.502 62	−131.714 64
		C	*A*	返		+2 14 41.94	1.797 71		+ 130.926 65	
	2	*A*	*D*	往	3 345 794	−2 16 47.36	1.640 07		−133.560 73	−132.768 06
		D	*A*	返		+2 15 56.95	1.593 58		+ 131.975 40	
	3	*B*	*C*	往	3 346 451	−2 15 41.41	1.468 03		−132.687 27	−131.886 53
		C	*B*	返		+2 14 48.04	1.787 71		+ 131.085 79	
	4	*B*	*D*	往	3 347 357	−2 16 43.78	1.468 03		−133.736 81	−132.948 54
		D	*B*	返		+2 16 04.52	1.593 58		+ 132.160 28	
4月15日下午	5	*A*	*C*	往		−2 15 47.89	1.714 03		−132.486 06	−131.707 85
		C	*A*	返		+2 14 44.74	1.755 22		+ 130.929 64	
	6	*A*	*D*	往		−2 16 53.05	1.718 31		−133.574 93	−132.786 99
		D	*A*	返		+2 15 59.14	1.581 65		+ 131.999 05	
	7	*B*	*C*	往		−2 15 52.56	1.633 67		−132.702 81	−131.888 98
		C	*B*	返		+2 14 50.00	1.755 22		+ 131.075 15	
	8	*B*	*D*	往		−2 16 53.06	1.633 67		−133.722 00	−132.946 80
		D	*B*	返		+2 16 05.95	1.581 65		+ 132.171 60	
4月17日上午	9	*A*	*C*	往		−2 15 48.14	1.689 46		−132.514 68	−131.732 42
		C	*A*	返		+2 14 44.34	1.782 25		+ 130.950 17	
	10	*A*	*D*	往		−2 16 53.29	1.709 15		−133.587 99	−132.775 24
		D	*A*	返		+2 15 56.86	1.582 13		+ 131.962 49	
	11	*B*	*C*	往		−2 15 40.98	1.458 13		−132.690 18	−131.893 82
		C	*B*	返		+2 14 49.71	1.782 25		+ 131.097 46	
	12	*B*	*D*	往		−2 16 56.36	1.672 79		−133.736 52	−132.953 48
		D	*B*	返		+2 16 05.85	1.582 13		+ 132.170 45	

表 3-27 条件方程组成

方程编号	V_0	V_1	V_2	V_3	V_4	V_5	W_1
1	—	V_1	$-V_2$	—	—	$+V_5$	$+W_a$
2	—	—	—	V_3	$-V_4$	$+V_5$	$+W_b$
3	V_0	—	$-V_2$	—	$+V_4$	—	$+W_c$

表 3-28 平差结果

线路编号	观测高差/m	距离/km	改正数/mm	平差高差值/m
0	+ 0.180 95	0.010	0.00	+ 0.180 95
1	−131.721 70	3.345	−1.77	−131.723 47
2	−132.773 86	3.346	+ 2.01	−132.771 85
3	−131.505 02	3.346	+ 0.59	−131.904 43
4	−132.951 97	3.347	−0.82	−132.902 79
5	−1.048 37	0.010	0.00	−1.048 37

5. GPS 水准测量法

1）技术要求

①GPS 跨河水准测量应选择在地形较为平坦的平原，丘陵且河流两岸地貌形态基本一致地区进行。海拔高程超过 500 m 的地区，不宜进行 GPS 跨河水准测量。当跨河场地两端高差变化超过 70 m/km 的地区，不宜进行一等 GPS 跨河水准测量；超过 130 m/km 的地区，不宜进行二等跨河水准测量。

②GPS 水准点尽可能选于水准测线附近，并有利于进行 GPS 观测及水准连测。应避开土质松软和强磁场地段，以及行人、车辆来往较多等场所。

③应分析已有的地形、重力和水准等与大地水准面相关的测量资料，选择河流两岸大地水准面具有相同的变化趋势，并且变化相对平缓的方向上布设跨河路线。

④非跨河点（A_1, A_2, D_1, D_2）宜位于跨河点（B，C）连线的延长线上，并且各点间距离大致与跨河距离相等（图 3-18）。非跨河点偏离跨河方向轴线的垂距和垂距互差，一等跨河水准测量不得大于跨河距离 BC 的 1/50，二等跨河水准测量不得大于跨河距离 BC 的 1/25。

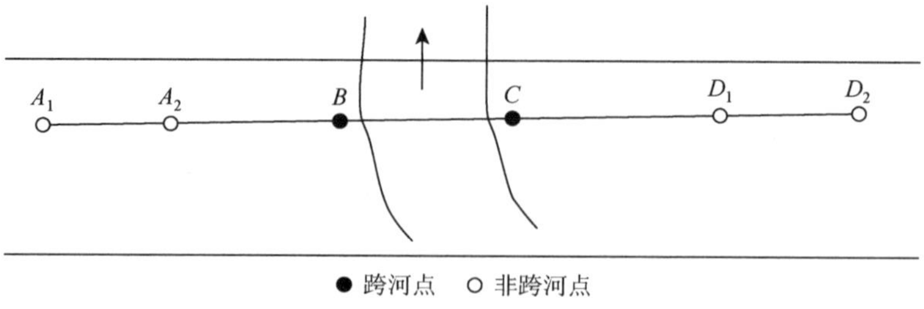

图 3-18 点位布设示意图

⑤GPS 网的精度指标，通常是以网中相邻点之间的距离误差来表示（表 3-29），其具体形式为

$$\sigma = \sqrt{a^2 + (b \times D)^2} \tag{3-28}$$

式中，σ——网中相邻点间的距离中误差（mm）；

a——固定误差（mm）；

b——比例误差（ppm）；

D——相邻点间的距离（km）。

表 3-29　不同等级的 GPS 网的精度要求

测量分类	固定误差 a/mm	比例误差 b/ppm	相邻点距离/km
A	≤5	≤0.1	100～2000
B	≤8	≤1	15～250
C	≤10	≤5	5～40
D	≤10	≤10	2～15
E	≤10	≤20	1～10

2）选点

①为保证对卫星的连续跟踪观测和卫星信号的质量，要求测站上空应尽可能的开阔，在 10°～15°高度角以上不能有成片的障碍物；

②为减少各种电磁波对 GPS 卫星信号的干扰，在测站周围约 200 m 的范围内不能有强电磁波干扰源，如大功率无线电发射设施、高压输电线等；

③为避免或减少多路径效应的发生，测站应远离对电磁波信号反射强烈的地形、地物；

④为便于观测作业和今后的应用，测站应选在交通便利、上点方便的地方；

⑤测站应选择在易于保存的地方。

3）埋设标石

GPS 水准点可采用不小于顶面 12 cm×12 cm，底面 20 cm×20 cm，高 60 cm 的水泥桩标石。标石埋设后，应进行灌水处理，并至少应超过 3 d 以后，方可进行观测。

4）仪器设备

GPS 接收机应为双频接收机，标称精度应达到或优于 5 mm + 1ppm×D；GPS 同步观测接收机数应不少于 4 台。

5）外业观测

①GPS 水准点间的水准连测应按一等水准观测要求进行。

②GPS 整网观测前，后应分别进行同岸 GPS 水准点之间的高差连测，以检测各点位的沉降变化。当高差变化量不能满足一等水准的检测要求时，应重新进行 GPS 观测。

③GPS 观测应符合表 3-30 的规定。所有观测时间，一等应在 72 h 内完成观测，二等应在 48 h 内完成观测。GPS 测量应记录雨、晴、阴、云等天气状况。

表 3-30　GPS 观测要求

项目	等级	
	一等	二等
卫星截至高度/(°)	≥15	≥15
同时观测有效卫星数	≥4	≥4
有效观测卫星总数	≥9	≥6
观测时段数	6*S*	4*S*
时段长度/h	2	2
采样间隔/s	10	10
位置精度衰减因子（PDOP）	≤6	≤6

注：*S* 为跨河视线长度（km）。

④天线安置及天线高度的量取应满足：尽可能采用强制对中装置；尽可能采用材质坚固抗伸缩，高度稳定的刚体对中杆，其高度在测前、测后进行量取，两次读数互差不小于 1.0 mm；也可采用水准仪标尺加钢板尺的天线高度量取方法。水准仪和水准仪标尺应按相应等级水准测量要求进行检定，钢板尺应采用三等金属线纹尺进行检定，天线高度应在各时段测前、测后两次量取，互差应小于 1.0 mm；天线高度应为量取天线单元参考点位置的直高，并应获得厂商提供的各参考点至天线相位中心的改正常数，以便于在随后的数据处理中精确计算天线高度。

6）GPS 观测记录

①测站名，测站号。

②观测月、日/年积日，天气状况，时段号。

③开始、结束时间，采用协调世界时（UTC）时间，填写至时、分。

④接收机及天线类型、编号。

⑤测站近似经纬度及正常高高程，经纬度填写至 1′，高程填写至 1 m。

⑥天线相位中心至标石面的直高，记至 0.1 mm。

⑦接收卫星信息。

外业观测接收后，应将观测记录及时录入数据存储器，接收机数据卸载至外存介质时，不应进行任何剔除，删改等操作。

7）数据处理及成果计算

GPS 基线解算应符合以下要求。

①基线解算应采用经过有关部门批准使用的软件。

②基线解算应采用双差相位观测值。

③应采用精密星历作为基线解算的起始值，星历误差应优于 2 m。

④基线解算的起始坐标应采用 GPS 连续运行站坐标。

⑤基线解算时，应以 2 h 为一单元，将连续观测数据截断并划分为多个时段进行基线解算，使每一个同步观测图形各基线边具有至少 4 个时段的重复基线处理结果。

⑥基线解算方案可采用单基线或多基线模式，应采用双差固定解作为基线解算的最终结果。

⑦接收卫星信息。

GPS 基线解算的质量检核应符合以下要求。

①基线处理数据采用率不低于 80%。

②采用单基线处理模式时，同步时段中任一三边同步环的坐标分量相对闭合差应符合表 3-31 的规定。

表 3-31　三边同步环坐标分量相对闭合差要求

限差类型	一等	二等
坐标分量相对闭合差	1.0×10^{-6}	2.0×10^{-6}
环线全长相对闭合差	2.0×10^{-6}	3.0×10^{-6}

③由独立基线构成的异步环坐标分量闭合差和全长闭合差应满足式（3-29）～式（3-33）规定。

$$W_X \leqslant 2\sqrt{n}\delta \tag{3-29}$$

$$W_Y \leqslant 2\sqrt{n}\delta \tag{3-30}$$

$$W_Z \leqslant 2\sqrt{n}\delta \tag{3-31}$$

$$W \leqslant 2\sqrt{n}\delta \tag{3-32}$$

$$W = \sqrt{W_X^2 + W_Y^2 + W_Z^2} \tag{3-33}$$

式中，δ——相应测量等级基线长度标准差（mm）；

W_X, W_Y, W_Z——异步环坐标分量闭合差（mm）；

W——异步环线全长闭合差（mm）；

n——独立环中的边数。

④重复基线的长度互差（ds）及大地高高差互差（dH）应满足：

$$\begin{cases} \mathrm{d}s \leqslant 2\sqrt{2} \\ \mathrm{d}H \leqslant 2\sqrt{2}\delta \end{cases} \tag{3-34}$$

式中，δ——相应测量等级基线长度标准差（mm）。

8）GPS 网平差处理

GPS 网平差软件应采用经过有关部门批准使用的软件。在基线向量检核符合要求后，以三维基线向量及其相应一协方差阵作为观测信息，以某一跨河点的三维地心坐标系下的三维坐标作为起算数据，进行 GPS 网的无约束平差。无约束平差应提供各点的三维地心坐标系下的三维坐标，各基线向量改正数和精度信息。

无约束平差基线向量改正数绝对值应满足：

$$\begin{cases} v_{\Delta X} \leqslant 3\delta \\ v_{\Delta Y} \leqslant 3\delta \\ v_{\Delta Z} \leqslant 3\delta \end{cases} \tag{3-35}$$

式中，δ——相应测量等级基线长度标准差（mm）。

9）高差计算

将河流两岸得到的不同的α_{AB}和α_{CD}取平均值作为跨河河段的高程机场变化率α_{BC}。河流两岸得到的不同的α值（α_{AB}，α_{CD}）较差应满足表3-32的规定。

表3-32　河流两岸不同的α值较差规定

限差类型	一等	二等
同岸α值较差	0.007 0	0.013 0
不同岸α值较差	0.010 0	0.018 0

高程异常差按式（3-36）计算：

$$\Delta\delta_{AB} = \alpha_{AB} \times S_{AB} \tag{3-36}$$

式中，$\Delta\delta_{AB}$——A、B点间的高程异常差（m）；

α_{AB}——AB方向的高程异常变化率（m/km）；

S_{AB}——AB点间的平距（km）。

由式（3-36）计算出跨河线路BC之间的跨河水准高差：

$$\Delta H_{rBC} = \Delta H_{GBC} - \alpha_{BC} \times S_{BC} \tag{3-37}$$

式中，ΔH_{rBC}——BC间的正常高差（m）；

ΔH_{GBC}——BC间的大地高差（m）；

α_{BC}——BC方向的高程异常变化率（m/km）；

S_{BC}——BC点间的平距（km）。

10）补测和重测

当出现下列情况时，应进行补测和重测。

①未按施测方案要求，外业缺测、漏测数据，或者经过处理后，观测数据不能满足表的要求，有关成果应及时补测或重测。

②在重复基线长度之差、同步环闭合差、独立环闭合差等检验中允许舍弃超限基线，单剩余的同名基线边数目不小于总数的50%，否则应重测该基线后有关的图形。

③由于点位不符合水准测量或GPS测量要求，重测仍不能满足各项限差规定时，应按技术要求增选新点进行重测。

④非跨河点与最近跨海点组成的线路计算的α值较差大于表3-32规定时，应对超限

的线路进行重测。经重测仍不能满足要求时，应按表的要求另外选定非跨海点，组成新线路重测。

观测记录，计算表格见表 3-33、表 3-34。

表 3-33　GPS 测量法观测记录表

序号	点号	纬度 B	经度 L	大地高 H/m	正常高差 H/m
1	A_1	30°50′55.76622″	106°05′41.85773″	265.1336	−0.4638
2	A_2	30°50′55.89560″	106°05′42.17509″	264.6792	−7.0012
3	B	30°50′54.31159″	106°07′02.86001″	271.7040	28.3437
4	C	30°50′52.83642″	106°08′23.05132″	237.0210	
5	D_1	30°50′51.22477″	106°09′45.92241″	265.3948	1.8852
6	D_2	30°50′51.13589″	106°09′46.73066″	267.2888	

表 3-34　GPS 水准测量正常高差计算

路线号	A	B	S_{AB} / km	ΔH_{GAB}/m	ΔH_{iAB}/m	$\Delta\delta_{AB}$/m	α/(m/km)
1	A_1	B	2.153	6.570 4	6.537 4	0.033 0	0.015 33
2	A_2	B	2.144	7.024 8	7.001 2	0.023 6	0.011 01
3	C	D_1	2.203	28.373 8	28.343 7	0.030 1	0.013 66
4	C	D_2	2.224	30.267 8	30.228 9	0.038 9	0.017 49

同岸 α 最大互差 = 4.32 mm/km　不同岸 α 最大互差 = 648 mm/km

α 平均值 = 0.01437 m/km

跨河段 BC 水准路线高差计算：

$\Delta H = \Delta H_{\text{GPS}} - \alpha \times S = -34.683 - 0.01437 \times 2.131 = 34.7136$ m

3.3　应用案例

3.3.1　港珠澳大桥沉管隧道首级高程控制网

3.3.1.1　工程概述

港珠澳大桥是国家高速公路网规划中珠江三角洲地区环线的组成部分和跨越伶仃洋

海域的关键工程。港珠澳大桥沉管隧道起于特别行政区界，止于西人工岛结合部非通航孔桥西端，全长约 7440 m。沉管隧道是港珠澳大桥主体工程技术最复杂的部分，要在软弱地基上建设至今世界上最长、埋深达 45 m 以上的海底沉管隧道，在水深 10 m 且软土厚达 60 m 的海中建造人工岛，以及在上述条件下实现海中岛隧连接。

港珠澳大桥沉管隧道首级控制网统一采用大桥独立坐标系统，高程系统采用 1985 国家高程基准，首级控制网共布设了 68 个高程控制点，按国家二等水准测量的精度要求施测。为了验证首级控制网测量成果的可靠性和测量精度，确保测量成果在网形、精度、质量等方面满足大桥沉管隧道建设的基本要求，进行同等精度的复核测量。

3.3.1.2　控制网布设

高程控制网采用国家水准二等测设技术指标，共联测大桥首级高程控制点 10 个。联测路线如图 3-19 所示。

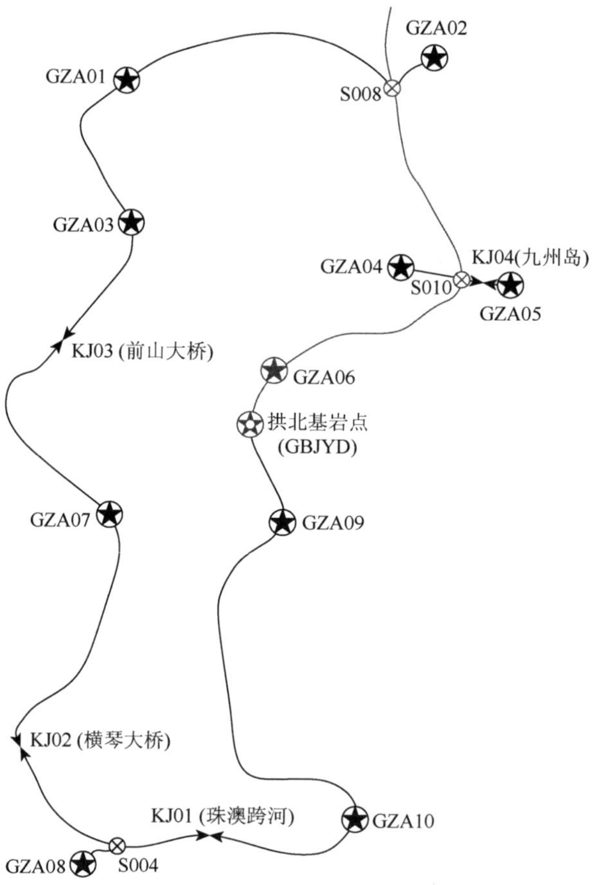

图 3-19　二等水准网联测示意图

3.3.1.3 水准数据外业采集

①二等水准检核测量采用数字精密水准仪及配套的水准标尺，按《国家一、二等水准测量规范》（GB/T 12897—2006）二等水准测量要求作业。水准网外业观测见图 3-20。

图 3-20 二等水准网外业观测

②测量时应保证前后视距尽可能相等，减少仪器 i 角对高差观测的影响，前后视距差满足规范要求。

③每天开测作业前对水准仪进行 i 角测定，使之符合《国家一、二等水准测量规范》（GB/T 12897—2006）要求，即 i 角的值不得大于 15″。若开测为未结束测段，则在新测段开始前进行测定。

④为了保证水准尺的稳定性，选用 5 kg 尺垫，将尺垫安放在坚实的地方踩实以防止尺垫下沉。

⑤水准路线采用往返观测，并尽量沿同一条路线进行，同一测段的往测、返测应分别在上午与下午进行。每一测段均采用偶数站结束，由往测转为返测时，互换前后尺再进行观测。

⑥观测间歇时，最好在水准点上结束，否则应在最后一站选择两个坚稳可靠、光滑突出、便于放置标尺的固定点，作为间歇点。如无固定点可选择，间歇前应对最后两测站的转点尺桩做妥善安置，作为间歇点。间歇后应对间歇点进行检测，比较任意两尺承点间歇前后所测高差，若符合限差要求（检测间歇点高差的差小于 1 mm），即可由此起测；若超过限差，可变动仪器高再测一次，如仍超限，应从前一水准点起测。

3.3.1.4 技术要求

具体技术要求见表 3-35～表 3-38。

表 3-35　水准测量的总体技术标准

等级	每千米水准测量偶然中误差 M_Δ/mm	每千米水准测量全中误差 M_W/mm	限差			
			往返测高差不符值/mm	附和路线闭合差/mm	闭合环差/mm	检测已测段高差之差/mm
二等	≤1.0	≤2.0	$\leqslant 4\sqrt{K}$	$\leqslant 4\sqrt{L}$	$\leqslant 4\sqrt{F}$	$\leqslant 6\sqrt{R}$

注：K 为测段、区段或路线长度，单位为千米（km），当测段长度小于 0.1 km 时，按 0.1 km 计算；L 为附合路线长度，单位为千米（km）；F 为环线长度，单位为千米（km）；R 为检测测段长度，单位为千米（km）。

表 3-36　二等水准测量线路技术标准

等级	每千米高差全中误差/mm	路线长度/km	水准仪等级	水准尺	观测次数		往返较差或闭合差/mm
					与已知点联测	附合或环线	
二等	2	≤400	DS_1	因瓦基线尺	往返	往返	$4\sqrt{L}$

注：L 为往返测段、附合或环线的水准路线长度，单位为千米（km）。

表 3-37　单站二等水准观测技术标准

等级	仪器型号	视线长度/m	前后视距差/m	任一测站上前后视距差累积/m	视线高度/m	重复测量次数
二等	DS_1	≥3 且≤50	≤1.5	≤6.0	≤2.80 且≥0.55	≥2 次

表 3-38　二等水准测量计算取位标准

等级	往（返）测距离总和/km	往（返）测距离中数/km	各测站高差/mm	往（返）测高差总和/mm	往（返）测高差中数/mm	高程/mm
二等	0.01	0.1	0.01	0.01	0.1	0.1

3.3.1.5　数据质量检核

水准测量作业结束后，对二等水准的检核测量应以各水准路线测段往返测高差不符值计算每千米高差中数的偶然中误差和全中误差，合格后方进行高差比对。高差对比过程中，检核测量的高差与业主方提供的高差相比较，超过二等水准测量应有的限差标准时，则需要沿水准路线追加一次单程的高程测量，用以辅助确认地表高程变化的真实存在。外业观测的当天晚上对观测数据进行初步整理。

3.3.1.6　内业计算

相邻水准点间的高差计算时，取符合规范要求的往返观测值的平均值作为最终成果。整体平差采用科傻地面控制系统数据处理软件。

按二等水准测量的精度要求进行平差计算。平差计算时固定首级控制网的三个高程坐标，分别为 GBJYD、GBJYD01、GBJYD02。水准闭合环闭合差见表 3-39，高程中误差见表 3-40。

表 3-39 水准闭合环闭合差

序号	往测闭合差/mm	返测闭合差/mm
1	1.7	1.6

表 3-40 高程中误差统计表

序号	坐标点	M_h/mm
1	GZA06	1.09
2	S011	2.02
3	S008	2.74
4	GZA01	3.10
5	GZA03	3.09
6	S007	2.92
7	GZA07	2.57

往返高差及差值见表 3-41。

表 3-41 高程复测坐标往返高差及差值表

序号	起点	终点	高差/m	距离/km	往返差/mm
1	S008	S011	0.265 84	4.76	−0.48
2	S011	S008	−0.266 32	4.76	
3	GZA06	S011	−0.396 03	2.94	1.07
4	S011	GZA06	0.397 10	2.94	
5	GZA07	GBJYD	0.685 69	7.21	−0.11
6	GBJYD	GZA07	−0.685 8	7.19	
7	GZA03	GZA01	10.740 92	3.43	−3.39
8	GZA01	GZA03	−10.744 31	3.43	
9	GBJYD	GZA06	−12.857 77	1.06	0.59
10	GZA06	GBJYD	12.858 36	1.06	
11	GZA07	S007	−12.877 67	3.65	1.32
12	S007	GZA07	12.878 99	3.65	
13	S007	GZA03	13.492 80	3.87	−4.19
14	GZA03	S007	−13.496 99	3.86	
15	GZA01	S008	−24.193 13	6.34	1.88
16	S008	GZA01	24.195 01	6.36	

水准路线应按测段往返测高差不符值计算每公里水准测量的偶然中误差按式（3-38）计算：

$$M_{\Delta}=\pm\sqrt{[\Delta^2/R]/(4n)}=0.55\text{mm} \tag{3-38}$$

式中，Δ——测段往返测高差不符值（mm）；

R——测段长度（km）；

n——测段数。

M_{Δ}满足二等水准的规定小于或等于 1 mm。

3.3.2　港珠澳大桥沉管隧道首级加密高程控制网

3.3.2.1　工程概述

港珠澳大桥沉管隧道施工测量控制遵循“先整体后局部，分级布网，逐级控制”的原则，做到整体工程系统控制，局部分项工程精密测量。在东人工岛、西人工岛上布设了沉管隧道首级加密高程控制网，为各项施工测量提供稳定的测量控制基准。高程控制测量内容主要包括西测量平台与西人工岛组成的高程控制网施测、东测量平台与东人工岛组成的高程控制网施测，单边的高程控制网施测又包含了测量平台与人工岛之间的跨海高程传递。东西人工岛与海中测量平台平面布置如图 3-21 所示。

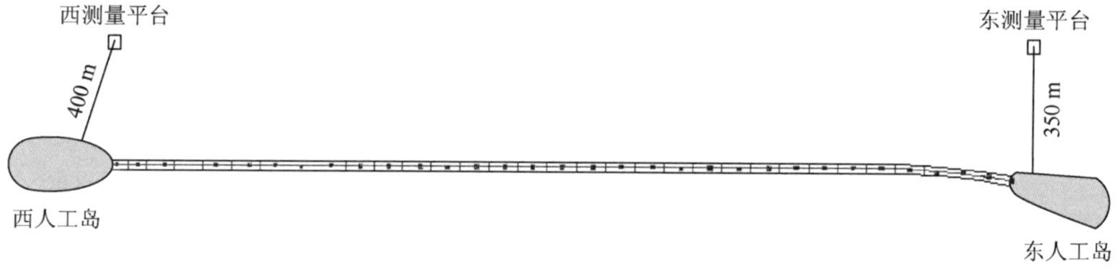

图 3-21　东人工岛、西人工岛与海中测量平台平面布置示意图

3.3.2.2　技术设计

按照《国家一、二等水准测量规范》（GB/T 12897—2006）中二等水准测量的相关要求进行施测，首先采用光学测微法进行平台与人工岛之间的跨海水准测量，然后采用常规陆上水准测量方法进行人工岛上水准路线的测量，最后按照距离倒数定权进行带结点水准网的统一平差。

在测量平台控制点至东人工岛、西人工岛上控制点间使用两台徕卡 NA2 光学测微法和两台徕卡 TS30 全站仪测距三角高程对向观测的方法，并将两种测量结果作对比，使用光学测微法测量结果作为平台与人工岛之间的跨海水准测量的正式成果。

3.3.2.3 基本技术要求

水准测量按照《国家一、二等水准测量规范》（GB/T 12897—2006）要求执行，表 3-42 为水准测量总体技术标准，表 3-43 为水准测量主要技术标准。高程控制网复测按照国家二等水准规范要求进行，技术标准如下。

表 3-42 水准测量的总体技术标准 （单位：mm）

等级	每千米水准测量偶然中误差 M_Δ	每千米水准测量全中误差 M_W	限差			
			往返测高差不符值	附和路线闭合差	闭合环差	检测已测段高差之差
二等	≤1.0	≤2.0	$\leqslant 4\sqrt{K}$	$\leqslant 4\sqrt{L}$	$\leqslant 4\sqrt{F}$	$\leqslant 6\sqrt{R}$

注：K 为测段、区段或路线长度，单位为千米（km），当测段长度小于 0.1 km 时，按 0.1 km 计算；L 为附和路线长度（km）；F 为环线长度（km）；R 为检测测段长度（km）。

表 3-43 单站二等水准观测技术标准

等级	仪器型号	视线长度/m	前后视距差/m	任一测站上前后视距差累积/m	视线高度/m	重复测量次数
二等	DS_1	≥3 且≤50	≤1.5	≤6.0	≤2.80 且≥0.55	≥2 次

测距三角高程法水准测量跨河距离测量应满足表 3-44 规定。

表 3-44 测距三角高程法水准测量跨河距离测量的技术要求

跨河水准等级	测距仪精度等级	观测时间段		一个时间段内测回数	一测回读数间较差/mm	测回中数间较差/mm	往返（或时间段）测距中数的较差/mm
一	II	2	2	4	≤10	≤15	$\leqslant 2(a+b\times D\times 10^{-6})$
二	II	1	1	6	≤10	≤15	$\leqslant 2(a+b\times D\times 10^{-6})$

注：①a、b 为测距仪标称参数值，D 为所测距离的千米数；

②每照准一次，读 4 次数为一测回。测距仪和反射镜的高度量至毫米，两次量测之差应不大于 3 mm。各次设站高度不必强求一致。

测距三角高程法水准测量各组垂直角观测的限差按表 3-45 执行。

表 3-45 测距三角高程法水准测量垂直角限差

指标差互差/(″)	同一标志垂直角互差/(″)
≤8	≤4

3.3.2.4 网形设计

测量平台距离在东人工岛、西人工岛施工区域北侧约 300 m 的位置。西人工岛高程控制网网形如图 3-22 所示，东人工岛高程控制网网形如图 3-23 所示。

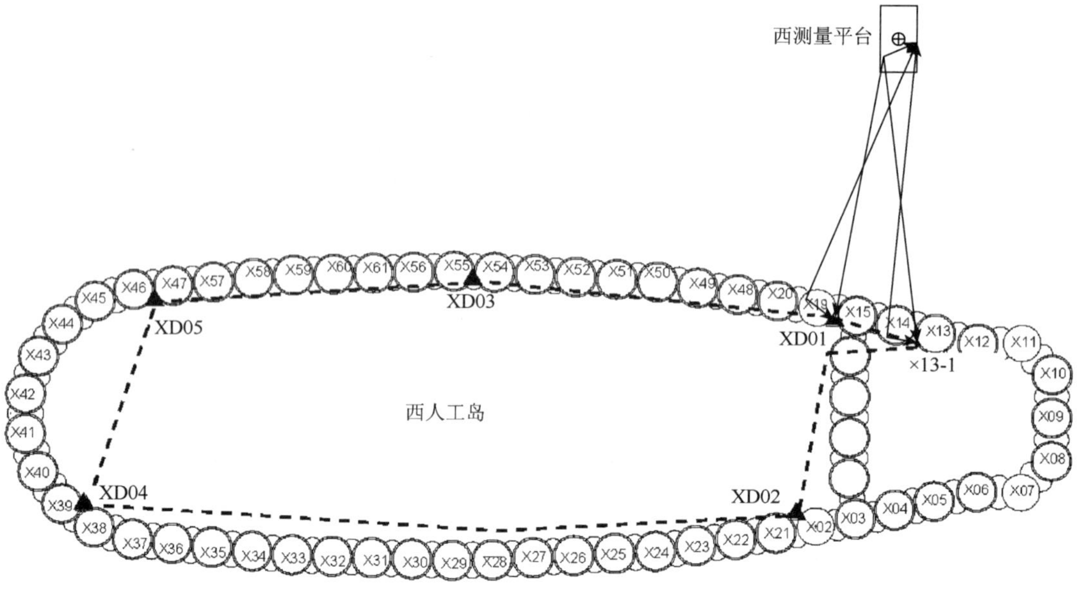

图 3-22　西人工岛高程控制测量示意图

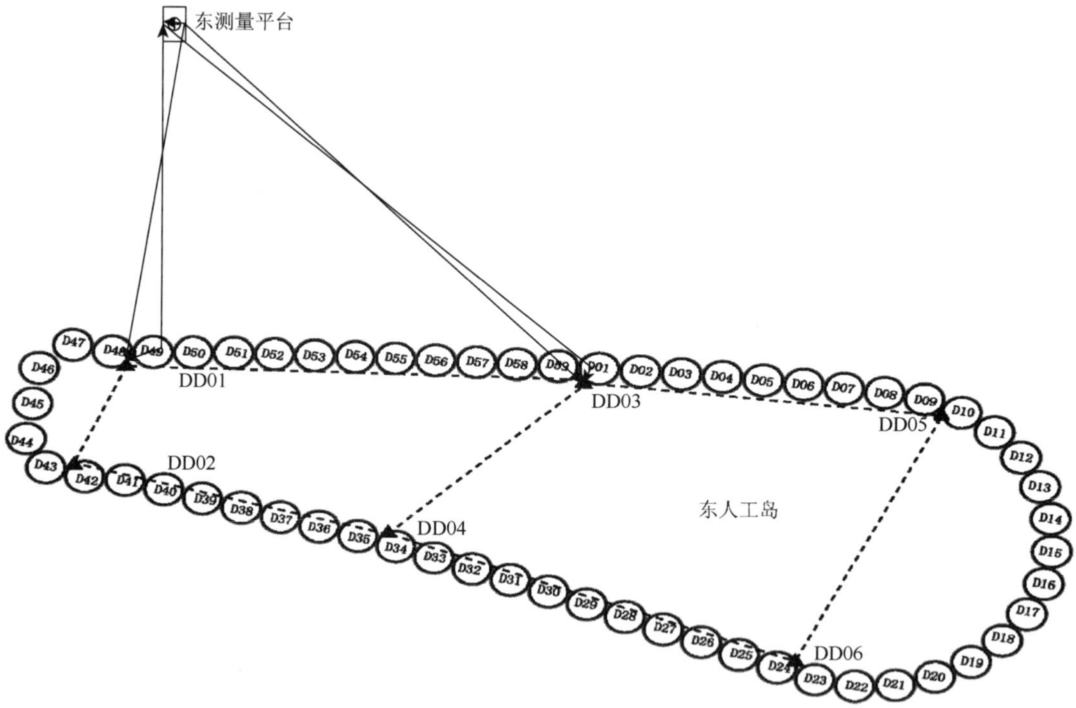

图 3-23　东人工岛高程控制测量示意图

3.3.2.5　测量平台与人工岛间跨海水准测量

1. 观测要求

①观测易在风力温和、气温变化较小、平潮期间的阴天进行。

②观测开始前 30 min，应先将仪器置于露天阴影下，使仪器与外界气温一致。观测时应遮蔽阳光。

③水准标尺应用尺架撑稳，并经常注意使圆水准器的气泡居中。

④仪器调岸时，标尺亦应随同调岸。当一对标尺的零点差不大时，亦可待全部测回完成一半时调岸。

⑤一测回的观测完成后，应间歇 15～20 min，再开始下一测回的观测。跨河水准测量采用的全部测回数，上午、下午应各占一半。如有夜间观测时，白天与夜间测回数之比应接近 1.3∶1。

2. 光学测微法

1）点位布设

港珠澳大桥东人工岛、西人工岛跨海水准测量点位分别分布在人工岛岛内及海中测量平台上。现场布设点位前，首先在施工现场勘察地形条件，然后在工程设计总平面图上展示测量网形图，采集点坐标，最后再到施工现场采用 GPS-RTK 将坐标放样到实地。现场点位放样见图 3-24。

图 3-24　现场跨海高程传递点位选择

点位布设在人工岛钢圆筒位置的防台围堰上，采用混凝土浇筑观测平台，见图 3-25。

图 3-25　跨海高程传递点实景图

东人工岛、西人工岛测量平台观测点及立尺点点号分别为 I_2、b_2 和 I_1、b_1，在人工岛钢圆筒位置的防台围堰上布置跨海水准测量点 BX_1、BX_2 及设站点 IX_1，IX_1 同 BX_1、b_1、I_1 构成等腰梯形，IX_1 同 BX_2、b_1、I_1 构成平行四边形，如图 3-26 所示。

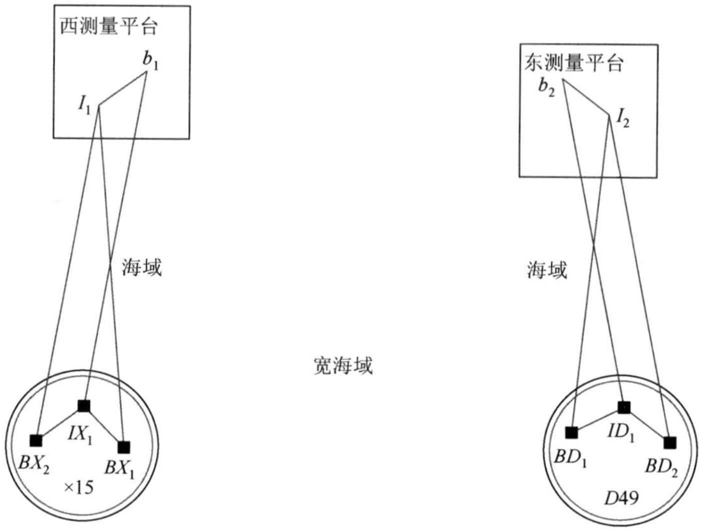

图 3-26　测量平台与人工岛间光学测微法跨海高程传递网形图

2）觇牌制作

觇牌的制作参照《国家一、二等水准测量规范》（GB/T 12897—2006）中跨河水准测量觇牌的制作规定，采用铝材质制成，背部有专用夹具，可沿标尺侧面滑动，并能稳定的固定于标尺的任意位置。觇牌中央打开一小窗，小窗中央设一水平指标线，以指示觇牌固定标尺的位置。

觇牌标志的长度和宽度及标志线的间距，依跨河视线长度 S 而定。中心标志线的大小标准依据表 3-46 规定。

表 3-46　觇牌标志线制作标准

使用仪器	标志宽 a	标志长 b
水准仪	$S/25$	$S/5$

注：其中 S 以 m 计，a、b 为 mm。

港珠澳大桥沉管隧道跨海水准测量跨海距离接近 300 m，为统一起见，一律按照 300 m 距离计算觇牌中心标志线的宽度规格 $a = 12$ mm；增加标志线长度对于测量作业及精度基本无影响，故标志线长度直接取觇牌长度 20 cm。使用的觇牌如图 3-27 所示。

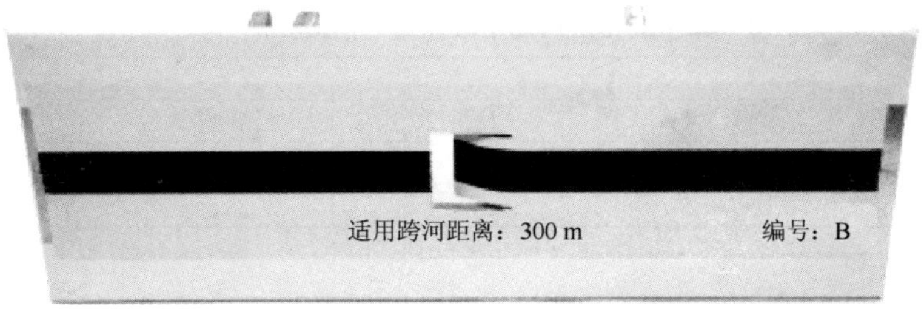

图 3-27 觇牌示意图

3）仪器检校

参照《国家一、二等水准测量规范》（GB/T 12897—2006）中仪器的检校规定，在外业观测前对高程控制测量使用的仪器进行了检校，具体检校的项目见表 3-47。

表 3-47 仪器检校的项目

序号	仪器	检验项目	作业前	跨海水准测量
1	水准标尺	标尺的检视	√	√
2		标尺上圆水准器的检校	√	√
3		标尺分划面弯曲差的测定	√	√
4		标尺名义长及分划偶然中误差的测定	√	√
5		一对标尺零点不等差及基辅分化读数差的测定	√	√
6	水准仪	水准仪的检视	√	√
7		水准仪上概略水准器的检校	√	√
8		光学测微器隙动差和分划值的测定	√	√
9		调焦透镜运行误差的测定	—	√
10		气泡式水准仪交叉误差的检校	√	√
11		*i* 角检校	√	√
12		符合水准器分划值的测定	—	√

注：“√”表示进行检校的项目。

4）外业观测

跨海水准测量示意图见图 3-26，西测量平台同西人工岛间构成一个等腰梯形 $I_1b_1IX_1BX_1$ 和一个平行四边形 $I_1b_1IX_1BX_2$，东测量平台同东人工岛间构成一个等腰梯形 $I_2b_2ID_1BD_1$ 和一个平行四边形 $I_2b_2ID_1BD_2$。参考《国家一、二等水准测量规范》（GB/T 12897—2006）中观测的时间段数、测回数及组数的规定（表 3-48），综合考虑现场实际情况，本次测量每个高程传递点上的观测加强为 2 个时间段，共 4 个双测回数，每半测回中的组数为 3 组，同时在满足规范的前提下，确定每组读数近尺读数为 5 次，远尺读数为 10 次。

表 3-48　光学测微法跨海水准测量时间段、测回数及组数

跨海视线长度/m	二等			备注
	最少时间段数	双测回数	半测回中的组数	
100～300	2	2	2	规范要求
100～300	2	2	3	实际观测

使用两台水准仪在两岸同时进行观测，对换仪器观测一次组成一个双测回，观测流程如下。

①在测站点上整平仪器后，按光学测微法，对本岸近标尺，先后 5 次照准基本分划并读、记之跨海水准测量外业观测见图 3-28。

图 3-28　跨海水准测量外业观测

②将仪器转向对岸远标尺，使测微器读数居于全程的中央位置，指挥对岸扶尺员将觇牌尺面上下移动，待标志线到望远镜楔形丝中央时，即通知扶尺员使觇牌标志中心线精密对准标尺上最邻近的基本分划线固定之，并记下标志中心线在标尺上的读数。再按光学测微法，转动测微器精密照准觇牌上的标志线，并读、记测微器格值。同样重复照准、读数 10 次，即完成一组观测。以后各组开始观测之前，应将觇牌较大地移动后，重新使标志中心线对准标尺基本分划线，并固定之。然后按相同的操作顺序，逐个完成其余各组的观测，共观测 3 组。觇牌与标尺连接观测见图 3-29。

图 3-29　觇牌与标尺连接观测图

③上半测回结束后，立即谨慎地将仪器及标尺搬到对岸，进行下半测回的观测。下半测回的观测是先观测对岸的远标尺，观测远近标尺操作与上半测回相同。跨海水准测量平台向人工岛观测见图 3-30，人工岛向测量平台观测见图 3-31。

图 3-30 跨海水准测量平台观测人工岛方向

图 3-31 跨海水准测量人工岛观测平台方向

5）数据处理与质量检查

东人工岛、西人工岛跨海水准测量高差与中误差计算成果见表 3-49～表 3-52。

表 3-49 西人工岛跨海水准传递点 BX1 成果

测回	测站	$h_{b_1b_2}$/m	测站	$h_{b_2b_1}$/m	一测回高差/m
		$b-A$		$b-A$	$h_{b_1b_2}-h_{b_2b_1}/2$
1	I1	0.169 05	IX1	−0.165 50	0.167 28
2	I1	0.169 63	IX1	−0.164 04	0.166 83
3	I1	0.169 66	IX1	−0.165 79	0.167 73
4	I1	0.169 60	IX1	−0.167 08	0.168 34
高差中数 $H_0 = 0.167 54$ m					
每测回高差中误差 $m_h = 0.64$ mm					
高差中数中误差 $m_{H_0} = 0.32$ mm					

表 3-50　西人工岛跨海水准传递点 BX2 成果

测回	测站	$h_{b_1b_2}$/m	测站	$h_{b_2b_1}$/m	一测回高差/m
		b–A		b–A	$h_{b_1b_2}-h_{b_2b_1}/2$
1	I1	0.169 18	IX1	–0.165 51	0.167 35
2	I1	0.169 33	IX1	–0.165 48	0.167 40
3	I1	0.169 41	IX1	–0.165 51	0.167 46
4	I1	0.169 23	IX1	–0.165 21	0.167 22
高差中数 $H_0=0.16736$ m					
每测回高差中误差 $m_h=0.10$ mm					
高差中数中误差 $m_{H_0}=0.05$ mm					

表 3-51　东人工岛跨海水准传递点 BD_1 成果

测回	测站	$h_{b_1b_2}$/m	测站	$h_{b_2b_1}$/m	一测回高差/m
		b–A		b–A	$h_{b_1b_2}-h_{b_2b_1}/2$
1	I2	0.581 26	ID1	–0.574 21	0.577 73
2	I2	0.580 14	ID1	–0.577 53	0.578 83
3	I2	0.580 05	ID1	–0.577 51	0.578 78
4	I2	0.583 11	ID1	–0.577 51	0.580 31
高差中数 $H_0=0.57891$ m					
每测回高差中误差 $m_h=1.87$ mm					
高差中数中误差 $m_{H_0}=0.94$ mm					

表 3-52　东人工岛跨海水准传递点 BD_2 成果

测回	测站	$h_{b_1b_2}$/m	测站	$h_{b_2b_1}$/m	一测回高差/m
		b–A		b–A	$h_{b_1b_2}-h_{b_2b_1}/2$
1	I2	0.456 14	ID1	–0.453 25	0.454 70
2	I2	0.456 93	ID1	–0.453 38	0.455 15
3	I2	0.456 23	ID1	–0.453 42	0.454 82
4	I2	0.456 14	ID1	–0.453 43	0.454 79
高差中数 $H_0=0.45486$ m					
每测回高差中误差 $m_h=0.20$ mm					
高差中数中误差 $m_{H_0}=0.10$ mm					

根据《国家一、二等水准测量规范》（GB/T 12897—2006）中的规定，各双测回的互差限差 dH 限按下式计算：

$$dH_{限} = 4 \cdot M_{\Delta}\sqrt{N \cdot S} \tag{3-39}$$

式中，M_{Δ}——每千米水准测量的偶然中误差限差（mm）；

N——双测回的测回数；

S——跨海视线长度（km）。

每千米水准测量的偶然中误差M_{Δ}和每千米水准测量的权中误差M_W不应超过表3-53规定的数值。

表 3-53　限差表

测量等级	二等
M_{Δ}/mm	1.0
M_W/mm	2.0

西人工岛S取值为0.28 km，东人工岛S取值为0.26 km。

西人工岛各测回互差限差为4.23 mm，东人工岛各测回互差限差为4.08 mm，各测回互差最大值均满足限差要求。各高程传递点测回互差最大值见表3-54。

表 3-54　各高程传递点测回互差最大值表　（单位：mm）

点号	BX1	BX2	BD1	BD2
各测回互差最大值	1.51	0.24	2.58	0.45
各测回互差限差	4.23	4.23	4.08	4.08

3. 测距三角高程法

1）测点布设

西测量平台与西人工岛间跨海高程传递通过测距三角高程法进行。网形设计如图3-32所示。

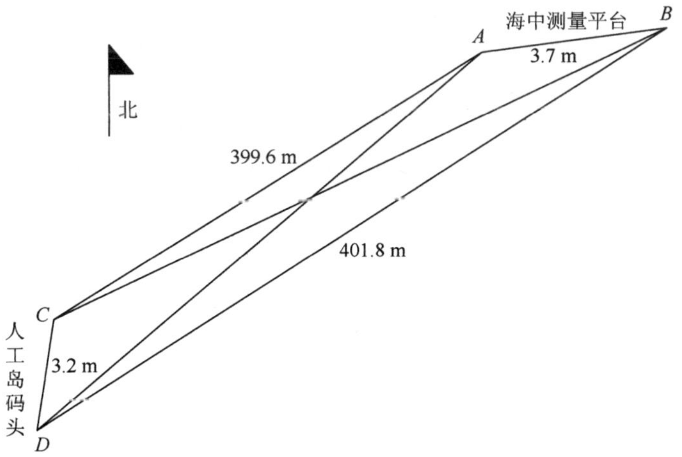

图 3-32　西测量平台与西人工岛间测距三角高程法跨海高程传递示意图

东测量平台与东人工岛间跨海高程传递通过测距三角高程法进行。大地四边形 *ABCD* 中，*B* 点为 SJM09 点。网形设计如图 3-33 所示。

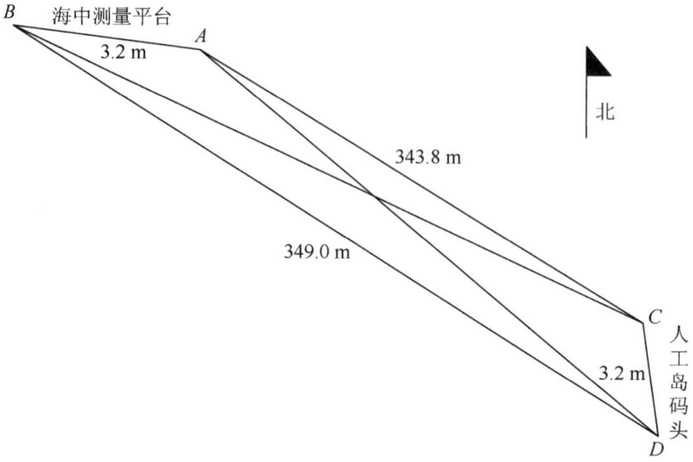

图 3-33　东测量平台与东人工岛间测距三角高程法跨海高程传递示意图

2）外业观测

使用两台徕卡 TS30 全站仪进行跨海测站间高差测量和跨河距离 SAC、SAD、SBC、SBD 的测量。分两个时段进行观测，每个时段一个双测回，共观测两个双测回，半测回测量测量 5 组有效数据。东人工岛、西人工岛到测距三角高程跨海高程传递见图 3-34、图 3-35。

图 3-34　东人工岛测距三角高程跨海高程传递

图 3-35 西人工岛测距三角高程跨海高程传递

测距三角高程跨海高程水准测量记录如表 3-55 所示。

表 3-55 东人工岛测距三角高程法二等跨海水准测量高差与中误差计算成果表

组数	测站	高差/m	测站	高差/m	一测回高差/m
		$B-C$		$C-B$	$H_{B-C}/2$
1	B	–3.108 38	C	3.091 70	–3.100 04
2	B	–3.110 70	C	3.091 99	–3.101 35
3	B	–3.100 20	C	3.091 56	–3.095 88
4	B	–3.110 46	C	3.092 33	–3.101 40
5	B	3.109 01	C	3.091 70	–3.100 36
6	B	–3.101 67	C	3.096 23	–3.098 95
7	B	–3.097 44	C	3.097 00	–3.097 22
8	B	–3.095 89	C	3.097 04	–3.096 47
9	B	–3.099 18	C	3.096 69	–3.097 94
10	B	–3.103 14	C	3.096 98	–3.100 06
高差中数 H_0/m		–3.098 96 m			
高差中数中误差 m_{H_0} /mm		0.66 mm			

3）成果检核

每条边各单测回高差间的互差应符合式（3-40）的限值，其中 N 为总测回数。根据《国家一、二等水准测量规范》（GB/T 12897—2006）中的规定，各双测回的互差限差 dH 限按下式计算：

$$dH_{限}=4\cdot M_{\Delta}\sqrt{N\cdot S} \tag{3-40}$$

式中，M_{Δ}——每千米水准测量的偶然中误差限差（mm）；

N——双测回的总测回数；

S——跨海视线长度（km）。

高差检校结果见表 3-56。

表 3-56　高差检校结果

测段	东人工岛测距三角高程法二等跨海水准测量				西人工岛测距三角高程法二等跨海水准测量			
	B–*C*	*A*–*D*	*B*–*D*	*A*–*C*	*B*–*C*	*A*–*D*	*B*–*D*	*A*–*C*
差值	7.44	7.44	7.46	7.41	8.03	8.01	8.03	8.01
限差	5.51	7.40	6.69	6.92	6.66	7.31	5.73	7.71

3.3.2.6　沉管隧道内水准测量

1. 测量时机选择

人工岛成岛后，很长一段时间岛体仍处于不稳定阶段，存在不同程度的沉降位移，当测量平台上的高程基准点通过跨海高程传递至人工岛后，须立即将高程引测至岛内相对稳定的区域，并布设不少三个高程基准点用于相互间的校核。

高程基准点复核采用跨海高程传递的方法，每月进行一次检测、每季度进行一次复测。每次复核要避开施工震动影响，并且要在较短时间内完成。

2. 观测方法

采用徕卡 DNA03 电子水准仪和与之配套的 3 m 因瓦基线尺，按照《国家一、二等水准测量规范》（GB/T 12897—2006）二等水准测量要求，以闭合水准路线的观测方式进行水准测量。沉管隧道内二等水准测量外业观测见图 3-36。

图 3-36　沉管隧道内二等水准测量

3. 仪器检校

在控制网施测前，对测量仪器进行自检，自检项目主要如下。

①圆水准轴平行于仪器竖轴；

②十字丝横丝垂直于仪器竖轴；

③每次施测之前进行 i 角检测；

④按照规范要求，通过检视水准标尺、检校水准标尺上圆水准器、测定水准标尺分划面弯曲差、测定一对水准标尺零点不等差、测定水准标尺中轴线与标尺底面垂直性等，对水准标尺进行检定。电子水准仪检校见图 3-37。

图 3-37　电子水准仪检校

3.3.3　港珠澳大桥沉管隧道长距离跨海高程传递测量

3.3.3.1　工程概述

港珠澳大桥沉管隧道工程施工区域远离陆地，属于开敞海域，人工岛钢圆筒振沉测量定位、人工岛地基不均匀沉降控制、深水基床整平测量技术、管节沉放定位与贯通测量控制等，都需要高精度高程测量成果。在当前技术条件下，需要将陆地高程基准长距离（9 km）精密传递到海上场地狭小相对稳定的测量平台（10 m×14 m），再经海中测量平台精密传递至最大水深 50 m 的隧道基床处，构建工程区域的陆地及水下精密高程基准，确保港珠澳大桥沉管隧道高精度贯通、项目建设顺利推进。

3.3.3.2　陆地与测量平台之间测量方法的选择

鉴于工程施工进度和实际需求，同时也基于测量精度、成本和实施周期的考虑，采用经纬仪倾角法、测距三角高程法对西测量平台与香港大屿山进行距离约 8.9 km

的跨海水准测量，同时采用 GPS 水准测量法对珠海唐家湾、香港大屿山两岸与西测量平台上控制点进行 GPS 水准联测，验算西测量平台上控制点高程，与常规测量方法结果进行比较，验证高程传递成果的可靠性，构建工程区域统一粤港澳地区的陆地高程基准。

港珠澳大桥沉管隧道测量平台跨海水准测量示意如图 3-38 所示。

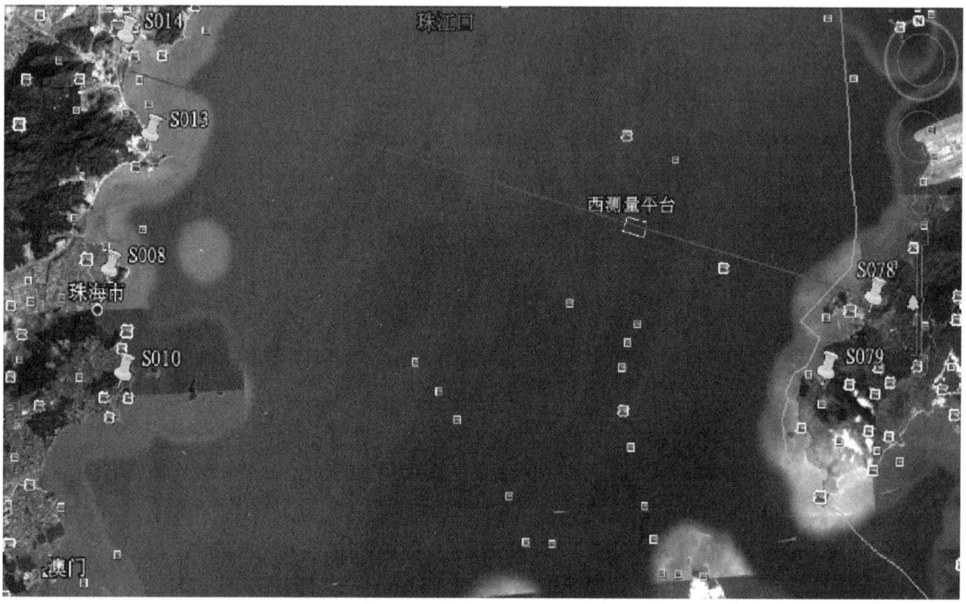

图 3-38　港珠澳大桥沉管隧道测量平台跨海水准测量示意

1. 经纬仪倾角法测量

1）技术设计

东测量平台、西测量平台跨海水准，全部为海上作业，距离长、难度大。为满足工程施工精度要求，本次跨海水准测量按二等跨海水准的技术要求实施，技术方法参照《国家一、二等水准测量规范》（GB/T 12897—2006），采用经纬仪倾角法进行跨海高程传递。

依据经纬仪倾角法测量规范要求，选用 WILD T3 光学经纬仪进行观测。用垂直度盘测定水平视线上、下两标志的倾角，计算水平视线位置，求出两岸高差。

西测量平台与东测量平台，均为海上钢结构平台。为了削弱跨海场地气象因素对测量的影响，满足仪器照准觇牌的照准目标尺寸条件，制作照准觇牌标志。

2）网点布设

两岸仪器及观测照准觇牌标志的布置如图 3-39 所示，点位的布置考虑了观测环境和观测条件的因素，以避免和减少与其他项目的冲突。

跨海水准测量仪器及尺台点按四边形布置。I_1、I_2 表示跨海水准观测仪器设站点，制作仪器脚架；b_1、b_2 为观测照准觇牌标志点，分别设置照准标志。仪器脚架用角钢制作，顶部焊接强制对中标盘。按设计要求在平台钢梁上焊接水准标芯，东测量平台、西测量平台上照准觇牌焊接在钢梁上，基础安装就位后刷防锈漆。

I_1、b_1、I_2、b_2 为两岸交替安置仪器和标尺的位置。跨海远尺视线长度（I_1b_2、I_2b_1）为 5778.2 m；近尺视线长度（I_1b_1、I_2b_2）为 9.3 m。

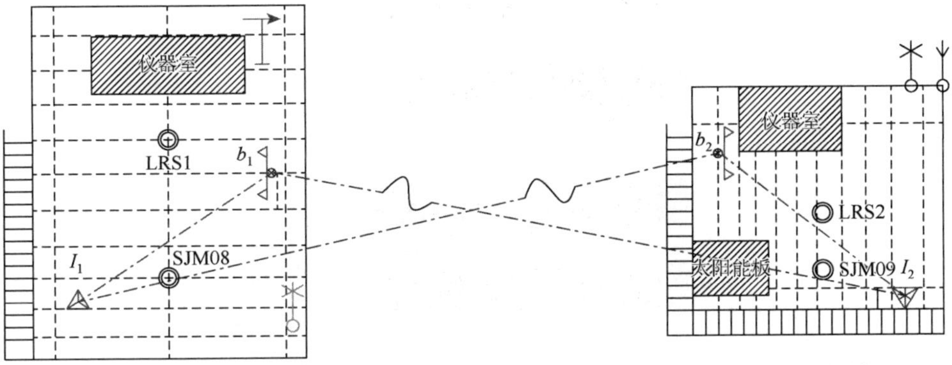

图 3-39　经纬仪倾角法跨海水准测量布置示意图

3）觇牌制作、安装

《国家一、二等水准测量规范》（GB/T 12897—2006）规定，仪器照准觇牌标志的长度和宽度及标志线的间距，依跨海视线长度而定，见表 3-57。

表 3-57　标志线的大小的计算

使用仪器	标志宽 a	标志长 b	上、下两标志线的间距 d
经纬仪	$S/15$	$S/3$	$\gamma/\rho\times S$

注：跨海视线长度 S 以 m 计，a、b 为 mm；γ 为由望远镜至对岸觇牌上两标志线的夹角，以（″）计，它应小于符合气泡在水准管两端刻划之间的移动量，一般取 60″；$\rho = 206265''$。

港珠澳大桥沉管隧道跨海视线长 $S = 5778$ m，计算得到照准觇牌标志的规格为 $a = 385$ mm（实际制作 350 mm），$b = 1926$ mm（实际制作 2700 mm），$d = 1680$ mm。

觇牌的标志选用白色光源，上下边界设置黑色挡光板以保证成像边界清晰，同时满足白天和夜间观测要求。

每处标尺点设置上下两组灯箱标志，觇牌灯箱制作使用亚克力透光材料制作而成，内置 LED 发光板。为便于供电、运输和安装，每个觇牌灯箱由三块组成，每块内各安装 LED 发光板 80～100 个，严格保证制作尺寸精度，误差＜0.5 mm。

照准觇牌灯箱标志（发光部分）的宽度 350 mm，长 2700 mm，上下两标志中心线之间距为 1680 mm，觇牌规格见图 3-40。

图 3-40　经纬仪倾角法照准觇牌组装图（单位：mm）

上下两块觇牌固定在金属结构桁架上，固定桁架搭建、制作考虑结构稳固、变形小、安装简便，觇牌、标志线考虑了防水等因素的影响，觇牌支撑采用桁架结构，铆固稳定且能经受较大风力，保证对觇牌照准观测时不受风的影响（且选择风力较小时间段观测）。

灯箱觇牌照明采用 12 V 电瓶作为基本供电电源，观测前后对供电电源进行测试，保证夜晚观测期间充分供光。

觇牌牢固地固定于桁架上，使用水平尺调整严格置平，觇牌、标志线保证安装精度，误差＜1 mm。

4）仪器检校

外业观测前和观测过程中，按规范要求对仪器进行了检校，并能满足观测要求。

5）距离测量

本岸测站点间的距离，采用钢尺直接丈量平距，丈量时使钢尺保持水平，两端拉紧严格对中，并保持稳定，同时读数。往返各读三次，三次测定的距离互差和往返测距离中数之差，均小于 3 mm。

跨海测站点间的距离采用电磁波测距仪测定，并进行了气象、加常数、乘常数改算等。

距离测量的满足表 3-58 的规定。

表 3-58 距离测量观测限差表

类别	跨海水准等级	测距仪精度等级	一个时间段内测回数	一测回读数间较差/mm	测回中数间较差/mm	往返测距中数的较差/mm
规范	二	II	6	≤10	≤15	$\leqslant 2(a+b\times D\times 10^{-6})=28$
实际测量 I_1-b_2	二	II	6	3	3	6
实际测量 I_2-b_1	二	II	6	3	3	1

注：a、b 为测距仪标称参数值，D 为所测距离的千米数。

6）垂直角测量

近标尺使用特制的三脚架支撑，水准尺严格置平。

①在经纬仪盘左的位置，照准近标尺的基本分划线，读取最近水平视线的标尺厘米分划数，再使水平丝分别照准该分划线的上、下边缘各二次；纵转望远镜以盘右位置，同样照准该分划线的上、下边缘各二次，完成一组观测（近标尺只测一组）。每次照准分划线边缘后，使垂直度盘指标气泡精密符合，用光学测微器进行垂直度盘读数。盘左或盘右同一边缘两次照准读数差，不大于 3″。

②远标尺盘左位置用水平丝依次照准下、上标志线各 4 次，每次照准均同时使垂直度盘指标气泡精密符合后，再用光学测微器进行垂直度盘读数，同一标志线 4 次照准读数之差不大于 3″。纵转望远镜以盘右位置，按相反次序照准上、下标志线各 4 次并如前读数。以上操作组成一组观测。依同法进行其他各组的观测。各组算出上、下标志线的倾角 α 和 β，α 或 β 其组间互差不大于 4″。

上述①、②两项操作组成一岸仪器观测的半测回，两岸仪器同时对测各半测回，组成一个测回。

两个测回连续观测时，测回间间歇了 15 min 左右。

远标尺观测需注意以下事项。

①选择观测时间段，在微风、浪小、低潮位，海平面相对稳定期间观测（涨潮、落潮期间浪大，不宜观测）。

②避免人为因素影响，观测期间避免观测平台上人员走动。

③气泡植平测微器读数，要求观测员精力充沛，精神高度集中，反应敏捷，眼快、手快。

7）精度统计

经纬仪倾角法测量外业观测 77 测回，其中，完成夜间 36 时段，白天 2 时段，有效地降低大气折光对成果的影响，成果达到了二等跨海水准测量技术指标要求（图 3-41）。相关测量技术指标统计见表 3-59。

图 3-41　经纬仪倾角法外业夜间观测

表 3-59　经纬仪倾角法测量成果技术指标统计

序号	项目	差值/mm	容许差/mm	备注
1	第一位置高差中数中误差	±3.33	—	—
2	第二位置高差中数中误差	±3.17	—	—
3	第一位置和第二位置差	3.12	±11.93	二等技术指标要求
4	双测回间高差最大差	163.65	±170.83	$4M_{\Delta}\sqrt{NS}$
5	高差中数中误差	±2.30	—	102 个双测回参与计算
6	跨海测量高差	+1.2812	—	DYS_1 与 XPT_1 之间高差

2. 测距三角高程法

1）观测与记录

测距三角高程法测量采用两台 T3 经纬仪同步对向观测，距离测量采用 GPS 边长测量结果。观测场地和照准觇牌标志与经纬仪倾角法共用，垂直角观测、记录方法同倾角法。

2）计算

对观测数据进行汇总整理，由于采用记录程序进行自动计算各项限差，对于同一标志垂直角读数差不合要求的现场即进行了重测，对于测回间数据超限的数据进行了剔除。

三角高程单向高差计算公式进行列表计算，平距采用 GPS 边长投影至高斯平面距离成果参与计算。

具体计算时由于垂线偏差对于港珠澳大桥沉管隧道的影响主要是两跨海点间相对垂线偏差之差值，经计算分析其影响轻微，单向高差计算时未考虑此项影响。

水准接测与外业成果整理参照倾角法进行。测距三角高程法观测历时 23 d，完成双测回 36 个测回。

3）精度统计

测距三角高程法测量成果技术指标统计见表 3-60。

表 3-60　测距三角高程法测量成果技术指标统计

序号	项目	差值/mm	容许差/mm	备注
1	第一位置高差中数中误差	±2.55	—	—
2	第二位置高差中数中误差	±2.32	—	—
3	第一位置和第二位置差	1.72	±11.93	二等技术指标要求 $4\sqrt{K}$
4	双测回间高差最大差	64.34	±71.60	$4M_{\Delta}\sqrt{NS}$
5	高差中数中误差	±1.72	—	36 个双测回参与计算
6	跨海测量高差	+1.29786	—	DYS1 与 XPT1 之间高差

3. GPS 水准法

1）外业采集

香港、珠海、人工岛测量平台三地 GPS 水准联测，采用常规静态作业方式进行同步观测，历时 5 d。GPS 观测具体技术参数见表 3-61。

表 3-61　GPS 观测参数

项目	参数
同时观测有效卫星数/颗	≥4
每时段有效观测时间/h	≥23.5
观测时段数/个	4
卫星截止高度角/(°)	15
采样间隔/s	30

控制网联测 GPS 点位共计 35 个，包括 4 个 CORS 站、20 个首级网控制点和 11 个隧部新增点，采用基于连续运行参考站的同步区域网静态观测模式。

GPS 网观测时间为 2011 年 12 月 25 日～2011 年 12 月 28 日，采用高精度 Trimble 双频 GPS 接收机，类型包括 Trimble R7、Trimble R8、Trimble 5700、Trimble 5800 等，涉及 4 种天线类型，分别为 TRM55971.00、TRM41249.00、TRM60158.00、TRM5800。CORS

站数据采样率为 5 s，其他站点数据采样率为 10 s，计算时，所有测站采样率均统一为 30 s。外业数据采集时，对于需要量测天线高度控制点，均测前、测后分别量取 3 次。GPS 野外数据采集见图 3-42。

图 3-42 GPS 野外数据采集图像

港珠澳 GPS 控制网点位分布如图 3-43 所示。

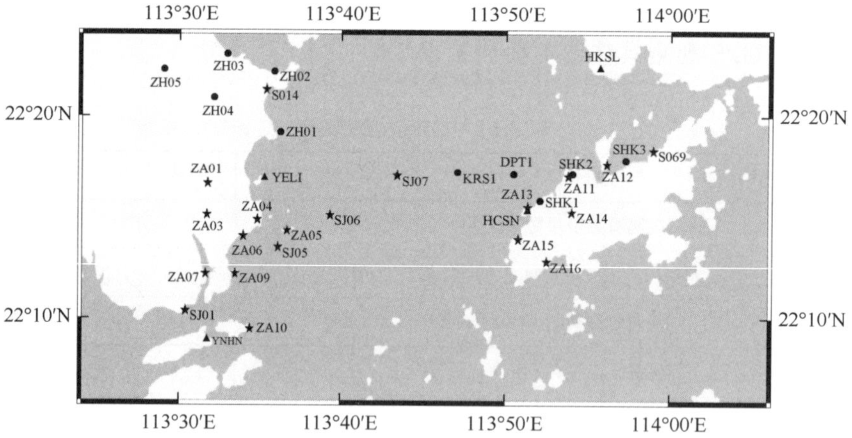

图 3-43 港珠澳 GPS 控制网点位分布图

注：圆形为隧部新增点（10 个）；三角形为 CORS 站（4 个）；五角星为首级网控制点（20 个）

2）水准联测

陆上水准施测按照《国家一、二等水准测量规范》（GB/T 12897—2006）之相关技术规定执行。

珠海区域陆上二等水准，起闭于港珠澳大桥首级基本控制网。水准观测路线见图 3-44。

图 3-44 珠海区域水准测量路线

水准联测采用附和路线连测至大桥首级高程控制点，起算数据采用最新大桥高程控制复测成果。

珠海区域二等水准路线观测 35.8 km，二等水准外业观测见图 3-45。

图 3-45 珠海区域二等水准外业观测

3）数据处理

GNSS 高程传递网平面数据处理同港珠澳大桥控制网数据处理同步进行。GNSS 基线处理选用 GAMIT 软件，采用 IGS 事后精密星历及其所对应的框架和瞬时历元，以 4 个 CORS 站联测 IGS 站得到的精确瞬时 ITRF 坐标为起算数据，对其进行解算。

基线解算的 GNSS 网整体外业观测质量较高，基线解的精度非常好。绝大部分时段均在 0.19～0.3。控制网基线重复性在南北方向、东西方向、垂直方向上分别为 0.65 mm + 0.73 $\times 10^{-8}$ Dkm、0.58 mm + 0.26 $\times 10^{-8}$ Dkm、5.07 mm–0.95 $\times 10^{-8}$ Dkm，在基线长度方向为 0.72 mm + 0.23 $\times 10^{-8}$ Dkm。

网平差采用 GLOBK 软件以 CORS 站点（YELI、YUHN、HKSL）ITRF 坐标框架为基准进行三维约束平差，基平差后点位精度高，X、Y、Z 分量的平均中误差分别为 0.5 mm、0.8 mm、0.4 mm，精度均优于 5 mm。

水准数据通过标尺长度误差改正、正常水准面不平行改正、重力异常改正等对观测高差值进行测段高差改正，以港珠澳大桥高程控制网点成果为起算点，进行符合线路平差。

经过 GPS 数据严密处理，GPS 数据是可靠的，由此通过计算得到 GPS 水准高差。

4. 成果对比及外部检核

1）成果比较

经纬仪倾角法、似大地水准法之间测高差互差均较小，均满足二等水准线路测量限差要求。经纬仪倾角法、测距三角高程法所测高差互差，满足二等跨河水准测量限差要求。经纬度仪倾角法测回数足够多，GNSS 高程传递法推理严谨，似大地水准法通过严密的似大地水准面模型，利用高精度的大地高和空间坐标也能得到高精度的正常高，这两种方法都能满足长距离跨海高程量的精度要求。测距三角高程法由于测回数较少，仅作为一种检核方法。此外，得到较高精度的跨海高程传递成果后，还需要进行成果的外符合精度检查。大屿山至西测量平台高差见表 3-62；大屿山至西测量平台高差成果比较见表 3-63。

表 3-62　大屿山至西测量平台的高差表

跨海测段	经纬仪倾角法高差/m	测距三角高程法高差/m	GPS 水准法高差/m
DYS_1—XPT_1	1.281 2	1.297 6	1.273 0

表 3-63　大屿山至西测量平台（DYS_1—XPT_1）高差比较表　　（单位：mm）

高差之差 高差之差 比例误差	经纬仪倾角法	测距三角高程法	GNSS 水准法	似大地水准面法
经纬仪倾角法		−16.7	+ 8.2	+ 7.1
测距三角法高程	1/540 000		+ 24.9	+ 23.8
似大地水准面法	1/1247000	1/376000	1/8050000	

2）外部检核

利用东测量平台与西（5.8 km）测量平台高程传递测量成果及大桥测控中心施测的东测量平台与大屿山（3.5 km）间最新高程控制复测成果，加入大屿山至西测量平台经纬仪倾角法获取的测量高差，组成东测量平台—西测量平台—香港大屿山的水准符合路线，计算路线为 LRS2—DPT1—XPT1—DYS1—S077，线路长度 14.8 km。路线如图 3-46 所示，各观测数据见表 3-64。计算结果显示：附和路线高差不符值为 + 9.1 mm，小于 II 等水准限差±15.4 mm。

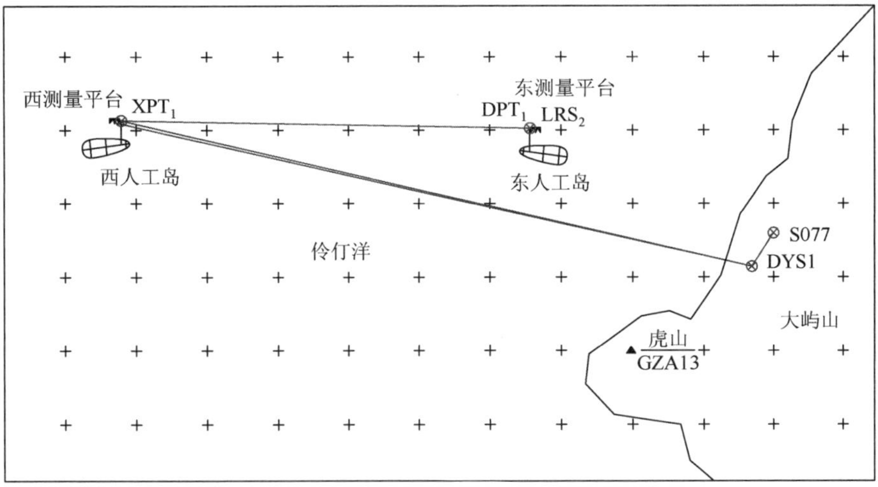

图 3-46 跨海高程传递符合路线图

表 3-64 符合路线观测成果计算表

序号	点名	间距/m	测量高差/m	高程/m	备注
1	LRS_2			9.053 2	东测量平台 CORS 基点，测控中心第四次复测成果 9.0532 m
		5	−1.336		
2	SJM_{09}			7.717 2	东测量平台经纬仪观测墩
		6	−1.371		
3	$\mathrm{DPT}_1(b_2)$			6.346 2	东测量平台跨海高程传递点
		577 8	0.728 7		
4	$\mathrm{XPT}_1(b_1)$			7.074 9	西测量平台跨海高程传递点
		889 2	−1.281 2		
5	DYS_1			5.074 9	香港大屿山跨海高程传递点
		38	3.542 11		
6	SHK_1			9.335 8	香港大屿山 GPS 水准点
		40	2.642 39		
7	S077			11.978 2	港珠澳大桥首级控制点，测控中心第四次复测成果 11.987 3 m

3.3.3.3 海上测量平台之间

1. 测量方法的选择

港珠澳大桥沉管隧道东西人工岛之间的近 6 km 海域中，共建立了 4 个测量平台，平台间最大间距约 3 km，最小间距约 1.5 km，平台之间的高程传递通过测距三角高程法施测。测量平台概略位置如图 3-47 所示。

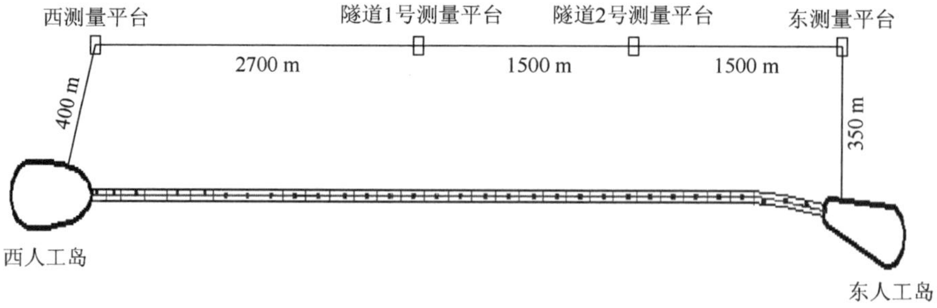

图 3-47 隧道测量平台概略位置示意图

2. 点位设计

跨海水准测量场地布设，两岸仪器及标尺点构成如图 3-48 所示平行四边形。图中 I_1、I_2 为安置仪器点，b_1、b_2 为标尺位置。I_1b_2 与 I_2b_1 为跨海视线长度，两者大致相等。近尺视线长度 I_1b_1、I_2b_2 在 10 m 左右，也大致相等。

图 3-48 测距三角高程基本网形平行四边形

I_1、I_2 位置增设稳固的支架，采用无缝钢管制作，顶部焊接强制对中装置，见图 3-49。

图 3-49 测量支架示意图

3. 觇牌制作与安装

《国家一、二等水准测量规范》（GB/T 12897—2006）规定，仪器照准觇牌标志的长度和宽度及标志线的间距，依跨海视线长度而定，见表 3-65。

表 3-65 标志线的大小的计算

使用仪器	标志宽 a	标志长 b	上、下两标志线的间距 d
经纬仪	$S/15$	$S/3$	$\gamma/\rho\times S$

注：跨海视线长度 S 以 m 计，a、b 单位为 mm；γ 为由望远镜至对岸觇牌上两标志线的夹角，以（″）计，它应小于符合气泡在水准管两端刻画之间的移动量，一般取 60″；$\rho=206265''$。

港珠澳大桥沉管隧道跨海路线长度约 5.8 km，分三段组成，距离分别约为 2800 m、1500 m、1500 m。由于现场受环境干扰影响，根据现场情况，经多次试验，分别将照准觇牌标志的规格设计为表 3-66 中的两种。

表 3-66 标志线的实际规格

距离/m	标志宽 a/mm	标志长 b/mm
2800	100	310
1500	55	310

觇牌的标志选用白色光源，上下边界设置黑色挡光板以保证成像边界清晰，同时满足白天和夜间观测要求。

照准觇牌灯箱标志与标尺紧密衔接，待标尺气泡严格居中后，其卡尺员根据观测员指示将觇牌标志线在水平视线方向严格与标尺刻度线条重合，见图 3-50。并利用尺撑将标尺在平台上固定。由于受平台晃动影响，外业观测中应时常检查标尺气泡是否居中及觇牌位置是否滑落等情况。

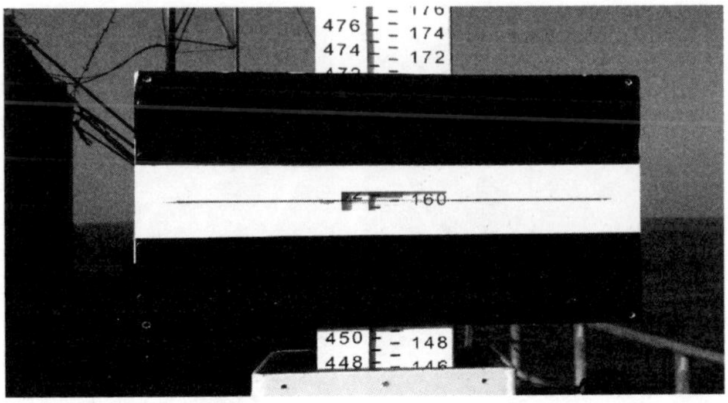

图 3-50 测距三角高程法照准觇牌刻度分划图

觇牌照明采用 12 V 电瓶作为基本供电电源，观测前后对供电电源进行测试，保证夜间充分供光。

4. 距离测量

采用徕卡 TS30 全站仪配合精密圆棱镜测定各点间平距，见图 3-51，往返各读三次，三次测定的距离互差和往测三次测定的距离中数之差，均不大于 3 mm，取距离中数平均值作为本岸测站点间的距离。

图 3-51　跨海水准点全站仪距离观测

5. 垂直角观测

近、远标尺使用特制的三脚架支撑，水准尺严格置平，见图 3-52。

图 3-52　测距三角高程法三脚架尺撑组装图

近标尺测量采用二等光学水准测量方法进行，见图 3-53。

图 3-53 近标尺高差二等光学水准测量

远标尺测量采用徕卡 TS30 全站仪，在全站仪盘左的位置，用全站仪的横丝对准觇牌标志 16 次读取竖直角读数；再纵转望远镜，在盘右位置按盘左操作方法同样进行照准和读数。夜间远尺照准见图 3-54。测量平台白天跨海高程观测见图 3-55。

图 3-54 夜间远尺照准示意图

图 3-55　测量平台白天跨海高程观测

每组观测前，应重新将觇牌指标线中心精确对准标尺分划线中央。每条边观测前，应仔细检查觇牌的指标线是否滑动，并认真读取指标线或标灯在标尺上的读数，于现场记录在手簿上并告知观测员。

6. 数据检核

对观测数据进行汇总整理，对于测回间数据超限的数据进行了剔除。双测回间高差互差限差采用计算公式为

$$\mathrm{d}H_{限} = 4M_{\Delta}\sqrt{NS} \tag{3-41}$$

式中，M_{Δ}——每千米水准测量的偶然中误差（mm）；

N——双测回的总测回数；

S——跨河视线长度（km）。

主要计算原理：采用三角高程单向高差计算公式进行列表计算，平距采用全站仪平距边长投影至高斯平面距离成果参与计算，采用公式为

$$h = d\times\tan\alpha + i - v + (1-k)\frac{d^2}{2R} + d\times\tan\alpha\times\left(\frac{H_m}{R} - \frac{y_m^2}{2R^2}\right) + d\times\varepsilon/\rho \tag{3-42}$$

式中，d——高斯面平距；

α——观测垂直角；

i——仪器高；

v——照准目标高；

k——折光系数（取经验值 0.13）；

H_m——测区平均高程（取 9 m）；

y_m——跨海点距中央子午线平均距离；

ε——垂线偏差；

ρ——常数，其值为 206265″。

测量成果技术指标统计见表 3-67～表 3-69。

表 3-67 西人工岛到隧道 1 号测量平台测量成果技术指标统计

序号	项目	差值/m	限差/mm	备注
1	往侧高差中数中误差	2.09	—	—
2	返测高差中数中误差	2.46	—	—
3	往返高差差	5.83	6.67	二等水准技术指标要求
4	双测回间高差最大差	18.87	35.91	29 个双测回 2.78 km 计算得到限差
5	高差中数中误差	1.15	—	23 个双测回参与计算
6	跨海测量高差	−0.983 94	—	b_1 与 b_2 之间高差

表 3-68 隧道 1 号到 2 号测量平台测量成果技术指标统计

序号	项目	差值/m	限差/mm	备注
1	往侧高差中数中误差	2.56	—	—
2	返测高差中数中误差	2.19	—	—
3	往返高差差	2.28	5.03	二等水准技术指标要求
4	双测回间高差最大差	16.17	20.11	16 个双测回 1.58 km 计算得到限差
5	高差中数中误差	1.30	—	16 个双测回参与计算
6	跨海测量高差	0.295 93	—	b_2 与 b_3 之间高差

表 3-69 隧道 2 号到东测量平台测量成果技术指标统计

序号	项目	差值/m	限差/mm	备注
1	往侧高差中数中误差	1.29	—	—
2	返测高差中数中误差	1.93	—	—
3	往返高差差	4.32	5.03	二等水准技术指标要求
4	双测回间高差最大差	17.68	19.20	16 个双测回 1.44 km 计算得到限差
5	高差中数中误差	1.37	—	16 个双测回参与计算
6	跨海测量高差	−0.042 33	—	b_4 与 b_5 之间高差

4 参考站系统

4.1 参考站系统介绍

4.1.1 参考站功能

最早的参考站建立于 GPS 的初期，当时它们是沿海岸线设置的，用于发送差分全球定位系统（DGPS）改正数，以提高船舶导航的精度。现今，由于高精度 GPS 测量技术被广泛认同，在全球范围内，所建立起的参考站正在以前所未有的数量增长。它们被用于监测地壳运动，提供测量控制，支持测量、工程地理信息系统（GIS）数据采集、机械控制及精密定位和人造建筑物。有大量的应用需要参考站提供控制。

4.1.1.1 工程、制图、地籍测量方面的应用

与传统的三角网和导线网相比，参考站系统的效益要高得多。参考站可设置在需要它们的区域中易于到达的位置上（而不是在遥远的山顶上）。对于参考站系统，其几何结构并不像传统的测量控制网那样重要，而且精度更高、更为一致。用户将他们的接收机设置在他们正在工作的区域，通过互联网下载参考站的数据并计算他们的位置。参考站还能够发送 RTK 和 DGPS 数据直接供 RTK 和 GIS 野外流动接收机使用。

这样的网几乎可以是任意大小，同时，对于一个局部区域如镇、市场、露天矿场或施工现场，可能一两个独立的参考站就可以满足要求，若要为一个大县、地区或整个国家提供完整的 GPS 服务覆盖，通常需要一个多参考站系统。

4.1.1.2 自然或人造结构体的监测

在可能发生地震的地区、沿着主要的断层线和在火山活动区域，常采用分布适当的参考站网来监测地壳运动。

一台安装有参考站软件的中心计算机进行接收机控制、数据下载和用于确定天线位置的网计算。由此可以进行运动分析。

一些规模较小的参考站系统被用于监测自然或人造结构体的位置和运动，如冰川、滑坡、大坝、桥梁、高塔、海上的石油钻探平台等。

4.1.1.3 机械设备的操纵

在一些大型工地和露天矿场，若机械设备安装了自动操纵和高程控制系统，工作能够以更高的精度和更少的材料来进行。使用 RTK，可以以厘米精度对推土机、压路机、挖掘机、钻孔机械等进行定位和驾驶，还可以对推土机的平铲高度进行自动控制。

对于大面积的农田，若采用 RTK 或 DGPS 对用于播种、施肥、收割、杀虫剂喷洒等的农业机械进行操纵，工作将更为有效且费用更省。

参考站将为机械操纵提供所需的控制和支持。

4.1.1.4 GIS 数据采集

与水、电、燃气和电话有关的单位，地级管理部门、市政单位和其他类似的机构常常使用地理信息系统。GIS 数据库将提供不动产边界、基础设施和资产（如水管、消防栓、电力线、燃气管道、电话线等）的位置。

RTK 和 DGPS 测量技术被广泛用于数据库的更新、新地形的测量和现有地形的复测，以提高数据的精度。

参考站将为 RTK 和 GIS 流动站提供所需的控制和支持。

4.1.1.5 无限的可能性

参考站和参考站系统具有多种应用方式，既可以将参考站和参考站系统用于一个特定的应用和一组用户，也可以使它们具有多种功能，用于支持大范围的应用和大量的用户。对于一个小区域，一个单独的参考站可能就已足够了。而对于整个地区，多站、多用途的参考站系统则常常更好。参考站的配置方式是无限的。只要是在一个相同的区域，在一段长时间里，反复进行测量或监测，就需要一个或多个永久参考站。

4.1.2 参考站的性能指标

参考站的性能指标见表 4-1。

表 4-1 参考站性能指标

项目	内容	系统性能/技术指标	
服务范围	导航	各类导航、地理信息采集与更新	
	定位	陆（海）测量定位、施工放样和变形监测等	
系统精度	实时定位	水平≤2 cm	垂直≤3 cm
	导航	水平≤1 m	垂直≤3 m

续表

项目	内容	系统性能/技术指标
可用性	导航	95.0%（365 d 内，未顾及公网可用性）；95%（1 d 内）
	定位	95.0%（365 d 内）；95%（1 d 内）
完好性	报警时间	＜6 s
	误报概率	＜0.3%
兼容性	导航	采用国际标准原始数据格式（RINEX）和实时差分改正数据（RTCM 格式），与各类 GNSS 接收机和后处理软件兼容

注：此表仅针对测量、工程、制图、地籍等的测量控制。

4.2 GNSS 参考站系统分类

目前 GNSS 参考站系统主要有两类：临时参考站系统及连续运行参考站系统（CORS）。两类参考站系统各有优点，工程应用时可择优选择。

4.2.1 临时参考站系统

临时参考站系统通常情况下采取单基站差分定位方法。单基站是将参考站的单点定位的观测结果与参考站的已知坐标进行比较，计算出参考站至卫星的距离改正数，并将改正数发送给流动站，流动站则根据参考站的改正数，实时对定位结果进行改正，从而提高定位精度。目前单基站差分定位方法中有伪距法和载波相位测量法，因载波相位测量法比其他几种方法的精度要高，故目前市场上主流仪器的解算方法也多为载波相位测量法。

临时参考站的优点如下。

4.2.1.1 投入较少

随着 GNSS 基站技术的成熟，只要较少的投资即可建立一个临时参考站，满足测量用户不同层次空间信息技术服务需要：参考站所在城区及近郊区、城市进出口主要交通沿线，以及以参考站为中心 30 km 范围内区、县、城镇地区快速厘米级实时定位及事后差分。

4.2.1.2 随时可以升级和扩展

临时参考站系统可以随时增加新的基站，加大实时 RTK 作业的覆盖区域，一旦建立网络 CORS 的条件成熟，只要进行系统软件的升级，花费不大的投资，临时参考站系统及 CORS 即可轻松地升级成网络 CORS。

4.2.1.3 数据稳定

基站连续观测，静态数据全天候采集，点位精度高，数据稳定。

4.2.1.4 作业范围广

目前基于单基站的临时参考站作业半径可扩大到 40 km，能够实现快速厘米级实时定位及事后差分，利用 GPRS/CDMA①进行 50 km 左右 RTK 测试成功的案例已经屡见不鲜。

临时参考站的局限性如下。

①用户需要架设本地参考站，并且基站架设时存在误差。

②误差随着距离的增长而增大，可靠性和精度随距离增长而降低，作业距离＜10 km。

③数据安全性低，用户使用差分信号直接连接电台、网络信号，无法保证数据的安全性。

4.2.2 CORS

CORS 测量原理与临时参考站的定位原理主要是数据处理的方法的不同，在 CORS 中，各固定参考站不直接向流动站发送载波修正信息，而是将所有伪距数据通过发给 CORS 控制中心，同时，流动站在工作前，先通过移动网络向控制中心发送移动台单点定位后的坐标，控制中心收到坐标信息后，根据用户坐标，对给定的位置进行几何替代处理，整体改正 GPS 轨道误差，电离层、对流层和大气折射等引起的误差，再生成一组标准格式的改正信息，通过移动网络由控制中心发送给流动站。流动站接收到控制中心发出经过的修正信息，该修正信息经过改正后，相当于参考站参考站在旁边，不包含因距离原因所带来的区域模型误差，因此称为虚拟参考站法。

与传统的临时参考站电台模式作业相比连续运行参考站具有作用范围广、精度高、野外单机作业等众多优点。

①差分数据获取无距离限制，增大了移动站与固定参考站的作业距离，作业范围可扩大到几百公里，并能保证精度均匀，精度保证控制在 1～2 cm。

②携带方便，RTK 1＋1 作业只需插入手机卡登录网络就行，不用再携带笨重的电台和电瓶，真正实现无线缆作业。

③CORS 模式不需自己架设基准站，真正将 RTK 1＋1 变成了 2。

④CORS 模式只需有当地坐标参数，不用每次测量都要找到已知点。

⑤费用大幅度降低，用户无须架设自己的参考站，仪器购买时无须购置参考站。

4.2.3 CORS 的未来发展和展望

随着城市数字化及空间数据转换等基础设施建设，使用 GPS 进行定位的范围增大，因 CORS 使用上有很多便捷之处，所以多基站 CORS 是未来发展的主要方向，并且将变成城市空间基础设施的重要组成部分，未来 CORS 的发展主要有以下几个方面。

---

① CDMA，全称为 code division multiple access，中文为码多分址，是一种基于扩频技术的无线通信技术。

4.2.3.1　取代常规控制测量方法

CORS 将取代常规测量控制网，CORS 的建设作为永久控制网的基准点，能够实时快速的提供控制点，实现一次投入，永久收益，而且参考站系统能够自我完善，不断更新动态基准点，最终将周边城市、省份网络连城一个整体，全面取代现有国家级天文控制网的功能。

4.2.3.2　提供更高精度（毫米级）定位服务

为满足地理物理与环境监测的需求，CORS 将与周边地区连续跟踪参考站进行数据交换，分析研究所在板块相对于其他周边板块的运动规律，支持地震监测部门在参考站系统服务区内的流动检测点位进行毫米级精度的监测研究作业。

4.3　GNSS 参考站系统设计

4.3.1　技术依据

海中临时参考站系统及 CORS 需要的配套设施建设，设计部门按照参考站的使用要求参考有关规范进行设计，测量平台施工建设应满足设计限差要求，保证平台的稳定性。

参考站设计和建设所引用的技术标准和规范参见表 4-2。

表 4-2　引用的技术标准和规范

名称	编号	批准单位
全球导航卫星系统连续运行参考站网技术规范	CH/T 28588—2012	国家测绘地理信息局
全球定位系统（GPS）测量规范	GB/T 18314—2009	国家测绘地理信息局
国家一、二等水准测量规范	GB/T 12897—2006	国家测绘地理信息局
工程测量规范	GB 50026—2007	国家质量检验检疫总局
精密工程测量规范	GB/T 15314—1994	国家质量检验检疫总局
测绘技术设计规定	CH/T 1004—2005	国家测绘地理信息局
测绘技术总结编写规定	CH/T 1001—2005	国家测绘地理信息局
测绘产品检查验收规定	CH 1002—1995	国家测绘地理信息局
测绘产品质量评定标准	CH 1003—1995	国家测绘地理信息局

注：技术依据还应参考港珠澳大桥主体工程测量控制中心下发的《测量技术交底成果资料》。

4.3.2 测量平台基础设施建设

参考站的建设项目包括基建施工、电力工程、防雷工程、网络工程、设备安装与调试等。

4.3.2.1 基建施工

1. 测量平台建设

海中测量平台就是在海上建造的专用于海上施工测量的平台，测量平台的使用贯穿跨海大桥及海底沉管隧道工程施工建设的各阶段，在工程建设中起着举足轻重的作用。在海中合适的位置建造测量平台不仅可以为海上施工定位带来便利，也可以为测量工作提供精确稳定的测量基准，使测量精度大为提高。测量平台是保障工程质量的重要辅助设施，目前被大型跨海大桥工程建设控制测量普遍采用。

测量平台是在试桩上搭设工字钢，然后铺设防滑钢板焊接而成，具体结构如图 4-1、图 4-2 所示。

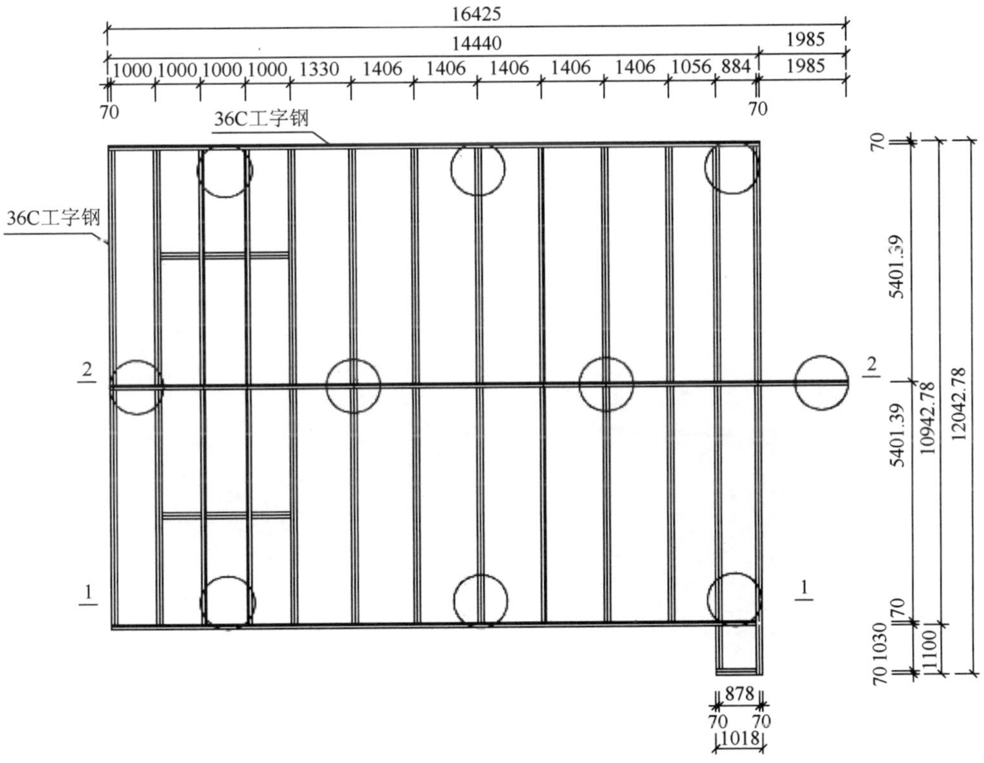

图 4-1 测量平台平面结构图（单位：mm）

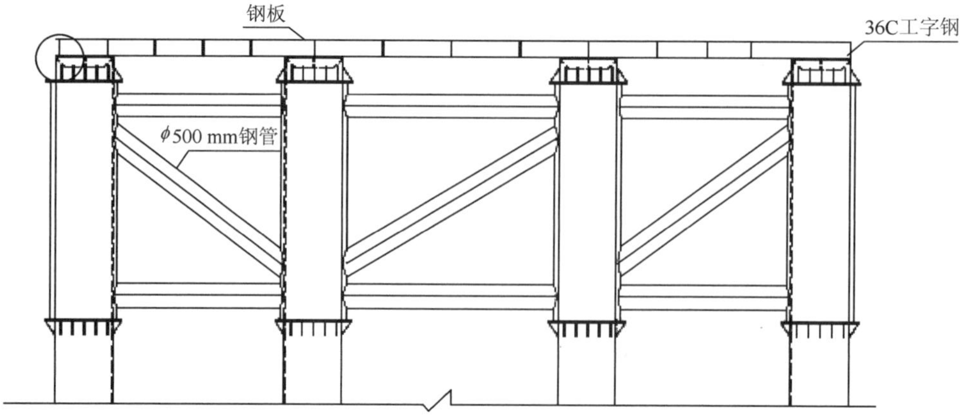

图 4-2　测量平台侧视图（单位：mm）

2. 观测墩建设

测量平台上设置两个强制对中观测墩，其中一个架设临时参考站天线；另一个架设全站仪。

安装 GPS 天线的观测墩的建设要求如下。

①观测墩用于安装 GNSS 天线，墩顶安装 GNSS 天线保护罩；

②观测墩为钢筋混凝土结构，其中主筋为至少 6 根 ϕ18 mm 的螺纹钢筋，箍筋为 ϕ12 mm 的光圆钢筋，间距为 30 cm，外观示意图如图 4-3 所示；

图 4-3　观测墩示意图

③观测墩采用圆柱形式，墩高为 3.0 m，墩的外径为 0.5 m；

④观测墩安装强制对中装置，并严格整平，如图 4-4 所示。墩身内应加装（或预埋）适合线缆进出的 PVC 管，并预留牵引线，用以安装 GPS 电缆及地线等线路；

图 4-4　GPS 天线强制对中装置示意图

⑤观测墩旁埋设水准点一个，标志如图 4-5 所示。

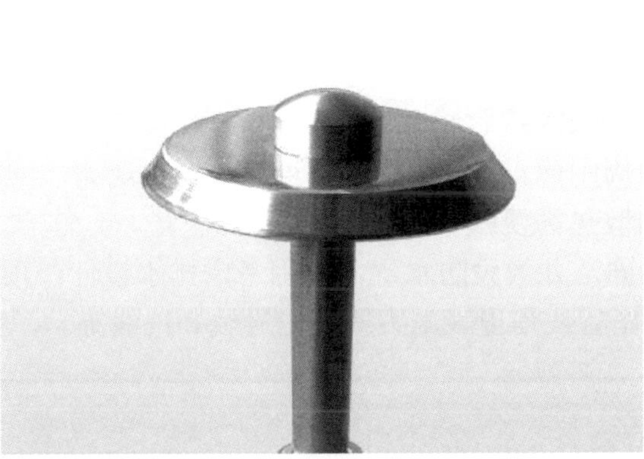

图 4-5　水准点标志示意图

全站仪观测墩用于安置全站仪，墩身做法与 GPS 观测墩类似，建设要求如下。

①观测墩为钢筋混凝土结构，其中主筋为至少 6 根 ϕ18 mm 的螺纹钢筋，箍筋为 ϕ12 mm 的光圆钢筋，间距为 30 cm；

②观测墩采用圆柱形式，墩高为 1.2 m，墩的外径为 0.5 m；

③观测墩安装强制对中装置，并严格整平，如图 4-6 所示；

④观测墩旁埋设水准观测点一个。

根据跨海高程传递、常规控制测量及施工放样使用的需要，在测量平台上适当位置再增设部分水准点。

图 4-6　全站仪强制对中装置示意图

3. 观测室建设

在测量平台上放置集装箱作为临时参考站观测室，用于安置必需的电力供应、通信及避雷等设施。

观测室要求如下。

①观测室用于安置 GNSS 接收机等设备；

②观测室在观测墩周围建设，不妨碍 GPS 及全站仪观测，同时需考虑设备隔热、通风等问题，满足设备的散热需要；

③观测室基础应牢固，并敷设防水层，周围考虑排水设计；顶部考虑防水、排水、防风、防雷设计；预留进出管线信道（电力线、信号线和地线等），并进行鸟类防护处理。

4. 电台天线柱建设

电台天线柱用于安装 2 W 发射功率天线，距离观测墩应大于 1.5 m，采用钢管焊接在测量平台上。

5. 防护栏建设

防护栏高度约为 1.5 m，为避免全站仪视线受到影响，在测量平台建设时，对部分护栏进行现场改造，以满足现场施工放样要求。

4.3.2.2　电力供应

电力供应由设计统一考虑，满足参考站内所有设备正常运行的需求，保证断电的情况下能持续工作 24 h。

4.3.2.3 防雷工程

1. 直击雷防护

避雷系统由设计统一考虑，主要包括避雷针的安装、接地网的安装及设备等电位接地处理。按照国家二类建筑防雷标准，接电电阻应小于 4 Ω。

2. 电涌防护

电涌防护可以分为电力线、通信线、射频线防护等方面，说明如下：

①在电力线进入不间断电源（uninterrupted power supply，UPS）之前，加装电力线电涌防护设备，隔离 UPS 和电力线；

②在通信线进入通信终端前，加装通信线（数据线）电涌防护设备；

③在 GNSS 天线及 GNSS 主机两边都加装射频线电涌防护设备。

4.3.2.4 通信网络

通信网络是 CORS 的重要组成部分，其传输速率与稳定性直接影响 CORS 运行。考虑将测量平台并入 CORS 时，为保证 CORS 连续稳定运行需要，须进行相关论证后选择适宜的网络系统。

4.3.2.5 设备配置

按照 CORS 参考站各单元的技术指针和要求，主要仪器设备及配套设施清单见表 4-3。

表 4-3 参考站主要仪器设备及配套设施清单

序号	设备名称	规格	单位	数量
1	GNSS 接收机	Trimble NetR8	台	1
2	GNSS 天线	扼流圈天线	个	1
3	天线罩	直径为 50 cm、玻璃钢	个	1
4	无线电台天线	全向	副	1
5	无线电台	PDL 电台，频率 430～450 MHz，发射功率为 2 W	台	1
6	天馈防电涌保护器	OBO DS-TNC GPS 天线电缆	个	2
7	电台天线防电涌保护器	OBO S-UHF 电台电缆保护器	个	1
8	集装箱	20 尺	个	1
9	强制对中器	英制连接螺栓	套	2
10	水准点标志	伞形	个	2
11	电源	12 V 电压，24 h 不断电，功耗满足每小时 20 W	套	1
12	自动气象仪	Vaisala PTU300	台	1
13	UPS	配有远程管理卡，配有电池柜	台	1
14	路由器	规格依据电信方案制定	台	1
15	交换机	规格依据电信方案制定	台	1
16	网线防电涌保护器	OBO RJ45S-ATM/8-F	个	1

其中12～16项提前考虑其安置位置，待需要并入CORS站时进行购置安装。

4.3.2.6　设备安装

单基站模式和CORS模式的GPS安装方式基本相同，参考站建设期间按照CORS的要求进行配套建设，前期安装单基站设备，预留安装位置和接口，兼容CORS。

4.3.3　设备配置

按照CORS系统参考站各单元的技术指针和要求，测量平台上临时参考站主要仪器设备见表4-4。

表4-4　参考站主要仪器设备清单

序号	设备名称	规格	单位	数量
1	GNSS接收机	Trimble NetR8、R9	台	4
2	GNSS天线	扼流圈天线	个	4
3	天线罩	直径为50 cm、玻璃钢	个	4
4	无线电台天线	全向	副	4
5	无线电台	PDL/TDL电台，频率430～450 MHz，发射功率为2～30 W	台	4
6	天馈防电涌保护器	OBO DS-TNC GPS天线电缆	个	4
7	电台天线防电涌保护器	OBO S-UHF电台电缆保护器	个	4
8	自动气象仪	Vaisala PTU300	台	4
9	UPS	配有远程管理卡，配有电池柜	台	4

单基站模式和CORS模式的GNSS安装方式基本相同，海中临时参考站按照CORS的要求进行配套建设，安装单基站设备，预留安装位置和接口，兼容CORS。

4.4　应用案例

4.4.1　港珠澳大桥沉管隧道测量平台稳定性监测

4.4.1.1　工程概述

港珠澳大桥沉管隧道工程区域建立4个海中测量平台，每个平台间间距约1.5 km，平台上分别建立了GPS参考站，参考站系统提供的GNSS差分信号可覆盖沉管隧道施工区域，包括位于施工区域数海里外的沉管预制厂。

4.4.1.2 海中测量平台结构

海中测量平台的建造是在海上已选定位置打设桩基。

①西测量平台共采用 10 根钢管直桩；

②东测量平台采用 4 根钢管直桩；

③隧道 1、2 号测量平台均采用 4 根钢管斜桩。

打桩过程中均采用 GPS 定位，控制打桩精度。桩基完成后采用焊接的方式将上部钢结构平台焊接在已打设稳定的桩基上，确保平台的稳定性。海中测量平台结构见图 4-7～图 4-9。

图 4-7 西测量平台

图 4-8 东测量平台

图 4-9　隧道 1、2 号测量平台

4.4.1.3　海中测量平台主要功能

测量平台上一般设置有全天候连续运行的 GPS 基准站、全站仪和 GPS 静态观测墩、用于仪器存储和人员休息的集装箱、用于照明的太阳能电池板和蓄电瓶。

隧道测量平台主要功能主要有以下几项。

（1）建立 RTK 参考站

海上定位测量工作需要使用 GPS-RTK 测量工作的环节较多，前期的水深测量、人工岛钢圆筒的沉设及成岛后的岛上碎部测量、沉管基床碎石垫层铺设、沉管沉放对接、沉管安装后回填等，这些都需要有稳定、精确且不间断的差分信号。在海上测量平台上架设长期 RTK 参考站，不仅可以满足上述工作的要求，还能够保证较大的信号覆盖范围，使 RTK 测量工作做到接收差分信号无死角，以使其能够达到用于施工测量控制及放样的目的。

（2）提供精密高程基准

沉管隧道工程施工区域远离陆地，属于开敞海域，人工岛钢圆筒振沉测量定位、人工岛地基不均匀沉降控制、深水基床整平测量技术、管节沉放对接与贯通测量控制等，都需要高精度平面及高程测量技术及成果。由于沉管隧道工程离岸较远，在海上无法布设海上测量控制点，为保证施工测量精度要求，在海中建立测量平台，把陆上高程基准传递到海上测量平台，为沉管隧道工程提供高精度、统一的高程基准，同时为沉管隧道基床铺设高程基准传递至水下提供了坚实的保障。

（3）提供精密平面控制基准

沉管隧道管节沉放控制的精度要求很高，沉管隧道导线测量是平面贯通测量的基础，导线测量的精度将决定贯通测量所能达到的精度，对保证沉管隧道是否安全顺利贯通起着至关重要的作用。由于人工岛的地形条件（进洞口测站定向边偏短）和岛体沉降位移（点位不稳定）等因素会影响导线观测的精度，为此，将测量平台上的控制点作为进洞导线洞外观测起算点，可以显著提高导线测量的精度。

（4）应用于水文监测

海洋水文条件是影响沉管浮运安装的重要因素。在测量平台上架设水文观测仪器，对附近水域的水文情况进行长期观测，分析观测数据，形成一套系统的监测模式，指导沉管的浮运安装。

4.4.1.4 海中测量平台稳定性监测

需要对测量平台控制点的稳定性进行监测和分析，保证沉管隧道首级加密控制网测量基准的准确性。海中测量平台按照《全球定位系统（GPS）测量规范》（GB/T 18314—2009）B 级标准同 YELI、YNHN、HUSN、HKSL 进行同步联测，精度等级能够满足精密工程测量要求。

根据该地区长期的 GPS 静态观测数据解算经验，在北京时间每天 0:00～8:00 数据质量最佳，电离层干扰、多路径效应等影响相对较小，数据利用率最高。为保证观测数据质量，外业观测按照连续观测 72 h 进行。按照每四小时一个时段对预处理完成的静态观测原始数据 RINEX 格式文件进行切割。利用 LGO 软件进行基线解算，在基线解算过程中，先采取无干预的方法进行解算，剔除解算结果出现多个浮动解的时段数据。利用科傻地面控制系统数据处理软件进行基线检核及三维平差，根据重复基线较差、同步环闭合差、异步环闭合差等检核结果结合三维平差结果筛选出 4 个最优时段。再次利用 LGO 软件对该 4 个最优时段的数据重新进行基线解算，剔除仍存在较大残差的观测值，得到的基线结果再利用科傻地面控制系统数据处理软件进行检核及平差计算。测量平台稳定性监测 GPS 联测点见表 4-5。GPS 联测点位分布如图 4-10 所示。

表 4-5 平台稳定性 GPS 联测点

点号	备注	点号	备注
YELI	HZMB-CORS 野狸岛参考站	LRS1	西测量平台参考站
YNHN	HZMB-CORS 洋环参考站	LRS2	东测量平台参考站
HUSN	HZMB-CORS 虎山参考站	SP11	隧道测量平台 1 控制点（高墩）
HKSL	香港 CORS 小冷水站	SP21	隧道测量平台 2 控制点（高墩）

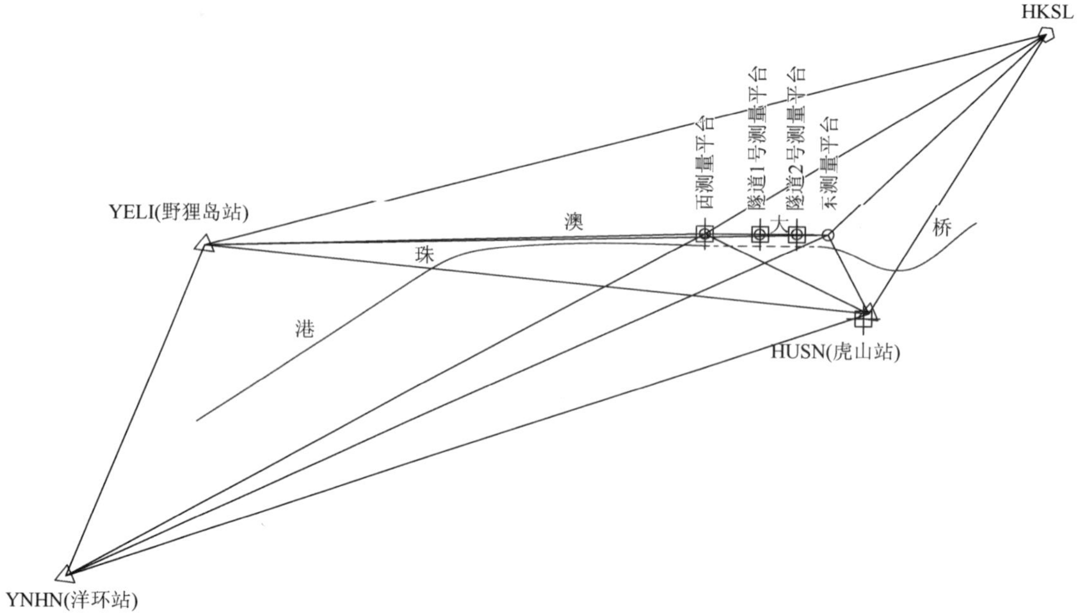

图 4-10　联测构网示意图

引用沉管隧道首级加密控制网第 15 次复测成果案例说明。海中临时参考站站址维护见图 4-11。

图 4-11　海中临时参考站站址维护图

参考《全球定位系统（GPS）测量规范》（GB/T 18314—2009）B 级标准，选取北京时间 2016 年 8 月 7 日 8:00～8 月 11 日 8:00 的数据，分为 4 个时段，每个时段长度 24 h，利用 LGO 软件进行基线解算，利用科傻地面控制系统数据处理软件进行平差。海中测量平台 GPS 稳定性监测见图 4-12。

图 4-12 海中测量平台 GPS 稳定性监测

约束 YELI、YNHN、HUSN、HKSL 点 ITRF 2005 坐标系坐标进行三维平差计算，计算 LRS1、LRS2、SP11、SP21 坐标；约束 YELI、YNHN、HUSN、HKSL 点隧道工程坐标系坐标进行二维平差计算，计算 LRS1、LRS2、SP11、SP21 坐标。

从表 4-6 中可以看出各点历次成果之间大地高 H、隧道坐标 X、Y 分量的差值较小，平面坐标分量偏差均在限差（2 倍观测值中误差）范围内，可判断测量平台稳定性良好无明显位移及沉降。

表 4-6 测量平台稳定性分析结果

数值类别	LRS1		LRS2		SP11		SP21	
	X/mm	Y/mm	X/mm	Y/mm	X/mm	Y/mm	X/mm	Y/mm
观测值中误差	4.9	6.0	2.6	4.8	3.4	5.9	4.4	6.0
同平均值偏差	−4.7	−4.0	−1.5	−2.5	−2.9	−5.5	4.0	−3.7
稳定性判断	合格	合格	合格	合格	合格	合格	合格	合格

4.4.2 港珠澳大桥沉管隧道连续运行参考站建设应用

4.4.2.1 工程概述

港珠澳大桥连续运行参考站系统（HZMB-CORS）由 4 个连续运行的参考站、1 个数据处理中心（数据中心）和 1 个监测站组成。4 个参考站分别设于珠海野狸岛、横琴洋环村、香港虎山和新小冷水，站名依次定为：野狸岛（YELI）、洋环（YNHN）、虎山（HUSN）和新小冷水（NXLS），平均站间距约 25 km，系统提供的 GNSS 差分信号能覆盖整个港珠澳大桥工程的施工区域。数据中心设在珠海市九洲大厦港珠澳大桥管理局办公楼内，监测站位于港珠澳大桥管理局办公楼顶。HZMB-CORS 参考站站址分布如图 4-13 所示。

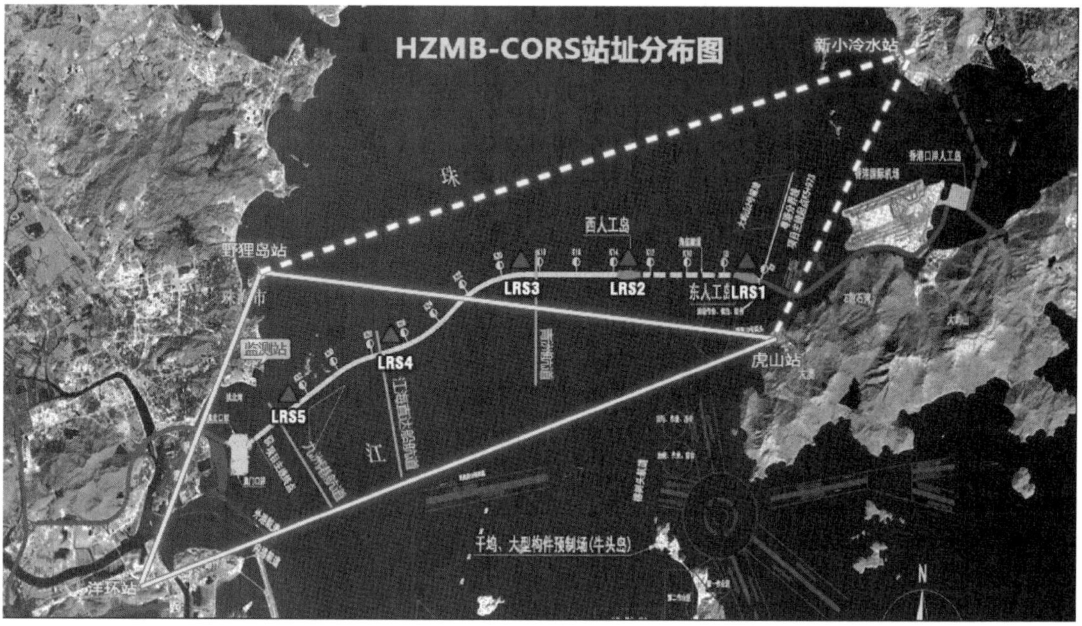

图 4-13　HZMB-CORS 参考站站址分布图

系统建设依据“统一规划，分阶段实施”的原则进行：第一阶段，先期建设野狸岛、洋环、虎山 3 个参考站，组成由 3 个站构成的 HZMB-CORS；第二阶段，根据前一阶段已经建成 HZMB-CORS 的定位精度、信号覆盖范围和系统运行状况等情况，必要时增建新小冷水站；第三阶段，根据海上桥梁试桩工程及东人工岛、西人工岛施工进展，拟在青州航道桥、江海直达船航道桥和九洲航道桥附近的试桩平台及人工岛上建立临时参考站。

第三阶段的系统建成了由 3 个参考站、1 个数据中心和 1 个监测站组成的 HZMB-CORS。东测量平台、西测量平台参考站见图 4-14，隧道 1 号、2 号测量平台参考站见图 4-15。

图 4-14　东测量平台、西测量平台参考站

图 4-15 隧道 1 号、2 号测量平台参考站

4.4.2.2 系统总体结构

HZMB-CORS 由参考站子系统、数据中心子系统、数据通信子系统和用户服务子系统 5 个子系统组成。参考站子系统（reference station sub-system，RSS），参考站简称 RS；数据中心子系统（system monitoring and analysis center，SMAC）；数据通信子系统（data transfers sub-system，DTS）；用户服务子系统（user application sub-system，UAS）；实时监测子系统（real time monitoring sub-system，RTMS）。各子系统的定义与功能见表 4-7。

表 4-7 系统各单元定义与功能

系统名称	主要工作内容	设备构成	技术说明
参考站子系统（RSS）	卫星定位数据跟踪、采集、传输、系统可靠性（完备性）监测	Trimble NetR8 接收机、气象传感器、UPS、网络设备、机柜和防护设备等，以及各参考站的无线电台发射设备	4 个参考站
数据中心子系统（SMAC）	接收并控制各参考站发回的数据。检查各参考站工作状况；对数据进行分析、处理、存贮、管理。形成一定格式的数据文件，发送给用户	服务器、磁盘阵列、网络设备、UPS 等设备	1 个中心
数据通信子系统（DTS）	将参考站观测数据传到数据中心；CORS 差分数据实时广播给用户；RINEX 数据通过互联网发布	多业务传送平台（MSTP）、多协议标签交换（MPLS）专线网络、GPRS/CDMA 和超高频电台	MSTP、MPLS
用户服务子系统（UAS）	按照用户需求进行不同精度定位	施工单位使用与 HZMB-CORS 相匹配的流动站接收机	需要流动站具备 GPRS/CDMA 和接收电台 2 种通信方式，适于 DGPS、RTK、PPS 的软件系统
实时监测子系统（RTMS）	对系统实时定位的精度及其可靠性进行监控	Trimble R7 GNSS 接收机，Trimble Zephyr Geodetic 2 大地型天线	1 个监测站

系统总体结构如图 4-16 所示。参考站的 GNSS 观测数据首先通过专线通信网汇集到

数据中心，在中心服务器上使用 GPSNet 软件进行数据统一解算和原始数据存储，并通过 GPRS/CDMA 网络向流动站用户 GNSS 接收机发送差分数据，提供厘米级的实时定位服务。同时，在珠海野狸岛和香港虎山两个参考站上架设无线电台，发送传统的差分信号，作为网络 RTK 的一种辅助方式，为流动站用户提供常规 RTK 定位服务。

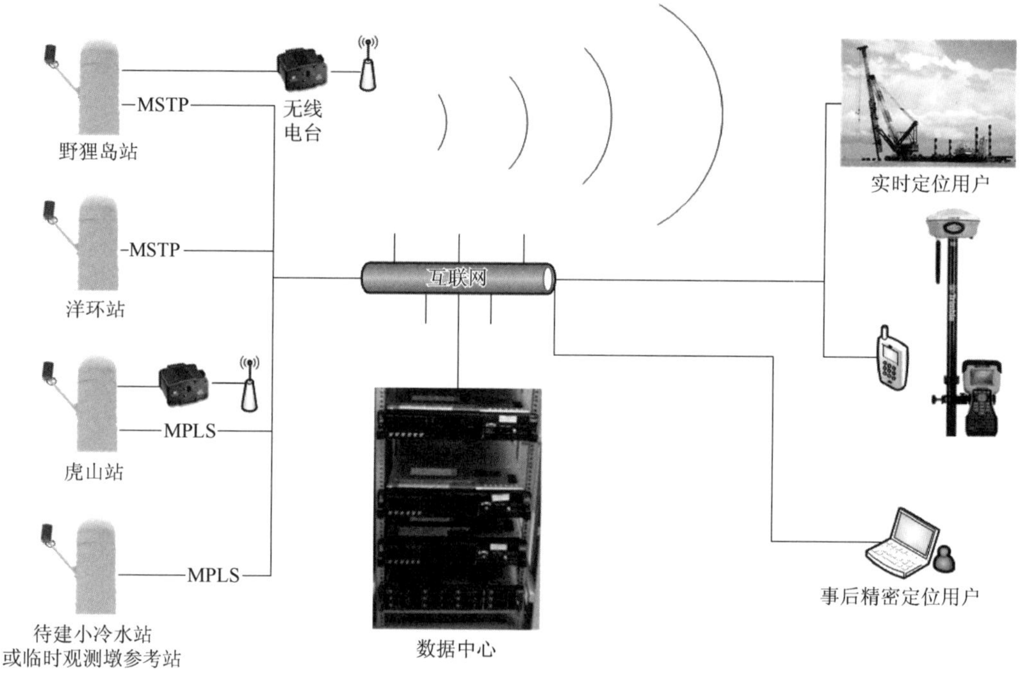

图 4-16　系统总体结构示意图

4.4.2.3　系统功能

①系统信号覆盖整个工程区域，能为大桥建设及运营期间的测量定位、变形监测及海上导航等提供各种精度的 GNSS 差分服务。

②采用 GPRS/CDMA 通信技术和超高频（UHF）电台广播两种方式向流动站播发差分信号，为流动站用户提供 GNSS 实时差分定位服务。经过系统测试，基于虚拟参考站的实时定位精度优于：平面±2 cm，高程±3 cm。

③通过互联网或其他手段，向用户提供事后精密定位服务。

④系统安全性良好，能够有效抵御恶劣气候等外界因素对系统正常运转的影响，同时防止非授权用户通过网络等其他手段访问系统。

⑤实现参考站无人值守、自动运行，年运行可靠率 95%以上。

⑥具备系统设备完好性检测功能，系统自动对设备进行自检，出现问题时有报警功能。

⑦支持数据中心以远程方式对参考站设备（接收机、气象仪、UPS）进行设定、控制和检测。

⑧通过监测站，可对系统精度和可靠性进行全天 24 h 的实时监控。

4.4.2.4 系统性能指标

本系统的性能指标见表4-1。

4.4.2.5 流动站参数配置

1）网络RTK流动站配置参数

①HZMB-CORS登陆IP地址为183.63.12.142，IP端口为2101。

②为获得高精度的高程定位结果，流动站中的基准转换类型均应设置为“播发RTCM”。

2）单基站RTK流动站配置参数

①野狸岛站电台频率为443.125 MHz，虎山站电台频率为447.125 MHz。

②坐标转换参数与网络RTK相同。

3）事后精密定位服务说明

①数据中心通过互联网向用户提供参考站静态观测数据下载，用户可自行下载静态数据进行事后精密定位解算，FTP地址为183.63.12.142，IP端口为21。

②下载静态数据应选择在施工测量工作不是很密集的时段，以防对网络RTK流动站用户的网络通信质量造成影响。

5 水下地形测量

5.1 水下地形测绘精度与技术设计

5.1.1 精度要求

5.1.1.1 测深定位点点位中误差

测深定位点点位中误差应符合表 5-1 的规定。

表 5-1 测深定位点点位中误差限值

测图比例尺	定位点点位中误差限值/mm
＞1∶5000	图上 1.5
≤1∶5000	图上 1.0

注：对 1∶200～1∶500 测图可放宽至图上 2.0 mm。

5.1.1.2 测深深度误差

在不考虑平面位移的情况下，测深深度误差应符合表 5-2 的规定。

表 5-2 测深深度误差限值

水深范围/m	$H\leqslant 20$	$H>20$
深度误差限值/m	±0.2	±0.01 H

注：①H 为水深值（m）；

②对山区河流水深小于 5 m 的硬底质水域，深度误差不应大于 0.15 m。

5.1.2 技术设计

5.1.2.1 测深线布置

测深线方向应符合下列规定。

单波束测深主测深线宜垂直于等深线总方向、挖槽轴线、河道走向、炸礁区较长边、船闸轴线、船坞轴线或岸线，可布设成平行线、螺旋线或45°斜线。

多波束测深主测深线方向宜平行于测区较长边、挖槽轴线和河道走向。

测深线间距应符合表5-3规定。

表5-3 测深线间距

测量类别	工程类别或阶段		测深线间距		
			沿海	内河	
				重点水域	一般水域
规划和设计测量	规划和可行性研究		图上20 mm		
	初步设计				
	施工图设计				
施工测量	基槽	硬底质	5 m		
		中、软底质	10 m		
	炸礁、船闸、船坞	单波束测深	3～5 m		
		多通道测深	有效扫宽全覆盖测区		
		多波束测深	有效扫宽全覆盖测区		
	疏浚	硬底质	图上10 mm	图上10 mm	
		中、软底质	图上15 mm		
	吹填		图上20 mm		
航道基本测量和航道检查测量			图上10 mm	图上10 mm	图上15 mm

注：①水工建筑物及附属设施施工水深测量测深线间距可参照基槽施工测深线间距执行；

②疏浚施工中的检查测量的计划测深线间距应符合表中的规定值，并应依次错开布设，增大测深线覆盖程度。

多波束测深主测深线间距应能保证有效扫宽重叠。确定测深线长度时，应综合考虑声速变化和数据安全维护等因素。

疏浚施工单波束测深应布设垂直于主测深线的纵向测深线，其间距不宜大于主测深线间距的4倍；在航道内应至少布设两条纵向测深线，主测深线的图上长度应超出挖槽边坡坡顶30 mm。

测深检查线宜垂直于主测深线，单波束检查线长度不宜小于主测深线总长度的5%，多波束测深检查线长度不得少于总测线长度的1%。疏浚施工前，检查线可用纵向测深线代替；施工检测和交工测量的检查线应布设在挖槽边坡坡顶以外。

对于多波束测深，采用多波束进行检查线测量时，应使用中央波束。

单波束测深不同作业组的相邻测段应布设一条重合测深线；同一作业组不同时期测深的相邻测深段应布设两条重合测深线。

5.1.2.2 测深定位

测深定位点间距应符合表5-4的规定。

表 5-4　图上定位最大间距

项目 \ 图上最大间距		测深仪/mm
规划和设计测量		20
沿海航道、港池、泊位及吹填区施工测量		40
航道基本测量和航道检查测量		40
水工建筑物及附属设施施工测量		10
内河航道、港池、泊位	重点区域	10
吹填区施工测量	一般水域	15

注：1∶500 测图，内河一般水域的航道、港池、泊位及吹填区施工测量，采用测深仪测深的定位点最大间距可缩小到图上 10 mm。

定位中心应与测深中心一致，其偏差不宜大于图上 0.3 mm，超出时应进行归心改正。

使用全站仪、经纬仪和平板仪进行交会定位时，仪器对中误差不应大于图上 0.05 mm。定位过程中，每隔 1～2 h 及测深结束后宜对起始方向进行校核，其允许偏差，经纬仪宜为 1′，平板仪宜为图上 0.3 mm，超限时应改正。

测定浮标和系船浮等应有多余观测。对渔栅、固定渔网和海上养殖场等应测定其位置和范围。

采用截面索量距定位时，索长允许误差应为索长的 1/200。

采用 GPS 定位，在确保接收回波信号质量良好和各种噪声水平较低的前提下，最大船速可按式（5-1）计算：

$$V = 2\tan\left(\frac{\theta}{2}\right)H_m n \tag{5-1}$$

式中，V——最大船速（kn）；

θ——沿测船行进方向的波束度（°）；

H_m——测区某一测段的最浅水深（m），一般调查作业，且水深变化较小时可使用测区平均水深；

n——多波束每秒的采样数。

5.1.2.3　测深互差

每次测深前、后应在测区对测深仪进行现场比对。水深小于 20 m 时，可用声速仪或检查板对测深仪进行校正，直接求取测深仪的总改正数；水深为 20～200 m 时，可采用水文资料计算深度改正数，并应测定因换挡引起的误差。

检查板深度绳应使用伸缩性小的材料制成，并应用钢卷尺校准。用检查板校准测深仪时，测深仪应处于正常工作状态，水面平静，流速较小，检验深度宜接近当日测量的最大水深，船舶应处于稳定状态。

对既有模拟记录又兼有数字记录的测深仪进行检验时，应同时校对模拟信号和数字信号，检验结果应以模拟信号为准。

测深仪的转速偏差不应大于 1%，工作电压与额定电压之差，直流电源不应大于 10%，交流电源不应大于 5%。

测深仪换能器宜安装在距测量船船首 1/3～1/2 船长处。

使用机动船测深时，应根据需要测定测深仪换能器动吃水改正数，改正数小于 0.05 m 时可不改正。

测深仪记录纸的走纸速度应与测量船的航速相匹配，记录纸上的回波信号应能清晰反映水底地貌。对疏浚和炸礁测量，记录纸走纸长度与实地长度之比宜大于 1/4000。

测深检查线与主测深线相交处、单波束测深不同作业组相邻测段或同一作业组不同时期相邻测深段的重复测深线的重合点处，图上 1 mm 范围内水深点的深度比对互差均应符合表 5-5 的规定。

表 5-5　深度比对互差要求

水深 H/m	深度比对互差/m
$H\leqslant 20$	$\leqslant 0.4$
$H>20$	$\leqslant 0.02H$

5.1.2.4　补测及重测

1）补测

①测深线间距大于间距的 1.5 倍；

②测深仪记录纸上的回波信号中断或模糊不清，在纸上超过 3 mm 且水下地形复杂；

③测深仪零信号不正常或无法量取水深；

④对于非自动化水深测量，连续漏测 2 个及以上定位点，截面的起点、终点或转折点未定位；

⑤DGPS 定位，卫星数少于 3 颗，连续发生信号异常；

⑥GPS 精度自评不合格的时段；

⑦测深点号与定位点号不符，并且无法纠正；

⑧RTK 三维水深测量时，RTK 水位异常。

2）重测

①深度比对超限点数超过参加比对总点数的 20%；

②确认有系统误差，但又无法消除或改正。

3）单波束测深，利用姿态传感器进行波浪改正时规定

①姿态传感器安装位置应靠近测深仪换能器，其 Y 轴正向应与测船艏向一致。

②测深仪或数据采集软件应同时记录原始测深数据、测船姿态数据和水深改正数据。

③测量过程中不得搬动姿态传感器。

④姿态传感器数据输出速率不应小于 20 Hz。

⑤采用 GPS 三维姿态控制系统进行波浪改正时，应有比对成果。

4）多波束测深系统测深规定

①多波束测深系统工作环境应符合系统中所有设备的技术要求。

②系统中设备安装位置变动或更换设备后应重新进行校准。多波束测深应保证测量时换能器的姿态与校准时的姿态相同。

③每次作业前应在测区内有代表性的水域测定声速剖面，单个声速剖面的控制范围不宜大于 5 km，声速剖面测量时间间隔应小于 6 h，声速变化大于 2 m/s 时应重新测定声速剖面。

④水深测量项目开始前应在不浅于测区水深的平坦水域进行多波束测深正交比对和用单波束进行校核。

⑤作业时，应实时监测各个传感器回波信号质量，不符合要求时应停止作业。

5.2　水深的测量方法

5.2.1　单波束测深

单波束测深就是测深仪器在一个测深周期内仅发射一个声脉冲。安装在测量船下的发射换能器垂直向水下发射一定频率的声波脉冲，在水中传播到水底，经反射或散射返回，被接收机换能器所接收。记录声波发射到接收的时间间隔，根据声速值就可测得换能器底部到水底的深度。

单波束测深仪测得的水深值是换能器至水底的深度值。由于回声测深仪设计转速、声速与实际的转速、声速不同，以及换能器安装等原因，还需要对其进行改正。回声测深仪总改正数的求取方法主要有水文资料法和校对法。前者适用于水深大于 20 m 的水深测量，后者适用于小于 20 m 的水深测量。水文资料法改正包括吃水改正、转速改正及声速改正。

5.2.1.1　吃水改正数$\triangle H_b$

测深仪换能器有两种安装方式，一种是固定式安装，即将体积较大的换能器固定安装在船底；另一种是便携式安装，即将体积较小的换能器进行悬挂式安装。无论哪种安装方式，都安装在水面下一定的距离。由水面至换能器底面的垂直距离称为换能器吃水改正数$\triangle H_b$。若 H 为水面至水底的深度，H_s 为换能器底面至水底的深度，则$\triangle H_b$ 为

$$\Delta H_b = H - H_s \tag{5-2}$$

5.2.1.2　转速改正数$\triangle H_n$

转速改正数是由于测深仪的实际转速 n_s 不等于设计转速 n_0 所造成的。记录器记录的水深是由记录针移动的速度与回波时间所决定的。当转速变化时，则记录的水深也将改变，从而产生转速误差。转速改正数：

$$\Delta H_n = H_s\left(\frac{n_0}{n_s}-1\right) \tag{5-3}$$

5.2.1.3 声速改正数ΔH_c

声速改正是因为输入到测深仪的声速 c_m 不等于实际声速 c_0 而造成测深误差。

$$\Delta H_c = H_s\left(\frac{c_0}{c_m}-1\right) \tag{5-4}$$

综上所述，测深仪总改正数：

$$\Delta H = \Delta H_b + \Delta H_n + \Delta H_c \tag{5-5}$$

三项改正中，声速改正数对总改正数影响最大。以上改正方法为水文资料法，一般用于大于 20 m 水深的海区。

浅海区适宜用校对法求测深仪总改正数。校对法同声速比对法是用检查板、换能器等，置于换能器下方一定深度 H 处，与测深仪在当时当地的实测深度 H_p 作比较，其差值 ΔH 即为测深仪总改正数。当应用比对法设置声速进行水深测量时，测深值不需要施加声速改正。若要将海底点的瞬时水深归算为相对某一垂直基准的绝对高程或水深，则需要进行水位（潮汐）改正，即水深测量归算。

5.2.2 多波束测深

多波束测深系统是由多个子系统组成的综合系统。对于不同的多波束测深系统，虽然单元组成不同，但大体上可将系统分为多波束声学系统（MBES）、多波束数据采集系统（MCS）、数据处理系统和外围辅助传感器。其中，换能器为多波束声学系统，负责波束的发射和接收；多波束数据采集系统完成波束的形成和将接收到的声波信号转换为数字信号，并反算其测量距离或记录其往返程时间；外围设备主要包括定位传感器（如 GPS）、姿态传感器（如倾斜仪）、声速剖面仪（CDT）和电罗经，主要实现测量船瞬时位置、姿态、航向的测定及海水中声速传播特性的测定；数据处理系统以工作站为代表，综合声波测量、定位、船姿、声速剖面和潮位等信息，计算波束脚印的坐标和深度，并绘制海底平面或三维图，用于海底的勘察和调查。

多波束数据预处理的关键技术如下。

①分析研究计算船体姿态变化对定位中心与基阵中心的影响，估计偏移值，获得基阵中心的精确地理坐标。

②研究船姿变化对波束入射角度的影响，估计波束的实际入射角度。

③对比分析基于层内常声速和常梯度的声线跟踪算法，计算波束脚印的水平位移和水深。

④进行空间位置归位改正，从而得到波束脚印的地理坐标。

5.2.2.1　姿态改正

船体的姿态对换能器的动吃水深度、基阵中心、波束到达角等均有着直接影响。姿态变化对定位中心与基阵中心的偏移值改正。定位中心与基阵中心偏移值的改正姿态变化对定位中心与基阵中心的偏移值有影响。因此，计算过程中，必须对该偏移值进行补偿改正。假设在船体坐标系中，（Δx_0、Δy_0、Δz_0）为体处于水平状态时，定位中心与基阵中心之间存在的偏移值。假设船体姿态变化时，大地坐标系中定位中心与基阵中心之间存在的偏移值（Δx_T、Δy_T、Δz_T）。经过推导可得

$$\Delta x_T = \Delta x_0 \cos h \cos r + \Delta y_0(\sin h \cos p + \cos h \sin r \sin p) + \Delta z_0(-\sin h \sin p + \cos h \sin r \cos p) \tag{5-6}$$

$$\Delta y_T = -\Delta x_0 \sin h \cos r + \Delta y_0(\cos h \cos p + \sin h \sin r \sin p) + \Delta z_0(-\cos h \sin p - \sin h \sin r \cos p) \tag{5-7}$$

$$\Delta z_T = -\Delta x_0 \sin r + \Delta y_0 \cos r \sin p + \Delta z_0 \cos r \cos p \tag{5-8}$$

式中，r——测量船横摇角；

p——纵摇角；

h——艏向角度。

假设在大地坐标系中，X_0、Y_0为定位中心的位置，经过推导可以得到基阵中心坐标的计算公式为

$$X_1 = X_0 + \Delta x_T \tag{5-9}$$

$$Y_1 = Y_0 + \Delta y_T \tag{5-10}$$

姿态变化对基阵发射波束角度的偏移值改正。基阵发射波束角度在深度计算中起着很重要的作用。测量船的姿态变化会对波束的入射角度产生影响。波束入射角度的影响因素主要有横摇角度和纵摇角度。

假设测量船处于水平状态时，在船体坐标系下，波束入射角度是θ。假设在这个波束传播路径上的一个点相对于基阵的偏移值是（0，$\tan\theta_0$，−1），可以得到改正后的波束入射角度为

$$\theta = \arccos(-\sin r \sin\theta_0 - \cos r \cos p \cos\theta_0) \tag{5-11}$$

式中，r——测量船横摇角；

p——纵摇角；

θ_0——波束入射角度。

从式（5-11）中可以看出：横摇值对波束入射角度影响较大，必须考虑。纵摇值较小时，可以不考虑，但当纵摇值达到一定程度时，波束脚印的深度和平面位置均会受到影响，必须考虑。

5.2.2.2　声线跟踪

海水中的声速随着温度、盐度和深度而不同，这些参数又随不同时间和地点而变化。

因此，海洋中的声速结构是十分复杂的。声波在海洋中传播声线是弯曲的，其弯曲的程度与声速分布有关。如果采用近似的恒定声速，将声线看成是一条直线，必然对测深结果产生影响。根据声速在海水中传播时的声线变化特征，即波束入射角、往返程时间和声速剖面进行精确跟踪，可获得波束脚印的实际位置。为此，将计算波束投射点在船体坐标系下的平面位置和水深称作声线跟踪算法。

5.2.2.3 波束脚印的空间归位

波束脚印的空间归位是指船体坐标系 VFS 原点位于换能器中心，x 轴指向船首（航向），z 轴垂直向下，y 轴指向侧向，与 x 轴、z 轴构成右手正交坐标系。当地坐标系原点为换能器中心，x 轴指向地北子午线，y 轴同 x 轴垂直指向东，z 轴、x 轴与 y 轴构成右手正交坐标系。

1）深度方向上的归位计算

深度方向上的归位是指波束投射点高程的计算。根据船体坐标系原点与某一已知高程基准面之间的关系，将船体坐标系下的水深转化为高程。船体吃水对多波束测深系统在垂直方向的结果有影响。吃水是换能器基阵中心低于平均水平面的深度 D_s，它是实时变化的。基阵中心和姿态传感器中心的坐标偏移值受到船体姿态的影响。假设（x'、y'、z'）是在船体坐标系中的基阵中心和姿态传感器之间的坐标偏移值。船体姿态变化时，产生的附加升沉值是船体水平状态时的基阵中心深度值与船体运动时的基阵中心深度值的差值，则附加升沉值是

$$H_i = x'\sin r - y'\cos r\sin p + z'(1-\cos r\cos p) \tag{5-12}$$

式中，r——测量船横摇角；

p——纵摇角。

升沉 H_m 是实时的换能器基阵中心的吃水值，它由船体的运动而产生，可通过姿态传感器确定。因此，基阵中心的升沉值是

$$H_0 - H_m + H_i \tag{5-13}$$

测点的实际深度（若定义大地坐标系中 Z 轴向上为正）的计算公式是

$$Z = -H - D_s + H_0 \tag{5-14}$$

式中，H_0——声基阵中心的升沉；

D_s——吃水；

H——声线跟踪算法得到的深度，即声线传播经过水层的高度的总和。

2）水平位置上的归位计算

水平位置上的归位是指波束投射点地理坐标的计算。根据航向、船位和姿态参数计算船体坐标系和地理坐标系之间的转换关系，并将船体坐标系下的波束投射点坐标转化为地理坐标。

假设船体坐标系下，波束脚印的水平位移是 X。基阵中心与波束脚印之间的偏移主要受艏向值和纵摇值的影响，那么在大地坐标系下，波束脚印相对于基阵的偏移计算公式为

$$\Delta x_L = X\cos h + |Z|\tan\theta\sin h \tag{5-15}$$

$$\Delta y_L = -X\sin h + |Z|\tan\theta\cos h \tag{5-16}$$

式中，θ——波束入射角度；

h——艏向角度；

Z——大地坐标系中实际深度。

在大地坐标系中，（X_0、Y_0）为定位中心位置。

根据之前计算得出的在大地坐标系中定位中心与基阵中心之间存在的偏移值（Δx_T、Δy_T、Δz_T），那么波束脚印的平面位置是

$$X = X_0 + \Delta x_T + \Delta x_L \tag{5-17}$$

$$Y = Y_0 + \Delta y_T + \Delta y_L \tag{5-18}$$

经上述处理后，计算出波束脚印的平面位置和深度值，即可完成波束脚印空间坐标的归位计算，得到实测的海底点的三维坐标。利用这些散点的三维坐标，可以绘制海底水深图和构造海床数字高程模型（DEM）。

3）条带间数据拼接

通过预处理的多波束条带数据是按测量船走航路线形成的条带水深数据，不能直接进行海底地形分析和成图。为了形成一个全测量水域多波束水深数据的应用，需要进行条带数据的拼接、网格化和可视化等处理。通过数据的合并、特征提取、融合处理等步骤，最终形成整体水域的成果图。

条带数据拼接，选择所需的地理坐标系统，将测区各个条带的水深数据和定位测量信息按照先后顺序及位置关系，进行数据空间重采样，形成测区完整的离散水深数据集文件（如同 DEM 数据格式）。

数据网格化，利用多波束测深系统所得到的数据量很大，如果直接进行海底地形分析和成图，不仅占用计算机资源，而且在实现方面存在一系列困难。如果对原始多波束数据进行网格化处理，压缩数据量，依据成图比例尺设定网格大小，不仅加快成图过程，而且在不影响成图精度的前提下，提高了成图的质量。因此多波束数据的网格化处理目的不同于一般数据的网格化插值。通常人们所说的网格化插值，都是希望通过插值加密数据点，使粗糙稀疏的原始数据成为新的分辨率提高，而精度尽可能少降低的网格数据。多波束数据的网格化处理包含了一种数据压缩的思想。

5.3 应用案例

5.3.1 港珠澳大桥沉管隧道基础验收测量

5.3.1.1 工程概述

港珠澳大桥沉管隧道采用的多波束测深系统型号为 Kongsberg EM2040，是一套较为先进的超高分辨率回声测深系统，其波束角度为 0.7°×0.7°，具备在线调频功能，在测量

过程中可以根据实际环境调整系统频率，从而达到最佳的量程和条带覆盖宽度效果，同时可实现条带覆盖角度在线可调，调整范围 10°～140°，可以根据实际作业情况灵活选择合适的覆盖角度，当选择一个较窄的覆盖扇区时，所有的声学水深点集中在这个窄条带内以增加系统的分辨率检测细小的水底特性。Kongsberg EM2040 多波束测深系统由换能器、定位设备 RTK、运动传感设备及各类声速仪组成，详见图 5-1。

多波束测深系统是当今水下地形勘测最先进的设备，能对所测海域全覆盖扫测，客观全面地反映测量区域的海底地形。多波束测深系统虽有着其他测深手段所无法比拟的优点，但应用于沉管隧道碎石基床回淤监测，仍然需要从换能器安装改正、测量船型及航速选择、声速改正技术、实时船舶姿态改正技术、高程改正技术等方面进行分析研究，解决或减小客观因素影响，消除多波束测深数据出现的粗差，通过采用综合性的技术措施，全面提高多波束的测量质量和数据的可靠性。

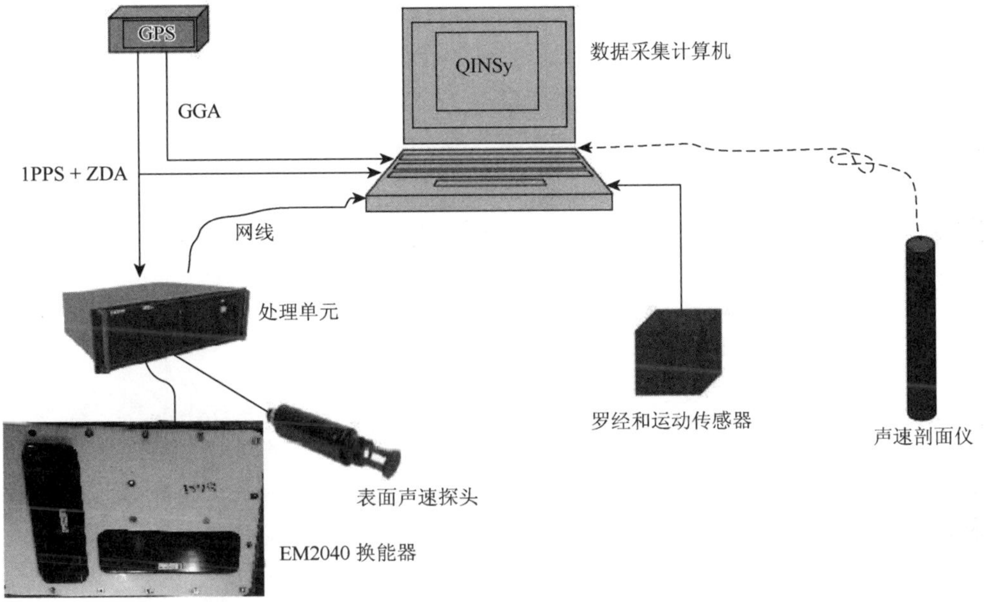

图 5-1　多波束测深系统组成示意图

5.3.1.2　大型专用测量船选型研究

根据以往资料，港珠澳大桥沉管隧道全年平均大于 6 级大风天数为 61 d，全年平均大于 7 级大风天数为 19 d，表层最大落潮流速可达 2.0 m/s，有效波高大于 1 m 出现频率为 4.96%。

为了在恶劣的海况环境下保证测量精度，在测量船选型时，对以下几点因素做相应研究。

1）船舶稳定性

若将世界现有测量船总长分类，Ⅳ类测量船船长 30.5～45.7 m，满足 1000～2000 m

海洋测量，Ⅴ类测量船总长 30.5 m 以下，适合 200 m 以内水深测量。港珠澳大桥沉管隧道最大水深不超过 50 m，为了保证测量船的稳定性，需保证测量船的长度。项目现场大风、大浪条件下保证测量数据精准，测量船舶需优于Ⅴ类测量船要求，同时考虑测量现场交叉作业较多，缆绳、锚漂密布环境，测量船舶不能无限制增大。自建测量船“起锚艇 15”船长 37.1 m、型宽 11.6 m、型深 5.1 m、满载吃水 4.0 m，不仅满足Ⅳ类测量船船长要求，保证船舶具有较高的稳定性，同时适合现场复杂交叉作业环境。

2）船体功率及排水量

项目现场表层最大流速可达 2 m/s，在逆流最大流速状态下保证船舶按照正常 4 kn 速度行驶，船舶在静水下最少达到 8 kn 航速，同时考虑船舶满转速运载下有可能造成的船舶震动问题，对船舶的功率要求更高。现场最大有效波高大于 1 m，年风力达到 7 级天数超过 19 d，需保证船体具有一定排水量才能保证船舶稳定性。综上考虑，在建测量船“起锚艇 15”（图 5-2）总功率 1800 kW，满载排水量 1046.3 t。测量船具有良好的适航性及抗风浪能力，保证测量船在恶劣环境下高精度扫测作业。

3）船舶操纵性能

良好的操纵性是多波束测深精度的质量保证，为全面细致地测出海底地形，测量船舶在低速航行及漂浮状态下也应具备良好的操纵性，在现场复杂的作业环境中，对船舶的操纵性能要求更高。针对多波束测深作业环境及高精度要求，在自建测量船时使用全回转舵桨装置，能任意改变推力的方向，使船舶能原地掉头，操纵性好，能精准按照预定航线行驶，同时在现场复杂的作业环境中能进退自如。

图 5-2　自建“起锚艇 15”多波束测深船

5.3.1.3　换能器安装研究

多波束测深系统换能器的安装是一个重要环节，直接影响多波束测量精度。目前，多波束测深系统换能器安装方式有船底安装及旁挂式安装两种方法，其中旁挂式安装特点在于换能器即用即装、收取方便，但每次安装换能器与船体相对姿态都会变化，不易维持换能器安装角度，另外换能器受船体自身运动、噪声影响较大，很容易产生测量粗差。因此需在确定选取固定安装方式前提下对船底固定安装相关问题进行精细化研究。

正确、合理地选择换能器在船体底部的位置，也是影响多波束工作性能的重要因素，海水表面有无数碎浪引起的气泡，船舶航行时船体与海水摩擦产生紊流（层流及湍流），海流从层流变为湍流其厚度也逐渐增加，对多波束测深精度造成的影响也逐渐增加。同时，船舶行驶过程中螺旋桨及机舱震动是主要噪声源，换能器安装时应尽量远离螺旋桨，另外，考虑纵摇的影响，换能器安装靠近船头，易受船体龙骨弧形设计影响，越靠近船首换能器安装纵摇值越大。综上所述，多波束换能器安装时布置于船底及船前 1/3 处，如图 5-3 所示。

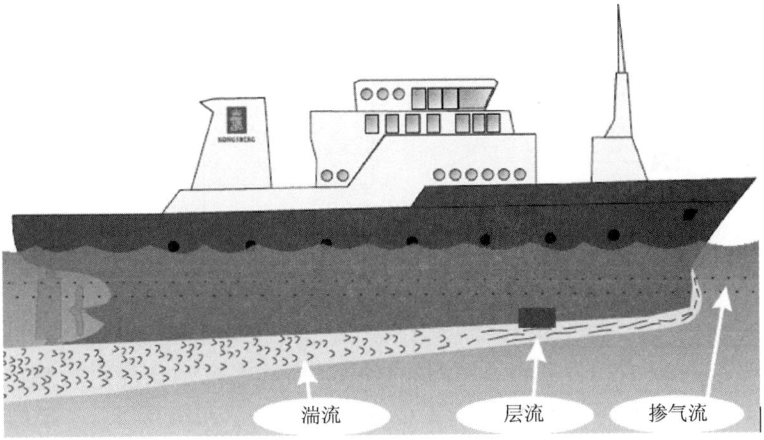

图 5-3 多波束测深船底紊流图

为保证多波束测深具有相对良好的测量环境，减小船体外紊流影响，多波束测深系统换能器需伸出船底。同时考虑现场施工船舶锚缆交错的复杂环境，为充分保护换能器，防止换能器刮碰，需在换能器周边采取保护措施。在考虑了国内外相关安装方案后，经比选研究确定在换能器周边安装导流罩，详见图 5-4，导流罩高度略高出探头面，同时距换能器探头具有一定距离，结合相关措施不但减少了紊流影响，同时保护了换能器。

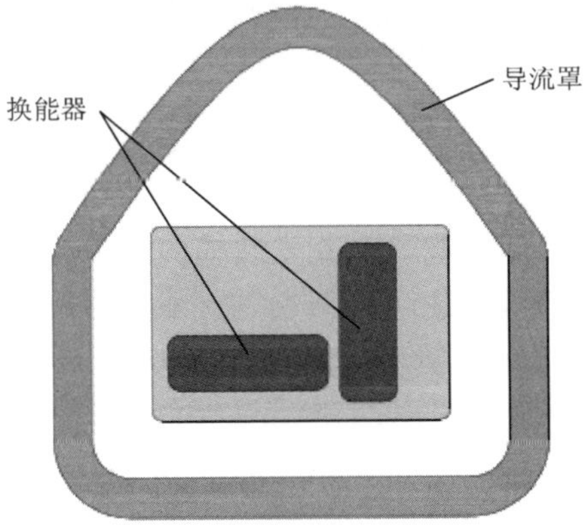

图 5-4 换能器导流罩示意图

多波束测深系统各设备安装位置直接影响多波束测深精度，运动传感器安装要求最高，理想状态下应保证其安装位置无振动且较为稳定，通过测量船结构分析，将运动传感器安装至船体重心位置；同时为保证换能器、GPS 设备的稳定性，均安装至船舶中心线上。为了减弱各设备相对位置关系转化影响，换能器、GPS 设备尽量安装在同一垂线上。多波束换能器安装位置如图 5-5 所示。

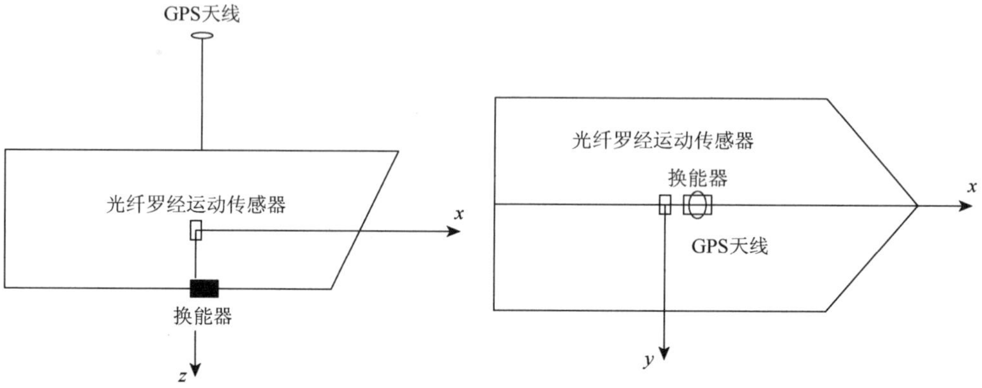

图 5-5 多波束换能器安装位置

在换能器安装过程中，通过测斜、测倾设备对换能器安装角度进行精确控制，由于换能器安装误差对多波束测深高程的影响主要体现在横摇 r 和纵摇 p 上，换能器安装姿态测量误差对多波束测深高程的影响表达式为

$$d_z = L\tan\varphi d_r + L\tan p d_p \tag{5-19}$$

式中， L——水深；

φ——波束入射开角；

d_z——换能器船体安装姿态测量误差对多波束测深高程的影响。

传感器进行严格校检，可认为姿态受各运动量随时变化，考虑多波束回淤监测中实际测深条件，量程限制一般为 70 m，波束入射开角一般选取 60°，横摇和纵摇分别取 1.5°，根据姿态传感器测量误差 d_r、d_p 均为 0.01°计算，则船体姿态测量误差对多波束测深高程的影响为

$$d_z = 70\times\sqrt{3}\times\frac{0.01}{180}\times\pi + 70\times\tan1.5°\times\frac{0.01}{180}\times\pi < 0.01\ \text{m} \tag{5-20}$$

因此，利用测斜、测倾设备换能器船底安装横向、纵向偏角控制在±1.5°范围内，有效降低换能器安装误差产生的精度影响，将误差影响控制在±0.01 m。

5.3.1.4 系统各设备相对位置标定

多波束测深系统各设备相对位置标定也是一个重要的环节，直接影响多波束数据质量的好坏，须进行高精度的标定才能获得高质量的测量数据。目前，国内多波束测深系统安

装方式大多采用侧挂式安装，多波束测深系统各设备之间相对参数主要采用拉尺测量法，精度通常在分米级，无法满足港珠澳大桥沉管隧道高精度要求。

在图 5-5 中，运动传感器平面坐标量取坐标分别为 x、y，船的实时航向为 φ，RTK 得出的测量参考系坐标为（E_0、N_0），则换能器的测量参考系平面坐标为（E_1、N_1）：

$$\begin{bmatrix} E_1 \\ N_1 \end{bmatrix} = \begin{bmatrix} E_0 \\ N_0 \end{bmatrix} + \begin{bmatrix} \cos\varphi & \sin\varphi \\ -\sin\varphi & \cos\varphi \end{bmatrix} \begin{bmatrix} x \\ y \end{bmatrix} \tag{5-21}$$

距离量取偏差分别为 dx、dy，带入式（5-21）可推导出平面量取偏差对平面东、北坐标（ΔE，ΔN）：

$$\Delta E = \cos\varphi\,\mathrm{d}x + \sin\varphi\,\mathrm{d}y \tag{5-22}$$

$$\Delta N = -\sin\varphi\,\mathrm{d}x + \cos\varphi\,\mathrm{d}y \tag{5-23}$$

为了方便计算，取 dx 为 0.2 m，dy 为 0，航向 120°，带入式（5-22）、式（5-23）计算得：$\Delta E = -0.12$ m，$\Delta N = -0.15$ m。

若垂直方向量测时出现偏差，理论上会直接导致水深测量过程中出现同样的偏差影响，若再考虑声速剖面等因素综合影响，则测深偏差值大于各设备垂直方向标定偏差值。多波束各设备位置参数测定如图 5-6 所示。

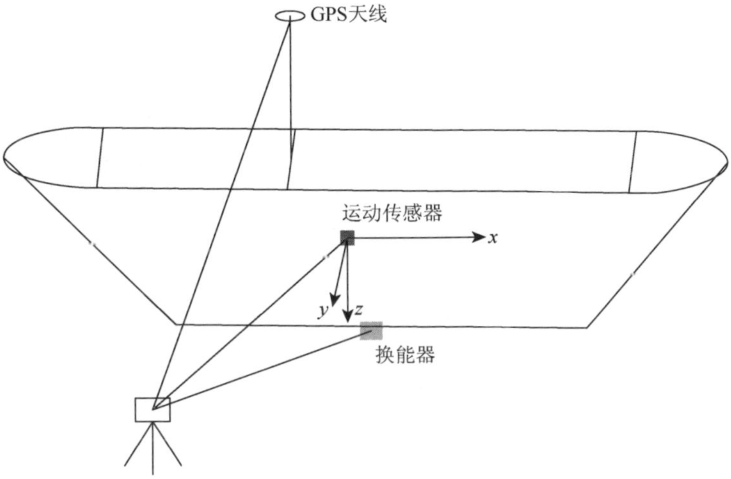

图 5-6 多波束各设备位置参数测定示意图

为了减小多波束测深系统相对位置参数造成的系统误差，多波束测深系统采用船底固定式安装，设备之间安装及系统参数测量在干坞内进行。利用全站仪高精度标定系统各设备的相对位置，并建立各设备与船体相对坐标系系统。标定时，采用徕卡 TS30 全站仪及光学棱镜进行平面及高程测量，距离误差为 1 mm + 1 ppm×D，测角误差为 0.5″，对多波束测深系统中 OCTANS 姿态运动传感器、多波束换能器、RTK 天线盘相对位置进行精确测量，保证多波束测深系统各设备相对位置精度，充分减弱多波束测深过程中设备位置标定带来的系统误差。

通过毫米级全站仪对多波束测深系统各设备进行标定，转换成相对位置关系后输入测深系统软件中，根据全站仪测量精度及误差传播定律，基本消除位置偏差造成的测深误差影响。

5.3.1.5　多波束测深稳定性研究

多波束测深稳定性主要受两次扫测内环境、外环境的影响。内环境主要有测量船舶船速、多波束仪器参数、测量测线，内环境变化是可控的，外环境主要有水文环境、海底环境，外环境变化不可控。通过对内、外环境研究分析多波束测深稳定性。

1）内环境

①测量船舶航速：航速的变化对姿态造成很大影响。船速愈高，船体愈容易产生偏航，船速改变瞬间，横摇、纵摇幅度及涌浪变化较大，从而造成测深误差。

②多波束仪器参数：换能器参数值包括波束开角、波束测深频率选择、波束自动滤波方式等，换能器参数的改变，对多波束测深将产生直接影响。

③测量测线：测线的选取原则可分为沿潮流方向和沿基槽方向，如图 5-7 所示，在潮流作用较强时可选取沿潮流方向，否则，可选取沿基槽方向。

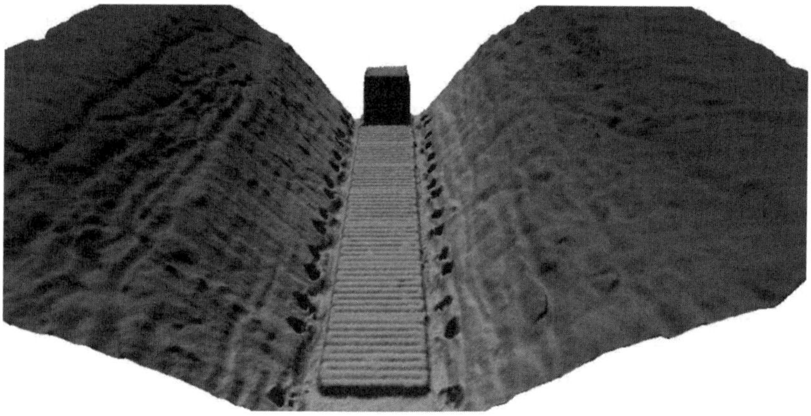

图 5-7　测线方向选取示意图（后附彩图）

2）外环境

①水文环境：水文环境主要包括潮流、水温、盐度等影响，水文环境的变化直接导致声速的变化，从而导致声速改正产生误差。

②海底环境：由于海底施工、海底底质变化等影响，直接造成水深值的变化。

为了分析多波束测深稳定性，需对两次测深内、外环境保持基本一致。采用多波束测量船连续重复测量某一相同区域，测量过程中船速、多波束仪器参数、测量测线控制不变，保证具有相同的内环境；因测量时间间隔较短，基本可以认为重复扫测过程中水文环境及海底环境不变，多波束重复测深差值统计见表 5-6。通过实测数据进行差值均值计算，对多波束测深稳定性进行分析。

表 5-6 多波束重复测深差值统计表 （单位：cm）

日期	3月15日	3月16日	3月17日	3月18日	3月19日	3月20日	3月21日	3月22日	3月23日	3月24日
均值	0.5	0.4	−0.7	1.1	1.1	0.4	−1.0	−0.1	−0.3	−0.2

通过表 5-6 中连续 10 d 共 40 次多波束测深，约 59 万点位比对数据分析可知：多波束测深稳性基本位于 1 cm 左右，平均值为 0.12 cm，多波束测深稳定性较高。

5.3.1.6 粗挖、精挖、块石夯平验收测量

1）测量步骤

①开启各项设备，查看各项设备工作是否正常。打开 GPS，连接东人工岛参考站，电台频率为 442.125 MHz，查看是否能够获取固定解；

②开启 Kongsberg EM2040 型多波束测深系统，打开 SIS 控制软件，对系统进行自检。自检无误后进行各项参数设置选取工作频率为 300 kHz，波束角为 120°，采取等距测量模式；

③打开 QINSy 软件，新建工程，导入模板并检查各项参数设置；

④采用 Digibar Pro 声速剖面仪采集测区声速剖面数据并导入 SIS 及 QINSy 软件；

⑤根据测区水深状况及现场情况布设测线，测线间隔为 40 m；

⑥多波束测深。

2）内业数据处理

①将测量数据在 QINSy 中的 processing 模块中分组，删除不需要的数据及 RTK 处于非固定解情况下的数据；

②将分组之后的数据导入 cloud 软件中，选中合适的清除剖面工具进行数据自动清除；

③结合三维视图及剖面视图进行手工检查数据，手工删除测量错误的水深值；

④导出 ACSII 码三维坐标数据。

3）成图整理

采用南方 cass9.1 数字成图软件进行水深图绘制，将处理之后的数据展点到背景图上，水下地形图比例尺为 1∶500，展点间隔为 2 m。

4）断面图整理

采用南方 cass9.1 数字成图软件对测量数据进行断面线绘制。断面图横向比例为 1∶1000，纵向比例为 1∶1000，并将同一里程断面数据进行叠加对比。绘制断面如图 5-8 所示。

5）差值分析

采用 HYPACK 2011 软件将测量高程数据与设计高程进行差值计算，每 1 m×1 m 格网选取一点，选取区域为 E22 管节距中轴两侧各 21 m，东西长度 180 m，共选取 8946 个点，如图 5-9、表 5-7 所示，“–”代表实测高程低于设计值。

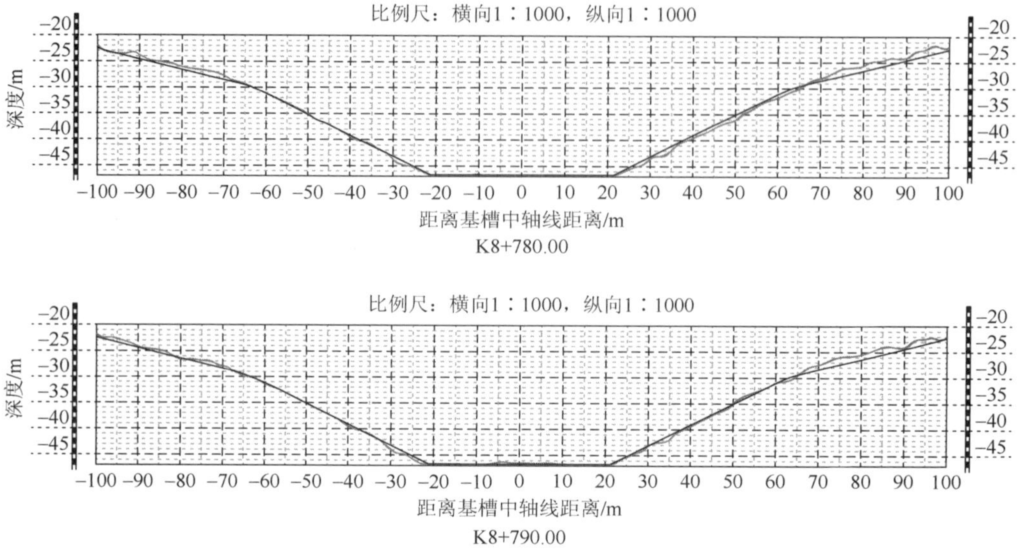

图 5-8　断面图

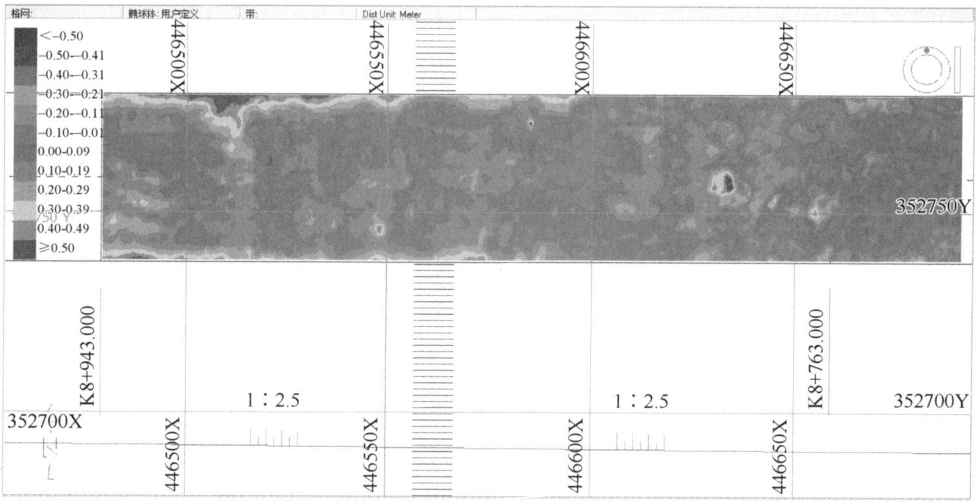

图 5-9　实测高程同设计高程对比差值分布图（后附彩图）

表 5-7　实测数据同设计值对比差值统计表

差值范围/m	差值点数	所占比例/%	设计允许比例/%
–0.6～＋0.4	8733	97.62	≥80.00
＋0.4～＋0.65	197	2.20	≤20.00
–0.85～–0.6	0	0.00	
＞＋0.65	16	0.18	0
＜–0.85	0	0.00	

注：“–”代表测量高程低于设计值。

6）三维效果图

粗挖后、精挖后和块石夯平后见图 5-10～图 5-12。

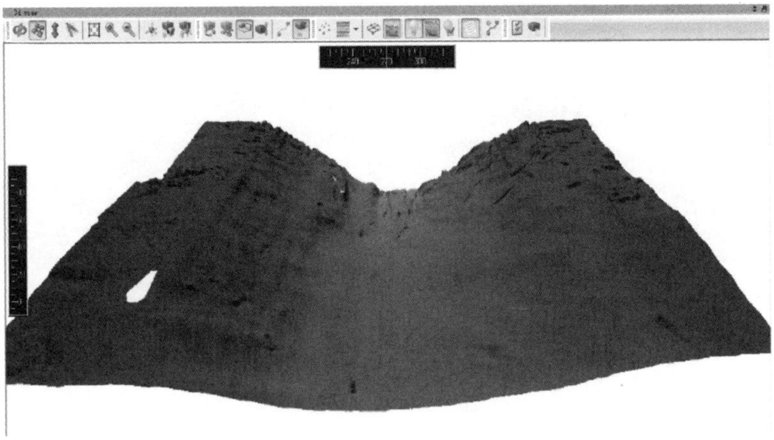

图 5-10 粗挖后三维图（后附彩图）

图 5-11 精挖后三维图（后附彩图）

5.3.1.7 碎石基床铺设验收测量

1）断面图分析

采用南方 cass7.0 数字成图软件对测量数据进行断面线绘制。断面图横向比例为 1∶100，纵向比例为 1∶10，并将测量数据与设计断面线进行叠加对比。

2）差值分析

采用 HYPACK 2011 软件将测量高程数据与设计高程进行差值计算，选取 E22 管节垄顶面为设计基准面，在 E22 基床每 0.2 m×0.2 m 格网内选取一点，生成 E22 管节基床差值分布图。在 E22 垄顶中轴线每 1 m 取一点，进行统计分析，并生成垄顶差值图（图 5-13）。

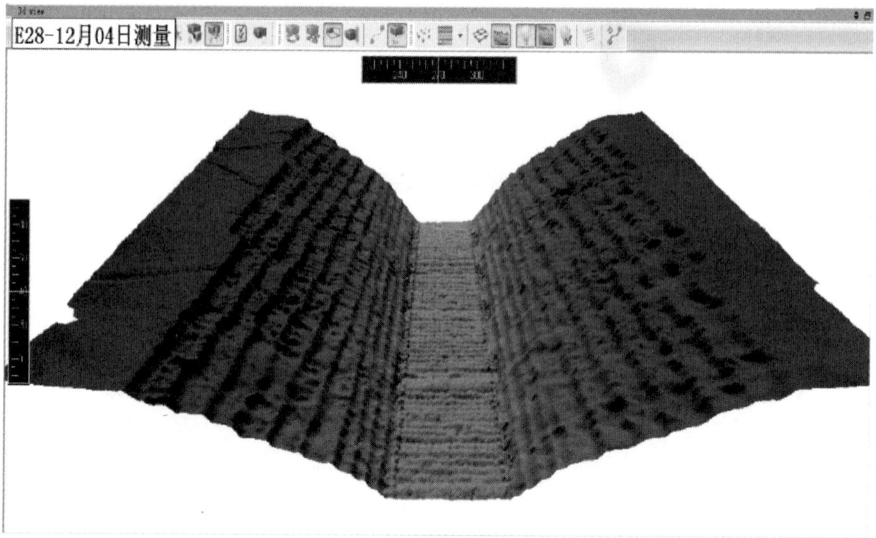

图 5-12　块石夯平后三维图（后附彩图）

E22 管节碎石基床第一、第二船位由于受回淤影响，第一、第二船位采用数据为 10 月 14 日测量数据，其他船位采用 11 月 01 日测量数据。

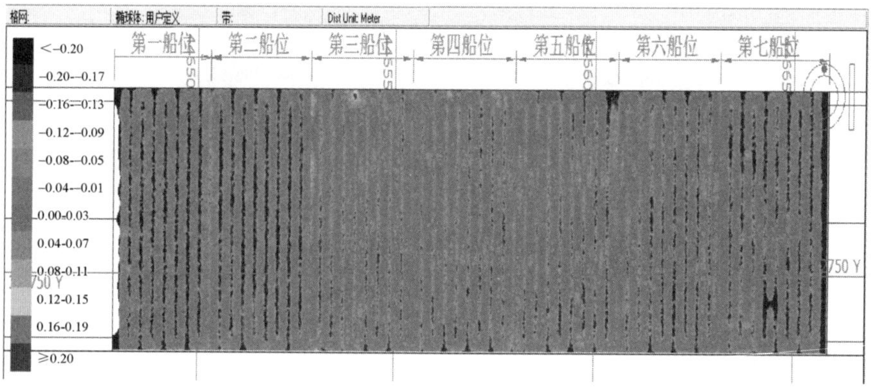

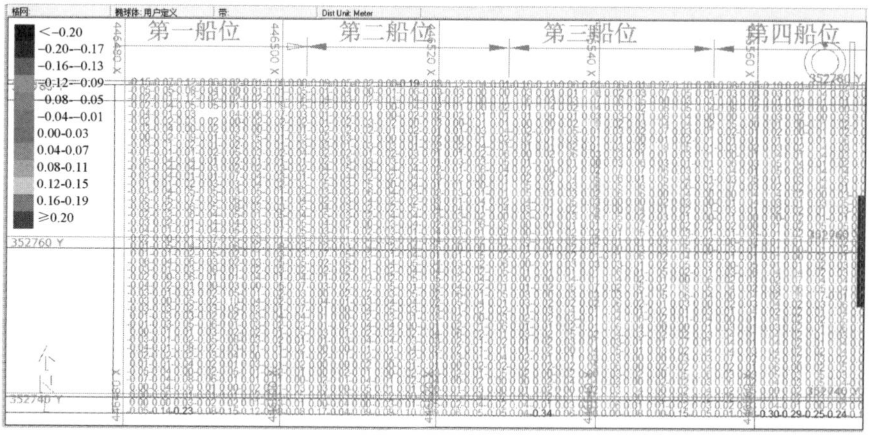

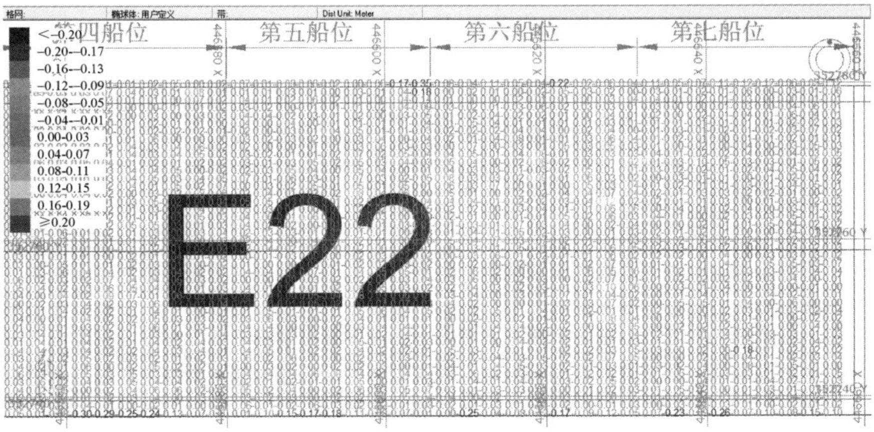

图 5-13 垄顶差值图（后附彩图）

5.3.2 港珠澳大桥沉管隧道基础回淤监测

5.3.2.1 工程概述

港珠澳大桥沉管隧道为世界首条外海深埋大回淤沉管隧道，沉管隧道工程位于珠江口，台风过境期间，风力骤增，带来了较大的降雨量，珠江口径流量迅速增加，大量上游洪水向下游冲击，夹杂着泥沙，造成大面积浑水带，造成基槽回淤；冬季季风来临，强冷空气影响程度及频率都在增加，风浪掀砂造成了大面积浑水带，水体含沙量呈现显著增加，基槽回淤强度大；施工区域上游高强度挖沙形成的高含沙水体随潮流运移导致工程水域含沙量增大，同时它沉积在海床上泥沙在潮流和风浪作业下，极易于再次起悬运移，是基槽异常强回淤的泥沙来源。但其他的回淤条件也会对回淤造成一定的影响，综合多方面原因，沉管基槽的淤积由多方面因素形成且非常复杂。

5.3.2.2 沉管隧道清淤要求和施工标准

港珠澳大桥沉管隧道工程设计给出的清淤要求和施工标准如下（表 5-8）。

①基槽开挖、块石抛填、块石夯平、碎石垫层铺设等施工工序合理衔接，流水作业，尽可能减少回淤对施工的影响。

②如管节基槽开挖与块石抛填之间凉槽时间大于 1 个月，或期间遇有台风、寒潮过境等情况时，应在块石抛填前对基槽进行回淤检测，回淤检测结果应及时反馈设计单位以确定清淤要求。

③碎石垫层铺设前对块石或堆载碎石顶回淤进行检测，并将检测结果反馈设计单位以确定清淤要求。

④碎石垫层铺设后沉管沉放前，应对碎石垫层顶回淤进行检测，并将检测结果反馈设计单位以确定清淤要求，清淤应不损坏已铺设碎石基床。

表 5-8　港珠澳大桥沉管隧道回淤检测及清除标准

序号	检测时机	淤泥清除标准	检测时机及频次	检测方法
1	基槽精挖后抛石夯平前	当隧道基槽底含水率＜150%或者密度＞1.26 g/cm³ 的回淤沉积物厚＞30 cm	抛石夯平前 7 d 测一次；探摸每个管节不小于 6 个点或测深仪每 10 m 一个断面	采用测深仪或潜水员探摸
2	抛石夯平后碎石整平前	密度＞1.26 g/cm³ 的回淤沉积物厚超过 10 cm；或者密度＞1.15 g/cm³ 的回淤沉积物厚＞30 cm	碎石整平前 15 d、7 d 各一次；探摸每个管节不小于 20 个点或测深仪每 10 m 一个断面	
3	碎石整平后管节沉放前	密度＞1.26 g/cm³ 的回淤沉积物厚超过 4 cm；或者密度＞1.15 g/cm³ 的回淤沉积物厚超过 8 cm	管节沉放前每 2～5 d 一次；探摸每个管节不小于 10 个垄/沟	

注：①管节沉放前淤泥质密度测试过程中应保护好碎石垫层，以免受损坏；
②如遇台风过境等极端气候条件及隧址上游进行施工作业时，应加强监测，并适当缩短测试时间间隔。

5.3.2.3　多波束回淤扫测精度评估

回淤监测前首先应准确的评定多波束测深系统绝对精度，在管节顶安装比对板进行绝对高程比对，具体方法如下。

1）预制厂内标定

在每节管顶通过控制点顺序放样出 50～80 比对点，见图 5-14。在管顶安装比对板进行测定，比对板高度从左到右依次为 3 cm、35 cm、10 cm、5 cm，见图 5-15。采用全站仪标定方法确定管内中管廊贯通点同管顶控制点在管节坐标系中相对关系，推算出管顶比对点及比对板相对于中管廊贯通点位置关系，见图 5-16。

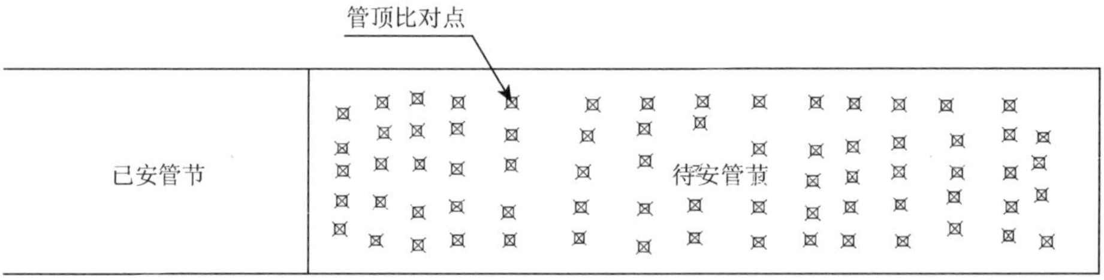

图 5-14　E15～E27 管节顶部比对点位置示意图

2）多波束扫测

待沉管安装完成后进行多波束扫测，得到管顶比对点及比对板处绝对坐标及高程，通过多波束扫测高程与根据贯通测量反算标定点高程得出测深绝对差值（图 5-17）。

①管顶比对点测深精度分析，通过多波束扫测数据建立三角网推算出管顶比对点绝对位置处高程，计算高程差值；

②管顶比对板测深精度分析，直接根据多波束扫测数据筛选管顶比对板上位置处高程，计算高程差值。

图 5-15 多波束测深比对板安装图

图 5-16 预制场内特征点标定

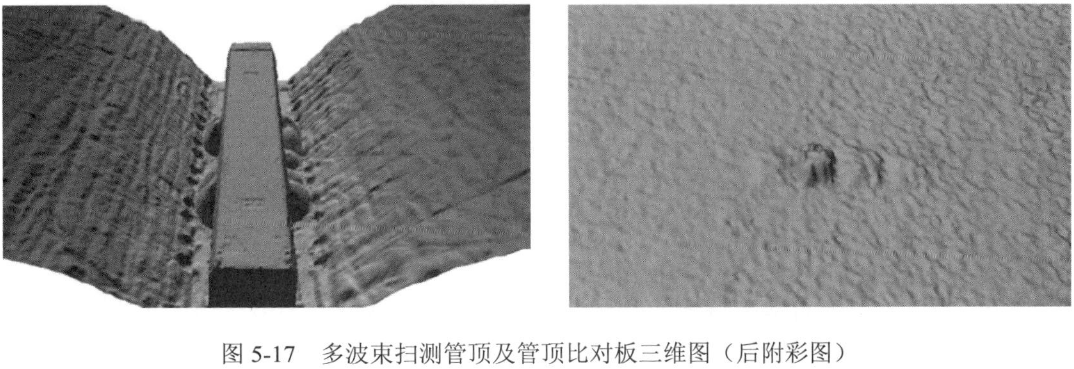

图 5-17 多波束扫测管顶及管顶比对板三维图（后附彩图）

3）绝对高程比对成果

通过对管顶比对点及管顶比对板共计 727 点进行高程差值计算，得到多波束绝对测深高程差值平均值为 1.2 cm，中误差为 4.3 cm（图 5-18、图 5-19）。

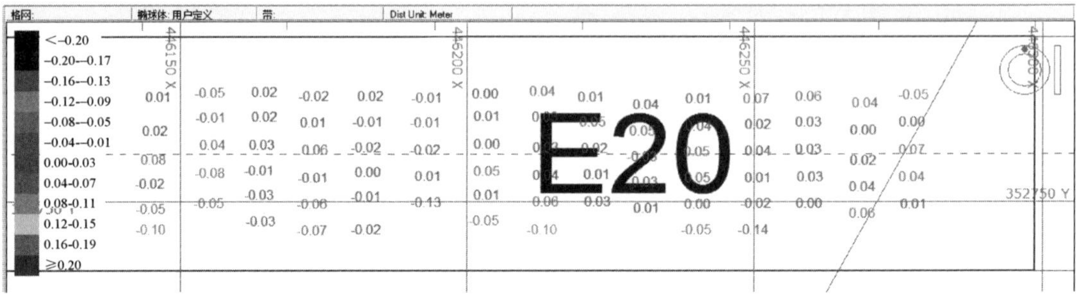

图 5-18　管顶比对点差值图（后附彩图）

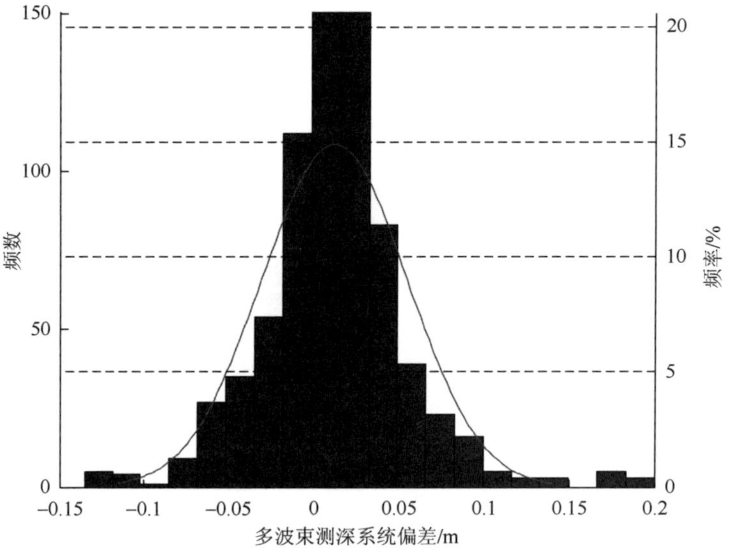

图 5-19　多波束测深系统偏差统计图

5.3.2.4　沉管安装前碎石基床回淤监测

使用差值法进行监测数据分析。在碎石基床铺设完成后，及时对碎石基床进行多波束监测，作为差值法监测数据基础，之后到沉管沉放前每天开展多波束回淤监测，并结合监测过程中回淤盒的数据，对监测数据精度及回淤沉积物变化进行统计，分析碎石基床受到回淤影响的程度。

根据 E33 管节碎石基床持续的监测，对已采取减弱或消除多波束监测过程中粗差及系统性偏差的数据进行精度评估分析，结果如图 5-20 和图 5-21 所示。在 E33 管节碎石基床垄顶范围，选取了 10 月 5 日和 6 日的监测数据进行差值比较，垄顶范围监测差值数据整体成正态分布，并且数据差值在±0.04 m 范围的占到 90%以上，反映了碎石基床上受回淤影响较小，同期，也从基床顶部收集的回淤盒内回淤沉积物厚度数据，进一步验证多波束测深数据的精度。

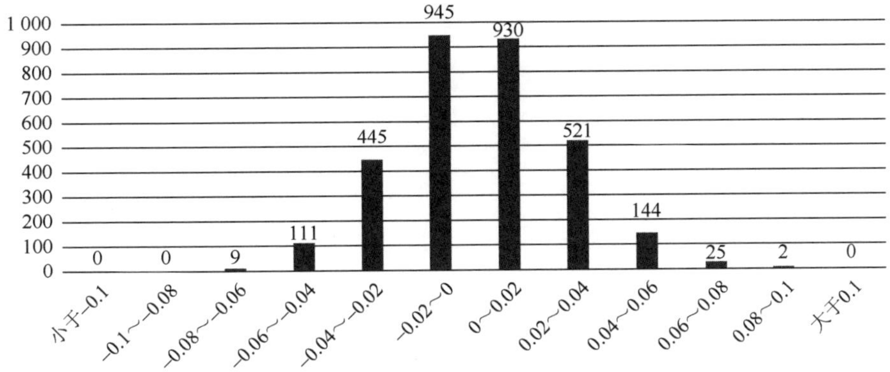

图 5-20　E33 管节碎石基床垄顶 10 月 5 日和 6 日监测数据差值分布区间统计图

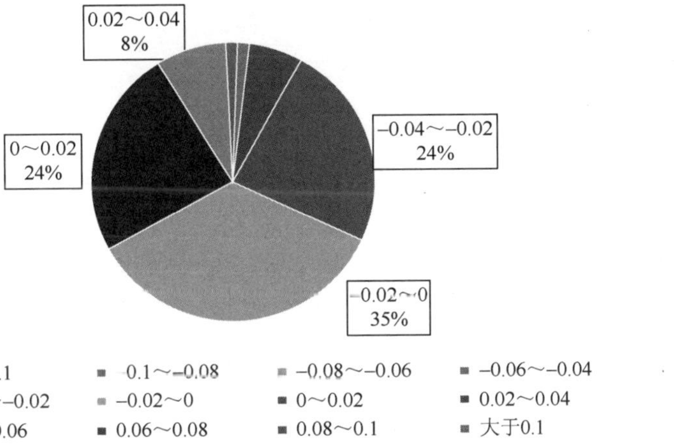

图 5-21　E33 管节碎石基床垄顶 10 月 5 日和 6 日监测数据差值分布饼状图（后附彩图）

同样在 E33 管节碎石基床垄顶范围，选取了 10 月 6 日和 7 日的监测数据进行差值比较，垄顶区域监测差值数据成正态分布趋势明显，并且数据差值在±0.04 m 范围的占到 91%，碎石基床垄顶面受回淤影响较小，同时验证多波束回淤监测的稳定性，见图 5-22 和图 5-23。

根据碎石基床监测数据分析，开展测量船型选择、换能器安装改正、设备位置标定、声速改正、实时船舶姿态补偿校正、高程修正等技术研究应用，对提高多波束监测精度起到了积极作用。通过长期回淤监测数据统计，多波束监测数据成果中 90%以上的数据精度能达到±0.04 m 以内。

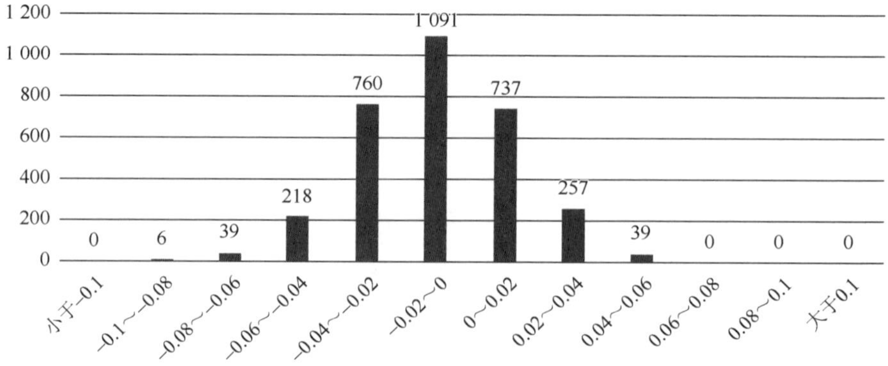

图 5-22 E33 管节碎石基床垄顶 10 月 6 日和 7 日监测数据差值分布区间统计图

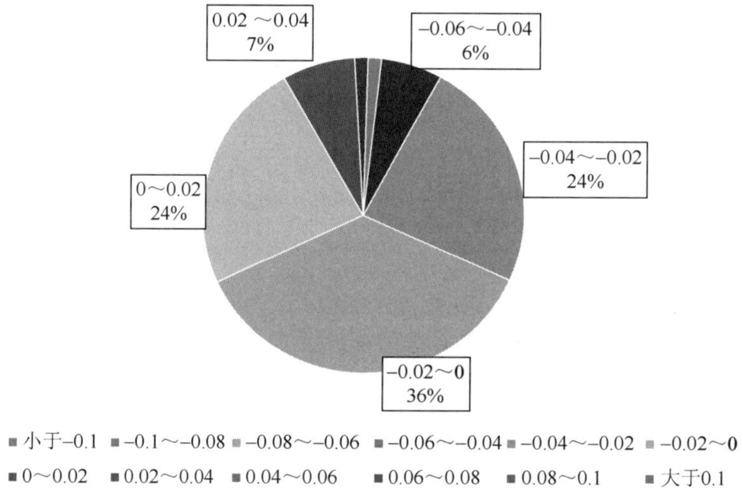

图 5-23 E33 管节碎石基床垄顶 10 月 6 日和 7 日监测数据差值分布区间饼状图（后附彩图）

5.3.2.5 沉管隧道全断面回淤监测

港珠澳大桥沉管隧道护面回填于 2017 年 7 月 2 日结束，为了对沉管护面回填后回淤变化规律进行分析，于 7 月 3 日～5 日进行第一次全隧道回淤监测，于 7 月 29 日～31 日进行第二次全隧道回淤监测。

回淤监测区域为 E5～E30 管节，回淤监测南北两侧各测量至原泥面，扫测面积为 1.53 km^2。回淤监测测量区域见图 5-24。

1）径流、潮位、气象状况

对马口站（西江干流水道）、三水站（北江干流水道）、博罗站（东江）进行径流统计，径流量变化图见图 5-25。

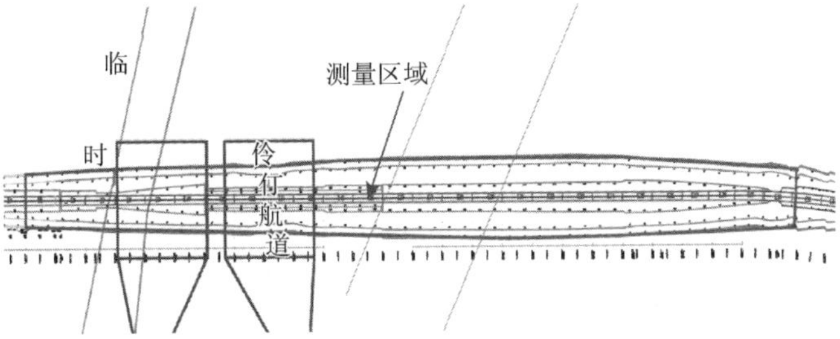

图 5-24　回淤监测测量区域范围

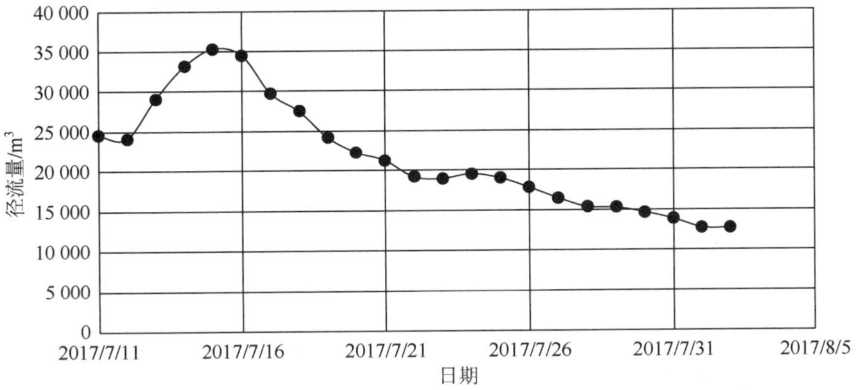

图 5-25　径流量变化图

潮位采用测量平台波潮仪观测数据，2017 年 7 月份潮汐变化曲线见图 5-26。

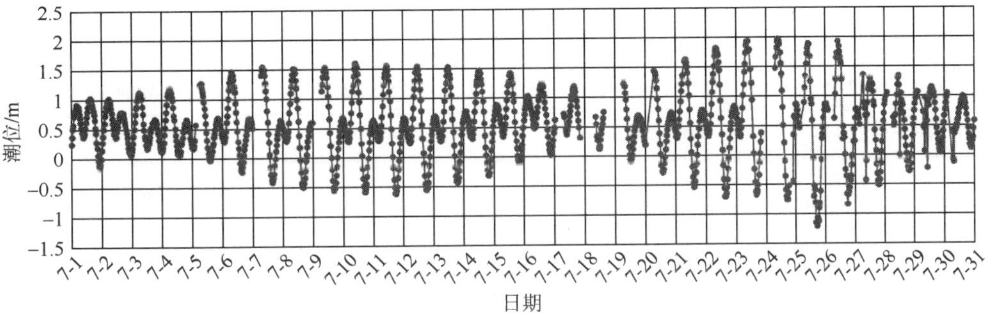

图 5-26　潮汐变化曲线

2017 年 7 月气象状况如表 5-9 所示。

表 5-9　2017 年 7 月份气象状况

日期	天气状况	气温	风力风向
2017 年 7 月 1 日	小雨	30℃/24℃	东北风 3～4 级
2017 年 7 月 2 日	小雨	32℃/26℃	无持续风向≤3 级

续表

日期	天气状况	气温	风力风向
2017 年 7 月 3 日	多云	32℃/27℃	无持续风向≤3 级
2017 年 7 月 4 日	小雨	34℃/27℃	北风 3～4 级
2017 年 7 月 5 日	小雨	30℃/27℃	西风 3～4 级
2017 年 7 月 6 日	多云	31℃/27℃	无持续风向≤3 级
2017 年 7 月 7 日	多云	32℃/26℃	无持续风向≤3 级
2017 年 7 月 8 日	多云	32℃/26℃	无持续风向≤3 级
2017 年 7 月 9 日	多云	30℃/25℃	无持续风向≤3 级
2017 年 7 月 10 日	小雨	30℃/24℃	东北风 3～4 级
2017 年 7 月 11 日	小雨	30℃/24℃	西北风 4～5 级
2017 年 7 月 12 日	小雨	32℃/26℃	西南风 3～4 级
2017 年 7 月 13 日	多云	32℃/27℃	西南风 3～4 级
2017 年 7 月 14 日	小雨	34℃/27℃	西南风 3～4 级
2017 年 7 月 15 日	小雨	30℃/27℃	西南风 3～4 级
2017 年 7 月 16 日	多云	31℃/27℃	无持续风向≤3 级
2017 年 7 月 17 日	多云	32℃/26℃	无持续风向≤3 级
2017 年 7 月 18 日	多云	32℃/26℃	无持续风向≤3 级
2017 年 7 月 19 日	多云	30℃/25℃	无持续风向≤3 级
2017 年 7 月 20 日	小雨	30℃/24℃	西南风 3～4 级
2017 年 7 月 21 日	阴	31℃/25℃	无持续风向≤3 级
2017 年 7 月 22 日	多云	31℃/26℃	无持续风向≤3 级
2017 年 7 月 23 日	小雨	30℃/26℃	东风 3～4 级
2017 年 7 月 24 日	多云/阵雨	30℃/27℃	无持续风向≤3 级
2017 年 7 月 25 日	多云	31℃/27℃	西南风 4～5 级
2017 年 7 月 26 日	多云	32℃/27℃	西南风 5 级
2017 年 7 月 27 日	多云	34℃/28℃	无持续风向≤3 级
2017 年 7 月 28 日	多云	32℃/27℃	无持续风向≤3 级
2017 年 7 月 29 日	多云	34℃/28℃	无持续风向≤3 级
2017 年 7 月 30 日	多云	32℃/27℃	无持续风向≤3 级
2017 年 7 月 31 日	多云	34℃/28℃	无持续风向≤3 级

回淤监测数据分析区域分为：管顶回填区域、管节回填区域、北侧 1/5 边坡、南侧 1/5 边坡，具体回填区域范围见表 5-10，统计各管节各区域的回淤数据。

表 5-10　护面回填数据分析区域

序号	分析区域	备注
1	管顶回填区域	管节中轴线两侧各 22.5 m（共 45 m 区域）
2	管节回填区域	管节中轴线两侧各 50 m（共 100 m 区域）
3	北侧 1/5 边坡	基槽北侧 1/5 边坡
4	南侧 1/5 边坡	基槽南侧 1/5 边坡

2）回淤差值色块图

根据 2017 年 7 月 29 日多波束扫测高程与 7 月 3 日多波束扫测高程进行差值分析，并制作差值色块图，差值色块图见图 5-27、图 5-28。根据 2017 年 7 月 29 日多波束扫测高程同护面回填验收高程进行差值分析，并制作差值色块图，差值色块图见图 5-29～图 5-34。

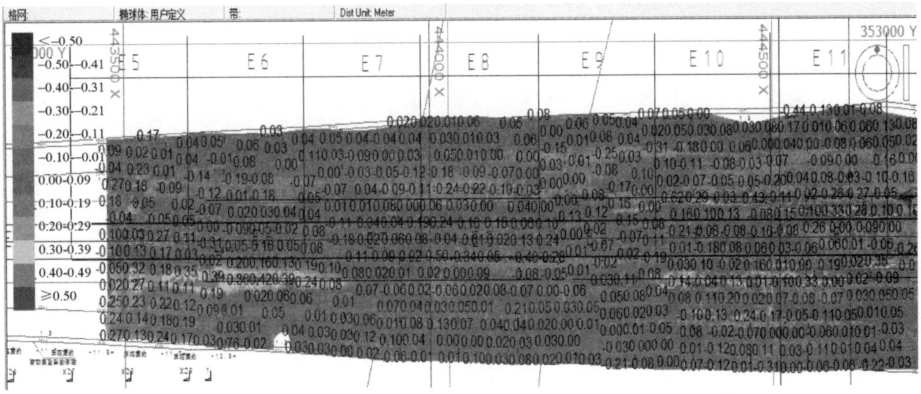

图 5-27　2017 年 7 月 29 日扫测数据与 7 月 3 日扫测数据差值色块图（E5～E11））（后附彩图）

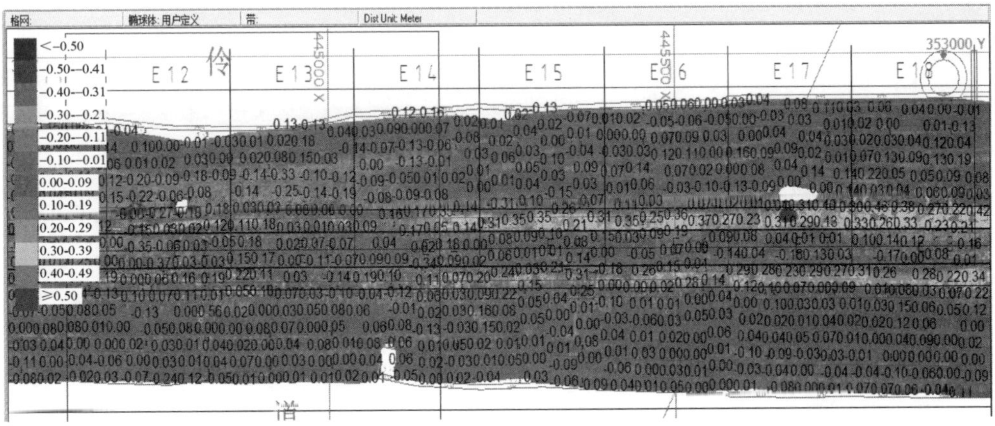

图 5-28　2017 年 7 月 29 日扫测数据与 7 月 3 日扫测数据差值色块图（E12～E18）（后附彩图）

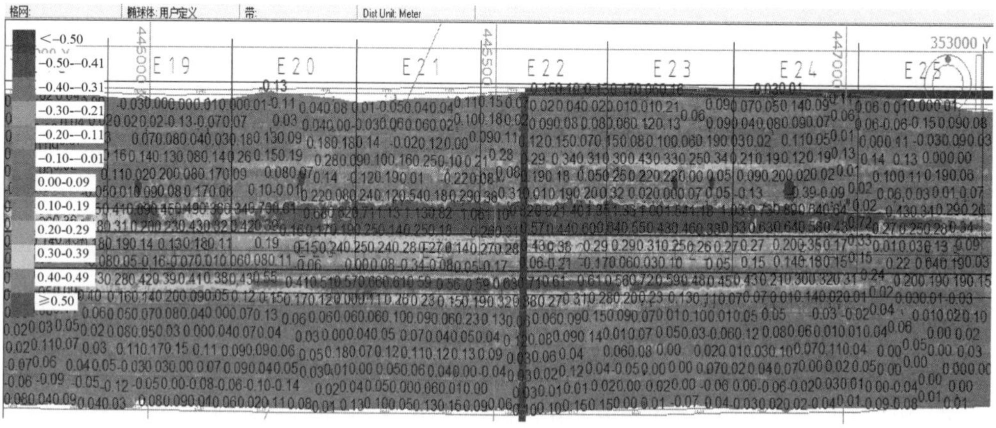

图 5-29　2017 年 7 月 29 日扫测数据与 7 月 3 日扫测数据差值色块图（E19～E25）（后附彩图）

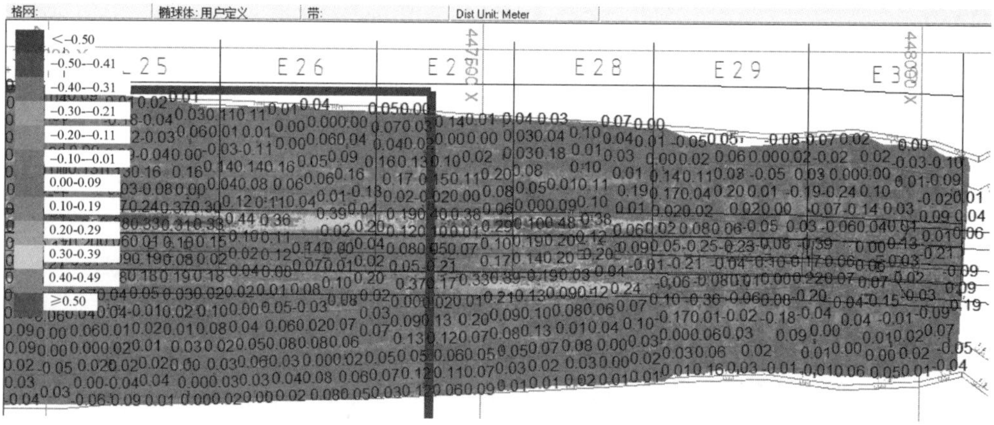

图 5-30　2017 年 7 月 29 日扫测数据与 7 月 3 日扫测数据差值色块图（E26～E30）（后附彩图）

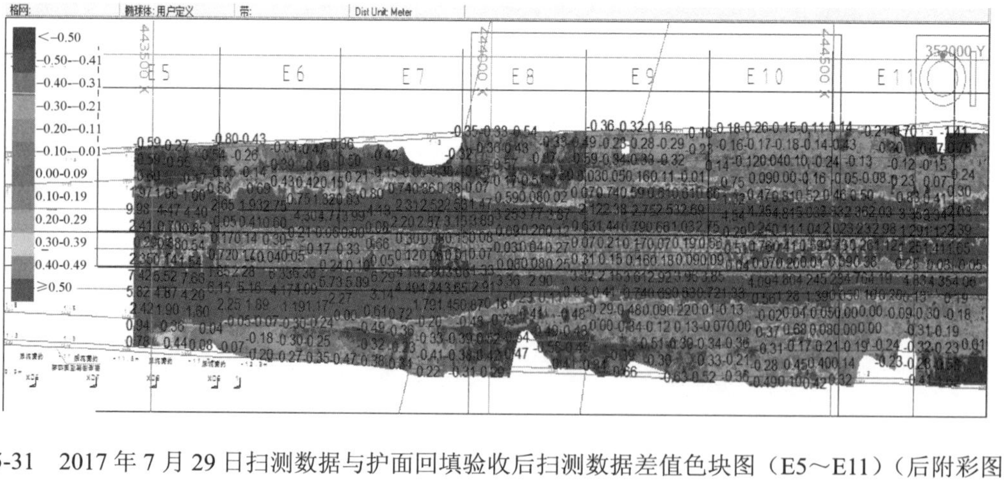

图 5-31　2017 年 7 月 29 日扫测数据与护面回填验收后扫测数据差值色块图（E5～E11）（后附彩图）

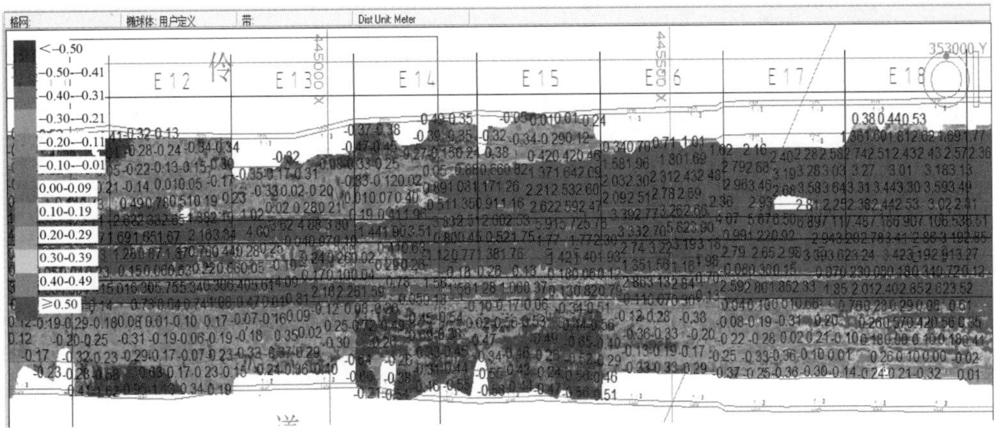

图 5-32　2017 年 7 月 29 日扫测数据与护面回填验收后扫测数据差值色块图（E12～E18）（后附彩图）

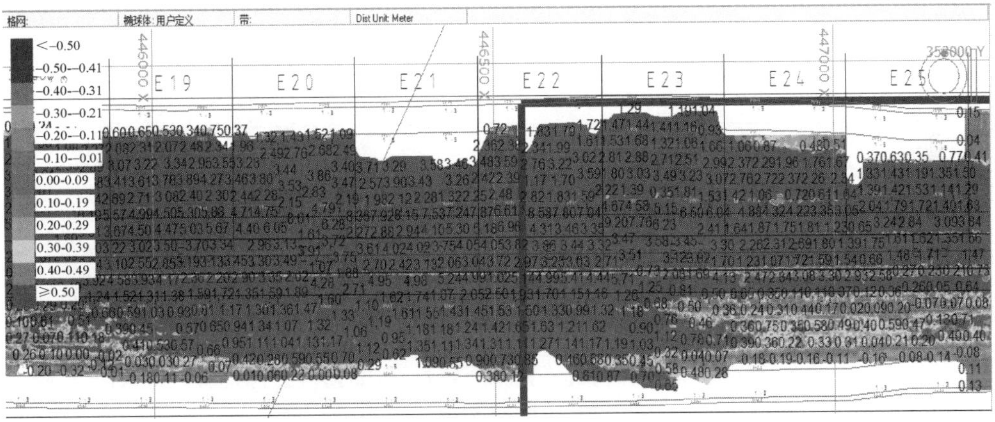

图 5-33　2017 年 7 月 29 日扫测数据与护面回填验收后扫测数据差值色块图（E19～E25）（后附彩图）

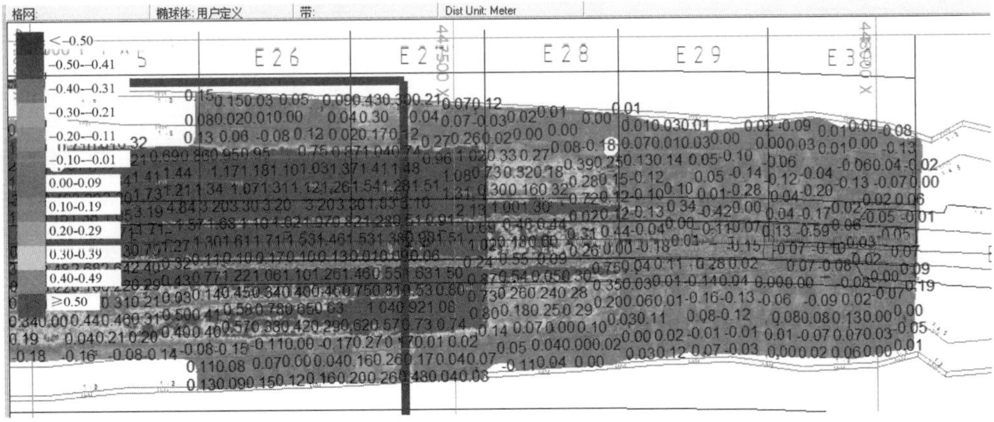

图 5-34　2017 年 7 月 29 日扫测数据与护面回填验收后扫测数据差值色块图（E26～E30）（后附彩图）

7 月 29 日与 7 月 3 日差值色块图分析如下。

①E5～E6 管节南侧均为回淤。

②E7～E13 管节回淤冲刷均存在，冲刷主要分布在北侧边坡。

③E15～E28 管节边坡底部及管顶区域均有回淤。

④E29～E30 管节以冲刷为主。

7 月 29 日同护面回填后差值色块图分析如下。

①E6～E9 管顶回淤变化不大，E10～E14 管顶出现部分回淤，E15～E27 管顶出现大规模回淤。

②北侧边坡 E5～E15 管节回淤冲刷均存在，E16～E27 管节均为回淤。

③南侧边坡 E6～E17 管节回淤冲刷均存在，E18～E27 管节均为回淤。

3）回淤数据统计

2017 年 7 月 29 日扫测数据与 7 月 3 日扫测数据回淤统计图见图 5-35，7 月 29 日扫测数据与护面回填验收数据回淤统计图见图 5-36。

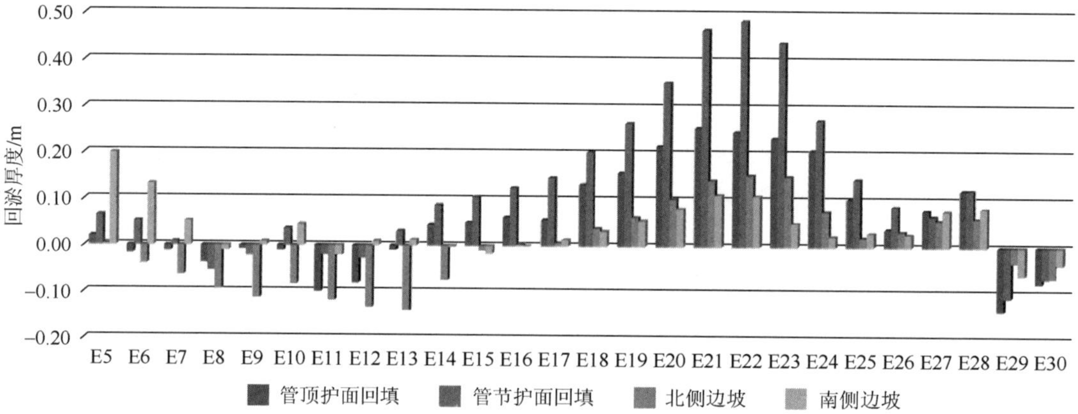

图 5-35　E5～E30 管节 2017 年 7 月 29 日扫测数据与 7 月 3 日扫测数据回淤统计图（后附彩图）

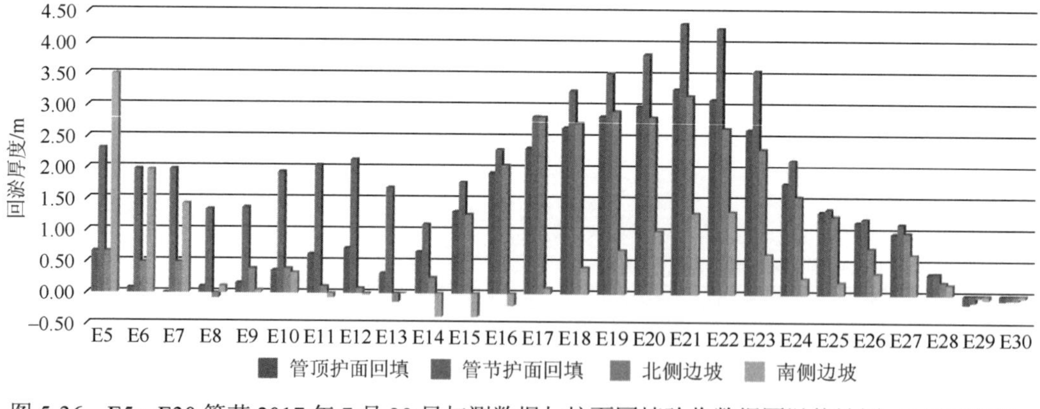

图 5-36　E5～E30 管节 2017 年 7 月 29 日扫测数据与护面回填验收数据回淤统计图（后附彩图）

7 月 29 日与 7 月 3 日回淤数据分析如下。

①南侧 1/5 边坡最大回淤厚度为 20 cm，在 E5 管节。

②E6～E14 管节北侧 1/5 边坡表现为冲刷。

③E15～E28 管节回淤先变大后变小，管顶护面回填区域最大回淤厚度为 25 cm，在 E21 管节；管节护面回填区域最大回淤厚度为 48 cm，在 E22 管节。

④E29～E30 以冲刷为主。

7 月 29 日与护面回填验收后回淤数据分析如下。

①南侧 1/5 边坡最大回淤厚度为 3.5 m，在 E5 管节。

②E15～E28 管节回淤先变大后变小，管顶护面回填区域最大回淤厚度为 3.27 m，在 E21 管节；管节护面回填区域最大回淤厚度为 4.33 m，在 E21 管节。

4）回淤强度分析

将 7 月 3 日～29 日各管节回淤强度进行分析，见表 5-11。

表 5-11　E5～E30 管节日回淤强度统计表

回淤强度	E5	E6	E7	E8	E9	E10	E11	E12	E13
管顶护面回填/cm	0.1	−0.1	0.0	−0.1	0.0	0.0	−0.4	−0.3	0.0
管节护面回填/cm	0.2	0.2	0.0	−0.2	−0.1	0.1	−0.1	−0.1	0.1
北侧 1/5 边坡/cm	0.0	−0.2	−0.2	−0.4	−0.4	−0.3	−0.5	−0.5	−0.5
南侧 1/5 边坡/cm	0.8	0.5	0.2	0.0	0.0	0.2	−0.1	0.0	0.0
回淤强度	E14	E15	E16	E17	E18	E19	E20	E21	E22
管顶护面回填/cm	0.2	0.2	0.2	0.2	0.5	0.6	0.8	1.0	0.9
管节护面回填/cm	0.3	0.4	0.5	0.6	0.8	1.0	1.4	1.8	1.9
北侧 1/5 边坡/cm	−0.3	0.0	0.0	0.0	0.1	0.2	0.4	0.5	0.6
南侧 1/5 边坡/cm	0.0	−0.1	0.0	0.1	0.1	0.2	0.3	0.4	0.4
回淤强度	E23	E24	E25	E26	E27	E28	E29	E30	
管顶护面回填/cm	0.9	0.8	0.4	0.1	0.3	0.5	−0.5	−0.3	
管节护面回填/cm	1.7	1.0	0.6	0.3	0.3	0.5	−0.4	−0.3	
北侧 1∶5 边坡/cm	0.6	0.3	0.1	0.1	0.2	0.2	−0.1	−0.3	
南侧 1∶5 边坡/cm	0.2	0.1	0.1	0.1	0.3	0.3	−0.2	−0.1	

小结：

①管顶护面回填区域最大日回淤强度为 1.0 cm，在 E21 管节。

②管节护面回填区域最大日回淤强度为 1.9 cm，在 E22 管节。

③北侧 1/5 边坡最大日回淤强度为 0.6 cm，在 E22、E23 管节。

④南侧 1/5 边坡最大日回淤强度为 0.8 cm，在 E5 管节。

6 施 工 测 量

各种工程建设在施工阶段所进行的测量工作称为施工测量。施工测量的目的是把设计的建筑物或构筑物的平面内位置和高程测设到地面上。施工测量的内容主要包括：施工控制网的建立、施工放样、工程竣工后对建筑物或构筑物的竣工测量及施工期间检查施工质量的变形观测等。

施工测量遵循的原则是“从整体到局部、先控制后碎部”的原则，即先在施工现场建立统一的平面控制网和高程控制网，然后以此为基准，测设出各个建筑物的平面位置和高程。

施工测量的主要特点如下。

①施工测量的精度要求取决于建筑物和构筑物的结构、材料、大小、用图和施工方法等因素。

②施工放样与地形图过程相反，测图工作是以地面点为基础，测算细部点的平面位置和高程，并绘制成地形图；放样工作则是根据设计图纸上的建筑物或构筑物的位置和尺寸，算出其各部分的特征点至附近控制点的水平距离、水平角、高差等放样数据，然后以地面点位基础，将建筑物或构筑物的特征点在实地标定出来。

③施工放样容易受到施工现场的影响。

6.1 水上定位测量

6.1.1 平面位置测量

点的平面位置放样是根据已布设好的控制点与放样点间的角度（方向）、距离或相应的坐标关系而定出点的位置。放样方法可根据所用的仪器设备、控制点的分布情况，放样场地地形条件及放样点精度要求等从以下几种方法中选择使用。

6.1.1.1 直角坐标法

直角坐标法是建立在直角坐标原理基础上确定点位的一种方法。当建筑场地已建立有相互垂直的主轴线或矩形方格网时，一般采用此法。

如图 6-1 所示，*OA*、*OB* 为互相垂直的方格网主轴线或建筑基线，*a*、*b*、*c*、*d* 为放样建筑物轴线的交点，*ab*、*ad* 轴线分别平行于 *OA*、*OB*。根据 *a*、*c* 的设计坐标（x_a，y_a），（x_c，y_c），即可以 *OA*、*OB* 轴线放样出 *a*、*b*、*c*、*d* 各点。

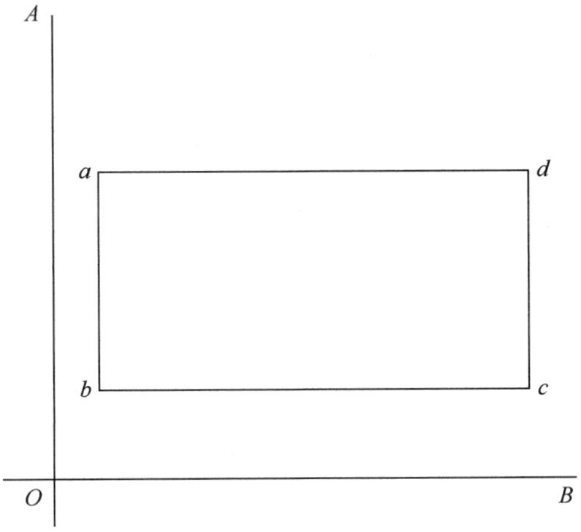

图 6-1 直角坐标法示意图

6.1.1.2 极坐标法

极坐标法是根据水平角和距离放样点的平面位置的一种方法。在控制点与放样点间便于量距的情况下，采用此法较为适宜。若采用测距仪或全站仪放样距离，则没有此项限制。

如图 6-2 所示，A、B 为已知控制点，设其坐标为（x_A，y_A），（x_B，y_B）。P 为放样点，其坐标为（x_P，y_P）。根据已知点坐标和放样点坐标按坐标反算的方法求出放样角和放样边长，即

$$\alpha_{AB} = \mathrm{acr}\tan\frac{y_B - y_A}{x_B - x_A} \tag{6-1}$$

$$\alpha_{AP} = \mathrm{acr}\tan\frac{y_P - y_A}{x_P - x_A} \tag{6-2}$$

$$\beta = \alpha_{AP} - \alpha_{AB} \tag{6-3}$$

$$D_{AP} = \sqrt{(x_P - x_A)^2 - (y_P - y_A)^2} \tag{6-4}$$

如图 6-2，放样时，经纬仪安置在 A 点，后视 B 点，置度盘为零，按盘左盘右分中法放样 β 角，定出 AP 方向，沿此方向放样水平距离 D_{AP}，得 P 点。

定 AP 方向用方位角较为方便，即在后视 B 点时，使水平度盘读数恰好等于 AB 方位角 α_{AB}。转动照准部，当度盘读数为 AP 方位角 α_{AP} 时，此方向即为 AP 方向。

6.1.1.3 角度交会法

角度交会法是在三个控制点上分别安置经纬仪，根据相应的已知方向放样出相应的角

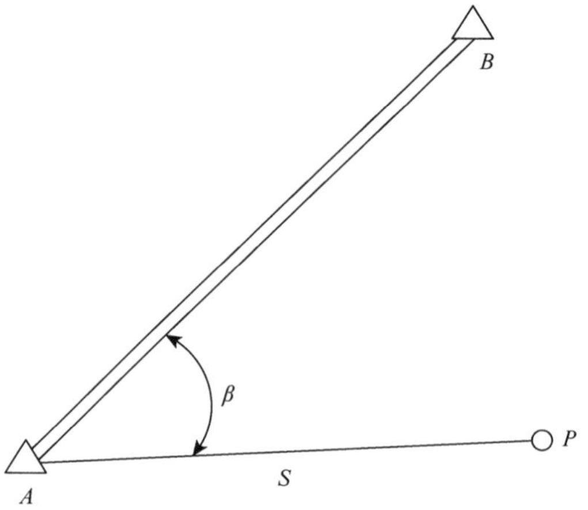

图 6-2　极坐标法示意图

值，从三个方向交会定出点位的一种方法。此法适用于放样点离控制点较远或量距有困难的情况。

如图 6-3 所示，根据控制点 A、B、C 和放样点 P 的坐标计算放样数据 α_{AB}、α_{AP}、α_{BP}、α_{CP} 及 β_1、β_2、β_3、β_4 的角值。将经纬仪安置在 A 点，按方位角 α_{AP} 或 β_1 角值定出 AP 方向线，在 AP 方向线上的 P 点附近打上两个木桩（又称骑马桩），桩上钉小钉以表示此方向，并用细线拉紧。然后，经纬仪分别安置在 B、C 点，同法定出 BP_2、CP_3 方向线。三条细线若交于一点，即为所求。否则，由于放样存在误差，三线可能交出三点，此三点构成一个“示误三角形”。如果示误三角形的边长不超过 4 cm 时，则取示误三角形的重心作为所求 P 点位置。

6.1.1.4　距离交会法

距离交会法是从两个控制点起至放样点的两段距离相交定点的一种方法。当建筑场地平坦、便于量距且放样距离不超过钢尺一尺长时，用此方法较为方便。

设 A、B 为控制点，P 为放样点。首先根据控制点和放样点坐标直接计算放样数据 D_1、D_2。然后用钢尺从 A、B 点分别放样 D_1、D_2 值，两距离交点即为所求 P 点的位置（图 6-4）。

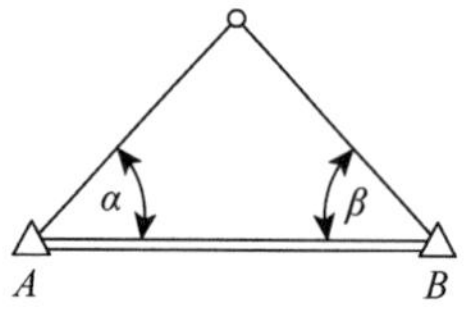

图 6-3　角度交会法示意图

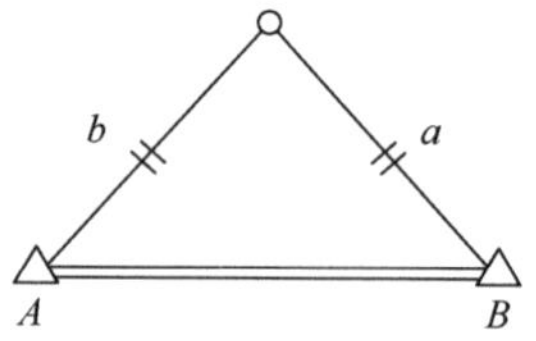

图 6-4　距离交会法示意图

6.1.1.5 全站仪坐标放样法

全站仪不仅具有高精度、快速地测角、测距、测定点的坐标的特点，而且在施工放样中少受天气、地形条件的限制也是它的独特优势，从而在生产实践中得到了广泛应用。全站仪坐标放样法，就是根据放样点的坐标定出点位的一种方法。仪器安置在测站点上，使仪器置于放样模式，然后输入测站点、后视点和放样点的坐标，一人持反光棱镜立在放样点附近，用望远镜照准棱镜，按坐标放样功能键，全站仪显示出棱镜位置与放样点的坐标差。根据坐标差值，移动棱镜位置，直到坐标差值等于零，此时，棱镜位置即为放样点的点位（图 6-5）。

图 6-5　全站仪坐标放样法示意图

6.1.1.6 GPS-RTK 放样法

一般来说 GPS 接收机对精度的描述通常是以相对精度进行的，GPS 接收机对 RTK 实时定位精度描述如下。RTK 水平精度：±1 cm + 1ppm×D；RTK 垂直精度：±2 cm + 1ppm×D 这些精度表述都是在 WGS-84 框架下的相对精度，但在转换到可用的地方坐标系中精度如何，因受多种因素的影响，还没有较系统的理论和可借鉴的资料。RTK 测量技术能够满足一般控制测量中对一二级导线和四等水准测量的（技术）要求（RTK 代替四等水准测量受一定条件的限制）。由于 RTK 技术不同于常规的控制测量，不可能完全用常规控制测量的技术标准来衡量，尤其是在边长较短的相邻点间表现比较明显。RTK 技术的测量误差分布均匀、相互独立，不存在误差积累，精度可靠度较高。虽然 RTK 精度与基准站的距离不是同步增长，并不代表距离不影响精度，根据经验，用 RTK 施测一级点，建设距离最好在 3 km 以内，最长不要超过 5 km。测量误差与流动站至基准站的距离成正比，因此求解坐标转换参数时所采用的已知点应分布均匀，覆盖整个测区，水平、垂直残差宜在 3.5 cm 以下（山区及重力异常地区除外）。基准站尽可能设置在符合观测条件的已知点上，这对高程测量尤为重要。转换参数的求解对成果精度至关重要，转换参数求解必须选择覆盖全测区的参考点，并利用已知点检查转换参数的准确性。观测时间长短对精度影响不是很大，观测时点位精度稳定收敛后再增加观测时间对成果精度不会有大的提高（图 6-6）。

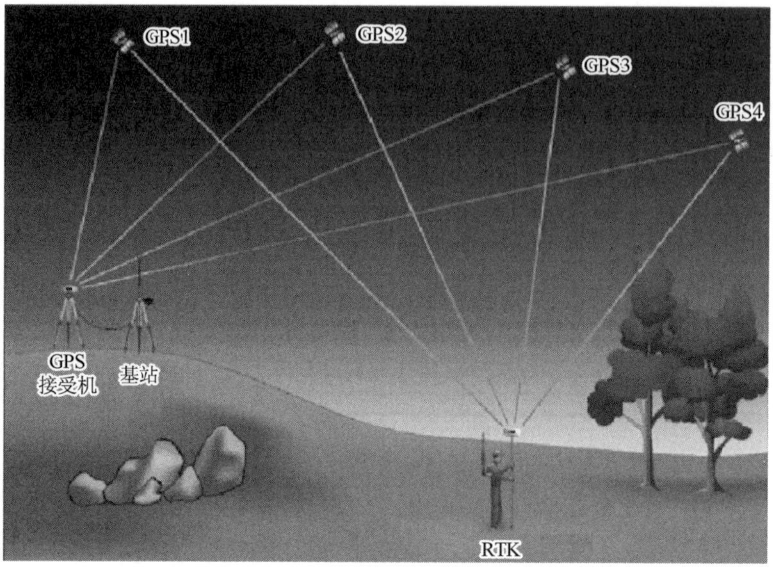

图 6-6　GPS-RTK 法示意图

RTK 的作业方法如下。

1. 坐标系统转换求转换参数

在点校正界面中输入控制点的 WGS-84 的坐标和平面坐标。

①已知点最好选在测区四周及中心，均匀分布，能有效地控制测区。如果选在测区的一端，应计算出满足给定的精度和控制的范围。切记不可从一端无限制地向另一端外推。

②为了提高精度，最好选 3 个以上的点利用最小二乘法求解转换参数。为了校验转换参数的精度和正确性，还可以选用几个点不参与计算，而带入公式起校验作用，经过校验满足要求的转换参数被认为是可靠的。

③在不考虑尺度比和旋转参数时，可以现场求定 3 个平移参数。

2. 设置基准站

基准站的安置是顺利实施动态 GPS 的关键之一，基准站的安置要满足下列条件。

①基准站应有正确的已知坐标。

②基准站应选在地势较高（还要考虑交通方便）、天空较为开阔、周围无高度角超过 10°的障碍物、有利于卫星信号的接收和数据链发射的位置。

③为防止数据链丢失及多路径效应的影响，周围无 GPS 信号反射物（大面积水域、大型建筑物等），无高压线、电视台、无线电发射站、微波站等干扰源。

④基准站应选在土质坚实、不易破坏的位置。

3. 设置流动站

流动站 GPS 的设置包括：建立项目和坐标系统管理、流动站电台频率的选择、有关坐标的输入、RTK 工作方式的选择和流动站 RTK 工作启动等。

4. 测图和放样

①决定测量点（measure points）。
②连续的碎部点的采集（continuous topo）。
③输入方位、距离、计算不可到达的点位（offsets）。
④放样（stakeout）。
⑤测量结束后，在测量（survey）菜单中选结束测量（end survey）。
⑥结束作业。

6.1.2 高程测量

6.1.2.1 一般的高程放样

一般情况下，放样高程位置均低于水准仪视线高且不超出水准尺的工作长度。如图 6-7 所示，A 为已知点，其高程为 H_A，欲在 B 点定出高程为 H_B 的位置。具体放样过程为：先在 B 点打一长木桩，将水准仪安置在 A、B 之间，在 A 点立水准尺，后视 A 尺并读数 a，计算 B 处水准尺应有的前视读数 b：

$$b=(H_A+a)-H_B \tag{6-5}$$

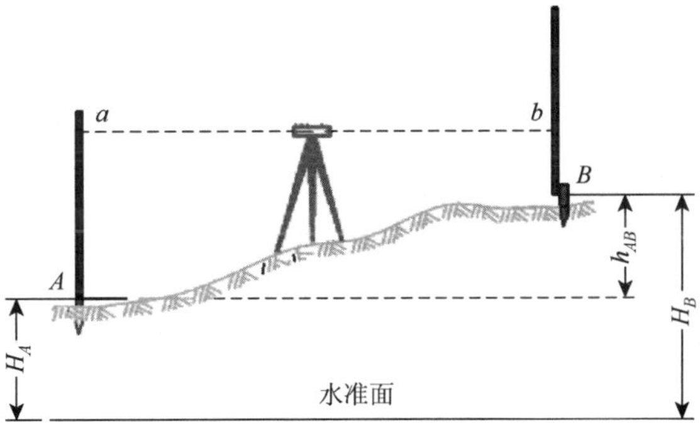

图 6-7 高程放样

靠 B 点木桩侧面竖立水准尺，上下移动水准尺，当水准仪在尺上的读数恰好为 b 时，在木桩侧面紧靠尺底画一横线，此横线即为设计高程 H_B 的位置。也可在 B 点桩顶竖立水准尺并读取读数 b'，再用钢卷尺自桩顶向下量 $b-b'$ 即得高程为 H_B 的位置。

为了提高放样精度，放样前应仔细检校水准仪和水准尺；放样时尽可能使前后视距相等；放样后可按水准测量的方法观测已知点与放样点之间的实际高差，并以此对放样点进行检核和必要的归化改正。

6.1.2.2　深基坑的高程放样

当基坑开挖较深时，基底设计高程与基坑边已知水准点的高程相差较大并超出水准尺的工作长度时，可采用水准仪配合悬挂钢尺的方法向下传递高程。如图 6-8 所示，A 为已知水准点，其高程为 H_A，欲在 B 点定出高程为 H_B 的位置（H_B 应根据放样时基坑实际开挖深度选择，通常取 H_B 比基底设计高程高出一个定值，如 1 m），在基坑边用支架悬挂钢尺，钢尺零端朝下并悬挂 10 kg 重物，放样时最好用两台水准仪同时观测，具体方法如下。

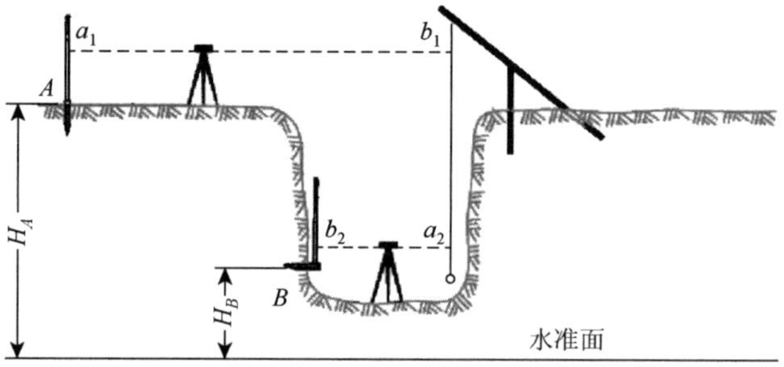

图 6-8　深基坑的高程放样

在 A 点立水准尺，基坑顶的水准仪后视 A 尺并读数 a_1，前视钢尺读数 b_1，基坑底的水准仪后视钢尺读数 a_2，然后计算 B 处水准尺应有的前视读数：

$$b_2 = H_A + a_1 - (b_1 - a_2) - H_B \tag{6-6}$$

上下移动 B 处的水准尺，直到水准仪在尺上的读数恰好为 b_2 时标定点位。为了控制基坑开挖深度，一般需要在基坑四周定出若干个高程均为 H_B 的点位。如果 H_B 比基底设计高程高出一个定值 ΔH，施工人员就可用长度为 ΔH 的木条方便地检查基底标高是否达到了设计值，在基础砌筑时还可用于控制基础顶面标高。

6.1.2.3　高墩台的高程放样

当桥梁墩台高出地面较多时，放样高程位置往往高于水准仪的视线高，这时可采用钢尺直接量取垂距或“倒尺”的方法。

如图 6-9 所示，A 为已知点，其高程为 H_A，欲在 B 点墩身或墩身模板上定出高程为 H_B 的位置。欲定放样点的高程 H_B 高于仪器视线高程，先在基础顶面或墩身（模板）适当位置选择一点，用水准测量的方法测定其高程值，然后以该点作为起算点，用悬挂钢尺直接量取垂距来标定放样点的高程位置。

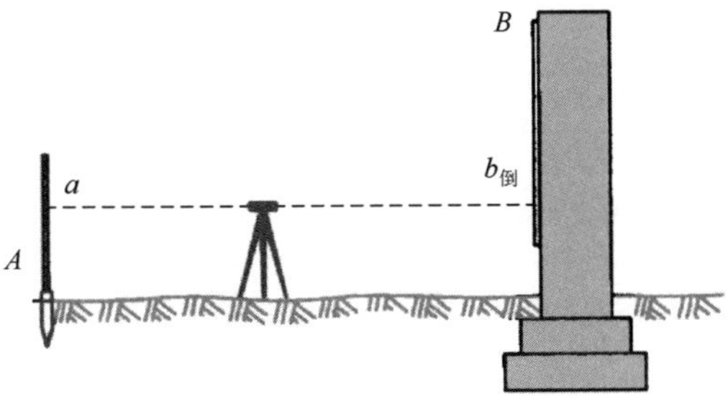

图 6-9　高墩台的高程放样

当 B 处放样点高程 H_B 的位置高于水准仪视线高，但不超出水准尺工作长度时，可用倒尺法放样。在已知高程点 A 与墩身之间安置水准仪，在 A 点立水准尺，后视 A 尺并读数 a，在 B 处靠墩身倒立水准尺，放样点高程 H_B 对应的水准尺读数 $b_倒$ 为

$$b_倒 = H_B-(H_A + a) \tag{6-7}$$

靠 B 点墩身竖立水准尺，上下移动水准尺，当水准仪在尺上的读数恰好为 $b_倒$ 时，沿水准尺尺底（零端）划一横线即为高程为 H_B 的位置。

6.2　水下定位测量

6.2.1　平面位置测量

6.2.1.1　概述

在沉管隧道发展初期，常采用潜水员水下探摸的方法进行沉管管节的沉放测量定位控制，即由潜水员在水下对沉管对接面之间的间隙进行估算，从而对沉管沉放的结果进行测量。然而这种传统的测量方法在定位精度上无法得到保证，定位精度也比较低，而且水下复杂多变的环境对潜水员的生命安全也构成了极大的威胁。随着测量仪器的迅速发展和测量技术的不断更新，水下定位测量方法也在不断提高。目前，国内外沉管管节的水下定位基本测量方法主要有绝对定位法和相对定位法，其中绝对定位法包括全站仪法、GPS-RTK法，相对定位法包括声呐法和机械拉线法。如上海外环隧道和宁波常洪沉管隧道使用的是全站仪法，日本京叶线台场沉管隧道和日本多摩川沉管隧道使用的是声呐法，韩国釜山—巨济沉管隧道使用的是机械拉线法。

水面以下点位的放样，无法使用常规方法，并且水下不可视。为了更加准确的确定水下点位的实时位置，特以沉管安装点位测控为例介绍。

沉管管节的水下定位测控方法比较见表 6-1。

表 6-1　基本沉管测控方法对比

测量方法	精度	影响因素	测量效率	不足	使用范围
全站仪法	＜3 cm	水流、风速、波浪、能见度、水深等	较慢	测量数据同步性差，随着测量距离增加精度下降明显	长度不大于 1 km、水文气象条件较好的内河隧道

续表

测量方法	精度	影响因素	测量效率	不足	使用范围
GPS-RTK 法	平面 2～4 cm 高程 3～5 cm	水流、风速、波浪、卫星信号、水深等	较快	受仪器 RTK 测量精度所限，测量精度稍低，卫星形态不满足要求时无法测量	长度不大于 30 km，卫星信号、水文气象条件较好的沉管隧道
声呐法	<2 cm	海水温度、盐度和静水压力	较快	不能测量管节绝对位置，对长大管节尾部定位精度低	适用于各种沉管隧道，管节间距小于 10 m 时仪器开始工作
机械拉线法	<2.5 cm	水流	较快	不能测量管节绝对位置，对长大管节尾部定位精度低，管节沉放前设备安装烦琐	适用于各种沉管隧道，管节间距 40 cm 时进行精确定位

6.2.1.2　全站仪法

利用全站仪法进行管节定位时，首先需要在沉管两端安装测量塔，每个测量塔上安装棱镜。管节沉放前进行标定测量，得到管节特征点和棱镜中心在管节坐标系下的坐标及其位置关系，沉放时，在隧道轴线附近视野开阔且稳固的地点建立 2～3 个测量基站，利用全站仪对棱镜进行全自动跟踪测量，得到棱镜在施工坐标系下的坐标，同时将三维坐标测量数据通过有线或无线的通信方式传送至计算机，计算机通过坐标转换原理和沉管标定测量的结果，计算得出管节特征点的施工坐标和管节的实时三维姿态，进而指导管节沉放对接。全站仪法沉管测控原理图见图 6-10。

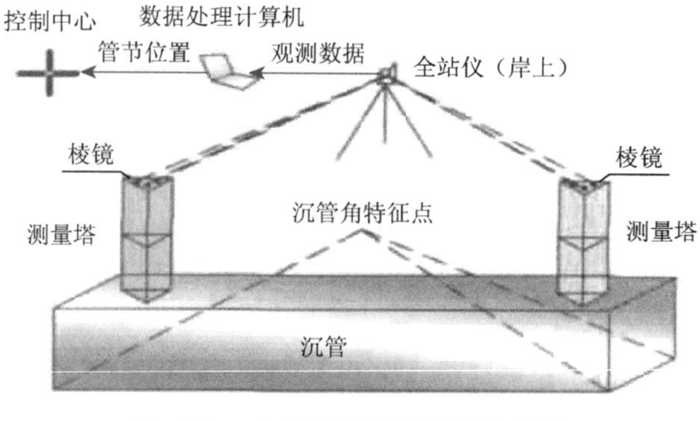

图 6-10　全站仪法沉管测控原理图

对于全站仪而言，测角精度相对稳定，严格对准情况下即为仪器的标称测角精度，因此测距误差是影响全站仪定位精度的主要因素。理论上，测距误差不但随着距离的增大而增大，还受外界环境，如温度、压力等因素影响。此外，受波浪等水文气象因素影响，棱镜会随测量塔发生轻微扰动，从而影响全站仪的定位精度。现将影响全站仪测距精度因素总结如下。

1. 距离

全站仪的测距精度会随距离的增加而降低，一般情况下，当测量距离超过 1000 m 时，全站仪无法准确照准测量目标，此时该方法已不能对管节沉放进行定位测控。

2. 气象因素

假设载波往返传播时间为 t，光速为 c，大气折射率为 n，则所测距离 D 满足：

$$D = ct/(2n) \tag{6-8}$$

一般大气条件下：

$$n = 1 + (n_0 - 1) \cdot P / [(1 + \alpha T) \cdot 101325] - 5.5 \cdot 10^{-8} / (1 + \alpha T) \tag{6-9}$$

式中，P——大气压；

T——大气温度；

α——空气膨胀系数，等于 1/273.15；

n_0——标态下大气折射率。

由式（6-9）可知，全站仪的测量距离随温度、气压的上升而缩小。其测距精度受到温度、气压等的影响，在实际作业时，实际气象条件下的大气折射率 n 与标准大气折射率 n_0 一般是不同的，这种偏差会降低全站仪的测距精度。因此使用全站仪时，应测量当地实际气温、气压信息，并输入全站仪，进行气象改正。

3. 水文因素

由于全站仪棱镜架设在测量塔上，还受波浪等水文气象因素影响。为了保障测量塔变形较小，一般会选择在测区水文数据良好的情况下测量。

综上所述，全站仪法多用于水文气象条件较好、隧道距离较短的内河，此时测量塔变形较小，全站仪精度较高。精度能达到 3 cm 左右。

6.2.1.3 GPS-RTK 法

当沉管安装位置离岸较远时，全站仪无法精确瞄准测量目标，测量精度下降，为解决这个问题，采用测量距离更远、精度更高的 GPS 代替全站仪进行管节沉放实时定位测量，从而产生了 GPS-RTK 法。GPS-RTK 法的基本原理与全站仪法基本相同，区别是利用 GPS-RTK 测量代替全站仪常规测量来获取测量塔顶部特征点的施工坐标。

利用 GNSS 双天线定向，基本原理是通过卫星接收机对卫星发出的伪距信号进行解码，计算出地球上的绝对位置，为了获得定点的定位信息，必须同时依赖 4 颗卫星，其定位可以分为单点定位和相对定位（差分定位），其中差分分为两类：伪距差分和载波相位差分。

GNSS 双天线定向就是利用两天线接收载波的相位进行快速差分，原理图见图 6-11。

双天线定向原理：利用两台天线，将两台卫星信号接收机的原始数据输出，通过载波相位快速差分软件，精确解算两个天线相位中心的相对位置坐标 ΔX，ΔY。

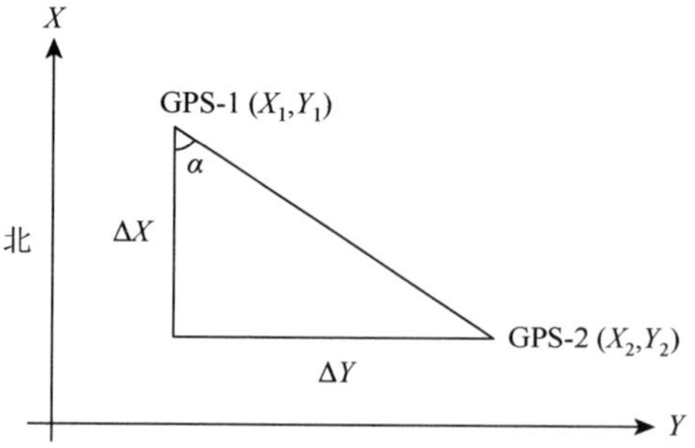

图 6-11　GNSS 双天线定向原理图

$$\Delta X = X_2 - X_1, \ \Delta Y = Y$$

则有

$$\alpha = \arctan\left(\frac{\Delta Y}{\Delta X}\right) \tag{6-10}$$

依据 ΔX 和 ΔY 的正负取值及 α，即可得到天线中心线的方位角 AZ，并在同时给出的两个天线中心的坐标，通过坐标变换和投影变换可转换为当地的平面直角坐标，进而实现定向。两个天线相距越远，方位角误差越小。

定位定向接收机有两部分组成：主机、接收天线。基本原理框图见图 6-12。

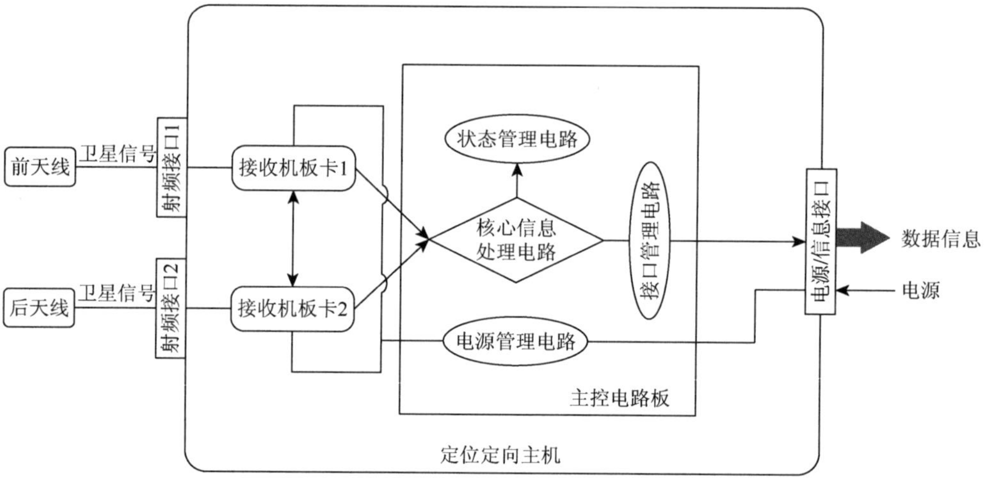

图 6-12　双天线定位定向接收机原理图

主机内部（基本定位定向功能）由两块接收机板卡和一块主控电路板实现。主机工作时，两块接收机板卡分别接收前天线、后天线的卫星信号进行自身的位置信息解算；在这个过程中，利用其中一块接收机板卡（如接收机板卡 1）作为基准向另一块接收机板卡（如接收机板卡 2）发送位置解算修正信息，使接收机板卡 2 在进行位置解算时受基准接收机板卡 1 的相对限制（在这里，具体哪个接收机板卡作为基准，可以初始设定）。

两块接收机板卡在工作时，分别把自己解算的位置信息及卫星原始信息发给主控电路板的核心信息处理器。处理器中定向算法通过利用接收机发过来的信息及根据卫星接收天线间距离不变的条件求解两点连线与真北的夹角。

双天线定向设备，在实际使用中需要满足两个天线同时接收到相同的卫星信号，而且相同卫星个数不少于 4 颗。

使用双天线定向定位的优点是精度高，两天线距离越远精度越高；不易受干扰，稳定性好、可靠性高。

两个天线间的相对定位误差是由两个点各自的定位误差和两者误差之间的相关性决定。当两者误差之间没有相关性时，两点间的相对误差可以笼统地定义为

$$\frac{M_S}{S}=\sqrt{2}\frac{M_0}{S} \tag{6-11}$$

式中， S——两个测点间的距离；

M_0——定位设备测定时实际定位误差。实际上 M_s/S 反映的是两点间的方向误差。

GPS-RTK 测量原理如图 6-13 所示。

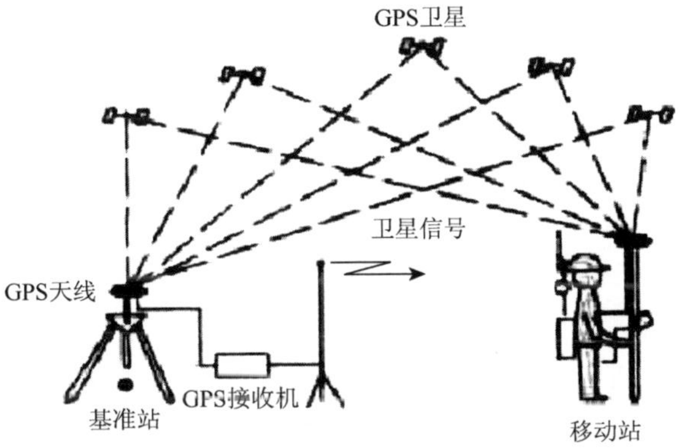

图 6-13 GPS-RTK 法沉管测控原理图

与全站仪法相比较，GPS-RTK 法观测时间短，作业效率高，受气候影响小，观测处理自动化。但 RTK 测量对卫星状态的要求较高，测量时截止角度 15°以上的卫星不得少于 5 颗，位置精度衰减因子（position dilution of precision，PDOP）值不得大于 6，因此 RTK 测量在部分地区不能进行全天候作业。根据目前市场上仪器设备情况，常用的 GPS 的 RTK 测量精度为：平面 1 cm + 1ppm×D，高程 2 cm + 1ppm×D。综合考虑仪器设备误差标定测量误差、测量塔变形和测量距离引起的误差。结合工程经验，GPS-RTK 法的定位测量误差约为：平面 2～4 cm，高程 3～5 cm。

6.2.1.4 声呐法

与全站仪法和 GPS-RTK 法不同，声呐法是一种相对定位方法，它通过测量待安管节

与已安管节声呐设备相对距离，确定相邻管节位置关系，指导沉管的对接。沉放对接前，在管节的首尾两端安装声呐设备，并进行标定测量，得到声呐设备与沉管位置关系。沉放测量时，待安管节与已安管节通过声呐设备进行声波测距，并实时将测量数据传入计算机，计算机根据收集的距离信息和标定结果得出待安管节相对于已安管节的相对位置关系，进而指导沉放对接。声呐法沉管定位测控原理见图 6-14。

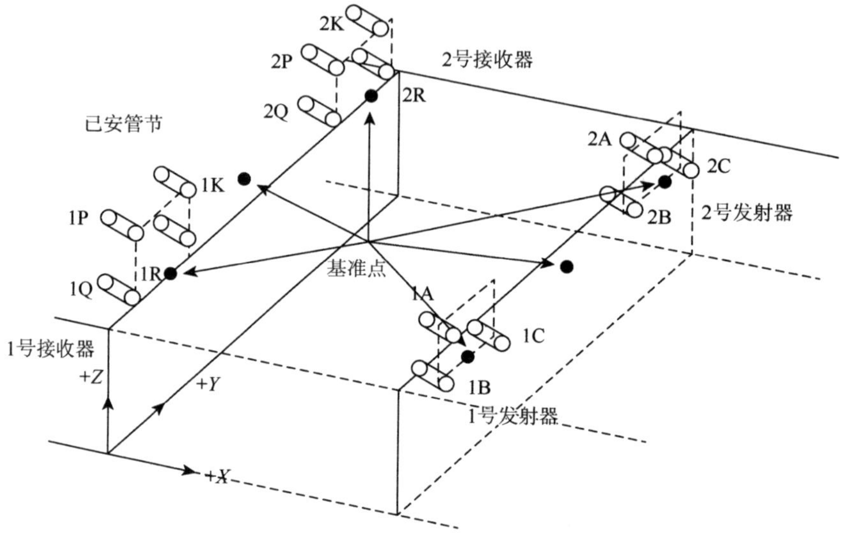

图 6-14　声呐法沉管定位测控原理图

1. 定位原理

声呐法应用于海底隧道管节沉放，通过超声波系统及倾斜仪系统测量已安管节和待安管节的相对位置，通过指引已安管节和待安管节的对接作业而开发的专门测量装置。无线声呐系统通过使用超声波，高精度测量已安管节和待安管节在水中相互的三维位置。

声呐测控技术定位可为各声呐设备间通过距离交会组成测边网进行计算，指导沉管安装，距离交会平面示意图如图 6-15 所示。

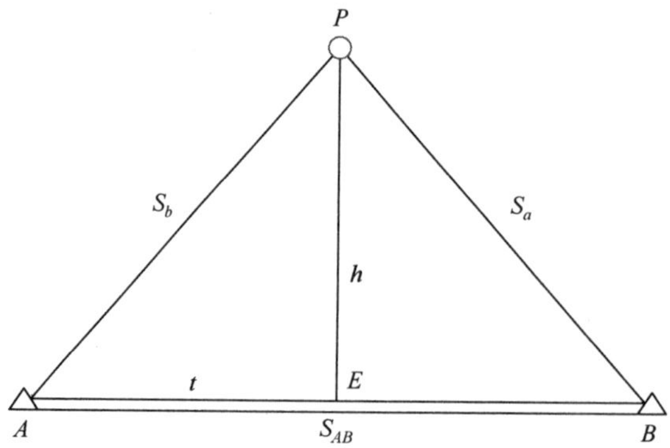

图 6-15　距离交会平面示意图

其中已知点 A 和 B 的坐标分别为 (x_A,y_A) 和 (x_B,y_B)，A 与 B 间的已知边长为 S_{AB}，P 为待定点坐标，测量了边长 S_a、S_b。在 ΔABP 中，AB 边上的高为 h，A 与 E 间的距离为 t，α 为 AB 的坐标方位角。则存在下列关系：

$$\begin{cases} S_b = \sqrt{(x-x_A)^2+(y-y_A)^2} \\ S_a = \sqrt{(x-x_B)^2+(y-y_B)^2} \end{cases} \tag{6-12}$$

为计算方便，可设：

$$T = \frac{t}{S_{AB}} = \frac{{S_b}^2 + {S_{AB}}^2 - {S_a}^2}{2{S_{AB}}^2} \tag{6-13}$$

$$H = \frac{h}{S_{AB}} = \sqrt{\frac{{S_b}^2}{{S_{AB}}^2} - T^2} \tag{6-14}$$

经推导，P 点坐标的计算公式为

$$\begin{aligned} x &= x_A + T(x_B - x_A) + H(y_B - y_A) \\ y &= y_A + T(y_B - y_A) + H(x_A - x_B) \end{aligned} \tag{6-15}$$

声呐系统在水中目标定位时，会受到多种海洋环境因素的影响，如水温、盐度、静水压力、海水密度和海水浑浊度等，这些环境因素的存在会影响声呐测距精度，在实际作业过程中应尽量避免或减小环境因素对声呐测距精度的影响。

利用距离交会求解未知点坐标的误差主要有测站点坐标误差和传播误差，对于测距引起的误差有以下关系。

对式（6-15）微分得

$$\mathrm{d}x_P = (x_B - x_A)\mathrm{d}T + (y_B - y_A)\mathrm{d}H \tag{6-16}$$

$$\mathrm{d}y_P = (y_B - y_A)\mathrm{d}T + (x_A - x_B)\mathrm{d}H \tag{6-17}$$

对式（6-13）和式（6-14）微分得

$$\mathrm{d}T = \frac{1}{2S_{AB}^2}(2S_b\mathrm{d}S_b - 2S_a\mathrm{d}S_a) = \frac{S_b}{S_{AB}^2}\mathrm{d}S_b - \frac{S_a}{S_{AB}^2}\mathrm{d}S_a \tag{6-18}$$

$$\begin{aligned} \mathrm{d}H &= \frac{1}{2H}\left(\frac{2S_b}{S_{AB}^2}\mathrm{d}S_b - 2L\mathrm{d}L\right) = \frac{S_b}{HS_{AB}^2}\mathrm{d}S_b - \frac{L}{H}\left(\frac{S_b}{S_{AB}^2}\mathrm{d}S_b - \frac{S_a}{S_{AB}^2}\mathrm{d}S_a\right) \\ &= \frac{S_b(1-T)}{HS_{AB}^2}\mathrm{d}S_b + \frac{S_aT}{HS_{AB}^2}\mathrm{d}S_a \end{aligned} \tag{6-19}$$

将式（6-18）、式（6-19）带入式（6-16）和式（6-17）得

$$m_{xP}^2 = \left[\frac{S_b}{S_{AB}}\cos\alpha_{AB} + \frac{S_a(1-T)}{HS_{AB}}\sin\alpha_{AB}\right]^2 m_{S_b}^2 + \left[-\frac{S_b}{S_{AB}}\cos\alpha_{AB} + \frac{TS_a}{HS_{AB}}\sin\alpha_{AB}\right]^2 m_{S_a}^2 \tag{6-20}$$

$$m_{yP}^2=\left[\frac{S_b}{S_{AB}}\sin\alpha_{AB}+\frac{S_b(1-T)}{HS_{AB}}\cos\alpha_{AB}\right]^2 m_{S_b}^2+\left[\frac{S_a}{S_{AB}}\sin\alpha_{AB}+\frac{TS_a}{HS_{AB}}\cos\alpha_{AB}\right]^2 m_{S_a}^2 \tag{6-21}$$

考虑在使用短程或中程声呐测距时，在测距误差中固定误差占主要地位，固定误差与所测距离的长度无关，故可以假设测距是同精度的，即 $m_{S_b}=m_{S_a}=m$。这样，P 点的点位中误差为

$$\begin{aligned}m_p^2&=m^2\left\{\left(\frac{S_b}{S_{AB}}\right)^2+\left[\frac{S_b(1-T)}{HS_{AB}}\right]^2+\left(\frac{S_a}{S_{AB}}\right)^2+\left(\frac{TS_a}{HS_{AB}}\right)^2\right\}\\&=\frac{m^2}{H^2S_{AB}^2}[S_b^2(T^2+H^2)+S_a^2(T^2+H^2)+S_b^2(1-2T)]\end{aligned} \tag{6-22}$$

由式（6-13）、式（6-14）及 ΔAPE 为直角三角形得

$$T^2+H^2=\frac{1}{S_{AB}^2}(t^2+h^2)=\frac{S_b^2}{S_{AB}^2} \tag{6-23}$$

所以

$$m_p^2=\frac{m^2}{H^2S_{AB}^4}[S_a^2S_b^2+S_b^4+S_b^2(1-2T)S_{AB}^2] \tag{6-24}$$

将式（6-13）、式（6-14）及 $\frac{S_a}{S_{AB}}=\frac{\sin A}{\sin P}$、$\frac{S_b}{h}=\frac{1}{\sin A}$ 带入得

$$m_p=\frac{\sqrt{2}}{\sin P}m \tag{6-25}$$

对于起始坐标对待求点坐标误差影响大小为 m'，同理可证

$$\begin{aligned}m_x'^2=&[(1-T)-K_1\cos^2\alpha-K_2\sin\alpha\cos\alpha]^2m_{xA}^2+[-H-K_1\sin\alpha\cos\alpha-K_2\sin^2\alpha]^2m_{yA}^2\\&+[T+K_1\cos^2\alpha+K_2\sin\alpha\cos\alpha]^2m_{xB}^2+[H+K_1\sin\alpha\cos\alpha+K_2\sin^2\alpha]^2m_{yB}^2\end{aligned} \tag{6-26}$$

$$\begin{aligned}m_y'^2=&[H-K_1\sin\alpha\cos\alpha+K_2\sin^2\alpha]^2m_{xA}^2+[(1-T)-K_1\sin^2\alpha+K_2\sin\alpha\cos\alpha]^2m_{yA}^2\\&+[-H+K_1\sin\alpha\cos\alpha-K_2\cos^2\alpha]^2m_{xB}^2+[T+K_1\sin^2\alpha-K_2\sin\alpha\cos\alpha]^2m_{yB}^2\end{aligned} \tag{6-27}$$

其中 $K_1=1-2T$，$K_2=\frac{T^2-T-H^2}{H}$。经化简得

$$m'^2=\frac{1}{\sin^2P}\left(\frac{m_A^2+m_B^2}{2}\right) \tag{6-28}$$

故由起始点和测距误差引起的点位误差的大小为 M 满足

$$M=\pm\frac{1}{\sin P}\sqrt{\frac{m_A^2+m_B^2}{2}+2m^2} \tag{6-29}$$

2. 定位精度影响因素

（1）环境因素的影响

由于受到水温、水压等环境因素的影响，超声波在水中的传播速度是一个变化的值，在理想流体中，超声波的波速是水压的线性增函数，是温度、盐度的非增线性函数，因此，波速 V 可表示为

$$V = f(T,S,P) \tag{6-30}$$

式中，T——水温；

S——盐度；

P——静水压力。

由于波速的变化，空间声线是一条曲线，而坐标计算需要测得待安管节到水下应答器间的直线距离，因此，波速的变化会影响声呐的测距精度。

（2）水体浑浊度的影响

对于回淤比较严重的沉管隧道，当管节下沉到基床附近时，施工扰动导致水体浑浊度增加，泥沙含量增大。根据超声波的传播规律，在浑浊水体，由于泥沙颗粒的影响，超声波产生严重的漫反射和绕射现象，使得超声波传播时间增长，波速急剧降低，从而导致测量精度和测量距离严重降低。因此声呐测量必须在水文气象条件好且回淤量小的时间段进行。

（3）能量衰减的影响

超声波在介质中传播，随着传播距离的增加，能量会产生衰减，超声波在介质中传播 x 距离后的衰减规律可用式（6-31）表示：

$$A_x = A_0 e^{-\alpha x} \tag{6-31}$$

式中，A_x——x 处的振幅；

A_0——初始振幅；

x——传播距离；

α——衰减系数。

衰减系数 α 满足：

$$\alpha = af^2 \tag{6-32}$$

式中，f——超声波频率；

a——当海水盐度、静水压力一定时为常数。

由式（6-32）可以看出，超声波的衰减程度与超声波频率正相关，随着频率的增加，衰减度上升，超声波在海水中传播距离减小，因此，为了保障测量距离必须提高频率。同时，频率的上升，导致波长上升，进而使测距精度下降。因此，为了保障测距精度，必须降低频率。所以，超声波的频率选择应综合考虑测量距离和测量精度，以保证管节精确沉放对接。

在实际运用中，优先保障测量精度，往往选择低频率超声波、并缩短测量距离。一般情况下，发射换能器与接收换能器之间的距离不大于 10 m。当管节长度大于 10 m 时，声呐法对管节尾端定位存在较大误差，故声呐法多用于管节对接端的相对定位测量。当待安管节与已安管节距离较近时，声呐法的定位测量精度较高，可达到 2 cm。

6.2.1.5　机械拉线法

同声呐法类似，机械拉线法也是一种相对定位测量方法。不同的是机械拉线法使用拉线控制单元和距离传感器等设备进行测距。机械拉线测距系统由测距单元、拉线测量单元、固定板和挂钩组成，可以精确测量管节间的相对位置，它借助实测空间拉线长度 S、S 与水平面 X 轴夹角（水平偏角）和 S 与 Z 轴夹角（倾角），进而以拉线测量单元原点为参考，计算挂钩点相对参考点的三维坐标(Δx, Δy, Δz)，原理图见图 6-16，S 为斜距，α 为上下俯仰角，β 为水平偏移角。

机械拉线法的测量精度由测角精度和测距精度决定。其测角精度很高，对定位精度的影响较小，因此测量距离成为影响机械拉线法定位精度的主要因素。机械拉线法的测距精度主要受海水流速的影响。流速会造成钢丝绳变形，从而引起测距误差。同声呐法类似，机械拉线法也多用于管节对接端的精确定位，而对长大沉管尾部定位精度较低。

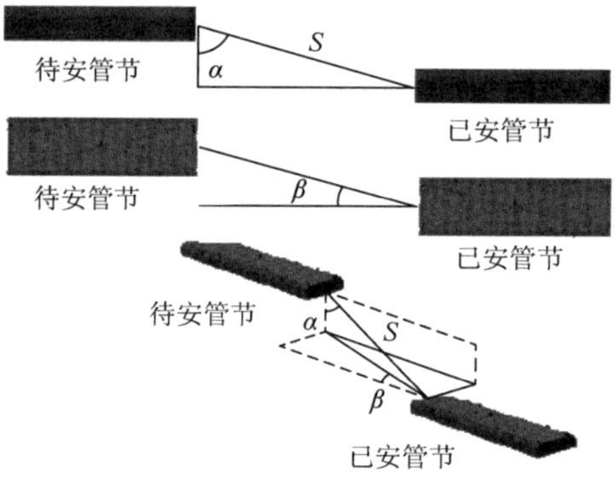

图 6-16　机械拉线法定位原理

1. 定位及计算原理

三维定位系统中心位置 O（X_0, Y_0, Z_0），定位示意图见图 6-17。

（1）拉线空间姿态

引导拉线的摆臂分别与水平测角传感器和垂直测角传感器连接，测定摆臂空间姿态、水平方向角 b 和垂直角 a。

（2）拉线长度

摆臂旋转中心至待测点（X，Y，Z）的拉线长度 L 由测距传感器（绝对多圈编码器）测定。

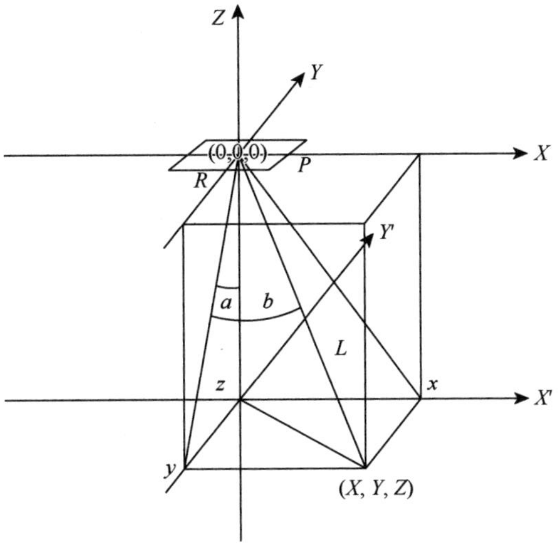

图 6-17 定位示意图

待测点坐标（X，Y，Z）的计算公式为

$$X = L\sin b \tag{6-33}$$

$$Y = L\cos b\sin a \tag{6-34}$$

$$Z = L\cos b\cos a \tag{6-35}$$

（3）倾斜修正

侧倾仪测定水下测角测距三维定位系统纵横向倾斜 P、R，并即时修正待测点的三维坐标。

2. 水下定位的方法和过程

①测量前，利用定位定向 GPS 测定水下测角测距三维定位系统自身的三维坐标，然后再进一步确定摆臂旋转中心位置；

②调整电机速度调至低速状态，操作人员将拉线连接到待测物体的测点装置；

③待测点到达预设位置，调高调速电机转速，增加拉线的拉力，使拉线处于拉紧状态；

④测距角度传感器、水平电子角度传感器、垂直电子角度传感器及倾斜仪等测量单元开始采集数据，分别测定拉线长度、水平方向角、垂直角和水下测角测距三维定位系统的两维倾斜角度，经过数据传输控制器实时采集数据并处理，算出被测点的三维坐标；

⑤根据倾斜仪测定水下测角测距三维定位系统的两维倾斜角度，并即时修正待测点的三维坐标。

6.2.1.6 超短基线法

1. 超短基线法介绍

20 世纪 50～60 年代，在国际上，随着光、声、磁等技术的不断发展，在大力开发海洋资源和海洋工程的进程中，水下探测技术得到了较大发展，相继开发了一系列先进的、高效能的水下探测设备：在各种水下检测的光、声、磁技术中，由于水下光波衰减很快，即使是波长最长、传播最远的红外光波在水中传播到了几米以后也衰减到无，而声波和电磁波在水中有良好的传播性，因而，声呐、磁探和超短基线成为水下检测的有效方法。

声学定位系统最初是在19世纪60年代被开发出来用于支持水下调查研究。从那时起，这类系统便在为拖体、遥控潜水器（remoter operated vehicle，ROV）等水下目标的定位提供帮助。声学定位系统能够在有限的区域内提供非常高的位置可重复性精度，甚至在远离海岸区域。对大多数用户来说，可重复性精度要比绝对精度重要。

在声学定位系统中，有三种主要的技术：长基线（LBL）定位，短基线（SBL）定位和超短基线（SSBL/USBL）定位，有些现代的定位系统组合使用以上技术。

（1）长基线定位

长基线定位能在宽广的区域内提供高精度的位置，它需要至少三个应答器组成的阵列部署在海底上的已知点上，水面舰船只安装一个换能器。换能器测量出到水底应答器的斜距，从而计算出自身的坐标位置（图6-18）。

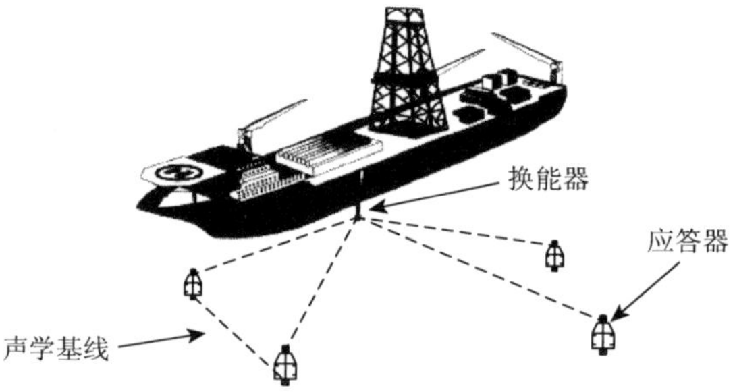

图6-18　长基线定位示意图

（2）短基线定位

短基线定位需要在舰船上安装至少三个换能器阵，换能器之间的位置关系为已知，应答器安装在需要定位的目标上，舰船上的多个换能器测量出到同一个应答器的距离，从而计算出目标的位置（图6-19）。

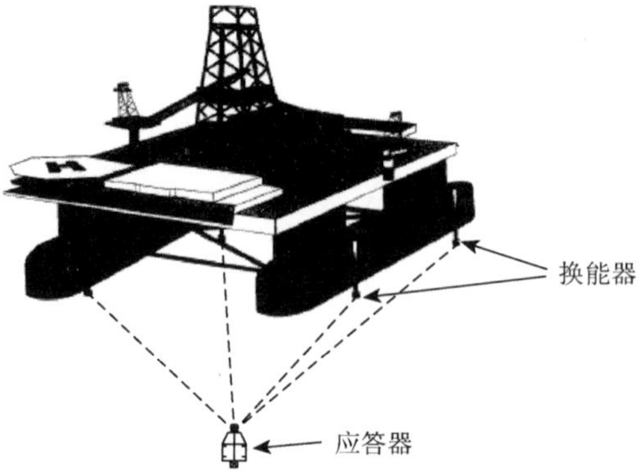

图6-19　短基线定位示意图

（3）超短基线定位

超短基线定位的船载换能器中，有至少三个单元，应答器安装在需要定位的目标上，换能器测量出到应答器的水平角度、垂直角度及斜距（图 6-20）。

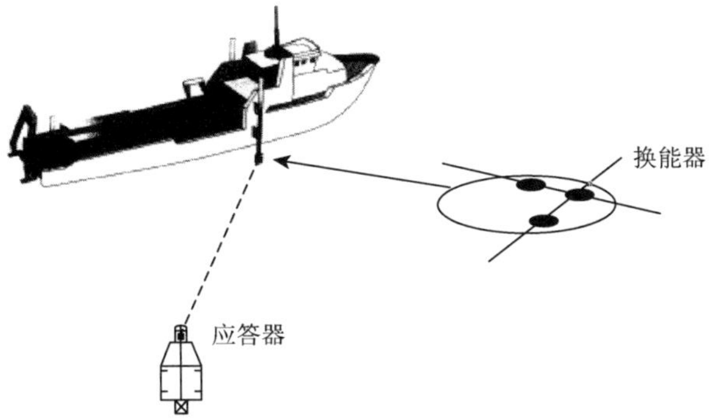

图 6-20　超短基线定位示意图

这三种不同方式的声学定位系统中，长基线定位精度最高，但是水底布设高精度定位已知点的施工难度大且费用较高，一般使用在石油平台监测、水下考古打捞等需要高精度定位的工程。短基线定位需要对船体进行改造，才能放置换能器基阵，对船只的要求使短基线定位的应用受一定的限制。因此，超短基线定位的优势是很明显的：只需要在船舶上安装一个换能器及其电子单元，就可以提供高精度的声学定位。

2. 超短基线基本工作原理

超短基线定位系统是根据声波在水中传播的速度往返时间测量距离和同时测量相位差的方法进行定位，即是在水下发射声波信号，依其换能器接收阵的多个单元，按等边三角形（或直角）布阵，换能器之间距离只有几厘米，将其设计装在一个部件中，按三角形所在平面，当作基准坐标系的平面，通过测量对比换能器单元接收的声波信号彼此之间的相位差确定应带其相对船艏的方位，同时测量斜距 $S = 0.5vt$，即可计算出水下应答器位置的坐标。以 HPR410P 为例，在 SSBL 中，船载换能器向应答器发射讯问脉冲信号，应答器接收到讯问脉冲信号后，发射不同于讯问信号的应答脉冲信号。系统内位置的计算依据测量应答器的距离和方位，解算出应答器相对于船载换能器三维空间海底位置的坐标（图 6-21）。

超短基线定位系统一般由声学测量设备和数据采集处理设备两大部分组成。声学测量设备由安装在船体的声学换能器和安装在水下的声学应答器组成，声学换能器发射声波信号至声学应答器，应答器接在收到讯问信号后，发射区别于讯问信号的响应信号回换能器，响应信号经由通信电缆传输给数据采集处理设备，做进一步加工处理和计算，得到应答器相对于换能器的空间位置和深度。

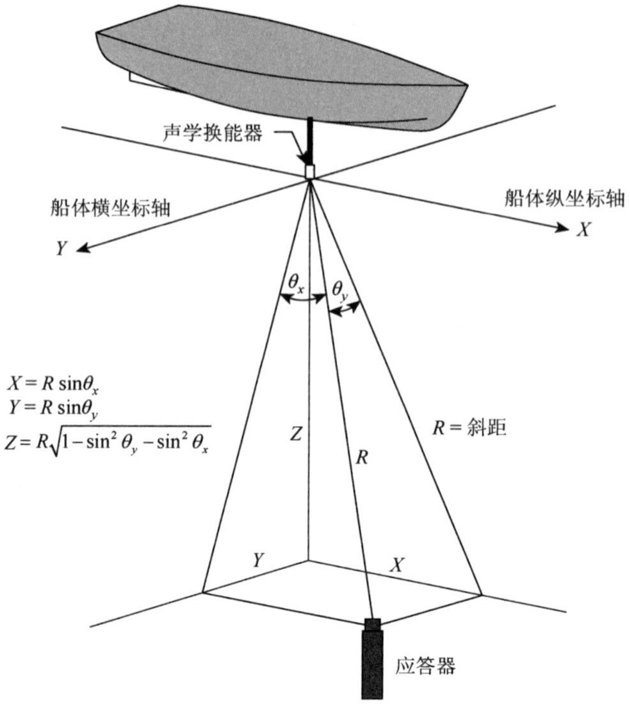

图 6-21　超短基线定位原理

3. 影响定位性能的因素

水下导航定位系统要实现精确导航定位，必然受到 GPS 的稳定性和可靠性、船载（集成）辅助传感器的稳定性和可靠性、超短基线导航定位系统的稳定性和可靠性、水上定位和水下定位数据融合方法等的影响和制约。在工作应用中，应合理进行误差分配，控制显著误差，求得最佳测量成果。

水下定位的主要误差来源，包括超短基线基阵测距误差、超短基线基阵姿态测量误差、测角误差、测距交会求解造成的误差、超短基线基阵阵元相位差引起的误差、声传播引起的误差、声学噪声引起的误差、超短基线基阵和应答器安装引起的误差、校准误差、水下工作环境引起的误差、载体运动速度变化引起的误差、超短基线数据和 GPS 数据融合时的误差等。但总的来说，误差来源可以综合为三个方面：校准误差、测距误差和测角误差。

（1）校准误差

船只航行时航行轨迹的瞬间变化是与气候和海况好坏有着直接关系，超短基线定位计算的瞬间起算大地坐标是通过 GPS 提供的，换能器安装在摇摆不定的船上，随着船只摆幅的大小变化，定位航迹与实际航迹并不完全一致。如不考虑 GPS 自身定位误差的影响，依其接收天线安装高度，船只姿态对 GPS 和超短基线的校准的影响亦是不可忽视的因素。

（2）测距误差

测距误差主要是由测时误差引起的，而测时误差又与信噪比和声速息息相关。声波在水下传播过程中，声速、声线弯曲、水面反射等都会影响测时准确度，而声波的扩散、吸收和环境中的噪声会影响信噪比大小，因此测距误差主要是由水声学因素引起的，水下定位时的工作条件和工作方法直接影响定位精度。

（3）测角误差

测角误差主要是由阵元间相位测量误差、姿态角度误差和罗经角度误差引起。姿态角度误差和罗经角度误差主要由安装技术引起，相位误差与基阵和应答器的位置关系有关。当应答器在基阵正下方时，阵元间相位差很小，从而使定位误差保持在一个较小的数值上，因此超短基线只在基阵下方一个锥度范围内定位精度较高。

6.2.1.7　投点法

（1）竖井联系测量的任务

在隧道施工中，常用竖井在隧道中间增加掘进工作面，从多面同时掘进，可以缩短贯通段的长度，加快施工进度。这时，为了保证相向开挖面能正确贯通，就必须将地面控制网中的坐标、方向及高程，经由竖井传递到地下去，这些传递工作称为竖井联系测量。其中坐标和方向的传递，称为竖井定向测量。通过竖井定向测量，使地下平面控制网与地面上有统一的坐标系统。而通过高程传递则使地下高程系统获得与地面统一的起算数据。

按照地下控制网与地面上联系的形式不同，定向的测量方法可分为下列 4 种。

①经过一个竖井定向（简称一井定向）；

②经过两个竖井定向（简称两井定向）；

③经过横洞（平坑）与斜井的定向；

④应用陀螺经纬仪定向。

竖井的联系测量可通过一个井筒、也可同时通过两个井筒进行。这种联系测量是利用地上、地下控制点之间的几何关系将坐标、方向和高程引入地下，故称几何定向。

平峒的联系测量可通过一个井筒、也可同时通过两个井筒进行。这种联系测量是利用地上、地下控制点之间的几何关系将坐标、方向和高程引入地下。由于平峒隧道有进口和出口，导线和水准线路可从隧道两端引进，大大缩短贯通长度。其作业方法与地面控制测量相同。

斜井的联系测量方法与平峒基本相同。不同之处是隧道坡度较大，导线测量要注意坡度的影响。另外，斜井大部分为单头掘进，从洞口引进的导线均为支导线，要加强检核，以防止联系测量出现错误。

由于陀螺经纬仪技术的飞速发展，在导航和测量工作中已被广泛应用。陀螺经纬仪重量轻、体积小、精度高、使用方便，在隧道联系测量工作中，不失为一种经济、快速、影响小的现代化定向仪器。

高程联系测量是将地面高程引入地下，又称导入高程。

显而易见，为使地下隧道（巷道）贯通，地上、地下的控制点必须在同一个坐标系统和高程系统。地下工程与地面工程的相对位置也必须正确无误；地下建（构）筑物的相对关系，也必须精确。综上所述，联系测量是非常重要的。

（2）几何定向

几何定向分为一井定向和两井定向。

1）一井定向

一井定向是在井筒内挂两根钢丝，钢丝的上端在地面，下端投到定向水平。在地面测算两钢丝的坐标，同时在井下与永久控制点连接，如此达到将一点坐标和一个方向导入地下的目的。定向工作分投点和连接测量两部分。

①投点。投点所用垂球的重量与钢丝的直径随井深而异。井深小于 100 m 时，垂球重 30～50 kg；大于 100 m 时为 50～100 kg。钢丝的直径大小决定于垂球的重量。如钢丝 ϕ= 1.0 mm 的悬挂垂球重量可达 90～100 kg；ϕ= 2.0 mm，垂球重量可达 360～370 kg。

投点时，先用小垂球（2 kg）将钢丝下放到井下，然后换上大垂球，并置于油桶或水桶内，使其稳定（图 6-22）。

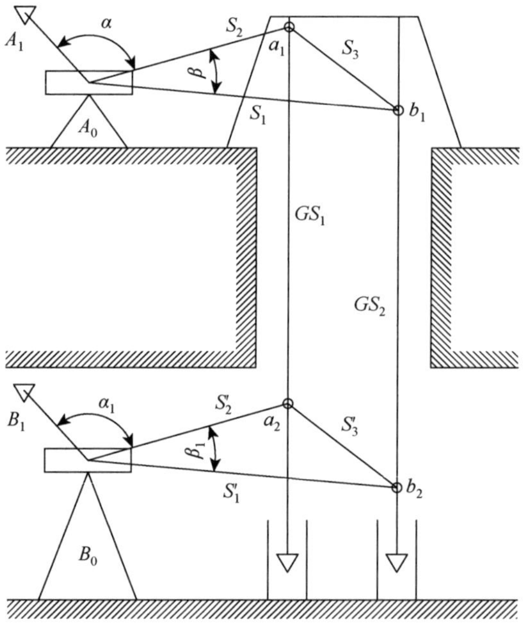

图 6-22　竖井定向

由于井筒内受气流、滴水的影响，使垂球线发生偏移和不停地摆动，故投点分稳定投点和摆动投点。稳定投点是指垂球的摆动振幅不大于 0.4 mm 时，即认为垂球线是稳定的，可进行井上井下同时观测；垂球摆动振幅大于 0.4 mm 时，则按照观测摆动的振幅度求出静止位置，并将其固定。

②连续测量。同时在地面和定向水平上对垂球线进行观测，地面观测是为了求得两垂

球线的坐标及其连线的方位角；井下观测是以两垂球的坐标和方位角推算导线起始点的坐标和起始边的方位角。连接测量的方法很多，但普遍使用的是连接三角形法。

如图 6-24 所示，D 点与 C 点分别为地面上近井点和连接点。A、B 为两垂球线，C'、D'和 E'为地下永久导线点。在井上下分别安置经纬仪于 C 和 C'点，观测ϕ、ψ、γ 和ϕ'、ψ'、γ'。测量边长 a、b、c 和 CD，以及井下的 a'、b'、c'和 $C'D'$。由此，在井上下形成以 AB 为公共边的 ΔABC 和 $\Delta ABC'$。由图 6-23 可看出，已知 D 点坐标和 DE 边的方位角，观测三角形的各边长 a、b、c 及角 γ，就可推算井下导线起始边的方位角和 D'点的坐标。

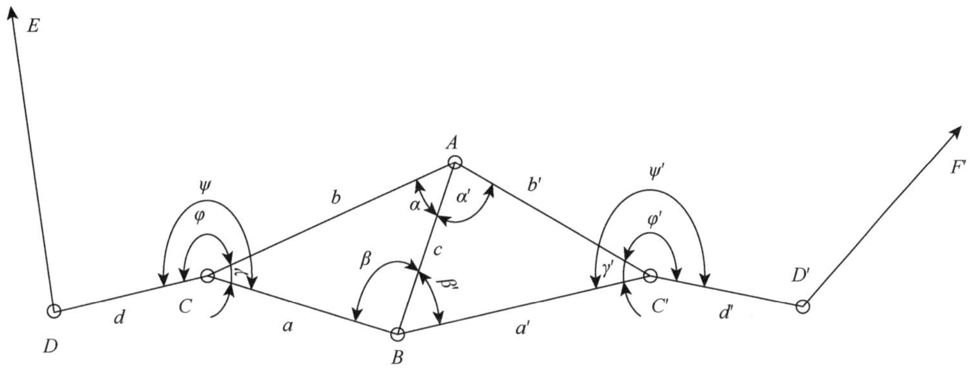

图 6-23　用连接三角形法在井下定向

选择 C 和 C'时，C 和 C'点应尽可能在 AB 的延长线上，即 γ'、α 和 γ'、β'不应大于 2°；b/c、b'/c 一般应小于 1.5，即 C 和 C'应尽量靠近垂球线。

水平角的观测要用 DJ_6 以上的经纬仪，对中三次，具体要求见表 6-2。

表 6-2　水平角的观测要求

仪器级别	水平角观测方法	测回法	测角中误差	半测回零差	各测回互差	重新对中测回间互差
DJ_2	全圆方向观测法	3	±6″	12″	12″	72″
DJ_6	全圆方向观测法	6	±12″	30″	30″	

量边要使用检验过的钢尺，施加标准拉力和测记温度。用钢尺从不同起点丈量 6 次，读至 0.5 mm，观测值互差不大于 2 mm，取其平均值作为最后结果。井上、井下同时量得两垂球线之间的间距之差不得大于 2 mm。

③内业计算。在 ΔCBA 和 $\Delta ABC'$两个三角形中，c 和 c'为直接丈量的边长，同时也可用余弦定理进行计算：

$$c_{算}^2 = a^2 + b^2 - 2ab\cos\gamma \tag{6-36}$$

$$c_{算}'^2 = a'^2 + b'^2 - 2a'b'\cos\gamma' \tag{6-37}$$

因此，观测值有一差值：

$$\Delta c = c_{测} - c_{算} \tag{6-38}$$

$$\Delta c' = c'_{测} - c'_{算} \tag{6-39}$$

《城市轨道交通工程测量规范》（GB 50308—2008）规定：地面上 Δc 不应超过±2 mm；地下 $\Delta c'$不应大于±4 mm。可用正弦定理计算 α、β 和 α'、β'。

$$\begin{cases} \sin\alpha = \dfrac{a}{b}\sin\gamma \\ \sin\beta = \dfrac{b}{c}\sin\gamma \\ \sin\alpha' = \dfrac{a'}{c}\sin\gamma' \\ \sin\beta' = \dfrac{b'}{c}\sin\gamma' \end{cases} \tag{6-40}$$

当 $\alpha<2°$，$\beta<178°$时，式（6-40）可简化：

$$\begin{cases} \alpha = \dfrac{a}{c}\gamma \\ \beta = \dfrac{b}{c}\gamma \end{cases} \tag{6-41}$$

式中，γ——地面观测值，以（″）计。

当 $\alpha>20°$时，$\beta>178°$时，可用正弦公式计算 α、β。

计算出 α、β 之后，用导线计算方法计算井下导线点的坐标和起始方位角时，尽量按锐角线路推算，如选择 $D—C—A—B—C'—D'$线路。

$$\begin{cases} x'_C = x_C + \Delta x_{CA} + \Delta x_{AB} + \Delta x_{BC'} \\ y'_C = y_C + \Delta y_{CA} + \Delta y_{AB} + \Delta y_{BC'} \\ a_{C'D'} = a_{DC} + \varphi - \alpha + \beta' + \varphi' + 4\times 180° \end{cases} \tag{6-42}$$

④一井定向的误差。定向误差包括：地面的连续误差 $m_{上}$、地下的连续误差 $m_{下}$和投向误差 m_θ。

在式（6-42）中，设 φ、α 和 β'、φ'的中误差分别为 m_φ、m_α、m_{β}'、$m'_{\varphi'}$，则井下一次独立定向的定向边 $C'D'$方位角的中误差为

$$M^2{}_{C'D'} = m^2{}_{DC} + m^2{}_\varphi + m^2{}_\alpha + m^2{}_{\beta'} + m^2{}_{\varphi'} + \theta^2 \tag{6-43}$$

在式中（6-43）中，起始方位角的中误差 m_{CD} 与联测角的观测误差 m_φ、m'_φ，可采取措施保证其精度。α、β 和 α'、β'，是间接观测值，影响其精度的因素是多方面的，因此要给予一定的重视。

综合上述的误差公式，可看出，联系三角形的最有利形状为延伸形三角形，角度为锐角（α、β'和 γ、γ'）在 2°～3°，故 C 和 C'点尽可能地选在两垂球线连线的延长线上（图 6-23）。

由式（6-40）可知，α、β（α'、β'）的误差大小，取决于 m_γ 的大小和 a/c，b/c 的比值。尽可能保证 γ 的观测精度，并使 C 点尽量靠近垂球线，以减小 a、b 长度。

垂球线的投向误差 θ。由于井筒中垂球线受风流、滴水、钢丝的弹性等因素的影响，

发生偏斜，产生投点误差，由此引起两垂球连线方向的偏差 θ，称为投向误差。在一井定向中必须重视。

2）两井定向

当有两个竖井，井下有巷道相通，并能进行测量时，就可在两井筒各下放一根垂球线，然后在地面和井下分别将其连接，形成一个闭合环（图 6-25），从而把地面坐标系的平面坐标和方位角引测到井下，此即两井定向。

由于 A、B 两垂球线之间的距离 c 较长，按式 $\theta=\pm\frac{e}{c}\rho(\rho=206256''$，常数)计算，投向误差会大大减小。

设点误差 e 为 1 mm，A、B 之间为 50 mm，则投向误差为

$$\theta=\pm\frac{e}{c}\rho=\frac{1\times 206256}{50000}=\pm 4.1'' \tag{6-44}$$

比一井定向法的投向精度大大提高，这是两井定向的最大优点。因此，凡是能用两井定向的隧道、矿井，都应采用两井定向。两井定向的方法与一井定向大致相同。

①投点。投点的方法和要求与一井定向相同。由于在井筒中只有一根垂球线，投点占用井筒的时间更短，观测时间也短。

②连接测量。如图 6-24（a），两竖井之间的距离较小时，可在两井之间建立一个近井点 C；若距离较远时，两井可分别建立近井点。地面测量时，首先根据近井点和已知

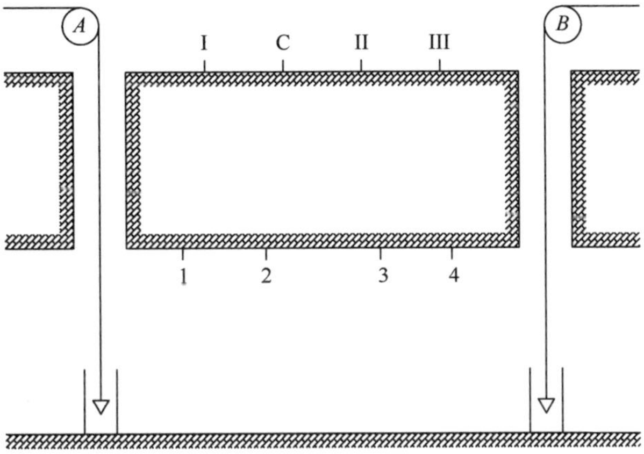

(a)

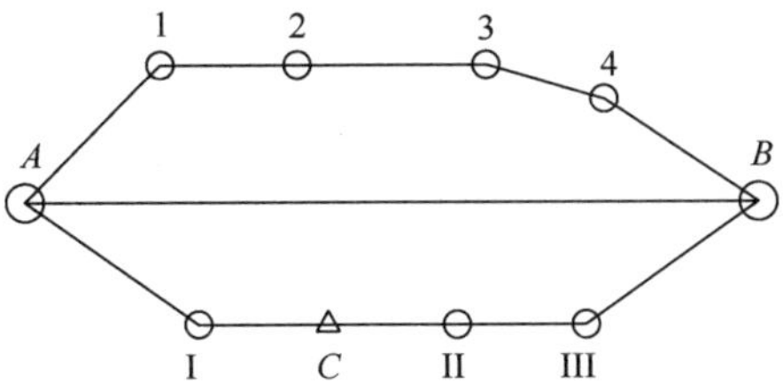

(b)

图 6-24　二井定向

方位角，测定 A、B 两垂球线的坐标。事先布好导线，定向时只测各个垂球线的一个连接角和一条边长。导线布设时，要求沿两井方向布设延伸形，以减少距离带来的横向误差。

井下连接测量是在已完成的导线两端与垂球线进行联测，只测一个角度和一条边长。

对井上、井下布设的导线事先要做误差预计。根据使用的仪器、采用的测量方法、导线布设的方案，估算一次定向测量的中误差，不超过±20″，这个方案才能使用。

③内业计算。根据地面导线计算两垂球线的坐标，反算连线的方位角 α_{AB} 和长度 c。按导线的计算方法，计算 x_A、y_A 和 x_B、y_B 反算 AB 的方位角。

$$\alpha_{AB}=\arctan\frac{y_B-y_A}{x_B-x_A} \tag{6-45}$$

边长计算公式为

$$c=\sqrt{(x_B-x_A)^2+(y_B-y_A)^2} \tag{6-46}$$

假定井下导线为独立坐标系，以 A 点为原点，以 A_1 为 x'轴，用导线计算方法计算出 B 点的坐标，得 x'_B、y'_B。反算 AB 的假定方位角。

$$\alpha'_{AB}=\arctan\frac{y'_B}{x'_B} \tag{6-47}$$

$$c'=\sqrt{y'^2_B+x'^2_A} \tag{6-48}$$

c 和 c'不相等：一方面由于井上、井下不在一个高程面上，另一方面由于测量误差的存在，则地下边长 c'加上井深改正后与地面相应边长 c 的中误差为

$$f_c=c-\left(c'+\frac{H}{R}c\right) \tag{6-49}$$

式中，H——井深；

R——地球曲率半径，为 6371 km；

f_c——不应大于两倍连接测量的中误差。

求出 AB 边井上、井下两方位角之差：

$$\Delta\alpha=\alpha_{AB}-\alpha'_{AB}=\alpha_{A1} \tag{6-50}$$

井下导线各边的假定方位角，加上 $\Delta\alpha$，即可求得井下各导线边的方位角，从而按以地面 A 点的坐标 x_A、y_A 和 α_{AB} 为起算数据，已改正后的导线各边长 S_i，计算井下导线的坐标增量，并求其闭合差。

$$\begin{cases} f_x=\sum_A^B\Delta x-(x_B-x_A) \\ f_y=\sum_A^B\Delta y-(y_B-y_A) \end{cases} \tag{6-51}$$

$$f_s=\sqrt{f_x^2+f_y^2} \tag{6-52}$$

其全长相对闭合差 $\dfrac{f_x}{[S]}\leqslant K_{容}$。

Ⅰ级导线 $K_{容} \leqslant \frac{1}{4000}$，Ⅱ级导线 $K_{容} \leqslant \frac{1}{2000}$。在满足精度要求的情况下，将 f_x、f_y 反符号按边长成正比例分配在各坐标增量上，然后计算井下导线上各点的坐标。

（3）竖井高程传递

将地面上的高程传递到地下时，随着隧道施工布置的不同，应采用不同的方法。这些方法如下。

①经由横洞传递高程。

②通过斜井传递高程。

③通过竖井传递高程。

通过洞口或横洞传递高程时，可由地面向隧道中敷设水准线路，用一般水准测量的方法进行。当地上与地下用斜井联系时，按照斜井的坡度和长度的大小，可采用水准测量或三角高程测量的方法传递高程。

6.2.2 高程测量

6.2.2.1 浅水区域高程测量

近岸海上工程施工中，许多场合需要对水下某固定点的绝对高程进行准确测量，以便对水下构筑物的建造或安装标高进行控制。一般近岸水深比较浅，传统测量方法是使用水准仪或全站仪配合尺杆将绝对高程传递到水下待测点。以海上重力式码头水下基础施工测量流程为例，工序如下。

1. 测量准备工作

①在施工船舶上安装两套 GPS，用于作业船舶的施工定位。

②根据作业水深制作不易变形的测量尺杆，可根据水深调节长度，测量杆靠近顶端位置安装调平气泡装置和全站仪棱镜支座，测量杆底部焊接法兰盘，该法兰盘可以拆卸。

③在岸边选择基础稳定的区域布设测量控制点，采用全站仪控制导轨的平面位置和高程。

2. 施工船舶定位

下导轨前，通过船上 GPS 定位，将施工船舶一侧船舷平移至预定下导轨位置停止。

3. 下放导轨粗平

测量人员将测量杆沿船舷下放至基床上，陆上测量人员采用全站仪测量棱镜的平面位置和高程，确定导轨平面位置和高程，潜水员下放混凝土垫块并抄平进行初步定位。

每排第一根导轨的起始位置由陆上架设全站仪控制，后续小方块的位置以导轨的长度确定。测量杆作业示意如图 6-25 所示。

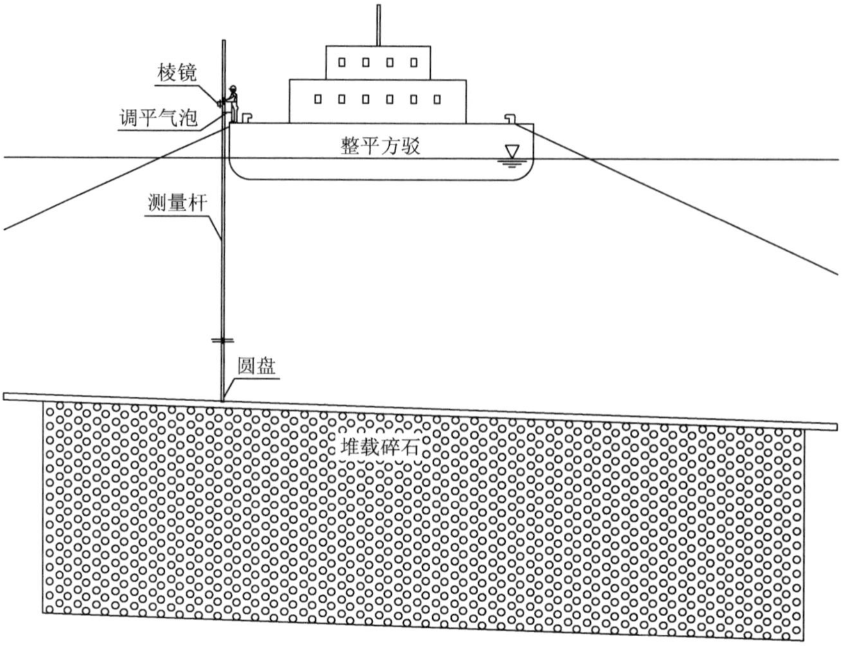

图 6-25　测量杆作业示意图

4. 精平及验收

采用全站仪对基床进行验收。验收时，船上测量人员首先复测导轨标高，然后将测量杆置于碎石垫层测点位置，利用水平气泡将测量杆调垂直。陆上测量人员利用全站仪，测量棱镜的平面和高程坐标（x，y，z），通过该坐标可以反算测量点的坐标。

测量点按顺导轨方向每两米一个断面，每个断面布测三点（导轨内侧 1 m 和中线处）。记录测量点的平面和高程坐标，对数据进行汇总、评定，对超限点进行评估，确定进一步处理方式直至达到设计要求。

6.2.2.2　深水区域高程测量

当工程距岸较远、水深增大，精度要求又高时，由于受海上风浪、流速等不利海况、气象影响，测深的误差显著增大、测量的工作时间大大延长、水上测量精度也难以保证，这就需要利用大型特殊刚性载体将地面某空间点 GNSS 测量获取的高程传递至水下。沉管隧道水下基础施工就是如此，水下基础标高施工控制的精度直接影响沉管隧道的质量和安全。

1. 国内外工程应用

1996 年开始修建的厄勒海峡沉管隧道长 3.51 km，基础条件较好，其施工最大水深 22 m，该项目使用的碎石基础浮式铺设平台，在最大波高 0.75 m、最大流速 1 m/s 的条件下实现了±25 mm 的基础整平精度，如图 6-26 所示。

图 6-26　浮式碎石铺设平台图

韩国釜山—巨济沉管隧道全长约 3.3 km，采用刮铺法进行施工。KUS-ISLANG 号自升平台式深水整平船是为了沉管隧道的基础抛石整平施工而开发的深水抛石整平船。该船在最大水深 48 m，最大水流速度 1 m/s 的条件下基础整平精度达到±45 mm，整平的效率为长度 180 m、宽度 31.66 m 的碎石基床需 14～16 d，如图 6-27 所示。

图 6-27　KUS-ISLANG 号自升平台式深水整平船

我国从 20 世纪 70 年代中后期，对碎石基床整平技术开展了深入的研究和应用，并取得了一定成果。1979 年建设的香港地铁荃湾线尖沙咀至湾仔沉管隧道，最大水深约 30 m，其横断面底部宽度为 10.31 m，沉管基础顶宽为 14 m。碎石基础整平采用先铺法的刮石法，所采用的专门工程船舶兼顾了基础处理和管节沉放，平整度达±50 mm，如图 6-28 所示。

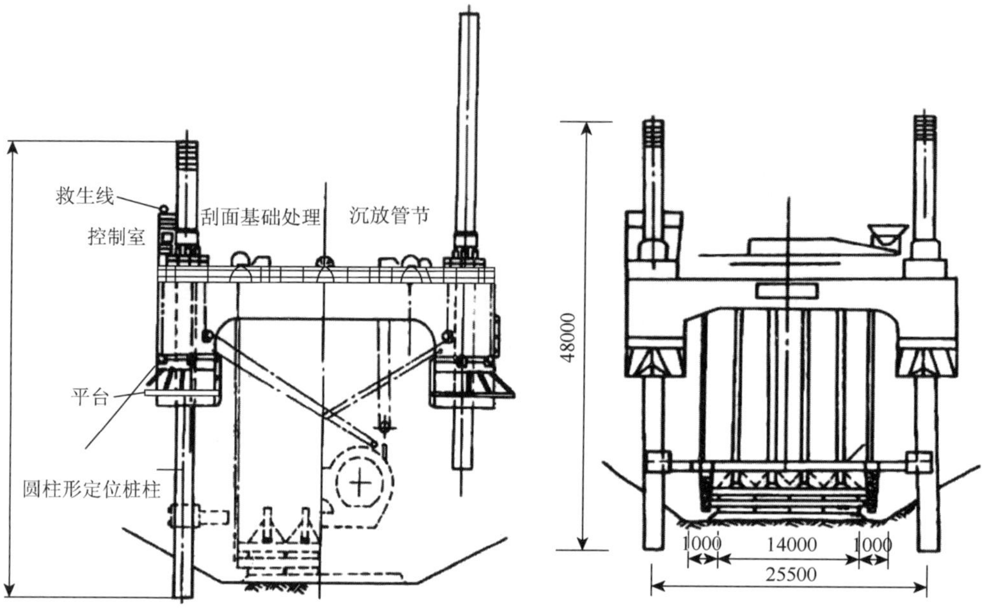

图 6-28　基础处理和管节沉放专门工程船舶（单位：mm）

2. 测量方法

水下高程实时定位和监测系统由 GNSS 流动站接收机、声呐、全站仪及适配棱镜、姿态仪和计算机处理系统等组成。

将 GNSS 流动站接收机与全站仪及适配棱镜固定在长度已知的刚性载体顶部，在载体底部安装声呐和倾斜仪；将载体固定在支架上垂直沉放水中（GNSS 和棱镜露出水面，底部距离水底高度固定），借助于刚性载体抗挠度强与变形小的连接特点，采用快速静态测量方法获取刚性载体顶部的高程，便可精确得到刚性载体底部高程；然后通过载体底部声呐采用脉冲测距法精确测量距水底距离，从而反算出水底的实时高程；同时为了检校 GNSS 高程输出精度稳定性，通过全站仪自动照准功能跟踪测量适配棱镜；最后将全站仪和 GNSS 观测数据实时传输至计算机处理系统，从而实现水下高程实时定位和监测。

待测点的实际高程 h 是通过载体顶上的 GNSS 测得的实际高程 H，减去 GNSS 相位中心到载体底部距离 L_1，得到载体底部高程；载体底部高程减去声呐的回送声呐长度 L_2，得到声呐发射装置处的实时高程，最后声呐高程减去声呐测量水深值 D，最终得到测点的实时高程值，即 $h=H-L_1+L_2-D$。原理示意见图 6-29。

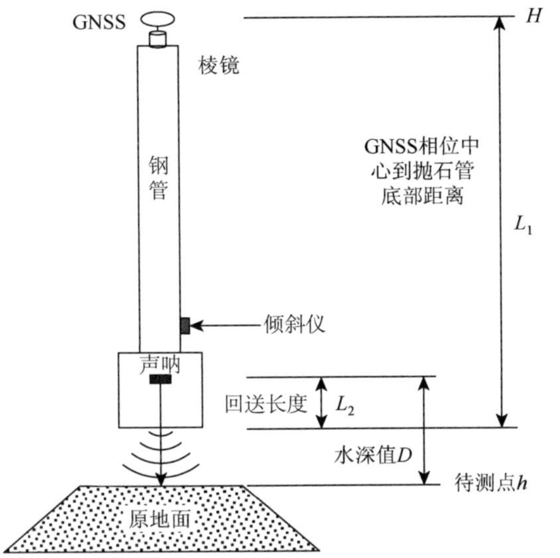

图 6-29　水下高程实时定位和监测原理示意图

3. 高程误差主要影响因素

高程精度主要受船体挠度、大小车行走轨道、抛石管顶部高程、抛石管长度、抛石管倾斜、声呐 6 个方面的因素影响。

①船体挠度变化：整平船船体使用的钢材强度有限，在受到大车、小车行走等因素的影响下，会产生挠度，影响基床整平精度。

②大小车行走轨道不平：由于建造工艺技术水平限制，整平船上大车、小车行走轨道标高不同，会对碎石垫层铺设精度产生影响。

③抛石管顶部高程误差：整平施工时的抛石管位置是使用 GPS 测量的，因此抛石管顶部高程误差取决于 GPS 测量的精度。

④抛石管长度测量误差：由于碎石垫层高程是根据管顶 GPS 测量高程与抛石管长度计算所得，抛石管长度测量误差对碎石垫层高程误差有直接影响。抛石管长度测量误差为抛石管安装时的测量长度与施工期间由于热胀冷缩产生的抛石管实际长度的误差。

⑤抛石管倾斜：造成抛石管倾斜的因素有很多，主要包括以下几种。海水流速过大引起的抛石管的倾斜；在施工过程中抛石管底部和碎石之间的摩擦力引起的抛石管倾斜；在施工过程中，大小车的行走速度过快引起的抛石管的倾斜。

⑥声呐系统用于检测海底槽床和基床的标高。当基床存在测定标高偏差超过一定范围时采用整平头进行刮平处理，保证了基床的平整度。

由于声呐属于水下探测装置，会受到水温、盐分浓度等的影响使测量值产生误差；在施工过程中，海水中所含杂质的多少也会直接影响声呐的测量值从而产生误差；声呐探头与障碍物之间的距离也会引起测量误差。

4. 高程系统检校

在施工前，为了确保施工管理系统中抛石管位置的正确性，需要对抛石管位置进行校核。通过使用全站仪、水准仪、激光扫平仪、测尺 4 种仪器及方法分别对抛石管进行测量，获得多个坐标及高程，再与施工管理系统抛石管信息显示窗口显示数据进行比对。通过比对，可以快速判断施工管理系统软件参数设置的正确性及输出结果的准确性，检查各个系统软件之间的通信情况是否异常，确保整平作业时系统是正常、可靠的。具体检校方法如下。

①全站仪测量。通过全站仪三角高程测量的方法，观测安装在抛石管上的棱镜，经过换算后得到抛石管实际平面坐标和底部高程。

②水准仪引测。通过长时间 RTK 采集，获得船体某处临时点高程，然后通过水准仪测量办法测出抛石管底部高程。

③激光扫平仪测量。在相应测量平台上架设激光扫平仪，并将安装有接收器的塔尺放到控制点上，通过激光扫平仪测量固定在抛石管上面向测量平台一侧的塔尺，换算求出抛石管底部高程。

④水下测尺量高。抛石管正对管节尾端北（南）侧测点预埋件的位置，潜水员用测尺量取抛石管底部螺栓到管顶测点预埋件的高差，通过换算求出抛石管底部实时高程。

6.3 应用案例

6.3.1 港珠澳大桥沉管隧道基础施工测量

6.3.1.1 工程概述

沉管隧道基础测量内容包括基槽开挖施工测量、抛石夯平施工测量等施工测量。以下主要以港珠澳大桥沉管隧道基槽开挖施工为例，介绍施工测量在基槽开挖施工中的应用。

根据港珠澳大桥沉管隧道基槽的土质情况及投入的施工船舶的特点，沉管隧道基槽开挖施工可分为粗挖和精挖两个阶段，其中粗挖阶段是指离设计挖深约 3 m 以上至原泥面之间的泥层开挖；精挖阶段是指粗挖完成后设计挖深以上约 3 m 厚度泥层的精确开挖。

6.3.1.2 测量实施控制

1. 平面控制

根据港珠澳大桥管理局测控中心提供首级控制点，建立海上平台后，按照高等级平面控制网加密施工平面控制网。加密施工平面控制网形成前的水下开挖测量和施工可采用 CORS 进行平面控制，系统提供的 GNSS 差分信号能覆盖整个港珠澳大桥工程的施工区域，精度水平±2 cm。施工前期，也将采用 Trimble 公司生产的 DGPS 作为本工程粗定位的辅助手段。测量前进行 GPS 的静态与动态稳定性检验，并对检验结果技术分析，确保测量定位的精度符合测量及规范要求。对于施工船舶而言，在使用与 HZMB-CORS 相匹配的流动站接收机的情况下，也将利用 GPS 接收机接收 CORS 差分信号进行施工和导航。

耙吸式挖泥船可根据坡距设定开挖线并在疏浚监控系统中标定疏浚深度，船舶按系统显示的信息进行施工，计划按 2 m 一层逐层均匀开挖，利用船舶 GPS-RTK 定位信息、动力跟踪功能，预先设定各层开挖线，并充分结合船舶智能化系统根据风、流等外力因素自动控制各种动力设备，确保耙头始终沿设定边坡开挖线施工。对复杂区域的施工，应安排在缓流阶段开挖，以减少流急而导致船体 GPS-RTK 位置与耙头相对位置的改变，从而影响耙的设计走向。

抓斗船安装一套或二套 GPS-RTK 定位系统，通过接受 CORS 差分信号在疏浚监控系统中实时显示开挖计划位置和船位，以此控制平面位置。依据抓斗吊臂最高处设置的 GPS-RTK 和吊斗钢索上的角度传感器，实时显示抓斗在水下的平面位置，操作人员根据系统主界面窗口显示的船位和斗位及设置的分层开挖位置，控制西人工岛基槽粗挖及精挖的平面位置（图 6-30）。

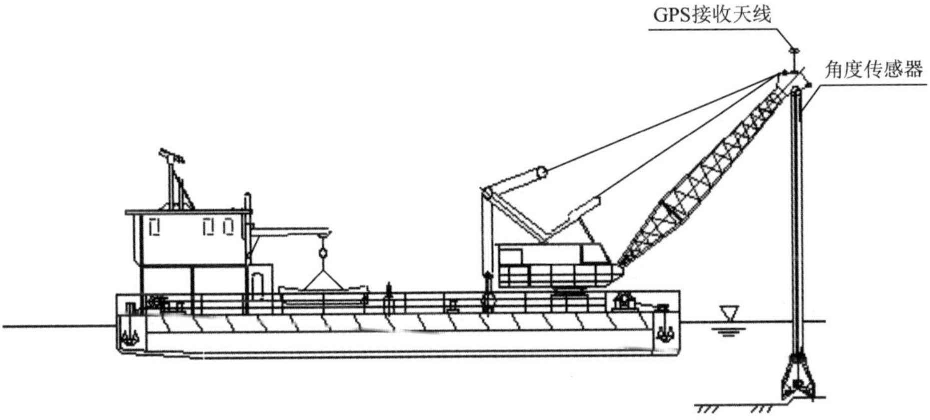

图 6-30　抓斗船定位系统示意图

2. 高程控制

港珠澳大桥沉管隧道高程系统统一采用 1985 国家高程基准。施工区域距离陆地很远，无法采用常规水准测量方法从香港或内地引测水准，因此水深测量高程控制可分两个阶段实施。

第一阶段，在西人工岛浚前测量和粗挖施工检测的过程中，利用 RTK 接收机接收 CORS 差分信号进行实时验潮。在进行外业测量开始之前，在一已知点进行 RTK 校核，符合规范要求后，进行外业测量，利用 RTK 流动站实时接收 CORS 差分信号，记录各个时间段测量区域的高程（潮位）变化信息，根据所获得的潮位数据绘制潮位曲线，并与香港机场管理局建立的赤鱲角水位站的潮位进行比对，波形、潮时差等要素基本一致，才能在内业处理潮位改正中应用，否则应进行检测分析，差异较大时需要进行重测（前期的施工测量，也将采用传统的桂山岛和内伶仃岛双站验潮潮位分带的方法来获得潮位，同样作为一种校核 CORS 下采集高程数据的方法）。因此采用 CORS 进行实时高程测量，同时引入香港机场赤鱲角潮位进行校核，该方法使用稳定，最低限度地减少了受外界制约因素影响（图 6-31）。

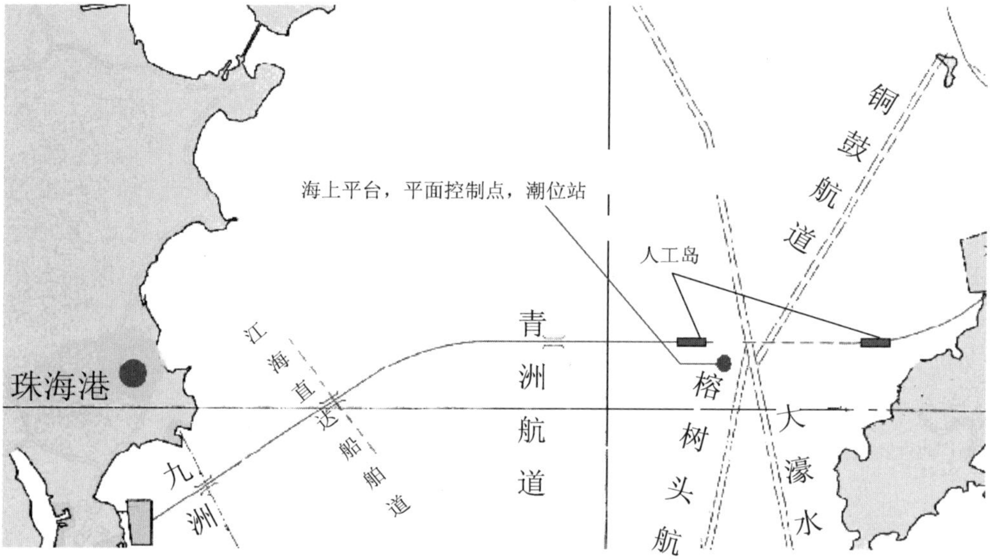

图 6-31　东人工岛、西人工岛平面控制、高程（水位）控制计划示意图

第二阶段，工程进入中期或精挖阶段采用港珠澳大桥连续运行参考站系统进行高程控制，该系统为流动站用户提供 GNSS 实时差分定位服务，系统静态精度高程±3 cm，可实现 RTK 无验潮测量，提高施工测量的精度；若后期完成海上平台建设后，同样可以在平台上建立 RTK 基准站，定位精度和高程精度可达厘米级。

耙吸式挖泥船利用船舶耙管自动控制系统，结合 GPS-RTK 高程信息，实现控制波浪补偿器的位置，使耙头处于安全角度范围及期望疏浚深度，通过设定分层开挖深度，保证施工的垂直精度。同时利用超深报警系统预防超深开挖，当耙头下放超过设定深度时发出警报，及时提醒驾驶员及操耙手提升耙头至设定开挖面。在施工过程中定期做好深度指示系统、深度控制系统、疏浚监控系统等的校核、校正，以保证系统误差在规定值内。

抓斗式挖泥船主要用于西人工岛与管节结合处的粗挖和精挖。抓斗式挖泥船施工前依据设计施工图计算每个精挖断面的设计开挖深度，输入疏浚监控系统，作为定深开挖依据。通过 CORS 系统或 GPS-RTK 采集的高程数据，通过计算机处理后实时显示抓斗在基准面下的深度，控制吊斗钢索下放深度，实现定深挖泥，控制挖泥精度，特别是在边坡和基槽阶梯处加强探测，防止超挖和欠挖。海上平台建立后，在平台上设立潮位站，将潮位遥报仪发送的潮位信号输入疏浚监控系统，辅助抓斗式挖泥船进行定深施工。

6.3.1.3 施工过程中的关键测量

1. 工前测量

在基础挖泥、基槽开挖前需进行一次完整的初始水下地形测量。水下地形测量拟采用多波束测深系统。工前测量的水下地形数据作为工程的原始资料保存，在所有测量数据处理完成，测量结果检核通过后，将水下地形测量成果整理并入总体工前测量报告，上报相关单位审批。

2. 过程及竣工测量

隧道基槽开挖主要采用耙吸式挖泥船施工，实行分层开挖方案，采用在耙吸式挖泥船上安装的双 GPS，通过双 GPS 接收机天线与船舶、耙头的相对位置关系来确定施工位置及开挖的深度。耙吸式挖泥船安装有计算机辅助疏浚决策系统，通过高精度三维定位系统得到的耙头实时坐标和实时运动方向。当耙吸式挖泥船计算机辅助疏浚决策系统显示某一分层开挖完成，耙吸式挖泥船离开施工区，经过一段时间的悬浮物自然沉积，采用多波束进行检测，施工过程监测频率及周期见表 6-3。多波束测深系统能高效地对施工区域海底地形进行全覆盖扫测，通过结合 GPS 获得的船舶定位信息、运动传感器获得的船舶姿态信息、罗经获得的方位信息等，利用先进的数据处理技术，可绘出高分辨率高精度的海底地形图，根据海底地形图及相关测量数据编制相应施工文件，进而指导耙吸式挖泥船进行施工。

表 6-3 粗挖及精挖施工过程监测频率及周期

监测时间	粗挖施工监测	精挖施工监测	监测周期
监测频率	三天一次	一两天一次	至西人工岛开挖完毕

深基槽精确开挖主要采用抓斗式挖泥船，抓斗式挖泥船通过 CORS 或 RTK 基准获得高精度的定位和高程信息，并通过实时数学模型建模进行船舶施工工程中的姿态校正，确保施工精度。拟在抓斗式挖泥船施工提供测量工作面，并经浮泥沉积，即刻采用 RTK 无验潮测量进行精挖检测，及时反馈施工超挖欠挖情况，并运用 CARIS 软件绘制精挖区域当前 DTM 模型，指导抓斗式挖泥船进行补挖施工，控制精挖的质量。针对精挖基槽的精挖施工和竣工测量，需要多种监测手段相结合，除多波束水深测量外，还需要利用水砣及自行设计的采用压力传感的水砣等设备，才能有效地确保西人工岛基槽最后成槽及精挖区精挖符合设计要求。

6.3.1.4 基槽精挖专用设备改造

沉管基槽精确开挖施工定位控制是在挖泥船抓斗垂直方向上的桁架位置安放 GPS 天

线，在挖泥的过程中通过 CORS 或 RTK 基站的实时差分信号获取相对高精度的平面坐标和高程 H_g，利用相应的电子测量设备获取 GPS 天线到某一标定位置（一般为海平面）的高度，通过软件就能计算出实时的潮位数据 H（可利用 RTK 流动站进行校核）。标定时抓斗与 GPS 天线的距离为 L_0，L_1 为设计开挖高程，施工时抓斗底部与 GPS 天线的实际距离为 $L = L_0 + H + L_1$，抓斗挖泥的水下高程 $h = H_g - L$。抓斗式挖泥船施工测量示意如图 6-32 所示。

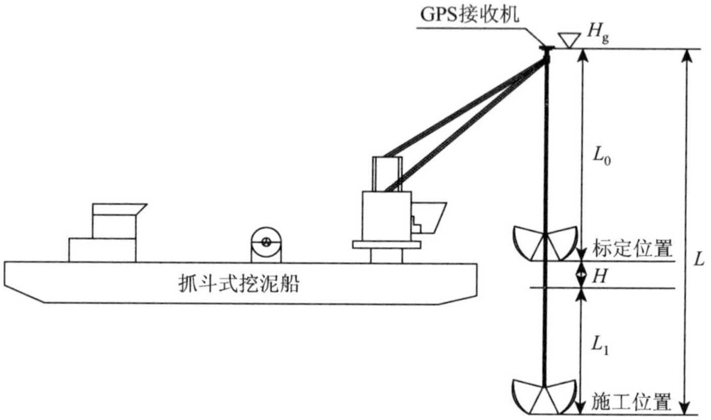

图 6-32　抓斗式挖泥船施工测量示意图

抓斗式挖泥船施工前依据设计施工图计算每个精挖断面的设计开挖深度，输入疏浚监控系统，作为定深开挖依据。通过 CORS 或 GPS-RTK 采集的高程数据，通过计算机处理后实时显示抓斗在高程面下的深度，控制吊斗钢索下放深度，实现定深挖泥，控制挖泥精度。

根据隧道基槽精挖施工及相关技术要求，选用金雄轮抓斗式挖泥船（以下简称金雄轮）作为基槽精挖专用设备，并且从船舶的硬件与软件两方面进行了如下改造。

1. 船舶硬件改造

①整改在用计算机定位导航系统设备布局，优化现有传感器数据采集方式，提高采集速度和硬件可靠性，使之满足精挖改造方案的性能要求。

②改造抓斗钢丝绳脉冲计数孔，精度由 10 cm 提高到 1 cm。

③通过现场测试、试验进一步确认现有自动化设备实际接口运行参数，据此设计出新增加自动化设备的接口类型及接入方式。

④补充船上传感器及相关设备联网通信控制总线。包括：将船上原有主通信干道的 150 m 五类以太网线，更换为双模通信光缆，保证数据可靠传输。

⑤安装部分传感器，包括：吊臂顶端的雷达液位传感器、船体姿态传感器、吃水传感器、RTK 天线等。

⑥安装部分新增的采集模块及功率驱动控制模块或设备。

⑦配合系统软件，改造现有挖泥定深控制系统电气线路，使金雄轮能够兼容传统的施工操作模式和基于 RTK 基准的计算机直接数字控制的半自动化精挖施工操作模式。

⑧制定安全运行监测方案，当抓斗超过预设开挖高程 1.0 m 时，DDS 系统进行自动判别，禁止闭斗开挖，并自动提升抓斗，实现超深限制功能，保证由系统控制挖泥作业时的施工安全。

⑨加固现有的锚固系统：将金雄轮的锚缆长度加长为 400 m，以适应深基槽的边坡宽度；配置合适的锚，将原有锚更换为 5.0 t 的锚体。

2. 船舶软件改造

①根据所确定的硬件控制电气线路，编写了相应的施工操作流程逻辑控制程序、报警监测程序等。

②用“金雄轮精挖直接数字控制系统 DDS”，取代原定深控制器，进行实船抓斗闭环控制定深挖泥操作，验证了“金雄轮精挖直接数字控制系统 DDS”方案的可行性。改进软件界面及完善系统功能。

③安装针对精挖改造方案的计算机直接数字控制自动化软件，对自动化软件中的部分功能模块进行了调试和验证。

④确定增加沉斗减速控制方案。

⑤制定负荷检测方案。

⑥制定“平挖模式”的可编程逻辑控制器（PLC）软件修改方案。

3. 改造效果

通过对改造后的金雄轮现场实船试验，即测试经过“金雄轮精挖直接数字控制系统 DDS”误差校正、平挖功能的闭斗频步、斗齿轨迹监测、超深控制及锚固系统加固等改造后，金雄轮“平挖模式”下的实际挖深精度。在广州市南沙区的某工程现场，经过多组精挖测试与数据分析，金雄轮的超深可控制在 0.40 m 以内（测试的最大超深值为 0.38 m）。

试验效果图见图 6-33～图 6-35。

①预设开挖深度为 11.6 m 时的概率分布如图 6-33 所示。

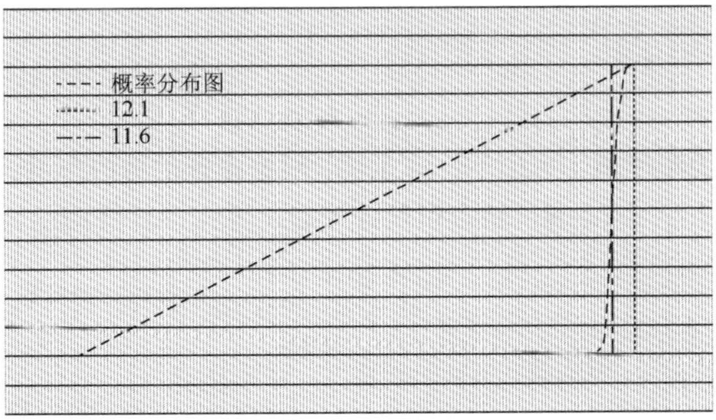

图 6-33　预设开挖深度为 11.6 m 时的概率分布图

②预设开挖深度为 11.7 m 时的概率分布如图 6-34 所示。

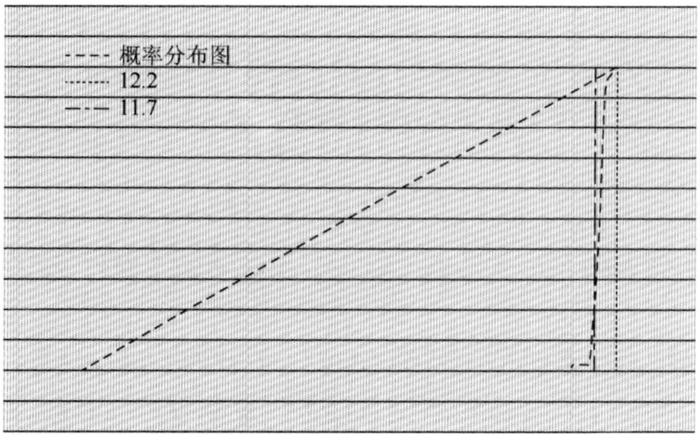

图 6-34　预设开挖深度为 11.7 m 时的概率分布图

③预设开挖深度为 11.8 m 时的概率分布如图 6-35 所示。

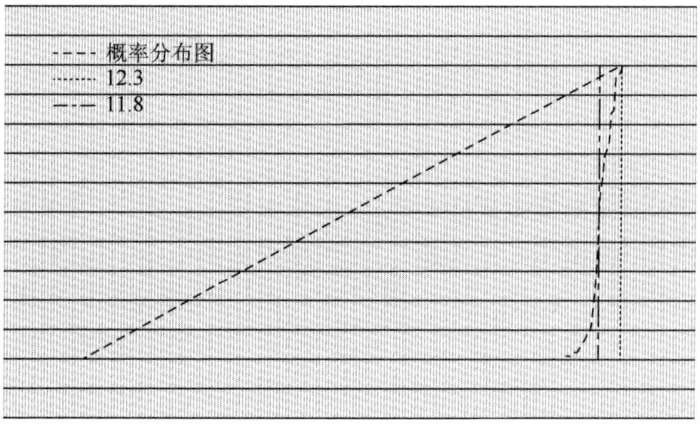

图 6-35　预设开挖深度为 11.8 m 时的概率分布图

6.3.1.5　精挖工程测量实施

1. 精挖工程分段

基槽精挖施工为粗挖施工后的下一道工序，根据设计的验收标准：粗挖槽底距精挖槽底的最小预留厚度不小于 1.5 m，结合粗挖分层施工安排，最终精挖施工的预留土层厚度 2～3 m。

2. 施工测量实施

（1）平面定位

沉管基槽精挖可采用 CORS 进行平面控制，系统提供的 GNSS 差分信号能覆盖整个港珠澳大桥工程的施工区域，精度水平±2 cm。同时将升级流动站电台接收频率 430～450 MHz，在 CORS 网络信号出现干扰时，使用单基站电台信号进行定位。测量前对流动站 RTK 进行校核，对检验结果进行分析，确保施工测量定位的精度符合测量及规范要求。金雄轮利用分别安装在船艉与船艏的 GPS 进行平面控制，如图 6-36、图 6-37 所示。另外，利用“金雄轮精挖直接数字控制系统 DDS”，可实时采集 GGA 定位数据，并在计算机屏幕显示施工船舶平面位置。

图 6-36 船艉的 GPS 信号接收天线

图 6-37 船艏的 GPS-RTK 接收天线

（2）高程控制

工程进入精挖阶段采用港珠澳大桥 CORS 进行高程控制，系统精度高程±3 cm，当网络模式无法接入时，则采用单基站电台方式进行控制。利用网络 CORS6 或电台方式可实现 RTK 无验潮测量。无验潮测量外业采集直接利用 RTK 高精度的大地高程代替水位变化，避免出现水位不稳定造成的误差，也不用考虑测量船动静吃水的变化，而且数据的获取处于实时动态改正，提高测量数据精度，其基本原理图如图 6-38 所示，分析公式如下。

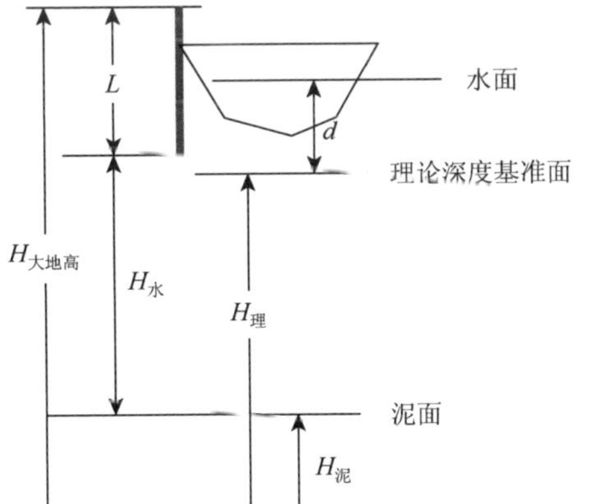

图 6-38 RTK 无验潮基准关系原理图

泥面相对于参考椭球面的高程为

$$H_{泥}=H_{大地高}-L-H_{水} \tag{6-53}$$

泥面相对于理论深度基准面的高程为

$$\begin{aligned}H&=H_{理}-H_{泥}\\&=H_{理}-(H_{大地高}-L-H_{水})\\&=(H_{理}-H_{大地高})+L+H_{水}\end{aligned} \tag{6-54}$$

实际上式（6-54）中的理论深度基准面可以当作似大地水准面，$H_{理}$就是似大地水准面与椭球面之间的高程差，即高程异常 ε，所以式（6-54）可写为

$$H=L+H_{水}-H_{大地高}+\varepsilon \tag{6-55}$$

其中 $H_{水}$可通过测深仪得到，L 为 GPS 天线至换能器的距离，$H_{大地高}$可通过 RTK 接收机得到，所以只要已知 ε 值，则可实时获得水下地形点的理论基准面下的深度 H。该项目将采用 1985 国家高程基准，同时已经进行区域性大地水准面精化，但在实际水深测量时直接采集的是 GPS 接收机的大地坐标，因此应求取深基槽隧道区域的高程异常值，或使用港珠澳大桥管理局测控中心提供相关参数（需在多个控制点上进行比对验证），从而可以实现 RTK 无验潮测量。为避免电离层、多路径效应等因素影响，一般在测量时都同时进行验潮，可采用赤鱲角水位站水位或海上平台建立自动遥报仪报送水位，相互对比验证，避免 RTK 整周模糊度处于非固定解时而影响水深测量结果精度。

金雄轮采用 GPS-RTK 直接接收港珠澳大桥工程统一的 CORS 信号，通过“金雄轮精挖直接数字控制系统 DDS”，实时跟踪 RTK 基准高程和抓斗钢丝绳下放长度，实现智能控制挖掘高程。在海上平台未建设之前，为确保其在 RTK 无固定解的情况能正常进行施工，需要在金雄轮上安装流动型潮位站，具体方法是，从船甲板上投入一个 0.1%H（H 为水深）精度的沉入式液位传感器和配套的高精度潮位仪主机，由计算机控制，每当监测到 RTK 有固定解输出时，就校准该流动型潮位站的测量基准（每次移船后或移动过液位传感器，只要 RTK 有固定解输出，就可校准一次潮位仪），以保证潮位测量的精确性，并始终使潮位基准与 RTK 基准保持一致性。这样当发现 RTK 失锁而无固定解输出时，可切换到潮位仪，提供潮位测深基准，确保施工继续进行。

（3）精挖船舶施工工艺

根据管节分段、纵坡、土质、水深、季节等因素，布置多个原位典型施工点，对精挖船舶的实际挖掘质量进行测量评价，以便完善工程布置和计划，调整精挖船舶的相关修正参数。

金雄轮精挖施工工艺流程图见图 6-39。

1）施工作业条件

在中交广州航道局有限公司的研究报告《“金雄”抓斗船施工过程中风浪流作用下关

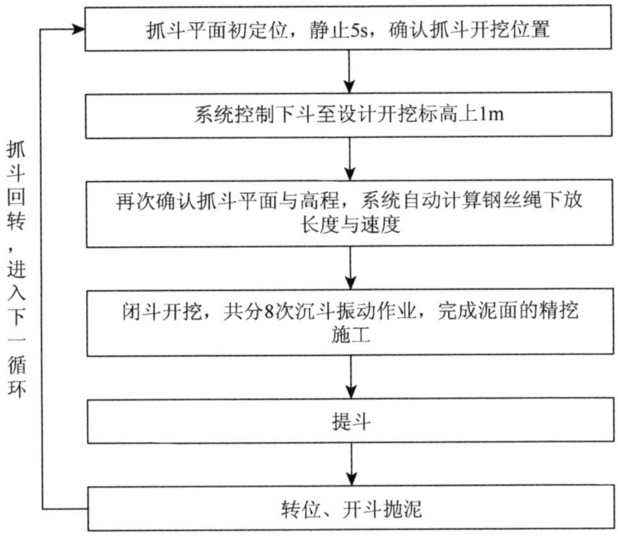

图 6-39 金雄轮精挖施工工艺流程图

键点位移数值仿真分析报告》中，通过对金雄轮的数值模拟分析，得出金雄轮在顺流、横流布置时，可保证安全和施工精度要求时的施工作业条件，因船舶为顺流布置，则其施工作业条件为：风速＜蒲氏 6 级；浪高≤1.7 m；流速≤2.0 m/s。

实际施工中，施工作业条件将根据检测数据、施工质量进行相应的调整。

2）分层开挖

精挖施工分两层开挖，上、下层分层厚度分别控制在 1.5～2.0 m、0.5～0.8 m，依据疏浚监控系统显示的施工船位和抓斗平面位置控制前移和横向排斗。

3）分段分条开挖

沿着基槽方向，将基槽精挖范围分成若干段，每段宽为 20 m。根据基槽开挖精度的要求，依据基槽不同的纵向边坡，每段划分成若干不等区域。

通过分析可知，精挖施工的超深值来源可归纳为两大类：第一类是精挖船舶精度原因导致的超深；第二类是施工工艺导致的超深。通过对设备改造后精挖船舶进行测试可知，精挖船舶精度导致的超深值小于 0.4 m，因此，为使基槽的超深不超过设计要求的 0～0.5 m，分条划分的原则是：确保每条开挖区域高程距设计底标高最大超深不大于 0.1 m，即因施工工艺导致的超深不大于 0.1 m。

3. 精挖检测

（1）检测设备

1）多波束水深测量

精挖施工的隧道基槽水深测量，采用多波束 R2Sonic2024（RESON 8101 备用）系统进行全覆盖测量。R2Sonic2024 宽带超高分辨率多波束回声测深系统，是目前世界上轻便型浅水多波束系统中分辨率和精度最高的一种。该套设备具备在线调频功能，用户可以在 200～400 kHz 连续在线选择 20 多个工作频率，而不是被限定在 2～3 个工作频率。在测量过程中可以根据实际环境调整系统频率，从而达到最佳的量程和条带覆盖宽度效果，同时可实现条带覆盖角度在线可调，系统的波束角度可以调整为 0.50°×0.50°，即覆盖宽度可在 10°～160°调整，用户可以根据实际作业情况灵活选择合适的覆盖角度，当选择一个较窄的覆盖扇区时，所有的声学水深点集中在这个窄条带内以增加系统的分辨率检测细小的水底特性。其测量数据可形成更直观的水底地形三维图，并配备专用测量船，该测量船具有测量系统自动控制升降功能，多波束换能器固定安装，可避免重复校准安装误差。R2Sonic2024 及多波束测量示意图如图 6-40 所示。多波束水底三维示例图如图 6-41 所示。

图 6-40　R2Sonic2024 及多波束测量示意图

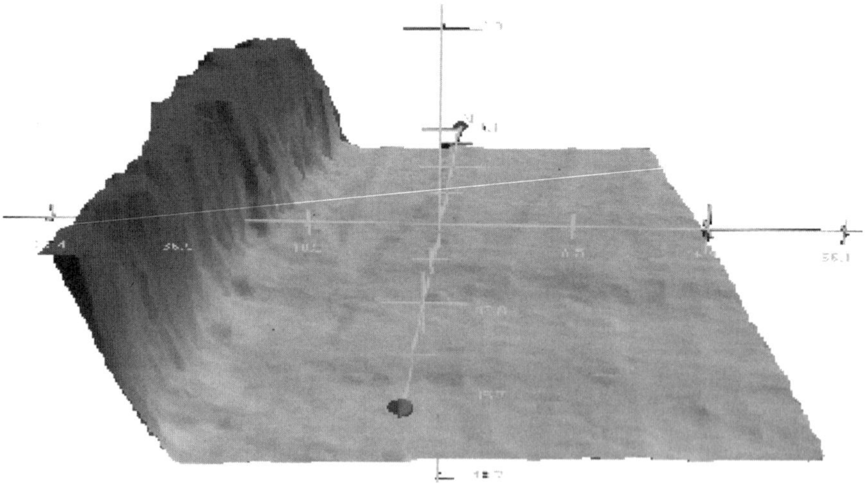

图 6-41　多波束水底三维示例图（后附彩图）

2）测量仪器设备配置

沉管隧道基槽精挖施工期间的主要仪器设备见表 6-4。

表 6-4　主要仪器设备表

序号	设备名称	规格型号	数量	备注
1	GPS 接收机	R8GNSS（09-10）	1	—
2	GPS 接收机	R8GNSS（09-11）	1	—
3	GPS 接收机	R7GNSS（09-10）	1	—
4	ODEM 双频测深仪	ODEMMFIII3200	1	—
5	绘图仪	HP500（B0）	1	—
6	多波束 RESON 8101 系统	RESON SEABAT	1	备用
7	多波束 R2Sonic2024 系统	RESON	1	—
8	光纤罗经和运动传感器一体机	OCTANS	1	—
9	声速剖面仪	SVP15	1	—
10	罗经（电子）	OCTANS	1	—
11	计算机主机（数据采集器）	Nematronlae-40 m	1	—
12	多波束外业软件狗	DK2	1	—
13	Hypack 软件狗	2010	1	—
14	后处理软件狗	HIPS6.1	1	—

（2）检测安排

精挖施工中，每完成 40～60 m 轴线长度开挖，便安排对已挖区域进行多波束水深全覆盖测量。掌握整个精挖区平整度和水深状况，若发现浅点，可及时返回处理，施工测量过程控制增加质量检查的三检制度（自检、互检及专检），确保每道工序的质量。基槽监测期间，计划增加单波束双频测量、SILAS 浮泥适航检测等项目，监测回淤厚度和实际开挖深度。

在实际使用无验潮方式进行水深测量时，测量结果精度会由于船体的摇摆、采样速率、同步时差及 RTK 高程的可靠性等因素造成误差影响，这些误差远大于 RTK 定位误差。同时 GPS-RTK 水深测量精度受信号遮挡影响较大，容易超出仪器误差标称值的范围。船体的摇摆主要由浪涌、潮流等客观因素造成，可通过加装三维运动传感器进行船体摇摆姿态修正补偿，最大限度减小船舶摇摆造成的误差。由于采样速率不同，定位数据的定位时刻和水深数据的测量时刻的时间差会造成定位延迟，对于这些误差可以在延迟校正中加以修改，修正量理论上可以通过斜坡上往返测量结果计算得到，也可以采用以往的经验数据。对于 RTK 高程用于水深测量，GPS-RTK 本身的标称高程精度计算公式：$H = \pm 30\ \text{mm} + 1\text{ppm} \times D$，与距离有关系。为了确保作业无误，可从采集的数据中提取高程信息绘制水位曲线，根据曲线的圆滑程度来分析 RTK 高程有没有产生个别跳点，然后使用圆滑修正的方法来改善个别错误的点。综上所述，选择适当的外业测量时段，风速＜蒲氏 3～4 级、流速≤1.0 m/s，平潮时段最佳，通过有效手段，把风浪、潮流等客观因素引起的偶然误差、多波束系统各设备之间的延迟误差及 GPS-RTK 实时高程误差等的综合影响控制在±15 cm 范围以内，提高测深仪器的测深精度，能满足基槽精挖检测验收要求标准。

6.3.1.6 抛石夯平施工测量

1. 抛石夯平施工内容

为便于容纳淤泥且利于清除表面回淤，消除管底沉积淤泥对基础沉降的影响，在隧道基槽底与碎石层之间设置抛填 2 m 厚 10～100 kg 块石并夯实。抛填施工区域里程桩号为：K12 + 510.738～K7 + 179，施工管节为：E1（岛头区域）、E4～E31 管节。抛填块石总计约 47 万 m^3，夯实面积约 24 万 m^2。抛石夯平断面如图 6-42 所示。

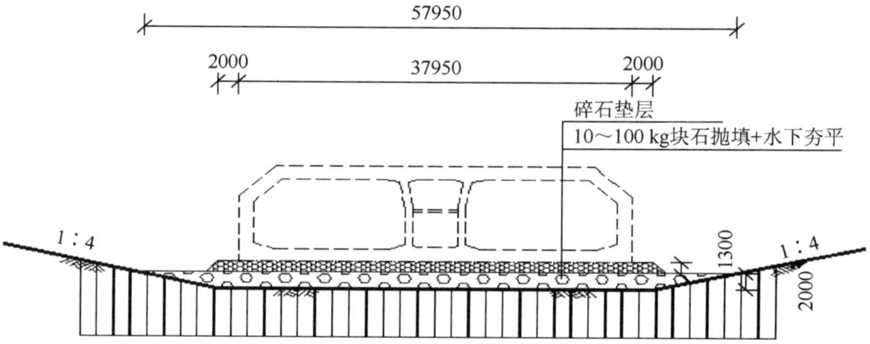

图 6-42 块石抛填夯平断面图（单位：mm）

2. 抛石夯平测量控制系统

联同中交天津港工程研究院有限公司共同开发了“海上抛石夯平测量定位系统”，通过在定位驳上安装 GPS 流动站接收机、多通道测深仪及探头、计算机主机、声速剖面仪、测距仪、船体倾角传感器、霍尔传感器铜轮及数据处理模块，集成为一个水下块石基床抛石夯实一体化的系统，使抛石及夯实设备三维坐标能实时显示在屏幕上，可以点对点对抛石夯实标高进行全程可视化监控，无须人工测量，减少作业量，提高施工效率。该系统具体定位方法如下。

利用安装在与轨道平行的 3 台测距仪实时测定出测距仪到抛石小车和夯平小车的距离，通过 2 台 GPS 流动站与测距仪间的几何关系，可反算出抛石小车和夯平小车的平面位置（2 维坐标）。图 6-43 为平面定位原理示意图。

霍尔传感器将固定在抛石小车溜管底部的测深换能器到高程基点的监测距离发送至霍尔计量系统，经该系统处理后将数据传至抛石夯平监测系统主机，同时测深仪主机也会把探头底部到基槽的测深值传送到监测主机，主机数据处理模块经过倾角改正等一系统数据转换后，以某一 GPS 流动站（测量控制室处 GPS）高程为基准，计算出该抛石点位处的标高；同理，夯石施工时，夯锤小车夯板到高程基点的距离会经过同样的流程被传输到

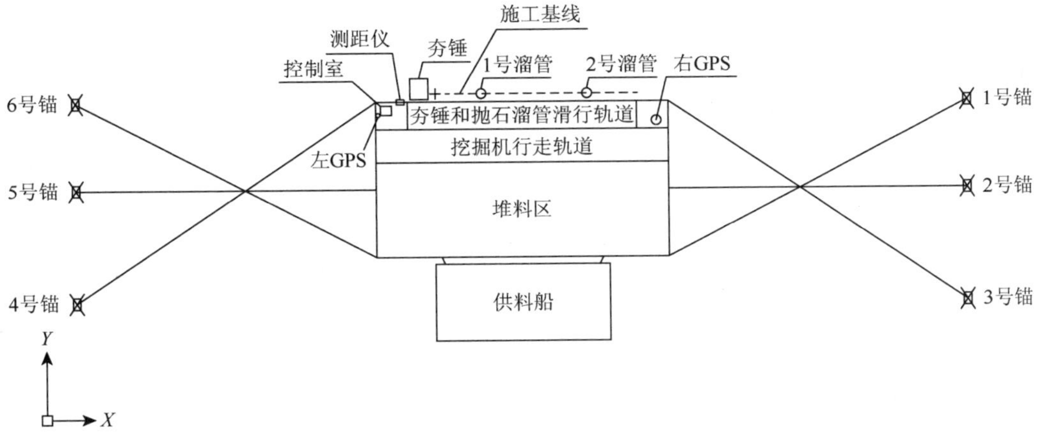

图 6-43　设备平面定位原理示意图

抛石夯平监测系统主机，最终计算出夯板底部中心的标高。标高定位原理示意如图 6-44 所示。

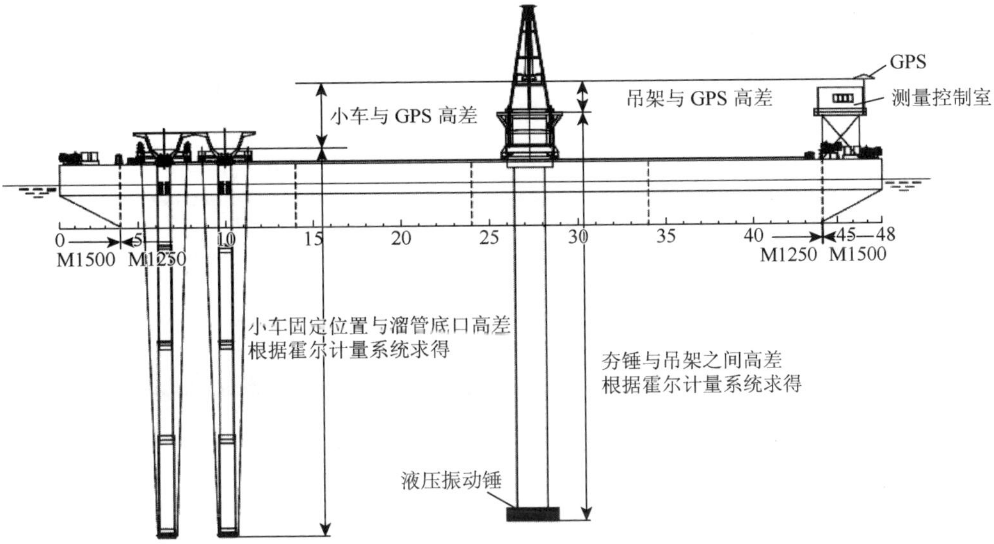

图 6-44　标高定位原理示意图

3. 抛石控制测量

（1）定位系统校核

用独立的天宝 R6 RTK 流动站对定位系统进行校核，RTK 测量采用观测时间为 5 s，每个点位测量 3 次。通过间接测量的方法，分别测定抛石管两侧中心位置的三维坐标，待内业数据处理时，反算出溜管中心的三维坐标，最后将实测值和系统值进行对比。

（2）抛石施工

施工前利用单波束测深船对精挖合格后的基槽底标高进行水深测量自检，利用测深数据对定位系统抛石标高进行再次校核，然后进行分层抛石。以抛石厚度为 2 m 的施工区域为例，为防止直接抛 2 m 厚的块石对其他造成影响，先在基槽底粗抛厚度为 1 m 的块石，然后再次进行精抛另一个 1 m 厚的块石，并考虑预留沉降值。结束后，利用单波束测深船对已抛区域进行抛后标高自检，等自检合格后转入下一道工序施工。

4. 夯平控制测量

（1）定位系统标高校核

采用与抛石控制测量相同校核方法，完成数据比对。

（2）夯平施工

当上一道工序抛石施工自检合格后，正式进入夯平施工环节。将海上抛石夯平监测系统船体参数设置界面中的抛石施工设置为夯平施工，监测系统的船体偏位将会自动转换为以夯锤中心为基准。图 6-45 为夯石效果图。

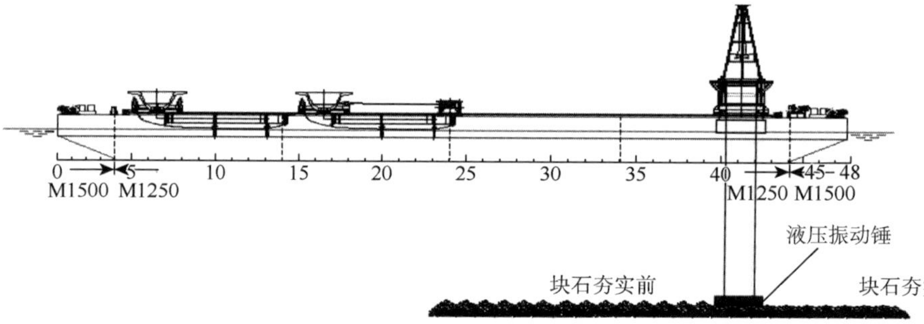

图 6-45　夯石效果图

5. 应用效果

（1）夯沉量分析

通过对 E8～E12 及 E16～E18 共 8 个块石抛填厚度均为 2 m 的管节进行分析可知，夯沉量比较均匀，夯后平整度较好，夯后标高与设计标高偏差较小，均在设计限差之内，满足设计规范及要求。数据分析见表 6-5。

表 6-5　数据分析表

管节	平均设计标高/m	平均抛前标高/m	平均抛后标高/m	平均夯后标高/m	夯沉量/cm	夯后值–设计值/cm
E8	–35.620	–37.650	–35.290	–35.540	25	8
E9	–38.999	–41.000	–38.719	–38.989	27	1

续表

管节	平均设计标高/m	平均抛前标高/m	平均抛后标高/m	平均夯后标高/m	夯沉量/cm	夯后值–设计值/cm
E10	–42.016	–44.066	–41.686	–41.966	28	5
E11	–44.010	–46.100	–43.870	–44.110	24	–10
E12	–44.964	–46.994	–44.694	–44.924	23	4
E16	–43.652	–45.712	–43.462	–43.742	28	–9
E17	–43.133	–45.363	–42.983	–43.243	26	–11
E18	–42.883	–45.000	–42.623	–42.903	28	–2

（2）平面偏差检验

在施工过程中对断面标高进行检测，可以知道块石顶边线与设计位置的偏差。选取 E18 管节数据进行统计，长度 180 m，从西往东每 10 m 一个断面进行统计分析。统计结果如表 6-6 所示。

表 6-6 平面位置偏差分析表

里程断面	南边线/cm	北边线/cm
K9 + 663	43	48
K9 + 653	68	11
K9 + 643	80	51
K9 + 633	55	11
K9 + 623	99	59
K9 + 613	59	88
K9 + 603	58	38
K9 + 593	46	6
K9 + 583	69	54
K9 + 573	82	82
K9 + 563	54	92
K9 + 553	79	80
K9 + 543	78	70
K9 + 533	33	42
K9 + 523	61	67
K9 + 513	1	10
K9 + 503	71	9
K9 + 493	27	16
K9 + 483	79	19

通过对数据进行分析可知，平面偏差满足设计要求及规范。

经实践验证，该测量控制系统抛石精度高，夯石平整度好，各项偏差指标均在设计限差范围内，完全能满足施工要求。

6.3.2 厄勒海峡沉管隧道先铺基础施工测量

1. 工程概述

厄勒海峡沉管隧道的碎石层是用碎石整平的方法进行施工的。针对该项目，研制了一种特殊的多用途泵船，该泵船可以在水深 22 m 的地方敷设碎石垫层，精确度高达 ±25 mm。该方法缩短了施工时间，实现了准确的充填，使材料的损失降到了最低。

2. 碎石整平的方法

在碎石整平充填技术中，材料通过带有可伸缩底部的下降管进行堆积，通过液压缸（图 6-46）不断地保证碎石整平管在需要的水平面内。把下降管和碎石整平管定位到需要的深度后，向下降管中添加材料。当材料在碎石整平管的底部聚集时，一个石柱开始在碎石整平管内部积聚。通过把下降管移向一旁，并保持碎石整平管在指定的平面内，材料就可以通过碎石整平管的尾部进行铺设和平整。

只要下降管中有足够的材料，材料层的铺设高度就会与碎石整平管尾部的高度一致。管道中的传感器指示碎石整平管中石柱的高度，要保证该高度为先设定的高度值。如果石柱的高度下降到预先设定的最低值，停止移动下降管，增加添加到下降管中的材料直到石柱的高度达到最低高度为止。如果碎石整平管中石柱的高度超过预先设定的最大高度，停止向下降管中添加材料，增加下降管的移动速度，直到石柱的高度下降到预先设定的最大高度为止。该过程是全自动的，以确保材料层不间断地铺设。整平原理见图 6-47。

图 6-46 碎石整平管和下降管之间的关系

图 6-47 整平原理

3. 多功能泵船

碎石层必须是一种开放的结构，与封闭的碎石表面相比，开放的结构有很多优点（图 6-48）。碎石整平带有中间槽（或负重叠）的碎石垫层，避免碎石重叠径迹上出现高点，因为在为上一个碎石垫层铺设碎石材料时，碎石材料可能发生旋转，由于在碎石垫层铺设期间整平脚向下的压力，碎石材料还会向上推移，可以把可能的碎石高点移到侧面的凹槽内，避免给管节造成较高的应力。在管节的接缝处，增加护堤之间的距离以降低在沉放期间颗粒被困在管节之间的风险。可以排除可能存在的沉积物质，当把管节降低到碎石层上时，水和泥沙更容易沿着基槽消散。这可以减少碎石的需要量，增加生产量。

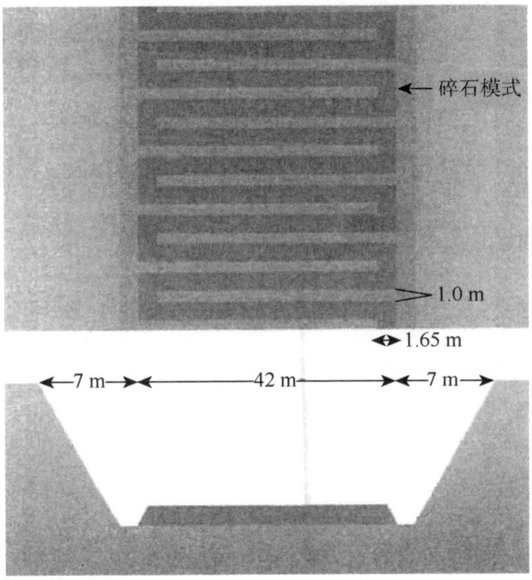

图 6-48 碎石垫层布置

根据新加坡之前项目的施工经验，厄勒海峡沉管隧道决定修建一个特别的船只来进行垫层的施工。该船只也可以用来调查施工的垫层，保证基槽内没有淤积，并在管节放置后还可以回填基槽，因此被称为多功能泵船。该船只的尺寸为 76 m×15 m，吃水达 3.5 m。

基槽的两侧各有一个定位桩，用 6 个锚固位泵船。下降管安装在较长的一侧，穿过基槽可以横向移动 47 m。在泵船上安装了一个传送带系统，用于下降管运输材料（图 6-49）。使用装载机把材料从平顶驳船转移到受料斗中。

图 6-49 带有下降管的多功能泵船

不需要重新定位，多功能泵船就可以穿过基槽碎石，整平碎石材料的一个碎石垫层，之后两个定位桩都必须为下一个碎石垫层重新定位。工作不断地进行，直到到达定位桩台车的行程终点，然后需要重新定位定位桩。在一个定位桩位置碎石整平一系列的碎石垫层之后，测量和处理刚刚修建的碎石垫层，然后重新定位定位桩。这样，就可以不断地监控碎石整平过程的结果，实现直接系统反馈。图 6-50 为基槽上方就位的多功能泵船的总平面图。多功能泵船上的碎石整平过程是全自动化的，桥上安装有几个传感器和照相机，这样操作员可以监测所有重要的部分。该测量系统允许操作员在碎石层的一部分碎石整平完之后马上检查结果。

在每一个管节沉放之前，铺设了包含 65 个碎石垫层的碎石层，减少了碎石层开放和暴露的时间。根据层厚的不同，每一个管节所需的碎石量在 8000～14000 t。碎石整平和测量一个管节的碎石层总共需要 3～6 d。

4. 测量与控制

（1）垂直位置控制

控制碎石整平管的垂直位置对于材料铺设的精确度极为重要。碎石整平管与水落管通

图 6-50 隧道基槽上方就位的多功能泵船（MPP）

过液压缸相连，液压缸调整垂直运动。这些液压缸每秒被激活 20 次，以弥补各种传感器测得的泵船的起伏、滚动、颠簸所引起的垂直运动。为了把碎石整平脚调整到需要的垂直位置，需要把所要求的水平面与旋转激光产生的一个水平参考平面关联起来。在下降管上安装一个光敏传感器以接受激光信号。激光接收器包含一个自动跟踪系统，该系统保证激光平面在敏感区域的中间。同时还测量了激光接收器位置相对于其在下降管上的安装位置。测量液压缸在下降管和碎石整平之间的行程，以确定激光接收器的安装位置和碎石整平管、碎石整平脚的末端之间的长度，因为下降管的实际角度会由于船只的移动而改变。这些角度会造成碎石整平脚的高度偏差，因此要使用倾角仪进行测量。

激光接收器的方向、其在下降管上的位置、模具下降管的长度，以及下降管的角度都会影响碎石整平脚相对于参考平面的位置。实时登记和处理所有传感器的读数，调整液压缸的行程以保证碎石整平脚在需要的水平面上（图 6-51）。

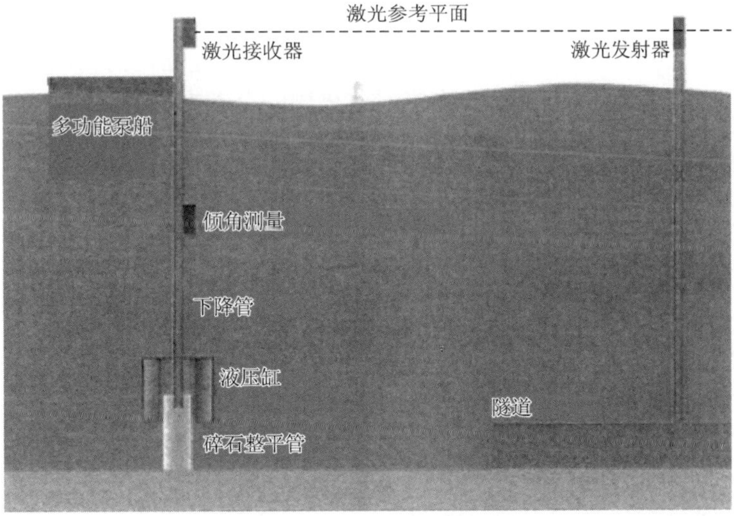

图 6-51 碎石整平管的垂直高度控制

激光的精确度随着距离的增加而减小，因此必须把激光放在施工的水域以减小该距离。

所有垂直定位都以激光参考平面为基准，因此该水平面的确定和激光平面的标高的确定是非常关键的。采用安装在一定距离处的参考接收器交叉检查激光平面，该接收器也和激光发射器一样安装在一个固定的位置。从参考接收器的读数可以看出激光信号是否稳定，激光平面是否在其水平面内。在厄勒海峡沉管隧道项目中，激光系统配置在先前放置的管节顶部的一个塔上和一个锚固岛上。

（2）水平位置控制

下降管系统安装在多功能泵船上，一个移动平台使下降管沿着导轨运动。下降管的实际水平位置并不太重要，因为垫层所需要的水平精确度并不高。厄勒海峡沉管隧道采用数字全球定位系统卡丁车系统来测量多功能泵船的水平位置，采用俯仰传感器和滚动传感器来计算碎石整平脚的位置。

（3）碎石整平系统的精确度

上面已经讨论了影响碎石整平系统精确度的主要传感器。碎石整平脚的垂直位置的测量精确度取决于传感器的精确度及工程的配置，如激光和激光接收器之间的距离，以及根据水下深度确定的下降管的工作长度。在距离激光 200 m，最大水深为 22 m 的地方，碎石整平脚的垂直位置的测量精确度可以达到±10 mm（2 s，95%的测量）。碎石整平脚的总控制精确度还与环境条件有关，如海浪、海流、多功能泵船的行为，以及控制系统的性能。

厄勒海峡沉管隧道所处自然环境相当恶劣，海浪高度达 0.75 m，海流速度达 1 m/s。采用数学模拟模型以调查多功能泵船及其控制系统的行为。项目研究了不同输入参数下的各种方案，如海浪高度、周期和方向，以及海流速度和方向。这些模拟的结果表明，在最恶劣的环境条件下（如恶劣的天气和高速海流），碎石整平脚的控制精确度可以超过±20 mm（2 s，95%）。在确定和控制碎石整平脚的垂直位置的精确度后，可以确定垫层的精确度。多功能泵船上复杂仪器的使用使垫层的公差在±25 mm 内。

（4）碎石层测量

在批准将碎石层用于垫层之前，要检查碎石层是否满足指定的要求。垫层的施工公差要求很严格，因此要求测量精确度很高以证明满足指定的要求。如果测量精确度和施工公差在同一个数量级上，那么就需要采用一个不同的公差水平来校核测量值。如果施工公差为±25 mm，测量数值的不精确度的整体公差为±35 mm。

使用立杆进行简单的机械测量不可行。把末端带有水平板的立杆下降到施工层会扰乱垫层的顶部，特别是在垫层没有封闭的条件下，如包含交替碎石垫层和沟槽。由于存在扰乱的风险，在不利的天气条件下不能使用该系统。

可以采用声波测量方法代替机械测量，在多功能泵船上安装一个特殊的系统来测量垫层，其精确度很高。采用常规的回声测探方式进行测量，回声探测仪与反射对象之间的距离很长，导致测量结果的精确度降低。如果采用高频回声探测仪和短斜距的组合，就会提高精确度。

实验室进行试验来研究可以达到的精确度范围。采用 1 MHz 回声探测仪在 32～64 mm 厚的碎石垫层上进行测量，用水泥把探测器固定在一块板上防止其运动，所采用的斜距为 80 cm。在一个同样的碎石层上采用水准标杆进行测量，以便比较。

在水准标杆的末端安装了一个直径为 10 cm 的圆盘，大约为使用的斜距上回声探测器覆盖区的直径。从理论上讲，两种方法的结果应该相同：回声探测器探测到与覆盖区内的最高点相对应的第一个反射，而水准标杆下降到碎石的表面直到圆盘接触到最高的石头为止，如图 6-52 所示。

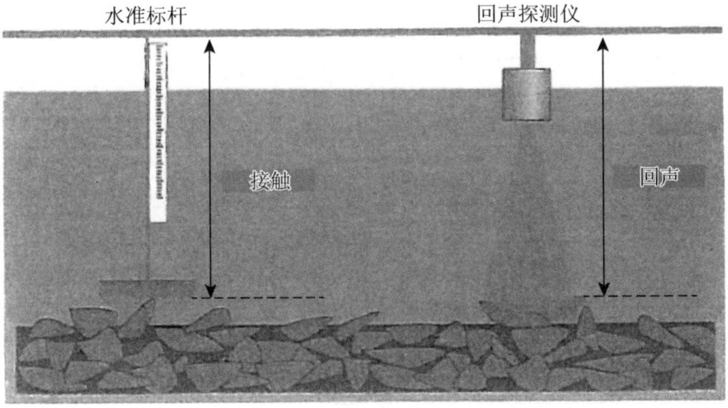

图 6-52　实验室试验的设置

图 6-53 比较了水准标杆的测量结果和回声探测器的测量结果。测量评估结果表明，回声探测器的绝对测量精确度大于 5 mm。为获取短斜距，把一个基于这些回声探测器的测量系统安装在多功能泵船的碎石整平脚上。

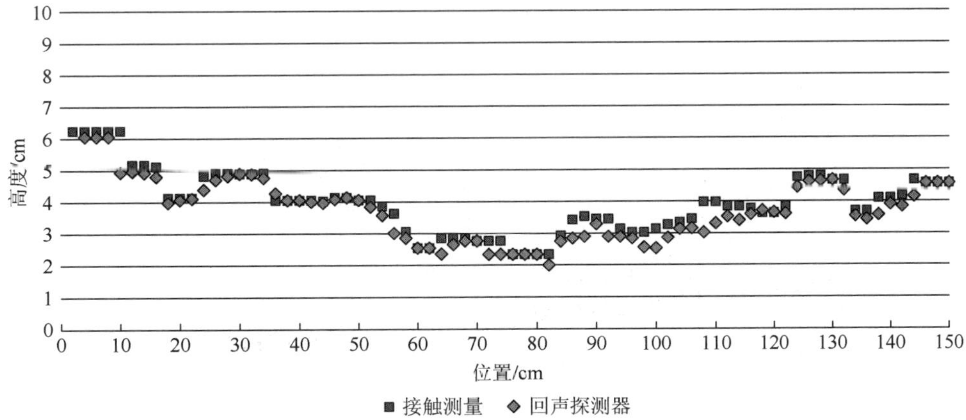

图 6-53　水准标杆测量结果与回声探测器测量结果的比较

（5）碎石垫层的验收

在碎石整平操作中，根据每条碎石垫层的平均高差来处理测量值，为了实现沉降，采用的（偏移量）预抬量为 2 cm。图 6-54 给出了隧道管节 12 的所有 65 条碎石垫层的平均值。如果由于仪器故障或人为失误造成碎石层不能满足验收标准，可以很容易进行修理。在有碎石或没有碎石的情况下，都可以使碎石整平脚再通过一次，把不精确的护堤推到一边来修正护堤。如在管节 13 发生故障后，清理了整个碎石层，并替换了新的碎石层，此过程中没有遇到任何困难。

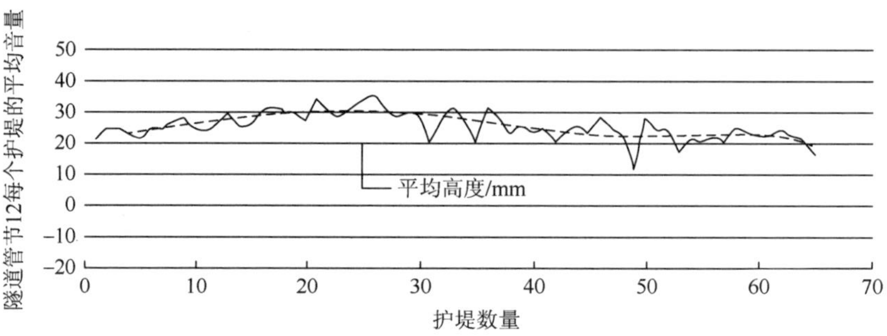

图 6-54　隧道管节 12 每个护堤的平均音量

6.3.3　港珠澳大桥沉管隧道基床施工测量

1. 工程概述

港珠澳大桥沉管隧道全长 5664 m，沉管基床采用先铺法进行施工。“津平 1 号”自升平台式深水整平船采用自升式平台结构，见图 6-55，是专为港珠澳大桥沉管隧道碎石

图 6-55　“津平 1 号”自升平台式深水整平船

基床铺设设计建造的施工专用船舶，施工方法为抛石和整平同时完成。港珠澳大桥沉管隧道的基础碎石垫层施工最大水深达到 50 m，垫层施工长度约 6 km，整平精度要求达到±40 mm。

对于规模如此巨大、整平精度高的海上基础碎石铺设，在国内没有工程先例，在国外可参考和利用的经验和研究成果也很少。以下从港珠澳大桥“津平 1 号”自升平台式整平船基床铺设入手，介绍施工测量在基床铺设施工中的应用。

2. 施工管理系统检校

（1）RTK 测量现场比对

连接参考站，使用天宝 R7 RTK 流动站，在观测开始时对天线高度进行改正，每秒采集一个数据，采集约 30 min，测得的平面及高程计算平均值。RTK 测量现场比对见记录表 6-7。

表 6-7　RTK 测量现场比对记录表

<table>
<tr><td colspan="3">工程部位：
仪器型号：</td><td colspan="2">天气：
仪器编号：</td><td colspan="3">气温：
测量日期：</td></tr>
<tr><td rowspan="6">RTK 测量比对</td><td colspan="3">已知点</td><td colspan="4">控制点描述</td></tr>
<tr><td>X/m</td><td>Y/m</td><td>H/m</td><td colspan="4" rowspan="2"></td></tr>
<tr><td></td><td></td><td></td></tr>
<tr><td colspan="3">测量点</td><td rowspan="3">比测偏差</td><td>ΔX</td><td>ΔY</td><td>ΔH</td></tr>
<tr><td>X/m</td><td>Y/m</td><td>H/m</td><td rowspan="2"></td><td rowspan="2"></td><td rowspan="2"></td></tr>
<tr><td></td><td></td><td></td></tr>
<tr><td colspan="8">测量方法简述：</td></tr>
</table>

（2）全站仪对抛石管底部高程校核

使用徕卡 TS30 全站仪对抛石管底部高程进行检测核对，见图 6-56。仪器架设完毕后，将绑有棱镜的塔尺（棱镜的中心位置距塔尺底面 15.5 cm，塔尺底面到抛石管底部中心位置 15.5 cm，即棱镜高为 15.5 cm），使用水平尺，将塔尺固定在抛石管上，并保证水准尺起始点在底部中心点上，准备工作就绪后，开始测量并读数。整平软件高程显示如图 6-57 所示。

将抛石管底部高程和软件测量的平均值进行对比，其结果见表 6-8。

（3）水准引测对抛石管底部高程校核

采用以下两种方法对抛石管高度 GPS 测量系统进行检测。一是将用 GPS 手簿直接连接 GPS 主机，检查手簿检查结果同测控系统显示值是否一致；二是先在船体某处确定一个高程基准，通过水准测量办法测出抛石管底部高程。

图 6-56　全站仪架设点

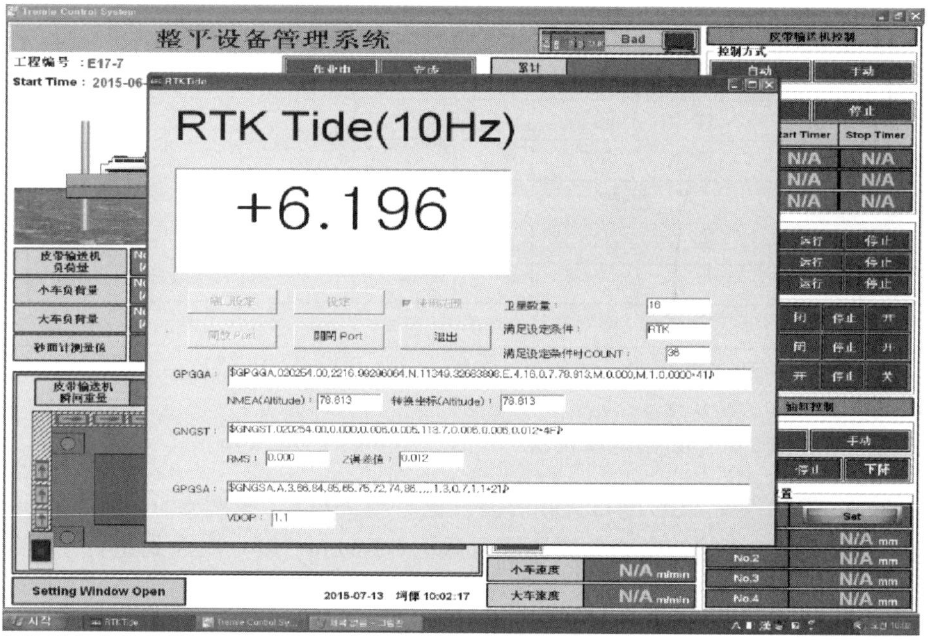

图 6-57　整平软件高程显示

表 6-8　全站仪读数和软件高程值对比数据

项目	全站仪高程值/m	软件高程值/m	差值/mm
全站仪校核	6.185 1	6.196	−11

水准引测的具体流程如图 6-58 所示。

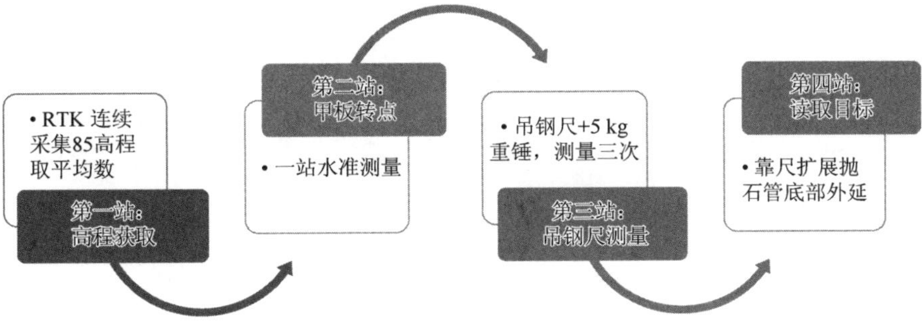

图 6-58 抛石管底部高程控制检测流程图

1）初始点高程获取

碎石整平船船体稳定，检测时在左舷二层甲板 A 点架设流动站，进行 RTK 连续地形点采集，在采集时对天线高度进行改正，见图 6-59。每秒采集一个点，采集约 30 min。

图 6-59 RTK 连续地形点采集作业

对测得的大量高程数据进行统计计算，得到最大值、最小值，以及算术平均值，详细数值见表 6-9。

表 6-9 RTK 高程测量结果统计 （单位：m）

类别	最大值	最小值	算术平均值
数值	14.410	41.332	14.364

正常高程变化曲线是呈正弦曲线状，RTK 高程测量结果散点图见如图 6-60 所示。

2）甲板转点

在二层甲板上进行水准测量，将初始点 A 高程 H_A 一测站传递到右舷二层甲板 1 号点，读数三次取高差平均数作为该站高差 h_1，见图 6-61。

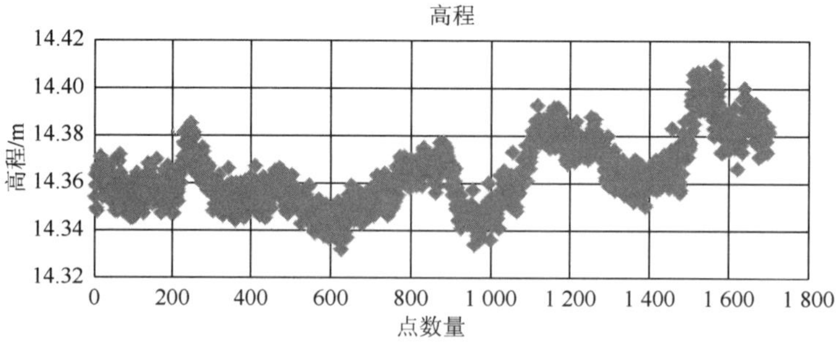

图 6-60　RTK 高程测量结果散点图

图 6-61　甲板水准测量

各观测值及计算结果见表 6-10。

表 6-10　甲板转点测量计算表　　（单位：m）

视线	第一次读数	第二次读数	第三次读数
后视	1.436	1.437	1.435
前视	1.753	1.753	1.754
高差	−0.317	−0.316	−0.319
高差平均数 h_1=−0.317 水准仪视准轴高程 $H_1 = H_A + h_1 = 14.364-0.317 = 14.047$			

3）钢卷尺引测

使用 50 m 钢卷尺，钢卷尺底部悬挂能提供 50 N 拉力的重锤（重锤使用 316 不锈钢定制，质量 5.1 kg，忽略纬度对重力加速度的影响，取常规值 9.8 N/kg，则重锤重力 $G = m \cdot g = 5.1 \times 9.8 \approx 50$ N），改变钢卷尺高度三次，将二层甲板上转点的高程引至底层甲板。各观测值及计算结果见表 6-11。

表 6-11 钢卷尺引测计算表 （单位：m）

视线	第一次读数	第二次读数	第三次读数
上	5.100	5.200	5.300
下	0.421	0.522	0.624
高差	–4.679	–4.678	–4.676

高差平均数 h_2=–4.678
水准仪视准轴高程 $H_2 = H_1 + h_2 = 14.047–4.678 = 9.369$

4）目标高程测量

使用靠尺扩展抛石管底部外沿，保持靠尺水平，将塔尺立于靠尺上，水准仪读取读数三次，取平均数作为抛石管底部同水准仪视准轴之间的高差 h_3，从而可以得到抛石管底部刮刀的实际高程，见图 6-62。

图 6-62 抛石管底部高程测量

各观测值及计算结果见表 6-12。

表 6-12 抛石管底部高程测量计算表 （单位：m）

次数	第一次读数	第二次读数	第三次读数
读数	3.162	3.163	3.164

高差平均数 h_2=–3.163
抛石管底部高程 = $H_2 + h_2 = 9.369–3.163 = 6.206$

与此同时，检测人员对整平设备管理系统抛石管信息显示窗口进行截屏，系统显示抛石管底部高程 6.226 m，如图 6-63 所示，则检测结果同系统显示结果之间的差值为

$$\Delta H = H_B - H_B' = 6.206 - 6.226 = -0.020\ \text{m} = -20\ \text{mm}$$

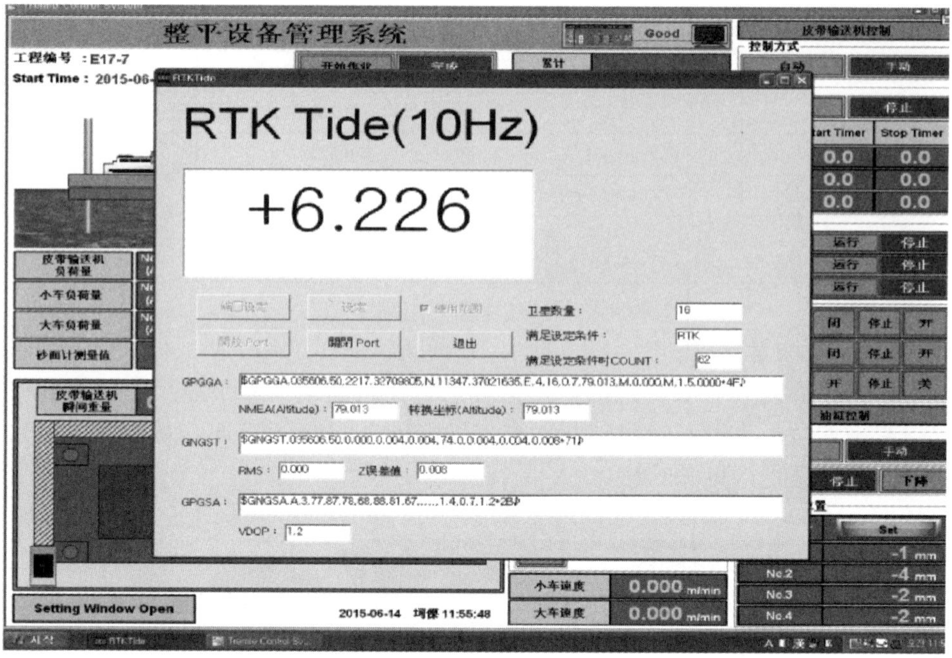

图 6-63　软件显示高程

（4）潜水员水下对抛石管底部高程校核

在管节尾端管顶布设特征点，并在管节二次标定时进行标定。整平船进场后，通过潜水人员水下测量的方法检核抛石管的高程。特征点点位分布及潜水测量如图 6-64 所示。

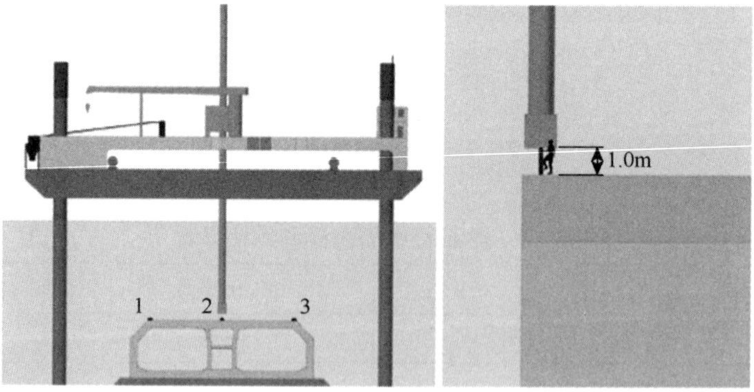

图 6-64　特征点点位分布及潜水测量示意图

检测前抛石管底部已焊好螺栓，螺栓距抛石管底部中心点的高差已知。管节尾端测点预埋件的高程值已提前根据管节贯通测量结果进行计算，作为特征点实测高程 H。检测步骤如下。

①将抛石管移到正对管节尾端北侧测点预埋件的位置；
②抛石管缓慢下降至测点上方，注意控制高度，防止触碰管节顶面；
③潜水员沿抛石管下潜至管顶，找到抛石管底部螺栓；
④用测尺量取螺栓到管顶测点预埋件的高差 h_0，量取三次取平均值；
⑤同时在小车室记下软件显示的抛石管底部实时高程；
⑥抬升抛石管，按照以上方法进行管节尾端南侧测点预埋件的测量；
⑦计算对比，填写数据见表 6-13。

表 6-13　潜水员测量值和软件高程值对比数据

部位	管内贯通测量计算结果/m	测控系统＋潜水员量测结果/m $H'=H_0+h_1+h_2$				差值/mm
	测点预埋件已知高程 H	测控系统抛石管口高程 H_0	螺栓至抛石管口高差 h_1	潜水员量测螺栓至测点高差 h_2	测点预埋件测控系统高程 H'	
北侧	−30.1432	−29.782	0.372	−0.75	−30.160	17
南侧	−30.1392	−29.752	0.372	−0.775	−30.155	16

（5）抛石管底部平面位置校核

检测小棱镜中心 D(固定点)，抛石管中心 O 连线 l_{DO} 与整平船的轴线夹角固定为 90°，GPS1、GPS2 连线 l_{12} 与整平船的轴线夹角固定为 2°13′17″，则 l_{12} 到 l_{DO} 顺时针转折角为 87°46′43″，抛石管半径 $R=0.78$ m。如图 6-65 所示。

使用徕卡 TS30 全站仪对抛石管中心位置进行检测，具体检测步骤如下。

①将徕卡小棱镜放置在抛石管的外侧圆面切线位置 D 上，见图 6-66；

②在测量控制点上架设全站仪，照准小棱镜中心 D，测量多个测回取坐标平均值（X_D、Y_D）；

③同时记录船体诱导系统上 GPS1 和 GPS2 的坐标；

④同时记录小车室计算机屏幕上软件显示的抛石管中心平面坐标。系统显示值记录见表 6-14。

根据极坐标原理可得抛石管中心点 O 的坐标计算公式：

$$X_O=X_{\rm D}+R\cos(\alpha_{1,2}+87°46'43'')$$

$$Y_O=Y_{\rm D}+R\sin(\alpha_{1,2}+87°46'43'')$$

式中，$\alpha_{1,2}$——GPS1、GPS2 连线的方位角。

计算得出抛石管实测中心坐标，同软件定位系统的数值进行比对，软件显示平面位置如图 6-67 所示，其结果见表 6-15。

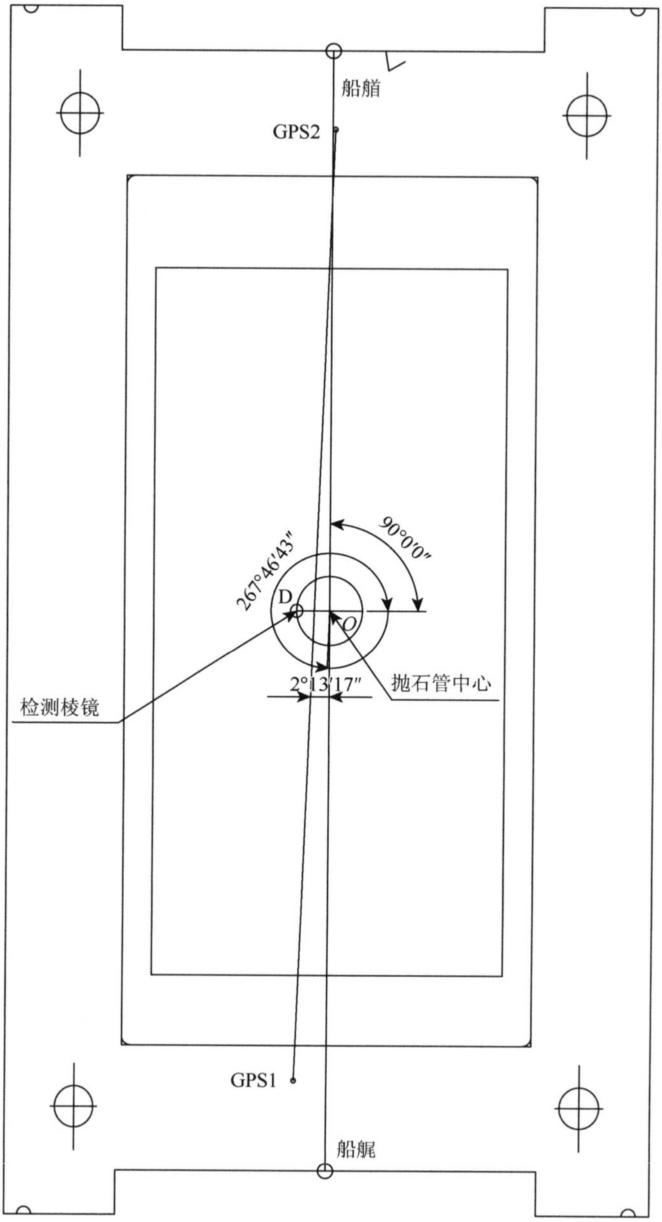

图 6-65　整平船平面位置校核示意图

表 6-14　系统显示值

点名	*X* 坐标/m	*Y* 坐标/m
GPS1	352 725.576	446 513.432
GPS2	352 790.150	446 515.920
O	352 755.000	446 527.570

图 6-66　小棱镜绑定位置

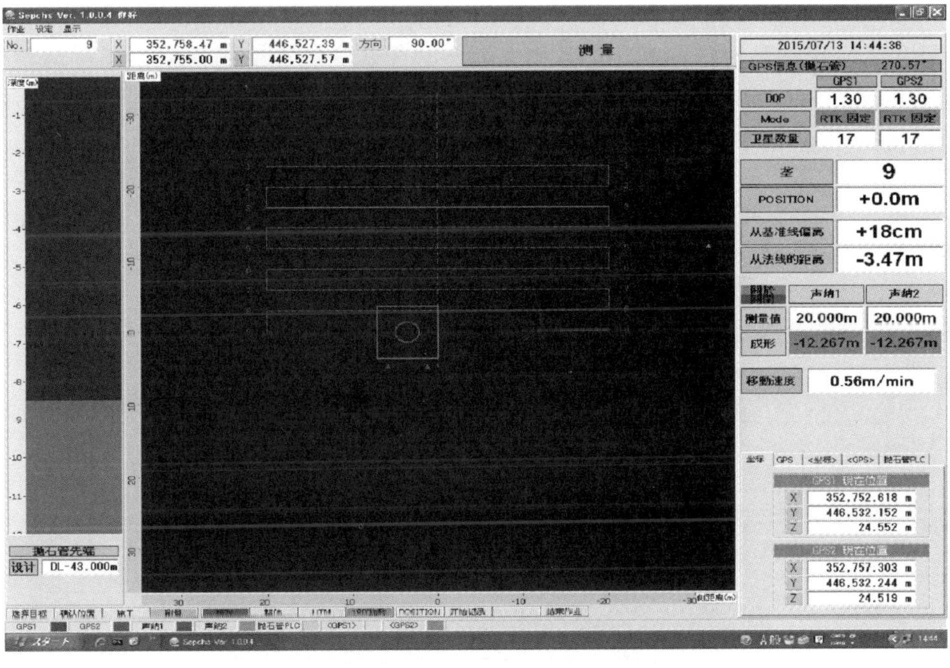

图 6-67　软件显示平面位置（后附彩图）

表 6-15　抛石管中心平面计算值和软件平面值对比数据

项目	反算坐标值/m		软件坐标值/m		差值/mm	
平面位置校核	北坐标（x）	东坐标（y）	北坐标（x）	东坐标（y）	Δx	Δy
	352 754.9853	446 527.5475	352 755.00	446 527.57	−15	−23

（6）施工声呐的校核

声呐受水深、水温、盐分浓度等因素的影响使测量值产生误差，所以每次测量时都需要进行校准。校准时，将抛石管降至施工深度，通过调节修正声呐的发射声速，直至将测量出接收发送器和反射盘之间的距离调至 1500 mm，然后将基床铺设使用声呐的声速调至上述值。声呐布置如图 6-68 所示。

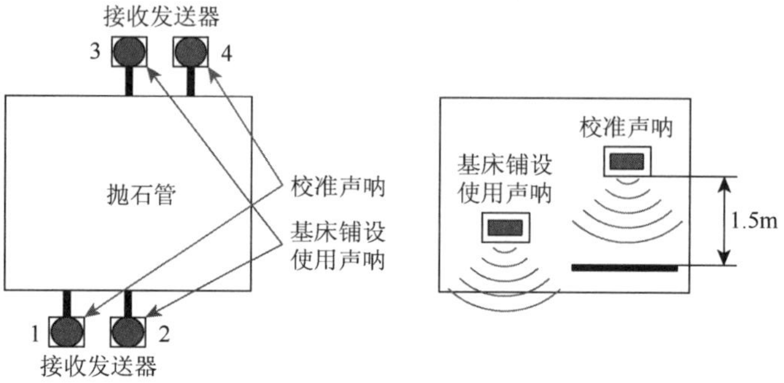

图 6-68　声呐布置示意图

1 号和 4 号声呐为校准声呐，2 号和 3 号声呐为基床铺设使用声呐，通过调整校准声呐的声呐声速调整旋钮将屏幕上的测量长度调至 1500 mm，然后将基床铺设使用声呐的声速调至与校准声呐相同。声呐现场校准见图 6-69。

图 6-69　声呐校准

（7）船体倾斜仪归零校准

整平船倾斜仪校正采用激光扫平仪测量，具体操作步骤如下。

①将激光扫平仪架设在顶甲板上（通视点 O），打开激光扫平仪电源，使仪器自动调平。

②激光扫平仪开始工作后，打开塔尺上安装的接收器，按精度切换开关，调到高精度模式，上下移动接收器，直到接收器中间信号灯常亮并发出持续的声响，固定接收器，读取高程数据 A_1、B_1、C_1、D_1。

③把数据反馈到操作室，将 A_1 点作为基准点即“0”点，算出其他三点的高差值作为船体上下调动的基准值，按动桩腿开关调整桩腿。重复这个过程，直至船体水平。

④比较最后一次读取高程数据 A_1、B_1、C_1、D_1 互差，偏差小于 2 mm 不用调整，如果不在 2 mm 范围内，需要重新测量、调平。

⑤最后将倾斜仪归零，完成校准，记录见表 6-16。

表 6-16　整平船施工前船体倾斜仪校准记录表

工程部位：　　　天气：　　　气温：
仪器：　　　测量日期：

	左前轨道/m	左后轨道/m	右前轨道/m	右后轨道/m	备注
倾斜仪校准					

测量方法简述：

3. 整平船船体诱导定位

（1）定位诱导系统工作图

定位诱导系统简易工作系统如图 6-70 所示。

（2）船体参数

①点击工程设置—船体尺寸设定进行船体形状设定，设定界面如图 6-71 所示。

②点击工程设置—坐标转换工具根据沉管隧道项目部测绘队提供的当地坐标转换参数设定输入到诱导系统中。根据 Trimble-GPS 主机的输出特点，可以输出 PJK、GGA 两种格式的当地坐标，单击保存工程后，即可将 GGA 格式实时输出的隧道工程大地坐标转换为诱导系统需要的隧道工程平面坐标。如图 6-72 所示。

③点击工程设置—施工区域设定，根据沉管隧道项目部提供的沉管隧道地图输入到诱导系统中。

④点击工程设置—目标船位设置，根据沉管隧道项目部提供的沉管隧道 E19 目标船位坐标输入到诱导系统中，选择要定位的目标船位。

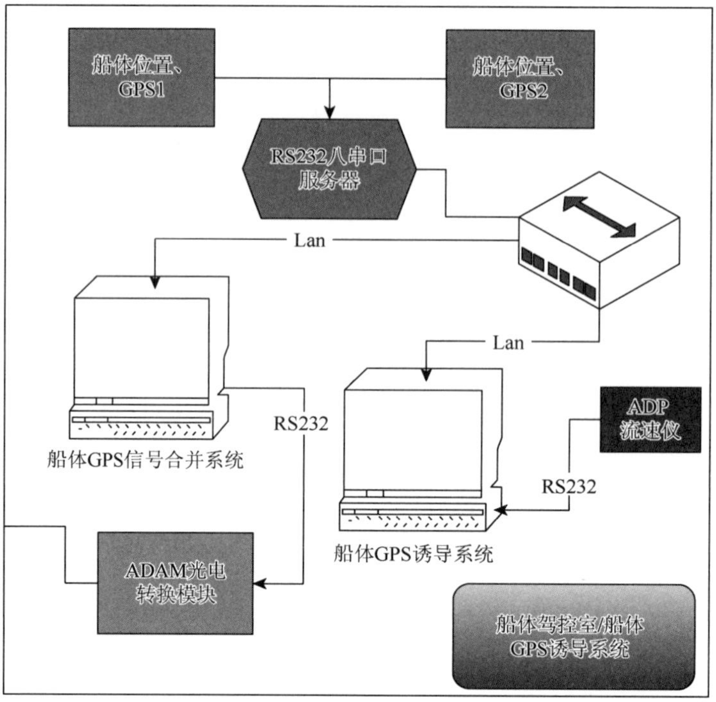

图 6-70　定位诱导系统图

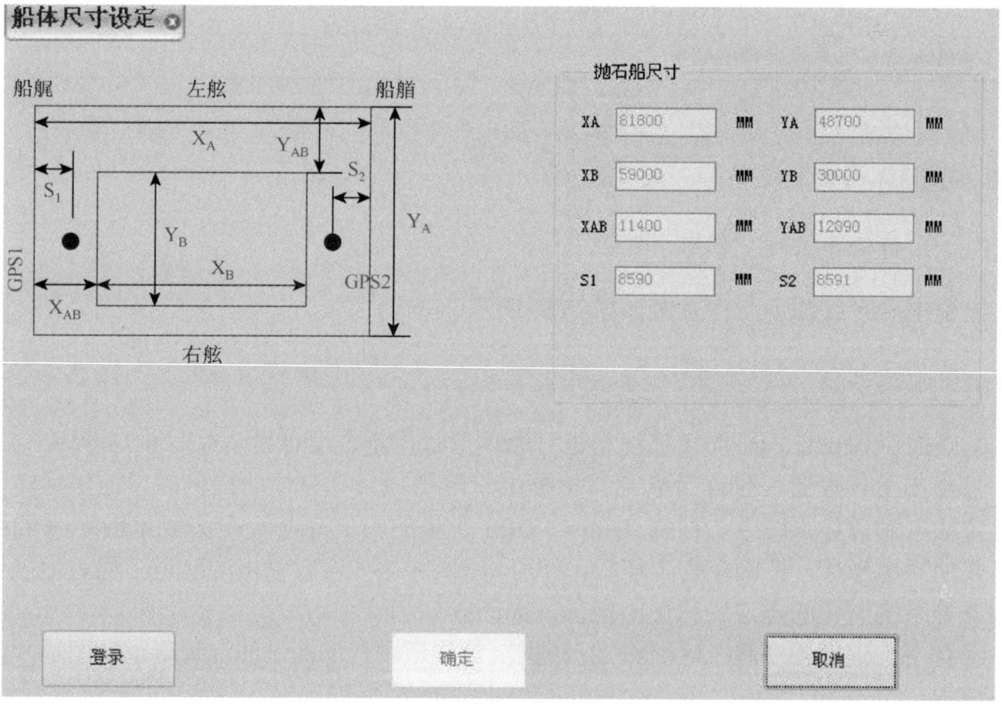

图 6-71　整平船船体参数（后附彩图）

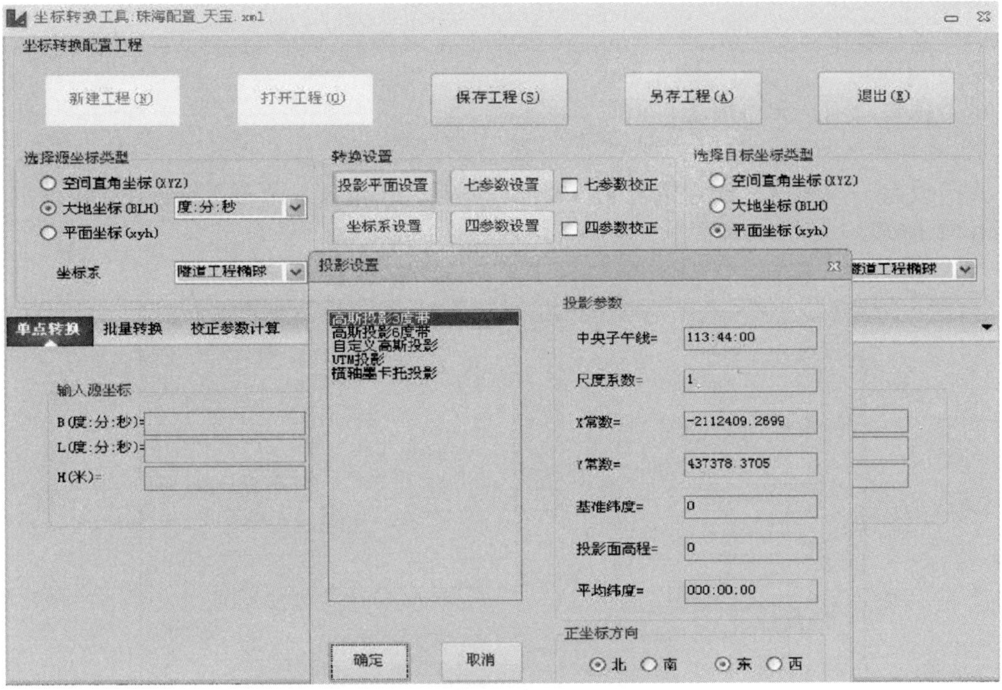

图 6-72　坐标转换模块（后附彩图）

4. 整平船施工管理系统

（1）施工定位管理系统工作图

施工定位管理系统简易工作系统如图 6-73 所示。

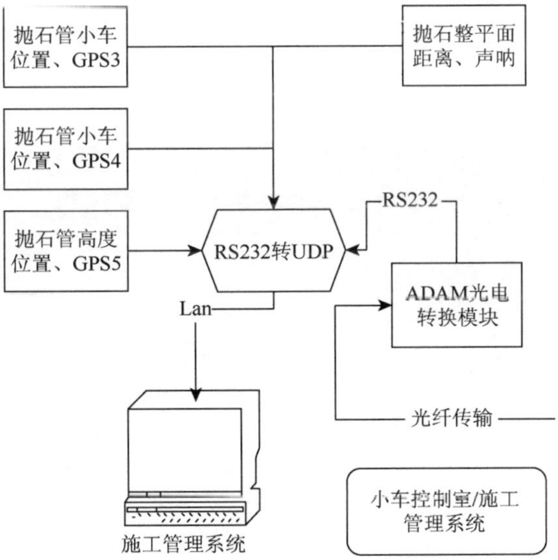

图 6-73　施工定位管理系统图

（2）系统设定

以下项目必须在施工前进行设定。

1）船体坐标设定

点击设定—船体坐标设定进行船体形状、测量天线位置、抛石管形状设定，设定界面如图 6-74 所示。

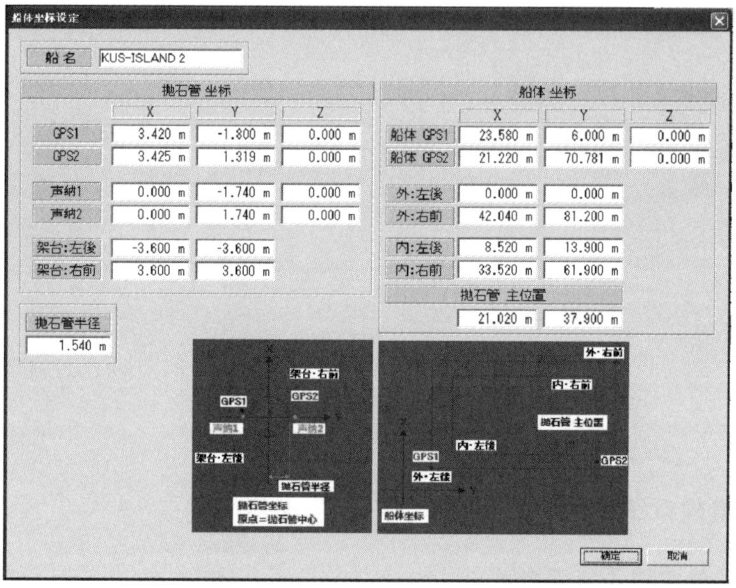

图 6-74　船体坐标设定界面图（后附彩图）

将抛石管坐标、船体坐标、抛石管半径、抛石管主位置数据输入系统中，设定完成后点击确定。通过抛石管和船体的 4 个 GPS 操作界面就可以实时显示船体形状和抛石管位置如图 6-75 所示。

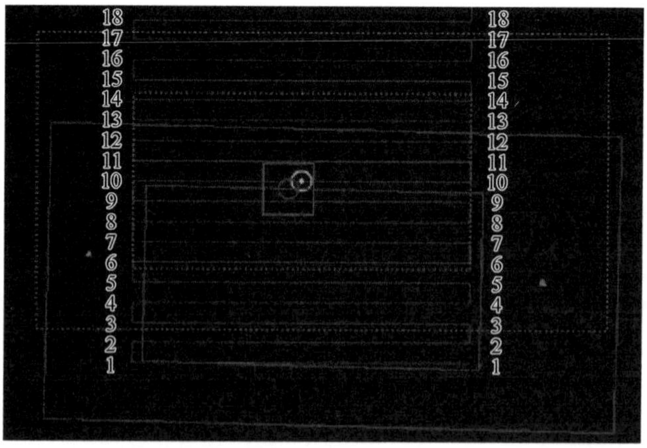

图 6-75　船体形状和抛石管位置界面显示示意图（后附彩图）

2）局地坐标设定

点击设定—局地坐标设定，将隧道坐标原点在大地坐标系中的坐标值输入系统。这样GPS 接受的坐标数据在系统中会直接转换为隧道坐标系数据。设定界面如图 6-76 所示。

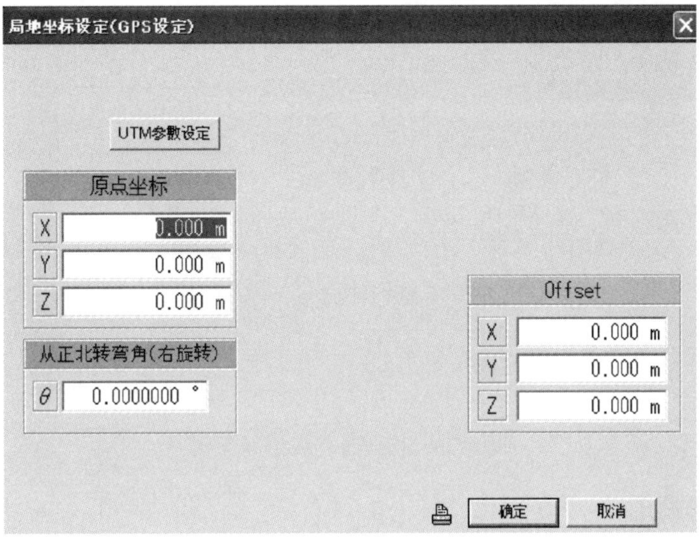

图 6-76　局地坐标设定界面图

从正北转弯角为 GPS；Offset 在 GPS 输出位置设定加算值（通常设定为 0）。

3）UTM 参数设定

点击设定—UTM 参数设定，设定 GPS 接受精度、维度时的变换参数。设定界面如图 6-77 所示。设定结束后点击确定。

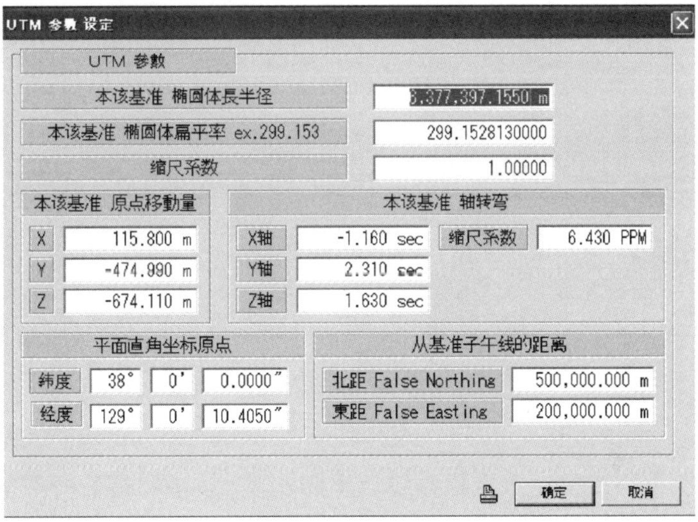

图 6-77　UTM 参数设定界面图

4）作业条件设定

点击设定—作业条件设定进行作业条件设定，界面如图 6-78 所示。

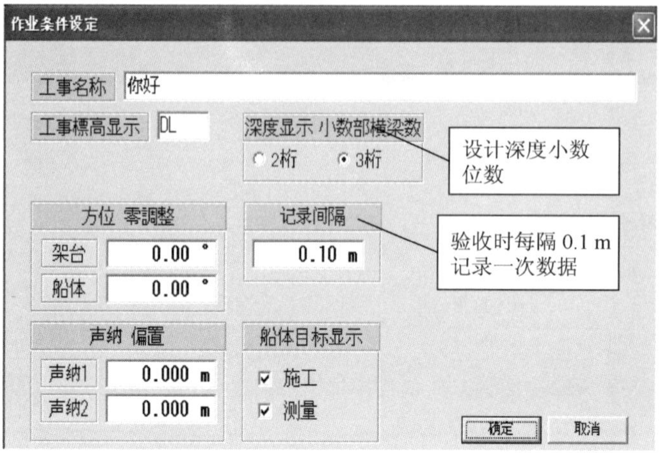

图 6-78　作业条件设定界面图

5）施工目标设定

点击设定—施工目标设定进行施工目标设定，并在文件中保存。设定界面如图 6-79 所示。

图 6-79　施工目标设定界面图

输入第一条垄中心线的起点坐标和终点坐标、第一条垄和最后一条垄设计深度（分第一层和第二层）、垄间距、开始垄编号和垄数并设定施工方向。然后点击作成，系统会自动生成所有垄施工数据。将数据保存至指定文件夹。

5. 碎石垫层定位及铺设作业

抛石管底标高校准完成后，通过抛石管顶部设置的 GPS 确认抛石管的平面位置及底标高，通过移动大车和移动小车将抛石管定位于施工位置。

抛石管头部是固定的主管和可以伸缩的平衡管，通过 4 根平衡油缸共同作用可以调节平衡管的伸出长度（可达 1.2 m），以满足抛石铺设标高的精调要求。抛石管定位平面示意图如图 6-80 所示，立面示意图如图 6-81 所示。

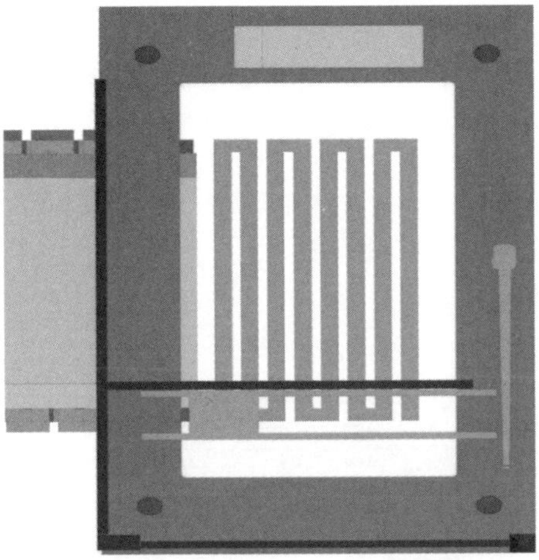

图 6-80 抛石管定位平面示意图

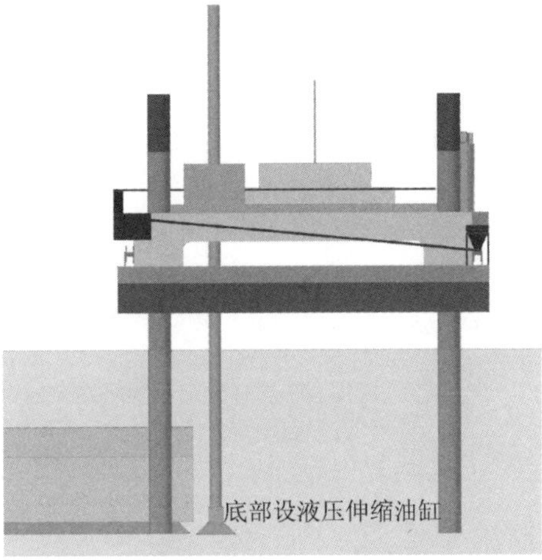

图 6-81 抛石管定位立面示意图

操作手目视方向与操作界面前进、后退、向左、向右方向完全一致，点击相应按钮可控制抛石管移动。抛石管移动数据界面如图 6-82 所示。

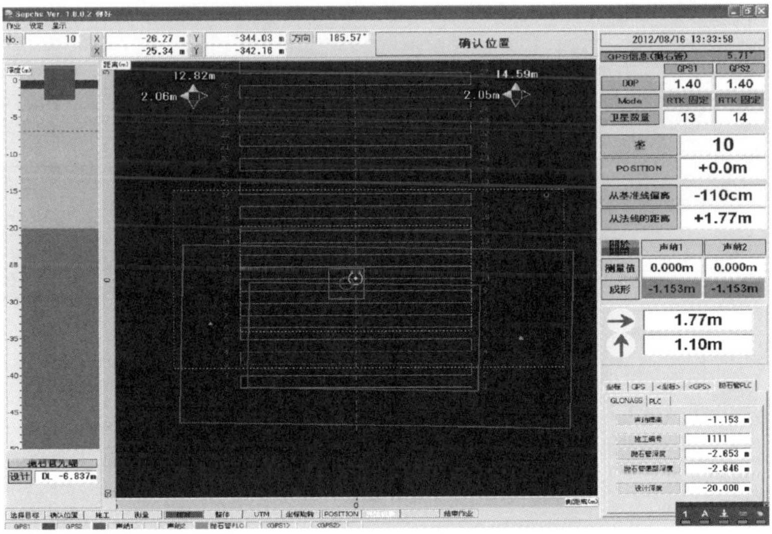

图 6-82 抛石管移动数据界面图（后附彩图）

抛石管定位完成后，反复伸缩底部油缸进行行程确认，确保油缸伸缩长度能够满足一个船位铺设需要。这样，在一个船位的铺设中就可以不用再升降抛石管了。抛石管底部油缸行程确认示意如图 6-83 所示。油缸控制界面如图 6-84 所示。

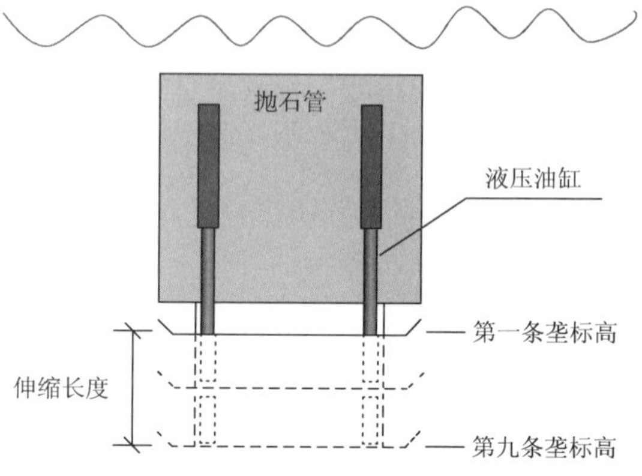

图 6-83　油缸伸缩长度确认示意图

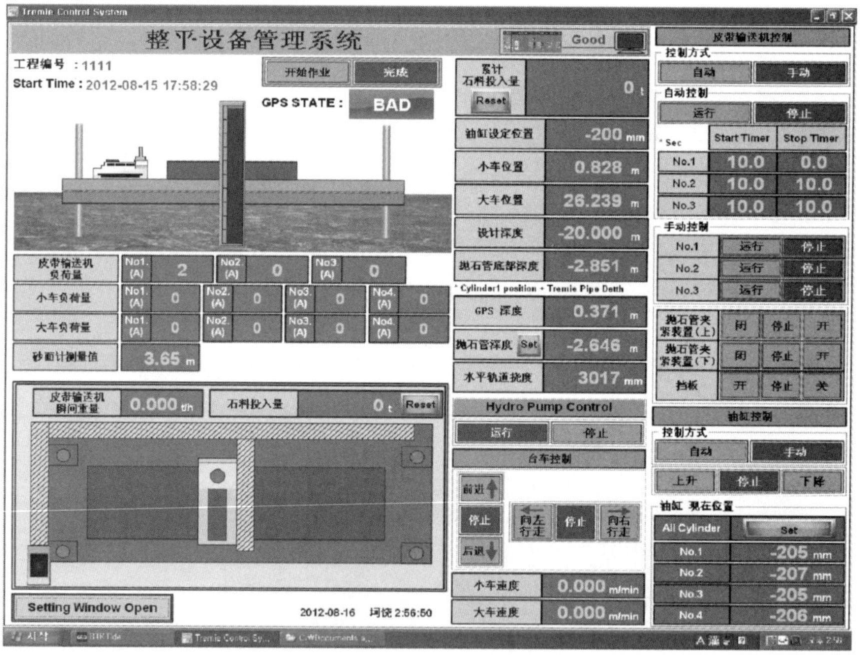

图 6-84　油缸伸缩长度确认示意图（后附彩图）

在油缸设定值项中输入–800 mm，点击运行，点击手动，点击下降，在屏幕右下角显示油缸伸出长度。正常施工时点击下降后需等待 2 min 再进行铺设施工因为油缸调整时间需要 2 min 左右。

铺设作业时注意抛石管位置距法线和中心线位置，距法线距离可以控制铺设宽度，应时刻关注抛石管距中心线位置是否保持在±15 cm 内。铺设作业过程中还应时刻关注 GPS

信息，必须在界面上抛石管两个 GPS 信息显示 RTK 固定时进行铺设作业，否则停止作业。界面如图 6-85 所示。

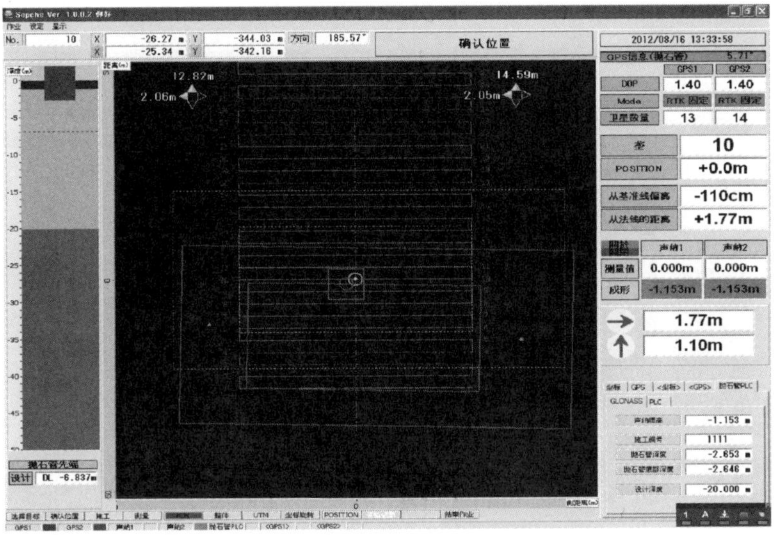

图 6-85　铺设时抛石管位置显示界面图（后附彩图）

6. 碎石垫层验收

1）检测方法

碎石垫层铺设到达一个船位的终点后，需对碎石垫层的标高进行质量检测。通过计算机界面横向移动抛石管、纵向移动台车，按照图 6-86 所示的检测线检测铺设碎石垫层的标高。图中“①”表示横断面测量，检测碎石条带中心线的高程；“②”为纵断面测量，检测碎石垫层宽度的 $L/6$ 和 $L/2$ 共 3 条线的高程。

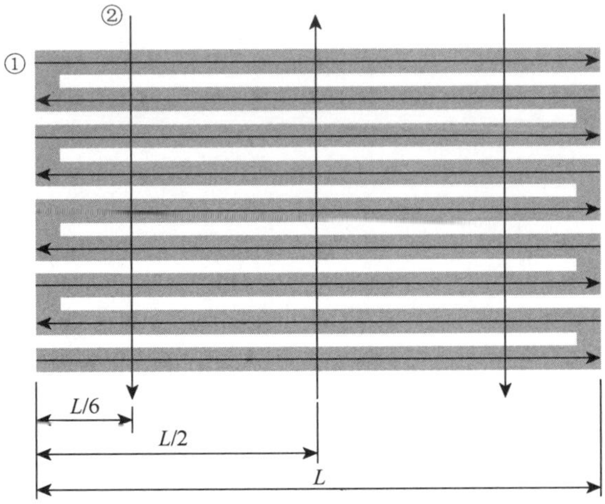

图 6-86　碎石垫层标高检测示意图

2）数据处理

将施工管理界面切换至测量界面，点击开始记录按钮，操作抛石管按图 6-87 线路进行测量。

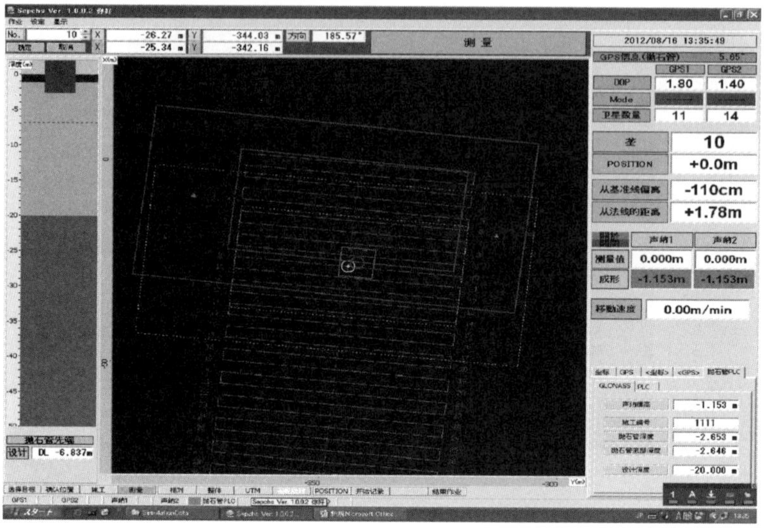

图 6-87　碎石垫层测量界面图（后附彩图）

测量完成后点击结束作业按钮后测量数据即保存至设定文件夹。测量数据如图 6-88 所示。

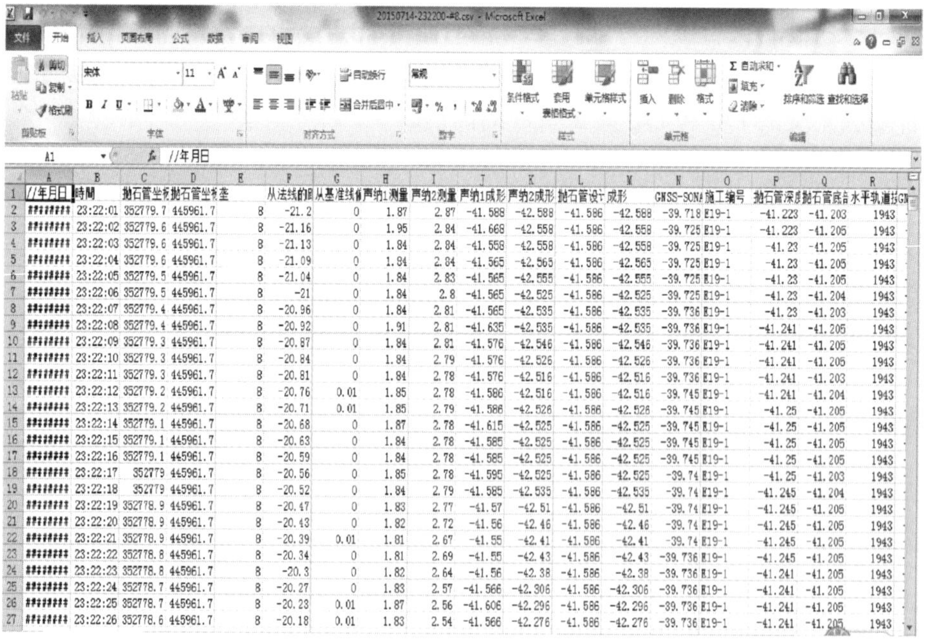

	A	B	C	D	E	F	G	H	I	J	K	L	M	N	O	P	Q	R
1	//年月日	時間	抛石管坐标	抛石管坐标垄		从法线的距	从基准线偏	声纳1测量	声纳2测量	声纳1成形	声纳2成形	抛石管设计	成形	GNSS-SONA	施工编号	抛石管深度	抛石管底高	水平轨道拉GN
2	########	23:22:01	352779.7	445961.7	8	-21.2	0	1.87	2.87	-41.588	-42.588	-41.586	-42.588	-39.718	E19-1	-41.223	-41.203	1943
3	########	23:22:02	352779.6	445961.7	8	-21.16	0	1.95	2.84	-41.668	-42.558	-41.586	-42.558	-39.725	E19-1	-41.223	-41.205	1943
4	########	23:22:03	352779.6	445961.7	8	-21.13	0	1.84	2.84	-41.558	-42.558	-41.586	-42.558	-39.725	E19-1	-41.23	-41.205	1943
5	########	23:22:04	352779.6	445961.7	8	-21.09	0	1.84	2.84	-41.565	-42.565	-41.586	-42.565	-39.725	E19-1	-41.23	-41.205	1943
6	########	23:22:05	352779.5	445961.7	8	-21.04	0	1.84	2.83	-41.565	-42.555	-41.586	-42.555	-39.725	E19-1	-41.23	-41.205	1943
7	########	23:22:06	352779.5	445961.7	8	-21	0	1.84	2.8	-41.565	-42.525	-41.586	-42.525	-39.725	E19-1	-41.23	-41.204	1943
8	########	23:22:07	352779.4	445961.7	8	-20.96	0	1.84	2.81	-41.565	-42.535	-41.586	-42.535	-39.736	E19-1	-41.23	-41.203	1943
9	########	23:22:08	352779.4	445961.7	8	-20.92	0	1.91	2.81	-41.635	-42.535	-41.586	-42.535	-39.736	E19-1	-41.241	-41.205	1943
10	########	23:22:09	352779.3	445961.7	8	-20.87	0	1.84	2.81	-41.576	-42.546	-41.586	-42.546	-39.736	E19-1	-41.241	-41.205	1943
11	########	23:22:10	352779.3	445961.7	8	-20.84	0	1.84	2.79	-41.576	-42.526	-41.586	-42.526	-39.736	E19-1	-41.241	-41.205	1943
12	########	23:22:11	352779.3	445961.7	8	-20.81	0	1.84	2.78	-41.576	-42.516	-41.586	-42.516	-39.736	E19-1	-41.241	-41.203	1943
13	########	23:22:12	352779.2	445961.7	8	-20.76	0.01	1.85	2.78	-41.586	-42.516	-41.586	-42.516	-39.745	E19-1	-41.241	-41.204	1943
14	########	23:22:13	352779.2	445961.7	8	-20.71	0.01	1.85	2.79	-41.586	-42.526	-41.586	-42.526	-39.745	E19-1	-41.25	-41.205	1943
15	########	23:22:14	352779.1	445961.7	8	-20.68	0	1.87	2.78	-41.615	-42.525	-41.586	-42.525	-39.745	E19-1	-41.25	-41.205	1943
16	########	23:22:15	352779.1	445961.7	8	-20.63	0	1.84	2.78	-41.585	-42.525	-41.586	-42.525	-39.745	E19-1	-41.25	-41.205	1943
17	########	23:22:16	352779.1	445961.7	8	-20.59	0	1.84	2.78	-41.585	-42.525	-41.586	-42.525	-39.745	E19-1	-41.25	-41.205	1943
18	########	23:22:17	352779	445961.7	8	-20.56	0	1.85	2.78	-41.595	-42.525	-41.586	-42.525	-39.74	E19-1	-41.25	-41.203	1943
19	########	23:22:18	352779	445961.7	8	-20.52	0	1.84	2.79	-41.585	-42.535	-41.586	-42.535	-39.74	E19-1	-41.245	-41.204	1943
20	########	23:22:19	352778.9	445961.7	8	-20.47	0	1.83	2.77	-41.57	-42.51	-41.586	-42.51	-39.74	E19-1	-41.245	-41.205	1943
21	########	23:22:20	352778.9	445961.7	8	-20.43	0	1.82	2.72	-41.56	-42.46	-41.586	-42.46	-39.74	E19-1	-41.245	-41.205	1943
22	########	23:22:21	352778.9	445961.7	8	-20.39	0.01	1.81	2.67	-41.55	-42.41	-41.586	-42.41	-39.74	E19-1	-41.245	-41.205	1943
23	########	23:22:22	352778.8	445961.7	8	-20.34	0	1.81	2.69	-41.55	-42.43	-41.586	-42.43	-39.736	E19-1	-41.245	-41.205	1943
24	########	23:22:23	352778.8	445961.7	8	-20.3	0	1.82	2.64	-41.56	-42.38	-41.586	-42.38	-39.736	E19-1	-41.241	-41.205	1943
25	########	23:22:24	352778.7	445961.7	8	-20.27	0	1.83	2.57	-41.566	-42.306	-41.586	-42.306	-39.736	E19-1	-41.241	-41.205	1943
26	########	23:22:25	352778.7	445961.7	8	-20.23	0.01	1.87	2.56	-41.606	-42.296	-41.586	-42.296	-39.736	E19-1	-41.241	-41.205	1943
27	########	23:22:26	352778.6	445961.7	8	-20.18	0.01	1.83	2.54	-41.566	-42.276	-41.586	-42.276	-39.736	E19-1	-41.241	-41.205	1943

图 6-88　测量结果数据图

将测量数据生成成果图。纵向和横向成果图如图 6-89、图 6-90 所示。当碎石基床存在部分超出要求范围时，采用抛石管局部刮平处理或重新铺设。

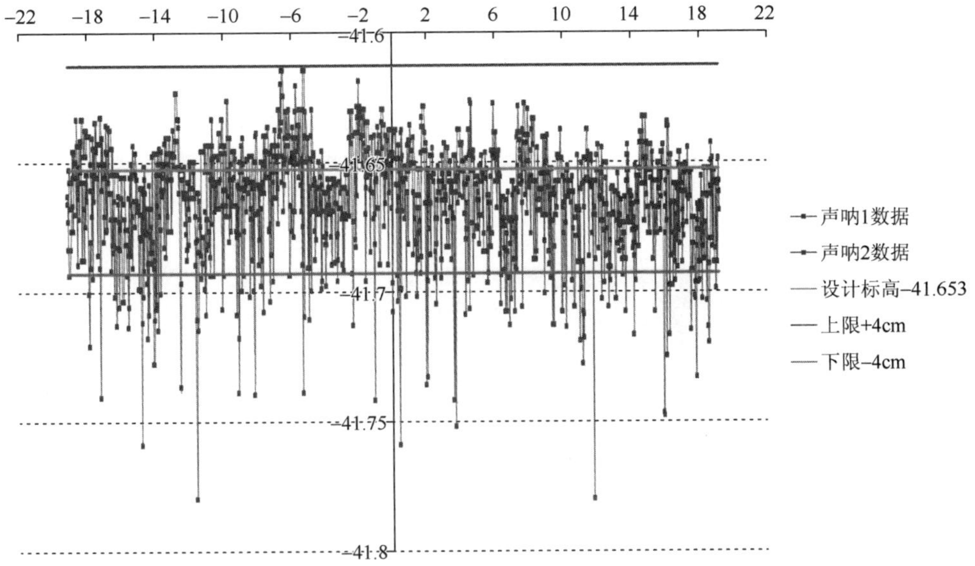

图 6-89　纵向测量成果图（后附彩图）

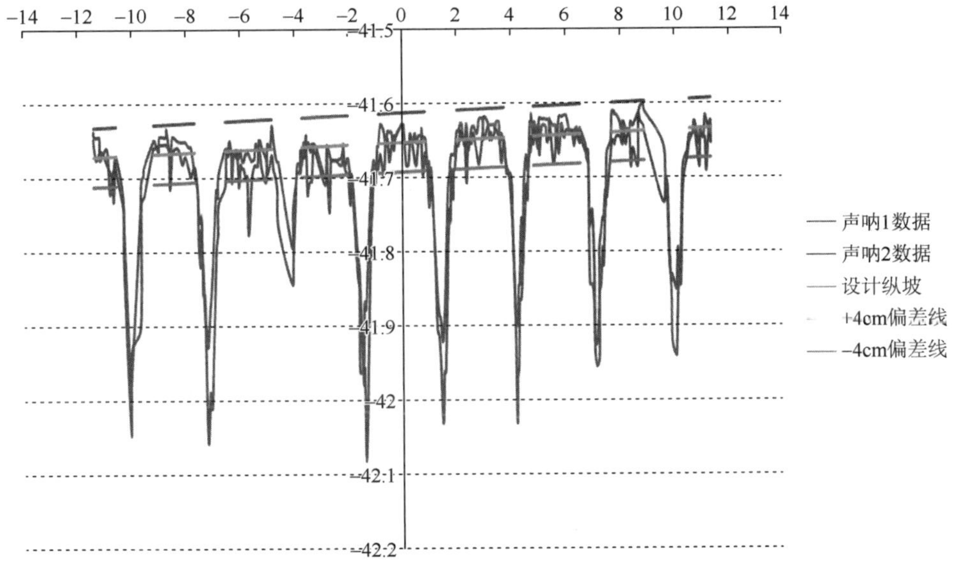

图 6-90　横向测量成果图（后附彩图）

6.3.4　港珠澳大桥沉管预制测量

6.3.4.1　工程概述

沉管预制主要的施工测量内容有如下几项：建立沉管预制独立施工控制网、控制管节几何尺寸及线形、控制管节顶推轴线、控制匹配浇筑线形、控制端钢壳安装精度、沉管预制变形监测和管节一次舾装测量。沉管预制质量与其测量控制精度密切相关。根据沉管预制施工工艺与技术要求，沉管预制施工中涉及的测控技术特点如下。

1. 沉管预制采用工厂法施工测量

工厂法施工工艺，有别于场地施工工艺，要求规模化、标准化和效率化，测量精度要求高，并且流水线预制施工必须避免测量工作对其进度的影响，工厂法沉管预测施工见图 6-91。

图 6-91　工厂法沉管预制现场

2. 测控点多面广、规模庞大

标准管节长 180 m，宽 37.95 m，高 11.4 m，由 8 个长度 22.5 m 的小节段拼装组成，见图 6-92，其线形测量工作点多面广，其规模在国内尚属首例。

图 6-92　标准管节结构

3. 工厂法沉管预制的施工控制网点位选择难度大

工厂法沉管预制施工控制网，场地有限，并且场地内部设备、建筑较多，点位选择要求严格，要保证视线通视，难度比较大，见图 6-93。

图 6-93　管节预制空间

4. 管节的预制线形测量精度要求高

港珠澳大桥沉管隧道预制测量的重点在于管节的对接精度，其精度在沉管预制过程中主要体现为管节的线形控制精度，因此，保证管节线形精度是沉管预制测量工作的重点。管节线形控制见图 6-94。

图 6-94　管节线形控制

5. 曲线段管节匹配浇筑的测量控制精度要求高

E29～E33 为曲线管节，曲率半径为 5000 m，需通过调整相邻两个长 22.5 m 的直线节段之间的夹角来近似拟合 5000 m 曲线半径，因此，匹配浇筑时两节段轴线的控制至关重要。每节段浇筑见图 6-95。

图 6-95　匹配浇筑

6.3.4.2　管节线形测量

1. 测量技术分析

1）管节对接精度分析

港珠澳大桥沉管隧道施工测量的最终目的就是实现管节水下准确对接，而管节水下对接的精度受施工过程中的多种测量环节影响，因此，首先的从沉管隧道整体线形控制进行考虑，根据隧道沉管对接整体限差要求，将影响管节对接精度的因素相互反馈，及时调整，保证管节顺利对接。管节对接精度影响因素见图 6-96。

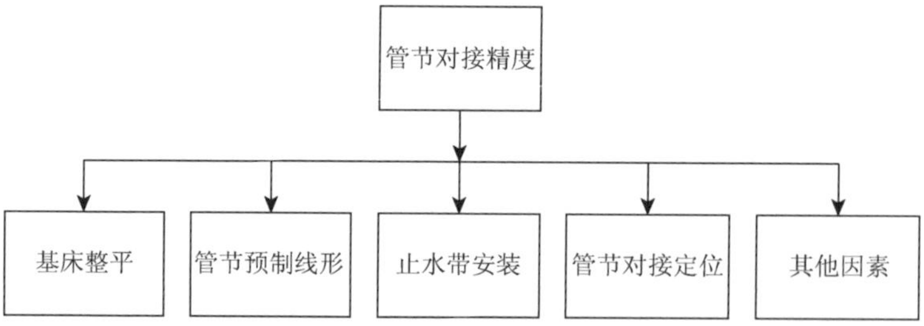

图 6-96　管节对接精度影响因素

2）管节线形测量精度分析

沉管各管节采用工厂法预制，规模庞大，技术难度大，并且测量控制精度要求高。沉管预制作为港珠澳大桥沉管隧道的一个分项，为保障管节沉放时的对接精度，首要任务就是根据设计图纸中的预制管节线形测量限差要求进行严格控制，确保管节线形在限差范围之内。预制管节允许偏差见表 6-17。

表 6-17 预制管节允许偏差

序号	主控项目	允许偏差/mm
1	轴线偏差	10
2	内孔净宽	0～＋10
3	内孔净高	0～＋10
4	壁厚	0～-10
5	管节宽度	5～-20
6	管节高度	5～-20
7	管节长度	±30
8	端钢壳的表面不平整度	5
9	端钢壳每延长米内不平整度	1
10	端钢壳横向垂直度（左右两点差）	5
11	端钢壳竖向倾斜度（上下两点之差）	5

为保证管节线形的预制精度，需根据规定的限差要求对管节在预制各工序中进行严密测量。测量主要内容包括钢筋模板、节段匹配浇筑和端钢壳安装等工艺的测量。管节线形测量控制主要内容见图 6-97。

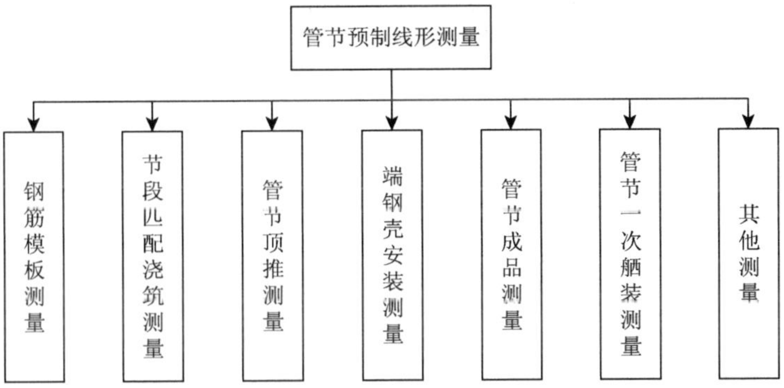

图 6-97 管节线形测量控制主要内容

2. 钢筋模板测量

管节采用工厂法、流水线模式进行预制，其两条生产线每两个月可以完成一批管节的预制。每条生产线上分别设置三个钢筋绑扎台座和一个混凝土浇筑区。三个钢筋绑扎台座分别负责底板、腹板、顶板钢筋绑扎，其测量任务为钢筋绑扎位置粗定位；混凝土浇筑区的测量任务为模板的位置和高程测量，以及混凝土浇筑高程测量。

1）轴线标志埋设与标刻

每次绑扎台座的钢筋绑扎位置和浇筑坑的混凝土浇筑位置都是固定的，因此，在各自区域埋设固定标志，作为控制其轴线和边线的长期依据，这样可以提高效率，节约时间。

钢筋绑扎台座轴线标志和边线标志埋设在绑扎台座的轴线延长线上和边线延长线上。根据绑扎位置和轴线标志、边线标志的相对位置关系，计算其固定偏移量，流水线作业都以此为参考进行钢筋绑扎位置定位；高程刻划线标在绑扎台车行走轨道上，以此为参考，计算钢筋绑扎台车顶面到刻划线的高差，作为流水线作业的永久参考高程。绑扎台座标志点埋设示意图如图 6-98 所示。

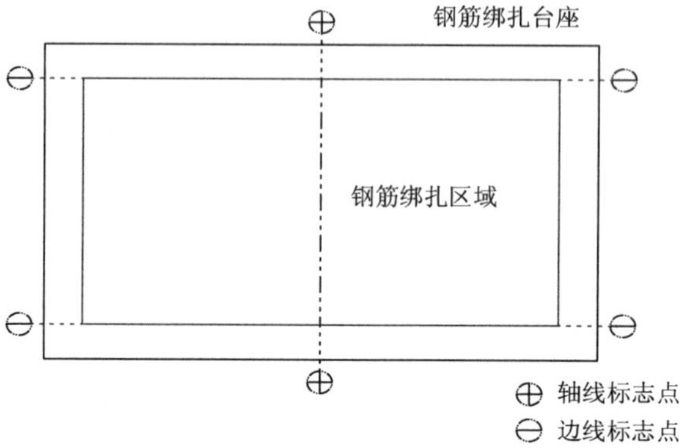

图 6-98　绑扎台座标志点埋设示意图

混凝土浇筑区，因为每次混凝土浇筑位置都是同一位置，可在底模上刻划 1 mm×1 mm×100 mm 的混凝土浇筑轴线和边线标志，标志做好以后，每次混凝土浇筑都以此为参考，底模轴线、侧模和端模边线刻划示意图如图 6-99 所示。

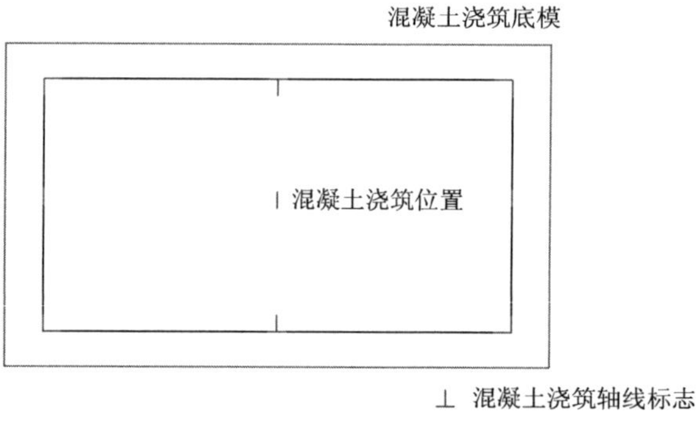

图 6-99　底模轴线、侧模和端模边线刻划示意图

2）测量方法

在钢筋绑扎台座采用全站仪放样进行钢筋的粗定位，再采用钢尺量距方法进行钢筋的相对位置测量，针对不符合设计尺寸要求的要进行调整，保证钢筋相对位置精度满足设计要求；推至浇筑区后，再根据已调校的模板进行相对位置的精确定位。钢筋绑扎定位见图 6-100。

图 6-100 钢筋绑扎定位

在浇筑区采用全站仪放样出模板的轴线及边线的特征点，采用电子水准仪 Trimble DiNi03 进行底模高程测量；再采用钢尺量距方法进行模板的相对位置测量，针对不符合设计尺寸要求的进行调整，保证模板相对位置精度满足设计要求。模板平面位置复核测量见图 6-101。

预埋件位置一般采用全站仪和水准仪进行常规测量放样，并根据预埋件与已调校模板的相对位置采用钢尺量距方法进行复测检查及修正，确保预埋件相对位置精度满足设计要求。预埋件位置复核见图 6-102。

针对模板安装的检测验收，以已审批的沉管预制施工方案中的验收标准为基本依据、结合相关规范要求等进行。验收模板的检查项目、检测方法、精度要求等内容，详见表 6-18。

图 6-101 模板平面位置复核测量

图 6-102　预埋件位置复核

表 6-18　模板安装质量验收标准

序号	检查项目		允许偏差/mm	检测方法
1	外形尺寸	模板（底模、侧模）长度	±5	两头用 100 N 管型测力计对夹有夹尺钳的 50 m 钢卷尺施以 60 N 拉力进行测量
2		内模长度	±5	
3		底模宽度	+0，−5	
4	内部尺寸	侧模垂直段高度	+0，−5	两头用 100 N 管型测力计对夹有夹尺钳的 50 m 钢卷尺施以 60 N 拉力进行测量
5		内模宽度	5，0	
6		内模高度	5，0	
7		管节底（腹、顶）板厚度所对应的模板间距	+0，−5	钢卷尺测量
8	全高竖向倾斜	侧模	15	用经纬仪测量
9		内模	15	
10	两对角线之差	底模	30	两头用 100 N 管型测力计对夹有夹尺钳的 50 m 钢卷尺施以 60 N 拉力进行测量
11		侧模顶端	30	
12	模板接缝表面错牙		2	1 m 靠尺和楔形塞尺
13	端模板预留孔与设计位置偏差		10	用全站仪测量
14	针形梁侧向弯曲		≤15	用全站仪测量
15	底模和内模中心线偏离设计位置		≤10	用全站仪测量

3）复核测量

由于工厂法施工工序转换比较快和施工作业影响，点位标志、轴线点和边线点位置会产生一定的变形，采用常规的、鉴定合格的测量仪器，依托沉管预制施工控制网，用常规测量方法，定期对其进行复核、修正。同时对侧模的垂直度采用经纬仪或垂直仪器进行校核。

3. 节段匹配浇筑测量

1）节段匹配浇筑测量

节段匹配浇筑测量的主要内容：端钢壳调校、端模调校、节段预制过程中轴线测量。

2）预制管节匹配浇筑测量

①端钢壳控制与调校要求如下。

为满足节段预制后的线形，端钢壳的安装精度要求最高，需反复测量、复核端钢壳的安装位置和平整度（属于端钢壳安装内容），两端面的表面不平整度、两端面每延长米内不平整度、两端面横向垂直度（左右两点差）与两端面竖向倾斜度（上下两点之差）应满足设计要求；端模支撑必须牢固，模板自身具有足够的刚度。端钢壳安装位置调校见图 6-103。

②节段匹配浇筑测量要求如下。

管节除了第一个和第八个节段在预制时需要安装端钢壳，其余对接截面均为铅直面，在匹配浇筑时，除控制端模的架立垂直度，还需要控制两节段的轴线。一般按以下思路进行测量。

直线段管节各个节段的轴线重合。已预制节段在顶推出 22.5 m 后，经纬仪或全站仪架设在其邻近匹配节段的端头的轴线上，后视轴线另一个端头点，仪器旋转 180°，所测方位为匹配节段的轴线，以此轴线为参考，进行匹配节段的浇筑。直线段浇筑轴线测量示意图如图 6-104 所示。

曲线段管节各个节段的轴线不重合。依据图纸，计算已预制节段和匹配节段夹角 L（夹角 L 如图 6-105 所示），已预制节段在顶推出 22.5 m 之后，经纬仪或全站仪架设在其邻近匹配节段的端头的轴线上，后视轴线另一个端头点，仪器旋转（180–L）°，所测方位为匹配节段的轴线，以此轴线为参考，进行匹配节段的浇筑。曲线段浇筑轴线测量示意图如图 6-105 所示。

图 6-103　端钢壳安装位置调校

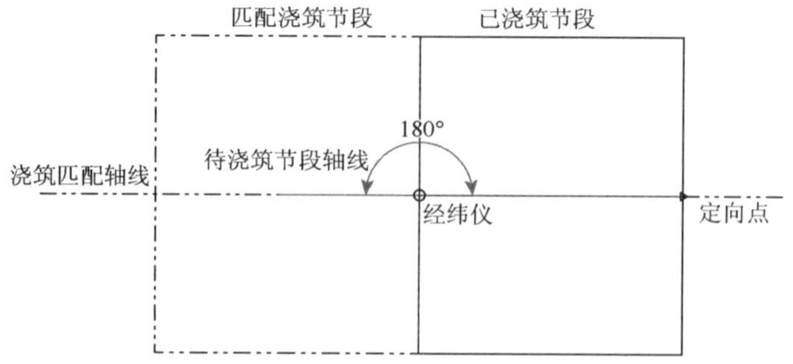

图 6-104　直线段浇筑轴线测量示意图

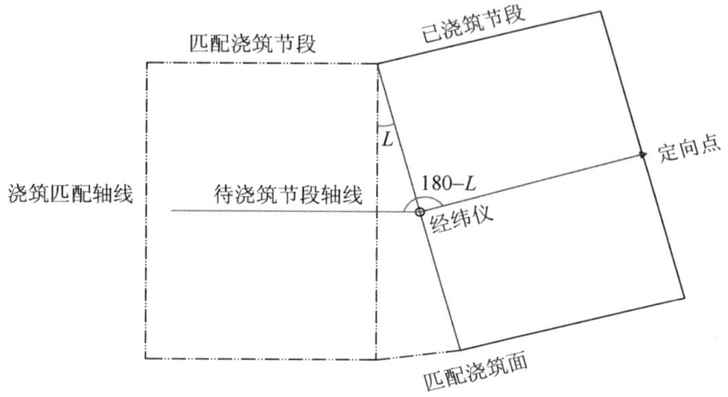

图 6-105　曲线段浇筑轴线控制示意图

如果出现两个节段的轴线交点不便于架设仪器的情况，采用极坐标法根据理论坐标进行放样控制。节段匹配浇筑测量中，需要严格控制放样点位误差，提高测设精度，采用正倒镜分中法或盘左、盘右两次测设取中点的方法进行待浇筑的匹配节段轴线测量。

4. 管节顶推测量

1）管节顶推测量概述

管节顶推包括直线段与曲线段顶推，其过程中的测量控制主要是管节轴线。在直线段管节顶推过程中，跟踪测量管节轴线，确保与滑移轨道平衡，并确保轴线在顶推到位后的偏差不超过 1 cm；曲线段管节顶推过程中，跟踪测量，确保轴线方位与设计值不超过 1 cm。高程采用精密水准仪通过测量顶推前后顶面高程结合滑移轨道沉降量来综合控制。

2）观测点的布设

每个管节分为 8 个节段，其顶推方式为：在第一个节段预制完成后，向前推进 22.5 m，然后在第一个节段的断面基础上匹配浇筑第二个节段，再将两个预制好的节段一起向前顶推 22.5 m，匹配浇筑第三个节段，依此类推，完成整个管节的顶推。

根据顶推的施工工艺，观测点的布设分节段布设，在首个节段的竖轴线两个端头布设两个观测点，其余节段在待匹配浇筑端布设一个轴线观测点，用于顶推时的节段轴线测量控制。观测点的布设示意图如图 6-106 所示。在各观测点上设置对中杆（并加以固定），以方便随时观察。

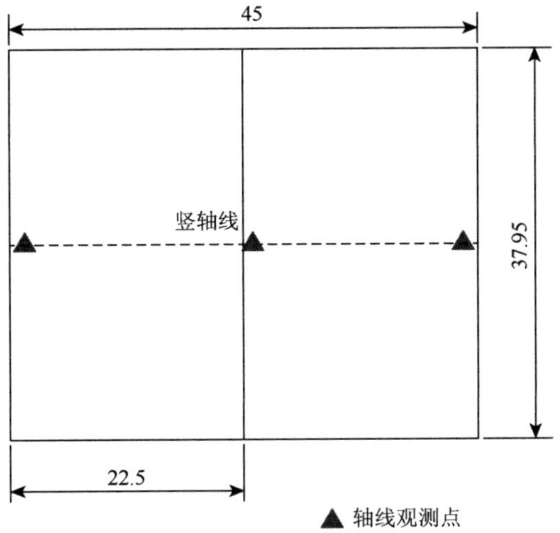

图 6-106　观测点的布设示意图（单位：m）

3）观测方法

①轴线基准：管节顶推方式为直线顶推，其轴线与滑移轨道平行，根据沉管预制场的滑移轨道，测定节段的轴线。在管节顶推轴线位置，布设轴线控制点，观测方向为与滑移轨道平行，以此作为顶推过程中的参考基准。

②节段顶推轴线测量要求如下。

在节段轴线上布设观测点并在其上架设棱镜，在沉管预制施工控制网的强制对中墩上设站，对观测点进行观测，确定管节轴线。

直线段管节各节段的轴线重合在一条直线上。在顶推过程中，采用全站仪测设每个管节上的轴线观测点，若出现轴线偏移，通知顶推操作人员及时进行调整。直线段管节顶推测量示意图如图 6-107 所示。

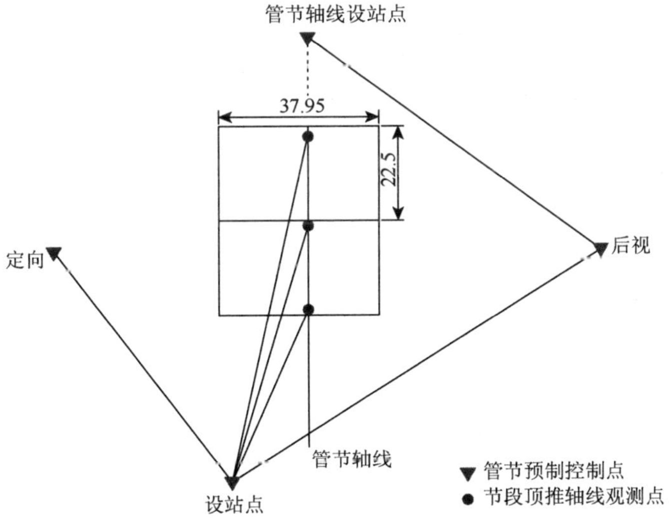

图 6-107　直线段管节顶推测量示意图（单位：m）

曲线段管节各节段的轴线不在一条直线上，并且与生产线轴线不平行，但是顶推过程中，因管节上面的观测点都是按照直线移动，其构成的轴线方向保持不变，所以，采用直线段管节顶推的方法进行控制。曲线段管节顶推测量示意图如图 6-108 所示。

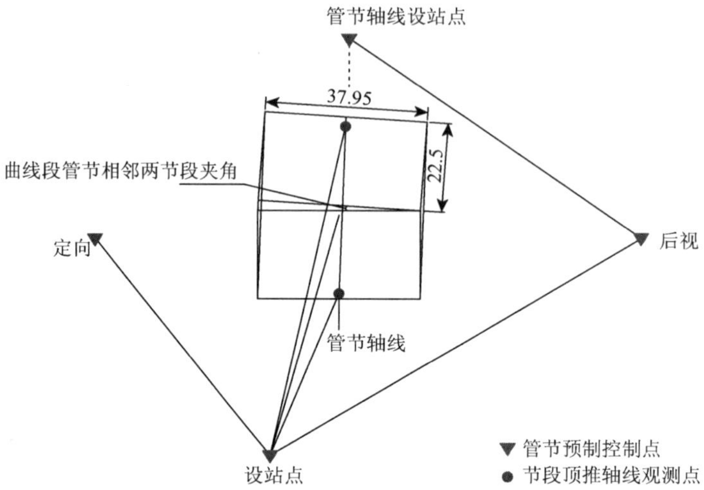

图 6-108　曲线段管节顶推测量示意图（单位：m）

节段顶推过程中，测出观测点的三维坐标值，计算节段轴线，与理论值进行比较，得出偏差，若顶推轴线超过偏差值，及时指挥顶推相关人员进行调整，使节段轴线始终保持与管节轴线的理论方向一致。另外管节顶推装置上配有导向杆，两种设备对顶推的轴线进行相互检核，确保顶推方向。

每顶推前进 1 m 进行一次观测，特殊情况下增加观测次数。每次顶推结束后，测出节段上轴线观测点的三维坐标，与理论值进行比较，分析节段中轴线偏差情况，以确定下一节段中轴线的控制方案，节段中轴线在顶推过程中左右偏移，应始终保持在理论中轴线允许偏差范围内。

为精确控制管节顶推的偏移量，需要通过 CASIO fx-5800 可编程计算器专门编制常用的计算程序，实现管节顶推的理论方位角等相关计算工作，以便现场高效控制顶推过程。

5. 端钢壳安装测量

1）端钢壳的制作及安装精度要求

端钢壳安装在每个预制管节的两端头，与管体混凝土连为一体，用来在管节沉放对接时安装 OMEGA 止水带。端钢壳呈环形，由两条厚 24 mm 的钢板焊接成 L 型，并带有锚筋，与管节钢筋主筋进行连接固定，作为管节沉放对接时止水带压缩的导向面。端钢壳分 A 型和 B 型，配对连接。

为使止水带完全均匀的压缩，以达到两管节完全紧密结合的水密效果，并适应各管节沉放后的坡度变化，因此，对端钢壳的制作平整度和安装倾斜度要求极高。端钢壳制作尺寸与安装精度允许误差为：外包宽度±4 mm，外包高度±3 mm，面板不平整度＜5 mm，每延米内不平整度＜1 mm。

2）端钢壳安装测量

端钢壳在安装前，首先检测其平整度，采用 3 m 靠尺对每块端钢壳纵横向任意位置进行充分检测，针对凸凹偏差超出允许范围的地方进行调整处理；还需测定已安管节对接端钢壳的实际位置和实际倾斜度和计算待安管节对接端钢壳端在浇筑台座上预制时的空间姿态（主要是倾斜度），该坐标和倾斜度应在保证待安管节沉放时的整体线形满足设计要求的前提下进行计算和转换。该两项工作需要精密测算，在此基础上才能进行端钢壳安装测量。

端钢壳在安装中，采用高精度全站仪结合其平整度、横向倾斜度、竖向倾斜度和特征点理论坐标进行安装测量的精密定位。端钢壳安装特征点分布图如图 6-109 所示，端钢壳安装特征点大样图如图 6-110 所示，其中，以“十字 + 圈”标识的为安装控制点，共计 34 个、以“十字”标识的为平整度检查点，共计 166 个。关于安装控制点，为便于现场控制和内业计算，以每块端钢壳角点处距离两条垂直边缘 10 cm 的位置为标准进行标定；关于平整度检查点，以每块端钢壳沿顺时针走向按 1 m 的间距、距离端钢壳边缘 10 cm 的位置为标准进行标定。端钢壳 1 个特征点在安装前根据其理论上测算出的坐标进行精确放样，并在安装中进行精确定位；再通过全站仪特制功能检测或调整其余安装特征点，或检测任意点位平整度等；最后在安装后进行整体上的充分自检或调整，以达到端钢壳安装精度的要求。

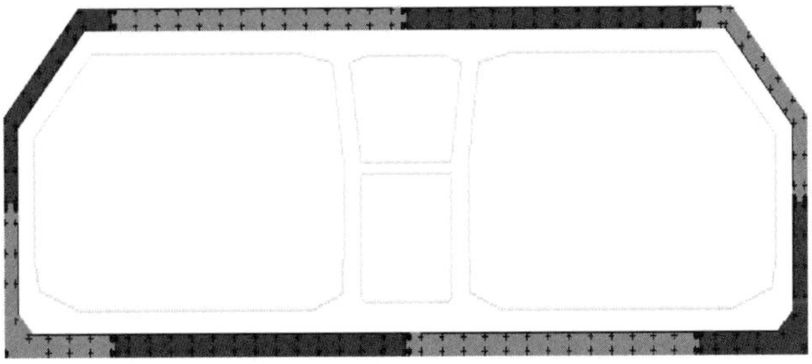

图 6-109　端钢壳安装特征点分布图

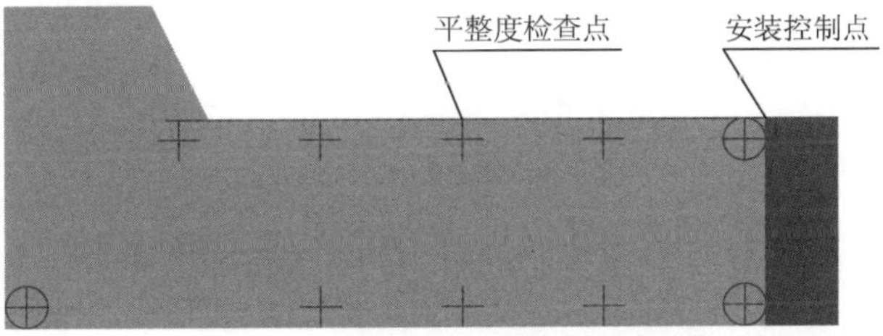

图 6-110　端钢壳安装特征点人样图

上述全站仪特制功能，是针对端钢壳安装专门开发了一个软件（该全站仪加载的软件通过鉴定或验证评审后再使用）。大体测量方法是：端钢壳安装测量如图 6-111 所示，采用可遥控操作、可自动照准的高精度全站仪基于独立坐标系进行测算，该独立坐标系是以任意一个已精确定位的特征点为原点、垂直于端钢壳面指向另一管节端头的方向为 x 轴、根据左手法则平行于端钢壳面的方向为 y 轴、高程 h 轴向不变；在端钢壳端头合适位置设站和定向，任意输入测站坐标，按 90°设定方向（其定向点事先通过端钢壳理论横向轴线的方位角放样出来）；先测定原点坐标，再在操作界面中把所测原点坐标和高程都设置为0、竖向倾斜度设置为理论值，之后便可测定任意点相对偏移量。该方法的基本原理是：以端钢壳面作为参考面，根据上述坐标系的优势，全站仪所测任意点 x 坐标可对该端钢壳平整度进行考察，该 x 偏移量同时又是定位安装的调整数据，通过三个轴向的偏移值来进行端钢壳的定位调整。

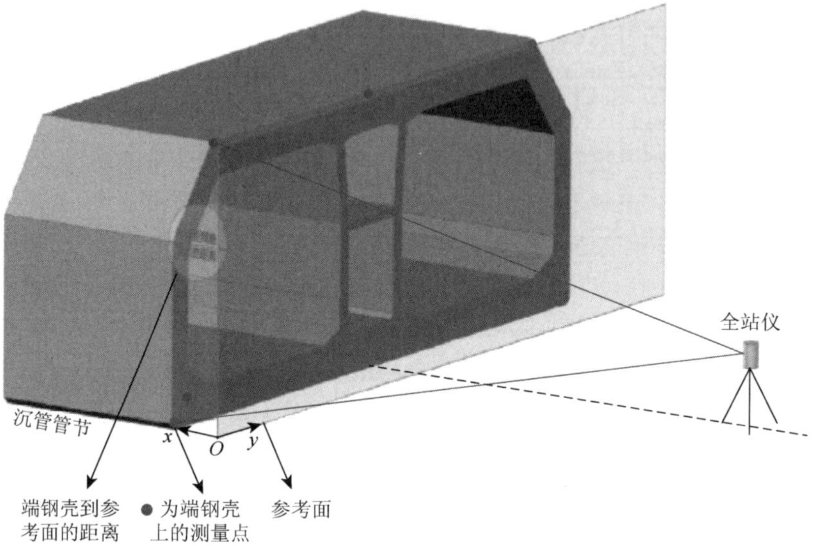

图 6-111 端钢壳安装测量示意图

由于端钢壳的本身构造，在节段浇筑中会产生一定变形，浇筑过程中需要跟踪测量、动态调整。在端钢壳断面上布设棱镜反射片，节段浇筑之前采用全站仪自由设站采集测站点到每个棱镜反射片的距离，浇筑之中根据浇筑进度和浇筑位置采集测站点到相关棱镜反射片的距离，将两次距离进行比较，根据偏差及时调整，以确保端钢壳安装精度。端钢壳安装全站仪测量见图 6-112。

图 6-112 端钢壳安装全站仪测量

端钢壳在节段浇筑及顶推后，采用全站仪对端钢壳成品任意位置进行充分自检，并做实际倾斜度等的技术分析，以指导后续管节端钢壳安装测量。

6.3.4.3 管节成品测量

1. 影响因素

港珠澳大桥沉管预制体量大，几何尺寸精度要求高，线性控制难度大，对测量控制提出了很大挑战。即使根据设计精度的要求，采用合格的、满足精度的测量仪器，并且施工测量的精度都在允许范围之内，但是，由于沉管隧道距离比较长，误差的累积足以影响对接的精度，同时还包括：人为因素、外界环境的影响、仪器本身精度和模板刚度变形等诸多因素的积累，很可能造成累积误差的超标。因此，对每个管节的预制成品的测量很有必要。对已预制管节（或其节段）进行成品测量，提供参考数据。下一管节（或其节段）的预制，参考成品测量结果，对设计值进行修正，作为此管节（或其节段）的限差要求。

2. 管节成品测量

在每个管节（或其节段）预制完成后，对其成品进行测量。外部尺寸采用常规测量方法对其角点、特征点进行三维坐标测量；管廊内和内孔行车道内采用具有自动照准功能的高精度全站仪施测，根据自由设站法进行常规施测，再将自由设站点纳入到沉管预制施工控制网内，转换测量坐标；通过采集管节内外特征点的坐标，绘制管节三维图。

需要注意的是，因为所采集的基础数据是“管外的顶面及侧面、管内的底面”，所以，针对“管外的底面、管内顶面及侧面”（该部分不便于架设棱镜，具有一定的不可操作性），采用红外线测距先检测尺寸厚度、再换算成该点坐标的方法进行采集。

3. 管节标定

1）管节永久观测点的埋设

在混凝土浇筑过程中，在每段管节的两个行车道底面埋设 12 个永久观测点，分三个断面埋设，即行车道的两个端头和中间，每个断面埋设 4 个点，永久观测点埋设示意图如图 6-113 所示。关于点位埋设的装置，采用铜制控制点标志。

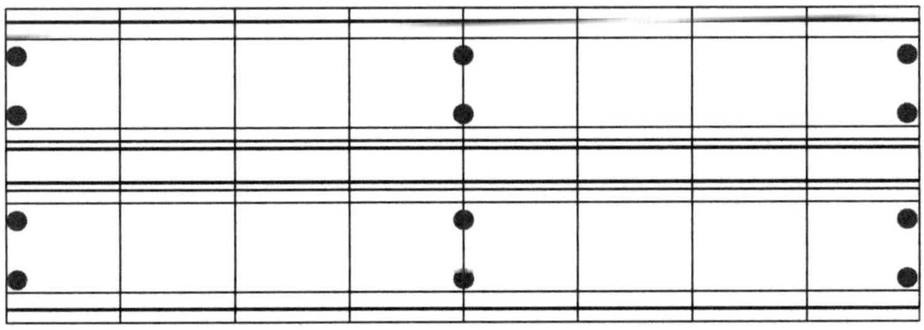

图 6-113 永久观测点埋设示意图

2）管节轴线观测点的埋设

在混凝土浇筑过程中，分别在每段管节的管廊底面两个端头和中间埋设三个轴线控制点，轴线控制点埋设示意图如图 6-114 所示。

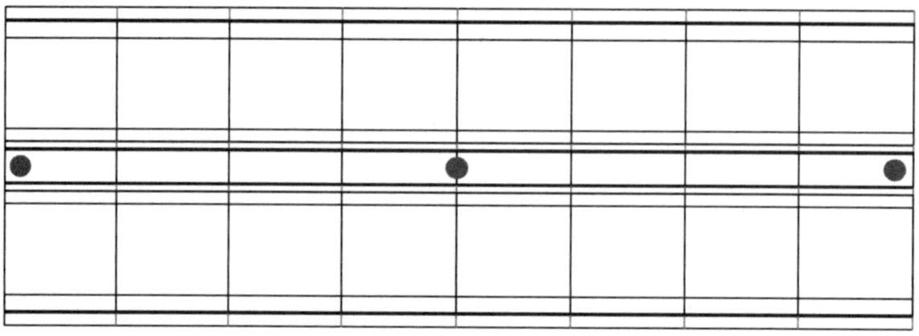

图 6-114 轴线控制点埋设示意图

6.3.4.4 管节一次舾装测量

1. 管节一次舾装的内容

沉管管节各节段在预制并顶推至浅坞区后即可进行相应的舾装工作。沉管内部一次舾装内容包括：压载水箱、进气管和进水管、排水管路系统、管内临时照明系统、管内临时通风系统等。沉管外部一次舾装内容包括：GINA 止水带、吊点、拉合座、系缆柱、导缆钳、钢端封门、人孔门、GINA 止水带保护装置、灌砂管顶部保护盖、预制管顶部防锚层护边块、第一节人孔钢护筒。

管节顶部舾装件包括系缆柱、起重吊点、拉和台、绞缆盘台座、导向杆和导向托架、对接纵向线缆锚点柱、测量塔和 GINA 止水保护罩等，管节舾装件平面布置图见图 6-115。

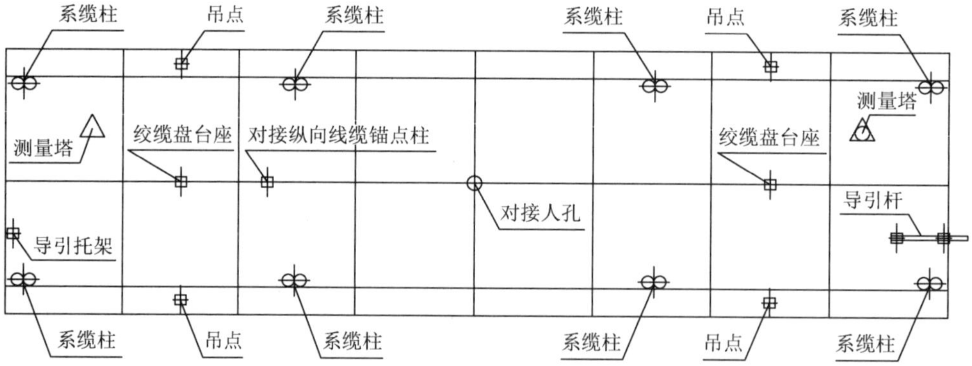

图 6-115 管节舾装件平面布置图

管节舾装的精度要求根据图纸尺寸等设计要求，采用满足舾装精度要求的测量仪器进行常规测量放样。

2. 管节一次舾装测量方法

管节舾装件的位置，用全站仪在浅坞区域对管节的尺寸进行复核测量，放样出管节的纵、横轴线，然后根据舾装件的设计位置，算出相对轴线的距离，进行放样，然后用钢尺对舾装件位置进行复核，保证测量控制要求精度；高程测量依据施工控制网点的高程作为起算高程，参考管节顶面标高与设计值进行水准测量放样。端封门安装时，参考管节端头轴线进行安装，在端封门焊接前后进行测量，跟踪测量焊接变形，保证其焊接精度。止水带安装前，在端钢壳上精确放样出临时定位销和对应螺栓孔的位置，保证止水带沿其位置进行精确定位。管节顶部舾装件测量见图 6-116。

图 6-116 管节顶部舾装件测量

管节一次舾装测量所使用的钢尺必须按规定要求进行检定和校正，钢尺丈量等精密测量需要加入改正数，以确保测量精度。

6.3.4.5 沉管预制变形监测

1. 变形监测基准网的建立

建立预制厂的变形监测基准网，布测基准点和工作基点，用于监测滑移轨道、浇筑台座的沉降位移变形。

2. 滑移轨道的变形监测

滑移轨道要监测其沉降和位移。滑移轨道变形监测点的布设如图 6-117 所示。

关于沉降观测，每个观测段落至少有 2 个工作基点，形成附合或闭合水准线路。沉降观测采用水准测量方法，按照《国家一、二等水准测量规范》（GB/T 12897—2006）的二等水准测量与观测的相关要求进行环形观测，水准测量的精度为±1.0 mm，读数取位至 0.1 mm。

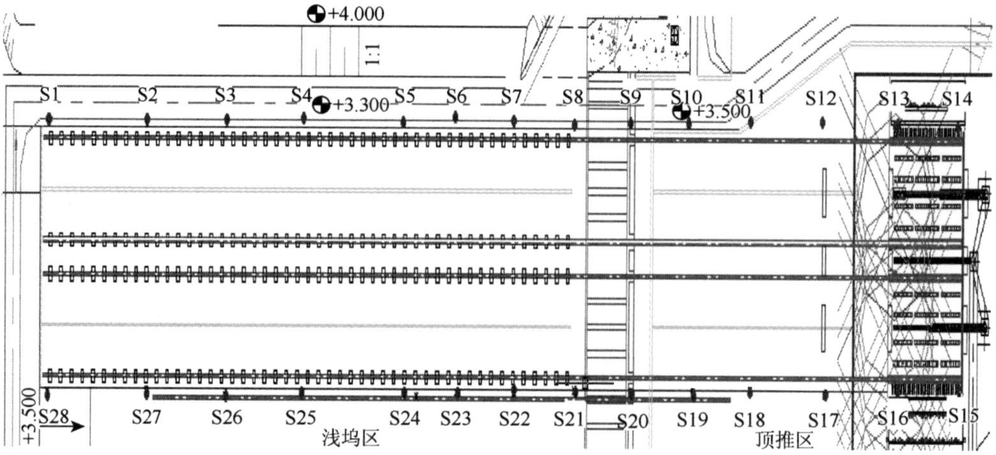

图 6-117 滑移轨道变形监测点布设图（单位：m）

关于位移观测，每个观测段落至少有 3 个工作基点，形成可检测的设站与定向。位移观测采用全站仪坐标法或极坐标法测量方法，按照《工程测量规范》（GB 50026—2007）中水平位移观测的相关要求进行观测，读数取位至 0.1 mm。

3. 浇筑台座的沉降监测

浇筑台座要监测其沉降。浇筑台座沉降监测点的布设如图 6-118 所示。

其观测方法与滑移轨道的沉降观测方法相同。台座沉降监测见图 6-119。

滑移轨道和浇筑台座的变形监测如有异常及时上报，以便及时采取合理的解决办法和应对措施。

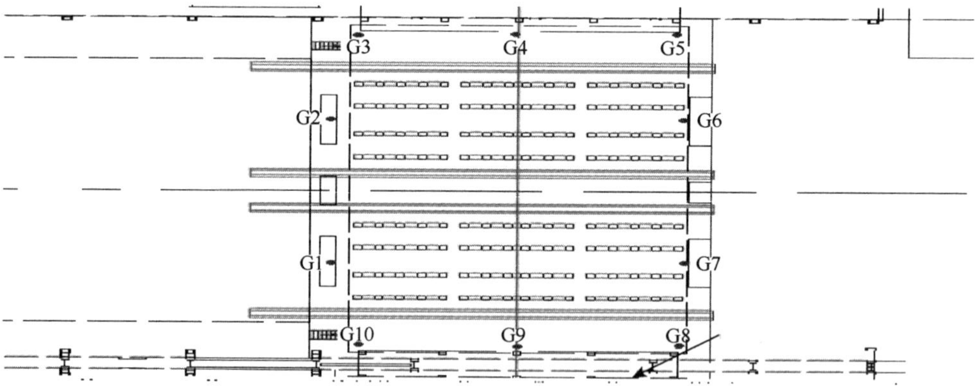

图 6-118 浇筑台座沉降监测点布设图

4. 观测频率要求

在预制施工初期，对垂直位移和水平位移应加大观测频率，之后定期进行观测。一旦出现沉降超过施工允许值应立即停止沉管的预制施工。待原因分析并妥善处理后方可继续施工，以确保沉管预制施工质量。应根据要求和需要定期复测变形观测的基准点和工作基点，尽量避免由观测基准造成的变形量。

滑移轨道变形观测频率如表 6-19 所示，浇筑台座沉降观测频率如表 6-20 所示。

图 6-119 浇筑台座沉降监测

表 6-19 滑移轨道变形观测频率

观测阶段	观测周期
节段顶推	前、后各 1 次
管节顶推至浅坞区后	1 次
管节自浅坞区推至深坞区后	1 次

表 6-20 浇筑台座沉降观测频率

观测阶段	观测周期
模板拼装后	1 次
节段混凝土浇筑	前、后各 1 次
节段顶推后	1 次

6.3.5 港珠澳大桥沉管浮运导航定位

6.3.5.1 工程概述

浮运导航系统，使用于管节出坞后沉管浮运过程，为管节浮运导航定位、转向、运输的整个过程提供实时导航监控，为保证管节安全浮运提供可靠的沉管位置、姿态和浮运速度等信息，为浮运指挥、拖轮船长及相关作业提供实时可视的参考信息。

该系统主要硬件设备包括：计算机、GPS 接收机、数传电台、无线接入点（AP）、串口服务器、路由器等。浮运导航系统硬件设备见图 6-120。

图 6-120　浮运导航系统硬件设备

该系统软件通过对沉管 GPS 定位数据和拖轮 GPS 定位数据进行汇总、分析和计算，最终形成图像及数据实时显示沉管、拖轮与航道的位置关系。图 6-121 为浮运导航系统软件工作过程图。

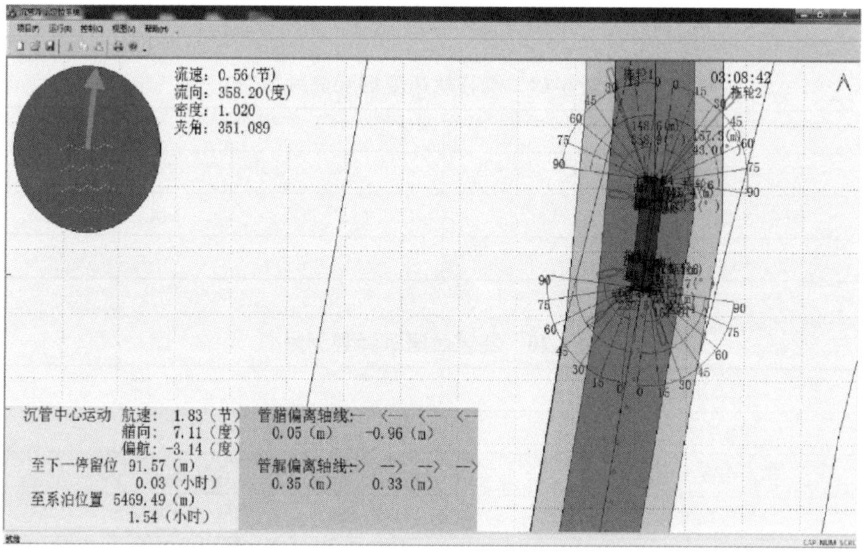

图 6-121　浮运导航系统软件工作过程图（后附彩图）

6.3.5.2　测控系统检查及调试

1. 浮运前拖轮设备检查及调试

每次浮运前，对浮运使用拖轮上全部硬件设备及备件进行检查，接通通信信号，对拖轮设备通信进行调试。

1）拖轮设备检查

主要检查硬件设备及配件是否损坏或缺少，线缆是否破损，天线是否损坏。拖轮设备检查见图 6-122。

图 6-122　拖轮设备检查

2）拖轮测控系统通信调试

测试拖轮 GPS 信号是否正常，数据链路是否畅通，输出数据是否正常。

在码头使用无线通信设备测试每一艘拖轮数据通信及输出数据是否正常，对通信不正常拖轮，根据具体问题，排查故障，直至通信正常。拖轮设备通信测试见图 6-123。

准备的测试设备包括：安装浮运导航软件的笔记本式计算机 1 台，SPS361 1 套，无线 AP 1 套，电台 1 套，车载电源等设备及所需配件。

①检查拖轮设备都是完好的情况下，连接拖轮设备及测试的设备，开启设备。

②将准备的电台通道调到与拖轮上设备一致，通过软件查看拖轮设备传输的数据，若无乱码、数据传输流畅、数据显示正确，则说明定位设备和数据传输设备均是正常的。正常通信数据见图 6-124。

图 6-123　拖轮设备通信调试

图 6-124　拖轮设备正常通信图

③将测试无线AP与拖轮设置为一对，在笔记本式计算机上对拖轮无线AP进行“ping”IP 地址操作，若可以连通，并且延迟时间在规定范围以内（10 ms），则表示拖轮上整套AP是正常的。拖轮设备正常通信见图 6-125。

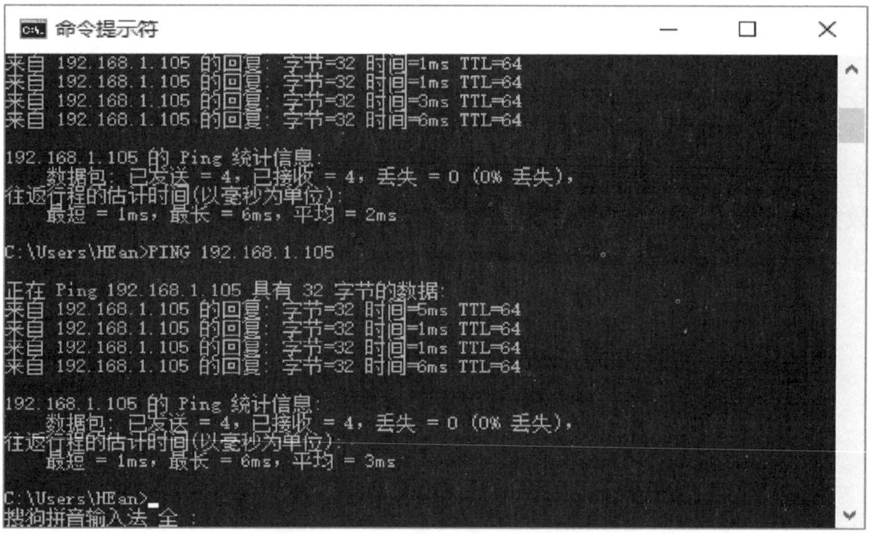

图 6-125　拖轮设备正常通信图

若以上两项测试都正常，则说明这艘拖轮上的浮运导航测控系统的设备是完好的，通信是正常的。对各拖轮依次检查。

2. 安装船测控设备检查及调试

在每次管节坞内调试阶段，按照 7 d 检查一次的频次按时检查安装船浮运系统测控设备，调试通信。

1）安装船测控设备检查

检查硬件设备及配件是否损坏或缺少，线缆是否破损，天线是否损坏。设备检查见图 6-126。

图 6-126　安装船测控设备检查

2）安装船测控系统调试

测试安装船 GPS 信号是否正常，数据链路是否畅通，输出数据是否正常。将 GPS 设备及无线通信设备安装到位，检查设备线路正确连接。

检查完安装船上浮运导航测控系统设备都是完好的情况下，开启设备。

将安装船上浮运导航测控系统的电台与津安 2 发送数据电台频道调到一致，通过软件查看测试设备传输来的数据，若无乱码、数据传输流畅、数据显示正确，则说明浮运系统定位设备及数据传输设备是正常的。浮运系统正常通信软件截图见图 6-127。

将津安 2 无线 AP 与津安 3 浮运导航测控系统的无线 AP 配置为一对，在津安 3 浮运系统计算机上运行软件，在津安 2 远程显示浮运系统计算机上查看，是否可正常打开津安 3 上浮运导航测控系统的软件，若可以则表示津安 3 对外发送数据 AP 通信正常。通信测试见图 6-128。

6.3.6　港珠澳大桥沉管隧道安装定位

6.3.6.1　工程概述

港珠澳大桥沉管隧道采用先铺法进行基础施工，按照沉管隧道施工的国际惯例，沉管隧道管节安装精确控制管节首端，管节着床后，进行贯通测量评估管节尾端的安装效果，根据贯通测量结果考虑是否对尾端进行精调。

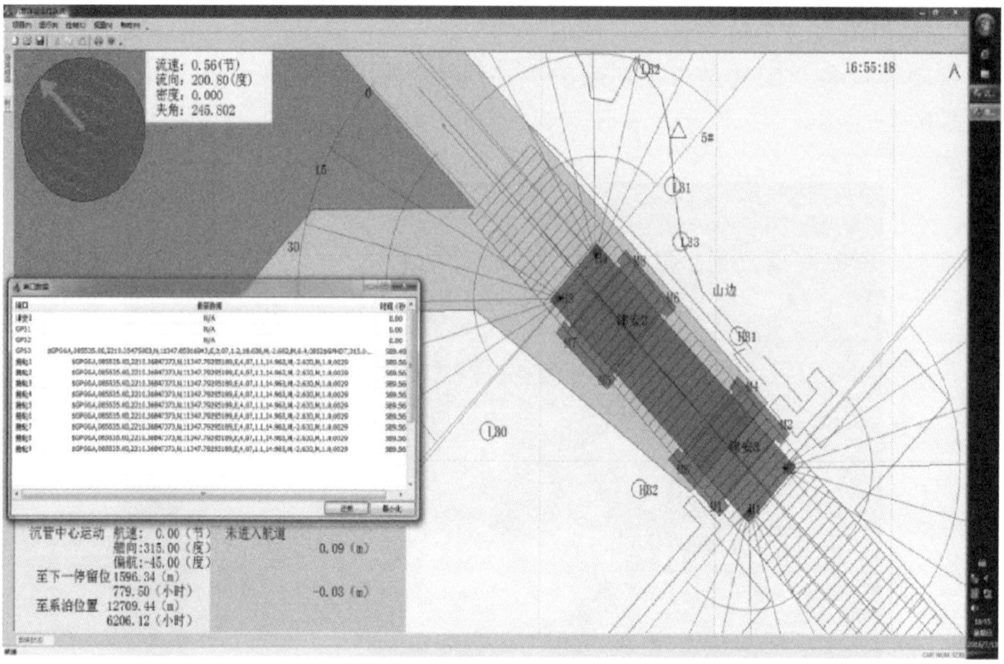

图 6-127　浮运系统正常通信软件截图（后附彩图）

图 6-128　津安 3 无线 AP 通信测试

在海底埋深超过 20 m 的条件下，建设长达 5664 m，共计 33 节管节的沉管隧道在世界尚属首次，受沉管隧道长、管节沉放定位与对接精度要求高、沉放对接环境复杂、管节沉放水深大等诸多不利因素的影响，如果管节不能顺利对接，或管节安装出现较大的偏差，重新安装或精调不但风险大，而且成本高。所以从风险、工期、成本等方面考虑，沉管安装先后采用测量塔法、声呐法、组合定位法等多种沉管隧道定位控制技术，保证沉管隧道的顺利安装和最终顺利贯通。

6.3.6.2 测量塔法

1. 作业条件

港珠澳大桥沉管隧道浅水区 E1、E2、E3、E31、E32、E33 管节的沉放对接定位均采用测量塔法，作业水深见表 6-21。

表 6-21 管节作业水深

序号	管节	作业水深/m		备注
		首端	尾端	
1	E1	1.64	5.01	首段：GINA 止水带端（对接端） 尾端：非 GINA 止水带端 作业水深：管节顶部至海面距离 海面高程取平均海面高程 + 0.54 m
2	E2	5.01	7.78	
3	E3	7.78	10.69	
4	E31	8.35	12.36	
5	E32	5.05	8.35	
6	E33	1.64	5.05	

每管节上设置两个测量塔，测量塔采用分节装配式的钢管结构，节段共分为 A 型节和 B 型节，各管节单个测量塔高度及节段配置见表 6-22。

表 6-22 管节单个测量塔高度及节段配置表

序号	管节	测量塔高度/m	节段配置	备注
1	E1、E33	8.7	1A + 1B	A 型节高度 4.7 m B 型节高度 4 m
2	E2、E32	12.7	1A + 2B	
3	E3、E31	16.7	1A + 3B	

沉放对接现场的加密平面控制网建立在海中测量平台上，测量平台上应建设强制观测墩，用于架设 GPS 参考站和全站仪。测量平台具体设置见图 6-129。

2. 测量塔法定位方法

1）定位方法

在管节上固定安装测量塔，并保证在管节沉放对接全过程中测量塔相对管节变形小于 5 mm，测量塔顶部安装 GPS-RTK 天线及棱镜，其位置经过正确标定，测量塔的顶端始终露出海面，以保证 GPS 正常工作。

测量塔和管节之间的微小变形可以忽略不计时，二者可以被视为同一个刚体，因此通

图 6-129　测量平台具体设置

过跟踪测量塔顶 GPS/棱镜的位置，结合沉管在坞内通过特征点标定得到的测量塔顶 GPS/棱镜与管节各特征点之间的相对位置关系，以及安装在沉管上的倾斜仪同步采集到的数据，采用专业软件对上述数据进行解算，可得到管节特征点坐标和空间姿态，进而指导沉管的沉放对接施工。测量塔法定位原理见图 6-130。

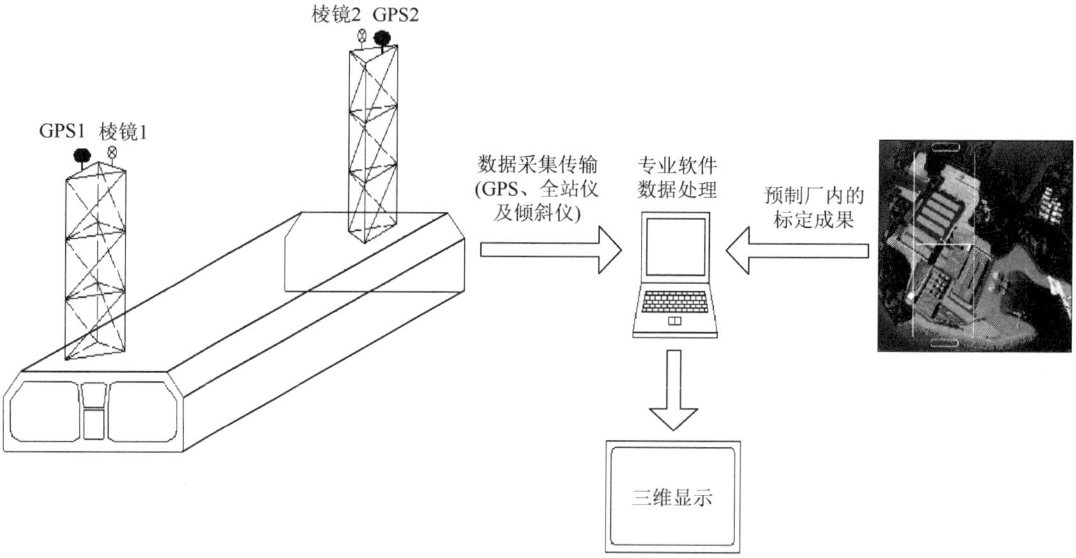

图 6-130　测量塔法定位原理图

2）坐标体系

管节沉放对接工作主要涉及 GPS 定位的 WGS84 坐标系、工程坐标系和管节坐标系。

其中 WGS84 坐标系与工程坐标系之间的转换关系是在建立沉管隧道首级加密控制网时计算确定。

工程坐标系即港珠澳大桥工程采用的隧道工程坐标系（TCS2010），所有设计、施工均依据此坐标系，每节管节最终沉放位置的设计坐标在该坐标系中是已知的。

管节坐标系建立在管节上，以管节两端面底边中点连线线 *OO′* 方向为 *X* 轴方向，过 *O* 点垂直于 *X* 轴方向为 *Y* 轴方向（*XOY* 平面与管节底面重合），过 *O* 点且垂直于 *XOY* 面向上方向为 *Z* 轴方向，*O* 点的坐标假设为（500，500，0），如图 6-131 所示。在此坐标系内沉管特征点和安装在测量塔上的 GPS/棱镜位置的坐标值在标定时获取。

管节浮运对接时隧道工程坐标系和管节坐标系之间的关系是动态的，需要在获取安装在管节上的 GPS、棱镜和倾斜仪等的数据后实时计算确定。

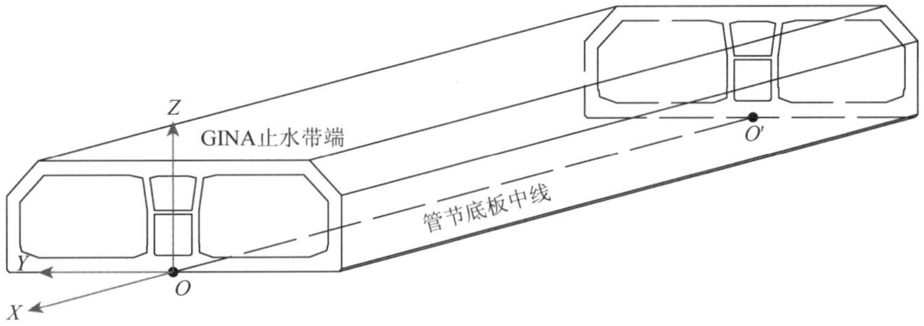

图 6-131　管节坐标系

3. 特征点的布设与标定

管节特征点应该包括端面特征点、顶面特征点和内部特征点。

1）管节端面特征点的布设

管节端面特征点是指布设在管节前端面(即与上一管节进行对接的端面，又称对接端)和后端面（又称沉放端）两端面上的点。端面特征点的作用是在管段沉放时通过这些点计算相邻管节端面的相对位置。

管节端面特征点采用在观测点上粘贴自贴式反射片的方式设置，观测点样式见图 6-132，所有管节及暗埋段端面特征点的布设位置如图 6-133 所示。

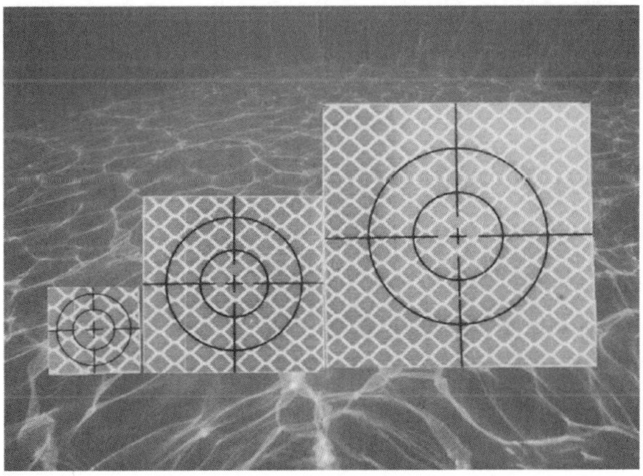

图 6-132　自贴式反射片

2）管节顶面特征点的布设

管节顶面每两个节段布设一对特征点，E1、E2、E32、E33 管节顶面共布设 7 个特征点，其中管节尾端 1、6、7 三个点还用于校核基床整平时抛石管的底缘高程；E3、E31 管节顶面共布设 11 个特征点，其中管节尾端 1、10、11 三个点还用于校核基床整平时抛石管的底缘高程；各管节顶面特征点的布设如图 6-134 和图 6-135 所示。

为了避免钻眼对管节外部结构的破坏，管节顶面特征点采用强力胶粘贴不锈钢片（带有十字叉、厚度 2 mm）的方式设置。

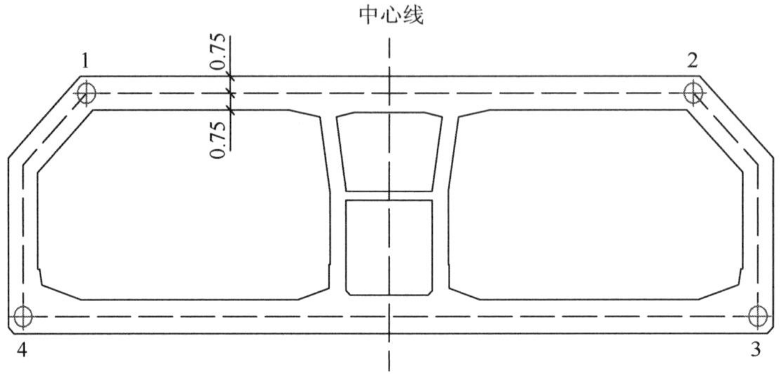

图 6-133 管节端面特征点示意图（单位：m）

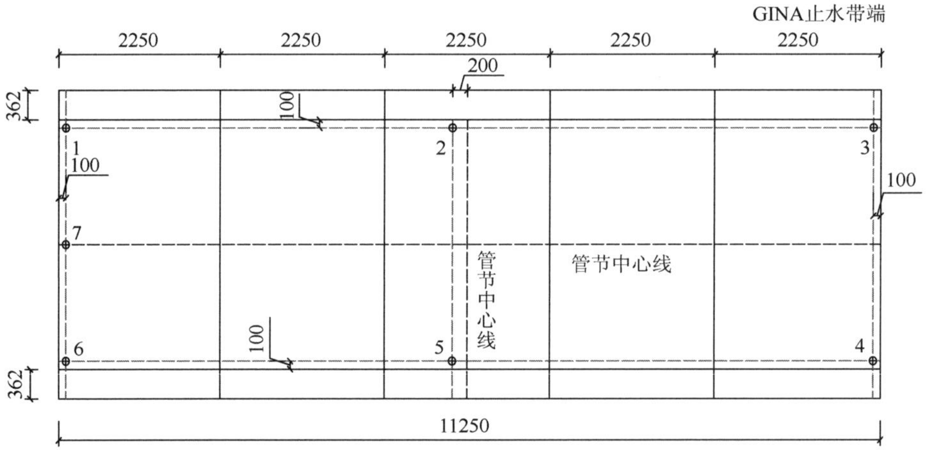

图 6-134 E1、E2、E32、E33 管节顶面特征点布置图（单位：cm）

3）管节内部特征点的布设

管节内部特征点是指布设在管节内部用于贯通测量时求解已安管节两端面特征点坐标的点，E1 管节内部特征点布设如图 6-136 所示。

图 6-136 中 1、2、3、4 号点为三维点，其做点方式为将平面混凝土打磨下去 2 cm，

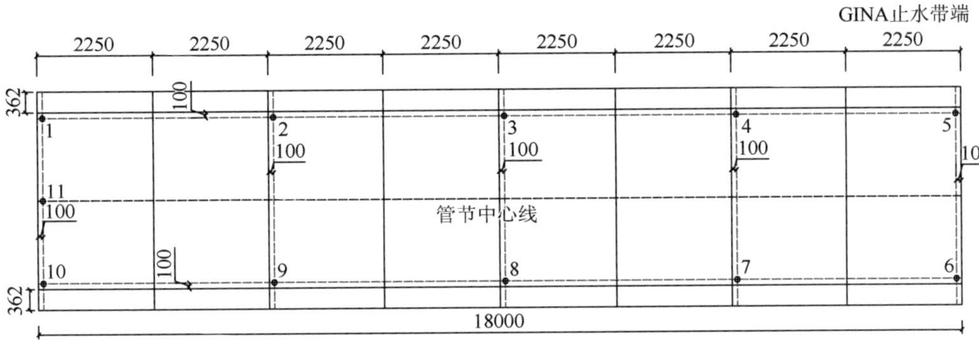

图 6-135　E3、E31 管节顶面特征点布置图（单位：cm）

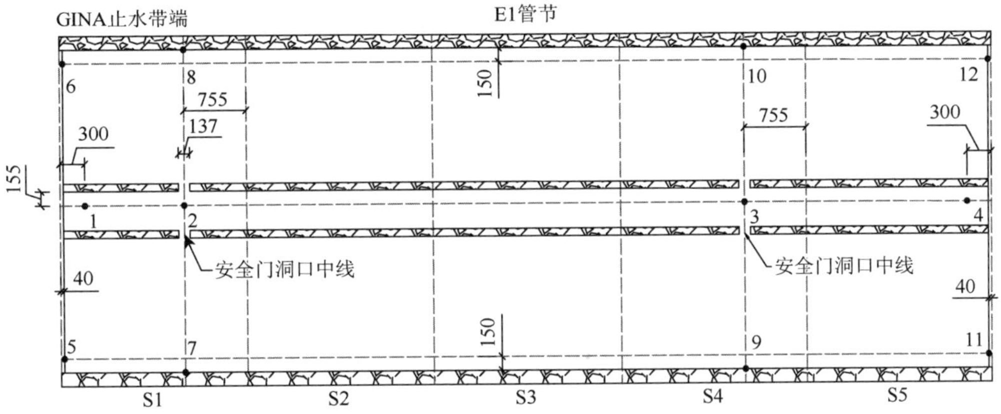

图 6-136　管段内特征点示意图（单位：cm）

打磨面积为 5 cm×5 cm，然后再在中间埋点，具体做法如图 6 137 所示；5～12 号点为高程点，其中 7、8、9、10 号点的做点方式如图 6-138 所示，5、6、11、12 号点的做点方式如图 6-139 所示。另外 5 个管节的 1、4、5、6、11、12 号点位置不变，其他点根据安全门洞口中线调整即可。

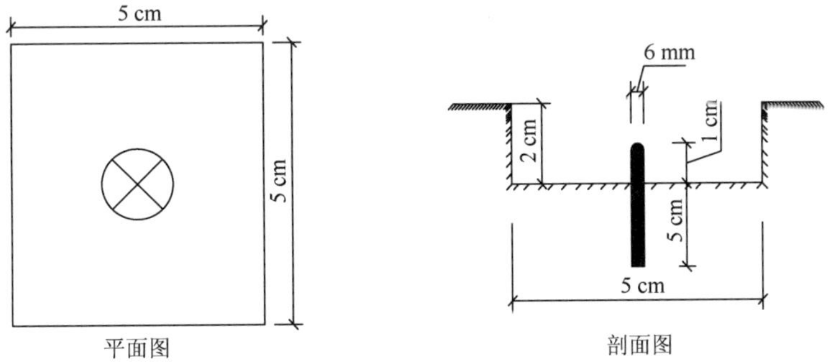

图 6-137　管内三维点做点示意图

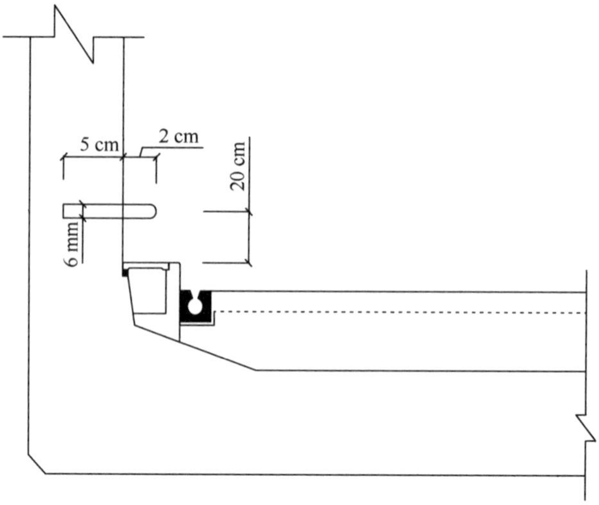

图 6-138　管内高程点做点示意图（7、8、9、10）

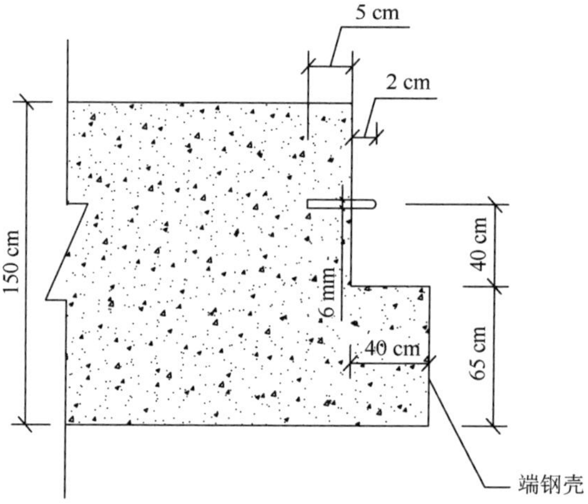

图 6-139　管内高程点做点示意图（5、6、11、12）

4）特征点标定

特征点标定是计算管节沉放位置的重要环节。通过建立管节上的各特征点与测量塔顶 GPS/棱镜位置关系，可以将由 GPS 和全站仪测定的工程坐标系坐标与管节坐标系坐标建立转换关系，从而达到在管节的沉放过程中实时计算管节在工程坐标系坐标的目的，指导沉管沉放到正确位置。因此沉管管节上各特征点与测量塔顶 GPS/棱镜位置的联系测量也十分重要。

①平面测量要点如下。

在管节的一次舾装区，利用现有的沉管预制施工控制网点 *C*1、*C*2、*C*3、*C*7，以二等导线网的形式对管节各特征点的平面坐标进行测量，点位布置示意如图 6-140 所示。

管节内部特征点的测量：采用二等导线网的形式对管节内部特征点（1、2、3、4 号点）进行平面坐标测量，测量时从 C1 出发经过管节中间管廊各特征点、已知点 C7 最后闭合于 C1，测量结束后对结果进行平差处理。

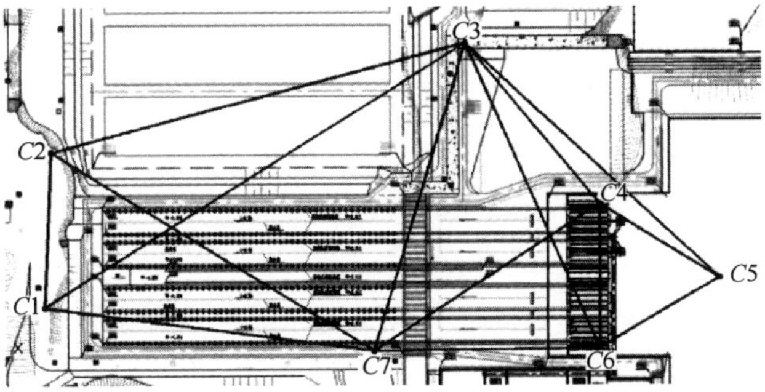

图 6-140　沉管预制施工控制网点位布置图

管节顶面特征点的测量：首先用全站仪测量出管节顶面某一特征点的坐标，然后以此点为起点，采用二等导线网的形式对其他点进行测量，测量结束后对测量结果进行平差处理。

管节端面特征点的测量：采用二等导线网的方法放点于管节端面前，然后在该点上架设全站仪测量端面个特征点的坐标。

②高程测量要点如下。

高程起算点：当管节在一次舾装区的时候，在管节前后位置埋设两个高程点 G1 和 G2，仅假定 G1 点的高程（可设为 0.000 m）。

管节内点高程测量：分别从起算点 G1 开始沿管节外围测到 G2 再穿过检修管廊回到 G1，穿过检修管廊的时候测量所有管内特征点，共测两个二等水准闭合环，然后对数据进行平差处理得到管节内各特征点的高程，与此同时可以获得 G2 点的高程。二等水准测量的主要技术要求见表 6-23。

表 6-23　水准测量主要技术要求　　（单位：mm）

测量等级	往返较差、附合或环线闭合差	检测已测段高差之差
	平原、微丘	
二等	$\leqslant 4\sqrt{l}$	$\leqslant 6\sqrt{L_i}$
三等	$\leqslant 12\sqrt{l}$	$\leqslant 30\sqrt{L_i}$
四等	$\leqslant 20\sqrt{l}$	$\leqslant 30\sqrt{L_i}$

注：计算往返较差时，l 为水准点间的路线长度（km）；计算附合或环线闭合差时，l 为附合或环线的路线长度（km）；L_i 为检测测段长度（km），小于 1 km 时按 1 km 计算。

管节内高程测量示意如图 6-141 所示。

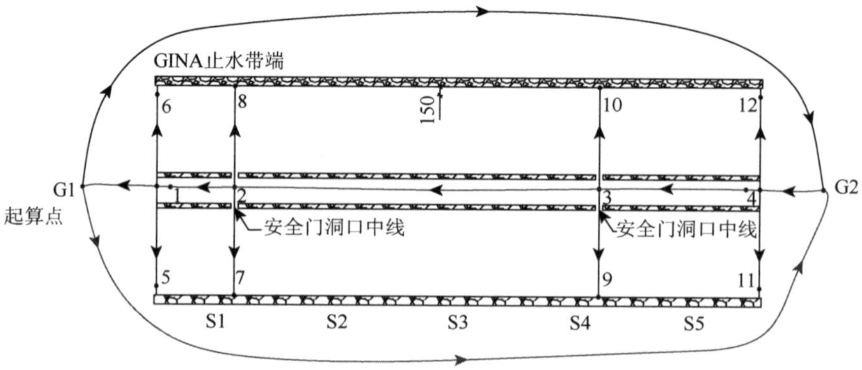

图 6-141　管内特征点高程测量示意图（单位：m）

管节端面点高程测量：管节端面点的高程采用在 $G1$、$G2$ 点架设全站仪，用四等三角高程测量方法测量端面特征点的高程。

管节顶面点的高程测量：在 $G1$、$G2$ 点架设全站仪，用四等三角高程测量的方法引测两个高程点到管节顶面，然后以此两点为基准对所有管节顶面特征点进行测量，测量方法同管节内部特征点高程测量。考虑三角高程测量精度较水准测量低，实际计算各点的高程时也仅用一个点作为起算点，另一个点作为检核。

4. 坐标转换

管节所有特征点坐标测量结束后，将其坐标转换至管节坐标系中。

管节二次舾装完成时，在位于管节顶面 4 个角处的特征点上和 4 个测量塔上的特征点安装 GPS，共 8 台 GPS 同步采集数据。管节顶面 4 个角处的特征点在管节坐标系中的坐标在坞内标定时已经测得，再由 4 台 GPS 实时测定 WGS-84 坐标系中的坐标后可以计算两个坐标系之间的实时转换关系。一旦建立起这样的实时转换关系，即可将 GPS 位置的 WGS84 坐标转换到管节坐标系。

此标定计算步骤较多，计算工作量较大，需要编制专门软件。标定时的 GPS 安装示意如图 6-142 所示。

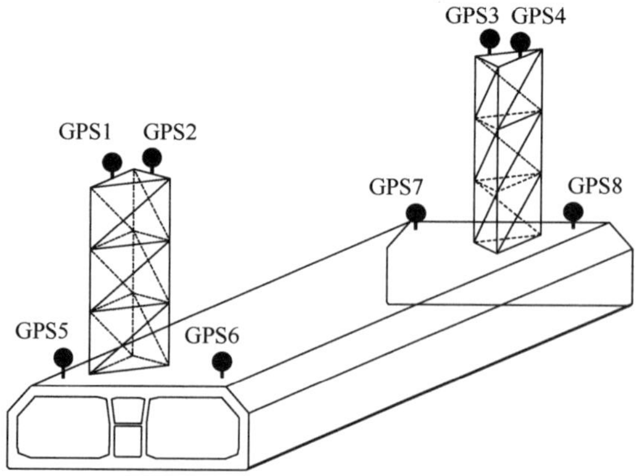

图 6-142　GPS 与管节顶面特征点标定示意图

管节二次舾装完成时，在管节的中间选取一处合适位置，使在此位置上可以观测所有位于管节顶面 4 个角处的特征点棱镜和测量塔上安装的 4 个棱镜。

在此位置架设全站仪，将全站仪整平后关掉自动补偿功能，取任意方向进行定向，依次观测所有棱镜。将 4 个角处的特征点的坞内标定结果作为已知点，先以后方交会方式计算全站仪位置和定向角，依此推算测量塔上安装的 4 个棱镜位置。

多次重复架设仪器并测量，检查比较每次重新架设仪器后对所有棱镜的测量结果，若其中有 3 组或 3 组以上数据互差小于标定误差时，取这些数据的平均值作为最后结果。

此标定计算步骤较多，计算工作量较大，需要编制专门软件。标定示意图如图 6-143 所示。

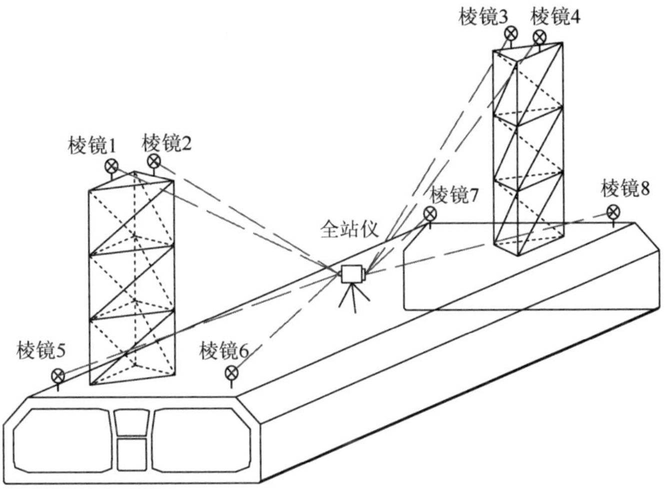

图 6-143　棱镜与管节顶面特征点标定示意图

将用全站仪标定的管节顶面 4 个特征点与测量塔顶 4 个特征点之间的相对位置关系与用 GPS 测得的二者之间的关系进行比较，起到检核 GPS 标定结果的作用。若比较结果差异较大应查明原因，重新标定，直到达到精度要求。

5. 沉管沉放对接定位

管节在坞内标定完成，浮运至距离已安管节 20～50 m 处系泊。移动管节至距离已安管节 10 m 处开始沉放。

从管节开始沉放至沉放到距已安管节水平距离 1 m、距基床面高度 2 m 的沉放过程中，需要管节沉放对接测量系统不断地获取管节空间姿态并及时予以调整，这个过程的定位只需要粗定位即可。

待安管节导向杆在进入已安管节导向托架之前需要精确测量并调整管节的姿态，导向杆进入导向托架之后水力压接之前需要再次精确测量管节姿态，并予以精确调整，这个过程的调整需要精确的定位。

定位过程中 GPS 接收机可接收 HZMB-CORS 网络 RTK 和海中测量平台单基站 RTK 的差分数据，并进行比较，以提高定位准确度。

沉管安装测量定位主要工作流程见图 6-144。

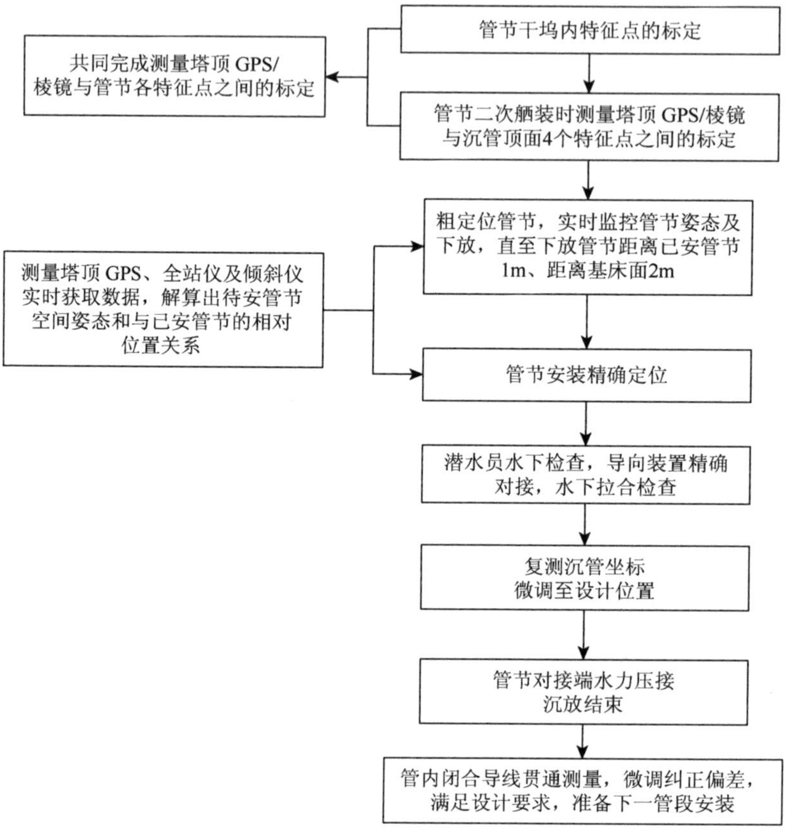

图 6-144　沉管安装测量定位主要工作流程

1）沉管沉放对接粗定位

从管节开始沉放至沉放到距离已安管节 1 m、距离基床面 2 m 的这个沉放过程，按照管节的沉放流程，需要管节沉放对接测量系统不断地获取管节的平面位置及管节空间姿态，这个过程的定位主要是控制好管节的平面位置及管节的坡度尽量与设计坡度一致。

2）沉管沉放对接精确定位

当待安管节下放至距离已安管节水平距离 1 m、距基床面 2 m 时，通过测量塔顶 GPS 采集的坐标数据和倾斜仪同步测得的数据解算出沉管的三维姿态及待安管节与已安管节之间的精确相对位置关系，及时对管节姿态予以调整，并结合潜水员水下检查的结果，完成导向装置精确对接。

导向装置精确对接后，精确测量待安管节的三维姿态及两管节之间的相对位置关系，千斤顶拉合待安管节至 GINA 止水带鼻尖与已安管节端面接触时停止，再次精确测量待安管节的空间姿态，指导管节调整至设计位置，然后进行水力压接。

待沉管实现连接，首部对接端开仓后，采用沉管内精密闭合导线或精密边角线形锁联测沉管内永久观测点，贯通测量，严密平差计算。如果经严密平差，结果显示管节尾端沉管内永久观测点轴线位移偏差大于设计规范要求，则必须进行沉管微调，直到满足设计要求为止。沉管沉放对接测控见图 6-145。

图 6-145　沉管沉放对接测控

6. 沉管沉放对接测控系统

1）系统组成

系统组成见图 6-146。

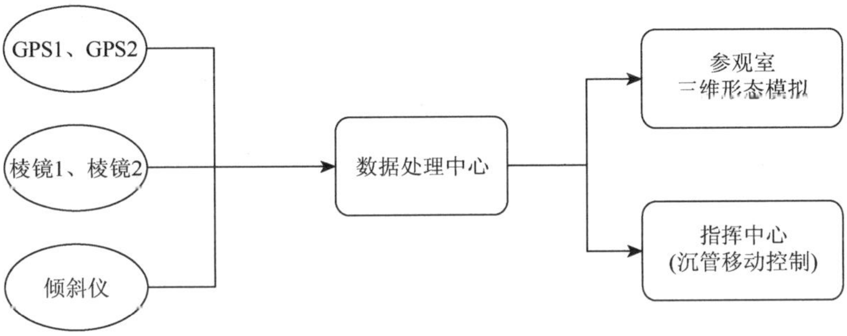

图 6-146　沉管沉放对接测控系统组成图

2）系统功能

①实时数据采集：通过测量塔顶 GPS/棱镜及倾斜仪每隔一段时间采集一次坐标数据。由数据处理主控计算机控制，同步采集数据。

②数据的传输与存储：测得的数据通过仪器上的数据接口及相应接口软件直接输入主控计算机。当仪器离主控计算机较远时，通过局域网或无线数传电台传输至主控计算机中处理、存储。

③数据分析处理：先对观测数据进行整理、分类、过滤等整理，然后利用相应测量数

据处理程序进行数据的计算、平差、转换最终获得管节的平面、高程、倾斜度等三维定位数据。根据模型计算，确定管段相对于设计位置的参数（包括平移、旋转、倾斜、下沉等），向指挥和参观人员提供准确、直观的数据和图形。

④三维动态显示：根据计算数据及时加工得到三维动态图形，传输到参观室的显示屏，为参观室的大屏幕提供三维动态图形，让参观者可以实时看到沉管动态的三维姿态及局部细节状态（接头），还可以进行多视点、多角度切换。

3）系统硬件

沉管沉放对接测控系统所需要的硬件见表 6-24。

表 6-24　沉管沉放对接测控系统硬件需求表

序号	设备名称	需求数量	备注
1	GPS	8 台	1 台作为基准站，发射差分信号，另外 2 台安装在测量塔上通过电缆与数据处理计算机连接（标定时使用 8 台）
2	计算机	3 台	1 台为数据处理计算机，1 台指挥，1 台参观
3	无线电	3 组	与 3 台计算机连接
4	全站仪	2 台	能自动跟踪目标
5	棱镜	8 个	—
6	倾斜仪	1 台	—

7. 精度分析

管节沉放定位精度包括平面和高程两部分。

1）平面精度分析

测量塔法的管节沉放定位平面精度分为绝对精度和相对精度，需要分别进行分析和估计。

①绝对精度分析要点如下。

绝对精度受到各个测量环节上的误差影响，包括：特征点测量时的起算点误差、特征点测量误差、测量塔上 GPS 位置标定误差、沉放定位时 GPS-RTK 的定位误差和计算对接面时倾斜仪测量误差等。

计算起算点误差时，采用预制施工控制网的控制点作为起算数据。根据该网的设计，控制网点的误差为 $m_0 = 2.0$ mm。

计算管节顶面特征点测量误差时，管节顶面特征点采用二等精密导线方法测量，构成一个二等导线网，进行严密平差。

为了简化起见，精度估计时不考虑网平差对精度带来的增益，而是直接采用二等导线网的边角测量精度进行计算。

二等导线网中任意一个特征点与起算点之间最多只有 2 条边。其中第一条边为特征点到最近的起算点边，边长 $S_1 < 500$ m，第二条边位于管节顶面上，边长 $S_2 < 180$ m。

导线点的精度 m_p 可表示为

$$m_P = \sqrt{m_1^2 + m_2^2} \tag{6-56}$$

式中，m_1、m_2——两条导线边上的测量误差。

$$m_1 = \pm\sqrt{m_{\beta1}^2 + m_{L1}^2} \tag{6-57}$$

$$m_2 = \pm\sqrt{m_{\beta2}^2 + m_{L2}^2} \tag{6-58}$$

式中，$m_{\beta1}$、m_{L1}，$m_{\beta2}$、m_{L2}——分别为 S_1 和 S_2 边上测角和测边的误差。

按照二等导线的精度指标，测角误差为 m_j=1 .0″；测边误差 m_b=2.0 mm。

则：

$$m_{\beta1} = m_j\sqrt{S_1}/206265 = 2.4\ \text{mm} \tag{6-59}$$

$$m_{\beta2} = \sqrt{2}m_j\sqrt{S_2}/206265 = 1.2\ \text{mm} \tag{6-60}$$

S_2 的方向误差由 S_1 边传递过来。

$$m_{L1} = m_{L2} = m_b = 2.0\text{mm}$$

因此最不利特征点精度为

$$m_P = \sqrt{m_0^2 + m_1^2 + m_2^2} = \sqrt{2.0^2+2.4^2+2.0^2+2.0^2+1.2^2+2.0^2} = 4.4\ \text{mm} \tag{6-61}$$

计算测量塔 GPS 位置标定误差时，采用的方法是 GPS 同步观测，以浮动基线解算方式解算管节范围内的短基线。根据 GPS 精度理论，成功解算初始整周数的浮动短基线可以达到静态精度，即 m_g = 5.0 mm。

计算 GPS-RTK 定位的仪器平面精度时，因沉管沉放时采用 GPS-RTK 定位，其平面定位精度 m_G = 15 mm。

计算仪器架设的对中误差时，由于在整个标定过程中，每个特征点需架设仪器，单次架设仪器的对中误差可控制在 2 mm。不同测量方式的仪器架设误差可随机累积，但多次测量时的仪器架设误差可以随机减弱，两种方式影响的积累效应基本可以相互抵消，故仍然取仪器架设误差为 m_y = 2.0 mm。

计算 GPS-RTK 定位的塔顶位置精度时，因以上分析的测量塔法管节沉放的各项误差彼此独立，所以塔顶 GPS 位置的精度为

$$m_T = \sqrt{m_p^2 + m_g^2 + m_G^2 + m_y^2} = \sqrt{4.4^2 + 5.0^2 + 15.0^2 + 2.0^2} = 16.5\ \text{mm} \tag{6-62}$$

对沉管沉放来说，还需要计算沿隧道轴线和横向的平面精度。在以上各个测量环节中，测量误差都是以点位误差方式表示的，因此 m_T 是点位误差。考虑以上的各项测量的误差，特别是作为主要误差的 GPS-RTK 定位误差，在这两个方向上没有明显差别。因此可以认为测量塔法定位的绝对精度在隧道纵线方向和横向是一致的，故纵向精度和横向精度均为

$$m_{TZ} = m_{TH} = m_T/\sqrt{2} = 11.7\ \text{mm} \tag{6-63}$$

倾斜误差会对绝对精度产生影响。采用测量塔法进行管节沉放时，由塔顶 GPS 位置

传算到对接面位置时需要进行倾斜改正，倾斜改正的角度来自双轴倾斜仪的测量结果，倾斜仪的测角精度可以达到 1/3000。

最不利情况下测量塔高度为 16.7 m，管节高度为 11.4 m，二者之和为 28.1 m。这样在最不利情况下，由 GPS 安装位置计算对接面底端的误差为

$$m_{QZ} = m_{QH} = 28.1 \times 1000 / 3000 = 9.4 \text{ mm} \tag{6-64}$$

估计测量塔法沉放对接面的绝对精度时，由于纵向、横向精度相同，有

$$m_Z = m_H = \sqrt{11.7^2 + 9.4^2} = 15.0 \text{ mm} \tag{6-65}$$

这个精度可以满足沉管安装的绝对精度要求。

②测量塔法定位的相对精度分析要点如下。

测量塔法定位的相对精度是指已安管节尾端对接面与正在沉放的管节的对接面之间的相对精度。其中已安管节尾端对接面的位置采用贯通测量方式测量得到，正在沉放的管节的对接面的位置是由 GPS 定位、倾斜仪测量等数据计算得到。

采用贯通测量计算已安管节尾端端面精度时，由于采用测量塔法沉放的沉管在仅用于最开始的 3 个管节，最不利的情况是第 3 节的安装。此时，第 2 节由贯通测量得到的沉管对接面的纵横精度：$m_{Z1} = 5.2$ mm；$m_{H1} = 6.7$ mm。

计算正在沉放的管节对接面精度时，仍然考虑最不利情况下正在沉放的管节对接面精度：$m_{Z2} = m_{H2} = 15.0$ mm。

计算相对精度时，考虑正在对接的第 2、3 节管节对接面的误差是独立的，因此相对精度的计算如下。

$$\text{纵向：}m_{ZZ} = \sqrt{5.2^2 + 15.0^2} = 15.9 \text{ mm} \tag{6-66}$$

$$\text{横向：}m_{HH} = \sqrt{6.7^2 + 15.0^2} = 16.4 \text{ mm} \tag{6-67}$$

这个精度可以满足沉管安装的相对精度要求。

2）高程精度分析

测量塔法的管节沉放定位高程精度也分为绝对精度和相对精度。

①测量塔法定位的绝对精度分析要点如下。

计算管节顶面特征点测量的高程精度时，由于沉管在一次舾装区特征点标定时采用二等精密水准测量，管节顶面的特征点高程精度可以控制在 1.0 mm 以内。

二次舾装区 GPS 天线高度的测量也可以用全站仪三角高程测量和经过标定的钢尺丈量，其测量精度均可控制在 3.0 mm 以内。因此，可以认为沉管顶部特征点及测量塔上的 GPS 点的高程标定精度为 4.0 mm。此精度表示为：$m_{V0} = 4.0$ mm。

计算 GPS-RTK 定位的仪器高程精度时，由于沉管沉放时采用 GPS-RTK 定位，其高程定位精度：m_{V1}=30.0 mm

倾斜误差会对高程的绝对精度产生影响，倾斜仪误差对沉管对接面底部左右两侧点的高程影响最大，最大误差点位于在沉管坐标系的 Y 坐标轴方向上，离开测量塔安装位置最远的点处。

取该点与测量塔的 Y 坐标差为 30.0 m，倾斜仪的综合测量误差为 1/3000。则该位置的倾斜仪误差为

$$m_{V3}=30.0\times1000/3000=10.0\ \text{mm} \tag{6-68}$$

测量塔法的沉放对接面的绝对精度估计：

$$m_V=\sqrt{m_{V0}^2+m_{V1}^2+m_{V3}^2}=\sqrt{4.0^2+30.0^2+10.0^2}=\pm31.9\ \text{mm} \tag{6-69}$$

这个精度可以满足沉管安装的绝对精度要求。

②测量塔法定位的相对精度分析要点如下。

测量塔法定位的相对精度是指已安管节尾端对接面与正在沉放的管节的对接面之间的高程相对精度。其中已安管节尾端对接面的高程也采用贯通测量方式，以二等精密水准测量得到，正在沉放的管节的对接面的高程是由 GPS、倾斜仪等测量得到。

由于已沉放的沉管最多只有 2 节，并且采用了二等水准测量方式，测量精度较高。相比正在沉放管节的高程精度，前者的误差可以忽略不计。因此测量塔法定位的高程相对精度可以认为就是后者的精度。即

$$m_{VV}=m_V=31.9\ \text{mm}$$

这个精度可以满足沉管安装的相对精度要求。

6.3.6.3 声呐法

1. 作业条件

港珠澳大桥沉管安装是由 2 艘专用管节安装船采用双驳扛吊法进行沉放对接。根据沉管沉放对接的施工流程，首先采用安装船上的 GPS 接收机使待安管节到达指定位置，再采用无线声呐测控系统逐步引导沉管下沉、安装，并在其过程中实时控制沉管的水下三维姿态。

2. 无线声呐定位方法

（1）系统组成

无线声呐测控系统是由 GPS 接收机、送受波器及应答器等部分组成，整个系统根据单根管节浮运安装的不同阶段分为诱导、近接 GPS 和近接三种模式对单根管节的安装对接进行测控定位。无线声呐测控系统示意如图 6-147 所示，单根管节应答器布置如图 6-148 所示。

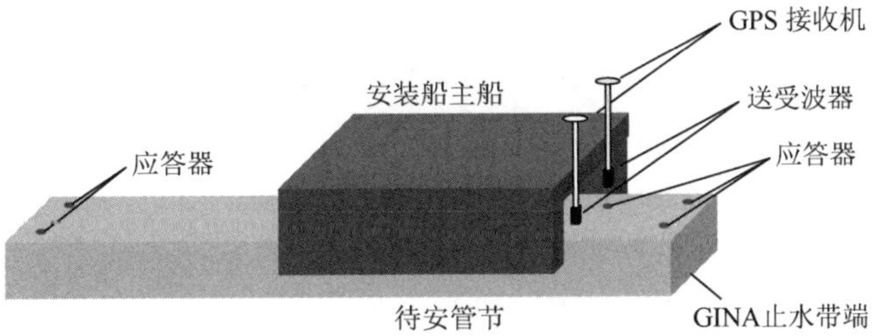

图 6-147 无线声呐测控系统示意图

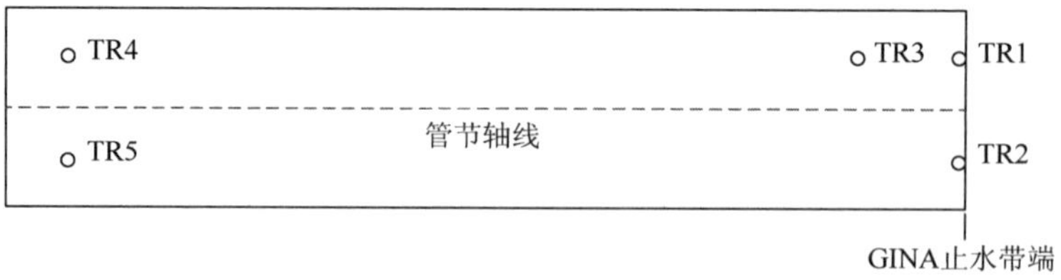

图 6-148　单根管节应答器布置图

（2）诱导模式

在待安管节完成浮运、系泊工作后，待安管节向已安管节绞移过程中使用诱导模式。在诱导模式中安装船与待安管节的关系为“管船连接”，此时安装船与待安管节可视为一个整体，则无线声呐测控系统根据送受波器顶部的 GPS 接收机与管节的相对位置关系来进行待安管节的实时定位工作。诱导模式定位示意图如图 6-149 所示。

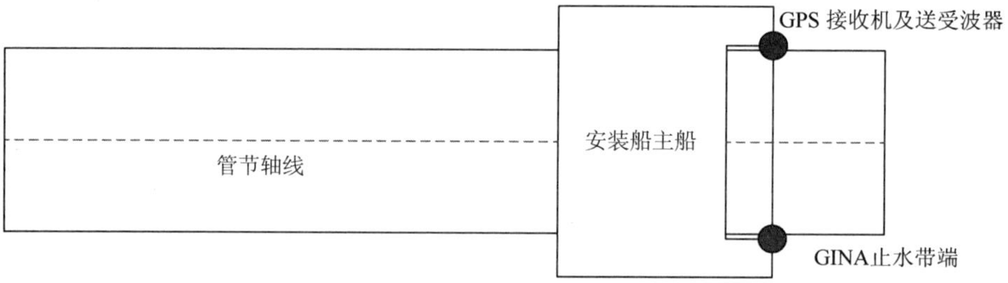

图 6-149　诱导模式定位示意图

（3）近接 GPS 模式

在待安管节 GINA 止水带端面距已安管节尾端 10 m，待安管节顶面下沉至水下 5 m 时使用近接 GPS 模式。在近接 GPS 模式中安装船与待安管节的关系为“管船分离”，待安管节上的应答器能够正常工作，则无线声呐测控系统根据送受波器顶部的 GPS 接收机和待安管节上的 3 台应答器进行单根管节的实时绝对定位工作。近接 GPS 模式定位示意如图 6-150 所示。

图 6-150　近接 GPS 模式定位示意图

近接 GPS 模式下无线声呐测控系统对管节进行绝对定位。安装船主船上的送受波器与 GPS 接收机为一个整体，安装过程中 GPS 接收机可实时测定出两台送受波器的绝对位置，同时各送受波器与待安管节上的三个应答器之间通过声波进行测算距离，再根据测边交会的原理便可得到各应答器的绝对位置；应答器的内部装有水压计，可测定各应答器的入水深度。最后同过无线声呐测控系统软件便可对待安管节进行实时测控。管节绝对定位如图 6-151 所示。

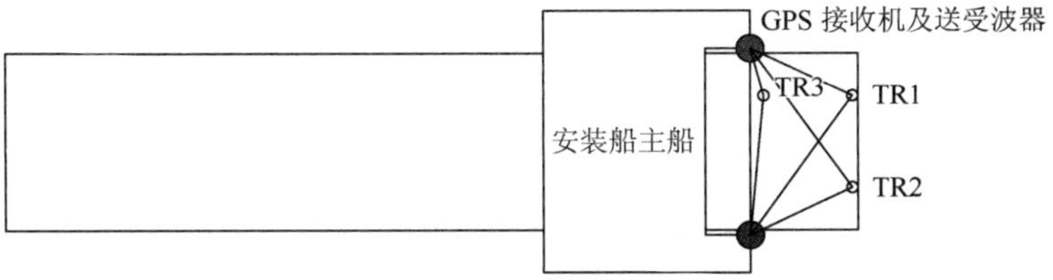

图 6-151　管节绝对定位示意图

（4）近接模式

在待安管节顶面下沉至水下 5 m 以下，安装船主船上的送受波器能够同时测定出待安管节与已安管节上的应答器时，无线声呐测控系统通过测算各应答器之间的距离来进行管节沉放对接的指导工作。近接模式定位示意如图 6-152 所示。

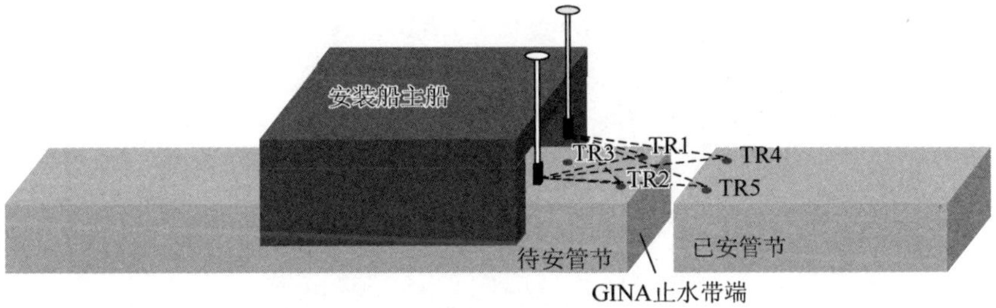

图 6 152　近接模式定位示意图

近接模式下无线声呐测控系统对管节进行相对定位。首先送受波器向应答器 TR1、TR2、TR4、TR5 发送声波，通过测边交会的原理测定出这 4 个应答器的位置，进而计算出 TR1-TR4、TR1-TR5、TR2-TR4、TR2-TR5 之间的距离，同时送受波器测定出应答器 TR1、TR2、TR3 之间的距离，进而计算出待安管节的三维姿态，最后无线声呐测控系统软件将所有的数据进行整合，操作人员便可通过待安管节的三维姿态和距已安管节的距离完成管节的沉放对接工作。管节相对定位人如图 6-153 所示。无线声呐测控系统软件见图 6-154。

通过无线声呐测控系统，操控人员便能实时掌握待安管节在水中的三维姿态信息。在待安管节逐渐接近已沉管节时，操控人员需要将待安管节调整到相应的纵坡姿态来确保沉管安装的平面位置精度在 10 cm 以内，高程精度在 5 cm 以内。

3. 精度分析及检核方法

管节沉放定位精度包括平面精度和高程精度两部分。

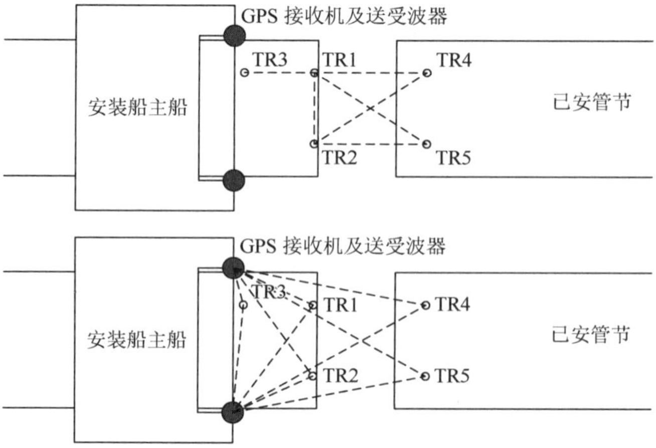

图 6-153　管节相对定位示意图

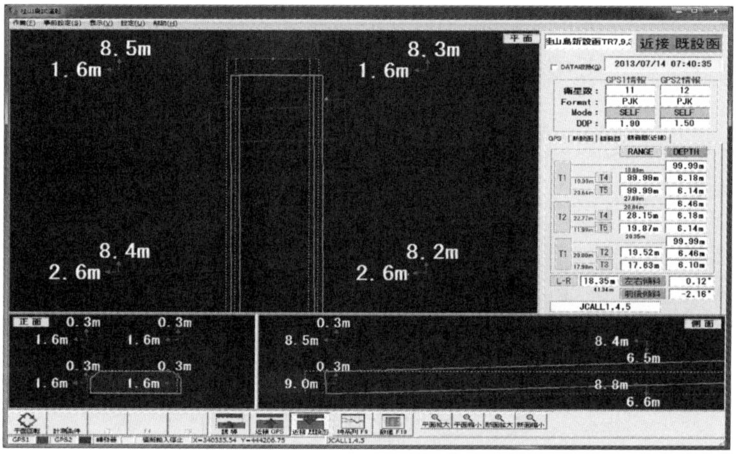

图 6-154　无线声呐测控系统软件示意图（后附彩图）

1）平面精度分析

无线声呐测控系统对管节沉放定位平面精度主要为相对定位精度，相对定位精度主要受管节标定测量时的起算点误差、管节平面标定测量精度、无线声呐定位系统测距精度等。

①测量起算点误差：管节顶面特征点测量时采用预制施工控制网的控制点作为起算数据。根据该网的设计，控制网点的误差为 $m_O = 2.0$ mm。

②管节平面标定测量精度：管节标定使用徕卡 TS30 全站仪进行放样测量，其精度为 $m_T = 10$ mm。

③无线声呐测控系统测距精度：送受波器通过声波的方式对各应答器之间的距离进行测量，其测距精度为 $m_S = 10$ cm。

综上所述，无线声呐测控系统对管节沉放定位平面精度为

$$m_P = \sqrt{m_O^2 + m_T^2 + m_S^2} = \sqrt{0.2^2 + 1.0^2 + 10.0^2} \approx \pm 10.1 \text{ cm} \qquad (6\text{-}70)$$

2）高程精度分析

无线声呐测控系统对管节沉放的高程精度主要为相对定位精度，相对定位精度主要受应答器高程标定测量误差和应答器高程精度等影响。

①应答器高程标定测量误差：应答器高程标定使用徕卡 TS30 全站仪进行三角高程测量，其精度为 $m_i = 1.0$ cm。

②应答器高程精度：应答器通过自身的水压计对管节的入水深度进行测定，水压计的精度为 $m_D = 5.0$ cm。

综上所述，无线声呐测控系统对管节沉放定位高程精度为

$$m_H = \sqrt{m_i^2 + m_D^2} = \sqrt{1.0^2 + 5.0^2} \approx \pm 5.1\ \text{cm} \tag{6-71}$$

3）检核方法

使用潜水员水下探摸的方法对无线声呐测控系统进行检核工作，通过实际丈量对接面间距来确定无线声呐定位系统的正确性。

为掌握无线声呐测控系统定位精度，模拟沉放过程对其定位结果与测量塔测控系统定位结果进行精度对比。对比结果见表 6-25。

表 6-25　E3 管节无线声呐测控系统与测量塔测控系统对比表　（单位：cm）

位置	测点	无线声呐测控系统			测量塔			互差		
		管节纵向	管节横向	高程	管节纵向	管节横向	高程	管节纵向	管节横向	高程
首端	1	0.89	0.06	2.04	0.87	0.08	2.07	0.02	−0.02	−0.03
	2	0.88	0.06	2.08	0.85	0.08	2.05	0.03	−0.02	0.03
尾端	7	0.85	−0.04	2.14	0.88	−0.02	2.12	−0.03	−0.02	0.02
	8	0.87	−0.02	2.06	0.85	−0.02	2.10	0.02	0.00	−0.04

注：管节纵向距离为 E3 管节 S1 端钢壳至 E2 管节 S5 端钢壳距离。

对比结果表明无线声呐测控系统相对于测量塔测控系统，两次调试的结果表明，无线声呐测控系统在管节安装过程中对管节首端的定位精度较高，而且平面精度主要受应答器标定和软件参数计算影响，高程精度主要受应答器校准工作的影响。

4. 资源配置

无线声呐测控系统的主要仪器设备见表 6-26。

表 6-26　无线声呐测控系统主要仪器设备表

序号	仪器名称	数量	精度
1	GPS 接收机	2 台	静态平面精度：±5 mm + 0.5ppm×D 静态高程精度：±5 mm + 1ppm×D 动态平面精度：±10 mm + 1ppm×D 动态高程精度：±20 mm + 1ppm×D
2	送受波器	4 台	—

续表

序号	仪器名称	数量	精度
3	应答器	10 台	测距精度：±10 cm
4	水压计	10 台	测深精度：±5 cm
5	计算机	1 台	—

6.3.6.4 免精调的组合定位法

1. 首端无线声呐关键技术

1）首端无线声呐测控方法点位布设

无线声呐测距属于测边交会方法，根据测边网网形要求，测边网网形角度为 30°～150°。即如图 6-155 所示，∠A、∠B、∠P 均为 30°～150°。

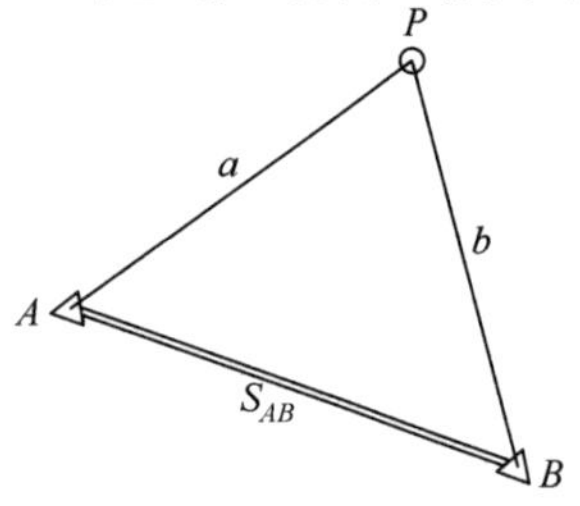

图 6-155 测边网交会示意图

声波传播过程中如遇障碍物会受多路径效应影响，多路径效应表现在主动声呐发射声波在海水中传播时，如遇障碍物会发生反射，此时被动声呐所接受到的信号不是由主动声呐直接发射过来的，而是经过障碍物反射后的信号。如图 6-156 所示，反射信号多经过的路径长度称为波程差，用 $\varDelta$ 表示。若 H 为声呐离水底高度，则有

$$\varDelta = GA - OA = GA(1-\cos 2z) = \frac{H}{\sin z}[1-\cos 2z] = 2H\sin z \tag{6-72}$$

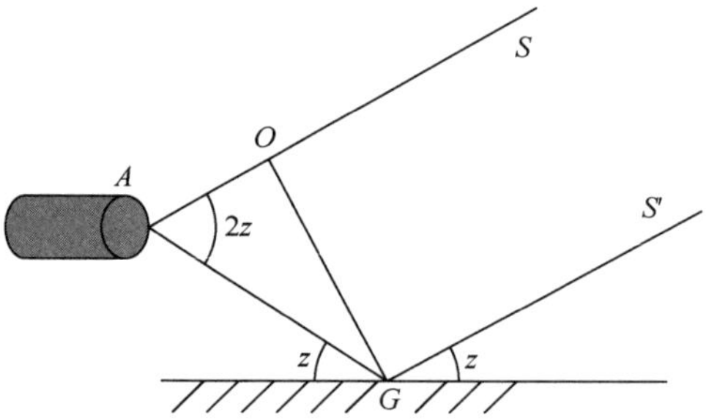

图 6-156 多路径效应误差示意图

由于存在波程差 $\varDelta$，所以反射波和直射波间存在一个相位延迟 θ（以弧度为单位），即

$$\theta = \varDelta\frac{2\pi}{\lambda} = \frac{4\pi - H}{\lambda}\sin z \tag{6-73}$$

式中，λ——载波波长。

反射波除了存在相位延迟外，信号强度一般也会减小。反射面反射信号的能力可以用反射系数 α 来表示，$\alpha = 0$ 表示信号完全被吸收不反射，$\alpha = 1$ 表示信号完全被反射不吸收。

声波在传播过程中总会遇到障碍物，所以实际测量中，多路径误差是不可避免的，只能通过采取相应的措施来减弱，主要方法有选择合适的接收声呐，以及适当延长观测时间。因此在无线声呐点位布设时需避开管顶舾装件，采用稳定时无线声呐测控系统测量数据。

无线声呐测控时，TR1-TR2 及 TR4-TR5 均为已知边，TR1-TR4 及 TR2-TR5 均为未知边，为保证未知边无线声呐测控精度，TR1-TR2 及 TR4-TR5 间距应尽量长，TR1～TR4 间距应尽量短。同时综合考虑管顶舾装件及沉管安装影响，无线声呐支架 TR1-TR2 间距为 20 m，TR1-TR4 间距为 13 m。无线声呐支架安放布置如图 6-157 所示。

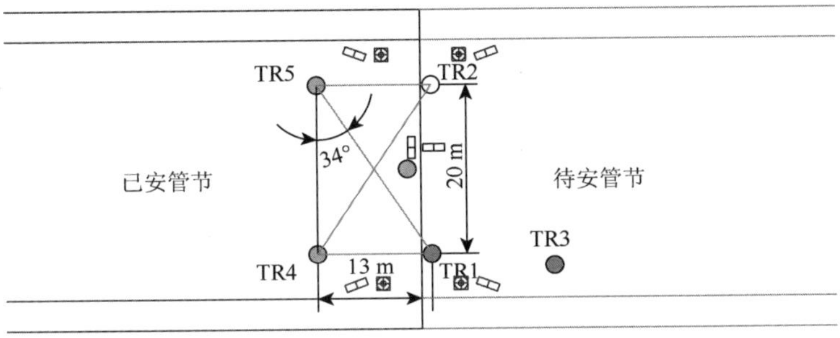

图 6-157　无线声呐布置示意图

为了更高精度地控制管节轴线，研发沉管安装精控模式，在已安管节尾端中间位置放置 TR6 无线声呐，TR6 同 TR1、TR2 构成等腰三角形，如图 6-158 所示。

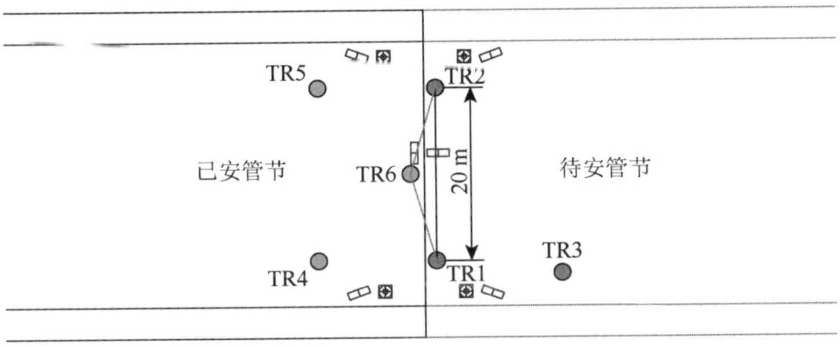

图 6-158　精控模式无线声呐布置示意图

2）送受波器布设

在前期管节安装中，无线声呐测控系统送受波器安装在船舷固定管中，送受波器入水深度为 1.5 m。在测试过程中发现测量精度低下等问题，因此对送受波器安装位置及安装方式进行研究。测试软件界面如图 6-159 所示。

通过改变送受波器的位置测试声呐应答率，测试过程中发现将送受波器伸出船角 2 m、入水 4～5 m 时声呐应答率比较高，送受波器支架改进前后示意图见图 6-160。

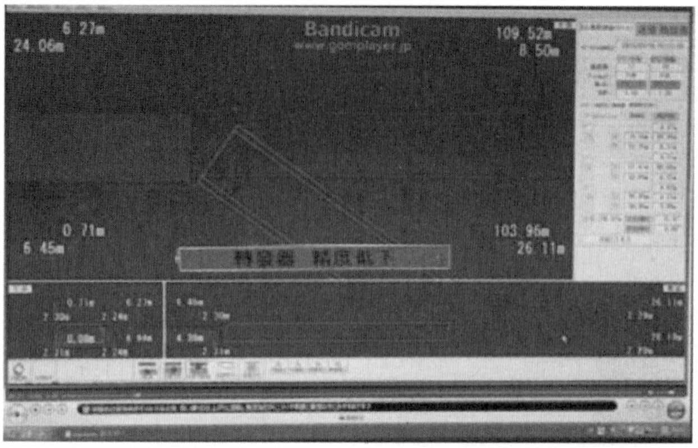

图 6-159　测试软件界面

图 6-160　送受波器支架改进前后示意图

送受波器支架位于系缆柱旁，存在被缆绳刮碰风险，并且安装过程中如遇强流，送受波器摆动过大，影响收送信号传输。为解决上述问题，经研究专门制作了配重安装筒，并使用不锈钢手把滚轮伸收，送受波器支架伸出安装船舷的长度也可以在 1～2 m 任意调整，保证信号稳定性。配重安装桶及送受波器支架见图 6-161。

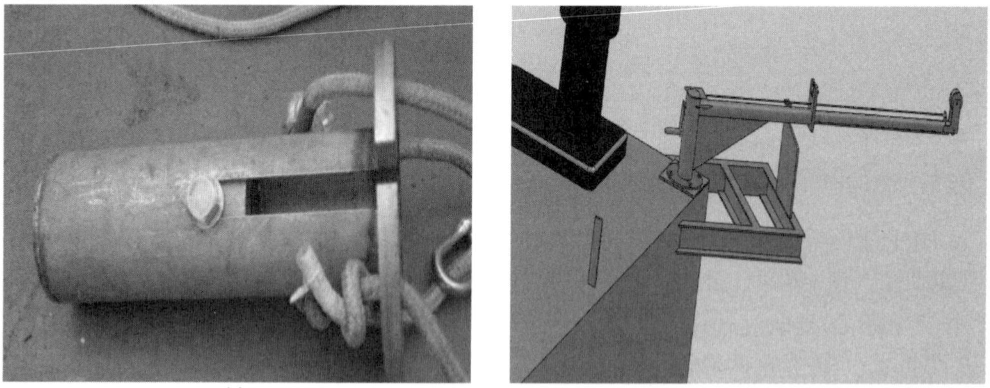

(a)　　(b)

图 6-161　配重安装筒及送受波器支架图

3）数据同步测量

传统声呐测控系统依靠船上处理器向无线声呐 TR1、TR2、TR4、TR5 发送命令，使无线声呐 TR1、TR4、TR5 或无线声呐 TR2、TR4、TR5 之间进行相互距离测量，这样会导致数据获取时间间隔过长、数据显示不稳定等。经研究决定添加 SCALL 呼叫机以增加命令的发送。

SCALL 呼叫机能够实现呼叫命令的增加，管节沉放过程中，由计算机发送命令至船上处理器，船上处理器发送 SCALL 命令至送受波器，然后送受波器再发出命令至无线声呐使 TR1、TR4、TR5 和无线声呐 TR2、TR4、TR5 之间进行相互距离测量。如此可以得到两组同步测量数据，相较于以往的一组观测数据，同步测量数据能很大程度上提高管节首端 TR1、TR2 的定位精度。添加 SCALL 呼叫机后通信示意图如图 6-162 所示。

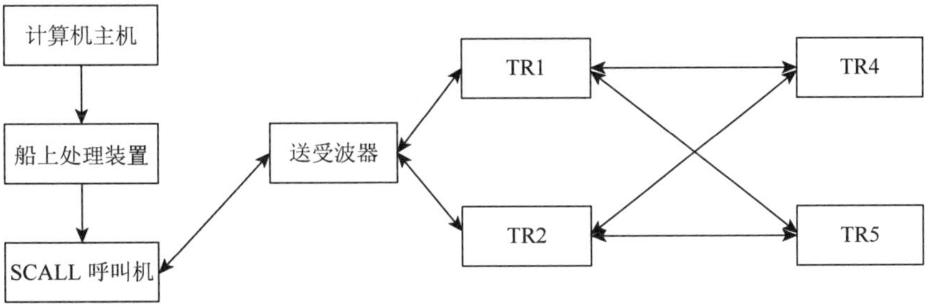

图 6-162　添加 SCALL 呼叫机后通信示意图

采用模拟实验的方法对采用 SCALL 前后的数据进行测试比较，采用 SCALL 前后模拟实测轴线偏差如表 6-27 所示。

表 6-27　采用 SCALL 前后偏差对比表　　　（单位：mm）

测试编号	采用 SCALL 前	采用 SCALL 后
1	3.1	0.9
2	2.8	–1.1
3	4.5	–1.3
4	3.7	0.6
5	4.3	1.2

2. 尾端双天线定向方法

1）双天线间距控制

在管节尾端安装单个测量塔控制沉管尾端轴线精度，测量塔宽度只有 4.8 m，考虑双天线定位精度，根据沉管上测量塔和安装特征点之间的位置关系研究测量塔双天线距离对定位精度的影响。

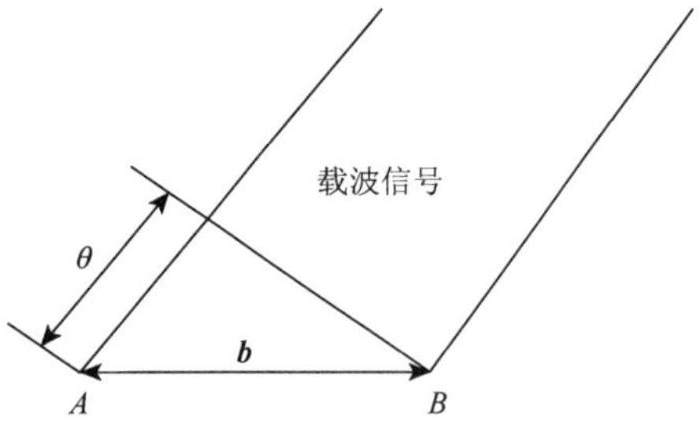

图 6-163　尾端双天线定向的定位原理

基于测量塔结构和定向精度两点因素考虑的，如图 6-163 所示，A、B 点为双天线，由于天线距离近，卫星轨道高，可近似将载波看为平面波。b 为 AB 组成一条超双天线定向向量，其坐标可由基线解算得到，记为$b=(x,y,z)$，间距为 S，θ 为 A、B 天线的载波相位差，由于双天线只能组成一条基线，理论上只能解算管节偏航角和横滚角，分别记为 α 和 β。

偏航角和横滚角的估值公式如下：

$$\alpha=\arctan\frac{y}{x} \tag{6-74}$$

$$\beta=\arctan\frac{z}{\sqrt{x^2+y^2}} \tag{6-75}$$

根据误差传播定理，求得到偏航角方差：

$$\sigma_\alpha=\frac{\sqrt{\sin^2\alpha\times\sigma_x^2+\cos^2\alpha\times\sigma_y^2}}{S\cos\beta} \tag{6-76}$$

横滚角方差：

$$\sigma_\beta=\frac{\sqrt{\cos^2\beta\times\sigma_x^2+\sin^2\beta\times\sigma_x^2\times\cos^2\alpha\times\sigma_y^2}}{S} \tag{6-77}$$

可以看出，偏航角及横滚角的计算精度与基线的长度成正比，基线的长度越长计算精度越高。当基线长度固定时，计算精度主要由基线的解算质量决定。

2）模拟试验

在陆上从 2～15 m 按照逐米增加双天线距离，根据沉管定位点和双天线几何关系，设置了两个比对点，一个近点一个远点，对定位精度进行测试。现场测试见图 6-164。

图 6-164　不同长度基线精度现场测试图

试验中，调节距离，分别利用双天线定向高精度定位系统软件和 GPS-RTK 测量实验点的坐标，求出坐标差，试验结果如图 6-165 所示。

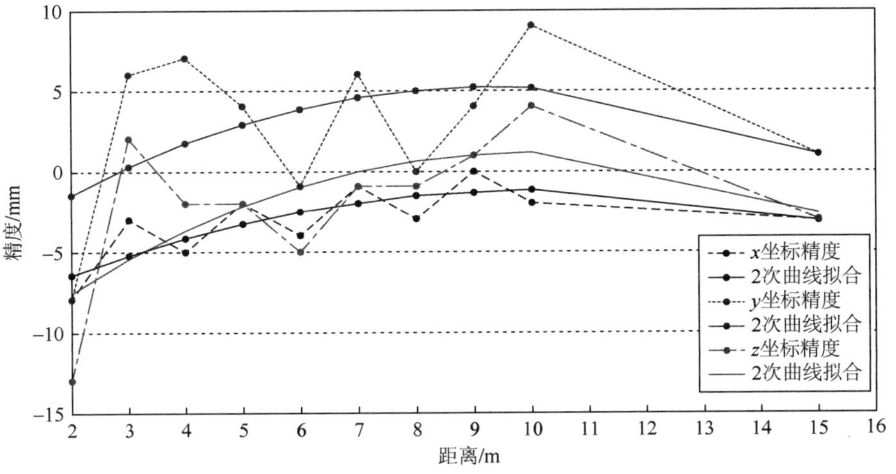

图 6-165　双天线距离对定位精度的影响（后附彩图）

从图 6-165 可以看出，随着距离的增加，双天线定向高精度定位系统软件和 GPS-RTK 测量值逐渐接近，整条曲线渐渐向 0 刻度线靠拢。说明测量精度随天线距离的增加而提高。又考虑当天线距离增加到一定程度时，其精度提高较小，并且受到测量塔整体宽度的影响，工程选择测量塔上的天线距离为 8.5 m。

3）双天线定向高精度定位系统坐标转换

双天线定向高精度定位系统的最终目的是得到管节端面特征点在施工坐标系中的坐标，但经过 GPS-RTK 测量，只得到测量塔顶部 GPS-RTK 天线相位中心在施工坐标系中的坐标，则需要进行转换计算才能得到管节端面特征点在施工坐标系中的坐标，而且在对接过程中，管节处于浮动状态，因此，需要结合管节的实时姿态信息和由沉管标定测量得到的特征点间的相对位置关系，通过归位计算，最终精确得到端面特征点在施工坐标系中的坐标。双天线定向高精度定位系统定位原理如图 6-166 所示。

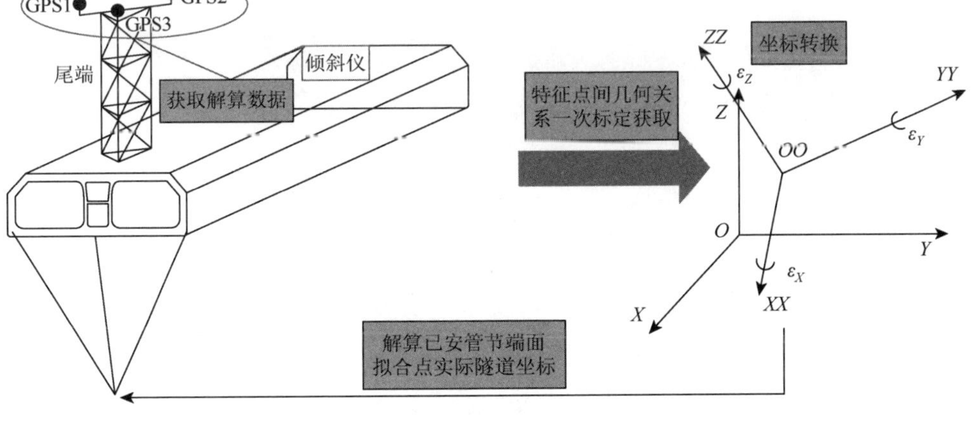

图 6-166　双天线定向高精度定位系统定位原理图

3. 组合测控系统

（1）组合测控系统的组成

组合测控系统由首端无线声呐＋尾端双天线定向高精度定位系统组成。

系统硬件设备包括计算机、船上处理器、无线声呐、送受波器、GPS 接收机、精密倾斜仪、无线数据传输设备等部分。

根据港珠澳大桥沉管安装特点，开发了港珠澳大桥沉管隧道无线声呐＋双天线定向测控系统，该系统通过对传来数据进行汇总、分析和计算，最终使用图像及数据实时显示沉管的三维姿态及与已安管节的相对位置关系，从而指导待安管节与已安管节顺利对接。

首端无线声呐测控系统通过无线声波测距，采用测边交会原理实时解算待安管节实时位置，首端无线声呐测控系统如图 6-167 所示。

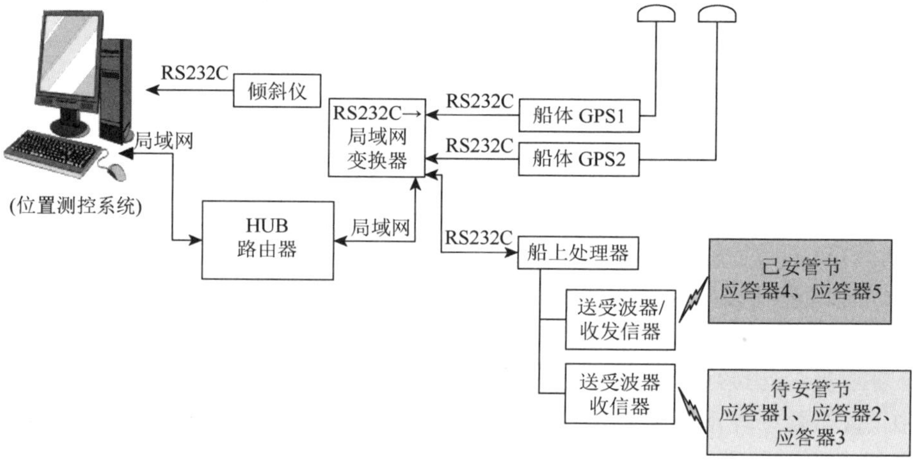

图 6-167　首端无线声呐测控系统

首端无线声呐测控系统软件运行界面见图 6-168。

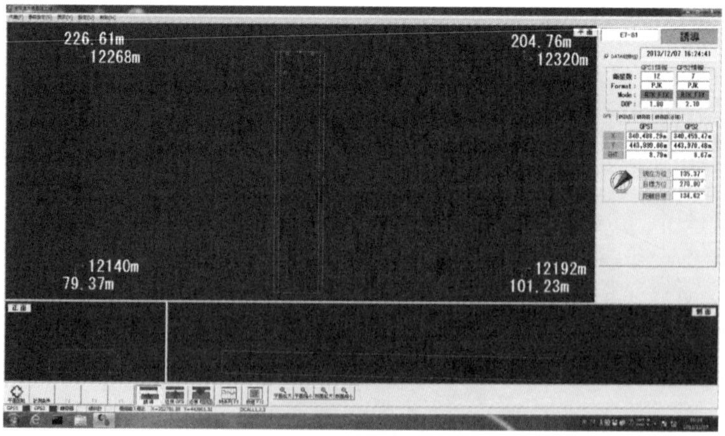

图 6-168　首端无线声呐测控系统软件运行界面图（后附彩图）

尾端双天线定向系统使用双天线定向，采用绝对定位的方式。该系统分为硬件和软件两部分，其中软件为双天线定向高精度定位系统，其软件界面见图 6-169。

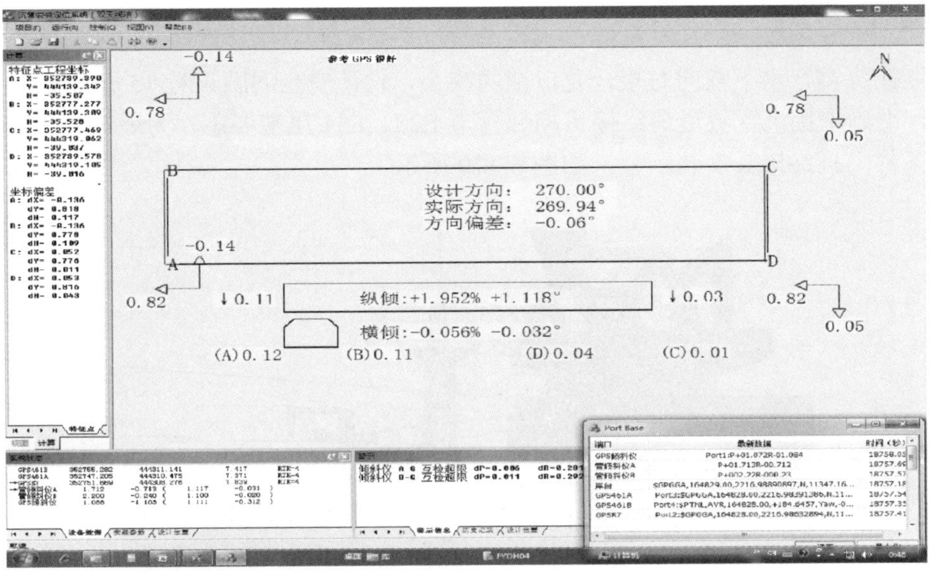

图 6-169　双天线组合定向高精度定位系统软件界面（后附彩图）

（2）测控系统功能

1）实时数据采集与转换

系统对可能接入的各种测量设备的数据能够正确解码，设备数据总延迟不超过 0.1 s，对在各种不同坐标系统下测量得到的绝对观测量、相对观测量（包括位置坐标、测距、方位角、高度角、姿态倾角等）均能统一转换到施工坐标系，并建立管节坐标系与施工坐标系的转换关系，能将管节坐标系下的特征点及相互关系转换到施工坐标系，各种观测量本身在系统转换时应确保采用严密的计算过程，以保证在数据转换时精度不受损失。通过合理设置测点数量和设备安装方式，确保沉管对接面上任意特征点的平面、高程精度满足精度要求。

2）数据的传输与存储

系统可以对原始观测数据进行记录存档，事后可以在系统中回放该数据，再现整个施工阶段沉管的真实位移过程。测得的数据通过仪器上的数据接口及相应接口软件直接输入主控计算机，当仪器离主机较远时，通过局域网或无线传输至主机中处理、存储，做到多用户同时共享数据。

3）数据质量监控

系统能够根据设备数据给出的设备健康状况和设备冗余观测数据判断整个系统的定位精度和可靠性，当冗余设备数据检核发现错误时，系统能够给出相应的警示。

4）三维动态显示

根据计算数据及时加工得三维动态图形，传输到参观室的显示屏，让参观者可以实时看到沉管动态的三维姿态及局部细节状态（接头），还可以进行多视点、多角度切换。

6.3.6.5　投点法

1. 作业条件

最终接头实行水下双向对接，龙口空间狭小，设计安全间隙只有 15 cm，通过双人孔井投点，准确掌握沉管隧道最终接头相邻管节 E28、E31 尾端姿态，为最终接头安装创造良好的条件。最终接头安装示意，如图 6-170 所示。

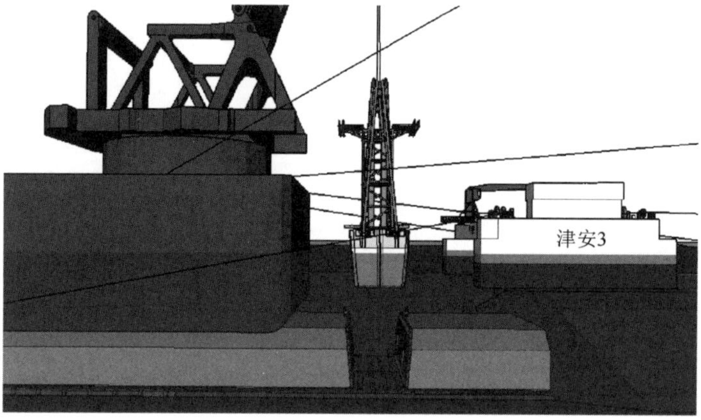

图 6-170　最终接头安装示意图

作业区 E28～E31 管节的沉放对接后使用双人孔井投点，作业水深见表 6-28。

表 6-28　管节作业水深

序号	管节	作业水深/m		备注
		首端	尾端	
1	E28	24.77	19.88	首端：GINA 止水带端（对接端） 尾端：非 GINA 止水带端 作业水深：管节顶部至海面距离 海面高程取平均海面高程 + 0.54 m
2	E29	19.88	16.08	
3	E30	12.37	16.08	
4	E31	8.35	12.36	

每根管节上安置两个测量塔，两个测量塔中心位置安置人孔井，测量塔节段共分为 A、B、C、D 型节，各根管节单个测量塔高度及节段配置见表 6-29。

表 6-29　管节测量塔高度及节段配置表

序号	管节	首端塔高度/m	尾端塔高度/m	首端配置	尾端配置	备注
1	E28	31.0	26.9	7B + 1D	2A + 1B + 3C	A 型节高度 4.7 m B 型节高度 4.0 m C 型节高度 4.5 m D 型节高度 3.0 m
2	E29	28.0	24.0	7B	6B	
3	E30	20.0	24.0	5B	6B	
4	E31	16.0	20.0	4B	5B	

2. 双人孔井投点方法

1）投点方法

管节在干坞一次标定期间，在管节顶面首、尾端人孔井盖板合适位置，制作特征点并标定，并对盖板安装位置做好标记，建立人孔井盖板投点特征点与管节一次标定特征点和端面拟合特征点之间的几何关系。

沉管安装结束后，在双人孔井内向塔顶投点，使用 GPS 采集该点的隧道坐标，根据人孔井两特征点实际隧道坐标和管节的实际坡度解算管节端面所有特征点实际位置和端面姿态。得到管节两个端面空间姿态，进而指导后续管节的沉放对接施工。双人孔井投点方法定位原理见图 6-171。

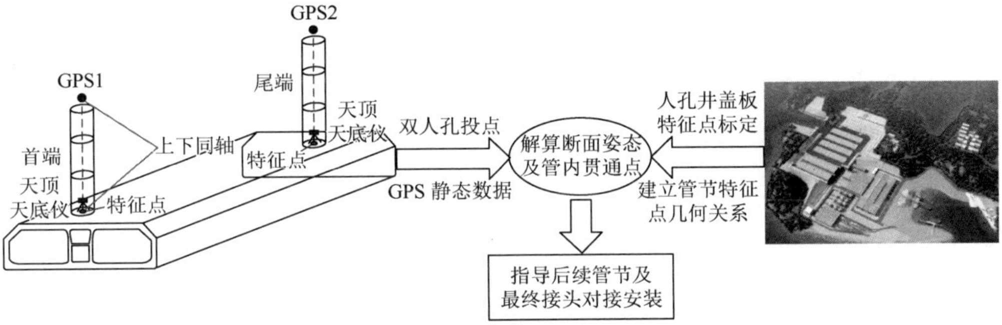

图 6-171　双人孔井投点方法定位原理图

2）坐标体系

双人孔井投点工作主要涉及 GPS 定位的 WGS84 坐标系、工程坐标系和管节坐标系。

其中 WGS84 坐标系与工程坐标系之间的转换关系是在建立沉管隧道首级加密控制网时计算确定。工程坐标系即港珠澳大桥工程采用的隧道工程坐标系（TCS2010），所有设计、施工均依据此坐标系，每节管节最终沉放位置的设计坐标在该坐标系中是已知的。

管节坐标系、管节轴线是根据管节端面特征点的平面测量结果进行确定，端面特征点点位分布示意图如图 6-172 所示。

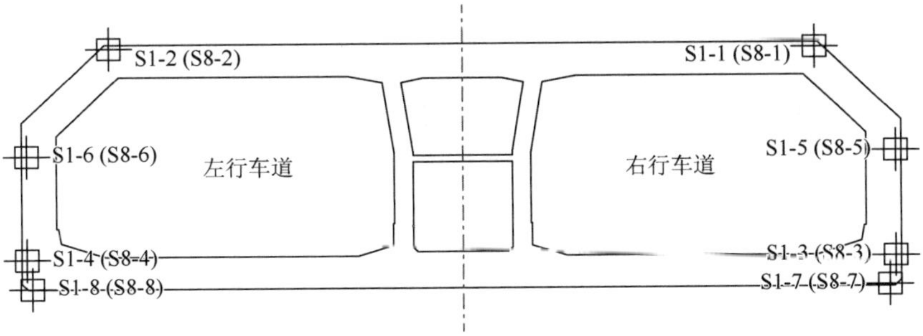

图 6-172　管节端面特征点位分布示意图

取 S1 节段端面的特征点 S1-3 和 S1-4 的中点 S1-34、S1-5 和 S1-6 的中点 S1-56，S1-7 和 S1-8 的中点 S1-78，最终取点 S1-34、S1-56 和 S1-78 的中点 S1-M，同理可得点 S8-M，则这两个点的连线为管节的实际轴线。

取管节实际轴线在管节顶面的投影为 x 轴，并以指向 GINA 止水带端的方向为 x 轴正方向，x 轴与 S1 节段端钢壳上边线交点为原点 o。使用左手法则建立 y 坐标轴，过原点 o 做垂直于 xoy 平面的线为 z 轴，并以向上方向为 z 轴正方向。取管节顶面设计高程（14.900 m）为管节坐标系的高程基准，管节坐标系示意如图 6-173 所示。

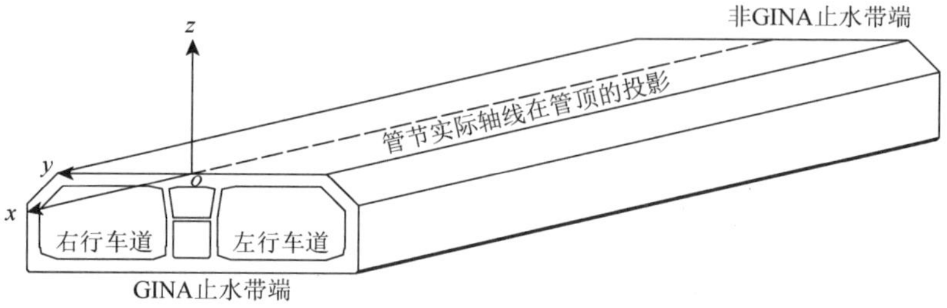

图 6-173　管节坐标系示意图

3. 特征点的布设与标定

（1）特征点的布设

管节张拉结束，一次标定期间，移开短人孔井，安装人孔井盖板，根据计算的人孔井盖板上适合位置制作投点特征点，短人孔井位置见图 6-174。

图 6-174　短人孔井位置图

根据测量塔及人孔井的高度，计算 E28～E31 沉管安装结束，人孔井盖板可视范围见表 6-30。

表 6-30　管节测量塔高度及节段配置表

管节编号	坡度/%	首端高度/m	尾端高度/m	首端可视范围/m	尾端可视范围/m
E28	–2.717	31.0	26.9	0.29	0.40
E29	–2.123	28.0	24.0	0.54	0.62
E30	–2.123	20.0	24.0	0.71	0.62
E31	–2.229	16.0	20.0	0.77	0.68

在人孔井盖板可视的范围内制作 4 个特征点（点名分别为 T1、T2、T3、T4，其中 1 个作为使用点，3 个作为备用点），点位分布如图 6-175 所示。

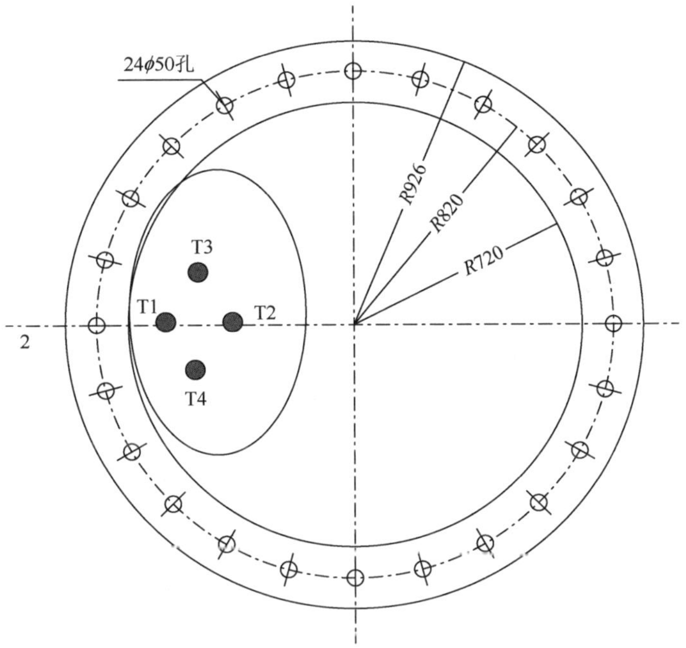

图 6-175　人孔井盖板特征点点位分布图（单位：mm）

选择好合适点位后，使用电钻打小眼，制作特征点，做好之后，焊接标记条，确保人孔井盖板每次安装位置统一，特征点制作见图 6-176。

（2）特征点的标定

特征点标定是计算管节沉放结束姿态的重要环节。通过建立管节上的各特征点与人孔井盖板上特征点位置关系，可以将由投点后 GPS 测定的工程坐标系坐标与管节坐标系坐标建立转换关系，从而达到在管节在沉放结束确定端面的准确姿态的目的，指导后续管节及最终接头的安装。

因此沉管管节上各特征点与人孔井盖板上特征点位置的联系测量也十分重要。标定内容和步骤包括以下几点。

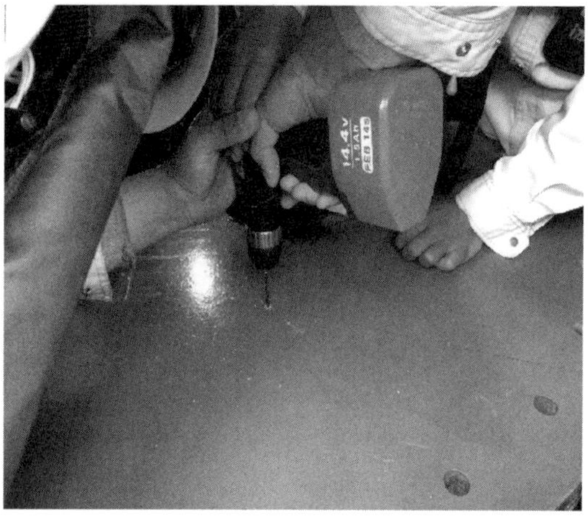

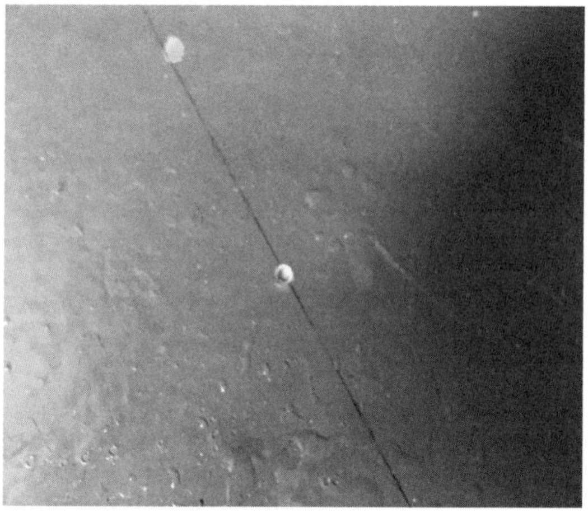

图 6-176　人孔井盖板投点特征点制作图

1）人孔井盖板特征点平面标定

在管节的一次舾装区，利用现有的沉管预制施工控制网点 $C1$、$C2$、$C3$、$C7$，以二等导线网的形式对管节人孔井特征点的平面坐标进行测量。

管节人孔井盖板特征点的测量：采用二等导线网内的控制点对管节顶面人孔井盖板特征点（T1、T2、T3、T4）进行平面坐标测量，为了控制测量精度及便于测量数据比对，分别选择 2 个不同的控制点对 4 个人孔井盖板特征点进行测量，每个特征点均采取盘左、盘右的方式进行观测，测量结束后对测量结果进行平差处理，人孔井盖板特征点平面标定见图 6-177。

图 6-177　人孔井盖板特征点平面标定示意图

2）人孔井盖板特征点高程标定

为了统一管节内部与管节顶面特征点高程，使用吊钢尺的方法将管内高程引测至管顶，使得管内与管顶有统一的高程体系。管节内部与顶部分别进行闭合水准路线测量。

（3）坐标转换

管节所有特征点坐标测量结束后，将其预制坐标转换至管节坐标系中。

4. 现场人孔井投点

（1）人孔井投点准备工作

为人孔井投点专门设计了前后左右可以自由移动、任意位置锁定且可以微调的精密投点支架，使用该支架，人孔内投点测量人员通过天顶天底仪指挥顶部操作人员调整投点支架上的GPS天线位置与人孔井盖板特征点同轴。投点支架如图6-178所示。

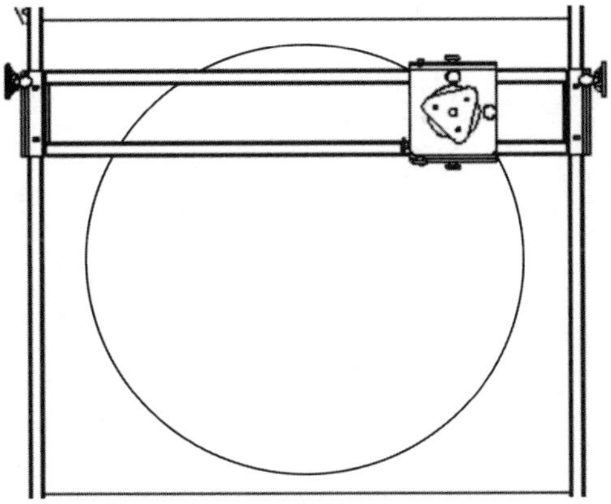

图6-178　投点支架示意图

（2）人孔井现场投点

1）投点时机

从操作人员安全、管节与测量塔稳定性、投点精度等几个方面考虑，投点条件需在管节锁定回填结束、白天平潮时间段进行。根据上述两个条件，在管节锁定回填结束后，选择合适时机进行双人孔井投点。

2）投点要求

人孔井安装期间，控制人孔井倾斜度，确保人孔投点通视；人孔井投点期间，人孔内部不能有积水，否则影响投点；双人孔井投点结束，需要同步采集GPS静态数据。

3）投点流程

管节沉放结束锁定回填后，使用天顶天底仪对管内进行光学投点。管内投点的具体实施步骤如下。

第1步：在管节完成锁定回填后，排除首、尾端人孔内积水，测量人员分别在前、后测量塔平台安置投点支架，安装GPS基座，基座使用投点专用十字点固定，十字点中心与GPS天线中心同轴。

第 2 步：测量人员携带天顶天底仪进入人孔井底部，在人孔井底部架设天顶天底仪，为了提高投点精度，首端、尾端尽量进行同步投点，首先视线向下对中事先人孔井盖板上做好的特征点 T 点。

第 3 步：对好 T 点后，倒转天顶天底仪，视线向上，根据当前天顶天底仪视线方向指挥人孔井顶部操作人员移动投点支架上 GPS 天线位置在该视线上，即移至人孔井盖板特征点 T 点与 GPS 天线中心同轴。

第 4 步：操作人员固定 GPS 天线，再次通过天顶天底仪确认同轴。

第 5 步：塔顶人员撤离，联系首、尾测量操作人员，同步采集 15 min GPS-RTK 数据，结束后同步开始静态数据采集。

第 6 步：静态数据采集结束，检查数据，设备收回，投点外业工作全部结束。

沉管安装施工现场投点见图 6-179。

图 6-179　沉管安装施工现场投点

5. 管节端面姿态的解算

（1）*端面姿态解算原理*

双人孔井投点主要利用 GPS 技术实现首、尾人孔井盖板特征点绝对位置坐标采集，结合人孔井盖板特征点与管节各特征点之间的相对位置关系及安装结束沉管实际倾斜数据，就可以进行解算，可精确得到管节尾端特征点坐标和管节端面空间姿态，进而指导后续管节的预制及安装。

（2）*端面姿态解算*

①理想管节坐标与实时管节坐标转换：设 GPS 接收天线在管节坐标系中的理想坐标为(x_{T1}, y_{T1}, z_{T1})，则其在管节受到姿态影响下的实时管节坐标为

$$(x'_{T1}, y'_{T1}, z'_{T1}) = R(p)R(r)(x_{T1}, y_{T1}, z_{T1}) \tag{6-78}$$

式中，　p——管节纵向倾斜角度；

r——管节横向倾斜角度；

$R(p)$——由管节纵倾构成的旋转矩阵；

$R(r)$——由管节横倾构成的旋转矩阵。

同理，对于管节端面特征点 B，其在管节倾斜状态下的实时管节坐标为

$$(x'_B, y'_B, z'_B) = R(p)R(r)(x_B, y_B, z_B) \tag{6-79}$$

②端面特征点施工坐标计算。

在沉管沉放结束，首、尾人孔井特征点 GPS 接收天线的施工坐标为(X_{T1}, Y_{T1}, Z_{T1})、(X_{T2}, Y_{T2}, Z_{T2})，该坐标由 GPS 测得。端面特征点 B 的施工坐标为(X_B, Y_B, Z_B)。

则根据坐标转换有

$$\gamma_{T1T2} = \text{actan}\frac{\Delta Y_{T1T2}}{\Delta X_{T1T2}} \tag{6-80}$$

$$(X_{T1}, Y_{T1}, Z_{T1}) = R(\theta)(x'_{T1}, y'_{T1}, z_{T1}) = R(\theta)R(p)R(r)(x_{T1}, y_{T1}, z_{T1}) \tag{6-81}$$

同理：

$$(X_B, Y_B, Z_B) = R(\theta)(x'_B, y'_B, z'_B) = R(\theta)R(p)R(r)(x_B, y_B, z_B) \tag{6-82}$$

两式相减：

$$(X_B, Y_B, Z_B) = (X_{T1}, Y_{T1}, Z_{T1}) - R(\theta)(x'_{T1}, y'_{T1}, z'_{T1}) + R(\theta)(x'_B, y'_B, z'_B) \tag{6-83}$$

式中，　θ——管节轴向方位夹角；$\theta = \alpha + \gamma_{T1T2}$；

α——管节在管节坐标系中的方位角；

γ——隧道坐标方位角；

$R(\theta)$——由管节轴向方位夹角 θ 构成的旋转矩阵。

求得特征点施工坐标后，就可以解算出管节端面的准确姿态，进而指导后续管节的对接。

6. 精度分析

平面定位精度受各个测量环节上的误差影响，包括：特征点测量时的起算点误差、特征点测量误差、测量塔上 GPS 位置标定误差、静态数据采集 GPS 的定位误差和计算对接面时倾斜仪测量误差等。

（1）测量起算点误差

管节顶面特征点测量时采用预制施工控制网的控制点作为起算数据。根据该网的设计，控制网点的误差为 $m_Q = \pm 2.0\ \text{mm}$。

（2）管节顶面特征点的测量精度

管节顶面特征点采用二等精密导线方法测量，构成一个二等导线网，进行严密平差。

为了简化起见，精度估计时不考虑网平差对精度带来的增益，而是直接采用二等导线的边角测量精度进行计算。由式（6-61）知 $m_B=\pm 4.4\ \text{mm}$。

（3）GPS 快速静态测量误差

$$m_{\text{K}}=\pm\sqrt{10^2+(5+0.1\times 8)^2}\approx\pm 12\ \text{mm} \tag{6-84}$$

（4）投点误差的影响

管内投点两次天顶天底仪测量误差：$m_1=\pm 15$ mm；
两次投点人工瞄准误差：$m_2=\pm 3$ mm；
水中测量塔晃动误差：$m_3=\pm 10$ mm；
光线、温度、投点支架及其他因素造成误差：$m_4=\pm 10$ mm。

（5）投点过程产生误差

$$m_{\text{T}}=\pm\sqrt{m_1^2+m_2^2+m_3^2+m_4^2}\approx\pm 20.8\ \text{mm} \tag{6-85}$$

（6）双人孔井投点综合中误差

$$m_z=\pm\sqrt{m_{\text{Q}}^2+m_B^2+m_{\text{K}}^2+m_{\text{T}}^2}\approx\pm 24.5\ \text{mm} \tag{6-86}$$

6.3.7 韩国釜山—巨济沉管隧道安装定位

6.3.7.1 工程概述

韩国釜山—巨济沉管隧道沉管安装测控方法运用荷兰 Seatools 公司提供的隧道沉管拼接测量系统（tunnel segment measurement system，TSMS）的 Taut Wire 水下测量技术，可以精确测量沉管之间的相对位置。在接近的过程中，这个测量系统使用水下拉线测量单元，精确提供两个沉管之间的相对位置，指引沉管逐渐靠近。在接近至 40 cm 的时候，固定在沉管之间的距离传感器会测量沉管靠近的距离，逐步实现沉管对接。TSMS 属于相对定位系统，其拉线单元和距离传感器见图 6-180。

荷兰 Strukton 工程公司将 TSMS 首次应用于韩国釜山—巨济沉管隧道工程当中，最深埋处达 50 m。TSMS 的拉线单元可以提供待安管节和已安管节的距离和方位数据，指导待安管节的逐步靠近，监测数据的定位精度可以满足导向梁的精确对接。在隧道拼接的最后阶段，TSMS 内的 4 个距离传感器，可以提供沉管拼接端之间 4 个角的距离。距离传感器的精度非常高，达 0.02%（±0.1 mm）。4 个角的距离数据将用于指导液压千斤顶的拉

图 6-180　TSMS 系统的拉线单元和距离传感器

合过程，此外，4 个角的距离数据还可以用于计算沉管尾端的位置，这样可以减少后期沉管位置的再调整。图 6-181 是等待布放的 TSMS。

图 6-181　等待布放的 TSMS

6.3.7.2　系统优点

在海底隧道工程领域，通常有 3 种定位方法，分别是测量塔法（利用光线）、声学定位法（利用声线）和拉线法（利用金属线），这 3 种方法各有优缺点，测量塔法适合 20 m 左右的浅水作业，如河道、河口。声学定位法适合上千米的深水定位，如石油钻探。拉线法适合 50 m 以内的隧道拼接，其实拉线法除了在隧道施工有应用之外，在其他管道拼接方面也早有成功的应用案例。

1. TSMS 和声学定位方法相比

基于声学原理的水下定位容易受到海水温度、盐度、过往船只及水下工作的 ROV 等影响，因此对外界环境要求很高。尤其是在沉管拼接的最后阶段，沉管靠得很近，噪声很多，声学定位设备的误差会随之增加。不得不依赖潜水员进行水下探摸。以高精度的 Kongsberg HiPap 350 为例，距离测量精度在 20 cm 左右，角度测量精度由信噪比决定，在 0.18°～0.40°，在沉管靠近 2 m 的时候，造成的测量误差在 6～13 mm。并且 Kongsberg HiPap 350 收发器和应答器的工作距离不能小于 1 m，这就决定了声学设备在安装的位置上也有苛刻的要求。更重要的是声学信号的不稳定性，决定了定位数据在持续的跳动，因此操作人员要等待设备给出稳定的数据才可以做出正确的判断。

TSMS 属于相对定位系统，基于机械原理，因此受外界复杂的海洋环境影响较小，观察的数据没有延迟，可以在沉管拼接的全过程进行实时观测，可靠性较高。而且，随着沉管的不断靠近，测量精度越来越高。根据韩国釜山—巨济沉管隧道工程的实际应用，TSMS 中 Taut Wire 拉线测量单元的精度如下。

①沉管距离大于 2 m 时：距离误差随着钢绳的长度而变化，70 m 的时候测量误差最大，因为受到海流和自身重量的影响，随着距离的拉近，距离测量越来越准确。

②沉管距离小于 2 m 时：距离误差小于 10 mm，最优 5 mm，最差 20 mm。仰俯和方位测量造成的误差一般小于 5 mm，最大 1 cm。

2. 和测量塔方法相比

依靠管段测量塔测量的定位方法在国内比较常用，可靠程度高，但是当作业水深在 20～50 m 时，测量塔略显笨拙，一方面沉管要承载数十米测量塔的压力，另一方面数十米的测量塔在水流的作用下容易发生形变，这将影响数据的准确性。因此在深水沉管的拼接过程中，测量塔法面临考验。TSMS 全部在水下，而且在水下重量为零，潜水员单人就可以完成操作。系统拆卸和安装十分方便，浅水、深水都可以使用，最大工作深度达到 50 m。

3. TSMS 拉线法优势

TSMS 拉线法优点如下。

①基于拉线原理，属于相对定位系统。

②系统运行过程中，受外界环境的影响很小。

③所有传感器可以在地面进行校准，无须在水下校准。

④整个过程观测的数据质量有保证，数据稳定且可靠。

⑤提供沉管拼接端 4 个角的距离，此数据可以指导最后的液压千斤顶拉合作业，也可以用于计算尾端的位置，减少二次调整。

⑥有成功应用案例，最深沉管处达 50 m。

⑦系统有报警功能，反馈监测数据的可靠性。

6.3.7.3　相对定位的关键参数

要实现已安管节和待安管节之间的准确定位，有几个参数非常重要：①两个管节之间的斜距；②两个管节之间的上下仰俯角；③两个管节之间的水平偏移角（图 6-182）。如果能准确测量以上三个参数，那么管节之间的准确对接就有了可能。

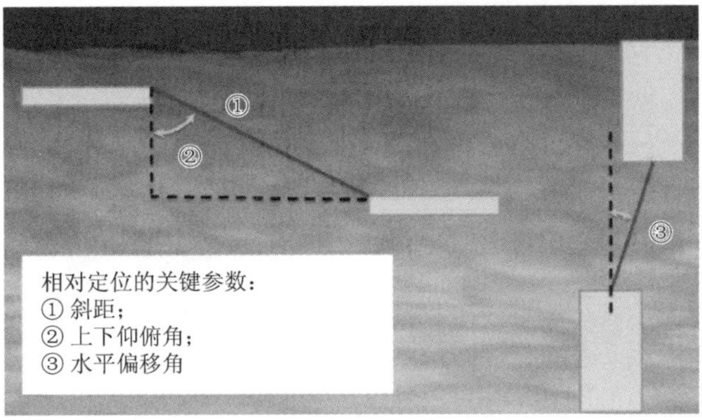

图 6-182　相对定位关键参数

6.3.7.4　TSMS 参数

下面对 TSMS 各个组成部分进行详细的介绍。

1. 拉线单元技术参数

拉线测量单元是 TSMS 的重要组成部分（图 6-183），基于 Taut Wire 水下测量技术，可以测量已安管节和待安管节之间的距离和方位，提供管节之间的相对位置，指导待安管节的逐步下沉和导向梁的对接。

图 6-183　拉线测量单元

拉线测量单元通过液压绞车牵拉一根金属线，然后传感器精确测量金属线的收放长度和角度，进而获得管节之间的距离和方位。基本结构见图 6-184。

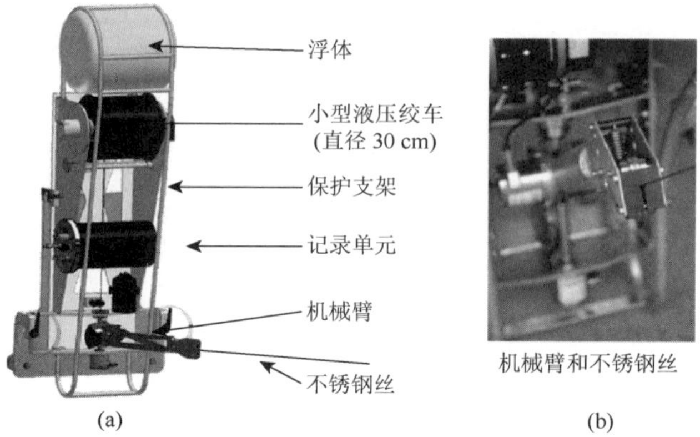

图 6-184　拉线测量单元的组成

整个拉线测量单元的重量约 170 kg，顶端有个黄色的浮体，这保证了系统在海水中接近悬浮状态，大大方便了潜水员在水下的安装操作，安装过程十分简单，只要搬动固定把手就可以将拉线单元固定在基座上面。金属拉线总长度 80 m，排绳器可以将金属线整齐规则的单股盘绕在小型液压绞车的卷筒上（图 6-185）。绞车由径向柱塞式液压马达驱动，这个电动机还通过链条同时驱动排绳器。液压马达由低功耗的电动机驱动，电动机的速度由控制系统调节，功耗峰值在 200 W，并且马达的液压系统配备了液压蓄能器，对于沉管的快速轻微的运动，液压系统会做出快速的响应。因此液压马达始终是恒压工作，以保证金属线保持一定的紧张度。

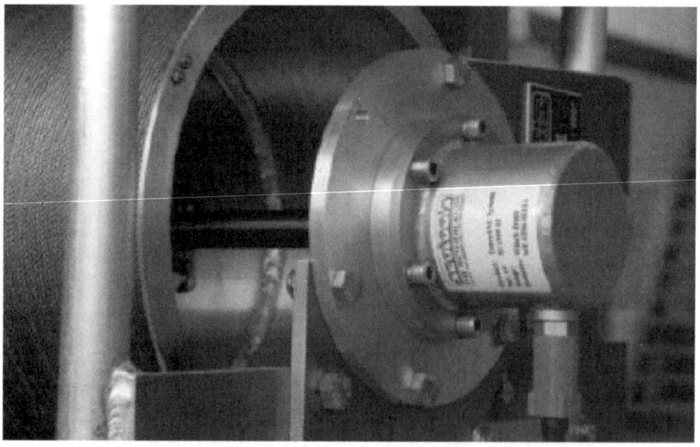

图 6-185　小型液压绞车

在绞车的一侧装有传感器，它是一个基于高分辨率多圈编码器，可以精确测量绞车转动的角度，进而换算出当前的放缆长度。在金属拉线的释放长度在 2 m 以内时，无论金属拉线的方向如何，距离测量精度达到 5 mm，甚至更好。在实际操作的过程中，一般起始释放长度要保持在 70 m，金属线的最大释放速度在 314 mm/s，金属线一旦松弛或释放过快（超过正常速度的 10%）系统都会发出报警，为了保证系统的安全在绞车上始终保持三圈的盘绕长度，如果最后三圈金属线被释放，金属线的末端会轻松和绞车的卷筒脱离，以保护拉线单元不被拉坏。当释放长度超过 70 m 的时候，系统也会有警报提示。角度测量是基于数字编码的角度传感器，机械臂抓在金属线上，和金属线的方位一致，传感器可以测出金属线相对于水平和中轴的位移角度，进而反映沉管之间的相对位置。水平角度范围±45°，仰俯角测量范围–70°～＋45°。图 6-186 为拉线系统。

图 6-186　拉线系统

拉线测量单元的技术参数如下。

1）系统

①重量：空气中约 170 kg，水中 0 kg。

②框架：铝制，有保护作用，也方便潜水员手持。

2）传感器

①角度测量传感器：基于高分辨率数字编码器。

②测量范围：水平，±45°；垂直，–70°～＋45°。

③距离测量传感器：基于高分辨率多圈编码器。

3）金属线

①规格：长度 80 m，直径 3 mm。

②材质：不锈钢。

③水平偏移角：通常±45°（其他需要可以定制）。

④上下仰俯角：–80°～＋45°，0°是水平。

⑤长度测量精度：±3 cm，当释放长度在 2 m 以内的时候，精度±5 mm。

2. 拉线单元安装

Seatools 公司提供固定基座用于拉线测量单元的安装，固定基座的金属板由牺牲型阳极板和铝板组成，防止海水腐蚀，可以重复利用（图 6-187）。在干坞内，将固定基座安装在待安管节拼接面，固定基座都是由螺杆固定，因此十分方便在沉管上做到准确的高精度定位安装。

图 6-187　拉线测量单元的固定基座

将管节浮运到待沉地点后，在水面潜水员就可以把拉线测量单元安装在固定基座上面了。拉线测量单元的安装是十分方便的，潜水员无需工具，只要在吊机的协助下，将拉线测量单元放入水中，潜水员将扳动 4 个固定把手就可以完成固定安装的任务。然后，潜水员将 2 根水下电缆连接到电缆舱即可。拉线测量单元的下沉悬挂见图 6-188。

(a)　(b)　(c)

图 6-188　拉线测量单元下沉、悬挂的情况

水面控制工作站将系统设置为待机模式（maintenance mode），此时液压系统处于释放

状态，金属拉线的拉力很小，大约 50 N。潜水员牵拉着金属线下潜至已安管节处，将金属线挂在预先安装好的挂环上面（图 6-189）。

图 6-189　拉线测量单元金属拉线环

潜水员完成操作后，水面控制工作站将系统设置为工作模式（operational mode），液压系统开始工作，金属线被拉紧，拉力大约 500 N，在水下实际作业时，拉力会有±20%的波动。沉管拼接结束之后，贯通沉管，整套拉线单元从沉管内部运回地面，等待下一次使用。沉管贯通后的情况见图 6-190。

(a)　(b)

图 6-190　沉管贯通后的情况

3. 距离传感器技术参数

4 个距离传感器用在沉管拼接的最后阶段。TSMS 有 4 个距离传感器，同时测量沉管 4 个角的靠近情况，当两个沉管靠近距离≤40 cm 的时候，距离传感器开始工作，使操作者实时获取沉管之间的精确距离，指导最后的沉管拼接过程。

距离传感器由低功耗的电动机驱动，类似于拉线单元。距离传感器配备铝制支架，也有浮块，并在水中重量很轻，易于潜水员操作。

距离传感器的核心是冲程为 400 mm 的液压缸，液压缸是恒压工作。距离传感器有一个不锈钢的撞针，可以顶在已安管节上面，接触力高达 500 N。随着管节的慢慢靠近（速度 50 mm/s），撞针被压缩到液压缸内，液压缸内部可以精确测量撞针回缩的距离，测量精度高达±0.1 mm（由冲程测量精度 0.02%换算）。管节靠近的速度不能够大于 50 mm/s，否则速度过快会影响数据的准确性。管节靠近的速度一旦超过 87.5 mm/s（超出 75%）系统就会发出警报。

距离传感器还可以选配摄像机和卤素灯（24 V，75 W），此处中不再赘述。图 6-191 为距离传感器。

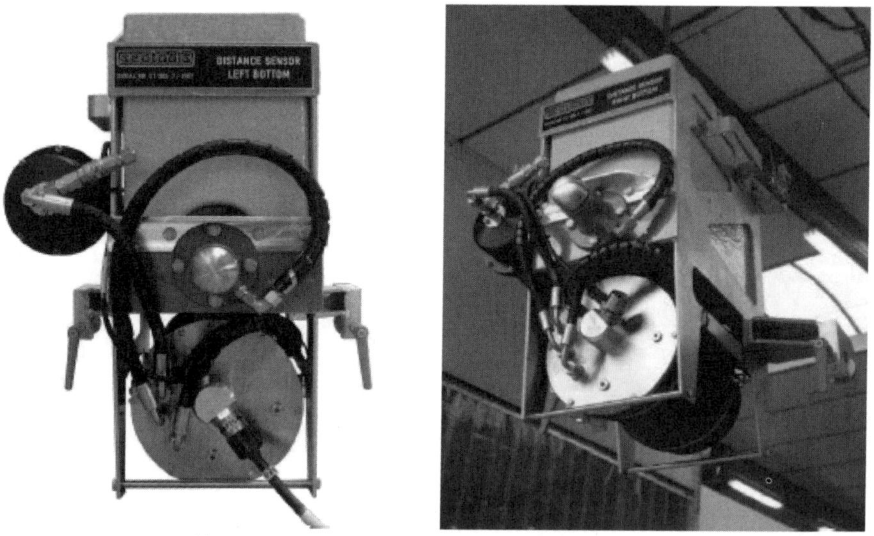

(a)　　　　(b)

图 6-191　距离传感器

4. 距离传感器的安装

和拉线测量单元一样，Seatools 公司提供固定基座用于距离传感器的安装，固定基座的金属板由牺牲型阳极板和铝板组成，防止海水腐蚀，可以重复利用。在干坞内，将固定基座安装在待安管节拼接面。距离传感器和固定基座见图 6-192。

将管节浮运到待沉地点后，潜水员无须工具，在吊机的协助下，将距离传感器放入水中，潜水员将扳动 4 个固定把手就可以完成固定安装的任务（图 6-193）。然后，潜水员将每个距离传感器的水下电缆连接到电缆舱即可，距离传感器就可以工作了。

距离传感器的撞针不能直接顶在已安管节上面，因为水泥面的摩擦力很大，管节横向移动会损坏距离传感器，因此 Seatools 公司提供了参照板，撞针顶在参照板上，侧向摩擦力很小，防止撞针的损坏（图 6-194 和图 6-195）。

(a) (b) (c)

图 6-192　距离传感器和固定基座

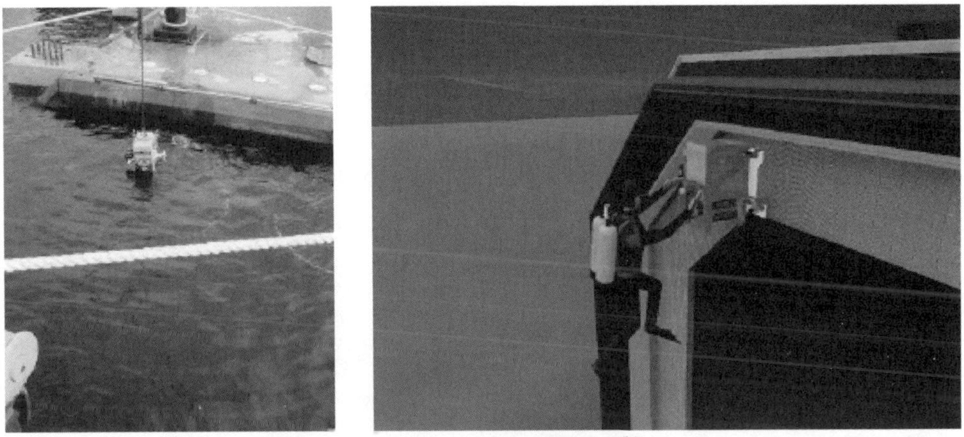

(a) (b)

图 6-193　距离传感器的安装

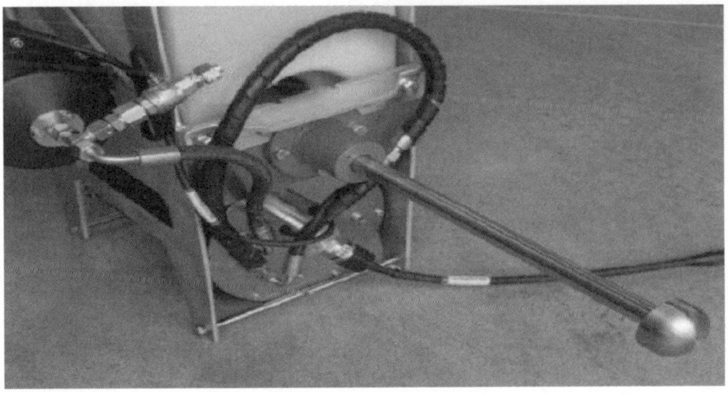

图 6-194　距离传感器的撞针

(a)

(b)

图 6-195　距离传感器的参照板

5. 沉管拼接端电缆舱

所有的电缆要穿过待安管节和水面相连，这是通过安装在待安管节上面的防水电缆舱实现的（图 6-196）。防水电缆舱一端为法兰盘，法兰盘端用于连接 Taut Wire 拉线测量单元和 4 个距离传感器的电缆，另一端连接待安管节内部的接线箱，起到将电缆从沉管外部穿入沉管内部的作用。电缆舱法兰盘端有 6 个接头，Seatools 公司提供 6 个堵头，用于保护接头免受损坏。

(a)

(b)

图 6-196　防水电缆舱

6. 连接箱

接线箱尺寸约 800 mm×400 mm×400 mm，用螺栓固定在沉管内壁，铝制外壳，IP65 防水等级，电源需求为 0.75 kW（图 6-197～图 6-199）。接线箱内包含以下电气设备。

①控制器，用于控制拉线测量单元和距离传感器。

②电动机和控制阀用于电动机和控制阀、控制计算机和陀螺仪的电源转换。
③隔离变压器。

(a)

(b)

图 6-197　待安沉管内接线箱

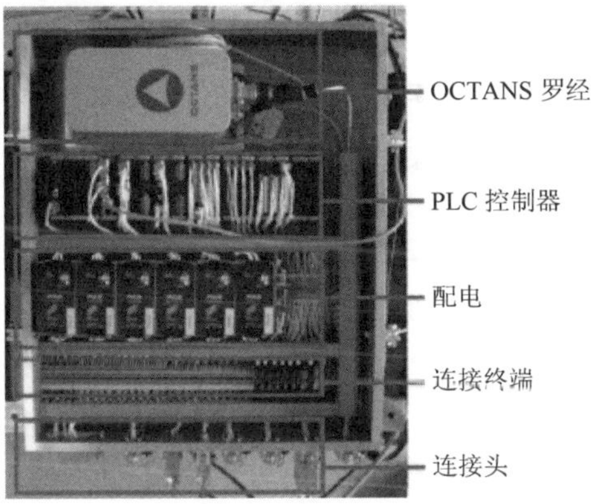

图 6-198　连接箱内部结构

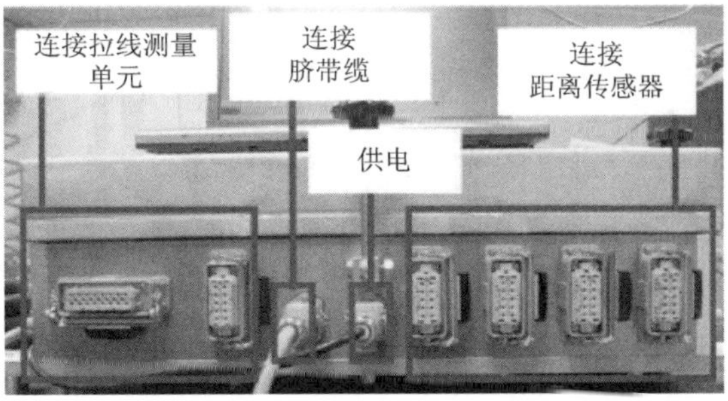

图 6-199　连接箱底端连接头

接线箱里面的控制器可以采集拉线测量单元和距离传感器的监测数据，然后传输到水面控制工作站。同时，也可以传输工作站的控制指令。数据的双向传输是通过单根双向控制总线实现的。

7. 沉管内连接电缆

接线箱的另一端会连接一根 100 m 的电缆至沉管尾端电缆舱，电缆配有一个简单的电缆卷筒（塑料或木制）。

8. 沉管尾端电缆舱

沉管尾端电缆舱和拼接端电缆舱的功能类似，但是配置的接头不一样（图 6-200）。在电缆舱外部有 2 个接头，用于连接脐带缆。内部有 3 个 6 针接头，分别用于连接 TSMS 电缆、PLC 及其他设备。

图 6-200　用于沉管尾端电缆舱

9. 脐带缆

TSMS 脐带缆长 100 m，凯夫拉材质，外层有聚氨酯包被，断裂强度 15 kN，可以传输 TSMS 控制指令、观测数据及第三方设备数据，如 PLC 信号（一个串行总线连接的信号）和视频信号。

脐带缆的一端连接绞车的滑环，另一端有两个接头，连接沉管尾端电缆舱。

10. 脐带缆绞车

脐带缆绞车有手动的也有电动的，在港珠澳大桥沉管隧道工程中配置的是手动绞车，配备不锈钢支架、手动塑料滚筒、滑环和制动装置。手动绞车的大概尺寸是 800 mm×800 mm×900 mm（$l\times b\times h$）。滑环的内侧接头连接脐带缆，外侧接头连接甲板电缆至甲板接线箱。图 6-201 为脐带缆绞车。

11. 甲板电缆

甲板电缆用于连接绞车和水上控制工作站，TSMS 仅需 1 条甲板电缆，长度 50 m。需要注意的是这根甲板电缆不能传输 PLC 信号和视频信号，如果需要则要提前说明。

(a) (b)

图 6-201　脐带缆绞车

12. 水上控制工作站

水上控制工作站是 TSMS 的控制中心，从绞车连出来的甲板电缆连接工作站的接线箱，接线箱通过 RS232 和计算机相连接，接线箱上的 STOP 旋钮是紧急停止开关（图 6-202）。

图 6-202　接线箱

通过计算机上相关的操作软件，可以控制拉线测量单元和距离传感器，也可以实时查看设备运行状态和测量数据。软件可以对系统异常发出警报，比如，金属线释放速度超出正常范围、长度超出正常范围及角度偏移超出测量范围、金属线断裂、数据中断等。在沉管沉放前期，金属线在海流的作用下会发生变形，软件对这种情况会给出测量误差，其原理是给金属拉线通电，测量金属拉线的电流强度，然后和标准比对，就可以测量出观测数据的误差大小。

通过以太网还可以把数据传到用户自己开发的监控网络平台。菜单栏的按钮如下（图 6-203）。

①Calibration：传感器校正页面。

②Measurement：测量页面。

③Approach：下沉状态监控（拉线单元）。

④Connect：连接拉合状态监控（距离传感器数据界面）。

⑤Status：TSMS 状态监控。

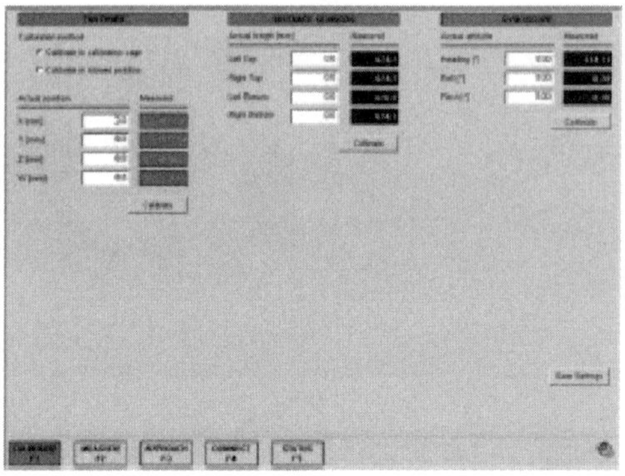

(a) 传感器校正页面

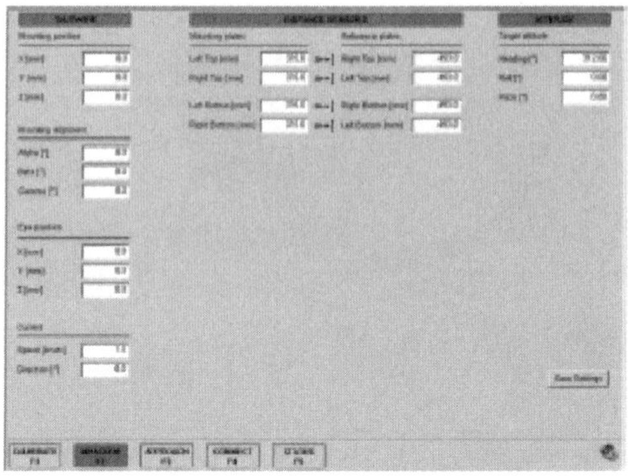

(b) 测量页面

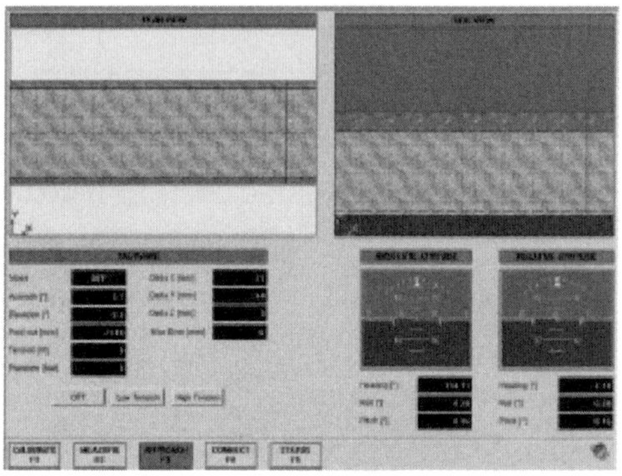

(c) 下沉状态监控

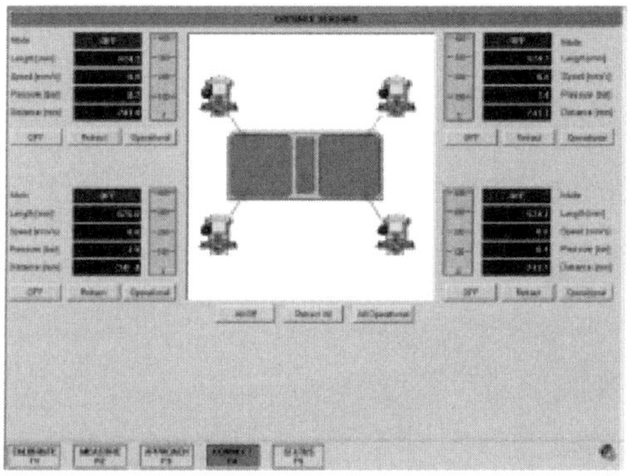

(d) 连接拉合状态监控

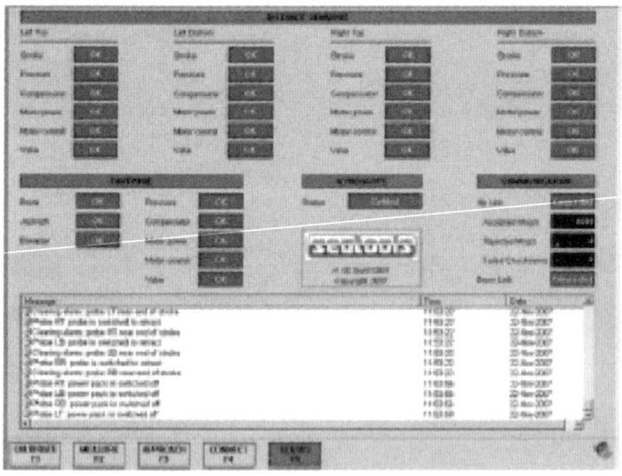

(e) TSMS 状态监控

图 6-203　操作软件界面

13. 校准设备

TSMS 还包含校准设备（图 6-204），就是该系统可以在陆地上完成系统的校准而无须在水下，这也是不同于其他水下测量方法的独特之处。

(a) (b)

图 6-204 校准设备

如图 6-204 所示，使用这些校准设备可是十分方便地完成距离传感器和拉线测量单元的校准。而声学系统根本无法在陆地上进行校准，在水下校准的方法也很复杂。

14. 系统工作环境

1）水下系统

工作水深：最大 50 m。

工作水温：–4～＋32℃。

储存温度：–10～＋45℃。

2）接线箱

防护等级标准：IP65；

工作温度：–10～＋40℃。

3）水上设备

应用环境：有空调的工作室。

6.3.7.5 TSMS 连接图和数据传输模式图

TSMS 连接模式、数据传输模式和安装模式见图 6-205～图 6-208。

6.3.7.6 运用 TSMS 进行沉管拼接

1. 干坞基本设备和配件安装

在沉管浮运出干坞之前，对待沉沉管必须完成以下安装。

1）沉管 A 面（尾端）

①4 个距离传感器参照板，位置；

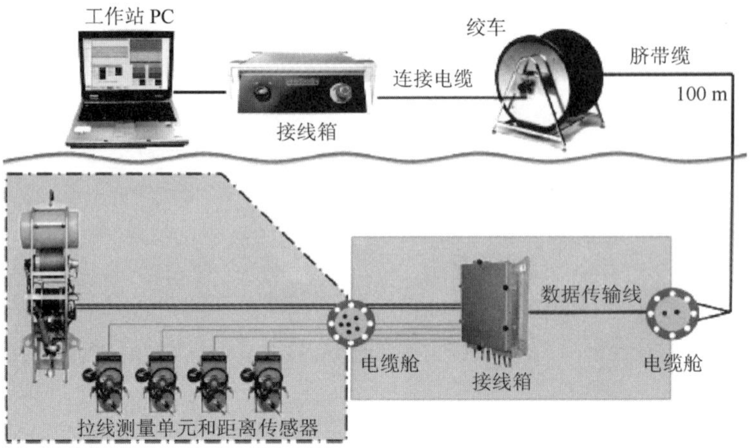

图 6-205　系统连接模式图

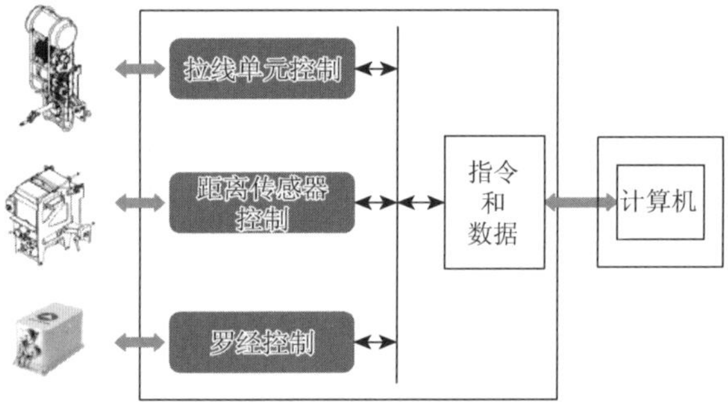

图 6-206　数据传输模式图

图例	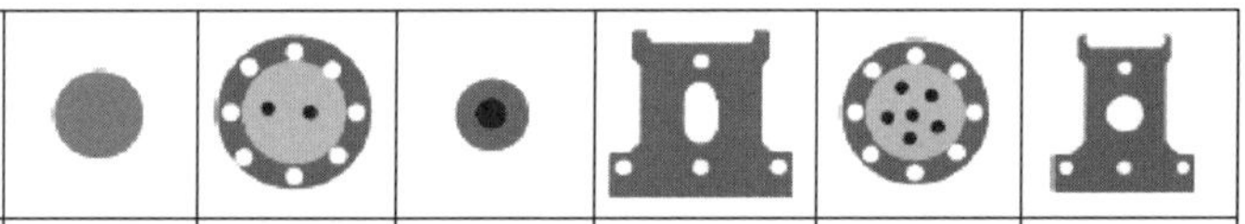					
实物图	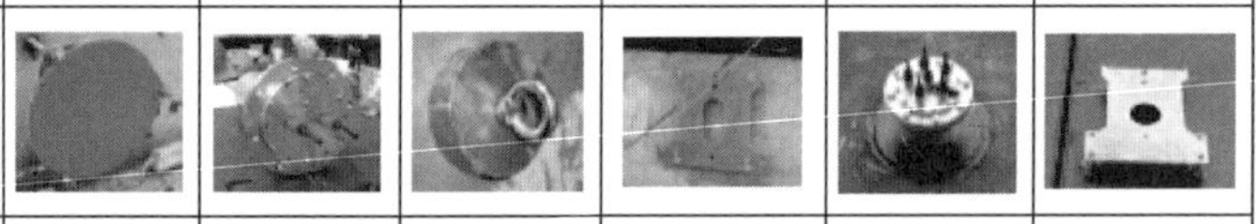					
说明	距离传感器参照板	沉管尾端电缆舱	金属拉线O型挂环	距离传感器固定基座	沉管拼接端电缆舱	拉线单元固定基座

(a)

(b)

图 6-207　系统在沉管尾端的安装模式图

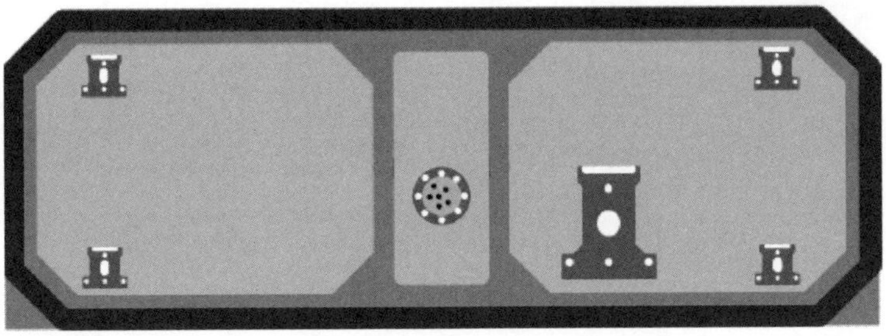

图 6-208　系统在沉管拼接端的安装模式图

②1 个金属拉线挂环，位置；

③1 个拼接端电缆舱，任意位置。

2）沉管 B 面（拼接端）

①4 个距离传感器固定基座，位置；

②1 个拉线单元固定基座，位置；

③1 个尾端电缆舱（脐带缆电缆舱），位置。

参照板和固定基座必须精确测量。待安管节内部必须安装好接线箱。由于接线箱内置罗经，接线箱的位置也是经过精确测量的。沉管两端见图 6-209。

图 6-209　沉管的两端

2. 系统装配

沉管浮运到待沉位置之后，沉管之间的距离不能大于 75 m。潜水员将拉线测量单元和 4 个距离传感器放置在固定板上，然后潜水员将金属线挂钩挂在已安管节的挂环上，最后连接所有的水下电缆。此外操作员从人孔进入沉管内部，连接好内部电缆。待所有电缆连接好之后，甲板技术人员进行系统测试，查看系统是否正常。拉线单元和距离传感器的现场安装见图 6-210，系统在沉管拼接端的安装模式见图 6-211。

3. 下沉前期，逐步靠近

在下沉前期，在拉线单元观测数据的指导下，缓慢下沉并向已安管节靠近。

4. 导向杆对接

在拉线单元观测数据的指导下，水下机器人和潜水员进行同步水下观测，实现导向杆的对接（图 6-212）。

(a)　(b)

图 6-210　拉线单元和距离传感器的现场安装

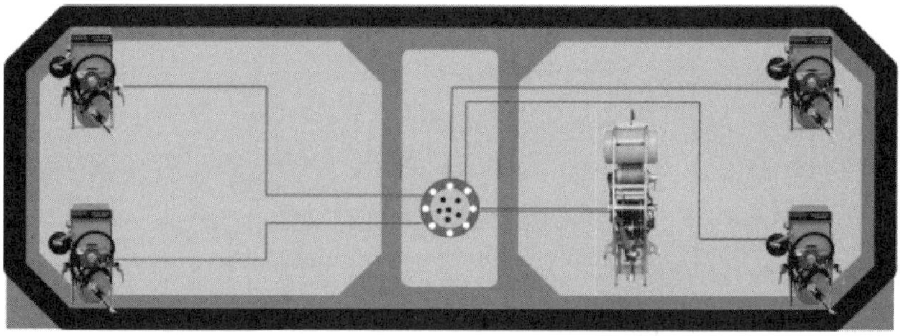

图 6-211　系统在沉管拼接端的安装模式图

图 6-212　导向杆（韩国釜山–巨济沉管隧道的沉管）

5. 千斤顶拉合阶段

在距离传感器观测数据的指导下，实现沉管拉合。在缓慢拉合的过程中，沉管之间的水会被排出，通过观察 4 个位置的距离数据，进行位置调整。

6. 确认拉合阶段

使用全站仪测量。

7. 沉管再调整

如果拉合阶段测量后发现偏差，那么沉管位置需要再调整。一般情况下不需要进行再调整。

8. 沉管贯通，取回设备

9. 内部导线测量

沉管贯通后，使用传统测量设备进行沉管定位。

在沉管成功拼接的整个过程当中，TSMS 发挥了不可替代的作用，但是这只是走向成功的一个关键要素而已，与之相配合的是高级测量师的高精度测量，还有 EPS 之类的沉管微调装置。

6.3.8 港珠澳大桥沉管隧道贯通测量

6.3.8.1 工程概述

贯通测量是对管节沉放对接后的姿态进行测量，评定管节安装的精度。贯通测量能反应管节安装后的实际线形，可以根据贯通测量数据计算出安装后的沉管相对于轴线的偏角，对于确定管节线形及评估后续管节线形具有重要作用。

港珠澳大桥沉管管节采用工厂法预制，采用两孔一管廊结构，高度 11.4 m，标准管节长度 180 m，曲线管节采用中心线长度为 22.5 m 的直线楔形节段拟合组成。标准管节分为 8 个节段，每个节段一次性浇筑，管节预制完成后进行预应力张拉，张拉完成后进行管节标定，完成管节各部分外观参数及测量特征点的测定。

管节两端设计有端钢壳，管节首端设计有 GINA 止水带。在实际预制过程中，无法保证管节的外形参数同设计的理想状态完全一致，其偏差可能对安装结果造成影响；在实际安装过程中，受人员、设备、定位手段、风、浪、流等客观因素，管节水下变形及接头压缩不均匀，以及管节浮态标定及管内贯通测量误差等多种影响因素的累积，沉管安装实际到达的空间位置会偏离设计的理想状态，导致隧道线形无法与设计要求相吻合。最终接头对接面三维示意图见图 6-213。

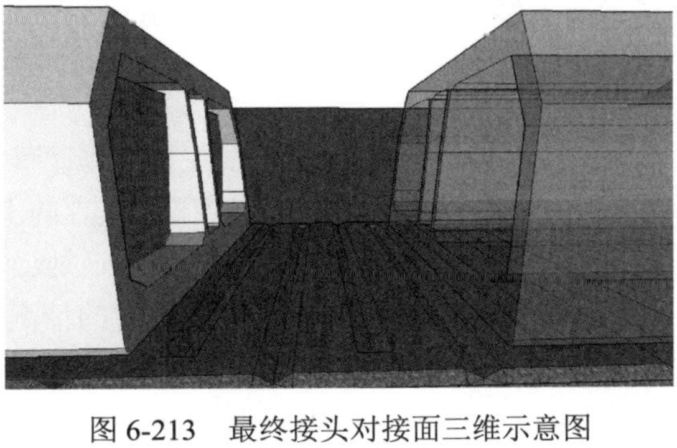

图 6-213 最终接头对接面三维示意图

所以，针对港珠澳大桥沉管隧道安装对接精度要求高的特点，提出了设计、预控、拟合、调整的线形控制方法，建立了最终接头龙口目标形态测控管理系统，确立了“端面平行、纵坡准确、轴线重合”的目标，现场用多种测量方法采集数据并对成果进行比对分析，评估已知因素对后续隧道线形的影响，制定隧道线形调控目标，使沉管隧道线形整体平稳受控，最终实现了超长沉管隧道准确顺利贯通。

6.3.8.2 线形拟合流程

沉管隧道线形控制的主要流程如下。

①进行待安管节的标定；

②测定已安管节的偏位情况；

③进行 GINA 止水带均匀压缩的情况下管节线形的模拟计算；

④根据预测的各管节尾端横向偏位、角度偏位情况设计多种调整方案，根据评估选出最优方案用于指导施工；

⑤根据沉管实际安装结果进行后续管节调控方案的动态调整。

6.3.8.3 影响要素分析

影响沉管隧道线型的因素主要有管节预制、管节标定、受力作用及测控精度。

1. 预制因素

在管节预制张拉完成后，管节实际长度、端面偏角同设计值均会产生偏差，端钢壳张拉完成后需对其空间姿态进行测量并拟合，确定管节的长度和两端面的竖直向、水平向倾角。管节姿态的测量误差会引起管节长度和端钢壳倾角出现误差，进而影响隧道线形。

2. 管节标定影响因素

沉管标定包括一次标定和二次标定两项内容。一次标定的目的是采集沉管的实际外形尺寸，以此建立独立的管节坐标系并测量沉管内部特征点与沉管的相对关系来求出特征点的管节坐标，因此，精确的测量是很有必要的。二次标定是为了获得测量塔特征点的管节坐标，测量基准是管节坐标系。标定误差会造成管节坐标系和理论坐标系不能完全一致，特征点坐标出现误差，在管节安装和贯通测量时，影响隧道线形。

3. 受力作用影响因素

受预应力作用，管节在安装时横向无明显变形发生，因此管节首尾端面同管节轴线的相对关系同标定时基本保持不变。在管节安装时，沉管在水平方向上主要受到 4 个作用力：一是管节底部受到的基床摩擦力的水平分量；二是水压力；三是已安管节对端钢壳的反作用力；四是管节各缆系对管节的合成拉力。在管节对称受力的情况下，结合腔 GINA 呈现均匀压缩，在管节两侧水压力、受力不平衡时，待安管节两侧 GINA 止水带呈现不均匀压缩状态，以保证管节受力平衡。管节安装过程中线形调整的本质是通过力的作用改变管节的目标位置，管节安装完成后管节体内精调的本质是通过力的作用使管节发生位移以到达目标位置，两种方法产生从管节对接的形态上面都会使结合腔呈现不均匀压缩的情况，因此，通过结合腔不均匀压缩可以实现管节尾端偏差的调控及管节尾端偏角的预控。

4. 测控影响要素

沉管安装期间的管节姿态测量主要由深水测控系统、测量塔测控系统等测定，沉管安装偏差成果由管内贯通测量测定，因此沉管线形的测定受到各测量手段的精度限制。

影响管节安装测量误差因素的主要有：贯通测量误差、深水测控系统测量误差、测量塔测控系统测量误差等。

管内贯通测量主要依靠沉管隧道进洞导线测量成果进行放样测量，其误差来源主要为导线测量误差。针对至隧道贯通面的误差估计：起算点按照 X 坐标精度 5 mm，进洞边方位角精度 1″计算；导线网按照测角精度 1″、测距精度 1 mm±1ppm×D 计算。科傻地面控制系统数据处理软件进行控制网整网的模拟计算得到贯通面管节的贯通测量中误差±3.6 cm。

声呐测控系统对管节沉放定位的平面精度主要受管节标定测量时的起算点误差、管节平面标定测量误差、应答器平面精度等影响，声呐测控系统对管节沉放定位中误差为±5.1 cm。

测量塔测控定位误差来源主要包括测量塔特征点标定误差、沉放定位时 GPS-RTK 定位误差、倾斜仪测量误差、测量塔水中形变误差等，单测量塔定位综合中误差为±3.4 cm。

6.3.8.4 线形拟合方法

1. 管节端面数据采集

为准确得到管节端面的空间姿态和管节端面与管节实际轴线的关系，在管节预制、张拉完成后对管节端钢壳进行空间姿态测量，运用 Matlab 对测得的端钢壳二维坐标进行拟合。

在端钢壳上以反射片的形式布置 96 个测点进行观测，点位于 GINA 止水带理论压接中心线上。使用全站仪，在预制坐标系和 1985 高程基准下对端钢壳上的测点和特征点进行三维坐标测量，再根据端面特征点确定出管节的实际轴线，最后将预制坐标系下测量结果转换至管节坐标系下。端钢壳测点布置如图 6-214 所示。

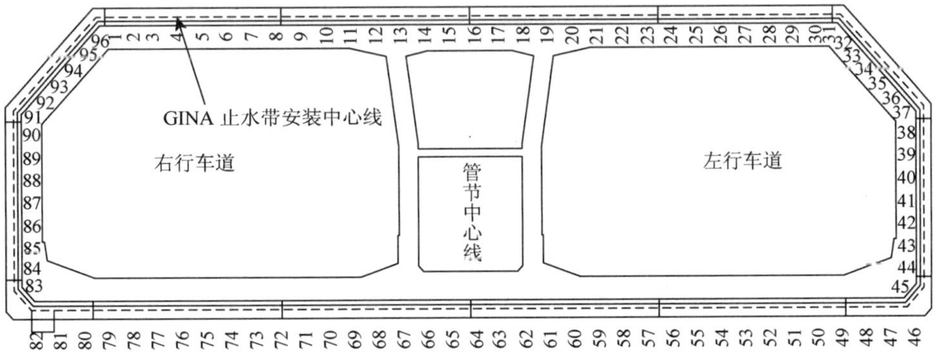

图 6-214 端钢壳测点布置图

2. 安装定位数据采集

为确保龙口形态可控、参数可靠、测控管理有效可控，自 E25 管节安装开始，施工现场分别采用以贯通测量法为主，双测量塔法和人孔投点法为辅的三种测量方法采集数据。

（1）贯通测量法

沉管隧道内布设双线形联合锁网，采用全圆测回法测得贯通点坐标，分别测得 E29/E30 安装后管节的空间姿态，进而推算龙口的位置及姿态。贯通测量控制网网形如图 6-215 所示。沉管隧道平面贯通测量见图 6-216。

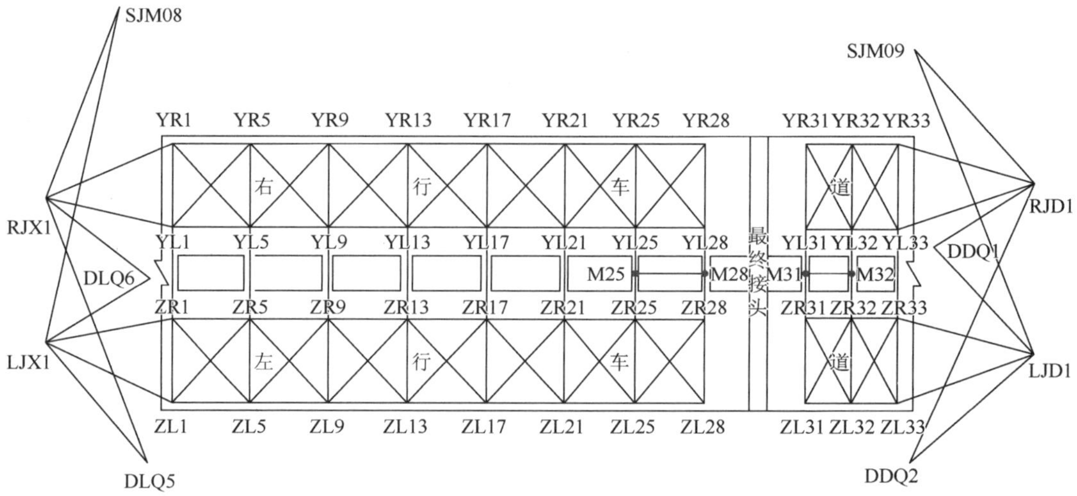

图 6-215　沉管隧道贯通测量导线网形示意图

图 6-216　沉管隧道平面贯通测量

E29 导线长度 5800 m，理论精度按照洞外定向边 0.5″，测角精度 1″进行导线测量精度理论中误差估算。通过多期实测精度分析表明，E29 导线测量成果精度约±13 mm，满足且显著优于精度评估限差要求的±28.3 mm。

E30 导线长度约 1200 m，按照洞外定向边 0.5″，测角精度 1″进行导线测量精度理论中误差估算。通过实测精度分析表明，E30 导线测量成果精度±1.7 mm，满足且显著优于精度评估限差要求的±6.1 mm。

（2）双测量塔法

在管节首尾的测量塔上安装 4 台 GPS，使用 1 台 GPS 进行定位，1 台 GPS 进行定向，其余 2 台 GPS 作为校核，使用安装在管节内部的倾斜仪进行姿态测量，对管节的各个角进行绝对定位。

（3）双人孔投点法

在管节顶面首、尾端人孔井内设置点位并精确标定，建立人孔井投点特征点与尾端端面拟合特征点之间的空间姿态几何关系；管节安装结束压载后，使用首尾投点隧道坐标和管节实际纵横倾计算管内一次标定特征点隧道坐标，并与首尾贯通成果比对，人孔投点法见图 6-217。

图 6-217　双人孔投点现场

3. 线形拟合计算

线形预估采用两种方法：一种是基于 CAD 的几何拼接法，另一种是基于 Excel 的线形计算法。

基于 CAD 的几何拼接法：主要是在 CAD 中按照 1∶1 比例画出各管节平面图，管节各部位长度、角度均按照实测数据绘制，平移旋转各管节进行模拟安装及调整。如图 6-218 所示。

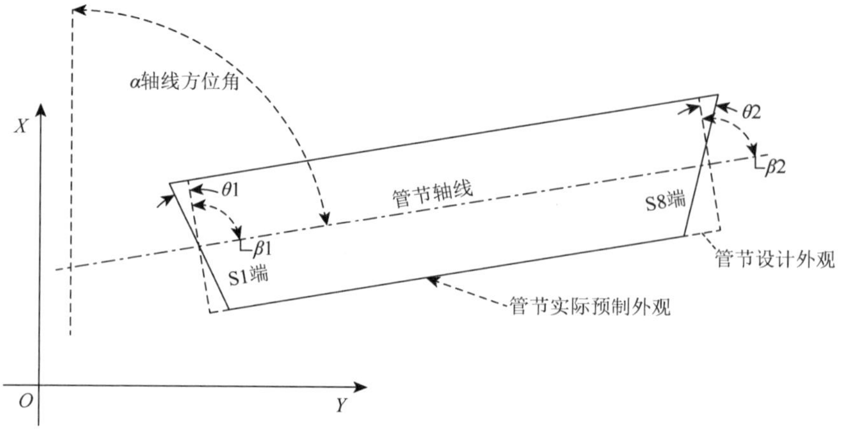

图 6-218　沉管安装拼装法预测

基于 Excel 的线形计算法：主要是根据各管节实测长度、端面偏角等相关数据，按照几何原理在 Excel 中进行管节模拟安装及调整。如图 6-219 所示。

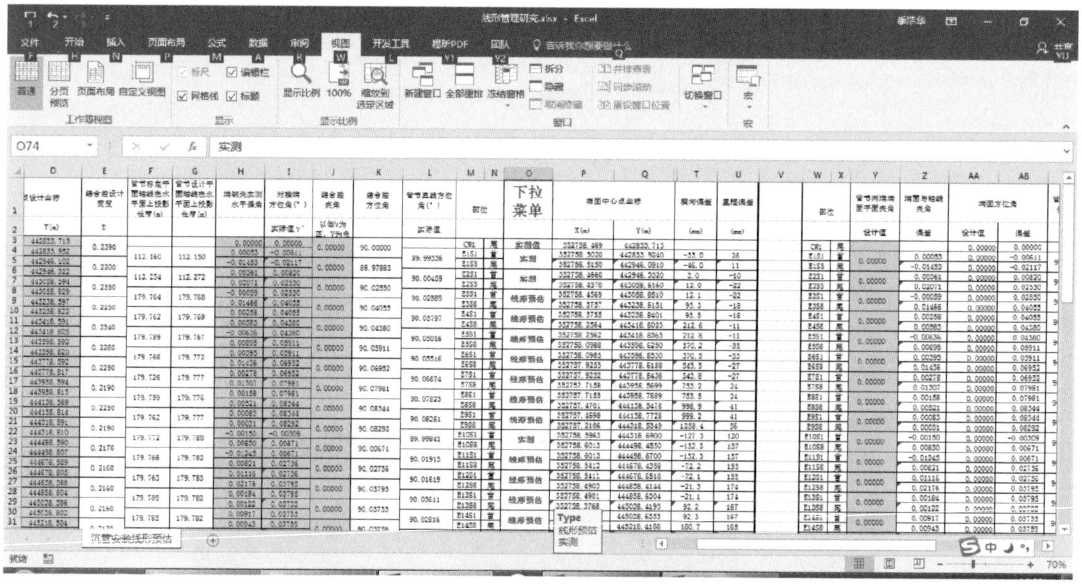

图 6-219　沉管安装线解析计算法预测

4. 待安管节线形拟合

进行模拟安装计算时要利用沉管安装对接设计参数表、管节线型测量数据、管节贯通测量等数据，待安管节尾端轴线偏差 ΔX 的计算方法为

$$\Delta X = \Delta X_0 + \tan\alpha \times S \tag{6-87}$$

式中，ΔX_0——管节首端轴线点的横向绝对偏差；

$\tan\alpha$——管节轴线斜率；

S——管节长度。

由于管节端钢壳水平偏角极小，因此 tanα 可以直接以 α 在弧度制下的数值替代。夹角统一以顺时针偏转为正值。

管节长度预制偏差对于管节轴线偏差的影响是由管节实际轴线与设计轴线的偏角所致，但管节实际轴线与设计轴线的偏角很小，因此管节长度偏差对于管节轴线偏差的影响可以忽略不计，管节可按设计长度进行待安管节尾端轴线偏差的计算。

5. 线形调整

管节安装后的位置与姿态可通过贯通测量得到，下一个及后续管节的安装位置与姿态的预测可通过端钢壳测量得到，通过端钢壳上布置测点测量可计算已安管节和待安管节的端钢壳的平面偏角，进而平面拟合待安管节的位置与姿态。

设计依据拟合结果和设计线形的关系，在每个管节安装前，均会发出调整指令，提供管节安装对接平面定位控制要求，要求中应明确新管节安装的横向相对偏差参数，采用这种动态调整的原则确保隧道线形满足设计要求。

根据目前沉管安装施工工艺，管节的线形调整主要通过控制管节对接端横向错牙、控制对接端面交角两种方式来实现。其中控制对接端面交角主要通过尾端缆绳控制或管节体内精调来实现。

6.3.8.5 外部检核

最终接头龙口形成后，龙口姿态按照贯通测量的双线形联合锁网的形式进行多次测量，现场观测见图 6-220。

图 6-220 现场双线形联合锁网测量

实测点位坐标变化较小，对双线形联合锁网点多次测量成果的 X 坐标进行分析得到点位横向误差，和理论误差进行比较，结果如图 6-221 所示。图中折线表示实测误差占理论误差的百分比，实测精度高于理论分析精度，实测横向误差小于理论值的 70%。

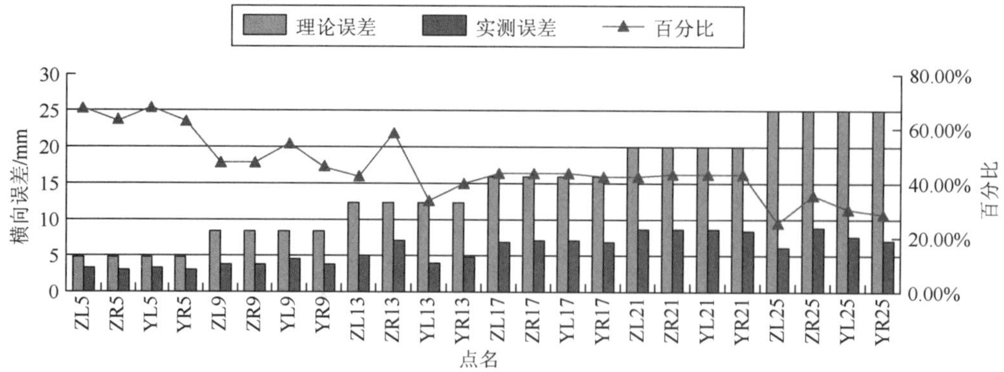

图 6-221　双线形联合锁网理论和实测横向误差比较

1. 加测陀螺检测

E29、E30 管节安装龙口形成前，在隧道内选用标称精度 3.0″的 G3000 陀螺全站仪进行了陀螺定向边测量，共加测三条陀螺定向边，见图 6-222，陀螺方位角和双线形联合锁网测量推算的方位角比对见表 6-31，差值在允许误差范围之内，说明双线形联合锁网精度可靠。

图 6-222　沉管隧道加测陀螺定向检核边

表 6-31　陀螺方位角与双线形联合锁网方位角对比

加测陀螺定向边	双线形联合锁网测量方位角	G3000 陀螺方位角	差值/(″)
YL5→YR9	88°58′39.2″	88°58′35.2″	4.0
ZS17→ZS20	90°07′36.8″	90°07′31.3″	5.5
YS17→YN20	88°41′20.1″	88°41′14.4″	5.7

2. 潜水水下拉尺检核

1）特征点布设

E29、E30 管节安装结束后，通过潜水员水下量距法测定水下管节端面相对三维姿态关系。在 E29-S8 和 E30-S1 钢帽上布置的 6 对特征点，见图 6-223，选择 3 对，从每 1 个点出发丈量到对面 3 个点的距离，每个点丈量 3 条边长，3 个点共丈量 9 条边，另外选择 1 对点丈量距离作为检核。

图 6-223　管节端面特征点布置示意图

共量测 28 条边，量测边的特征点见图 6-224。

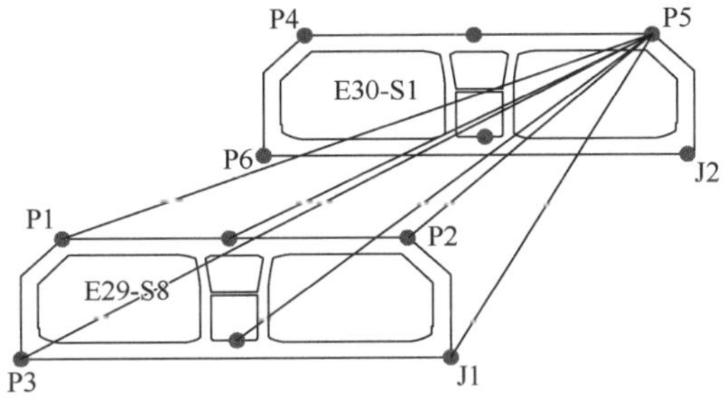

图 6-224　端面点联测示意图

2）特征点测量数据

特征点贯通测量坐标见表 6-32。潜水水卜拉尺量测数据见表 6-33。

表 6-32　特征点贯通测量计算数据

类别	点号	隧道坐标（实际）		
		x	y	z
E30 起始点	Q1	352 740.720 0	447 876.876 0	−16.206 0
	Q2	352 755.677 0	447 877.330 0	−16.221 0
	Q3	352 770.703 0	447 877.778 0	−16.235 0

续表

类别	点号	隧道坐标（实际）		
		x	y	z
E30 起始点	Q4	352 736.517 0	447 875.680 0	−26.319 0
	Q5	352 755.813 0	447 876.301 0	−26.153 0
	Q6	352 775.000 0	447 876.798 0	−26.721 0
E29 终止点	Z1	352 740.870 0	447 863.192 0	−16.279 0
	Z2	352 756.093 0	447 863.655 0	−16.265 0
	Z3	352 771.319 0	447 864.112 0	−16.269 0
	Z4	352 736.881 0	447 864.146 0	−26.526 0
	Z5	352 756.045 0	447 864.693 0	−26.151 0
	Z6	352 775.319 0	447 865.303 0	−26.484 0

表 6-33　潜水水下拉尺量测数据

拉尺起点	拉尺读数点	现场实测值/m	比对值（贯通推算结果）/m	差值/cm
1	1	13.688 0	13.685 0	0.3
	2	20.316 3	20.276 3	4.0
	4	16.834 7	16.831 3	0.3
	3	33.152 7	33.154 5	−0.2
	6	37.899 3	37.903 3	−0.4
2	3	20.482 0	20.479 0	0.3
	4	25.126 0	25.165 5	−3.9
	6	25.210 7	25.214 8	−0.4
	2	13.667 3	13.681 4	−1.4
3	2	20.294 7	20.320 2	−2.6
	3	13.681 0	13.679 9	0.1
	6	16.790 3	16.792 1	−0.2
	1	33.172 3	33.207 8	−3.6
	4	37.856 7	37.890 2	−3.3
4	1	16.637 7	16.604 2	3.3
	4	11.545 7	11.541 6	0.4
	5	22.427 7	22.407 3	2.0
	3	38.031 0	38.026 3	0.5
	6	40.163 3	40.166 0	−0.3
5	3	22.071 7	22.061 3	1.0
	4	22.497 7	22.501 2	−0.4
	5	11.618 0	11.610 3	0.8
	6	22.403 7	22.395 3	0.8

续表

拉尺起点	拉尺读数点	现场实测值/m	比对值（贯通推算结果）/m	差值/cm
6	3	16.839 7	16.844 2	−0.5
	5	22.475 3	22.497 7	−2.2
	6	11.509 7	11.501 9	0.8
	1	38.164 3	38.197 1	−3.3
	4	40.138 3	40.164 3	−2.6

3）模型参数的平差计算

表中数据包括了采用贯通后的特征点坐标数据初步比对的边长差值，其结果均较为合理，因此采用全部 28 条量测边进行模型参数的平差计算。计算结果见表 6-34。

表 6-34　模型参数平差计算

平移	d_X/m	d_Y/m	d_Z/m
	0.017	0.000	0.010
旋转	x/(°)	y/(°)	z/(°)
	0.000 9	−0.000 5	−0.000 3
量边改正数	边长 S/m	改正数 V/m	
	（1）13.688	−0.002	
	（2）20.316	−0.025	
	（3）16.835	−0.018	
	（4）33.153	0.020	
	（5）37.899	0.018	
	（6）20.482	0.009	
	（7）25.126	0.019	
	（8）25.211	0.014	
	（9）13.667	0.010	
	（10）20.295	0.005	
	（11）13.681	−0.010	
	（12）16.790	−0.001	
	（13）33.172	0.014	
	（14）37.857	0.012	
	（15）16.638	−0.009	
	（16）11.546	0.007	
	（17）22.428	−0.002	
	（18）38.031	0.018	
	（19）40.163	0.020	
	（20）22.072	0.007	
	（21）22.498	−0.007	

续表

量边改正数	边长 S/m	改正数 V/m	
	（22）11.618	−0.003	
	（23）22.404	0.006	
	（24）16.840	−0.000	
	（25）22.475	0.009	
	（26）11.510	−0.009	
	（27）38.164	0.019	
	（28）40.138	0.012	
点位改正	d_X/m	d_Y/m	d_Z/m
	0.025	−0.001	0.030
	0.024	0.005	0.021
	0.024	0.010	0.013
	0.019	−0.011	0.031
	0.019	−0.004	0.020
	0.018	0.002	0.009
平均	0.021 5	0.000 2	0.020 7

4）量测精度评估

①通过平差计算，得到量测精度指标为 20 m（单位权）的联测精度为 0.014 m。

②E29、E30 系统之间的平移量为 X 方向最大，数值为 0.017，这个数值与量测精度相当，因此，两个系统之间的实际的平移量与量测误差没有可区分度，但实际数值应在 0.017 以下的可能性较大。

③方向的旋转量均小于 1/1000，这个数值同样与量测误差相当，两者之间也没有可区分度，但实际数值应在 0.9/1000 以下的可能性较大。

④E29 与 E30 系统的最终对接头两边相对位置特征点的相对误差不超过 0.022 m，并且这个误差包含了量测误差在内。

5）结论

通过量测 28 条边，可以确定 E29、E30 系统之间相对偏差在 2.2 cm 以下，对最终对接头的安装影响较小，就目前数据来看没有必要修正贯通数据。

6.3.8.6　应用效果

港珠澳大桥沉管贯通面西侧端双线形联合锁网长度约 5800 m，共形成了 30 个闭合环，平差后的后验单位权中误差为±0.44″，靠近贯通面的导线点点位中误差 13.1 mm；贯通面东侧双线形联合锁网长度约 1400 m，共形成了 6 个闭合环，平差后的后验单位权中误差±0.57″，靠近贯通面的导线点点位中误差 1.6 mm。由上述数据可以说明控制网观测精度较高，均未超过设计的±1.0″限差要求，达到了预先设计的精度。

沉管隧道最终接头安装成功后，通过贯通测量确认，实现了 6.7 km 沉管隧道横向 12 mm 的贯通精度，远低于设计 50 mm 的横向贯通要求。最终接头安装见图 6-225。

图 6-225　港珠澳大桥沉管隧道最终接头安装

7 测量管理

7.1 概述

标准化是指在经济、技术、科学和管理等社会实践中，对重复性的事物和概念，通过制定、发布和实施标准达到统一，以获得最佳秩序和社会效益，正是有了最佳秩序才保证了工程施工的进度，将标准化管理工作引入测量管理工作，对测量工作进行标准化管理，不仅可以规范测量工作，而且可以有条不紊地开展测量工作，保证质量，提高工效。

风险管理是指在项目一个肯定有风险的环境里把风险减至最低的管理过程，沉管隧道施工所面临的风险是前所未有的，也是必须规避的。

因此，在施工过程中，为了保证质量、提高工效、规避风险，沉管隧道施工开展了标准化管理、风险管理工作。沉管隧道施工测量管理工作的重点是进行了标准化管理、风险管理工作，采取行之有效的措施，保证了测量工作的顺利进行。

7.1.1 标准化管理

7.1.1.1 一般测量工作复核流程

①执行有关测量技术规范和标准，按照规范要求进行测量设计、作业、检查和验收，保证各项成果的精度和可靠性。

②所有施工放样测量都必须进行换手测量。对工程项目的关键测量科目必须实行彻底换手测量，一般测量科目实行同级换手测量。

③用于测量的图纸资料应认真研究复核，必要时应做现场核对，确认无误后，方可使用。抄录已知数据资料，必须核对，两个计算人应分别独立查阅抄录，并互相核实。

④内业工作应坚持两组独立平行计算并相互校核。

⑤利用已知成果时，必须坚持“先检查、复测，后利用”的原则。

⑥一项工程由两个以上单位同时施工时，应联合测量；若非同时施工，先施工的单位进行整体复测，施工复测时，必须超越本项工程范围与相邻相关的测量控制点联测，并与相关单位共同确认相关控制点和资料。

7.1.1.2 关键施工部位的复核流程

测量队完成的各关键施工部位的测量放样成果，按规定的检测方法及频率自检合格后，检验合格后再上报监理、业主。

1. 加密网的建立与复测

①建网前，应按照相关行业技术标准及规范要求编写加密网的测设方案及技术设计书，经监理、业主审批后方可实施。

②加密网建成后，将成果资料上报监理、业主，经检验合格并书面认可后方可使用。

③应对加密网进行定期复测，所有复测成果经监理、业主批准后方可继续使用。

2. 测量现场放样质量控制

①测量放样前必须认真熟悉施工图纸的结构尺寸，并根据结构尺寸计算出放样点的坐标，计算数据必须经第二人复核。

②每道工序的测量放样都必须认真仔细。

③利用 GPS 进行测量工作时要认真检查各项参数是否准确，特别要注意 GPS 接收机的状态，保证在接收到固定解的状态下进行测量工作。

④利用全站仪进行坐标放样时要认真检查全站仪是否对中整平，后视观测时要仔细，检查后视方位角输入是否正确。观测完后由第二人重新检查后视及方位角。

⑤标高测量时数据计算要准确，认真复核，塔尺接头要检查是否接好，塔尺底部要清理干净。

⑥每道工序完成后及时通知测量监理检查，检查不合格重新再放，放好后再次通知测量监理检查。

7.1.1.3 测量资料复核流程

①所有测量成果资料的使用，应遵守“先检验后利用”的原则，即成果资料须经检验合格后方可用于施工放样等测量工作。

②原始观测记录（含电子记录）须按照相关规定现场同步完成，严禁事后补记、补绘。

③应对外业观测记录进行不少于 250%的检查，即首先由记录员（或观测员）进行 100%的检查，其次由班组再次进行 100%检查，最后交测量主管工程师进行不少于 50%的抽检。

④内业计算工作应坚持两组（人）独立平行计算相互校核，校核无误后方可使用，对于重要施工部位的计算，主管测量工程师应进行全面复核。

⑤对于关键施工部位测量成果的复核，应尽量使用不同的控制点、不同的计算方法进行核算。

⑥一般施工部位的测量与复核，应执行作业人员自检、班组复检和项目部终检的三级复核制度。

7.1.2　风险管理

在隧道工程风险管理中普遍采用最低合理可行（as low as reasonably practicable，ALARP）原则，即在合理可行的范围内将风险降到最低。外海深水沉管安装施工规模大、不可预见的风险多，风险管理非常重要。风险管理要遵守 ALARP 原则。ALARP 原则是当前国外风险可接受水平普遍采用的一种项目风险判据原则。该原则提供了项目风险确定的判据标准，因此项目风险辨识也应该以此为原则。

风险管理按照风险识别、风险分析、风险评估、风险评价、风险处置分步分项进行，每一步都至关重要且缺一不可，每一步又环环相扣，风险管理过程见图 7-1（下文将风险评估、风险评价放在一起叙述，简称风险评估评价）。

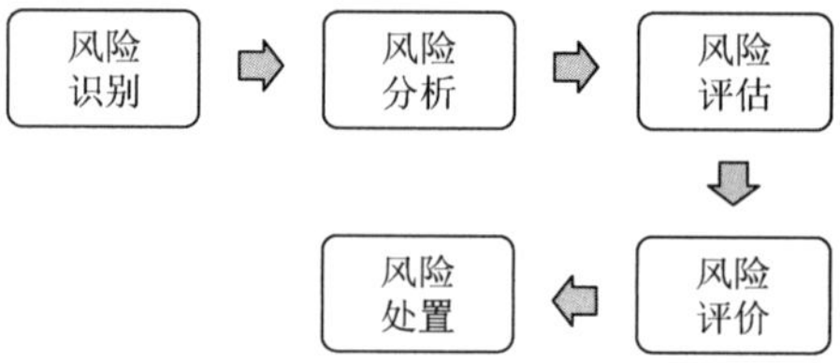

图 7-1　风险管理过程

7.1.2.1　风险识别

在风险识别分析方面，目前已经有许多比较成熟的方法，如幕景分析法、专家调查法、风险树法等。专家调查法是通过规范的调查程序，征询相关领域或学科专家对预测对象未来发展的看法的一种半定量调查法。专家调查法最大优点是简便直观，无须建立烦琐的数学模型，能集中多数人的才智，又可充分发挥每个专家的个人能力。因而成为一种使用广泛并享有盛名的风险识别方法。专家调查法分为德尔菲法（delphi method）和头脑风暴法。

德尔菲法主要是由调查者拟定调查表，按照既定程序，以函件的方式分别向专家组成员进行征询；专家组成员又以匿名的方式（函件）提交意见，即团队成员之间不得互相讨论，不发生横向联系，只能与调查者发生关系。经过几次反复征询和反馈，专家组成员的意见逐步趋于集中，最后获得具有很高准确率的集体判断结果。

头脑风暴法主要是通过邀请头脑风暴专家，给定风险议题；专家利用自己的经验知识相互间进行交流：或者自己单独在头脑中就议题作没有任何限制的智力碰撞，提出个人的思想结果，最后使专家着眼点不断集中和精华，得出专家风险分析结果。

头脑风暴法可以排除折中方案，对所讨论问题通过客观、连续的分析，找到一组切实可行的方案。其相对于德尔菲法开展过程简单，更能发挥集思广益的优点，更贴近工程技术人员处理问题的常规模式，时间短见效快，因此，最终选用了头脑风暴法进行风险识别。

7.1.2.2 风险分析

风险分析是根据经验及推理，通过头脑风暴法对已识别的各风险点可能造成的主要后果进行分析、描述。风险分析有助于相关人员更深入、全面地认识风险所带来的危害。

根据风险管理流程，风险识别环节已经将沉管安装测控过程中的风险梳理出来，然后根据梳理的风险点对各风险进行分析，深入细致地对沉管安装测控每个环节进行研究，对过程中出现的风险进行分析。

7.1.2.3 风险评估评价

风险评估评价是继测量风险分析之后的下一个重要环节。风险评估评价的目的是对风险涉及损失的可能频率、程度、后果等进行度量，依照风险分析矩阵划定相对风险水平，并据此对风险进行等级划分，据此判断风险是否可接受。

风险评估评价主要由经验丰富的测量技术负责人及测量班长采用“定性分析法”按照危害后果评估标准从安全健康、环境、质量、时间、成本 5 个角度，按照低、中、高三个级别对各风险点风险水平及可接受程度进行评估。最后综合各风险点发生损失的概率和损失程度将测量工作按照一般风险（低）、重要风险（中）、重大风险（高）三个等级进行划分。如表 7-1 所示。

表 7-1 危害后果评估标准

严重程度 后果类型	低	中	高	备注
健康安全				
处于危险状况的人数	3～9 人轻伤 或<3 人重伤	3～9 人重伤 或<3 人死亡	≥10 人重伤 ≥3 人死亡	参考性依据，参照项目 HSE 管理体系文件规定
环境				
环境事故等级	一般事故	中等事故	严重事故	参考性依据，参照项目 HSE 管理体系文件规定
时间				
关键活动和工程竣工延期	<2 周	2 周～3 个月	>3 个月	参考性依据，与关键活动的进度密切相关
质量				
质量事故等级	质量问题	一般质量事故	三级严重 质量事故	参考性依据，参照质量手册“质量事故报告程序”中对不同事故的定义
成本				
经济损失（人民币）	100 万以下	100 万～1000 万	1000 万～5000 万	参考性依据，参照项目 HSE 管理体系文件

风险评估评价的办法包括决策树法、概率分布分析法、蒙特卡罗模拟法、等风险图法和层次分析法（AHP）。由于针对不同的工程项目，具有不同的特点，所采用的风险评估评价方法也不一样，对以上几种风险评估评价方法进行优缺点分析，在进行沉管安装测控风险管理的时候选择合理、科学、可靠的方法。表7-2是风险评估评价方法优缺点分析表。

表 7-2 风险评估评价方法优缺点分析表

风险评估评价方法	优点	缺点
决策树法	简明、直观、清晰，能描述风险发生的概率、后果	要有足够有效的数据作基础，难以取得，应用起来比较困难
概率分布分析法	利用概率理论，估计随机不确定的风险发生的概率，理论基础扎实分析过程简单	确定概率分布需要有足够的历史资料作基础
蒙特卡罗模拟法	算法简单，过程灵活，利用数学方法在计算机上模拟实验过程，预测结果科学，能直接处理项目中所有的不确定风险因素，节约时间和成本	需要足够的数据信息，无法了解关键因素，前期准备工作繁多，可操作性不是太强
等风险图法	是定性与定量相结合的方法，是一种有力的风险评价工具，其评价结果直观、明了	项目失败和成功的概率难以确定，具有一定的主观性
层次分析法	它将思维数学化，定性与定量相结合的分析方法，预测结果科学，极大地提高了决策的有效性和可靠性，是一种灵活而且易于操作的有效手段	当评价指标过多时，标度工作量大，易引起标度专家的反感和判断混乱，另外对判断矩阵要进行充分合理的考虑

针对港珠澳大桥沉管隧道情况结合各种风险评估评价方法的优缺点，选择层次分析法作为沉管隧道施工测量风险管理的风险评估评价方法。

7.1.2.4 风险对策研究

风险对策研究的实质是在风险识别、风险分析、风险评估评价的基础上，针对沉管安装测控工作存在的风险因素，积极采取措施以消除风险因素或减少风险因素的危险性。在事故发生之前，降低事故发生的频率，在事故发生时，将损失减少到最低限度。

风险应对，可从改变风险后果的性质、风险发生的概率或风险后果大小三个方面，提出多种策略。对沉管安装测控风险管理过程中风险对策的内容进行研究，研究内容包括风险预防、缓解、处置三种方法。

7.2 应用案例

沉管隧道施工测量风险管理工作首先调研了国内外施工风险案例，结合施工测量工作，率先系统性地将风险管理思想导入外海长距离跨海工程施工测量过程。首次建立了科学、完整的外海长距离跨海工程施工测量风险管理体系，系统化进行外海长距离跨海工程施工测量风险管理专题研究，形成作业指导书。

7.2.1 测量标准化流程

7.2.1.1 测量标准化流程建立

为加强沉管隧道施工测量工作管理，开展标准化管理工作，港珠澳大桥沉管隧道工程制定《工程测量标准化管理流程》及沉管隧道测量质量控制程序，港珠澳大桥沉管隧道测量质量控制程序见图 7-2。

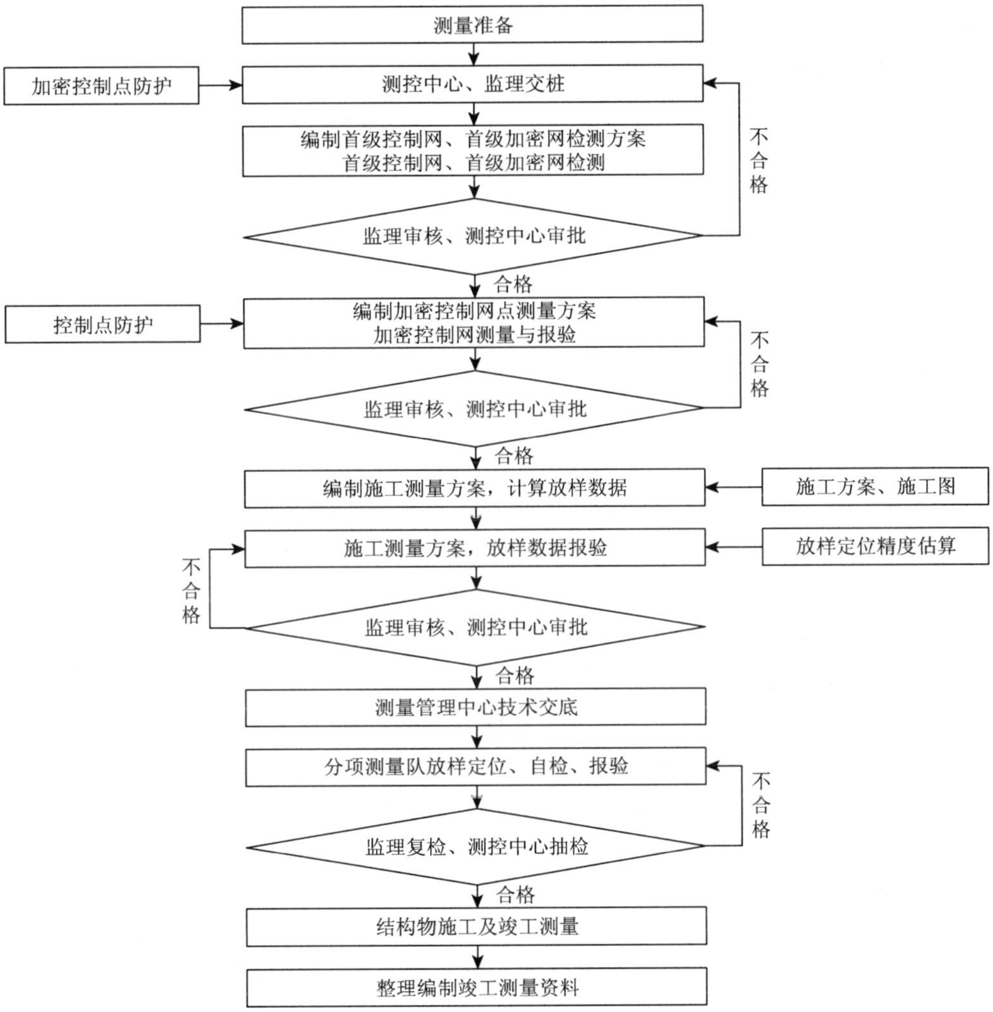

图 7-2 港珠澳大桥沉管隧道测量质量控制程序

7.2.1.2　标准化作业指导书实施

港珠澳大桥沉管隧道施工测量点多面广，有标准化的作业指导书方能保质保量完成测量工作，编制实施的14项标准化作业指导书如下。

①沉管浮运安装施工测量标准化作业流程（总体）；
②沉管隧道首级加密控制网测量标准化作业流程；
③进洞导线观测标准化流程；
④设计参数复核标准化流程；
⑤端钢壳测量标准化流程；
⑥导向系统测量标准化流程；
⑦管节一次标定标准化流程；
⑧管节二次标定标准化流程；
⑨浮运导航测控作业标准化流程；
⑩深水测控系统作业标准化流程；
⑪测量塔测控系统作业标准化流程；
⑫碎石垫层铺设测控系统作业标准化流程；
⑬贯通测量标准化流程；
⑭沉降位移观测标准化流程。

7.2.2　风险管理

7.2.2.1　风险管理体系的建立

港珠澳大桥外海长距离跨海工程是一项高风险工程，结合项目测量工作复杂、技术难度大、风险高的特点，系统性地将风险管理思想导入工程测量控制管理过程，建立科学、完整的测量风险管理体系，通过体系的运行，确保测量的准确性、可靠性，提高测量工作的效率，有效规避测量风险。

风险管理工作研究的主要内容如下。

①外海长距离跨海工程施工测量风险管理方法的实施；
②外海长距离跨海工程施工测量风险管控体系的建立与完善；
③外海长距离跨海工程施工测量风险管理效果分析；
④风险管理成果应用及展望。

风险管理研究框架见图7-3。

根据沉管隧道标准化流程结合ALARP原则的特性，将该原则作为港珠澳大桥沉管隧道沉管安装测控风险管理的基本原则。遵守该原则进行风险管理方法研究，明确管理过程。

自港珠澳大桥沉管隧道施工测量工作开始，测控风险管控体系文件共经历了两次全面升级，在测量工作开始前均按照测量风险管理体系要求进行严密的风险控制，使管控体系

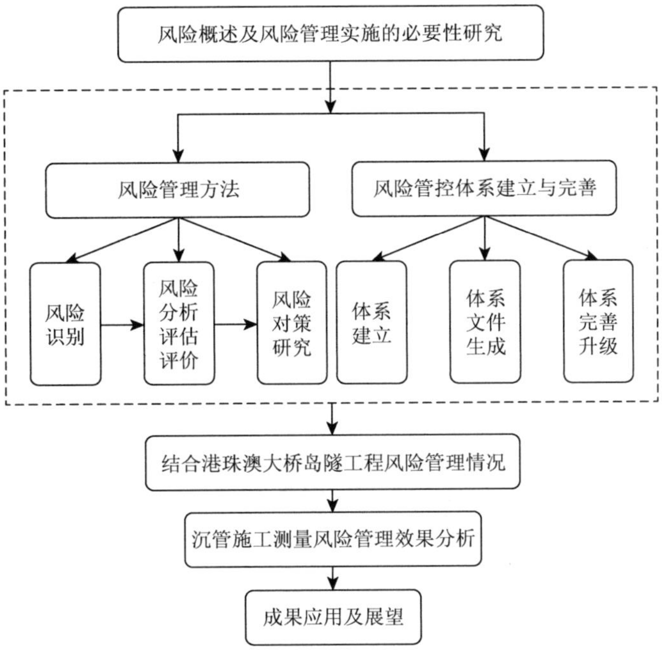

图 7-3　风险管理研究框架

成为“风险识别、分析、评估评价、处置”的循环动态管理体系，进行动态评估，生成动态评估报告，进行体系的升级与完善。以沉管隧道首级加密控制网测量风险评价评估为例，依据危害后果评估标准对沉管隧道首级加密控制网测量工作各风险点进行评估，结果如表 7-3 所示。由于沉管隧道首级加密控制网测量存在多项不可接受的高水平风险点，综合判定沉管隧道首级加密控制网测量属于重大风险类测量工作。

表 7-3　沉管隧道首级加密控制网测量风险评价

风险编号	风险名称	风险描述	最初风险等级评定					主要后果	风险是否可接受
			安全健康	环境	质量	时间	成本		
1	起算点选择	首级控制网成果提供不及时	低	低	高	中	高	首级加密控制网点成果的历次变更对起算点的影响	否
2	等级及作业方法选择	等级及作业方法选择不合理	低	低	低	低	低	等级过高，增加工作量；等级过低，影响施工精度；作业方法不合理影响测量精度	否
3	选点	人工岛岛体不稳定	低	中	中	中	中	点位基础不稳定	否
4		点位选择不合理	低	中	高	低	高	相互间通视性较差，导致利用常规手段测量时检核条件少	否
5		保存时间不长	低	中	中	低	低	部分点靠近施工区域，不利于长时间保存	否
6	点位埋设	点位不稳定	低	中	中	低	低	观测墩结构不稳定	否
7		对中精度低	低	低	低	低	低	对中精度低导致观测数据精度低	否
8	外业观测	开机时间不统一	低	低	中	中	中	开机时间不统一导致观测时段不完整	否

续表

风险编号	风险名称	风险描述	最初风险等级评定					主要后果	风险是否可接受
			安全健康	环境	质量	时间	成本		
9	外业观测	天线高量取不正确	低	低	高	中	中	天线高量取不正确导致计算错误	否
10	外业成果记录	记录不完整、不正确，签字不完善	低	低	中	中	低	责任不明确、计算时参数输入错误	否
11	东人工岛、西人工岛的测量平台高程传递	东人工岛、西人工岛跨海高程传递时机	低	高	高	中	中	恶劣（大风、大浪）天气测量成果的可靠性	否
12	成果报告输出	检核不合格	低	低	中	中	中	数据检核精度较差、重复基线长度较差、环闭合差、基线残差超限	否
13		计算错误	低	低	高	中	高	水准测量指标不合格	否
14		编制错误	低	低	高	中	高	报告编辑错误导致成果精度不高或成果错误	否

7.2.2.2　风险管理体系的完善

通过沉管隧道施工测量风险管理工作的开展，建立港珠澳大桥沉管隧道沉管隧道施工测量风险管控体系，在测量管理工作中逐步推进实践并不断细化完善，固化作业方法并形成作业指导书，实现标准化管理，做到防范措施标准化、流程化、规范化，并形成常态化管理，利用风险管控体系促进测量生产管理水平的不断提高。完整的测量风险管控体系包含组织机构、体系文件、风险管理过程及体系的完善与升级。

港珠澳大桥沉管隧道项目建设周期长，风险因素呈现波动性和时间上的连续性，不同阶段风险因素之间既具有差异性又有相关性，并且相互影响。上一阶段重要的风险因素，到下一阶段可能转化成非重要风险因素或变为更加重要的风险因素；上一阶段的非风险因素也可能在下一阶段变成风险因素或重要的风险因素。

风险是客观存在的，但人类认识世界的能力是有限的，大部分的风险因素可以被识别，但总有少量风险可能被遗漏；与此同时，风险管理技术也处于不断完善之中，这就可能导致决策者无法形成包含各种潜在风险因素的识别框架。因此，需要按照动态循环的思想对风险的识别、分析、评估评价及管理方法进行定期检查、修正，以保证风险管理方法适应变化了的新情况。

沉管隧道施工测量风险管理是个闭合循环的过程，对每个风险点制定、执行相应消减措施后，需要定期根据风险管理的现场实施情况，对各风险的概率、损失程度进行再评估，做到动态评估。再评估的标准与初始风险评估的标准一致。由风险管理机构对风险进行动态管理，定期对各项测量工作进行风险再评估，对各风险的状态（开放、闭合）进行检查总结，对新的风险点进行识别、分析、评估评价、处置，从而进行风险管理体系的升级与完善。

将风险识别、分析、评估评价、处置成果通过列表的形式进行汇总，形成测量风险登记表。通过管理体系的运行及控制方法的使用，有效预防了重大风险事件的发生，确保了测量的准确性、可靠性，提高了测量工作的效率。所以测量风险登记表是测量风险管理的核心成果之一。以沉管隧道首级加密控制网测量为例，其对应的风险登记表如表 7-4 所示。

表 7-4 沉管隧道首级加密控制网测量风险登记表

风险编号	风险名称	风险描述	最初风险等级评定					主要后果	风险是否可接受	处置措施	处理后的风险评定					责任班组/部门	完成日期	状态
			安全健康	环境	质量	时间	成本				安全健康	环境	质量	时间	成本			
1	起算点选择	首级控制网成果提供不及时	低	低	高	中	高	首级加密控制网点成果的万次变更对起算点的影响	否	对采用的起算点进行局部复核，检测合格后方可使用	低	低	中	低	中	岛隧组	—	闭合
2	等级及作业方法选择	等级及作业方法选择不合理	低	低	低	低	低	等级过高，增加工作量；等级过低，影响施工精度；作业方法不合理影响测量精度	否	根据施工需求确定首级加密控制网等级为公路二等，按二等控制网要求施测	低	低	低	低	低	岛隧组	—	—
3	选点	人工岛岛体不稳定	低	中	中	中	中	点位基础不稳定	否	点位选择在副格上	低	低	低	低	低	岛隧组	—	—
4		点位选择不合理	低	中	高	低	高	相互间通视性较差，导致利用常规手段测量时检核条件少	否	结合实地情况增加观测墩高度	低	低	低	低	低	岛隧组	—	—
5		保存时间不长	低	中	中	低	低	部分点靠近施工区域，不利于长时间保存	否	结合施工进度选择施工干扰小的地方埋设	低	低	低	低	低	岛隧组	—	—
6	点位埋设	点位不稳定	低	中	中	低	低	观测墩结构不稳定	否	采用钢结构观测墩	低	低	低	低	低	岛隧组	—	—
7		对中精度低	低	低	低	低	低	对中精度低导致观测数据精度低	否	采用强制对中装置	低	低	低	低	低	岛隧组	—	—
8	外业观测	开机时间不统一	低	低	中	中	中	开机时间不统一导致观测时段不完整	否	现场观测统一调度安排，加强巡检	低	低	低	低	低	岛隧组	—	—
9		天线高量取不正确	低	低	高	中	中	天线高量取不正确导致计算错误	否	作业前先进行技术交底	低	低	低	低	低	岛隧组	—	—
10	外业成果记录	记录不完整、不正确，签字不完善	低	低	中	中	低	责任不明确、计算时参数输入错误	否	加强检查	低	低	低	低	低	岛隧组	—	—
11	东人工岛、西人工岛的测量平台高程传递	东人工岛、西人工岛跨海高程传递时机	低	高	高	中	中	恶劣（大风、大浪）天气测量成果的可靠性	否	冬季海上风浪大，尽量避开在这期间的作业时间	低	低	中	低	低	岛隧组	—	—

续表

风险编号	风险名称	风险描述	最初风险等级评定					主要后果	风险是否可接受	处置措施	处理后的风险评定					责任班组/部门	完成日期	状态
			安全健康	环境	质量	时间	成本				安全健康	环境	质量	时间	成本			
12	成果报告输出	检核不合格	低	低	中	中	中	数据检核精度较差、重复基线长度较差、环闭合差、基线残差超限	否	分多时段计算、不同软件校核、换手复核	低	低	低	低	低	岛隧组	—	闭合
13		计算错误	低	低	高	中	高	水准测量指标不合格	否		低	低	低	低	低	岛隧组	—	
14		编制错误	低	低	高	中	高	报告编辑错误导致成果精度不高或成果错误	否		低	低	中	低	低	岛隧组	—	闭合

7.2.2.3 应用效果

1. 碎石基床异常回淤

港珠澳大桥沉管隧道采用先铺法进行碎石基床铺设。先铺法碎石基床铺设虽有很多优势但是却面临着回淤的风险。

严格遵循 ALARP 原则，根据风险管理流程采用头脑风暴法对碎石基床回淤风险进行识别并分析，采用层次分析法对识别的风险进行评估、评价，然后对相应风险进行处置。该套管理方法在面对碎石基床异常回淤风险中起到了重要作用。

2015 年 2 月 24 日，当进行 E15 管节安装前基床回淤监测时，多波束测深数据显示基床出现异常回淤状况，回淤量较大导致基床不满足安装要求，见图 7-4。

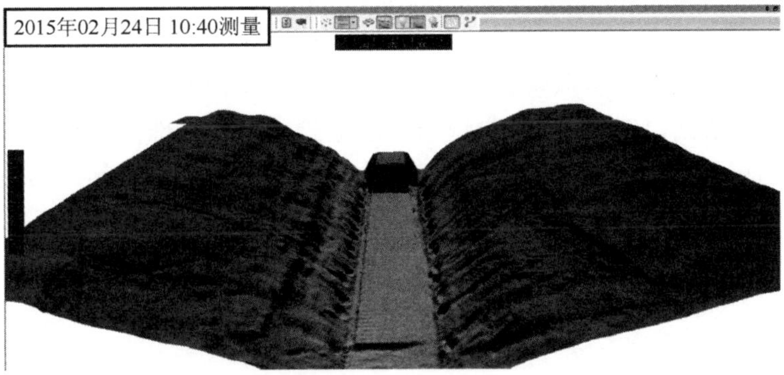

图 7-4　E15 管节安装前基床多波束测深效果图（后附彩图）

沉管施工测量风险管理在此次 E15 管节安装前的回淤监测中起到了关键作用，及时发现了异常回淤的情况给决策组提供了决策依据，有效地规避了此项风险带来的后果。

2. “龙舟水”的影响

2015 年 6 月 11 日，港珠澳大桥沉管隧道安装战胜“龙舟水”，顺利完成 E17 沉管海底精准对接。

E17 沉管安装首次进入龙鼓西天然水道，施工正值汛期，除存在深水深槽和泥沙异常淤积风险外，“龙舟水”带来的大径流造成落潮期海流流速倍增，流场变化更为复杂，并出现盐度跃层。3 种风险叠加，改变了前 16 次沉管安装海域流场规律。

面对上述风险，沉管隧道施工测量风险管理组组织测控人员每天对安装海域流速进行测量，摸清安装海域流场规律，为 E17 管节选择合适的安装窗口提供参考。正是有了安装期间不间断的流速观测掌握了流场规律，在沉管安装期间选择海流较小的时间段进行沉管沉放对接，有效规避了风险。

3. 沉管安装测控风险管理整体效果

通过沉管隧道施工测量风险管理办法的实施及风险管控体系的运行确保了高精度沉管安装。在复杂的安装测控环境下沉管安装相对偏差控制在–4～4 cm，成果见图 7-5。

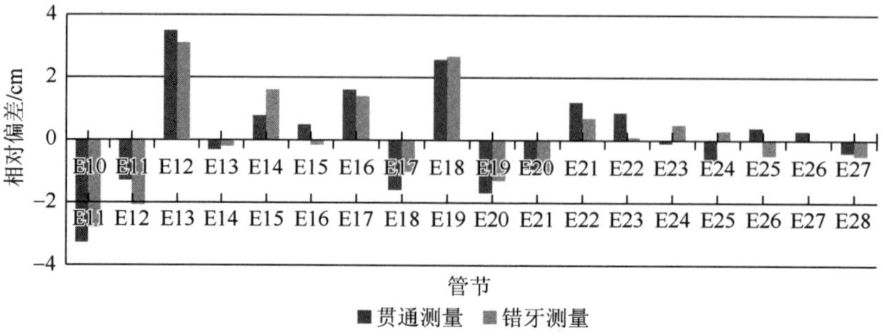

图 7-5　沉管安装相对偏差测量结果

提出的沉管隧道施工测量风险管理办法的成功实施，为港珠澳大桥沉管隧道工程沉管安装工作提供管理依据，作为子项风险管理办法检验并优化港珠澳大桥沉管隧道工程成套风险管理办法，保证了沉管高精度安装。在风险管理过程中总结出的一套适用于沉管安装的风险管控体系，可为今后同类工程施工提供借鉴。

参 考 文 献

[1] 中华人民共和国建设部. 工程测量规范：GB 500026—2007 [S]. 北京：中国计划出版社，2008.

[2] 中华人民共和国交通部. 公路勘测规范：GTC C10—2007 [S]. 北京：人民交通出版社，2007.

[3] 中华人民共和国交通运输部. 水运工程测量规范：JTJ 131—2012 [S]. 北京：人民交通出版社，2013.

[4] 国家测绘局. 国家一、二等水准测量规范：GB/T 12897—2006 [S]. 北京：中国标准出版社，2006.

[5] 国家测绘局. 国家三、四等水准测量规范：GB/T 12898—2009 [S]. 北京：中国标准出版社，2009.

[6] 国家测绘局. 全球定位系统（GPS）测量规范：GB/T 18314—2009 [S]. 北京：中国标准出版社，2009.

[7] 国家测绘地理信息局. 全球导航卫星系统连续运行参考站网技术规范：GB/T 28588—2012 [S]. 北京：中国标准出版社，2012.

[8] 国家技术监督局. 精密工程测量规范：GB/T 15314—1994 [S]. 北京：中国标准出版社，1994.

[9] 国家测绘局. 中、短程光电测距规范：GB/T 16818—2008 [S]. 北京：中国标准出版社，2008.

[10] 中华人民共和国住房与城乡建设部. 建筑变形测量规范：JGJ 8—2016 [S]. 北京：中国建筑工业出版社，2016.

[11] 中华人民共和国交通运输部. 水运工程测量质量检验标准：JTS 258—2008 [S]. 北京：人民交通出版社，2008.

[12] 中华人民共和国交通部. 公路工程质量检验评定标准：JTG F80/1—2004 [S]. 北京：人民交通出版社，2004.

[13] 张正禄. 工程测量学[M]. 武汉：武汉大学出版社，2002.

[14] 陈永奇. 工程测量学[M]. 第四版. 北京：测绘出版社，2016.

[15] 徐绍铨，张华海，杨志强，等. GPS 测量原理及应用[M]. 第三版. 武汉：武汉大学出版社，2008.

[16] 武汉大学测绘学院测量平差学科组. 误差理论与测量平差基础[M]. 武汉：武汉大学出版社，2004.

[17] 陈韶章. 沉管隧道设计与施工[M]. 北京：科学出版社，2002.

[18] 张志刚，刘洪洲. 公路沉管隧道的发展及其关键技术[J]. 隧道建设，2013，（5）：343-347.

[19] 林鸣，林巍. 沉管隧道结构选型的原理和方法[J]. 中国港湾建设，2016，36（1）：1-5.

[20] 林鸣，刘晓东，林巍，等. 钢混三明治沉管结构综述[J]. 中国港湾建设，2016，36（11）：1-4.

[21] 林鸣，史福生，表莲. 日本沉管隧道最终接头施工新工法[J]. 中国港湾建设，2012，（4）：1-4.

[22] 李英，陈越. 港珠澳大桥岛隧工程的意义及技术难点[J]. 工程力学，2011，28（S2）：67-75.

[23] 陈越. 港珠澳大桥岛隧工程建造技术综述[J]. 施工技术，2013，42（9）：1-5.

[24] 尹海卿. 港珠澳大桥岛隧工程设计施工关键技术[J]. 隧道建设，2014，34（1）：60-66.

[25] 王吉云. 港珠澳大桥岛隧工程沉管隧道施工新技术介绍[J]. 地下工程与隧道，2011，（1）：22-26.

[26] 熊金海，吴迪军，熊伟. 特大型跨海桥隧工程测量基准的建立与维护[J]. 测绘地理信息，2013，（1）：49-51.

[27] 吴迪军，熊伟. 港珠澳大桥工程坐标系设计[J]. 测绘通报，2012，（1）：53-55.

[28] 李一勇，刘德进，李增军，等. 离岸深水港抛石基床整平关键技术[J]. 中国港湾建设，2010，（S1）：128-131.

[29] 李一勇，刘德进，陆连洲. 深水抛石整平船的建造与应用[J]. 中国港湾建设，2010，（S1）：136-141.

[30] 成益品. 测量塔定位系统在港珠澳大桥沉管安装中的应用[J]. 中国港湾建设，2015，35（7）：36-38.

[31] 方长远，李惠明，梁国栋，等. 管节沉放对接中环境因素对声呐测距精度的影响[J]. 水运工程，2013，（4）：42-45.
[32] 杨永宏，刘亚平，尹海卿. 超大型沉管舾装施工风险管控[J]. 中国港湾建设，2015，35（11）：134-137.
[33] 张青海. 外海沉管隧道浮运安装施工的风险管理研究[J]. 隧道建设，2015，35（11）：1150-1156.
[34] 马宗豪，孙健，管泽旭. 沉管隧道管节线性控制方法[J]. 中国港湾建设，2014，（11）：12-15.
[35] 付宏平，郭际明，张正禄. 特长隧道贯通误差预计方法研究[J]. 测绘通报，2015，（2）：80-83.
[36] 李冠青，黄声享. 港珠澳大桥沉管隧道贯通误差预计[J]. 铁道建筑，2016，41（12）：10-13.
[37] 李冠青，黄声享. 港珠澳大桥沉管隧道导线布设方法研究[J]. 测绘通报，2015，（S1）：111-113.
[38] 孙丕川，黄声享，李冠青. 港珠澳大桥岛隧工程 GPS 控制点稳定性研究[J]. 测绘通报，2014，（S2）：58-59.
[39] 张秀振，张超，刘兆权. 陀螺方位角加测数量及位置[J].中国港湾建设，2016，36（7）：43-45，55.
[40] 汤慧驰，岳远征，张建军，等. 超大型沉管管节拉合系统及控制方法[J]. 中国港湾建设，2015，（11）：123-126.
[41] 林巍，刘晓东. 沉管隧道曲线段管节水力压接 GINA 不均匀压缩分析[J]. 中国港湾建设，2016，36（4）：51-53，76.
[42] 曾旭平，王志平. 跨海长桥高精度高程基准的 GPS 数据处理研究[J]. 北京公路，2010，（3）：20-25.
[43] 杨培兵，赖金富，吴有清. 港珠澳大桥工程宽海域高精度高程传递方法探讨[J]. 人民长江，2015，46（14）：65-69.
[44] 徐良，孙阳阳. 光学测微法跨河水准测量应用及精度分析[J]. 中国港湾建设，2015，35（7）：39-41.
[45] 成益品，张超. 港珠澳大桥岛隧工程东西人工岛精密跨海高程传递测量[J]. 中国港湾建设，2016，36（7）：9-11.
[46] 沈家海，刘明，刘保永. 港珠澳大桥西人工岛施工测量控制网测设技术[J]. 中国港湾建设，2015，35（11）：32-34.
[47] 张建军，张超，刘兆权. 天宝 TSC3 手簿与徕卡 TS30 全站仪在跨海三角高程测量中的应用[J]. 中国港湾建设，2015，35（11）：29-31.
[48] 张超，成益品. 海中测量平台的建造与应用[J]. 中国港湾建设，2016，36（7）：56-58.
[49] 李凤斌，柳光魁，王晓丽. 长距离跨海高程基准传递方法及精度[J]. 现代测绘，2007，30（2）：7-8，16.
[50] 张兴福，张永毅. 利用 GNSS 水准实现跨河高程传递的方法及精度分析[J]. 导航定位学报，2015，3（3）：135-138.
[51] 赵建虎，谭奇峰，何义斌，等. 一种新的长距离跨海 GPS 高程传递方法[J]. 测绘科学，2013，（5）：116-118.
[52] 李建成，姜卫平. 长距离跨海高程基准传递方法的研究[J]. 武汉大学学报（信息科学版），2001，26（6）：514-517，532.
[53] 卢群，邱卫宁，范玉磊，等. 长距离跨海高程传递测量方法研究与工程实践[J]. 测绘地理信息，2016，41（1）：70-73.
[54] 曾旭平，王志平. 跨海长桥高精度高程基准的 GPS 数据处理研究[J]. 交通科技，2010，（B7）：51-54.
[55] 赵庆海，欧阳桂崇，杨华忠. 跨海高程传递方法的评价[J]. 海洋测绘，2012，32（1）：49-51.
[56] 姜留涛，李建勇. 海岛测绘中跨海高程传递实施方法浅析[J]. 测绘与空间地理信息，2015，38（7）：218-219.
[57] 花向红，许承权，范千. 跨海大桥高程基准统一新方法研究[J]. 测绘工程，2009，18（2），1-4，8.
[58] 杨培兵，赖金富，吴有清. 港珠澳大桥工程宽海域高精度高程传递方法探讨[J]. 人民长江，2015，46（14）：65-69.

[59] 吴迪军，熊伟. 三角高程法跨海高程传递实验及应用[J]. 测绘科学，2016，(6)：130-134.

[60] 吴迪军，熊伟. 测站晃动条件下的全站仪跨海高程传递方法[J]. 测绘通报，2016，(6)：87-90.

[61] 许曦，朱建军，黎莉，等. 长距离高精度 GPS 跨障碍高程传递的进一步研究[J]. 湖南大学学报（自然科学版），2010，37（3）：19-23.

[62] 陈俊勇，李健成，晁定波，等. 我国海域大地水准面的计算及其与大陆大地水准面拼接的研究和实施[J]. 地球物理学报，2003，46（1）：31-35.

[63] 金绍华，暴景阳，刘雁春. 陆海交界区域厘米级精度似大地水准面的确定[J]. 测绘科学技术学报，2008，25（2）：101-103.

[64] 王正涛，李建成，晁定波. 海洋重力似大地水准面与区域测高似大地水准面的拟合问题[J]. 武汉大学学报（信息科学版），2005，30（3）：234-237.

[65] 李增军，王立峰，刘学勇. 抛石整平技术及装备研发的典型案例[J]. 中国港湾建设，2010，(S1)：142-147.

[66] 李增军，张学俊，陆连洲. 采用 GPS 和水压测深法进行整平机框架定位测量及变形修正方法[J]. 中国港湾建设 ，2011，(5)：7-9，67.

[67] 张学俊，陆连洲，祝清芳. 深水抛石整平船关键技术参数的选取及应用[J]. 施工技术，2013，42(S1)：252-257.

[68] 岳建平，高永刚，谢波. 利用全站仪坐标法放样桥梁高塔柱的精度分析[J]. 测绘通报，2005，(8)：39-41.

[69] 贾泽辉. 港珠澳大桥岛隧工程——人工岛建造[J]. 建筑机械化，2015，(7)：25-30.

[70] 孙丕川，黄声享，李冠青. 港珠澳大桥岛隧工程 GPS 控制点稳定性研究[J]. 测绘通报，2014，(S2)：58-59.

[71] 楚亮，宋韦剑，王亚军. 徐州市连续运行参考站稳定性分析[J]. 测绘科学，2015，40（11）：54-56.

[72] 黄声享，罗力. 三峡库区滑坡监测基准的稳定性分析及结果[J]. 武汉大学学报(信息科学版)，2014，39（3）：367-372.

[73] 程祥，陈廷武. 地铁 GPS 控制网的布测与稳定性分析[J]. 测绘通报，2013，(12)：12-14.

[74] 郑伟. 港珠澳大桥沉管隧道深基槽回淤检测与分析[J]. 中国港湾建设，2015，35（11）：25-28.

[75] 张志刚，刘洪洲，付佰勇. 沉管隧道地基与基础的设计选型[C]//公路隧道安全设计与运营管理暨水下隧道建设技术国际会议论文集，2011：500-510.

[76] 王勇. 深埋沉管隧道基础碎石垫层变形特性试验研究[J]. 岩土力学，2015，36（12）：3387-3392.

[77] 张学俊，魏红波，张建军. 韩国釜山沉管隧道基础铺设整平施工关键技术[J]. 水运工程，2013，(6)：177-182.

[78] 孙阳阳，徐良，张建军，等. 基于多波束测探的海底基床监测与分析[J]. 中国港湾建设，2015，(11)：46-48.

[79] 郑伟，李炜. GPS-RTK 三维水下地形测量的应用与误差分析[J]. 中国港湾建设，2015，35(7)：42-45.

[80] 刘兆权，孙阳阳，锁旭宏，等. SPS361 代替光纤罗经的可能性[J]. 中国港湾建设，2016，36（7）：12-14.

[81] 潘满，何波. RTK 三维多波束水深测量在港珠澳大桥岛隧工程中的应用[J]. 中国港湾建设，2016，(7)：5-8.

[82] 尹刚，孟博，魏杰. 碎石基床清淤系统设备研究与应用[J].船舶工程，2016，(S1)：117-120.

彩　　图

图 5-7　测线方向选取示意图

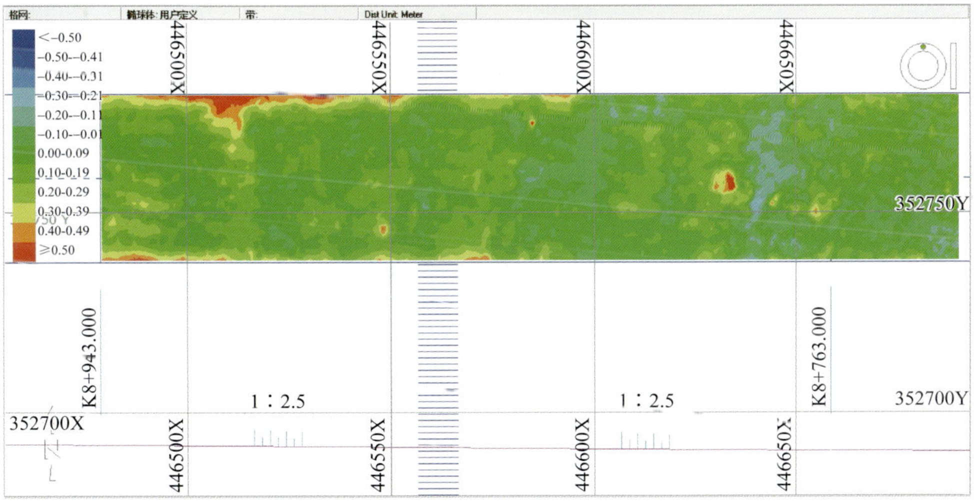

图 5-9　实测高程同设计高程对比差值分布图

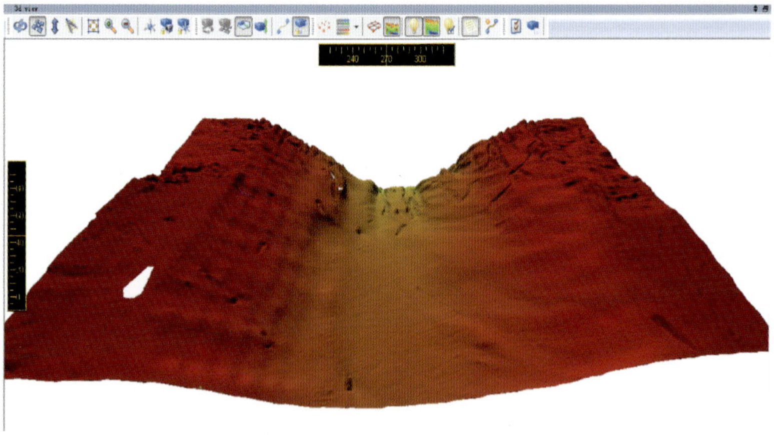

图 5-10　粗挖后三维图

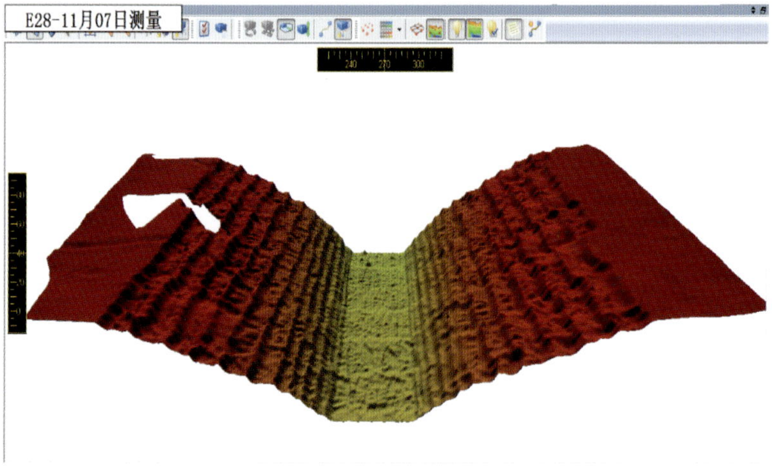

图 5-11　精挖后三维图

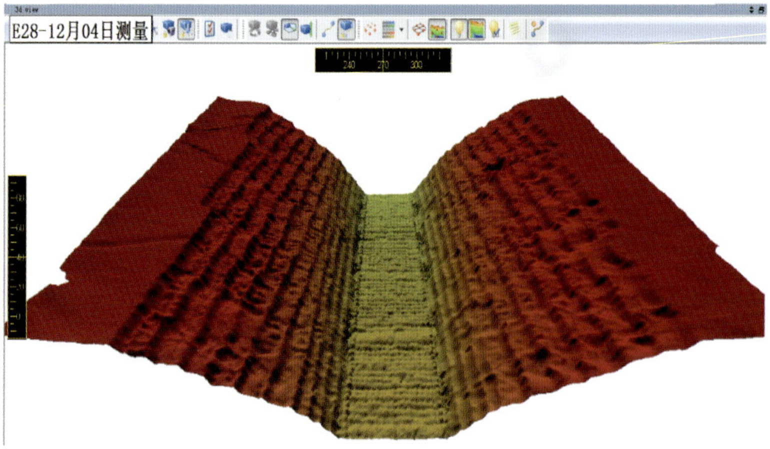

图 5-12　块石夯平后三维图

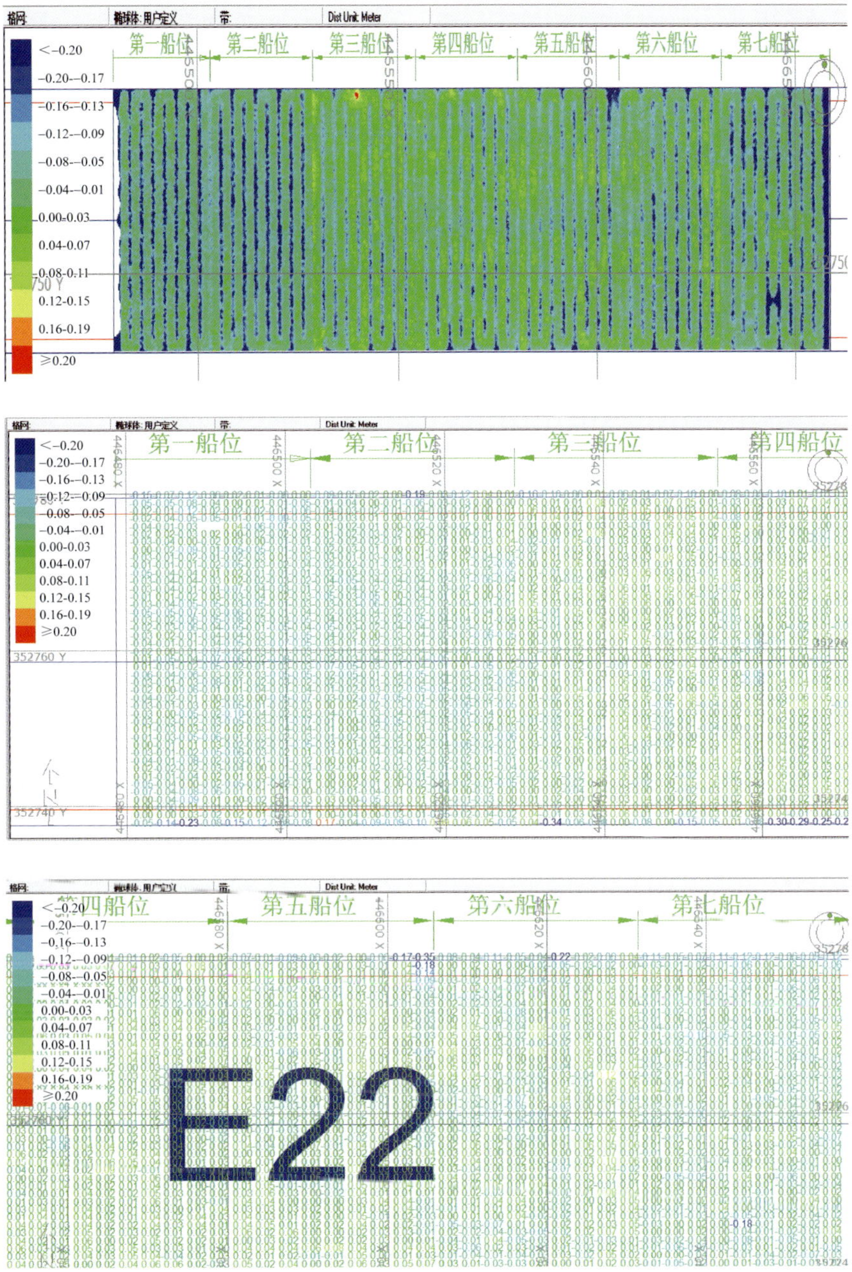

格网:
椭球体: 用户定义
带:
Dist Unit: Meter
<−0.20
−0.20−−0.17
−0.16−−0.13
−0.12−−0.09
−0.08−−0.05
−0.04−−0.01
0.00-0.03
0.04-0.07
0.08-0.11
0.12-0.15
0.16-0.19
≥0.20
第一船位
第二船位
第三船位
第四船位
第五船位
第六船位
第七船位
352760 Y
352740 Y
E22

图 5-13　垄顶差值图

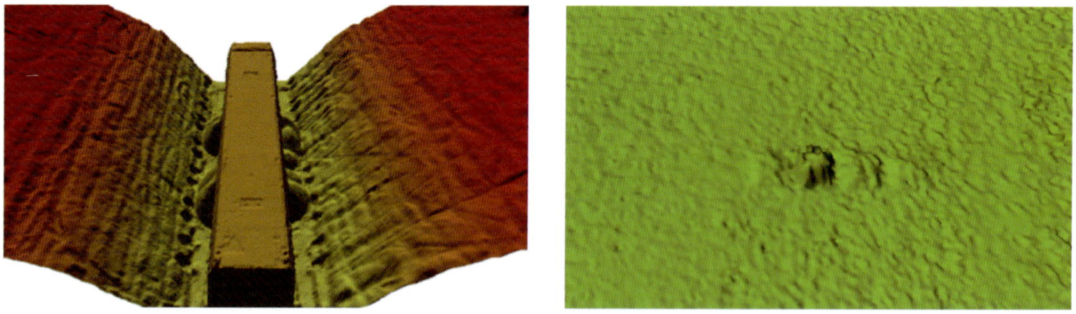

图 5-17　多波束扫测管顶及管顶比对板三维图

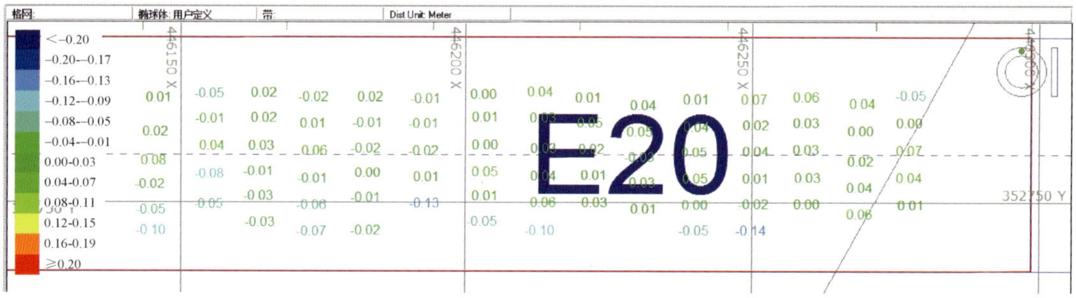

图 5-18　管顶比对点差值图

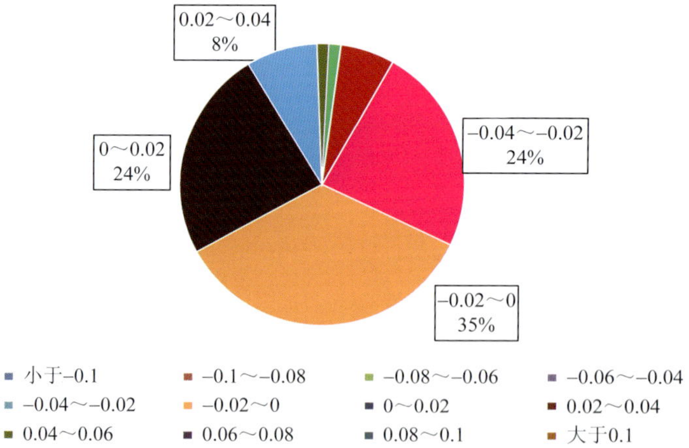

图 5-21　E33 管节碎石基床垄顶 10 月 5 日和 6 日监测数据差值分布饼状图

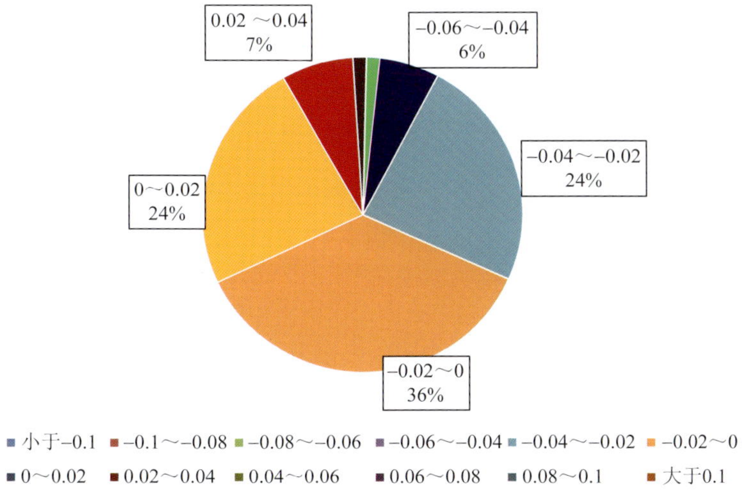

图 5-23　E33 管节碎石基床垄顶 10 月 6 日和 7 日监测数据差值分布区间饼状图

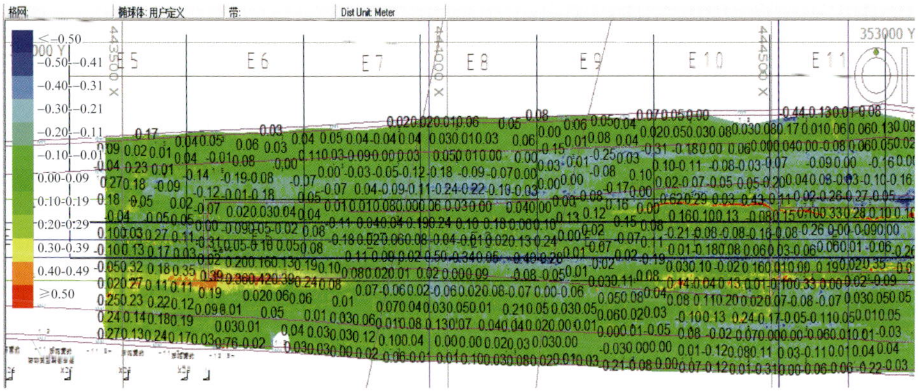

图 5-27　2017 年 7 月 29 日扫测数据与 7 月 3 日扫测数据差值色块图（E5 ～ E11））

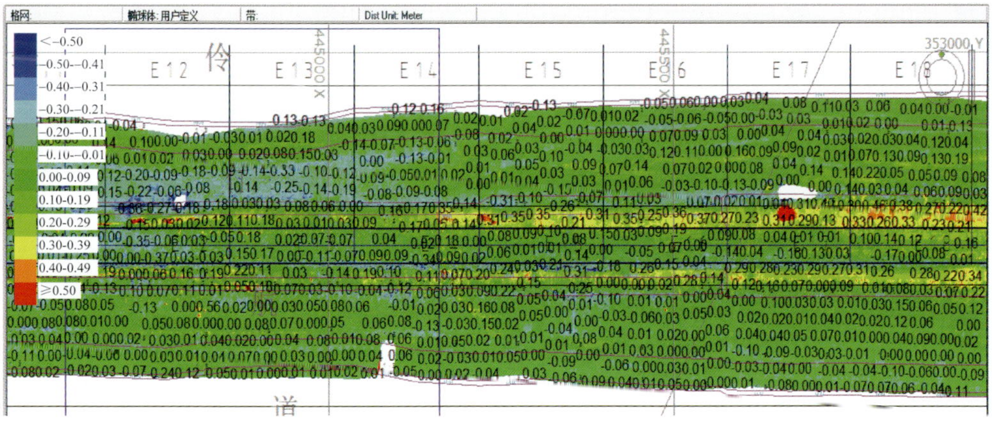

图 5-28　2017 年 7 月 29 日扫测数据与 7 月 3 日扫测数据差值色块图（E12 ～ E18）

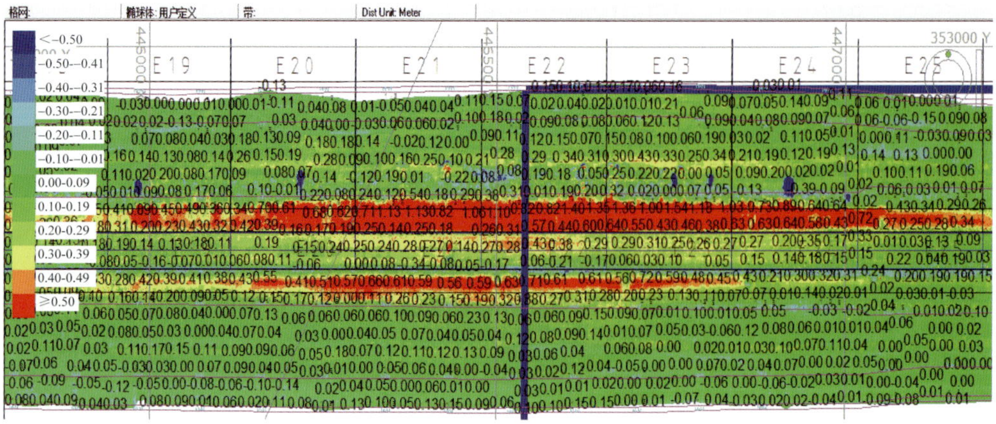

图 5-29　2017 年 7 月 29 日扫测数据与 7 月 3 日扫测数据差值色块图（E19 ～ E25）

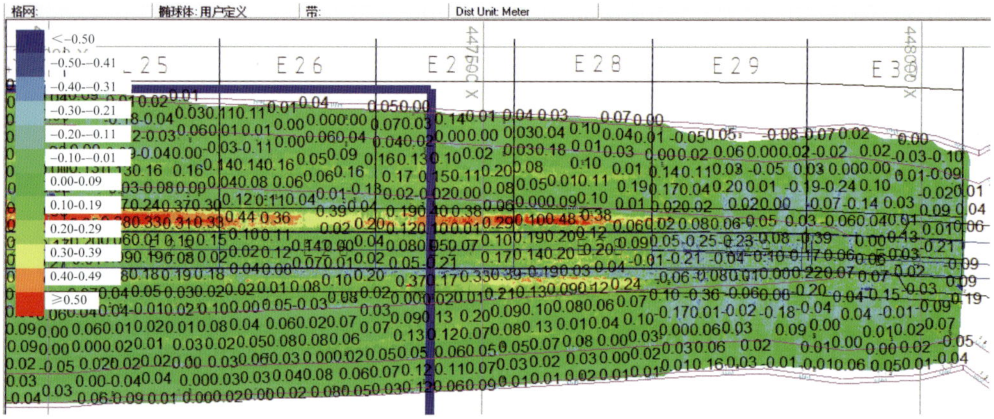

图 5-30　2017 年 7 月 29 日扫测数据与 7 月 3 日扫测数据差值色块图（E26 ～ E30）

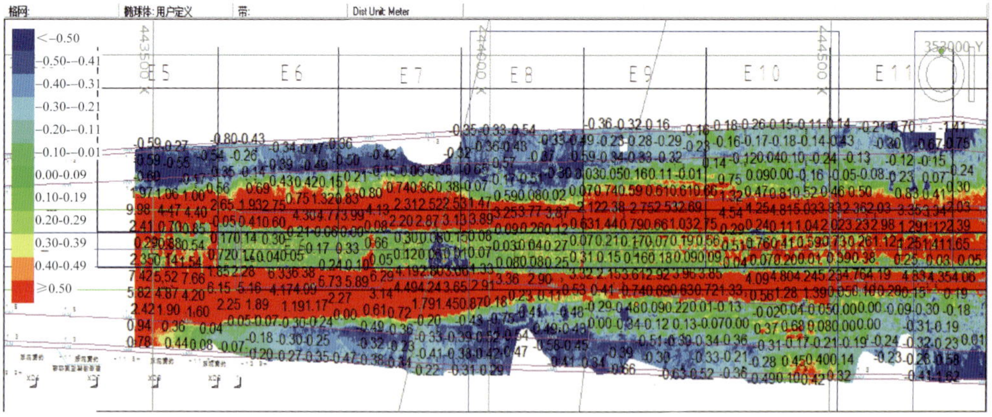

图 5-31　2017 年 7 月 29 日扫测数据与护面回填验收后扫测数据差值色块图（E5 ～ E11）

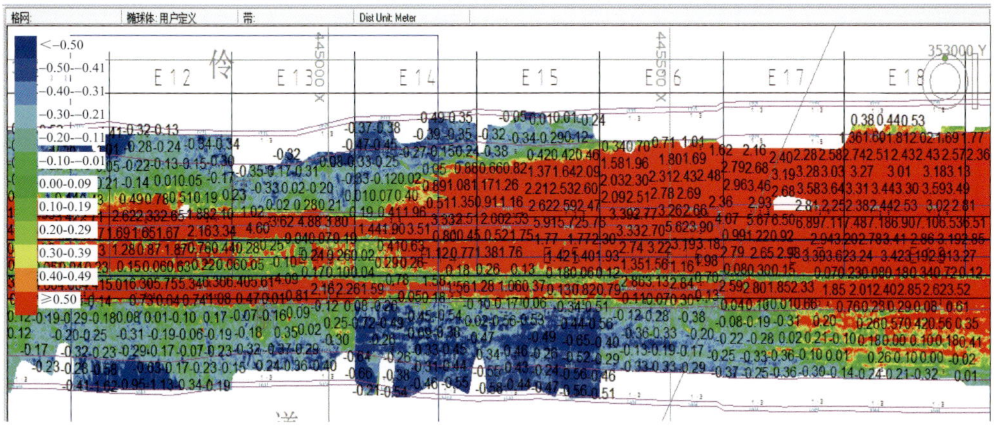

图 5-32　2017 年 7 月 29 日扫测数据与护面回填验收后扫测数据差值色块图（E12 ～ E18）

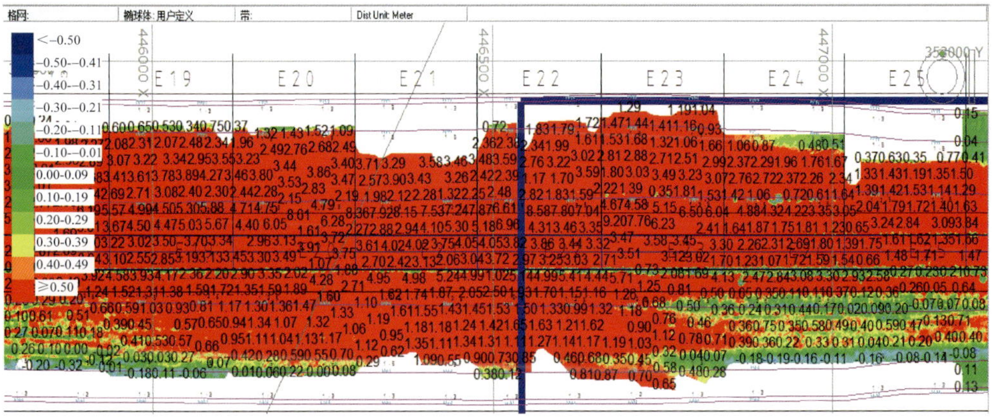

图 5-33　2017 年 7 月 29 日扫测数据与护面回填验收后扫测数据差值色块图（E19 ～ E25）

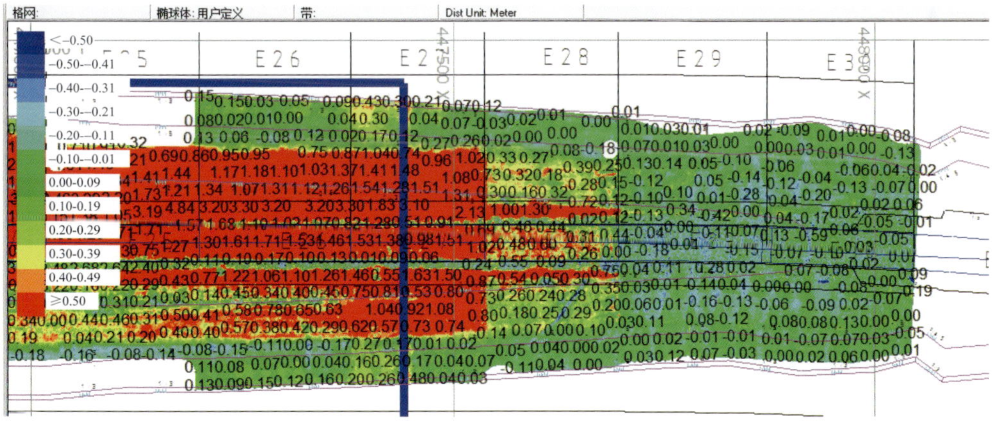

图 5-34　2017 年 7 月 29 日扫测数据与护面回填验收后扫测数据差值色块图（E26 ～ E30）

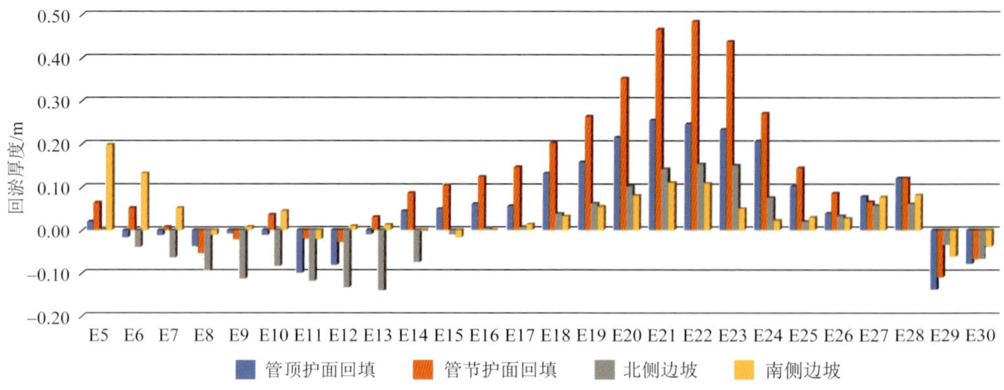

图 5-35　E5～E30 管节 2017 年 7 月 29 日扫测数据与 7 月 3 日扫测数据回淤统计图

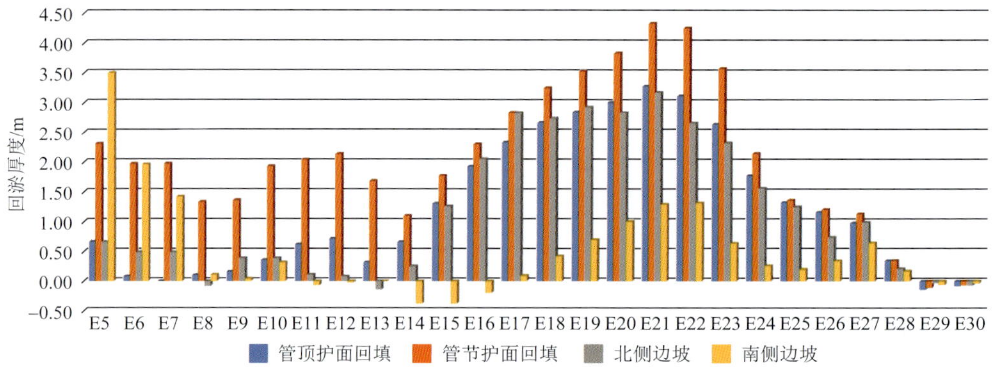

图 5-36　E5～E30 管节 2017 年 7 月 29 日扫测数据与护面回填验收数据回淤统计图

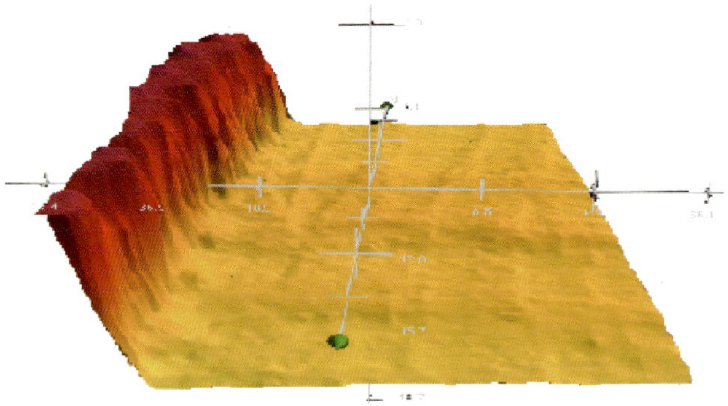

图 6-41　多波束水底三维示例图

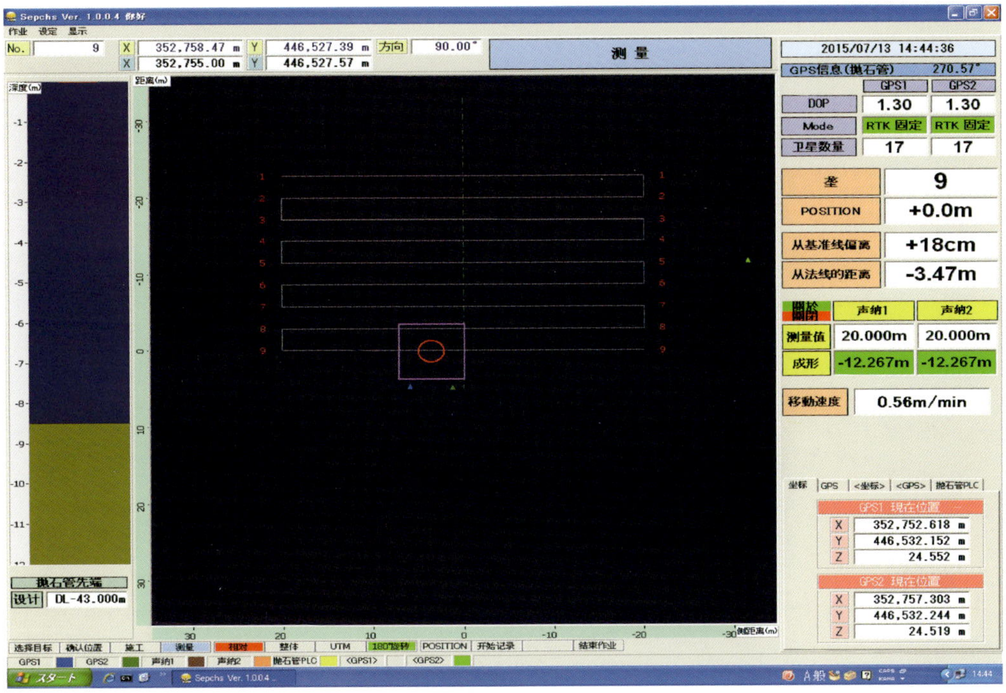

图 6-67　软件显示平面位置

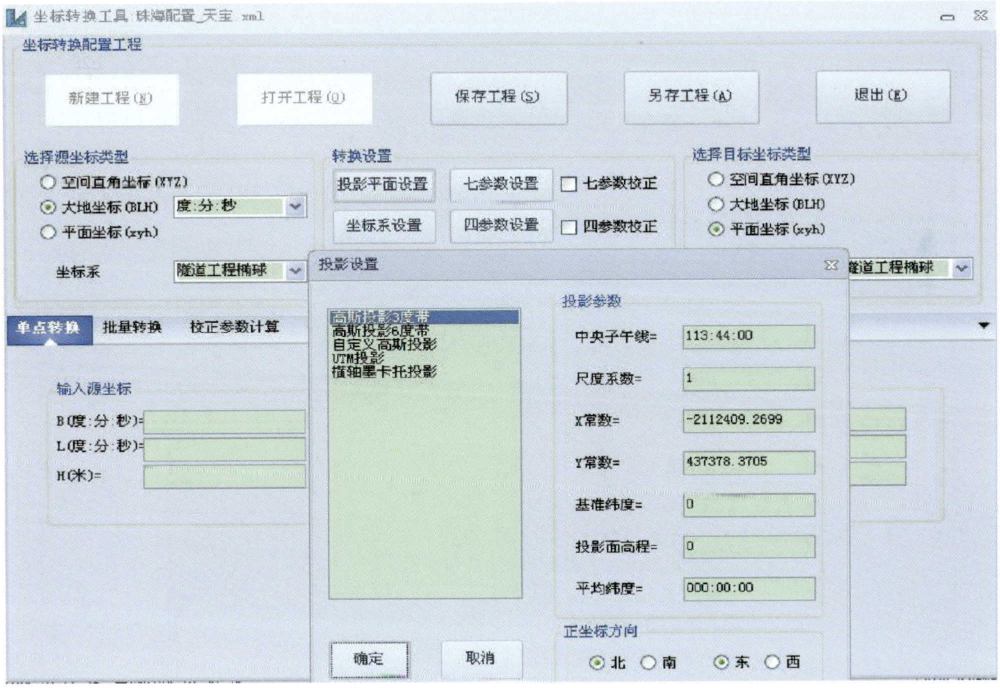

图 6-71　整平船船体参数

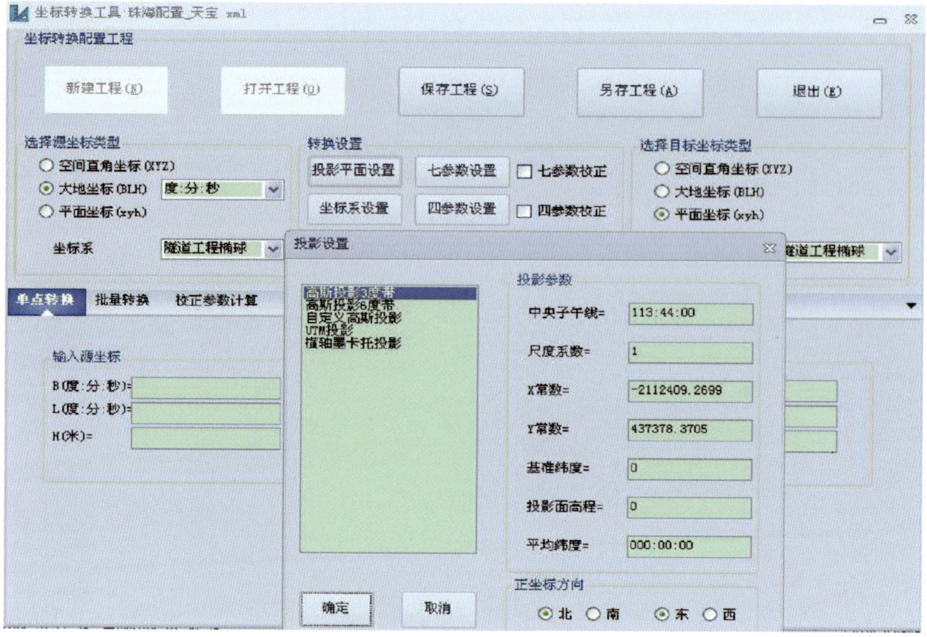

图 6-72　坐标转换模块

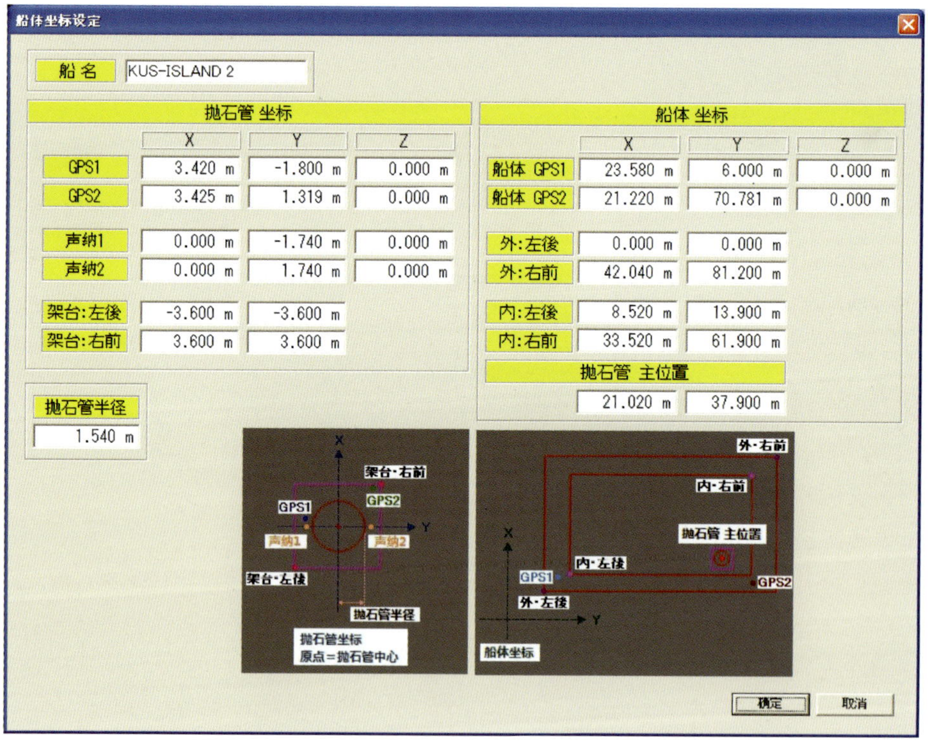

图 6-74　船体坐标设定界面图

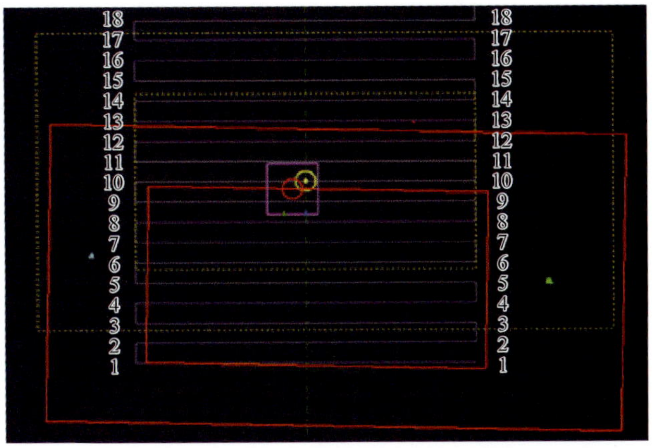

图 6-75　船体形状和抛石管位置界面显示示意图

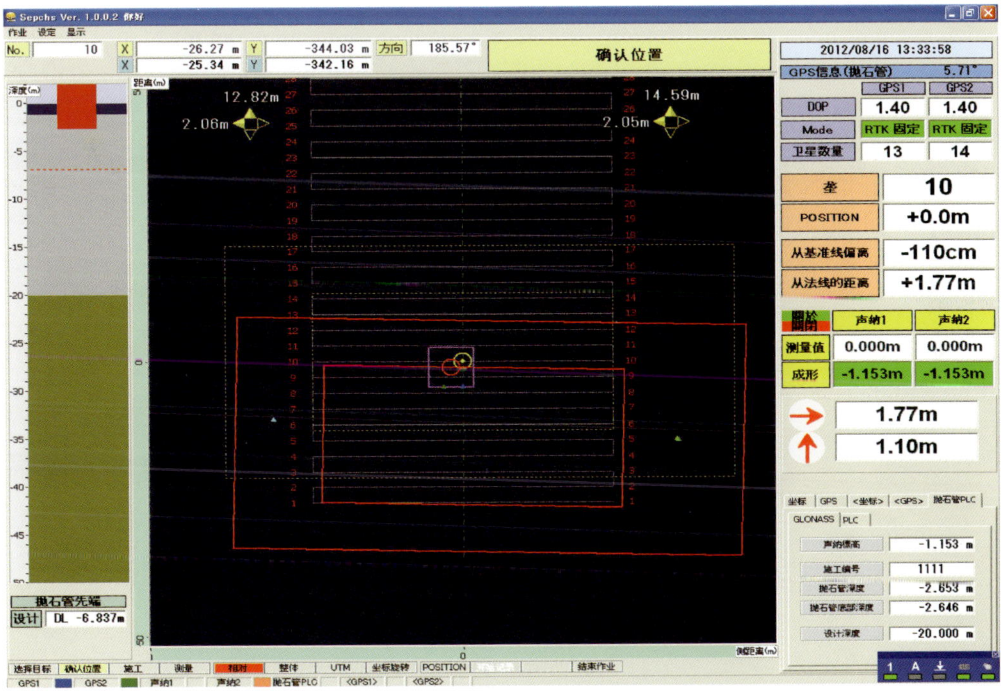

图 6-82　抛石管移动数据界面图

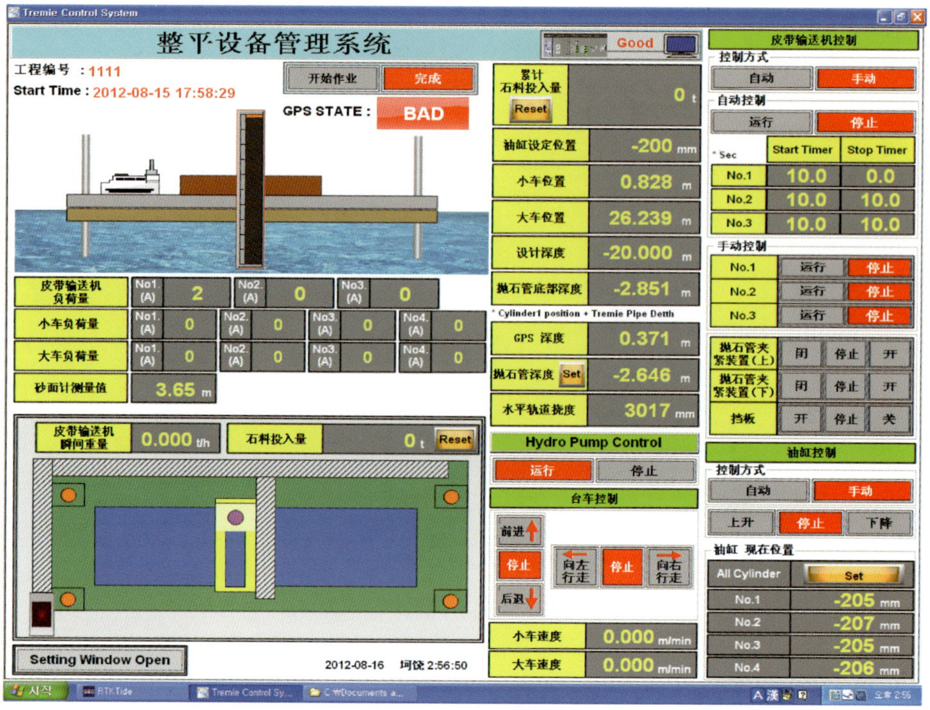

图 6-84　油缸伸缩长度确认示意图

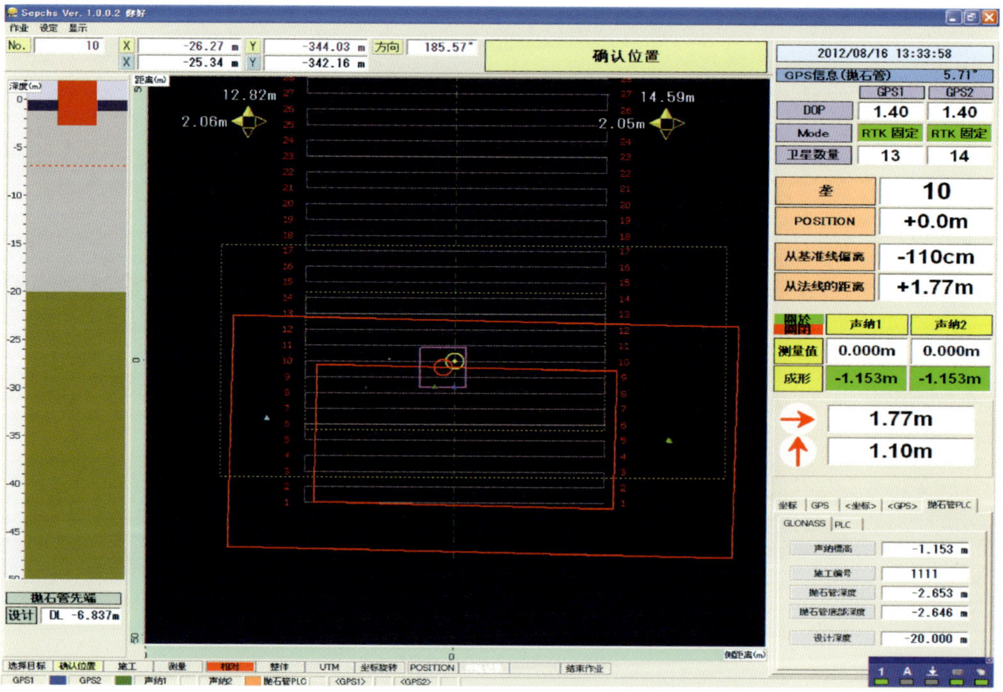

图 6-85　铺设时抛石管位置显示界面图

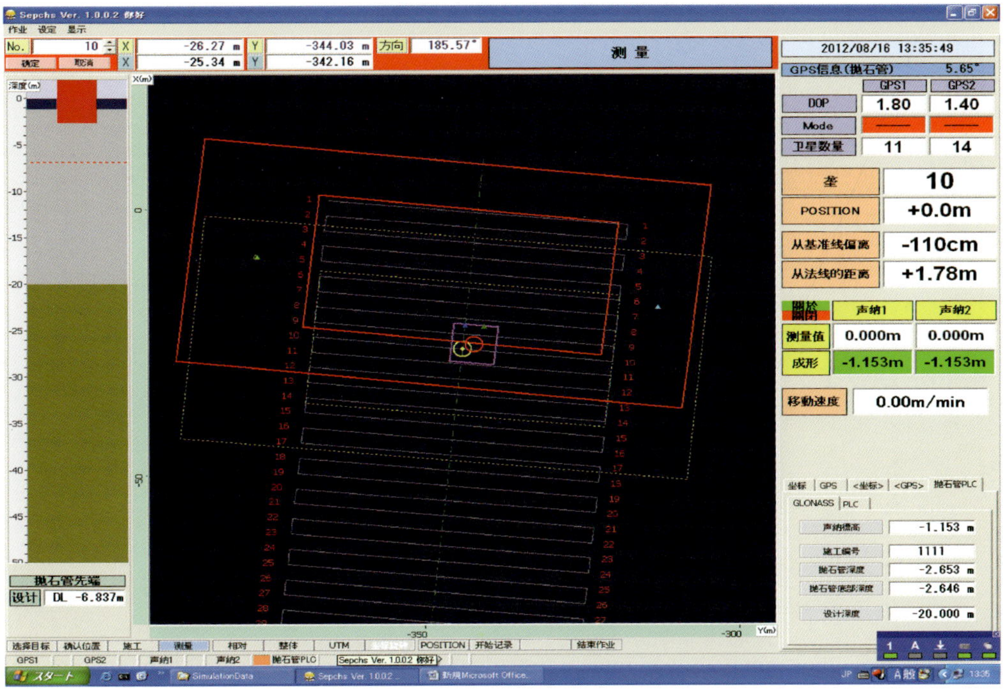

图 6-87　碎石垫层测量界面图

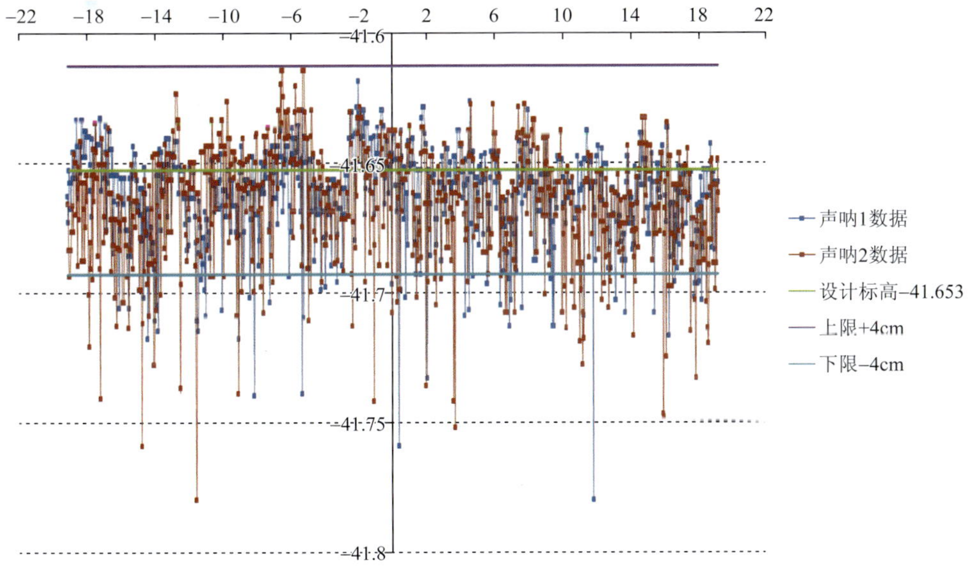

图 6-89　纵向测量成果图

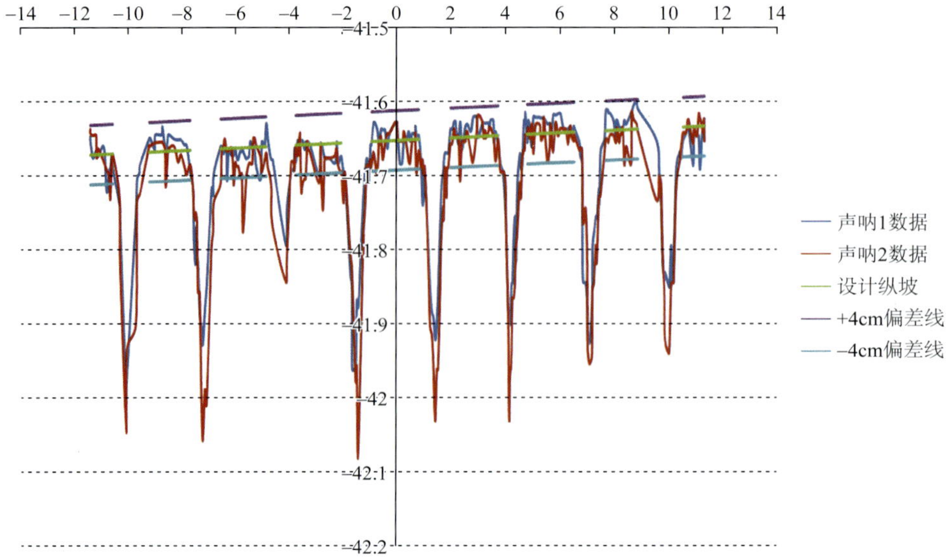

图 6-90　横向测量成果图

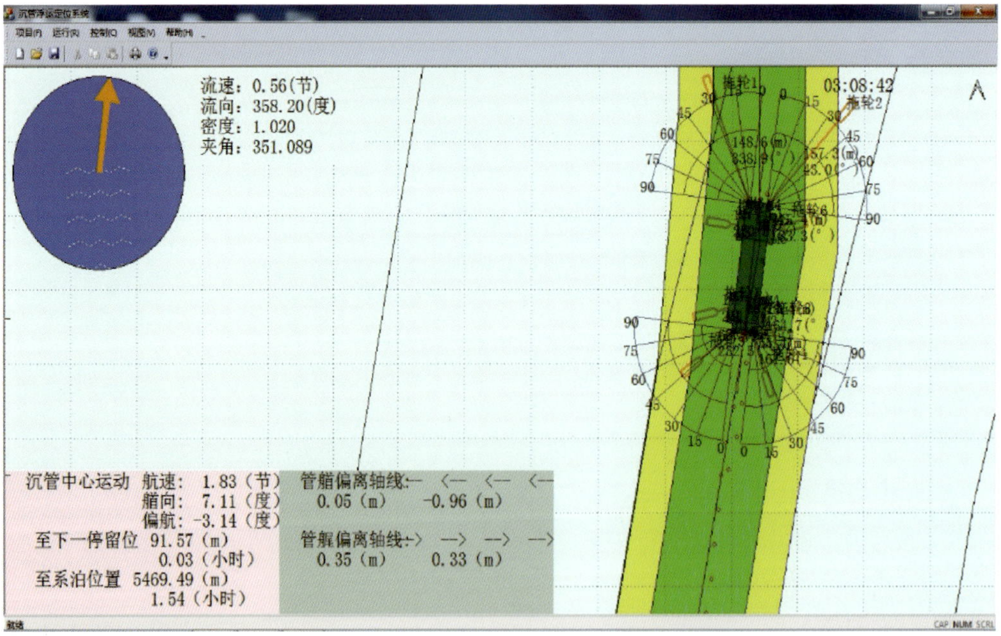

图 6-121　浮运导航系统软件工作过程图

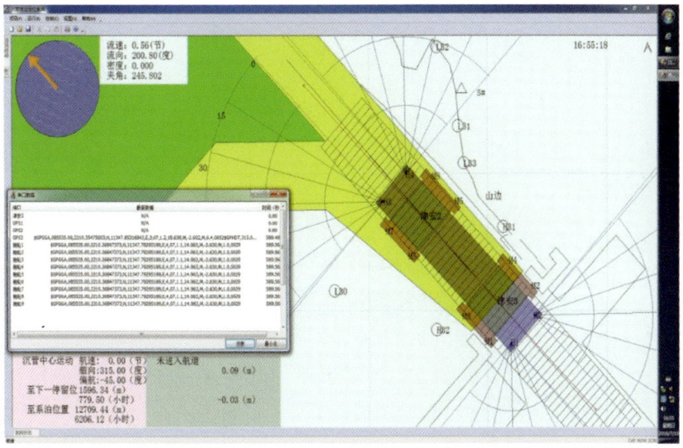

图 6-127　浮运系统正常通信软件截图

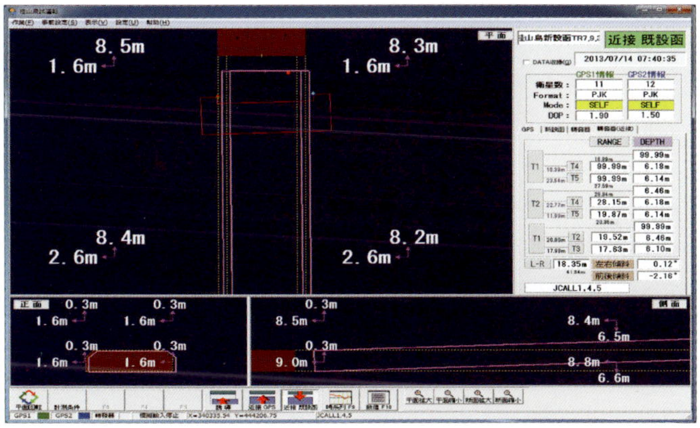

图 6-154　无线声呐测控系统软件示意图

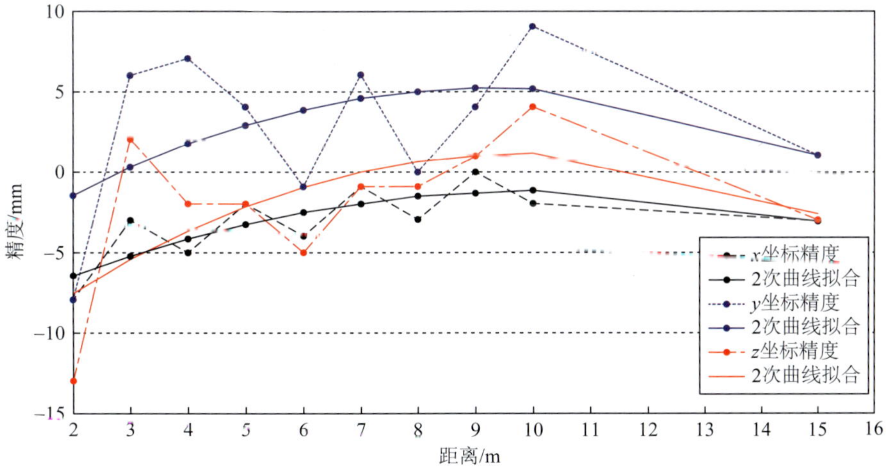

图 6-165　双天线距离对定位精度的影响

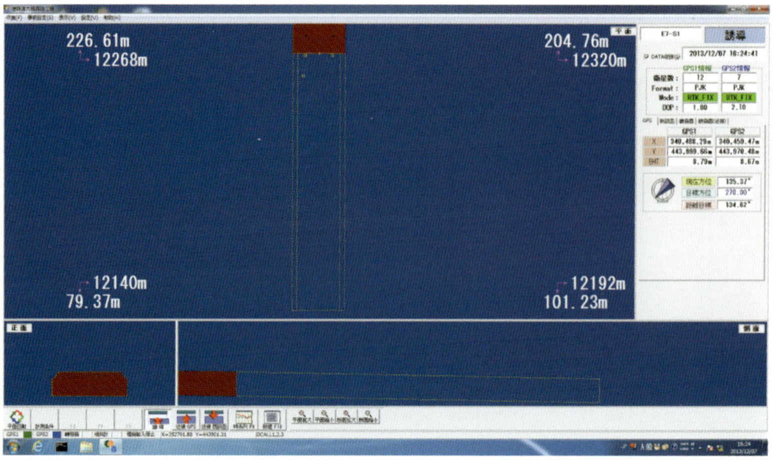

图 6-168　首端无线声呐测控系统软件运行界面图

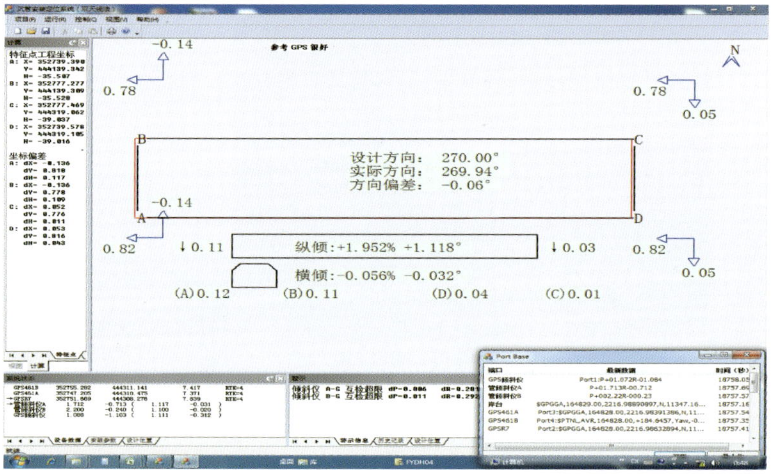

图 6-169　双天线组合定向高精度定位系统软件界面

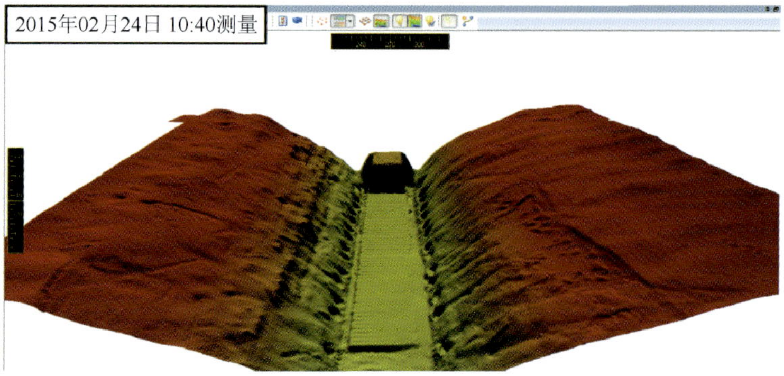

图 7-4　E15 管节安装前基床多波束测深效果图